U0630400

1980 年，吕振羽、江明合影

吕振羽、江明部分藏书

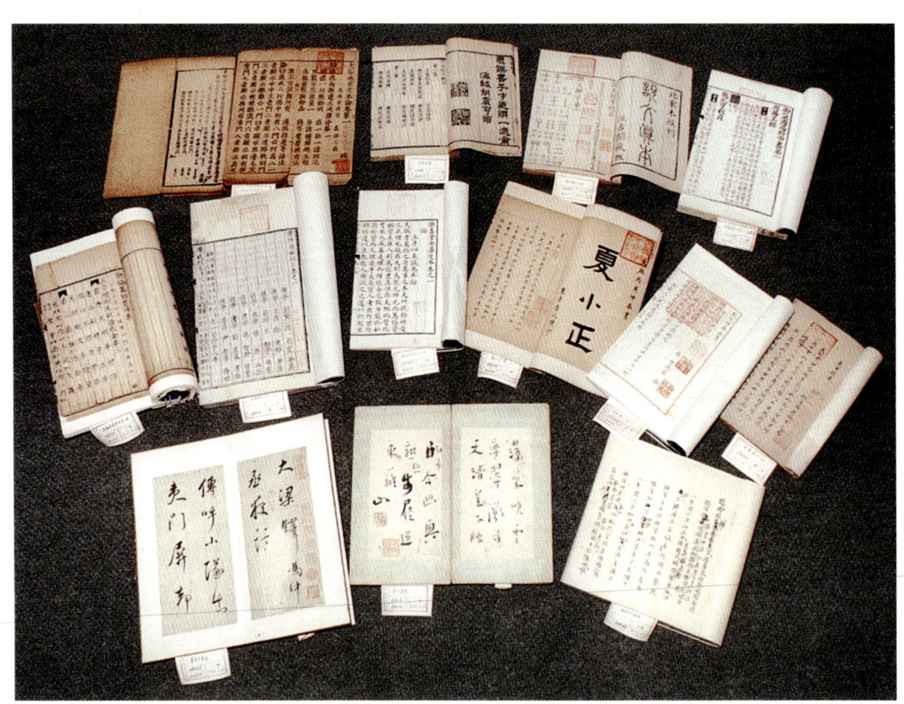

1962 年，吕振羽题赠江明条幅

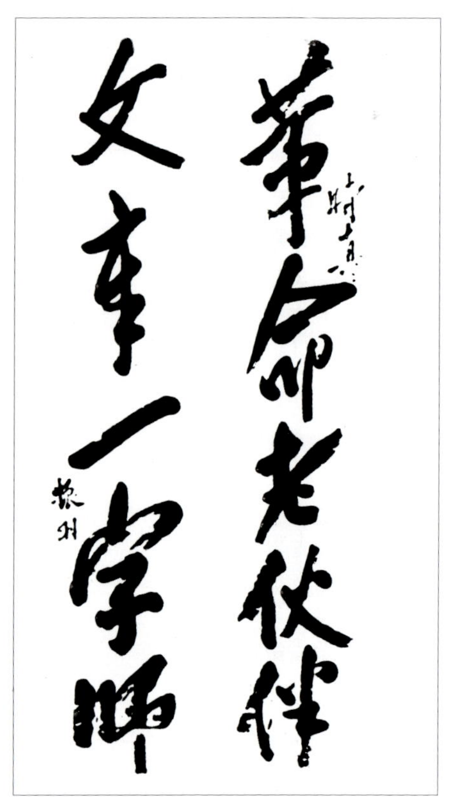

吕振羽的工作室

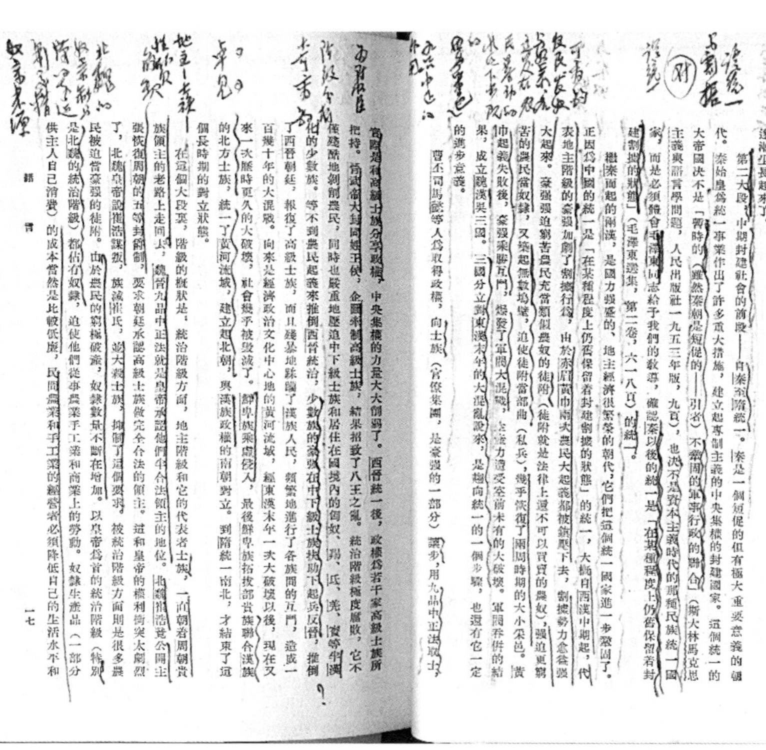

中國通史簡編　第一編　一六

逐漸生長起來了。

第二大段，中期封建社會的前段——自秦至隋統一。秦是一個短促的但有極大重要意義的朝代。秦始皇爲統一事業作出了許多重大措施，建立起專制主義的中央集權的封建國家。這個統一的大帝國決不是「暫時的（雖然秦朝是短促的——引者）不鞏固的軍事行政的聯合」（斯大林馬克思主義與語言學問題，人民出版社一九五三年版，九頁），也決不是資本主義時代的那種民族統一國家，而是必須體會毛澤東同志給予我們的教導，確認秦以後的統一是「在某種程度上仍舊保留着封建割據的狀態」（毛澤東選集，第二卷，六一八頁）的統一。

繼秦而起的兩漢，是國力强盛的、地主經濟很繁榮的朝代，它們把這個統一國家進一步鞏固了。正因爲中國的統一是「在某種程度上仍舊保留着封建割據的狀態」的統一，大概自西漢中期起，代表地主階級的豪强加劇了割據行爲，由於赤眉黃巾兩次農民大起義都被鎮壓下去，割據勢力愈益强大起來。豪强强迫窮苦農民充當類似農奴的徒附（徒附就是法律上還不可以買賣的農奴），强迫更窮苦的農民當奴隸，又築起無數塢壁，迫使徒附當部曲（私兵），幾乎恢復了兩周時期的大小采邑。黃巾起義失敗後，豪强乘勝互鬥，爆發了軍閥大混戰，生產力遭受空前未有的大破壞。軍閥吞併的結果，成立魏漢吳三國。三國分立對東漢末年的大混亂說來，是趨向統一的一個步驟，也還有它一定的進步意義。

曹丕司馬懿等人爲取得政權，向士族（官僚集團，是豪强的一部分）讓步，用九品中正法取士，實際是有高級士族分享政權，中央集權的力量大大削弱了。西晉統一後，政權爲若干家高級士族所把持。晉武帝大封同姓王侯，企圖牽制高級士族，結果招致了八王之亂。統治階級極度腐敗，它不僅殘酷地剝削農民，同時也嚴重地壓迫中下級士族和居住在國境內的匈奴、羯、氐、羌、賨等半漢化的少數族。等不到農民起義來推倒西晉統治，少數族的豪强在中下級士族扶助下起兵反晉，推倒了西晉朝廷，報復了高級士族，而且殘暴地蹂躪了漢族人民，頻繁地進行了各族間的互鬥，造成一百幾十年的大混戰。向來是經濟政治文化中心地的黃河流域，經東漢末年一次大破壞以後，現在又來一次歷時更久的大破壞，社會幾乎被毀滅了。鮮卑族乘虛侵入，最後鮮卑族拓拔部貴族聯合漢族的北方士族，統一了黃河流域，建立起北朝，與漢族政權的南朝對立。到隋統一南北，才結束了這個長時期的對立狀態。

在這個大段裏，階級的概狀是：統治階級方面，地主階級和它的代表者士族，一直朝着周朝貴族領主的老路上走回去，魏晉九品中正法就是皇帝承認他們半合法領主的地位。北魏崔浩竟公開主張恢復周朝的五等封爵制，要求朝廷承認高級士族做完全合法的領主。這和皇帝的權利衝突太劇烈了，北魏皇帝誣崔浩謀叛，族滅崔氏，並大殺士族，抑制了這個要求。被統治階級方面則是很多農民被迫當豪强的徒附。由於農民的窮極破產，奴隸數量不斷在增加。以皇帝爲首的統治階級（特別是北魏的統治階級）都佔有奴隸，迫使他們從事農業手工業和商業上的勞動。奴隸生產品（一部分供主人自己消費）的成本當然是比較低廉，民間農業和手工業的經營者必須降低自己的生活水平和

緒言　一七

吕振羽阅读图书批注

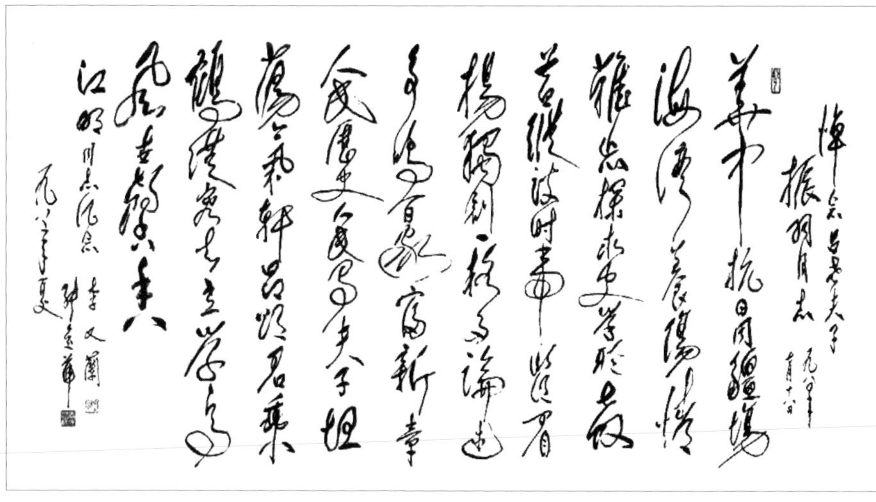

张爱萍、李又兰怀念吕振羽诗手迹

1980 年 8 月 9 日，胡耀邦、黄克诚、薄一波等出席吕振羽追悼会

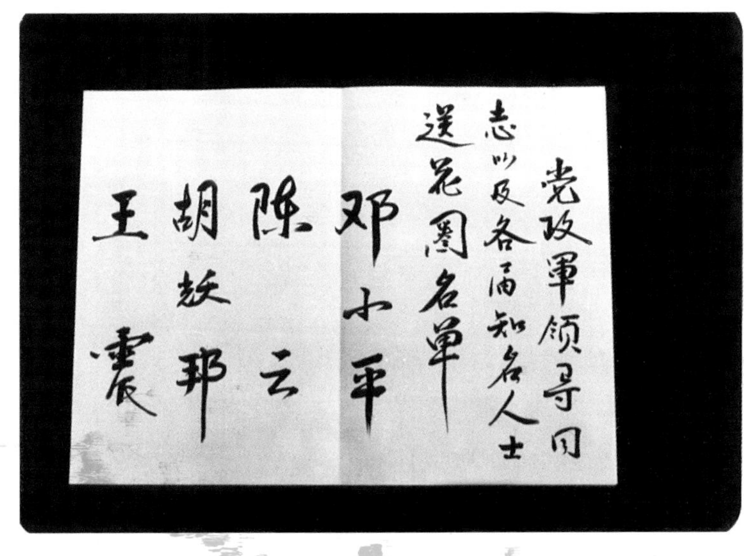

党政軍领导同志以及各面知名人士送花圈名单

邓小平

陈云

胡耀邦

王震

邓小平等中央领导为吕振羽逝世送花圈

目　次

回 忆 录

编印说明

回忆录部分收集了著者自1950年至1980年期间的回忆文章或口述史料，连同附录，共计十三篇。内容涉及大学期间实践活动、1935年受中共北方局委派赴南京与国民党当局进行合作抗日谈判、湖南抗日救亡活动、跟随刘少奇返回延安以及蔡锷早年事迹等。

全集编辑，以著者已刊或未刊原文为底本，按撰写或口述时间先后整理编排，更正了文中个别错讹，内容和观点均保持原貌。

崔　岩

目　录

大学期间之回忆[①]

发起组织塘田区学友会启

二十世纪的青年志士，不是一个个都把社会和国家的一切重担子都放在自己肩上么？不是说如何改革社会和国家么？但是空言泛论，哪怕你说得天花乱坠，也收不到什么结果咧！因此，我们对我们当尽的责任——改革社会、国家——首先就要找下手的田地。《学庸》有句话说："身修而后家齐，家齐而后国治，国治而后天下平。"我们暂套着它的公式，先从小的范围——自己的故乡下手，来作改造的事业。

但，"一手独拍，不能成声；一足独行，不能成步。"改造这小的范围内的事务，谈起来极容易。若实地作起来，非群策群力是断不能成功。所以我们要组织塘田区学友会——这个团体来担负改造的担子。

我们塘田区地方，从山水的秀丽和物产的丰富看起来，文化事业和建设事业的进步，应当与全国各地齐驾并进。其实何以大不如呢？寻流溯源，不外没有相当的团体来负改造和促进的责任，因此纵有热心改造的人，亦知独力不支、知难而退了。所以欲求塘田区生产、文化的进步，给塘田区人民创造光明的天日，应有组织学友会的必要。

一九二二年春

这时我沉迷于克鲁泡特金的"极乐国"的泥坑里，就发起组织塘田区在

① 编者注：著者于1959年11月《散记》册中抄录《少年写作烬余录之二》录有三篇短文"发起组织塘田区学友会启"、"麓山风土记"、"向建凡小传"，系其在湖南省公立工业专门学校（后改名湖南大学工科）期间参加社会实践生活与人物交往的回忆。现据原稿整理编入，标题是编者所拟。

长沙读书的学生十余人，企图按“极乐国”的图样去实验。因感到人数太少、力量不够，又改而组织武岗东四区学友会，还依“极乐国”订立了章程和旨趣书，构制了一副空想主义的图式。旨趣〔书〕的基本内容，大要为：每区创办一个平民工厂、一个职业学校、一个图书馆、一个大中小总合学校；每村办一个手工作坊、一个初级小学和平民学校、一个流动图书和阅报站，土地共同耕作，保证全村人民的衣食住之余，再按土地、人力、农具、耕牛多寡摊分；全区事由区代会公决和选举厂长、校长、馆长执行，村务由村民大会公决和选出坊长、站长、校长等执行；一区办好，推行全县；一县办好，推行全省；一省办好，推行全国；全国办好，推行全世界。1923 年冬假，会友相率回里，在金〔称〕市召开会议，幻想按照图式去试行，并选出古峰小学校长和清算区乡财政开支的委员等。区董喻炳莲等一面通过他们的亲友子弟来瓦解学友会，一面散布谣言，污蔑学友会的为首诸人，并行武岗县知事，诬我通匪。族绅吕秀峰密告我父，我即于除夕乘夜离家。一场空想主义梦即此结束。可惜章程和旨趣书原件已不能觅得。这可以反映当时彷徨歧途的小资产阶级青年知识分子思想动态一种类型。

振羽追志

一九五九年十一月七日

麓山风土记

麓山天下名胜，为吾省有史来人才之发轫地。世人称之曰极乐。

吾自一九二一年负笈来此，于三千之中滥一学席；修庸之暇，得以穷味名山胜景，赏尽先哲遗迹，诚幸事也。

今年暑间，予本欲归里，以慰倚门之望。嗣以同乡同学数人之请托，于麓山之麓赁一庐，且邀予任其自修之教导。予以情分所在，遂不便辞。而予尚一青年学生耳，自修不足，何敢诲人？然既经一诺，遂不得不俨然佯装师态矣。异时而思，得毋自笑乎！

吾辈所居，屋虽矮小，犹清洁雅致。东家为吾校厨东，有眷属数人，然不噪闹，无碍于读书，仿佛名山禅寺中。

予离家外出，已成惯性。睹此乡间情景，田家农事，谁能禁乡土之思也？一日晚饭后，予闲步邻村，老妇以茶献。予询其身家，叙道甚苦；且得悉去年报载招领三百元之遗失，拾者即伊女也。予因曰："举世上流，不顾名义，唯利是图；伊家拾款，又非不义；留之不无小补，何苦招领云尔？"老妇曰："子从学名山，识地高华；'穷当益坚'，子何不为我道？据□以利污我。'举世尽浊我独清'，而清乃见。今世之士，固皆在名利中；识见高明之士若犹随波逐流，则非予之愿闻也。"言罢，歉然入。予叹息良久，乃请曰："姆言诚是，吾闻教矣，但予犹欲请为一言曰：'姆识高寻常，言合乎经，诚不愧一代名媛。但世俗浇漓，国本顿危，姆将何以教我？'"曰："吾辈乡妪，不明大事，但愿子卓荦其志，毋染尘俗足矣。"

予闻姆言，欣然如有所得。

向建凡小传

同学向建凡，别号桂垓，是一个青年学生，而且顶有志气。他的父亲是一个农人，没有念过书；当他尚在幼小的时候，父亲就死了。他虽然有个老兄，但得了神经病，什么事都不中用。所以他从小就很烦恼，很苦楚。

他虽然不是什么世家，但从小就很有志气，想造就自己。当他 12 岁的时候，已经是念过几年句读了，五经都念完了的；于是请准他母亲，从师讲解，就入了一处经馆。他在这私塾中，非常发愤，加之他又很聪明，所以那塾师非常的看得他上眼。

他在私塾里读了三年书，又想：如此呫哔终身，也不过学得会作几篇文章；而且这种死笨的学问，究竟有何用呢？于是他立意入学校，明年就插入乡立的武东学校，和我同班。我也是插班生。他的年纪，比我也只大 3 岁。我俩在那个班，都为先生看得上眼，因此感情就一日一日的浓厚起来了。

我们在这个学校将毕业的时候，他有一次忽然问我："行仁，你毕业后到底怎样办呢?”我坦率地说出自己的打算:“想升学呗!难道罢休不成?”他向我看着,全不吱声,只是叹气。我知道他有满腹愁苦,乃强要他说出:“行仁,我与你要算至好,好多都说过的。我的心事,何尝不肯说你听呢?升学的心事哪个没有!你看我难道肯罢休么?但是,我的境遇总不如你呀。我没有父亲,家中要有人料理,你是知道的;加之又没有钱。讲来无处不是升学的困难,真是令人气短。你呢,虽然经济也不充足,总还勉强可以支持点,况且你的父亲还年轻——才只有三十来岁。教一年蒙馆,能得十来石谷。比较总是好多了。”“家事可以不管,我劝他得过且过,万一山穷水尽时再想法儿罢了。”

我毕业后,回到家中,因为祖父怕费用接济不上,不允许我外出升学。他呢,倒一直跑到武岗县城,投考省立第一师范,取得〔分数〕很高,后来没到省里复试,就插入县立中学。我听到他已升了学,不觉心中一阵狂跳,就顾不得祖父的不准,也一直去到县城,插入他们那一班。为此,我家里还开了个会,决定到无法接济时变卖田产(后来也确实是这样作了)。在这个学校里,我与他的感情更深了。这时,我俩的心机都已渐渐开明,思想一步步发达了。课余之暇,除开吟风弄月,还要讲些终身的前途事业。真真是意气相投,志趣全没相左的。

民国九年,我俩同在中学毕业(四年制旧制中学)。近毕业那两年,差不多又天天讨论升学的问题。记得他有次对我说:“行仁,学是无论如何要升的。只怕……”他忽而又哽住了喉,“只怕我不能同你一队出去。我出去也只能在长沙。”“既决定目的了,何苦不作队呢?”我说:“升学的目的地,我也只能在长沙,还得要祠堂帮助。”说到这里,他又踌躇起来,不胜感慨地说:“唉!我何尝不希望和你作伴?只怕家中备不起钱,我们小门小姓,又没有祠款相助,全须我本身设法。那么,迟一两年是没准的。你只到长沙,我也赞成。本来,我们湖南的教育也不差,长沙可以读书。何况求学全在自己,对读书的地方和办教育的人,也可说没有多大关系。”

我毕业后,在家中住了一年,一是和祖父商量升学的问题及向族祠求助,一因祖母病危。在这年中的有一日,他冒雨来到我家。由他家马埠田向家到我家溪田吕家十余里,拿着一份长沙《大公报》,连气也没歇过来,就呼呼地说:“现省里代召高等师范学生(北京、南京、武昌高师),我俩何不去试试?这里报上登了,你看看,考期是8月某日。现在启程还赶得到。并且,我听说师范学校很便宜，不收费。这岂不是我们求学的机会？”我接过报来一看，对他说：“这是阳历8月，已经是过了期的。现在我祖母有病，不能离家。加之，我也不太愿意学师范，想从实业下手……”我一面看报，一面说着。

第二年，我和弟弟建齐来到长沙，建凡不久也来了。大家商量投考工业专门学校，都录取得很高，就都在这个学校里读书。这是湖南最好的学校，用费也比较便宜，最多不过百元。用得节省的五六十元也够用。

我们在这个学校里又是同系（电机工程系）同班，并同室，彼此意气相投，在学习中并常互相督促。期中考试我得免费，他的成绩也很好。学年考试后，我们一同回里度暑假和筹备下年度学费。我得到族戚和家祠、宗祠的帮助。他系所谓“小门小户”，是孤立无援的，加之这年暑间，他家又因牛瘟死了两头牛。在我离家赴长前，建凡告我，他因无法筹办学费，只好辍学。并说，他已接受去惟一小学当教员的聘书，又再三再四地坚决表示：一定要乡中纠集同道，推行东四区学会的宗旨，改革社会。

一九二三年寒假，我从长沙约集东四区学友同仁，各回本区发起改革运动。建凡在黄亭市筹开第八区学友大会，为豪绅邓东堦（区董）等所阻，未成会而散。我们第九区的学友四十余人，在金称市古峰小学召开了大会。大会议决：（一）清算区和团队的历年财政收支，并选出清算委员；（二）革除古峰小学原任校长职务，选举新校长接办；（三）推人筹办区贫民工厂和图书馆……会后我和另外四个学友，将议决案送交区董喻炳莲。喻当即拍桌大骂，指我为“捣乱”、“扰乱地方秩序”……我们回到古峰学校开学会干事会，大家都很激昂，一致主张“斗下去”，并纷纷自动输给临时用费。不意在当晚，一面由于喻等公然令团队布哨；一面喻等又不止阴谋恐吓，并进行挑拨。因而学友中，不止喻恶等亲友子弟即纷纷离去，胆小者也都隐匿不敢露面，主张争下去的连我自己只四人。副区董吕秀峰又透露消息说：“区董已详文于县公署，诬我为首勾结匪类，希图捣乱秩序云云。祖父和父亲得此消息，便亲到金称市将〔我〕找回。这已是阴历十二月三十日。到家后，祖父和父亲计议结果，命我当晚离家绕道黄亭市去长沙。这正是大年除夕。我当晚8点钟左右便到了向家。建凡一面叫他弟弟先去码头邓家雇船，一面陪同我酒饭后亲自送我到码头。临别，再四叮咛，依依不忍卒别。回首当时情景，犹不禁令我感激涕零。到长后，当寄建凡诗云：

记得除夕别远行，有君送我资江滨。
分行几步频回首，细语叮咛最感人。

一九二四年冬得噩耗，云建凡亦以学友会事触怒豪绅邓东堦等。邓等在区会上藉故役使打手，将建凡打成严重内伤。其弟辈亲自将他抬回家中，卧床数日，即致死。死后全身呈紫、乌、青块。豪恶残暴，寝其皮而食其肉不足雪此恨也。建凡死矣，不可再见。爰记所知以传之，直冤宣愤，责在后死。

一九二五年六月

回忆南京谈判[1]

——学习毛泽东著作《国共合作成立后的迫切任务（1937年9月29日）》

“1936年8月，中国共产党中央委员会又对国民党中央委员会送了一封信，要求国民党实行停战，并组织两党的统一战线，共同反对日本帝国主义。”[2] 这封信是由周小舟同志由天津送至南京，经我交给国民党当时出面谈判的曾养甫转给国民党中央委员会的。

共产党“而且派遣了自己的代表，多次和国民党方面进行谈判，然而还是没有结果。”[3] 1935年11月曾由北方联络局派我以中间人面目去南京与国民党谈判。明年4月，周小舟同志传达任务，也到了南京。党指令我与小舟为代表，并命小舟公开以代表面目出现。约在5月，潘汉年同志受王明同志派遣，由莫斯科来到上海，代表与国民党谈判。8月，党命我离南京，去广州继续与曾养甫洽谈；同时由国民党给我们一个电码，商定由其汉口电台与我延安电台直接用电报谈判。1936年年底，即西安事变后，我闻恩来同志代表党与国民党成（订）立了“两个停止内战”实现西安和平解决的协议。

---

① 编者注：录自著者《读书随笔·读〈毛泽东选集〉第2卷》，时间约在1950年初左右。

② 毛泽东：《国共合作成立后的迫切任务》。

③ 毛泽东：《国共合作成立后的迫切任务》。

记湖南文化界抗敌后援会[①]

湖南文化界抗敌后援会（简称“文抗”），是抗日民族革命战争时期中国共产党领导下全省性的抗日群众团体，也是抗日民族革命战争时期，我党在湖南发动抗日群众运动的唯一的合法组织；有广泛的群众基础与多方面的活动，并为湖南的建党工作准备了条件。在徐老（特立）回湘后，“文抗”是在以他为首的十八集团军驻湘办事处领导下进行活动的；中共湖南省工委（书记高文华同志）成立后，便由省工委直接领导。从“文抗”的筹备和成立开始，就和国民党顽固派进行了顽强、尖锐、复杂的斗争。

一　当时的情况

从“七七”卢沟桥事变和上海“八一三”抗战后，开始出现了一个全面抗战的局面，而以蒋介石为首的国民党顽固派的同意抗战，却是被迫的所谓“应战”。他们为着想取得对日妥协的有利条件，所以在抗战第一阶段，军事上不得不参加战争，政治上承认与共产党以及其他各党派、各阶级、阶层的合作，但他们对抗日群众运动，自始就采取了约束和阻挠的反动方针。

① 1959年5月2日，吕振羽同志应湖南历史研究所之约，写成此文，曾送请徐老（特立）、高文华、贾琏、刘道衡等同志审阅，均表同意。近日整理振羽遗著，得此稿，并为之注。——江明 1981年6月26日。

当时在湖南，国民党内部有何键[①]派（即乙派）、CC派（即甲派）、复兴社派。甲派以省党部（书记长赖琏）、教育厅（厅长朱经农）为主，掌握全省党权和教育权。乙派掌握省政府及教育厅外的全部省政和军权，也插足了省、县党部。复兴社主要掌握全省学校的军训权，并已向财政和教育行政方面插足；正在向党权和军权等方面伸展。三派间形成了争权夺利的明争暗斗，而他们的反共反人民却是一致的。各阶层群众对他们极愤恨，对抗日爱国的要求则是激切的。

在国民党反动派长期的白色恐怖下，我党在湖南，自大革命失败后至抗战爆发前，组织不断遭受严重破坏，已没有我党的领导机构，只有少数党员同志坚持艰苦的地下斗争。我到长沙后不久，刘道衡、熊子烈等几位就与我取得联系，到延安后，才知道他们是属于特科的地下党员。1937年12月，徐老、王凌波同志等到长沙，成立了十八集团军办事处[②]，而由高文华、聂洪钧、任作民、郭光洲等同志组成的中共湖南省工委，则约在1938年春建立。

抗战开始，最初由北平、上海回到湖南的一些学生和当地学生一道，开始一些抗日宣传活动，但都不能取得合法的保障和公开进行。因此，总的说来，在“文抗”成立和展开活动以前，湖南还看不到多少抗战气氛，在群众中并没有开展成为抗日群众运动。

二 “文抗”的筹备和成立过程中的斗争

卢沟桥抗战开始和平津沦陷后，我与邓颖超、王世英[③]等同志脱险出平津转移至山东济南（详见1937年秋长沙《大公报》拙作《脱险归来》）。世英同志要我去南京参加抗日革命战争的统战活动，我便去南京。世英同志回到延安

---

① 何键，当时任国民党湖南省政府主席。

② 十八集团军办事处，在长沙寿星街。

③ 王世英，当时为中共中央北方局联络局负责人，一九三五年冬—一九三六年，北方局派振羽在南京与国民党南京政府当局进行合作抗日的谈判，党指定的联系人陈酉生，即王世英同志。

后，周小舟同志①即从延安给我来信，谓中央令我回湖南开辟工作。

我于9月初回到长沙，苏镜、肖敏颂等同志已先我回湘，并已在含光小学、育英小学等处成立了两个半秘密性的读书会和一个歌咏队。我们便以这两个读书会和歌咏队为据点，积极进行活动，为成立湖南“文抗”准备条件。并利用覃振②的关系展开了联合乙派、孤立甲派、中立复兴社的斗争。

10月，陈润泉、廖庶谦、李仲融等（均在上海参加救国会活动的民主人士），从上海回到长沙，参加了我们的活动。我们经过多次协商，成立了湖南文化界抗敌后援会筹备委员会。在筹备的过程中，一方面，吸收乙派的刘子奇、复兴社派的刘晓桑、甲派的谢祖尧（国民党湖南省党部宣传部长）、各报的负责人朱石农（长沙《大公报》）、康德、欧阳敏讷（《力报》）、谭影竹（长沙《民国日报》），以及教育界名流伍薏农（湖大教授）、陈润霖（楚怡）、方克刚（妙高峰中学）、王季范、王德安、李庸中（小学）等参加筹备工作，共同充当发起人，并争取他们参加筹备工作。一方面，积极在工人、店员、中小学教师、学生中展开活动，大力建立读书会、歌咏队作为“文抗”的群众组织的基础。

11月7日，便正式召开湖南文化界抗敌后援会成立大会，到会会员数百人。包括了有广泛代表性的各方面，而以进步或倾向进步的人士居多。会前通知了国民党省党部、省政府，并请派人出席“指导”。在成立大会的进程中，CC分子在“文抗”名义（谓只应称作长沙文化界抗敌后援会）、性质和活动范围（谓“文抗”只能从事战时文化研究工作）等问题上来进行捣乱，并相率吆喝退出会场，妄图借以破坏大会，使“文抗”流产。复兴社的刘晓桑、向××、乙派的谭影竹（系叛徒）等则随声附和，相率声明退席。但由于我们

---

① 周小舟，在1933年于北平与振羽相识，曾任地下党中共北平市委宣传部副部长；振羽时为中国大学教授并任市委领导下的自由职业者大同盟书记，他们常有联系，共同进行“南京谈判”，并介绍振羽入党。谈判结束后，周奉调赴延安，任毛主席秘书。振羽在南京得他信，谓：家父嘱，望兄速回湘开荒。振羽知系中央调他返湘工作。

② 覃振，国民党元老，国民党政府司法院副院长，湖南桃源人，同意我党抗战的主张。振羽得周小舟信，即商同翦伯赞（覃之简任秘书），取得中苏文化协会同意，组织湖南分会；并由覃振写信介绍翦伯赞、吕振羽与何键及刘子奇（何派智囊）接洽，请他们赞助。翦伯赞约于十一月到长沙。

的同志们掌握了会场①，并得到绝大多数出席会员的支持，依照预定大会程序工作，坚持把会议进行到底；完成了选举，产生了包括各方面人士在内的广泛的统一战线组织的“文抗”理事会。国民党湖南省党部便利用党权，对“文抗”实行新闻封锁。有关“文抗”成立大会的消息，各报一律拒绝登载。同时，CC派到处造谣，说什么：“吕振羽等操纵‘文抗’选举”、“参加选举的会员不足法定人数”、“‘文抗’的选举是非法的”等等，来反对“文抗”的合法成立。为着打破封锁，我们一面自己编写简报派人到大街小巷四处张贴；一面利用各报相互间的矛盾及各报内部的矛盾，从《力报》突破缺口。《力报》一登载“文抗”的消息和我们为该报所写的专论，销路激增。为此，《大公报》便相继转圜，约请我们为该报撰写专论。一面我们自行出版《文抗》、《中苏》半月刊，与肖敏颂等所办之《前进》相配合，翌年又有田汉等所办的《抗战日报》问世。特别重要的，我们事先与何派商妥②，何键以省主席名义写给“文抗”成立大会一封祝贺信，信中不只表示祝贺“文抗”成立，并宣布省政府每月给予“文抗”津贴费三百元，我们并通过刘子奇命何派的报纸登出这个消息，使“文抗”取得了合法地位。国民党省党部书记长赖琏，为配合其破坏“文抗”的各种活动，紧接在“文抗”成立大会后便正式发来“指示”，谓“文抗”在没有遵照法令履行登记前，不得进行活动；他并亲自出马，约我和陈润泉、廖庶谦、李仲融至国民党省党部“面谈”，施加压力；我们便以在成立大会前已将筹备经过报省府、省党部备查，并请党、政当局出席“指导”，说明何键的祝贺信和给予津贴费，表明“文抗”为省府承认之合法团体，并逼省党部批给活动经费。赖琏无可奈何，结果也只得表示月给津贴30元，我们亦编发新闻公布。至此，“文抗”便正式取得合法地位，胜利地结束了反新闻封锁的斗争。

---

① 吕振羽同志为大会主席。

② 当时何派因其主力部队大部离省（他们只组织了几个保安团），很担心蒋军退到湘、鄂、赣后，省主席地位难保（后来蒋介石也硬把何键调任内政部长，派张治中为湖南省主席，但何派仍力争“东山再起”）。振羽同志利用这一矛盾，又与之再四恳谈：只有使湖南成为真正强大的抗战堡垒，自己真正成为抗战的力量，蒋介石才无可如何；这又只有把全省民众彻底发动起来，抗战各阶级各阶层团结起来，才能作到……这样，还必然会得到全国各抗日党派和人民的同情支持，谁也不敢来动湖南，并能为民族作一番大事……刘子奇对这是感兴趣的，何键也未表示拒绝。

三 “文抗”工作的开展及其和CC派的斗争

由于“文抗”的成立和合法地位的取得，便正式建立起“文抗”的机关和工作机构①，第一届理事会议推吕振羽、陈润泉、陈润霖、刘子奇、谢祖尧(CC)、廖庶谦、李仲融为常务理事。其中陈润霖为湖南教育界名流，刘子奇为乙派，谢祖尧为甲派，吕振羽为中共党员，陈润泉、李仲融、廖庶谦均是进步文化人。“文抗”设立研究、组织、宣传、总务四部。吕振羽兼研究部主任，肖敏颂为研究部总干事（肖当时为中共党员）；廖庶谦兼组织部主任，陈永清（中共党员）为组织部总干事；李仲融兼宣传部主任（李于次年四、五月间入党），芦××（中共党员）为宣传部总干事；陈润泉兼总务部主任，潘开茨（中共党员）为总务部总干事。我们就这样在取得公开斗争初步胜利的基础上进行艰苦②、积极的工作，这主要分为以下几个方面：

（一）原先已组织起来的读书会和歌咏队，在公开活动方面都以隶属于“文抗”组织的合法地位出现，此外又公开组织伤兵慰问队、战时防护队，进行伤兵和敌机轰炸时的防护工作。这四种组织很快就深入到了长沙全市各抗日阶层群众里面，在工厂和郊区农民中也有这种组织，而主要在大学（湖南大学、民国大学③、临时联合大学）的学生、中学师生、小学教师中奠定了较好的基础。

（二）为着在长沙以外各县建立抗日群众运动的据点，便陆续派遣战时常识训练班（详见后）的学生回各县建立“文抗”分会和读书会组织，当时成立分会的有：“湖南文化界抗敌后援会湘潭分会”、“宜章分会”、“常德分会”或筹备处等。

---

① “文抗”会址在长沙营盘街。

② “文抗”机关生活是极其艰苦的，每日两餐清汤粗饭，有时还接济不上；机关工作同志无分文零用钱。但大家都紧张工作，而且不避险阻，敢于斗争。他们大都是进步的，有的是中共党员。

③ 民国大学，当时学生中有中共地下党组织，并建立了抗日群众组织“活力社”，经常与“文抗”联系，进行抗日救亡活动。

（三）利用我们和覃振及其与何键派的关系，在“文抗”已打开局面的基础上，于12月组成“中苏文化协会长沙分会”，选出覃振、何键、徐特立、张西曼、黄一欧、赖琏、翦伯赞、吕振羽、刘子奇、陈大榕等为理事，并推覃振为会长，何、赖为副会长，以之作为“文抗”的一个活动据点。党外以翦伯赞（次年夏入党）为驻会理事，党内指定由吕振羽、谭丕模、游宇负责，除出版《中苏》半月刊（吕、谭负责）外①，并开办俄文讲习班（游宇负责），并配合“文抗”与之交错举行各种座谈会。

（四）开办战时常识训练班，每四周一期，每期六十至八十人，课程为《战时常识讲话》（以“团结抗战”反对妥协投降为中心，徐老也讲过课）、《战时群众组织和宣传常识》、《战时防护工作常识》、《抗战歌咏》，公开张贴招生广告，前后共举办过八期，学生中有极少数是国民党秘密派遣的特务，绝大多数都是爱国青年，这几百个学生，一方面把抗战思想特别是我党的抗日民族统一战线政策传播到各县，并在若干县、市、镇、乡建立起抗日救亡运动的组织如“文抗”分会、读书会、歌咏队、街头剧团、救亡室等和开展抗日的群众运动；一方面不少人受到这种影响后，相继出省参加抗日战争，如临汾民族革命大学在湖南所招的数十名学生中，大多是在“训练班”受过训的学生。

（五）公开张贴通告，举行包括几百人和吸引各方面人士参加的大型座谈会，辩论有关抗日战争的各种关键问题；同时由“文抗”与“中苏文协”交错举行规模较小的各种座谈会②。这种座谈会极受各阶层青年的欢迎，起了广泛的教育作用。

（六）每周举行一次大规模的报告会，邀请各党派、各阶层和各群众团体的著名人士作报告，公开发出通告，吸收各界人士自由参加。第一次，徐老的报告，参加者达三千人，长沙最大的电影院（银宫），也没能把前来听报告的群众全部容纳下。

（七）歌咏队，街头剧团深入到工厂和郊区农村，宣传抗战，很受广大工人、农民的欢迎。在敌机开始侵袭长沙后，每日到四郊逃避空袭的群众中表演。

① 重要稿件均送经徐老和吕振羽同志审阅。每期专论在振羽离长沙前，大都由他撰写。

② “文抗”与中苏文化协会长沙分会，轮流举行每周一次的时事座谈会，徐老常出席，吕振羽同志每次参加，他们针对大家座谈中的问题，发表总结性讲话。

（八）为着扩大抗日群众运动的影响和争取抗日群众运动的领导权，便于1937年12月开展了一个抗日宣传周运动，并举行了一次约五千人参加的大游行。

由于“文抗”影响的扩大和工作的深入，与国民党各派间的斗争也便越来越尖锐、复杂。继反新闻封锁斗争后，复兴社在他们的刊物上，公开和《文抗》、《中苏》对立起来，说他们刊物所表现的是“集中路线”、“向心路线”、“民族抗战路线”和“三民主义路线”，《文抗》和《中苏》所代表的是“人民阵线的路线”、“离心路线”、“反三民主义的路线”、“民主路线”或“吕翦路线”。我们通过与徐庆誉、皮宗石、宾步程等人的接触，与该刊负责人进行个别交换意见和座谈，停止了他们在文字上对“文抗”的攻击。何键派的右翼分子，也在何键及刘子奇等面前，攻击“文抗”的活动“太嚣张”、“过火”。最恶毒的是CC派，一面派遣特务混入“文抗”各个组织内部，对群众进行造谣破坏和恐吓，甚至公开拿出手枪在“战时常识训练班”进行威胁和捣乱；我们依靠群众中的积极分子为核心，展开了反破坏的斗争，并将持枪的特务拿获、缴枪。在群众的斗争下，他理屈词穷，要求饶恕，不敢承认是特务。我们以“拿获汉奸”为名，通知警察局，逼其处理。一面他们又散布流言和公开攻击相结合，诬称“‘文抗’理事会不起作用”，“全由吕振羽、廖庶谦所操纵”，企图挑拨离间，进行破坏，并召开了一次除我与廖庶谦在外的大规模的茶话会，集中攻击我和廖庶谦。时为1938年5月。

作为CC的破坏和约束“文抗”活动的主要步骤还不在此，他们还拿“湖南各界抗敌后援总会”的牌子，来欺骗人民群众和约束“文抗”。在“文抗”成立和活动开始展开后，国民党湖南省党部便指使彭国钧、刘岳峙（均CC分子、国民党中委）、仇鳌等出面，约请各界人士开会，商讨组织“湖南各界抗敌后援总会”。由于何键、复兴社和CC的利害冲突，我们也在群众中进行了布置和宣传，这次会议不只毫无结果，且引起各方面的不满。CC在这次企图失败后，便于1938年春夏间，用国民党湖南省党部和省政府以行政命令的方式宣布“湖南省各界抗敌后援总会”（以下简称“抗总”）的成立和公布其《章程》，并指定以方克刚为会长；同时，宣布湖南“文抗”等抗日民众团体均归“抗总”领导，一切活动和财务也均须通过“抗总”。对此，省委决定，“文抗”一切照常进行活动，一面尽量利用CC、复兴、何派间的矛盾，一面尽量给“抗总”出题目，既要孤立它，又要尽可能促使它做些好事……我们根据省委指示精神，进行了有理、有利、有节的斗争。不久，“抗总”在CC反动作用下便归于瘫痪。

1938年7月，省委派我去邵阳筹办塘田战时讲学院，以后，“文抗”的活动情况，我便不清楚了。

四 “文抗”工作的成绩和缺点

抗战时期，文抗工作是我党在湖南革命工作的一个组成部分。“七大”后，在延安，湖南省委书记高文华同志主持下总结湖南工作时，也包括了对“文抗”的总结，大意是说：湖南文化界抗敌后援会艰苦地进行了很多工作，获得很大成绩，主要是开辟了湖南抗日群众运动，扩大了党的政治影响，为建党准备了条件，党对“文抗”的方针基本上是正确的，但始终没成立“文抗”党组，影响了党对“文抗”工作的具体领导；在CC策动所谓“反关门主义”的进攻中，若干进步人士也随声附和说什么“‘文抗’有关门主义倾向”，使“文抗”工作在一个时期陷于被动，党对这方面，在事先和事后都缺乏适当的安排，并表现一种右倾思想的倾向。

总结当时曾送交党中央。

1959年5月2日

（原载人民出版社《革命回忆录》第四期，1982年2月）

跟随少奇同志回延安[①]

前 言

抗日战争时期，党中央调少奇同志回延安，华中局决定一百多名干部随行，其中除柳岗等人外，还有吴信泉、王兴纲、贺绿汀、沈其震、崔义田等同志。出发前，华中局指示我们：这是一次极端严重而艰险的长途行军，每个同志都要把跟随少奇同志安全地回到延安，作为一项严重的政治任务。

当时知道这个消息的同志们，明知少奇同志回延安，对全国来说是一件大好事；但是大家的心情，却不免有些依依不舍。有的同志甚至要求自己随行，有的同志则在少奇同志临行之前，找机会去和他谈谈话。被指定跟随少奇同志回延安的我们，自然，心里都有说不出的高兴。这不但因为能够追随在我们敬爱的少奇同志左右，能够朝夕和他在一起，还由于能够回到革命圣地延安，见到我们敬爱的领袖毛主席！

少奇同志临行前，在苏北阜宁单家港召开华中局扩大会议，对华中地区过去的工作做了全面的系统的总结，对当前的工作做了全面、系统、细致而具体的安排。为着满足华中局和新四军军部各直属部门、单位及地方负责同志的要求，少奇同志分别同他们进行了谈话并对工作提出了建议。由于皖东北区党委、淮南区党委、淮北区党委和新四军第二师、第四师、独立旅有些负责同志

① 编者注：本文为吕振羽与江明合著。文中柳岗为吕振羽（在华中新四军时化名）。

没有参加华中局扩大会议，少奇同志又于行军途中，在淮北区党委所在地的周集，安排了同他们的一次会议和谈话。少奇同志离开华中地区后，也还是不断通过电报和信件指导华中的工作。

当时，从华中局所在地的苏北阜宁通往延安的路途，有许多走法；我们随少奇同志回延安的这条路线，是经过我党我军负责方面周密布置的，一共穿越了日伪军和国民党顽固军的一百零三道严密、险恶的封锁线；经历了跋山涉水、成年的艰苦的夜行军，何止万水千山！在炎热的暑天，爬过了高入云霄的太行山；在酷寒的隆冬，走过了晋西北的冰山雪地。一路之上，多次遇到日伪军的“扫荡”和顽固军的伏击……在任何艰险、复杂、困难的情况下，少奇同志总是非常镇定和乐观，对情况的分析明若观火，充满了信心，遇事都以党的利益、群众的利益为前提，处处关心群众和爱护干部，不容许损害群众的点滴利益，并且不知疲倦地用马克思列宁主义、毛泽东思想和党的历史，结合当前的具体情况和斗争教育干部。……在那样艰险的行军过程中，少奇同志随时随地深入地全面地进行调查研究，帮助当地党组织解决工作中的问题，贯彻和执行党的方针政策。因此，少奇同志回延安所经过的山东分局、湖西区党委、鲁西区党委、北方局、太岳区党委，以至晋绥分局，工作上都起了很大的变化，甚至起了转折性的作用。

这一切，都给了我们以极其深刻的教育和不可磨灭的印象。

党 籍

1942 年 3 月 18 日，少奇同志及随行人员从苏北阜宁单家港起程回延安。从此，我们开始了夜行晓宿的长途行军生活。

头一天就是夜行军。正是仲春之夜，满天繁星闪烁，田野里洋溢着花草的清香，阵阵春风拂面，使人感到心旷神怡。但是，我们并没有忘记，在祖国这样美丽的土地上，在我们前进的道路上，却分布着敌人一座座阴森森的碉堡，一道道严密的封锁沟和封锁墙。在铁路、重要公路两侧险要的地方，敌人的封锁沟有几丈宽、几丈深，里面放满了水；封锁墙高过一人。而在封锁沟和封锁墙的每一个通口上，都有敌、伪军日夜驻守和巡视着的碉堡，敌人就利用它来切断我们各个抗日民主根据地，企图分割、消灭我们各个抗日民主根据地。但是，由于我党、我军到处都和群众建立起密切的联系，紧紧地依靠群众，坚持斗争，敌人所设下的这些障碍，丝毫也阻挡不了我们的活动，更吓不倒我们。

在艰险的行军途中，少奇同志和我们经常随身携带着铲子，有时要把又宽又深的封锁沟铲开一个口子，人马才能通过；有时少奇同志和我们要从齐腰深的水沟里涉水前进。当我们从汉奸和大地主的庄子附近经过时，那些汉奸和大地主由于做贼心虚，不时从碉堡里盲目地放射土炮和枪弹。炮弹在我们身边不远的地方爆炸，子弹呼啸着掠过我们头顶。每逢这样紧张和惊险的场合，少奇同志总是显得那么沉着、镇静。他安详地对大家说：“不要怕，夜晚的枪弹是打不着人的。”我们每一个随从少奇同志的人员都觉得在少奇同志身边，无论碰到的环境多么艰苦，多么危险，都是能够克服的；少奇同志随时随地，特别是在险恶的场合，都给予我们以百倍的信心和勇气。

我们平安地到达了淮海区党委所在地——周村。

这一天，邓子恢、金明、刘震等同志正在向少奇同志汇报工作，有一位同志来找少奇同志，要求谈谈关于他的党籍问题。少奇同志立即叫柳岗去接见他，并且叮嘱说：“党籍有问题的人，心情常是抑郁的，你要很诚恳地接待他，让他心里有什么话都敢于向你讲出来。”

柳岗根据少奇同志的指示，接见了那位同志。通过谈话，知道他在第一次国内革命战争时期曾经参加过党；在第二次国内革命战争时期，他和一些同志在苏北涟水一带发动武装起义，失败后被捕入狱，出狱后未能接上组织关系，但他一直没有离开过革命工作。抗日战争爆发后，新四军进入苏北，他立即参加了工作，并积极要求解决他的组织关系问题。柳岗又仔细看了他随身带来的申请书和党委关于处理他的问题的材料，发现他在被捕入狱后，有些关键性的问题，已经没有人能够证明。

那位同志走后，柳岗向少奇同志作了详细的汇报。少奇同志听完汇报，沉思了一会儿，才郑重地对柳岗说：

“明天你去找他，再好好地详细谈一次，把他的话仔细记下来。他今天和你见过面，明天可能会和你谈得更多更深些。要想办法解除他的顾虑，让他把心里话彻底地大胆地讲出来。这对党有好处，对解决他的问题也有帮助。党籍问题关系一个人的政治生命，我们一定要很严肃地去对待，要给予极大的关切。一个人，要来革命，谁也没有权利拒绝他。你只有义务，以同志的态度，好好地去听取他的申诉，根据一定的原则，帮助他解决问题。”

柳岗接受了少奇同志的指示，第二天清早起来，匆匆地吃过饭，立即跑到几里路外的一个小学校去找那位同志。他就在那里工作。果然，他显得比头一天刚见面的时候心情开朗多了，神色也不像原先那样抑郁。谈话的内容，基本上和头一天所谈的一样；但是慢慢地，他终于又讲出了一些新的情况：原来，一些当初和他在一起进行斗争的人中，有几个叛变了。这个问题，他过去一直不敢讲，怕讲出来，把问题弄得更复杂，更不容易得到解决。这时，他一边讲，一边再三申明：对于找不到适当的人证明的几个问题，愿意自己提供保证；如果党将来发现他自己所讲的与实际情况不符，愿意接受党的任何处分。他的态度是诚恳的。

柳岗回到宿营地，把这些情况写了一份详细的报告，送给少奇同志。当少奇同志同邓子恢、金明、刘震等同志研究工作的会议结束时，不觉已是深夜了。少奇同志站起身来，在房间里踱了几步，然后回到桌旁，借着微弱的豆油灯光，看起这份报告来。他仔细地看完了这份报告和有关的申诉材料后，对柳岗说：

“这个问题一定要帮助他得出一个结果来。可是目前，我个人不能代表组织来处理这个问题。其中有些问题，淮海区党委也不能解决，必须经过华中局才能处理。同时，有些问题还需要经过反复缜密的调查，才能下结论。”

说完，少奇同志就在报告上批了几句话，大意是：建议华中局根据该同志提出的申诉和有关材料，认真进行调查，依据原则处理。然后，少奇同志把材料交给柳岗，并交代说：“你告诉他亲自到华中局去一趟。”

后来，在山东分局，我们接到了这位同志充满着激情和喜悦的来信，他说，经过华中局反复调查，他的历史终于搞清楚，问题已经解决了。他感激少奇同志对他的关切，表示今后一定更好地为党工作。

密切联系群众

我们跟随少奇同志离开淮海区党委，向山东根据地出发了。临行前，少奇同志对我们说："华中根据地开辟较晚，山东抗日根据地是老区，八路军也是老部队。我们到那里以后，首先要尊重他们，虚心地向老区多学点东西。"

经过两昼夜的紧急行军，大队人马来到了离陇海路三里左右的一个村庄里。大队部传令就地休息，再一次地检查通过封锁线的战斗部署。马上就要通过敌人严密的封锁线了。在陇海线上，敌人驻扎着重兵，修筑了一连串的碉堡；巡逻的铁甲车不时在铁路上出现。情况是险恶的，大家的心情既紧张，又严肃。

开始行动了。按照事先的安排，负责护送少奇同志的领导同志，把他所率领的两团兵力，分别摆在大队的两翼。到了距离铁路半里多路的地方，部队隐蔽下来，监视两侧的敌人碉堡。这时，负责护送的领导同志指挥另一部分勇士，出敌不意地径直插到前面的铁路卡子，把伪铁路人员全部绑了起来。一切都在沉静地敏捷地进行着。

前面布置妥当，一声令下："过封锁线！"

刹时，我们这支秩序井然的队伍，像一支穿云飞奔的火箭，神速地、静悄悄地强行通过了陇海路封锁线。

夜色漆黑，几步之外不见人影，后面的同志紧跟着前面的同志，两眼盯着联络信号——左腕上系带的洁白的毛巾；四野十分寂静，只听到轻微的脚步声，和行列中偶尔发出低沉的传达命令的声音。

经过彻夜急行军，第二天上午十点多钟，我们到达了山东军区滨海区边沿的一座小镇子。

在这边沿地区的乡镇里，经常驻有八路军的部队，我们到达的时候，就驻着一一五师独立五旅的一个连。这一带群众基础较好，我们的力量是很强的。我们一行人决定在这里吃午饭，休息一会儿，下午继续向山东分局进发。

同志们经过了一夜艰苦的行军，本来就已经十分疲倦了，现在来到安全地点，就像回到了家里一样，心里放下千斤担，又轻松，又踏实，有的人倒下头来就睡着了；有的同志连被包还没有顾得解下来，背靠在墙上就发出了鼾声。

大队为少奇同志准备了一间比较安静的小屋，想让他好好地休息一下，但少奇同志在屋里喝了一杯水，就走出去了，我们立刻跟着他走上街头。每到一个地方，少奇同志总要先观察当地的地形，并且尽可能地了解情况。

这个镇子很小，只有南北一条街道。少奇同志一面浏览着街道两旁的小卖铺和民房，一面仔细地察看着张贴在墙上的宣传画和标语：

"积极进行减租减息工作!"

"加强减租减息工作!"

少奇同志站在标语前面，微微倾侧着身子，沉思了一会儿，默默地说："积极地进行减租减息工作"，他回过头来，望了望我们，"这里的减租减息运动不知道搞得怎样了？这些口号是地方党组织提出来的呢，还是农救会提出来的？……"

这时，少奇同志的视线，又落在后面墙上的一张彩色招贴画上。这是一张天主教的宣传画，画端印着一排黑色的大字："升天堂之路"，一行穿着西装革履和长袍大褂的人，牵着服饰华丽的女人和孩子，在一条大路上正向着这几个大字奔去；与此相反，就在这幅画面的下端，却完全是另外一个世界：一群面黄肌瘦、衣衫褴褛的贫苦人民，正在凄凄惨惨地向着画面的下角走去，在他们前面，也是五个黑黑的大字："入地狱之门"。

少奇同志在这张画前端详了很久，然后回过头来对我们说：

"你们看，天主教这样反动的画，也贴到这里来了。从这张画上，我们可以看出他们在宣传上是挖空心思的，它的阶级性、目的性都非常明显。"

这时，我们这些随行的同志都仔细地倾听着，但有的同志对少奇同志的意思还弄不清楚，脸上露出困惑的神情。于是，少奇同志指着那张画解释说：

"你们看，要信他的教嘛，就可以上天堂。那些长袍马褂、西装革履、服饰华丽的老爷太太们，都是些什么人呢？还不是地主、资产阶级！而他们走的路是通向'天堂'的阳关大道。不信教的，也就是那些反抗他们帝国主义秩序的人，就要入'地狱之门'，走到阴森森的'地狱'里面去。"停顿了一下，少奇同志又带着启发的口气，望着我们继续说："这幅画采用的形式，使人一目了然，象这样的地方，我们倒可以向敌人学习。它是宣传宗教，为帝国主义和地主、资产阶级服务；我们呢，把它颠倒过来，让它为无产阶级服务。这不是挺好吗？"

我们听完少奇同志的话，感到少奇同志看问题总是那么深刻透彻。于是，我们小心地揭下这张画，把它保存起来。

这时，附近的一些老乡看到少奇同志和随行人员在街上逗留，便逐渐围拢过来。警卫员同志为了少奇同志的安全，尽量环绕在少奇同志周围。可是，少奇同志却有意地向老乡们靠近几步，接着，就和老乡们亲切地攀谈起来：

“日本鬼子和皇协军常到你们这儿来吧？你们生活过得怎样？……”

“敌人倒是常来咱们这儿，好在有八路同志给咱们保家乡，咱们不怕。”老乡回答时，还得意地做了个八字手势。

“首长，咱们还有不脱产的民兵哪！……”老乡们看到有几个挎着匣子枪的人站在少奇同志左右，猜想出这一定是位八路军的负责同志；而少奇同志任何时候都是那样诚朴，那样使人很容易和他接近。现在，谈话的内容又是他们最关心的事情，使老乡们感到特别亲切，所以越谈越有兴趣，人也围得越来越多了。

少奇同志从老乡们的生活，一直谈到村里有些什么人，开展了哪些工作。从谈话中，少奇同志了解到他们大都是农民，于是进一步问道：

“你们村里有农救会吗?”

“有，有农救会。”

“村里的老乡们是不是都参加了?”少奇同志接着问。

“都参加啦！只有老财不准参加，给鬼子当兵的人家也不能参加。”

“农救会开会不开会?”

“农教会倒是常开会，就是不怎么热火!”

“除了农救会以外，村里还有什么组织?”

“还有妇女救国会和青年救国会。”

少奇同志听了，微微点点头，目光又落在那两条关于减租减息的标语上。他指着墙上的标语，亲切地问道：

“这是你们贴的标语吗？你们不是说要减租减息么？现在减得怎样了?”

这时，站在远处观望的老乡也都拥挤上来了，人们越聚越多。显然，少奇同志的话触动了他们内心的深处。是啊，减租减息正是当时农民群众最关切的事情。

老乡们纷纷回答少奇同志说：

“我们村里已经减了!”

“我们也减了。”

有的则说：“我们也要减的。”

少奇同志听到老乡这些话，考虑到这里的减租减息运动可能还没有真正搞起来，而农民群众都有着强烈的要求，他于是问道：

“你们大家对减租减息怎么想法？老财他们愿意吗？”

许多老乡都回答说，他们完全拥护减租减息。也有的人说：“还没有同老财商量哩!”

“地主都跑到鬼子据点里去啦！你要减他的租，还能找到他？就是找到了，他也不肯回来!”说话的那位老乡，流露出气愤和惋惜的神情。

“是啊，这可不是件容易的事情!”好多老乡同情地说。

“我看，有八路同志给咱们做主，大伙儿能齐心，还怕他减不了!”另一位老乡下结论似地说。

少奇同志和蔼地微笑了，注意地看着那位说话的老乡。正在这时，一个警卫员同志从人丛中挤了过来：

“请首长吃饭去。”

少奇同志点了点头，依旧站在那里，继续和老乡们交谈，细心地倾听着他们的谈话，观察着他们的情绪。

过了一会儿，警卫员同志只好重复说：“首长还没有吃饭，吃完饭再来谈吧!。

老乡们也说：“首长，请回去吃饭吧！和你说话怪有意思的，可是让你饿着肚子，我们可过意不去。”

说着，站在少奇同志周围的老乡们，自动地让出一条路来。少奇同志这才同我们一起往回走。走在路上，少奇同志还不时地回过头来，望望老乡们；老乡们也都不停地向少奇同志挥着手。

少奇同志一边走，一边对我们说：

“这里是边沿区，农民对减租减息有着强烈的要求，可见我们党的减租减息政策是完全符合群众的要求的。”

少奇同志为党为人民的事业，忘了连夜急行军的疲劳，使我们也受到感染，不知不觉地忘却了疲劳。

匆匆吃过午饭以后，我们随着少奇同志，立刻离开这座村镇，出发了。

一路上，少奇同志还在思考着和老乡们的谈话。他对我们说：

“关于这个地方的减租减息情况和老乡们的反映，沿路都可以考察，从考察中可以使我们在思想上受到启发。毛主席随时随地都注意了解情况，掌握情况，研究情况，从中发现问题，提出解决问题的正确办法。大家都应该好好学着这样做。”

少奇同志就是学习毛主席的最好的榜样。每到一处坐下来喝水时，他都要找老乡交谈，指着墙上贴的标语或者其他的东西，向老乡们提出一些问题。当我们根据少奇同志的指示，学着这样做起来的时候，少奇同志就说：

“很对，我们应该找一切机会和老乡交谈，看看党的政策贯彻得怎样，群众的反映如何。看看他们村里的减租减息究竟搞了没有，搞得怎么样；还可以进一步观察基本群众的要求，中农的态度和其他阶层的反映怎么样。总之，我们随时随地都要接近群众，从群众那里学到东西，随时随地都要了解、收集情况，提供给党作为制订政策、部署工作的参考……一个好的共产党员都应该这么学，这么做。”

少奇同志经常拿毛泽东的思想和工作作风来教育我们，而他自己就正是掌握了毛泽东思想的精神实质，像毛主席那样来进行工作的。少奇同志的这一切活动，给我们的印象很深，教育意义很大。我们深深感到跟随着少奇同志，随时聆听他的教导，真是多么幸运啊！

晚上，我们到达了宿营地。又经过了大半天的行军，大家都希望少奇同志早一点歇息。但是，少奇同志却不肯休息，刚刚安顿好住处，就又找老乡谈话去了，并且再三叮嘱我们也分别去和群众攀谈。

这个地方所反映的情况，和那个镇子上的情况基本上一样。不同的是，那个村镇是边沿地带，这里是根据地里面。我们在这里还发现了一个新的情况：群众和农救会还没有发生血肉相连的关系，还没有把农救会看成他们自己的组织，甚至有个别人连农救会究竟在干些什么都不知道。

我们向少奇同志反映了这些情况。他注意听取了我们的汇报，然后说道：

“要使群众把农救会看作是他们自己的组织，这不是个简单的问题。农会必须真正代表了他们的利益，真正为他们办了事，他们才会把农会看成是自己的组织，爱护这个组织。这样，农会才能有力量。”

我们都听得入了神。少奇同志接着又指示我们说：

“减租减息是我们目前的根本性政策，是我们党单独提出来的。你们到了分局以后，要更多找些干部和老乡谈谈。了解情况也不是容易的。要从各方面的人去了解，从各种各样的意见上去了解，从而分别真伪，发现问题。”

第二天一早，我们又启程了。一路上和昨天一样，注意了解情况和收集群众反映。当天下午，我们终于到达山东分局所在地——东海县的诸繁。当时八路军一一五师师部也驻在这里。我们随少奇同志住在这里，大队人员分散住在距诸繁约五里地的西盘等几个村子里。

少奇同志住下后，对住在附近村庄的随行干部们说：

“你们住在那里，能更好地了解情况，向老乡们学习。要深入学习，必须深入群众，深入了解情况。我们在路上听到了一些关于减租减息的情况；你们在这里也可以了解一下，看看情况是不是一样，必要时好向分局汇报。要老乡们讲真心话，是不容易的，尤其是对拿枪的人。但是，我们是人民的武装，只要让老百姓真正认识到这点，他们是会讲真心话的。”

随行人员听了少奇同志的指示，都高高兴兴地走了。

螺丝钉

由于连日连夜急行军，一路上生活又比较艰苦，随行人员中，有几个勤杂同志和干部生了肠胃病，肚子泻得很厉害。少奇同志知道后，每天都派人去看望他们。过了几天，那几个同志的病情仍不见好转，少奇同志又叮嘱我们要很好地照顾他们，不要让病再继续发展，在饮食、卫生等方面好好安排，使他们早日恢复健康；并要我们别给山东分局和一一五师师部添太多的麻烦。同时，他还要我们把山东分局为了照顾他的身体所准备的一些食品，分送给病员们吃；把华中局特为他准备的一些药品，拿去给病员服用。

听了少奇同志的话，我们思想上是有些顾虑的，觉得把一些食品分送给病员还可以，但是对于拿出药品，就有些犹豫了。那时候，根据地里不能制造药品，因为少奇同志肠胃不好，返回延安的长途行军是极其艰苦的，华中局特地从敌伪占据的上海，设法搞到这一点药品，准备少奇同志在路上服用。这些虽然是简单的成药，可是在当时的环境下，是很宝贵的。考虑到这里，我们当即向少奇同志提出：

“把吃的东西送去给病员，药还是不要送吧。到延安路途很遥远，你的肠胃又不好，万一在半路上病了，找不到适合的药品，怎么办？从党的利益出发，我们觉得保护你的身体是特别重要的。”

少奇同志听了，随即恳切地告诫我们说：

“这些药目前就摆在这里，可是，你们却要留给现在没有病，准备给将来可能病的人去用。药，本来是给病人吃的，不应该眼看着有病的人不给吃，而给没有病的人准备着。药本来就是治病救人的嘛！凡是参加革命的人，任何一个人都是革命大家庭的一员，病了应该吃药，我们应该设法找药给他们吃。”

少奇同志的话，使我们又感动又惭愧。少奇同志无处不在深切地关心干部，他总是把自己放在群众和同志之中，把自己当作普通的一员，从来没有丝毫特殊。他对同志的关怀是热忱的、忘我的。

病员们得到少奇同志送去的药品和食物，很是感激，大家的心情舒畅，不久，病情都有了好转，慢慢地恢复了健康。

根据山东分局了解的情况，从山东到延安这条路上，到处是敌人的封锁线，到处爬着乌龟壳似的碉堡，战斗十分频繁和紧张。有些地方，我们必须从敌占区经过，而过去还没有负责干部在这条路线上走过，路上的情况也不够清楚。山东分局和一一五师的负责同志们认为少奇同志返回延安，必须经过周密的调查研究和布置，然后才可以走。因此，我们只好在山东分局暂时停留下来，等待时机再走。

我们跟随少奇同志来到山东的，连同干部和勤杂人员，共有一百多个同志。当我们在山东分局住了一个时期后，就发现事务、机要等人员中，有一些同志不大安心自己岗位的工作，他们认为做这类工作既枯燥，又没有什么大的前途，不如到前线去轰轰烈烈地干一番好。同时，在个别干部中间，也有一些不够团结的现象。

少奇同志很注意这个问题，他嘱咐柳岗：

“你好好了解一下，帮他们解决一些问题，这里面有些同志参加革命的日子不多，他们只知道抗日打鬼子，共产主义思想还没有真正树立起来，我们必须好好帮助他们，提高他们的觉悟。对干部，共产主义教育是非常重要的。”

少奇同志叫柳岗先找几个负责同志了解情况，和他们谈心；然后，再找一般干部谈，包括饲养员和勤务员在内。要多听听各方面的意见，不要偏听偏信。

过了两天，柳岗把各方面的情况向少奇同志做了汇报。少奇同志说要亲自和他们谈谈。第二天，他叫我们把那些单位的几个负责干部请到他那里去。

当那些同志来到少奇同志的住处时，少奇同志亲切地招呼他们坐下，给他们倒开水（那时候我们是没有茶叶的，能喝到开水已很不容易了），随后请他们谈谈自己单位的工作、生活和干部思想情况。

在少奇同志面前，谁不愿意把自己心里的话向他诉说，谁不愿意把自己心里的问题提请他解决呢?！因为他是那么尊重每个人，保护每个人合理的自尊心，即使你犯了错误，他也从不会用任何侮辱性的话来刺伤你，或者给你扣帽子，而是孜孜不倦地诱导你自己去达到正确的认识，启发你自己去发现错误及其根源，鼓舞你纠正错误的信心和力量，帮助你卸下包袱，轻装前进。

少奇同志仔细地听完了每个人的汇报，然后恳切地向在场的干部们说：你们的工作，都是革命工作。你这部分工作能不能做好，从你这一部分来看，问题是小，但如果从革命事业的全部来看，问题就很重要。你这部分搞不好，旁的部分就要受到影响。你这部分工作能不能做好，首先就要看你这里党内是否团结得很好。共产党之所以战无不胜，就由于能把千百万群众团结到自己周围。必须党内团结得很好，才能去团结群众。共产党如果不能把群众团结起来，任何工作都是毫无作为的。党内是否团结得好，又要看那些负领导责任的同志们是否团结得好。

少奇同志站起身，在房间里来回踱了几步，又给他们倒了一些开水，接着向他们郑重地指出：团结，这是我们党的根本性的问题。每个共产党员思想意识纯不纯，都要在这个问题上受到考验。他说：

“革命嘛，是为了劳动人民的利益，无产阶级的利益，也就是我们平时所讲的为了党的利益，集体的利益，我们不是为了什么私人贪图来参加革命的。你要搞共产主义嘛，那么，个人主义的东西与共产主义就是不能相容的。”

少奇同志稍停了一停，启人深思地接着说：

“如果真正树立了共产主义思想，那还有什么个人问题在脑子里作怪呢？那么，同志之间还会闹什么关系呢？有些同志说：‘我为革命什么都可以牺性，甚至生命也可以牺牲的，但就是这一点，在个人的感情上想不通，受不了委屈，忍不了这一口气。’这说得通吗？这样小小的一点个人利益、个人感情都不能牺牲，那还能牺牲什么呢?”

说到这里，少奇同志慈祥地看着他们，询问说：

“你们说是不是呢？我说了这些，你们的意见怎样？”

少奇同志的话是那样简单明了，又是那样使人感到极大的感召力和说服力。他的明智和语言具有极严密的逻辑性，对问题的解剖分析，像剥笋一样，一层层剥露出问题的核心，使人们感到这些话是极其真实和充满了力量，是经过了斗争烈火的考验，在党性原则基础上的至理名言，它给每个共产党员以明镜和准绳，启发每个共产党员自觉地去检验自己。大家听了少奇同志的话，思想上都明朗起来。又看到少奇同志那种慈蔼恳切的神态，心里都十分感动。这时，每个人都看到少奇同志的目光正对着自己，这目光是如此严肃和慈蔼，充满了对同志的信任和期待。它又像一道温暖明亮的阳光，照透到自己的心里。他们都站起来向少奇同志表示，一定要牢牢记住少奇同志的教导，并把它贯彻到工作和生活中去。

临走时，少奇同志又叮嘱他们说：

“如果是这样，你们回去以后，都可以找自己单位的同志们开开会，把勤务员、饲养员都找到一起，负责干部先做自我批评，解除大家顾虑，然后让大家开怀谈心，谈谈自己的思想问题和工作意见，看看问题到底在什么地方。负责干部要求自己严格些，能进行自我批评，那不会降低什么威信的。必要时，为下面干部的过失担负些责任，也不会背包袱的。”

他们回去后，按照少奇同志的指示开了会，同志们把自己的思想情况都谈了出来，开展了批评和自我批评，同志间的关系比过去融洽了，但希望转业的思想仍未解决。少奇同志又要柳岗分别找那些思想问题较严重和一些认识较正确的同志，进行个别恳谈，然后把他们找到少奇同志那里去。

开始，有的同志还不免有些拘束，但由于少奇同志那样和蔼亲切地接待大家，启发大家谈话，使大家感觉到就好像在一个很熟悉的普通同志面前一样，自然而然地，大家都变得活泼起来，毫无拘束地把自己的心里话谈出来。

少奇同志在他们谈过以后，对于他们正确的意见和思想中的一些积极因素，加以肯定和鼓励；同时针对他们中间不安心平凡工作的思想，深入浅出地进行启发教育。他的态度既认真，又亲切，大家都信赖地望着他。他说：

“这也难怪，你们参加革命不久，受的锻炼也不够。这种思想，要用党的观点来看，从无产阶级的立场来看，才能正确地认识。”他举例说，“党，是个有机体，社会也是有机体；无产阶级在生产劳动上，都是由机器把每个人的工作岗位固定下来的，无产阶级的经济斗争、政治斗争，都只能集体去进行，才能解决问题。”

他停顿了一下，眼睛注视着大家，饶有风趣地说：

“你们见过机器吧？机器都是由各个部件和零件装配起来的，它们分工合作，缺少哪个部件都会受到影响，哪怕是一只螺丝钉。我们都知道，我们共产党是无产阶级的党，党的每项工作都是革命事业的组成部分，都是不可缺少的，每个工作岗位都是重要的。”

少奇同志转过头来，微笑地对坐在他身旁的同志说：

“你说电台工作重要不重要？”他又看着另外一位同志，“你说刻蜡版重要不重要？”

等待了一会儿，他继续说下去：“我看都重要。每个干部在工作职务上纵然有所不同，但都是在发挥一个螺丝钉的作用。从作为一个螺丝钉的作用来说，本质上都是平等的，没有什么高低贵贱之分。而你对革命的贡献，首先也就是看你怎样发挥螺丝钉的作用。只要把工作做好了，就是人民的好勤务员。毛主席常常说：在我们这里，真是三十六行，行行出状元！”

小屋里静静的。少奇同志点燃了一支香烟，吸了几口，若有所思地对大家说：

“在这里，我想给同志们讲一件事情，说明一个好党员不管是在什么样的岗位上，担任什么工作，都能对革命做出重要贡献。我们党的领袖毛主席在中央苏区工作的时候，由于“左”倾机会主义分子的决定，让毛主席离开中央领导岗位，到兴国县农村去工作。当时，毛主席就去了，并且作出了卓越的贡献，特别是兴国农村调查报告，这个报告是活的马克思主义，它给我们党的调查研究工作开创了正确的方向。可见，问题并不在于做什么工作，而在于一个人对革命事业是否无限忠诚。作为一个革命战士，作为一个共产党员，不论是把你摆在任何岗位上，你就是一个螺丝钉，你就要很好地尽你的螺丝钉的作用，恪尽职责，这才是你时时刻刻应该考虑的问题……”

说到这里，少奇同志微侧着头，问大家：

“你们说是不是呢？”

听着少奇同志亲切的、耐心的谈话，同志们的脸色渐渐开朗了，心情也显得很舒畅。有几个年轻的同志，眼睛里闪着泪花。他们听到少奇同志问自己，异口同声地说：

“是的！”

“首长这一说，我们真开脑筋了！”

这时，少奇同志也显得很高兴。他站起来踱了两步，环顾大家说：

“很好，你们自己明白了，回去后再和旁人谈谈，提高了自己，又帮助别人提高，在我看来，这是很快乐的事情。”

当同志们回去时，夜已很深，皓月当空，银光把大地照耀得亮晶晶的。一路上，有的同志安静地走着，若有所思；有的同志兴奋地诉说着自己激动的心情：

“嗨，真解决问题！”

“句句话说到了我心里。”

“首长可真是诲人不倦啊！在他面前，我真是什么都愿意说。要不是怕影响他休息，我真不愿意走哩！”

“这次回去，可得好好发挥螺丝钉的作用了！……”

调查研究

一天晚上，柳岗坐在桌旁，就着豆油灯光，正在聚精会神地看书，不觉有人来到身边，轻声问道：“你在看什么？”

这正是少奇同志。

柳岗站起身来，一边把书放在桌上，一边回答说：

“我在学习《中国革命和中国共产党》。”

少奇同志微笑着说：

“很好。要好好学习，反反复复多读几次。这是马克思主义与中国革命实际、中国历史实际结合的典范。”

柳岗望着少奇同志说：“它的分析和论断都是极其深刻的。读过几遍，总还想读。”

少奇同志点点头说："对，中国人这样深刻和正确地认识自己，这是从来没有过的。自古以来，中国人谁曾这样深刻地正确地认识过自己呢？它不仅是中国的历史，而且是中国的马克思主义的历史，是中国革命的科学的总结。"说到这里，他看着柳岗笑了笑，"毛主席号召大家学历史，这很重要。你不是也喜欢历史吗？我们首先就应该着重学习这样的文件来提高自己。"

停了会儿，他加重语气说道："这个文件，我看是解决了中国革命的理沦问题，解决了中国革命的战略和策略问题。只要全党好好学习它，党的骨干都能掌握它，按照这样去做，就能不犯错误或者少犯错误。中国革命的胜利是不成问题的。"

在谈话中，少奇同志反复地指出：要好好地学习，好好地体会它，只要把它读透，能掌握它的精神实质，就能懂得怎样把马克思主义理论应用到中国革命的实践中去，就能懂得中国革命的战略策略问题。要多读，要联系中国革命的实际去读，要联系当前革命斗争的生活实际去读。读的时候，最好根据自己的体会写笔记。

"你记笔记了没有？"少奇同志问。

"随手记了点。"

"对，要记笔记，要写得真实。过一个时期，把这篇文件再读一次，读过以后，看看自己原来的笔记，这样可以提高自己的认识；有了新的认识，再来写笔记，又有了新的提高。这样学下去，一次会比一次深刻。"

当时，我们和山东地区的干部一起，都在学习党中央关于增强党性的决定和关于调查研究的指示。在学习中，有的同志提出：怎样才能正确了解党的方针政策？怎样正确地贯彻党的方针政策？怎样才能使自己在贯彻党的方针政策中不犯错误？有一次，我们把这个问题提给了少奇同志，请他帮助我们解决。他听后点头说："这问题提得很好。"

少奇同志接着做了这样的解释：我们现在讲的党的方针政策，是指的正确的方针政策，毛泽东同志所代表的正确路线。以毛主席为首的党中央制定的方针政策，是反映客观规律的东西，是真理。所谓真理是什么？就是用科学态度揭示出来的客观规律。我们党的方针政策，以毛主席为首的党中央所制定的方针政策，是客观规律的真实反映，所以它是科学的，是战无不胜的。这不是空话，而是由于我们对客观形势做了全面、科学的研究和分析，所得出的必然结果。少奇同志谈到这里，谦虚地问："你们看是不是这样？"

这时，大家正忙于把少奇同志的指示记录下来，还没有来得及去考虑回答少奇同志提出的问题，我们只好以点头表示领会。

少奇同志脸上浮着微笑，轻轻地弹着香烟上的烟灰。在这短短的时刻里，往往就是他敏捷地发现和思考问题的过程。他看着我们期待的神情，又耐心地谈到了如何贯彻党的方针政策的一些具体问题。他说，党的路线，党的方针政策，都是根据全国的情况制定的，体现了全国一般的共同特点。因此，我们在体会、掌握这些方针政策的时候，一定还要和具体条件、环境、地点、时间适当结合起来。比如说，全国是一个整体，它有着一般的共同特点，但各个省、各个解放区却都有它不同的特点；而一个省内，各个专区、各个地委也都会有不同的特点；各县以至于同一个县的各个区、乡，都有不同的地方；你们看有两个村子完全一样的吗？这个村和那个村的减租减息运动，虽然有他们共同的特点，但也还有它的不同之处。所以在贯彻党的方针政策的时候，一定要结合具体情况。因此，因地制宜，这样才能使党的方针政策发挥应有的威力。如果是用这样的方法去贯彻党的方针政策，那么也就可能少犯错误或不犯错误。

少奇同志稍停了停，最后简明扼要地结束了这一次的谈话。他说：党的方针政策根据群众的要求制定出来以后，一方面当然要组织干部学习，另一方面还要提交给群众去讨论和实践，在群众那里经过考验，证明这些方针政策是正确的，然后才进一步去发展它。毛主席说的，从群众中来，到群众中去，集中起来，坚持下去，也就是这个道理。总结经验也就是对我们的方针政策的进一步的提高和发展。

在整个学习过程中，少奇同志来看过我们几次。有一次，少奇同志看到我们正在学习中央关于调查研究的指示，就和我们谈起了有关调查研究的问题。少奇同志告诉我们，毛主席一贯重视调查研究，而且善于调查研究。做不做调查研究，如何做调查研究，这是世界观的问题，也是马克思主义的立场、观点、方法和非马克思主义的立场、观点、方法的基本分歧。我们是要用马克思主义的态度，为了解决问题而去进行调查。通过这种调查，去抓活的情况，活的思想；抓群众现实生活里的问题和要求；抓各阶级、各阶层乃至于地主、资产阶级、个别人之间的关系和问题，然后再去进行马克思主义的分析。正因为我们进行了这样的调查研究，所以对现实生活中的问题认识得就更加准确，使我们更加理解党的方针政策的正确性；知道在具体的情况下，如何贯彻党的方针政策，如何使党的方针政策适合于具体的情况。在贯彻党的方针政策中，也使我们胸有成竹：应该依靠什么人，应该怎样去组织力量进行各种斗争。

少奇同志说：调查研究的方法很多，我们要学会用毛主席的方法去进行调查研究。毛主席的方法是要深入下去，从多方面了解情况，不要偏听偏信。一方面从个别人那里了解；另一方面要开调查会、座谈会，多方面情况的汇集，就能挖掘出真实的东西来。我们应该把调查研究得来的材料加以鉴别，加以分析判断，看出哪些是真实的东西，决不能被不真实的东西所蒙蔽；如果被不真实的东西蒙蔽了，那就要在工作中犯错误。但如何使调查得到正确的材料，除了工作方法外，还有思想方法问题，实际上也反映了立场问题，看你用的是辩证唯物主义的方法呢，还是唯心主义的方法？如果是后一种方法，那得到的材料就是不真实的。

开展减租减息运动

少奇同志来到诸繁以后，山东分局和一一五师的罗荣桓、朱瑞和萧华等同志都接连来向他汇报情况和工作。听了同志们的汇报，少奇同志知道山东地区的减租减息运动还没有真正开展起来。在减租减息的问题上，分局的负责同志中有不少很好的意见，特别是罗荣桓同志，他提出了很精辟的见解。罗荣桓等同志的意见是：放手发动广大农民群众，大搞减租减息，通过轰轰烈烈的减租减息运动把农民运动开展起来。但是，当时分局的个别负责同志也有这样的看法：首先把妇女和青年发动起来，农民运动和减租减息也就好搞了。少奇同志仔细地倾听着他们的意见，不时还提出一些启发性的问题，让每位同志把意见讲得更深入更具体。最后，少奇同志说：

“很好，这些都是极关紧要的问题。现在我对情况的研究还不够，我争取尽可能在这儿多住几天，和你们一起研究一下，这很有好处。”

山东分局和机关、部队、群众团体各系统的干部，听说少奇同志住在诸繁，都纷纷来找少奇同志和随行干部汇报情况，提出自己对群众运动的看法和意见。凡是要求会见的干部，少奇同志都要挤出时间一一接见他们。

为了进一步研究山东地区的问题，少奇同志指示我们，要山东分局把党政军民的有关材料都送来，把分局的机关刊物《斗争》也找一份全的来，分给我们进行研究；同时，还要我们和分局各部门的同志分别谈话。少奇同志告诉我们说：看这些材料，要注意抓问题，抓政策，抓执行情况；研究每个时期是怎样贯彻和体现中央方针的；对工作方式方法也要注意研究。少奇同志再三叮咛我们：

“政策，这是中央规定的；你们主要注意研究贯彻中央政策的具体方针以及执行政策的情况，特别要注意各阶层群众的反应。”

我们根据少奇同志的意见，从山东党的历史上着手，对全部材料进行了系统的研究。在研究材料的过程中，有关建党、军事斗争和群众运动的重要材料，少奇同志都要亲自过目。少奇同志从群众和干部的反映中，从材料的分析中，加上亲自调查研究，已经掌握了整个山东地区的基本情况，找出了工作中关键问题所在。可是，少奇同志仍然不轻易的下判断，而是采取了极其严肃慎重的态度，来处理这些问题。少奇同志经常对我们说：从群众中来，到群众中去，是毛主席经常教导我们的群众路线的工作方法。几十年来，我们党由于坚持了这样一个正确的路线，挽救了革命，发展了革命，使革命从胜利走向胜利。这是马克思主义最根本的东西，也是我们党最根本的东西。

一个时期以后，少奇同志经过反复地研究，对问题考虑成熟了，决定找山东分局的负责同志们来开会研究。

那是一个晴朗的上午。少奇同志刚吃完早饭，山东分局的罗荣桓、朱瑞、萧华等同志来到了，大家就围着一张四四方方的饭桌坐下来。

会议开始了。少奇同志以他那一贯的民主方式和谦虚的作风，让每个同志把自己所掌握的情况和看法，尽量谈出来。少奇同志认真地倾听着，时而作些笔记，时而插几句话，使每位同志都能够畅所欲言。

当会议讨论到发动群众进行减租减息时，有个别同志提出：进行减租减息是否要跟山东参议会商量和提请参议会讨论通过的问题。

少奇同志沉吟了一会儿，抬起头来，极其严肃地说：

“减租减息的政策是我们党单独提出来的，在执行中到底要不要取得参议会的同意，你们可以研究一下。我看，问题是比较明白的。同时，到底是在党的领导下开展减租减息运动，就是说，依靠群众自己去解决问题呢，还是把减租减息运动仅仅作为我们的一项一般的工作来看待?”

少奇同志谈到这里，稍停了一下，看了看大家，然后用商量的语气说下去：

“我们发动群众来抗日，群众运动的中心环节是什么?是主要通过搞青运、妇运来带动整个运动呢，还是把农民运动开展起来，也就是通过轰轰烈烈的减租减息运动把农民运动开展起来?”少奇同志的话，越说越有力了，“我看，就是要轰轰烈烈开展大规模的减租减息的群众运动。道理很明显，把农民发动起来了，他们的老婆和孩子也就跟着起来了。这是我的意见，对不对，同志们可以研究。我们每个人都可以深入考虑。你们都是在山东工作的，都是掌握了情况的，可以深入分析一下。马克思主义的真理只有一个，党对于解决每个任务或问题的正确的政策只有一条。我相信，经过研究后，大家的意见会取得一致的。”

会议连续开了两天，经过少奇同志不断启发，大家对党的抗日群众运动和方针政策的精神，思想上都比较明确了，对一些有关问题的认识也比较清楚了，意见逐渐取得了一致。最后，少奇同志做了总结发言。他指示山东分局要坚持党中央规定的方针政策，坚决把减租减息运动轰轰烈烈地开展起来。少奇同志强调说：

“政策是中央规定的，丝毫不能打折扣，至于在你们这里如何具体贯彻，我的意见，你们还可以研究。我今天的发言，也可以研究；如果你们同意的话，请分局讨论一下，并向中央报告。”

山东分局讨论了以后，完全赞成少奇同志的意见，并且布置了一个干部会，请少奇同志做报告。

这一天，少奇同志向山东分局县级以上干部做了关于全力开展减租减息运动的报告。报告中对山东分局如何贯彻中央的方针政策，做了全面的具体的指示。这个报告使山东地区的工作起了一个根本性的转折。

报告完了以后，少奇同志对山东分局的同志和我们说：

“我这个报告对这里的工作合适不合适，干部们听了以后有些什么反应，请你们去了解一下，告诉我。”

我们和山东分局、一一五师政治部的同志们了解到，所有参加干部会的同志们都反映少奇同志的报告很好，解决了山东长期以来存在的问题。他们说：

“报告真解决问题，以后工作就有办法了。”

“这次会议将标志着山东地区工作的一个转折点。”

“听了胡服同志（少奇同志当时在敌后用的代名）的报告，就像听了毛主席的报告一样。”

山东分局讨论了少奇同志的报告，并且根据报告的精神做了决定，贯彻执行。山东分局和少奇同志的报告的精神传达下去以后，干部和群众的热情都高涨了起来，对开展减租减息运动有了信心和办法。

我们把这些情况汇报给少奇同志。少奇同志听过汇报后，又找了分局的同志来，根据山东的情况和其他地方的情况，和他们研究如何具体贯彻中央的方针政策，并和朱瑞同志做了多次长时间的谈话。少奇同志说：

“现在运动很快就要开展起来了。目前，减租减息就是你们这里的中心工作，所有的工作都要围绕着这一中心来做。要全党来抓，党政军民各方面的干部一起来抓这一工作。你们自己也可以亲自下去走走，了解情况，帮助工作。柳岗也跟你一道下去。”

少奇同志望了望柳岗，又接着说下去：

“在运动全面开展以前，要训练一大批干部队伍，去深入发动群众，开展减租减息运动。可以调几百几千干部上来，训练一两个星期。要把党的方针政策以及具体贯彻方针政策的方式、方法都告诉他们，还要根据各县各村的一般情况和不同情况进行分析。总之，讲得越具体越好，甚至关于如何跟农民谈话，也可以写些东西给他们参考。”

少奇同志望了望朱瑞同志，又说：

“我们在华中地区就是这样做的，你们是不是也可以参考一下？”

“都要讲些什么，您能具体谈谈吗？”朱瑞同志恳切地望着少奇同志问道。

少奇同志仰头想了一下，说：

“大概有这样几点内容……”

朱瑞同志赶紧取出自来水笔和笔记本。

“不过，还要结合你们山东的情况。”少奇同志开始说下去，“我们在华中时，都是把地区划成一片片的，每一片地区，每一个村子，集中力量搞重点。有时，先攻薄弱环节；有时，先攻下阻力比较大的重点村。究竟怎样搞法好，这就要看怎样搞对带动全面运动有利。在搞重点的时候，就要集中力量把重点村搞深搞透。在重点村周围的村子里，每个村子都派一个人住在那儿，找一间房子办公，公开挂上‘××村农救会减租减息运动询问处’的牌子。派去的干部，旁的事也不必管，专门了解各阶级各阶层对重点村的反应。特别要注意贫雇农和地主的反应。看看贫雇农有些什么积极的表现，还有些什么顾虑。汉奸、地主有什么反应，他们如何处心积虑地进行破坏。中农和知识分子的反应如何，等等。这样，就可以掌握一些情况和扩大我们的影响。”最后，少奇同志着重补充说：

“同时，还要特别注意贫雇农中涌现出来的积极分子，作为将来培养的对象。”

山东地区的减租减息运动，在少奇同志亲自领导下，如火如荼地开展起来了。

在运动开展的过程中，朱瑞同志经常来向少奇同志汇报。少奇同志总是仔细倾听着，帮助朱瑞同志研究情况，估计形势，特别注意了解各阶层的动态。在运动开展起来后，曾发生了个别过“左”的行动。少奇同志听了汇报后，对朱瑞同志说：

“运动总是曲线进行的。群众起来后，过‘左’一点，是合乎客观规律的。问题在于领导上要掌握稳方针政策。既要掌握稳方针政策，又不容许挫伤群众的斗志，不容许向群众泼冷水，——泼冷水是罪过，——这样，才能使运动健康地轰轰烈烈地开展起来，才能搞得又深又透。”

在运动过程中，少奇同志指示我们经常了解情况向他汇报，并及时给予分局的工作以指导。他还指示我们，通过山东分局把运动开展得好的、中等的和最差的典型县份的县委书记、区委书记、村支书和农会主席各找两三个以至五六个，和他们恳切地交谈，问他们执行政策的情况怎么样，执行得好或执行得不好的关键在哪里，向他们询问各阶层、特别是基本群众的反应怎样。有时少奇同志还亲自同他们交谈，并郑重地对这些县区村的干部们说：

“一定要通过群众自己的手解决问题，同时要通过农会去做；要在党的领导下把农会壮大起来，巩固起来，让农民真正把农会当成自己的组织。”少奇同志告诉他们，这一点很重要，一定要十分注意。他们向少奇同志提出了不少问题，都及时得到了满意的解答，提高了信心。

在运动中，少奇同志还亲自到东盘、黑林子、夏庄等村庄深入了解运动开展的情况和政策执行情况。

朱瑞同志和柳岗从下面回来后，把了解到的情况向分局汇报了，分局又做了讨论。我们把这些情况都汇报给少奇同志。少奇同志很高兴地对朱瑞同志说：

“我看，这次运动搞得很好，山东根据地可以扎下根了！”少奇同志沉吟了一下，又说，“但还有些不够的地方，有些村、区、县份还没有搞深搞透。你们要趁热打铁，在运动胜利的基础上把搞得好的，进一步深入巩固，把差的提高到好的水平，使落后的赶上来。这就需要继续不断地进行艰苦、深入、细致的工作，如果不做工作，还可能垮掉的。你看，是不是把那些好的经验推广介绍一下？另外，在运动中经过锻炼，有许多干部得到了提高，获得了经验。是不是可以把干部调动一下，把那些搞得好的地方的干部，调一些到领导力量较弱的地方去；同时，把那些搞得平平的甚至不好的地方的干部和群众，找一些到好的地方去，让他们从实际中开开眼界，学习学习，让他们看一个时期，懂得群众运动到底是怎么一回事以后，再把他们调回去。这样，就可以使搞得平平的地方，赶上来搞深搞透；较差的地方也能跟上来。”

山东分局按照少奇同志的指示做了以后，实践证明，少奇同志的指示是正确的。

不久，日本鬼子向我山东根据地进行“扫荡”。在反“扫荡”中，少奇同志和我们随着一一五师师部，由诸繁转移到了东盘。傍晚，忽然从南面传来了枪声。由于敌情很紧，当夜我们即急行军向诸城黑林子村转移。

一到黑林子村，引路的同志急匆匆地带我们来到一个贫农家里休息。当我们走进老乡家里时，他们正忙着腾房子。老乡全家五口人，住着两间小北屋；里间的炕上，躺着一个老汉，口里哼哼唧唧的，看样子正害着重病。原来，这位老人已经病了好几个月。这时，他的儿子和儿媳妇正要把老汉搬到他们自己住的炕上去，好把里间让给首长住。少奇同志发觉后，急忙摆摆手，制止说：

“赶快别搬，让老人家好好躺着。”

他回过头来，望着我们说：

“怎么能占用病人的房子呢？病人是需要舒适和安静的。我们什么地方都可以睡，就是一夜两夜不睡觉，又有什么关系！”其实，少奇同志已经好几天没有好好地睡觉了。

这时，我们看见那对朴实的青年农民夫妇，激动地站在一旁，两眼望着少奇同志说：

“首长，你们为我们老百姓没明没夜地干工作，打鬼子，真够辛苦了。我们随便凑合几天，腾出间把房子，让你们好好歇一下，难道还不应该?”

少奇同志听了，态度和蔼地安慰他们说：

“你们的心意我明白，可是我们应该这样做。我们不能占用病人的房间，影响了老人家养病。”

第二天清早，少奇同志就吩咐我们到师部医务所去，找医生来给老汉治病。

我们在黑林子村停留了近一个星期，老汉经过师部医生的治疗，病逐渐好了起来。这家老乡和我们建立了亲密的友谊。老乡吃糁子煎饼、大葱、黄酱等饭食，一定要送一些给少奇同志和我们。

当时，正在发动减租减息运动。我们转移到黑林子村后，即在群众中进行布置和动员；这一对青年夫妇一开始就主动地向我们工作队介绍村子里的情况，汇报各阶层的反应，在斗争中表现得很坚决。听说，他们后来一直是该村的积极分子。

壮大自己，削弱敌人

少奇同志住在诸繁期间，罗荣桓、萧华等同志向少奇同志汇报了山东地区敌、友、我三角斗争的形势，以及敌、友、我力量对比等情况。由于我们在贯彻党的抗日民族统一战线政策中，存在一些问题，因此给自己工作上带来了不少麻烦，大块的根据地被敌、顽军交叉地分割了，造成了我们在人力、物力、交通等等方面的很大困难。他们认为，这是个历史性的问题，山东分局也曾经讨论过，但问题比较复杂，分局不容易解决，他们说，少奇同志来了，事情就好办了。

接着，山东分局书记朱瑞同志也向少奇同志汇报了抗日民族统一战线的问题，并带来了山东分局的党刊《斗争》，请少奇同志看看《抗战的山东，统战的山东》一文。朱瑞同志说，这篇文章总结了山东分局贯彻党的抗日民族统一战线政策的具体方针，希望少奇同志给予指示。

少奇同志以久经考验的马克思主义的极敏锐的观察力，已觉察到了山东地区的统战工作是存在着一些问题的。但他仍和平常一样，对于像这样一类重大的原则问题，总要反复地进行深入的调查研究，决不轻易下结论。少奇同志当时便恳切而又谦虚地说：

"对于你们的工作，对于山东地区的整个情况，我了解得还很不够，等我把情况再好好研究一下，然后和大家一起来商量。"

少奇同志一向都是发现问题很敏锐，但解决问题却很慎重、细致，对于重大问题，不论在什么时候，都紧紧依靠组织力量、集体力量，和按照组织原则去解决，从来不由个人作决定。他总是启发干部对问题进行共同商量和仔细思考，反复酝酿，最后达到认识上的一致。这一次，毫不例外地也是这样。

少奇同志听完了朱瑞同志的汇报后，为了启发朱瑞同志去思考一些问题，就耐心地对山东地区的敌、友、我等基本情况和斗争做了启发性的原则指示。他说，我们的主要敌人日寇是侵入我国领土的凶残的帝国主义，对敌的斗争，完全是你死我活的斗争。在目前来说，坚决战胜日本帝国主义，是全国人民和全民族的利益。毫无疑义，我们应该而且只有我们才能够把这副担子挑起来，狠狠地去打击敌人，千方百计地不断去削弱敌人和壮大自己。但敌人里面还有伪军、伪政权，他们中间的某些下层工作人员和下级士兵，并不都是甘心为帝国主义和汉奸集团服务的，因为这里面有个民族矛盾问题。当然，民族矛盾不能离开阶级矛盾，但也不能和阶级矛盾画等号。所以在敌人内部和在敌伪之间，都还存在着矛盾，有着许多可以利用的空子。

至于国民党顽固军，在目前阶段，本来是我们的友军，但由于他们的阶级特性所决定，他们是不可能真正抗日的。其所以抗日，毛主席在《中国革命和中国共产党》一文中已经讲得很明白，这是因为在英美帝国主义和日本帝国主义之间矛盾的基础上，又反映为英美派大资产阶级和日本帝国主义之间的矛盾。所以，我们对于顽固军的态度应该是这样：对于他抗日的这一面，要注意联合他；但对他反共反人民的这一面，毛主席讲过：礼尚往来，有来必有往，来而不往非礼也；必须坚决给予回击。当然，顽固军也不是一样的，有蒋介石的嫡系，也有杂牌军等等。在他们之中，有一部分是一面抗日，一面反人民；有一部分则并不怎样抗日，主要在从事反共反人民的勾当，只是打着抗日的幌子，甚至配合敌人向我们进攻；最坏的一部分则是暗中和敌人勾结，明目张胆地配合敌人“扫荡”，来袭击和蚕食我根据地。我们对于顽固军的总的原则是这样：凡是不利于抗日的，不利于人民的，都应给予坚决的斗争。

少奇同志讲到这里，稍停了停，就走向朱瑞同志，亲切地问：

“你考虑了没有？你们是不是按照这个原则办了？我们党的政策是这样的，对于顽固军是又打又拉，拉他去抗日，打他的反共反人民。这个策略是毛主席根据几十年的斗争经验提出来的，在马克思和列宁的书里是找不到的，有很高的马克思列宁主义的理论意义，我看这就是大大发展了马克思列宁主义的策略思想。你们贯彻了党中央和毛主席的策略思想没有呢？”

少奇同志这一番带启发性的谈话，使朱瑞同志开始意识到了某些问题，但究竟是什么性质的问题，仍然还不够明白。听到少奇同志这样的问话，一时不免有些茫然，不知怎么回答才好。临走时，朱瑞同志要求少奇同志另找时间专门谈一次这个问题。

朱瑞同志走了。少奇同志坐在桌旁沉思着。过了好一会儿，他才又拿起《抗战的山东，统战的山东》一文，仔细地阅读，不时用铅笔在上面画些记号，有些地方还写上了批语。

少奇同志通过这篇文章，又联想到朱瑞同志的汇报和山东其他负责同志反映的情况，以及一路上所听到的群众的意见。山东分局在贯彻和执行党中央抗日民族统一战线问题上，在较长的时间内，都没有很好解决，而且问题越来越严重。

为了把问题搞透，少奇同志指示随行人员从各方面去收集有关材料，并且对材料进行仔细、深入和全面的研究和分析。

在研究材料的过程中，少奇同志还不时来指导和启发我们，询问我们看了些什么材料，感到有什么问题。这种亲切的关怀，对我们实际上是最好的督促，更加强了我们的工作责任心，头脑也变得更清醒了。

少奇同志亲自研究了各项重要材料，详尽地分析了山东的形势。当时顽军占据的沂蒙山区南面地区，在抗战开始时，本来是我党领导的游击队首先进驻那里。可是我们的某些同志为了联合抗战，把它让给了敌、顽军，结果不但分割了我各个抗日民主根据地之间的联络，而且阻隔了我们从鲁南到鲁中去的交通。由于敌人的这种分割和阻隔，给我们造成了很大的困难，束缚了自己的手脚，阻碍了自己的发展，并使我抗日民主根据地受到蚕食和压缩，这种形势对我们的抗战很不利，对我们抗日民主根据地的发展更为不利。如果不很快把这个问题解决，它将会便利敌人进一步分割我们的抗日民主根据地。这样，就不只会影响我们抗日力量的壮大，而且会使我们越来越困难。这是有关抗日民族革命战争的根本利益的问题，有关坚持和正确贯彻党的抗日民族统一战线政策的根本性问题，必须迅速解决。那么，究竟是什么原因使这一问题未能得到及时解决呢？这与当时山东分局个别负责同志对毛主席的抗日民族统一战线思想、对党中央的抗日民族统一战线的认识和掌握存在着一些问题是分不开的。

事情是这样发展起来的：早在抗战开始时，日寇沿津浦铁路和胶济铁路前进，国民党军队相继南撤，国民党政府的官吏都弃职逃走，国民党的省、专署、县、区各级政权机关都无形瓦解了。为了抵抗日本帝国主义的侵略，山东人民在我党的领导下，拾起国民党军遗弃的武器和弹药，组织了敌后武装，坚持高举起敌后抗战的旗帜。但在当初，我们的某些同志还不知道去建立抗日民主政权。其中有这样一个突出的例子：有一个原在沂蒙山区任职的国民党县长，跑到郯城去了，当时我山东武装部队的负责人却又派人去请他。那个县长不敢回来，他说："我现在是光杆子一个，怎么回去？回去了又怎么能当县长？"我们的同志为了要联合国民党抗战，就告诉他说："不要紧，现在到处都是枪，我们可以给你动员一些人组织警备队。"结果真帮助他组织了一个连的武装，他才回来了。他有了武装，腰杆子就硬了，跟着蒋介石的反共反人民的加剧，他的反动行为也一步步地加剧。后来，顽军某部进占沂蒙山区南部，成为插在我鲁中和鲁南、滨海之间的一把刀子。这个国民党县长实际上起了引进和跳板的作用。事情发展的结果，把我们自己的手足束缚起来了，变成了插在我们自己身上的一把刀子，变成了横亘在我抗日民主根据地内部的顽军的堡垒，给自己造成了不少的困难和麻烦。

为了迅速改变这种局势，使问题解决得更快、更顺利，少奇同志不时找罗荣桓、萧华、朱瑞等同志交换意见。最后，少奇同志决定召请山东分局的负责同志开会来共同商量和解决问题。

这是一个晴朗的上午，少奇同志的临时住室里，被灿烂的阳光照耀着，显得特别明亮。山东分局的各位负责同志，环坐在少奇同志的周围。

会议开始了，少奇同志说：

“今天请大家来谈谈两个问题：一个是如何贯彻党的减租减息政策和发动敌后抗日群众运动的问题；一个是如何正确贯彻党的抗日民族统一战线方针的问题……”

在少奇同志的启发下，会议的气氛热烈而又和谐，山东分局的负责同志们对贯彻抗日民族统一战线的分歧意见，毫无顾虑地摊开了。据我们的记忆，罗荣桓同志是代表了正确的意见。少奇同志认为这天的会议开得很好，并决定继续开下去，让分歧意见进一步敞开和交锋，直到大家认识一致和问题得到解决为止。

散会后，刚吃过晚饭，朱瑞同志又跑来了。他先找着柳岗说：

“少奇同志疲劳了吧？我有些问题想找他谈谈，请你去请示一下。”

柳岗去请示少奇同志。少奇同志说：

“我不疲劳，请他进来吧。”

但是，柳岗并没有立刻就走，只是看着少奇同志，因为少奇同志当时正在患胃病，夜晚常睡不着觉，饭也吃得很少，柳岗想建议他休息一下，改日再谈。

少奇同志似乎已经看出了柳岗的心情，就站起身来，轻声地对柳岗说：

“我们是过路的，留的时间不长，他们要谈什么问题，应尽量让他们来谈，而且应该尽我们的力量来帮助他们解决一些问题。”

朱瑞同志刚走进屋，少奇同志就亲切地说：

“你看今天的会开得怎样？这样开行不行？”

朱瑞同志感动地说：“根据您的多次谈话和指示，以及会上同志们提出的意见，对我启发很大。减租减息政策，在我们这里，实质上没有很好贯彻下去。抗日群众运动，我们也没有抓好。这些问题我都已经有了初步认识。关于抗日民族统一战线问题，听了您的指示后，我对原来的做法也有所怀疑，但认识还很不够。今天有些同志在会上提到右倾机会主义的问题，关于这一点，我还没有完全想清楚。”

少奇同志一面注意地观察着朱瑞同志的情绪，一面说：

“你脑子里有问题没解决，能正面提出来很好。思想见面嘛，问题就好解决。”

少奇同志仍然像以前几次一样，慈祥而又严肃，他用各种道理，各种例子，引导朱瑞同志从党的政策原则上去认识问题。他说，我们的统一战线方针，为的是战胜日本帝国主义，也就是壮大我们自己，削弱和打败敌人。我们联合一切抗日力量，目的就是为了战胜日寇，而问题的中心则在于如何不断壮大和加强自己的力量，削弱敌人的力量。我们总不能先把自己手中的革命的力量交给顽固派，去求得和人家联合。再说，毛主席讲过的嘛，对付顽固派，要又联合又斗争，我们不能只讲联合，不讲斗争。只有正确执行又联合又斗争的政策，才能壮大自己，削弱敌人，取得胜利。

讲到这里，少奇同志亲切地弯下腰，望着朱瑞同志的脸问道：

“你看是不是这样？山东过去是不是在这个问题上有偏差？”没有等朱瑞同志回答，少奇同志又谈到我党历史上有些曾经犯过错误的同志的情况，由于能及时虚心接受和认识错误，改正错误，很快就变成了好的领导者，把党的工作做得很好。

少奇同志对于干部，从来都是这样，只要他是同志，甚至不管他犯有多大错误，他总是不厌其烦地启发、教育和帮助，一直到他醒悟过来。

朱瑞同志聚精会神地听着少奇同志的话，并感到了问题的严重性。他说：“这些话很重要，我得回去好好消化。我原来没有这么想过。”

柳岗怕少奇同志太疲劳，就劝朱瑞同志到院子里去走走，休息一下脑子。结果少奇同志也和我们一起出来了。

院子里已是一片夜色，皎洁的月亮高挂在空中，月光透过树梢照射到人们的脸上。少奇同志从朱瑞同志的脸部表情，看到了他仍在思考问题，就带着宽慰和鼓励的语气说：

“你们这里的气候真是好，山东的群众也是可爱得很，你们要是把现有的问题解决了，我相信你们的工作一定会搞得很好的。”

朱瑞同志怀着感激的心情，告别了少奇同志。临走时，朱瑞同志再一次提出要求，希望少奇同志改日再和他谈一次有关山东工作等问题。

少奇同志同意了，并说：

“达些问题都是属于政策原则问题，我们每个人都应该好好想一想。我的看法也不一定完全对，下次你来，咱们再好好谈谈。”

在第三天的会议上，少奇同志对山东地区在贯彻党的抗日民族统一战线政策中所存在的问题，作了系统的总结发言，并且根据具体情况进行了全面深入的分析和批判。同时又明确地提出了解决问题的方针和原则。少奇同志指出：要用各种方式方法告诉顽固军，他们要是抗日，我们就愿意和他联合；他们要是搞反共反人民的罪恶勾当，就一定不能容许。如果他们一定要配合敌人向我们进攻，蚕食我根据地，梗塞我各个根据地间的交通联络，我们将给予坚决的回击。另外，还要告诉他们，双方人员通过彼此地区，要保证安全，不得阻难。如他们能接受我们这些条件，我们双方可以派代表，很好地协商一下如何共同对付日本帝国主义和如何配合作战等等的问题。我们党的又团结又斗争、以斗争求团结的原则是：有理、有利、有节。

罗荣桓同志在会上插话说："历史证明，这也正是我们战无不胜的武器，只要我们正确地掌握了这三条，就不怕犯'左'的或右的错误。"

最后，少奇同志作了总结，他说：

"归根结底，山东地区要解决这样一个问题，如何壮大自己，改变敌、友、我力量对比的问题。要改变这种力量的对比，只有一条：壮大自己，削弱敌人。"

讲到这里，他引用毛主席的话来反复说明，让每个人都能较透彻地去了解它的精神实质。然后他又说：

"现在，我们虽然有困难，但从总的长远的方面说来，敌后条件很好，首先是群众在我们手里，真理也在我们这方面，正义在我们这方面。我们有党中央和毛主席的正确领导，有八路军和人民的武装，只要我们正确地贯彻党的方针政策，壮大自己，巩固和扩大根据地，巩固和扩大我党我军，都是完全可以实现的。当然，这还需要经过相当艰苦、曲折、复杂的斗争才行，不经过这些斗争，是不可能取得胜利的。假使我们在路线上犯了错误，那就必然会削弱自己。"

少奇同志深深吸了口烟，接着又说：

"日本帝国主义是一种腐朽的势力，它是极端反动的。它在我国的社会基础非常狭小，非常薄弱。帝国主义的前途，必然趋向死亡，这是事物的发展规律。但是，历史告诉我们，任何帝国主义都是不甘心自己死去的。因此必须要壮大人民自己的力量，用人民的力量把帝国主义送进坟墓里去。中国的顽固派同样也是如此。你们都读过毛泽东同志的《〈共产党人〉发刊词》和《中国革命和中国共产党》吧！这几篇文章告诉我们，应该如何对待敌人，应该如何去取得胜利。你们也可以根据这些原则，解决你们的问题。依我看，在你们这里，解决敌、友、我力量对比的问题，客观条件是有利于我们，就看你们能否掌握这些客观规律。违反客观规律，是要遭受历史的惩罚的。”

会后，不仅原来代表正确意见的同志感到心情舒畅，对工作更有信心；就是原来抱有一些错误认识的同志，也改变了认识，感到轻松。罗荣恒同志说：“只有根据少奇同志的指示去做，山东根据地才能巩固和扩大，敌、友、我力量的对比，才能引向更有利于我们的方面发展。”

少奇同志走后，山东分局的负责同志根据少奇同志的指示，正确地执行了党的抗日民族统一战线政策，尤其在罗荣桓同志主要负责以后，山东的整个形势便逐步而迅速地转变了。在我们正确地执行了党的抗日民族统一战线方针，与顽固军在有理有利有节的原则下，坚决地进行了又团结又斗争的艰苦工作，顽固军由于不能坚持下去而自动撤离沂蒙地区。一块一块被敌顽分割的抗日民主根据地，在我们力量不断壮大的形势下相继联结了起来，并终于联成了一片。这种转变，是和少奇同志深入细致的工作作风及其一系列的指示分不开的。

正确贯彻统战政策

当时，山东地区敌、友、我三角斗争的形势非常复杂，在贯彻党的抗日民族统一战线工作中，遇到了很多比较复杂的重大问题，关于“国民党抗敌同志协会”的问题便是其中之一。

记得有一天，少奇同志正在聚精会神地研究山东的有关材料，有几个县、区、乡的干部跑来见少奇同志。

少奇同志亲切地接待了他们，听取了他们的汇报，并和他们进行了交谈。他们反映：我山东抗日民主根据地建立后，有一部分较进步的国民党员（主要是一些中学教员，不是蒋介石一系的），来到我根据地参加抗战。他们来了以后，不久就建立了一个组织——“国民党抗敌同志协会”。但这个组织的性质，是政党、政治团体还是群众团体？建立这样一种组织的目的，它和领导抗战、开辟山东抗日民主根据地的共产党的关系，和八路军及抗日民主政权的关系应该怎样等等问题，没有弄得很清楚、明确，存在于彼此间的一些问题，也一直没有得到恰当的处理。因此，他们和我党、政、军的关系也就不是很正常的。他们在我山东抗日民主根据地，有一套与我党、我军、抗日民主政权的平行组织，他们的工作，对我党、政、军保密；而各级协会组织的经费，以及由我们帮助他们建立起来的两个旅的军需供给，都由我抗日民主政府负担。

因此，当时的“抗协”（“国民党抗敌同志协会”的简称），客观上没能发挥对抗战的积极作用，有些地方甚至阻碍了抗战工作的开展。我们的党员干部对这种情况，普遍感到不满。少奇同志到山东后，不少同志都对这个问题提出意见，并希望得到适当解决。

少奇同志一向很重视来自下面的意见和汇报，他觉得解决这个问题，对开展减租减息运动和抗日民族统一战线工作都有好处。山东分局和一一五师的负责同志，也分别向少奇同志提出了这个问题，并送来了全部有关材料。

少奇同志在听取了山东分局负责同志对解决“抗协”问题的意见后说：其他党派的人，到我抗日民主根据地来参加抗战，我们是欢迎的；但必须按照党的抗日民族统一战线政策，正确地加以处理，不容左右摇摆；根本问题在于有利于战胜日本帝国主义和壮大抗战力量，而不是来分散抗战力量。

讲到这里，少奇同志又慎重地指出：任何抗日政党和政治团体，到我抗日民主根据地来参加抗日，必须服从我们党的领导和遵守党的各项政策，这才有利于战胜日本帝国主义。

大家正听得入神，少奇同志又转过话头说：

“对‘抗协’的问题我还不了解情况，看来似乎有些问题。大家都可以想一想，我们也帮助研究一下。话又说回来，如果‘抗协’真如有些同志所说的那样，自搞一套，不真正接受我们党的领导，这种情况就不能长期继续下去；否则，是对民族抗战事业不利的。”

过了几天，柳岗从山东分局回来，正准备向少奇同志汇报工作，少奇同志却派人先来找他了。

少奇同志告诉柳岗，为了帮助山东分局解决有关“抗协”的问题，还应该去了解一下“抗协”的态度。特别是他们一些主要负责人，对“抗协”的前途都有些什么打算和想法？其中有些什么共同打算，有些什么不同打算？如果他们愿意的话，最好还约他们来这里谈一谈。

柳岗听完少奇同志的指示，就顺便请示说：

“正好，我刚才接到‘抗协’来信，他们希望我去和他们谈谈‘当前阶段中国社会性质和革命性质’，以及有关孔孟思想的一些问题。”

少奇同志说：“这很好，你明天就可以去，可以在那里住上三五天，和他们交朋友，和他们个别地恳切地谈谈。”讲到这里，他好像看透了柳岗的心思，又说，“‘中国社会性质和革命性质’问题，紧紧根据《中国革命和中国共产党》的精神去和他们讲讲，对他们认识‘抗协’的性质、任务，也会有启发的。”

第二天早晨，柳岗临行前，少奇同志又嘱咐说：

“和他们谈话，一定要开怀畅谈，才能谈出心里话和看出问题。要记住，假如他们不愿意谈，就丝毫也不勉强，越勉强，他们就会越不愿意谈的。”停一停又说，“还要注意一个问题，听说‘抗协’负责人中间，彼此有些猜忌，交谈中更要慎重。”

柳岗遵照少奇同志的指示，到了“抗协”，一切都很顺利。在那里住了5天，又回到少奇同志身边。据柳岗了解，“抗协”的负责人中间，似乎只有个别人满足于目前这种状况，大部分人特别是下面工作的人员，由于和我们党的关系不够正常，在群众中也得不到支持，都感到有些苦闷。他们再三表示，希望见见少奇同志，并能亲聆少奇同志对“抗协”工作的指示。

听了柳岗的汇报和山东分局同志反映的情况，又研究了许多材料，以少奇同志那样久经考验的马克思主义智慧和透彻的洞察力，对“抗协”的情况和问题，已是了如指掌。柳岗向少奇同志汇报后，请示说：“是否写信要他们来？”

“可以。你明日将这些情况去告诉分局负责同志，听听他们的意见，然后再写信给‘抗协’。”

少奇同志这种高度的组织修养，遇事都尊重地方党组织，考虑他们的意见，对柳岗的教育是极其深刻的。

和山东分局商议以后，给“抗协”发去一封信，通知他们：少奇同志欢迎他们来谈谈。去信的第二天，“抗协”的负责人就都来了。少奇同志亲切地接待了他们，并叫柳岗通知山东分局的负责同志。

正式和他们接谈，是在当天晚上。地点是在少奇同志临时住处的院前坪地里，由警卫员同志把两张长方桌连成一个长方的台面，大家围桌而坐。这一夜，月明如昼，天高星稀，院内的几棵洋槐，迎着微风招展。

谈话开始了。少奇同志为了不使他们感到拘束，首先便引导他们对山东一般情况，畅所欲言；然后又启发他们转到“抗协”问题上去。少奇同志恳切地表示，他很愿意和他们谈谈这个问题，听听他们的意见。他说：

“我们都是抗日战线上的朋友，大家都可以畅所欲言，都不要有什么顾虑，意见不同也不要紧。目前阶段我们共产党的首要任务，就是战胜日本帝国主义。因此，只要是有利于战胜日本帝国主义，只要是对全国人民和全民族有利，什么问题都是好商量的，容易解决的。诸位也可以考虑一下，我们的谈话是否可以就从这个原则出发?”

“抗协”的负责人都聚精会神地聆听少奇同志启发性的讲话，从表情上，可以看出他们的精神越来越轻松愉快，有的人还无拘无束地插话说：“在咱的思想中，就不是明确地知道从这样的原则上来考虑问题。”有的人则不自觉地仰头望着星空，似乎在边听边凝神深思。听罢后，他们都表示要好好地考虑一番。

少奇同志又让他们随便谈，想到什么就说什么，想到哪里就说哪里。他们在发言中都谈到了自己怎样来到抗日民主根据地和成立“抗协”的经过，还谈到自己的一些想法。

已是深夜10点钟的光景了。柳岗建议休息一下；警卫员同志便乘空请少奇同志服药，因为他这几天正有些胃病。

大家在院子里等候了一会儿，谈笑风生，态度都很自然。“抗协”一位年事最长的张老先生说：“这正是良夜、美景、盛会！人生难得的境遇……”

少奇同志服完药走出来，大家又重新入座。少奇同志便请他们谈谈“抗协”的现状。其中一位主要负责人，从“抗协”的组织情况谈到两个旅的军队问题，其他的人还不时插话来补充。有些人提到个别地方的“抗协”下级组织及个别人员和当地党组织关系不够正常的问题；有的人并请求少奇同志对“抗协”的工作和前途给予指示。特别是关于那两个旅的军队的问题，因为他们都是书生，不懂军事，更不知道怎样管理军队和指挥作战。因此，这两个旅的武装，不仅没有发挥应有的作用，甚至成了山东抗日民主根据地的一个负担。对此，他们当中有些人也感到苦恼。

少奇同志一直耐心地倾听着他们的意见，这时慢慢站起身来，在院内踱了几步，然后走到台子对面，说道：

“是啊，听你们讲来，抗日同志协会存在着一些问题要解决，不解决对抗战不利，你们感到有负担，这是可以理解的，是一种对待问题的积极态度。”

这时，他们也显得活跃起来了，连声说：

“问题是不少。”

“难得先生路过山东……”

少奇同志认真地考虑着他们每个人的意见和要求，深沉地思索着全部问题的中心所在。从他们的言谈中，看出了他们也有了解决问题的意愿和要求。接着，少奇同志仍是用启发性的商量的口气，向他们提出了解决问题的原则。他说：

“你们的意见都很好，提出的问题都很重要。至于问题如何解决，首先应该研究一下‘抗协’的性质问题。它究竟是一个政党，还是一般的政治团体或是群众团体?”

他望了望大家，然后对抗日的政党、政团和群众组织的不同性质、任务，他们与领导敌后抗战的共产党及八路军和抗日民主政府的关系，一一作了详细的说明。

少奇同志接着说：“但不管‘抗协’是属于哪种性质的组织，共产党、八路军和抗日民主政府都是欢迎的，都要按照一定的原则来对待。如果是政治党派，那就是友党的关系，就必须按友党的地位去安排。”

这时，“抗协”的一位负责人问道：

“我们‘抗协’究以属于哪种性质的组织为好?”

少奇同志说：“这是属于‘抗协’的内政问题，须由‘抗协’自身去决定，我们只能提出上面那种原则性的意见供参考。但不论你们如何决定，我们都是欢迎的。”少奇同志并希望他们仔细考虑，反复酝酿。

“抗协”的负责人请少奇同志休息，明天再继续谈。这时已过深夜二点，仰望天空，北斗星显得更加明亮和光辉。

少奇同志的谈话，在他们当中产生了强烈的反应。散会后，彼此还在纷纷议论，认为少奇同志的指示打开了他们的思路，使他们考虑问题有了一个准绳。张老先生说："活了一辈子，见过的人物也不少；和这样伟大的政治家接触，还是第一次。"

第二天下午二时，他们都来到少奇同志卧室的外间，继续进行谈话。经过一天的思考和酝酿，他们的意见基本上取得一致。但有的人还表现犹豫，希望少奇同志给予指示。

少奇同志微笑着，目光炯炯地注视着大家，从容地说：

"诸位先生的意见是诚恳的，对一些问题又都经过了思考和酝酿，我们相信是能把问题解决得很好的。要解决'抗协'的性质，我以为最后是否还得由你们的委员会或是代表大会来作出正式决定?"

他们说，委员会就是他们这些人，他们有决定问题的权利。

"那很好，你们几位共同的意见是怎样？只要这个带根本性的原则问题得到恰当解决，别的问题就比较容易解决了。"少奇同志说。

"抗协"的主要负责人当即严肃地站起来说："根据胡服先生恳切详尽的指示，我们经过了反复的思考和酝酿，深深地认识到中国共产党及其领导人的伟大和大公无私。只有在共产党的领导下，才能真正达到抗战胜利的目的。我们'抗协'的性质，作为一个政党和政团是不会对抗战工作起多大作用，也不可能有什么大的前途。何况，如果没有党的领导和帮助，我们这般人沦落在敌后，不知已成什么样子了！因此，我们希望共产党批准'抗协'为山东的一个抗日群众团体。舍此，别无更好的道路可走。"

讲到这里，他们看到少奇同志的面容流露着慈祥的笑颜，大家都感到舒畅，滋长了同志的情谊。那位代表"抗协"发言的同志，两眼注视着少奇同志，又进一步说：

"如果先生同意我们的意见，我们保证统一在共产党的领导下，在民族抗日战争中，贡献出我们的力量。"

少奇同志严肃地说道："我认为诸位是从大局出发的，你们这样的决定，是符合民族抗战的利益的。我想我们山东分局也会同意，抗日民主政府也会表示欢迎。"

少奇同志的话还没有说完，他们就情不自禁地连忙插话说：

“像我们这样过去参加过国民党的人，是否还可能参加共产党?”

“像我这样的老朽，也还能做一个共产党员吗?”

少奇同志微笑着说：一个人只要决心参加革命，谁也没有权利禁止他，革命是每个人的权利。一切事物都是变化的，人的阶级立场也是有变化的。要革命，参加到党内固然好；即使不参加到党内，也不一定不能对革命做出很多很大的贡献，鲁迅就是一个再好不过的例证。

他们越听越高兴，都受到很大的鼓舞，提高了革命的热情和信心。

这时，少奇同志又嘱咐柳岗说：

“你把这几天我们交谈的情况，尤其是和‘抗协’同志们的共同一致的意见和要求，向分局做个系统汇报。”

他又转向“抗协”的负责人说：“诸位还有什么具体问题，也可以找分局的同志谈谈，和他们一起研究解决。另外，你们最好根据今天研究的结果，用文字向分局写个报告。还有，你们回去，应该把你们的思想和决定，变成‘抗协’每个成员的思想和行动。”

问题就这样完满地解决了。“抗协”的负责人一个个都兴高采烈，充满感激和崇敬的心情告别了少奇同志。

这以后，“抗协”干部都积极参加了减租减息运动，在运动中，不少年轻人在政治上得到了较快的进步，相继提出了入党要求。一些主要负责人，以后也不只是同我们坚持了山东根据地的斗争，而且大部分也参加了共产党组织，成了光荣的共产党员。

一切从实际出发

山东分局宣传部长李竹如同志在反扫荡中牺牲了。宣传部的工作任务很繁重，人手本来就不多，李竹如同志的牺牲，使工作更加紧张了。山东分局书记朱瑞同志就请求少奇同志派柳岗去暂时帮助工作。

当天晚上，少奇同志找来柳岗，把朱瑞同志的意见告诉了他，让他考虑。这也可以说是少奇同志的一个特点，在一般情况下，他交代任务从来不是用命令的口气，而是向你说明情况，让你自己去考虑。但是，从对情况的分析中，你会自然地得到启示，明确任务的意义，从而坚决地去执行。

柳岗回答少奇同志说："我个人没有什么意见，听从胡服同志决定。"

话刚说出口，柳岗心里却又不免有些矛盾。因为少奇同志当时正在研究山东的全面情况，工作十分繁忙，身体又不大好，自己在他身边虽然做不了什么大事情，但总还可以帮他做点具体事务工作。

"你看怎么样？我看应该去帮一下。"从柳岗踌躇的神情中，少奇同志似乎看透了他的心思，于是补充说，"当然，我这里也还有些事情需要你。你上午去分局工作，下午仍回到这里来。就这样办，好不好？"

"好，我去。"随后，柳岗又请少奇同志对分局当前的宣传工作，给予一些方针原则性的指示。

少奇同志微笑地看着柳岗说："先不要问我。必要的时候再告诉我。你到那里帮助工作，主意不要出得太快，首先要多了解情况，多听听宣传部同志们的意见，多向分局领导上请示，在具体执行任务的时候，胆子要放大些，心要放细些。当然，工作中碰到了什么问题，你可以来问我。但是，你如果什么事情都要问过我再做，那么，你无论什么时候也不敢独立负责进行工作。"

少奇同志遇事都把组织原则抓得那么紧，又是这样大胆放手地培养干部，使柳岗非常感动。第二天上午，柳岗就愉快地到分局去帮助工作了。

有一次，分局宣传部在研究对敌宣传工作的会议上，有的同志提出：把我国古代诗人的反战诗歌，译成日文，对敌宣传，以达到瓦解敌人的目的。这时，柳岗立刻想起刚过了陇海路封锁线，在滨海区边沿的小镇上，少奇同志要我们向敌人学习的那幅画来。柳岗于是就把少奇同志当时对于那幅天主教宣传画的分析以及对同志们的教育，向宣传部的同志们作了传达，并提出在诗文旁边也可以配上形象鲜明的招贴画，使宣传效果更好。

宣传部的同志们听了柳岗的传达，都感到少奇同志的指示对自己很有启发，于是，大家立刻动起手来。不几天，诗画并茂的宣传品一张张的创作出来了。其中有一些宣传画特别成功，如"可怜无定河边骨，犹是春闺梦里人"的诗句下面，画着在日本富士山前，樱花树下，一个美丽的日本少妇正在痴情地期待着她的丈夫归来；而在另一端画的却是暴晒在中国广漠无垠的原野上，在那破碎的太阳旗下的一堆骷髅白骨。又如在"一将功成万骨枯"的诗下面，画着一个胸前挂满了勋章的日本军官，他双脚踩在一堆日本士兵的尸体和骷髅上，左手高举酒杯，右手搂着“爱国妇人慰劳队”的女人，正在洋洋得意地狞笑。这些画都是从各个不同的角度反映了当时的现实——日本帝国主义进行的侵略战争的本质，反映了这个服务于日本统治阶级的战争，给日本劳动人民带来了多么深重的灾难和痛苦；反映了日本人民和士兵对于侵略战争的厌倦和憎恶。

画搞出来以后，我们就把它送给少奇同志看。少奇同志看了，很高兴地说：

“对，做工作就是要肯去想办法。我看这些画，日本士兵一定会喜欢看的；而日本的军官呢，又一定会阻止他们去看。这样，就不只是达到了宣传的目的，而且还会扩大日本军官和士兵之间的矛盾。”

听了少奇同志一次比一次深刻的指导，柳岗和宣传部的同志们的工作积极性更高了，信心也更充足了。很快地，一张张诗画并茂的宣传品随着装满了袜子、毛巾、肥皂、香烟、糖果的宣传袋，送到了敌人的据点里；在敌人必经的路口，不论是墙上、树上、地上，也到处贴满了宣传画。

这些画一贴出去，果然不出少奇同志所料，把日本士兵们吸引住了，一个个围着画转，有的士兵看过后还偷偷地抹着泪花。日本的“太君”（军官）看到这些现象，就更加惶恐起来，他们向士兵下了一道命令：不准观看中国人的宣传品，违者严惩。但禁令征服不了士兵们思乡的感情和厌战的情绪，他们当着“太君”的面不敢看，只要“太君”不在旁边，见到宣传画，就总是偷偷地看。当时有不少士兵就因为偷看中国的宣传画，被“太君”鞭打脚踢，加深了敌人官兵之间的矛盾。

我们了解到这些情况后，兴奋地去向少奇同志汇报。少奇同志听了，仍是那么安详地微笑着说：

“是的，一定会这样的。”

在这些日子里，柳岗经常上午到分局工作，下午又回到少奇同志身边。遇到比较重要复杂的问题向他报告，他总是那样仔细倾听，并随时给予明确的指示。

在当时的山东，特别是在孔子的故乡鲁南一带，不只在上层，就是在群众中，孔子的影响也颇深，如成年男女不得父母或家长许可，便不敢公开参加任何活动，有些父母或家长常拿“老夫子”（即孔子）的言论来约束家庭内的成年男女。这对于我们抗日民主建政和开展群众运动，都是一种阻力。因而，对孔子应采取什么态度，便提到了分局宣传工作的日程上。分局宣传部的一些同志，认为应该正面提出孔子来加以批判；另一些同志则认为，几千年来，孔子在群众中留下了深远的影响，目前我们只能利用孔子来向群众进行教育，而不能直接批评孔子。柳岗当时感到这是一个比较复杂的问题，既不能对这种不利于抗战和民主的落后保守思想让步，也不能脱离群众。但究竟应该怎样处理，自己思想上也不明确。请示朱瑞同志，朱瑞同志也认为这样的问题应向少奇同志请示。

下午，柳岗回来向少奇同志汇报了情况，并转达了朱瑞同志的意见。初夏的和风轻轻吹拂着，窗前婆娑多姿的树枝摇曳着，投影在这个朴素的房间里。少奇同志坐在窗边，注意地倾听着，凝视着坐在对面汇报的柳岗。随后，他沉思了一会儿，以严谨而又谦逊的态度对柳岗说：

“这类问题，最后还是要请山东分局根据实际情况去处理。我只能谈一点个人的看法。”

少奇同志当时说的大意是：孔子思想在当时是反映了社会前进的倾向和要求的，到今天还有其合理的因素；但不能否认，其主要方面又成了阻碍社会前进的有害东西。今天中国还有它的社会基础，在山东、特别是鲁南这个地方影响比较大，那也是很自然的。说到这里，少奇同志上身微微前倾，注视着柳岗说：

“你想想，他生在鲁南，孔子庙就在曲阜，还有许多传说遗迹，历代帝王差不多都到这里立碑，致祭……”

少奇同志继续详细指明：由于孔子思想在群众中的影响，不光是个历史传统问题，还存在着一定的社会依据。因此，要群众把这长期以来的传统思想改变，要完全消除孔子对群众的消极影响，不是一个简单的问题。这在敌与我之间，是一个极其复杂的意识形态的斗争问题。

少奇同志站了起来，背着手缓缓地踱着，他的目光落在那两扇大门上已经退色的对联上，然后意味深长地说：

“农村到处张贴的‘忠厚传家久，诗书继世长’之类的对联，我看那就是地主阶级的标语、口号；它能为农民所接受，是有其社会基础的，那就是封建性的经济基础和其家长制的残余等等。”

柳岗一面聚精会神地听着，一面很快地记在一个小本子上。少奇同志深深地吸了一口烟，接着又说明：本来，在抗日战争这样你死我活的斗争中，各方面都在重新组织力量，都在迅速地发生变化。而意识形态等东西的根本改变，只有随着社会基础的改变，才能跟着改变的。我们通过减租减息运动、生产斗争、民主建政等等一系列的运动和斗争，然后在适当的时候，再来一个文化教育运动，可以逐步地改变群众的思想面貌。但是要根本解决问题，须待抗战胜利之后。

少奇同志稍微停了停，幽默地说：

“目前，我们在有些问题上还是要同孔子妥协的。”

他接着讲述怎样妥协的问题，说明暂时可以不去正面地批评孔子，但这不等于可以去迁就落后，不对有害的东西作斗争。对于有害的思想，是必须进行批判的，只是不正面地作为孔子思想去批判。

少奇同志在讲话中特别指出：当我们进行每一项工作时，既要足够地估计到群众的革命热情和要求，也要恰当地照顾到群众的觉悟和认识水平，主观主义是办不好事情的。

少奇同志还讲到孔子思想中的合理因素。他说：譬如孔子曾说过：“微管仲，吾其披发左衽矣！”这是主张民族自卫、反对外来侵略的思想，对我们抗日民族革命战争就有用，我们就应该充分利用它，不应该把孔子一笔抹杀。

最后，少奇同志引用毛主席的话来说明：一切都要从实际出发，从对立统一的辩证法的原则出发；并强调指出，群众工作绝对不容许脱离群众；宣传鼓动工作是群众工作的一个重要方面。

“这是我临时想到的，你看怎样？”少奇同志看了看柳岗的神情，大概担心他误把中心工作放在处理孔子的问题上，于是慎重地叮嘱说：“不要把过多的力量放在这些方面；目前的宣传鼓动工作，应该是围绕正在开展的减租减息运动去布置和进行。”

当时，分局的宣传计划里面，又打算通过群众团体的指示，到各个乡去建立文化宣传站，把它放在村支部的领导下，进行经常性的群众宣教工作。关于这个问题，柳岗也请示了少奇同志。少奇同志认为，这种想法倒不见得不好，不过目前最重要的是开展减租减息运动，在领导群众搞完减租减息以后，结合生产建政和对敌斗争，把农会巩固起来，同时把农民引上民主斗争、武装斗争的道路。而群众经过减租减息，生活改善了，觉悟提高了，很自然地就要求掌握印把子和枪杆子，来保护他们的胜利果实。群众运动是有一定规律的。因此，少奇同志认为目前不必分散力量。他恳切地看着柳岗说："这是我个人的意见，你可以去问问朱瑞同志，你必须根据分局的指示办事。"

柳岗感到经过少奇同志一层一层地剖析，许多问题都迎刃而解了。少奇同志是这样循循善诱，使你感到他并不是在这里下结论，而是不知不觉地引导你去探索问题的根源，把握事物的本质，使你自己原来还在犹疑中的问题，都获得了正确的解答。他是那样懂得你的心思，好像看透了你的心，有些问题还没等你提出来，也会帮助你找到解答。

那时候，山东老百姓家里逢年过节办喜事，都要贴对联。分局宣传部便打算用这种旧形式宣传新内容，写它几百几千副对联，用旧的楹联集锦的形式，印发给敌占区的群众。同时，有关岳飞的传说在山东流传很广，在群众中的影响很深，每个村里差不多都有人会讲《岳飞传》，群众都很爱听。晚饭后，或者在阴雨天，老乡们就凑到一起，《岳飞传》一开讲，很快就会有许多人来听。因此，当时我们研究，想把《岳飞传》加以修改，去掉里面的迷信部分，强调反金和民主方面，用古本《岳飞传》的形式印行，通过敌占区的说书人去进行宣传。但这件工作是要组织相当力量才能做到的。有了这个计划后，柳岗就去向少奇同志请示。

记得，那是在晚饭后散步的时候，大家边走边谈。这时，麦浪迎风起伏，天空彩霞缤纷，它的投影使那柳枝飘拂下的小溪流水显得分外绚烂。但是，谁也无心欣赏这美丽的大自然景色，大家都为谈话的内容所吸引住了。

少奇同志显得很高兴，在听完柳岗的报告后，点头微笑说：

"这样的想法很好，工作就是要肯去想，想尽各种各样的办法，来开展有利于我们和打击敌人的斗争。"

他接着说明：对联，那是封建时代的标语、口号，封建统治者利用对联去为他们服务。现在，我们利用它来为我们服务是完全可能的。譬如辛亥革命后，许多地方贴"万民平等，五族共和"的对联，那就是以封建时代的形式来宣传旧民主主义的共和国。

"那么，我们何尝不可以这样作，我们何尝不可以利用它来为抗日战争服务，为无产阶级的政治服务哩！问题是在这些方面，应该只用较少的力量，如果用过多的力量，以致影响其他工作，特别是中心工作，那就要考虑了。”

少奇同志顺便坐在柳树下的石头上，点燃了一支烟。我们有的在石头上坐下来，有的在他身旁站着。他深深地吸了一口烟，接着谈到修改《岳飞传》的问题。他指出，把《岳飞传》修改一下进行宣传未尝不可，但是，书本身有一定的结构，你如果是改动太多，要碰到困难的。这比利用对联更容易为敌人发现。

“那是不是可能费力多收效少呢?”少奇同志用询问、启发的神态看着柳岗，“拿对联说，你搞几百几千副对联，敌人发现一副，也不容易马上通通发现；同时，对联一向在群众里面也没有固定的内容。《岳飞传》，那就不同了，你要用修改了的东西去改变在群众中长期流传的故事，更是不容易的……”

少奇同志站起身来，环顾着随行的同志们说：

“这样的问题，应该从多方面来考虑一下，是不是?”

大家都听得出了神，不觉已是皎月东升，时间不早了。

少奇同志精神焕发，和我们一起，迈着稳健的步伐，浴着晚风归来。

柳岗每次把少奇同志的指示告知朱瑞同志，朱瑞同志都很高兴，认为少奇同志的指示非常重要，并且说，按照少奇同志的指示去布置，山东的宣传工作一定能够很好地开展和摸出规律来。

少奇同志在山东地区停留了四个月左右。在短短四个月的时间里，山东地区的工作起了根本性的变化，根据地的面貌改变了，敌友我的力量对比改变了，群众的觉悟提高了，干部的水平也提高了，党的团结加强了，党的领导和核心堡垒作用大大地发挥出来了，根据地也巩固扩大了。特别是少奇同志那种坚定不移地坚持党的原则，深入群众，依靠群众，从群众中来、到群众中去的工作作风，使山东地区的党员、干部受到了极其深刻的教育，也使跟随在他身边的同志们得到极大的教育。

三年以后，朱瑞同志回到延安，我们又见面了，谈起过去的事情，他说少奇同志那次经过山东，对山东工作的开展是起了决定作用的，经过实践的检验，证明他的指示是正确的。

关心群众利益

7月，我们离开逗留了几个月的山东分局，继续向延安进发了。根据交通情况和沿途的敌情，山东分局认为一百多名的大队干部随少奇同志行军，目标大，行动不方便，不容易通过敌人的封锁线。少奇同志于是决定让大部分人员由东海、诸繁转回华中，只留我们几个人和警卫班随行。

在去往鲁南的路上，要渡过两条大河——沭河和沂河。这两条河是平行的，都是从北到南。两河之间的距离约有十华里。在沭河和沂河沿岸，日本鬼子设立着密集的碉堡据点，如果我们在两河之间约十华里的地带被敌人发现，那就没有一点回旋的余地了。

少奇同志事先了解到这些情况，并且和负责护送我们的一一五师第五独立旅旅长曾国华同志具体地研究了渡河的部署。当天，曾国华同志分别派出几批妥实干练的人员去侦察情况，在沭河、沂河岸边组织水手，准备渡船。少奇同志和我们预定在傍晚时分悄悄渡过沭河，急行军穿过约10华里的中间地带，连夜偷渡沂河。

傍晚，曾国华同志护送少奇同志和我们渡过了沭河，按照事先规定的路线向沂河奔去。正行走在中途，忽然狂风呼啸，沉雷震耳，顷刻间天地一片漆黑，大雨像瓢泼似地浇了下来。我们浑身全湿透了，但每个人都关心着少奇同志的身体，因为他当时正患着肠胃病。少奇同志却丝毫没有考虑到自己的身体，反而来关心每个人，特别是关心随行的女同志。少奇同志对每个护送或是充当向导的同志及群众，都给予极大的尊重和信任，他自己在行军中总是作为普通的一员。

到达预定偷渡的沂河东岸时，已经是深夜了。倾盆大雨越下越大。曾国华同志沿着岸边仔细寻找了一会儿，并没有发现事先派来侦察的人员和准备的渡船；他虽然是一个善于游击战尤其是善于夜战的能手，但是这一次由于护送党内这样一位负责的同志，感到自己的责任十分重大，因而不免有些焦虑。加之少奇同志当时的身体不够好，在暴风雨中，大家都担心他会淋出病来。

在这对面看不见人的黑夜中，人们沉默不语，少奇同志早已觉察出来大家的担心和曾国华同志的心情，他宽解地对大家说：

“既然派来的侦察、联络人员和布置的渡船没到，也不要着急，只是我们不要让敌人发现和遭受突然袭击。可以先到河岸比较隐蔽的地方，等待和研究情况。”

于是，大家都来到一家摆渡人的茅屋里。

一个钟头过去了。大雨仍没有停止。派去侦察、联络的人和预先布置的船仍然没有踪影。

曾国华同志分析可能发生了意外，便亲自带领便衣警卫、侦察人员到附近村子里了解情况，特别是河对岸敌人的动向。据老乡们说，今天还没有发现沿河敌人有什么动静，像这样刮风下雨的天气，伪军们很少单独出来，但是日本鬼子却在这样的夜里，和我们渡河的同志开过火。曾国华同志根据情况进行了判断，认为像这样伸手不见五指的黑夜大雨天，对我们隐蔽过河是有利的；但是日本鬼子为防止我们利用雨天黑夜偷渡，也有可能设下埋伏。因此，到底渡河还是不渡河，他觉得是个大难题。

回到茅屋里，曾国华同志向少奇同志提出自己的看法和意见，并检讨自己事先布置不够周密。

少奇同志认真地听了曾国华同志的汇报，没有丝毫焦急的表示，对曾国华同志也没有任何责难，反而给他以安慰。少奇同志镇静地说：

“我对情况毫无了解，究竟怎样行动，还要请你决定。”他思索着分析说，“根据你所讲的情况，这里是敌人一个重要的口子。我们的侦察联络人员又没有消息，预先布置的渡船也没有到来。过去，我们在这样的夜晚也出动过，敌人有这个经验，目前又正是夏收的季节，敌我对粮食的斗争正处在剧烈的时期。同时，我们白天经过的地方，有些是市镇，也有可能走漏消息。当然也可能完全没有问题。但是，我们要从最坏的情况估计出发。毛主席常常讲：我们从最坏的情况估计出发没有坏处。过不过河，还是请你决定。不过，在这个地方不宜待得过长。如果不强渡，那就应该考虑是否转回到沭河东岸去。”

经过少奇同志这样明智的分析，曾国华同志心里有了底，决定返回到沭河以东。当夜，我们急行军向东转进。

第二天夜晚，我们再一次渡过沭河，穿过中间地带，安全地过了沂河，脱离了险境。后来曾国华同志得到情报：据说就在我们准备渡沂河的那个大雨天的夜里，敌人在对岸渡口附近设了埋伏。那时如果我们强渡过去，就会受到难以臆想的损失。少奇同志的判断是多么英明啊！

渡过沭河、沂河以后，我们进入鲁南的册山地区。这天夜里没有月亮，漆黑的天空洒落着蒙蒙细雨，庄稼地里浸满了水，路上的沟渠又多，少奇同志和我们只好摸索着前进，准备在天亮以前走出敌占区，进到我们鲁南抗日游击区。

不幸，给我们带路的同志迷失了方向，走了好久，还没有转出这块地盘。看看天快亮了，还在敌占区里转，大家十分担心少奇同志的安全，有些同志着急地嘟囔起来：

“怎么搞的？这么半天还没走出去！”

“眼看天快亮了，被敌人发现了怎么办？”

“真是乱弹琴……”

这时，少奇同志正站在一棵树下，好像在思索什么。听到有人抱怨向导，就走过来对大家说：

“你们不要抱怨向导同志。他负着很重要的责任，找不到路，已经很着急了，我们不要去搅乱他的心，要让他冷静地去慢慢想办法。”他侧过身来，口气温和地安慰向导同志说，“不要着急。这一带地方你很熟悉，仔细想想，你会摸清方向，会找出路来的。”

少奇同志的话，稳定了大家的情绪，就连向导那紧蹙的眉头，也慢慢舒展开来。他走到三岔路口，认真地辨识着方向。这时，我们看着少奇同志徐步走回树下，像往常一样平静地站着，安详而镇定。

的确，我们自从跟随少奇同志行军以来，无论遇到什么意外的事情，从来没有看到少奇同志着过急，忧愁过。他总是非常镇静地鼓励我们，给予我们以力量和信心。他对每一个根据地护送我们的同志，都是关怀的、信任的，经常让我们去问寒问暖，了解他们的要求，尊重他们的意见。他常常教导我们说：“护送我们的同志，他们既了解情况，又和当地群众有着密切的联系，他们的决定都是经过慎重考虑后才做出的，我们只有听从他们的安排，要我们怎样行动就怎样行动。你如果提出不同意见，或者表示怀疑，那就很容易动摇他们的决心，这样反倒容易把事情办坏。如果万一他们的布置有错误，那也必须在一定的场合，作为经验教训，适当地提出。”少奇同志就是这样地信任和尊重同志。

向导同志在少奇同志的安慰、鼓励和启示下，终于找到了一条小路，把我们顺利地带进山区——这里已是鲁南抗日游击区了。

这时正是炎热的夏天。雨过天晴，酷日当空。经过彻夜急行军，水米没打牙，大家又累又渴，汗如雨注，衣服全被汗水浸透，湿漉漉地紧贴在身上；每个人的嘴唇焦干，嗓子里就像冒了烟一样。这时，正巧路过瓜田，一眼望去，遍地都是水灵灵的大西瓜。随行的勤杂同志顺手就摘了两个西瓜，送到少奇同志面前说：

“首长口渴了，吃点西瓜吧！”

少奇同志一见，脸色顿时严厉起来，说：

“这是绝对不能允许的。赶快送回去，从哪里摘来的，送还到哪里去。”

接着，他回过头来凝视着我们，严肃地说：

“你是不是真正关心群众的利益，就要看这种场合。假如大部队从这里经过，口渴了都自己去摘西瓜，几千个人，一人一个，不就把这一大片地里的西瓜摘光了？那么，老乡一年的生活就没有着落了。”他稍微停顿了一下，又接着说，“这对我们党，对我们军队的影响很不好。敌人和汉奸会利用它来破坏我们的。你们想想看，群众不赞成，我们还能在敌后待下去吗？根据地还能巩固扩大吗？”

少奇同志看到大家都不说话了，似乎觉察到大家的心情，语气慢慢缓和下来，继续说：

“当然，我们革命就是为了群众，保存革命力量是符合群众利益的；如果不把革命力量保存下来，群众会吃更大的苦头。比如在长征的时候，我们硬是没有粮食吃，只好打了借条向群众借，以后再设法偿还。可是，我们现在还不是到了非搞几个西瓜来解渴，就不能把革命力量保存下来的地步。你们说是不是？”

他这一问，大家都会心地笑了。

在敌占区和游击区行军，为了不让敌人发现，我们常常靠着庄稼地边走，一来为了隐蔽自己，不易暴露目标；二来万一发生了情况，可以钻到青纱帐里，有个回旋的余地。在敌人活动频繁的地区，有时还要在高粱地里穿小路。

有时一夜要走一百多里路。在这样长途的急行军中，走到后半夜，真是人困马乏，又饥又渴，一个不小心，或者没有抓紧牲口的缰绳，牲口就扭头抢吃一口庄稼。特别是在就地休息的时候，哪怕只休息五分钟，一坐在地上，有些同志马上就睡着了。而正在路边吃青草的牲口，就去抢吃路边的庄稼。

一次休息时，少奇同志发现了这种情况，他立即提醒我们要好好管住牲口，并恳切地告诫我们说：

"你们都读过《三国演义》吧？就连曹操行军都不让糟蹋老百姓的庄稼。何况我们是中国历史上从来没有过的共产党人和人民军队！群众利益，就是党的利益，不爱护群众利益，就不会有什么党性。我们革命就是完全为着群众，应该随时随地有这份心事。"

从那以后，我们在行军中就地休息的时候，就不像以前那样紧紧挨着庄稼坐下，免得瞌睡时身体压坏了庄稼；并把牲口的缰绳紧紧地缠在自己的手腕上，这样只要牲口一动，我们就会马上惊醒。少奇同志看到我们这样做，满意地笑了。

又一次，也是黑夜行军，由于连续跑了几天急路，到了下半夜，实在疲乏不堪，一边骑在牲口上走路，一边打瞌睡。正在迷迷糊糊地走着，忽然砰地一下，不知什么东西碰在头上，猛然惊醒，抬头一看，嗬，原来是又香又大的梨子。这时，借着闪烁的星光，我们才发现正从梨林穿过，枝头累累，硕大的梨子把树枝都压弯了。微风吹来，清香扑鼻。旁边一个爱淘气的警卫员故意提高嗓子："看，好大的梨子打脑袋哟！"把大家逗得哧哧笑。尽管那时大家口里干渴，却都不约而同地弯下腰来，从树丛中小心翼翼地穿过，深怕把梨子碰掉呢！

把斗争坚持下去

在前面的路途上，要穿过大片敌占区，要通过当时山东的国民党死顽固派周侗的据点。更重要的是，我们随身带着华中局和山东分局的十二包绝密文件和密码。路途艰险，任务又重，为了保护好党的文件，避免由于人多而引起敌人的注意，组织上决定分散行军，我们和警卫排的几个同志作为第一批，携带6包文件先走；少奇同志随后出发。

我们把一切准备好，就去辞别少奇同志。这时，大家心里都有一种说不出的滋味。几个月的行军生活，我们一直是跟随在少奇同志左右，今天突然要离开他，心里有一种难舍的感情。特别是一旦离开少奇同志后，对少奇同志的安危就更觉担心。

少奇同志看到我们站在他的面前，就亲切地关照大家说：

“你们这次西行，责任很重啊！”他指指我们背上背着的六大包文件，这是绝密文件，你们一定要保卫好党的文件。随身要带好火柴，万一落在敌人手里或者被敌人包围，必须立刻把文件烧掉，千万不能让文件落入敌人手中。当然，我们应该争取一切机会和可能保全自己，实在万不得已时，就牺牲自己，保卫党的机密。”

少奇同志虽然只说了这么短短的几句话，但是，这几句话却充满了一个革命者对于革命事业的无限忠诚，对于革命同志深厚的关切和热爱。这种伟大的感情感染了我们，大家立刻从刚才那种难舍难分的心情中振作起来，每个人都感到自己责任的重大，感到党对自己的无比信任。大家背负着文件包，愉快地告别了少奇同志，信心百倍地奔上征途。

第二天晚上，我们穿过了津浦铁路，远远地看到月色下闪耀着一片银光。这就是壮阔而秀丽的微山湖。看到她，我们心里真有说不出的兴奋。在这方圆二百多里的敌占区，她是我们唯一的据点。四面都是敌占区，经常遭受敌人残酷的“扫荡”，我英勇的微山湖游击队就坚持活跃在这里。当天夜里，我们必须赶到那里才能歇脚、休息。

趁着月光，我们疾步向着指定的方向行进，不久就到达了湖边。我们还没有来得及寻找，只听得“依呀”一声，从玉花纷飞的芦苇丛中，飞出几只小划子来。七八个游击队员立刻把我们接下船去。小划子在水波中箭似地向前飞驶，很快地就把我们带到了湖中的一个沙屿上，准备休息一天再过湖。

我们在微山湖里一直转到黄昏，才在邳县靠岸。上岸后，往西南方向走了半夜，天空忽然下起雨来，四下里黑得伸手不见五指。在一片高粱地里，我们迷失了方向，结果柳岗带着四包文件和一行同志走到前面去了，江明和另外几个同志带了两包文件落在后面——队伍失散了。这里正是顽固军周侗的据点，又紧靠着日本鬼子的据点。大家的心情都很紧张。

为了不在路上撞着敌人，后面的同志决定派几个人往前面去寻找队伍，留下的几个人暂时隐蔽到高粱地里保护文件。

更深了。雨不知在什么时候停止了，湛蓝的天空中，现出点点繁星。江明站在高粱地里，看着那满天星斗，不由得想起有一次随少奇同志穿过陇海路的情景来。那却不是这样一个星光闪烁的夜晚，队伍在穿越公路时，被敌人发现了，枪声乱响，同志们都紧张地立刻分散开来。记得少奇同志那时是多么从容，他一面关照着大家的行动，一面镇定地向大家说："沉着一点，夜里的枪是打不准的。"脱险以后，少奇同志一边走，一边告诉我们：在黑夜行军，必须学会识别方向。他指着北极星给我们看，说北极星的位置总是在北方，只要找到北极星，就不会迷失方向。他还告诉我们：在没有星星的阴天，夜晚可以通过建筑物和植物来辨别方向；一般的庙宇和民房，正门多半是向南开的；如果碰到树木，可以用手摸一摸树皮，朝南的一面因受阳光曝晒，表皮粗糙，朝北的一面就比较细滑……

狂吠的犬声四起，枪声又响起来了。

"江明同志，队伍还没有找到，怎么办呢？"小刘紧紧地抱住一包文件，看着江明说。

江明的思路被打断了。但是，少奇同志在斗争面前从容不迫的形象，仍然缭绕在她的脑际，鼓舞着她，使她感到浑身都是力量。她对小刘说：

"不要紧，前面的同志不会走远的。万一我们被包围了，你就顶住打，我就烧文件。我们一定要记住少奇同志的话，不论在任何情况下，党的文件决不能落入敌人手里。"

不久，和前面的队伍联络上了。我们继续向前飞奔，黎明前，进抵十字河，经过一场短促的战斗，我们带着完整无缺的文件和密码，闯过了顽军的封锁卡，安全地到达湖西区党委，在这里又和少奇同志会合了。

离开湖西军区，当夜就是艰苦的夜行军，要通过约一百华里的敌占区，在这里，几次都要从敌人的"钉子"中间穿过。有一处，不到一里路的地方，一边有一个"钉子"，前面还横着一道几丈深、几丈宽的封锁沟，须用铲子从沟沿挖一道口子通过。寨子里的地主也无目的地向我们打炮。

在穿过敌人这样严密的封锁线之后，进入游击区，大家都松了一口气。可是，少奇同志却提醒我们，在游击区里仍然要提高警惕。我们根据少奇同志的指示，依旧保持着紧张的战斗戒备。那时，虽然已是秋天，天气仍然很热，加上行军速度很快，常常是汗流浃背，疲惫异常。这天晚上，天还没亮，我们就赶到了宿营地——一个偏僻的三家村。

整个村庄在沉睡中，没有一点动静。那夜没有月亮，我们趁着星光，悄悄地进了三家村。只见黑洞洞的几所小草房，没有一丝光亮。老乡们经过一天紧张的劳动，正沉入梦乡。

警卫员同志正要叫老乡的门，想在屋内找个地方，让少奇同志休息。少奇同志发觉后，马上制止说：

“不要惊动老乡。这里是游击区，敌人也常常来来去去的，这样深更半夜，你们一叫门，他们辨不清是敌人，还是八路军，又要担惊受怕。”

当夜，少奇同志就和我们露宿在外面。

一觉醒来，觉得身上有些凉，用手摸摸，浑身上下都是湿漉漉的。原来，秋夜的露水把衣服全打湿了。我们赶紧侧过头来，看到少奇同志正伫立在一棵树下，凝视着晨曦掩映着的凹凸不平的山谷，衣衫也被露水打湿了。这时，大家心里真有说不出的激动，想到少奇同志日夜操劳，身体又不好，为了怕惊动老乡，自己和大家一起露宿在外面，这种对群众的关怀和体贴，真是无微不至啊！

不一会儿，茅屋的门开了。几个老乡走出来，他们忽然发现一些穿着军装的人，不免有些惊疑。当他们知道我们是八路军时，又是惊喜，又是感动，眼睛里闪着泪光，激动地说：

“同志，你们干吗不叫门呢？”

一位老大娘用手摸着我们湿漉漉的衣服和头发，嘴里念叨着：

“唉，这是怎说的，全给露水打湿了，生了病怎么办？赶快进屋里去吧！”

老乡们顿时忙碌起来，抱柴火，拉风箱，要我们烤衣服，给我们烧开水。弄得我们都很过意不去。

第二天，我们到达了鲁西区党委。

离开鲁西区党委后，经过了一夜的急行军，通过了敌占区，突破了封锁线，我们到达了冀鲁豫接管部的沙区。

沙区是一片沙土地带，到处是沙窝，很不容易长庄稼，老乡主要靠种枣树、挖土盐维持生活。敌人在这里实行了十分残酷的三光政策，不仅强迫群众砍掉他们的命根子——枣树，而且还残忍地把人推到井里去，把井都填满了，断绝了群众的水源。我们后来经过一个小村，全村五眼井被堵死了三眼。这年又碰上大旱，群众生活困苦极了，家家户户都没有粮食吃，只能用枣树叶子和尚未成熟的小枣充饥。

我们一到沙区，就有人向少奇同志汇报了当地的敌情和群众的生活情况。同时，也反映了当时负责沙区工作的领导同志中间，有个别同志在工作中缺少办法，情绪低落，和群众的关系也不够密切，以致在相当长的一个时期里，群众没有充分发动起来。少奇同志和随行人员，又多方面地了解和研究了情况。

少奇同志对这些情况十分注意。有一天，他把沙区的几位负责同志请到他住的小屋里，和他们一起研究如何坚持游击区的斗争，开展根据地的工作问题。

这是一间狭小的土房，屋里除了一个土炕和一副简朴的桌凳外，别的什么东西都没有。

少奇同志请那几位同志坐到土炕上，亲切地问：

“我们从你们这里经过，你们有什么问题需要我们知道的？是不是可以谈谈你们这里的情况，工作中有什么困难没有？”

那几位同志比较具体地向少奇同志汇报了这里群众困苦的生活情况，汇报了敌人为了隔绝鲁西同冀南以及晋东南的联系，封锁十分严密的情况；汇报了我们和敌人斗争的艰难情况，等等。汇报十分详细，但是没有谈到今后准备怎样来克服和战胜这些困难、改变局面的问题。

少奇同志认真地听取了他们的汇报，感到这个地区有一些同志之所以信心不足，一方面是对当时的形势估计不足，看困难方面多了一些；更重要的是，他们在工作中群众观点不够，没有使工作深入到群众中去，把群众充分发动起来，让群众自觉地和我们一起进行斗争。于是，少奇同志就耐心地从各方面来启发他们，从当地基本群众以及各阶层人士对敌我的态度，一直问到农民救国会在群众中的作用和威信如何。差不多每个问题都贯穿着我们和当地群众的关系问题。但在当时，其中的个别同志总是感到当地客观条件太差，对于在本地区能否坚持下去的问题，显得神情踌躇，面有难色。

少奇同志仍是那么安详和坚定，他严肃而恳切地向他们说：

“困难是存在的，但是革命嘛，本来是一条充满了困难的道路。眼前的问题是如何设法找出解决困难的办法。要把群众充分发动起来，目前首先要想办法帮助群众生活下去，要千方百计地采取各种步骤。现在很多老百姓都在吃枣子和枣叶，那是不行的。应该赶紧动员老百姓种植瓜果蔬菜。这里面有两个问题，一是水，一是种子。目前很多井被敌人破坏了，我们全党全军应该立刻帮助老百姓一起来疏通恢复。另一方面再和区党委商量，到旁的地方去匀点种子来。”

少奇同志说到这里，抬头看了一眼窗外绿油油的枣树，又接下去说：

“种什么呢？我看菜呀、瓜呀、萝卜、豆角等等，凡是能生长的都可以种。将来能结瓜果就吃瓜果，长不出瓜果的，就是叶子、藤子也可以吃呀，总比吃生枣和枣叶要强，比没有吃的更强。这样，一两个月、两三个月后，瓜果长出来，群众生活就好一些了，枣儿也成熟了，我们再帮助群众把枣子卖出去，换些粮食和日用品回来，群众的生活就更安定了。”

说到这里，少奇同志语气更加坚定而明确地说：

“我们在这里是要想尽一切办法给群众东西，而不是向群众要东西。”

这时，我们看到那几位同志的神情，已经不再像刚来到时那样，他们紧蹙的眉毛渐渐舒展开来，眼睛也显得明亮了。其中一位同志带着感动的神情，问少奇同志：

“下一步该怎么办呢？请你也给我们一些指示。”

少奇同志思索了一下，说：

“到今冬以后，我们就得采取一些步骤，帮助群众恢复生产了。你们这里，各地区搞生产不是已经有了一些经验嘛，必要时还可以请求区党委给一些帮助和救济。我们要通过这些工作，把群众发动起来。但这些工作，必须通过农救会去做，只有这样，才能使群众真正认识到农救会是自己的组织，是为他们办事的。现在先帮助老百姓度荒，然后再恢复生产。把生产搞起来了，再去同区党委研究，在适当时机开展减租减息运动，通过这一运动使群众的生产得到发展，组织得到巩固，群众的觉悟就会大大提高。”

少奇同志看了看那几位同志，见他们正听得出神，一个个脸上都露出了兴奋活跃的神色。少奇同志的话头忽然又转到了另一个问题上：

“当然了，光是有这些办法还是不够的，更重要的是我们全党全军的作风问题。我们必须和群众同甘共苦，在群众中生根，要使群众相信我们在任何时候都不会离开这里的，我们一定要在这个地方长期坚持下去的。要做到这样，我们的军队和干部就一定要深入到群众里面去，每个人至少在群众中交几个知心朋友。要使群众真正认识共产党是他们的自己人、亲人，八路军是他们自己的军队。使他们敢于向我们讲真心话，而且说了以后感到很高兴。如果发现了群众中的问题，可能解决的，不管大大小小，都应该及时帮助他们解决；不能解决的，也应该及时向他们解释，并指给出路。当然，要这样，我们领导干部首先要放下架子，把自己放到群众之中，要真正认识到自己是群众中的一员，而不觉得自己有任何特殊，因而高踞群众之上。那些站在群众头上拉屎撒尿的人，是和共产党员的称号不相容的；而对他们个人来说，也是很危险的。你们说，像张国焘这些人，哪一个有好下场？”

夜深了。少奇同志透过小窗户看了看湛蓝的碧空，满天星斗闪烁着点点银光。

当我们送他们出去的时候，他们站在门外，紧握住我们的手说：

“这回胡服同志从这里经过，真给我们解决了问题。说老实话，如果说胡服同志的精辟而正确的观点和见解，给我们指示了方向和办法，那么胡服同志对于革命事业的坚定信念和对干部循循善诱的教诲，更加给了我们革命的精神力量。我们向党保证，回去以后，一定遵循胡服同志的指示，完成党交给我们的光荣任务。”

我们到了鲁西以后，少奇同志也像在其他地方一样，听取了区党委和军区的汇报，对他们的工作和问题，一一都做了指示。当时在鲁西比较突出的是关于大刀会、小刀会的问题。

鲁西有一大片地区，大刀会、小刀会的群众原先是要求抗日和接近我党我军的，但由于敌人暗中收买，潜入大刀会、小刀会的地主、兵痞、流氓以及国特和汉奸等反动分子，采用了种种险毒、卑鄙的手段，利用某些群众的落后情绪，破坏群众和我们的关系，渐渐地建立起为敌伪服务的地主、汉奸的统治。军区和区党委为着和敌人争夺这个地区的群众，采取了许多步骤，进行过许多工作，军区还特地组织了武工队，前去开辟工作。少奇同志到鲁西时，这个问题也提到了他的面前。

少奇同志听到这个问题后，作了仔细的了解和研究。他严肃指出，这是一个比较严重的问题，必须千方百计把局面打开。他对大刀会、小刀会作了科学的分析：这类组织，原先也是一种农民的群众性的组织，不过是一种比较落后的组织。后来，地主阶级和其他社会渣滓，为着想利用它，也想法混了进去，这就使这个组织变得日益复杂起来，反动的成分和性质也就日益多了起来。现在敌人竟又在那里施展种种阴毒的手段加以利用，这是不容忽视的。但不管怎么样，它的大多数会员都是农民。地主和坏人虽然是其中当权的，却是少数。群众和敌伪间的矛盾，敌人也是无法对付的。所以，只要我们长期地持续工作，这类组织里的绝大多数群众是完全可以争取过来的。采取武工队的方式，也是可行的。

鲁西的同志听到这里，便开始感到有了信心。接着，少奇同志又恳切地对他们说：

“像这类工作，既不能性急，又不容许等待，要抓紧时机。第一步在于如何把基本群众争取过来，使他们明白我党政策，明白只有抗日，只有依靠共产党、八路军才有出路。对其他各阶层的人们，也要尽量去争取，或者把他们中立起来。对那些与我作对的坏人，也要先礼后兵，告诉他们：只要他们改正，我们不咎既往。对于个别死心塌地与我为敌的坏分子，也要通过各种方式告诉他，叫他改变态度，否则决不饶恕。说到一定要做到，要杀驴子给马看样。但是决不容许去树立新敌，扩大他们与我党我军的矛盾。”

鲁西的同志有的插话说：“这样，方针政策明确了，就好办了。”

有的说：“按照这样的方针政策去做，局面是完全可以打开的。”

少奇同志接着说：“你们采用武工队的形式去开展工作是好的，但武工队不和当地群众建立联系，工作是不能开展，不能深入的。和群众建立联系，又必须不要让敌人有借口，不要使群众因此而受到迫害。不然，群众就不敢和武工队接近了。”

少奇同志还指出，要步步深入、步步扩大地开展武工队的工作。一方面，必须采取各种办法作好调查研究工作，及时展开对敌、伪、地主及其他各阶层的工作，越具体、越细致越好。另一方面要和当地的地下工作相配合，为地下工作创造有利条件，开辟道路。最主要的是建立和扩大秘密的群众组织。同时，以直接行动去提高当地人民的胜利信心，去动摇敌伪的军心，从政治上去瓦解敌人，削弱敌人，扩大敌伪之间的矛盾，伪军内部官兵之间的矛盾，尤其要扩大敌伪和人民群众之间的矛盾，等等。千言万语，不外是要把党的政策、毛主席思想和你们的情况结合起来。

鲁西的同志以极其兴奋的心情，接受了少奇同志的意见，并认为问题在原则上已得到解决。

冀鲁豫平原分局建立后，在黄敬、苏振华、杨得志等同志的领导下，在少奇同志指示和原区党委的部署和工作的基础上，不但较顺利地解决了大刀会、小刀会的问题，并扩大和巩固了我军和我解放区。

发展冀中地道战

冀中平原是大量种植棉花和小麦的好地方，日本帝国主义为了掠夺冀中的棉花和小麦，为了巩固其在平津的统治，他们就用了很大的力量，采取各种残酷阴毒的手段，经常向我冀中和冀东抗日民主根据地进行“扫荡”，妄图消灭我党我军和抗日民主政权。但是，英勇顽强的我军和劳动人民，在党的正确领导下，在这种残酷、艰苦的斗争中，开辟、巩固和扩大了根据地，并且锻炼和壮大了自己。

冀中区党委书记黄敬、军区司令员吕正操等同志知道少奇同志要经过北方局回延安，就由冀中率领两个旅越过平汉路，赶到晋东南的辽县麻田，向北方局汇报工作。更重要的是，要向少奇同志汇报和请示。他们在汇报中谈到了地道战。

他们说，在冀中，敌人的“扫荡”和我们的反“扫荡”斗争，是极其激烈、复杂而频繁的。在“扫荡”和反“扫荡”的过程中，那些掩护在老乡家里的老弱伤病人员，老乡们虽然总是千方百计地来进行掩护，但有时也还免不了被敌人发觉，受到敌人的伤害。冀中的老乡家大都有地窖，在“扫荡”最残酷的时候，每当敌伪进到村子，对每个人进行反复盘问和挨家搜索时，有的老乡就把埋伏在自己家里的老弱伤病人员藏到地窖里去。但后来，被村里的坏人走漏了消息，所以敌人一来就找地窖。在这样的情况下，我们党的组织就发动基干民兵研究挖地窖的经验。开始，把这户和那户基本群众家的地窖打通，窖口开在柜、橱下，后来又从烟囱里通出去，敌人进到这家，我们就转到那家去。有时敌人进入到那家搜索时，我基干民兵还从地道爬到那家的烟囱上去打敌人。但这样的地道还是很小，后来也不免受到敌人的破坏。基干民兵和群众根据切身的经验，在区党委和军区的直接领导下，又进一步把整个村庄的基本群众各户的地窖全部打通。这样，掩护老弱和伤病员的地窖，发展为民兵打击敌人的场所，初步形成了地道战。不过这时的地道战主要还是放在防御方面。

少奇同志很重视他们的汇报，并且再三地询问了关于地道战的情况。如群众怎样利用地道去和敌人作斗争？各阶级各阶层对这种斗争形式的态度怎么样？敌人又是用什么办法来对待地道战的？然后他肯定地指出：这是广大群众在实际斗争中的一种重要创造，可以大大加以利用和发展。这也只有在抗日民主根据地，在我党我军和广大劳动人民结成了血肉难分的基础上才有可能做到。大家还可以研究一下，究竟能不能进一步发展？

大家看到少奇同志这样重视地道战，都感到很兴奋，一时不知该怎么回答才好。少奇同志却说：

“大家都仔细想想，找时间再一起来谈谈。”

少奇同志对抗日沟的形式是很熟悉的，并有丰富的经验；但对于地道战却没有亲身经历过。

少奇同志连日来研究和琢磨了冀中地道战的情况，同时又吩咐柳岗到冀中区党委组织部长黄凯、情报部长张存实等同志处去了解情况。

在一个阳光灿烂的下午，少奇同志正在屋子里阅看有关冀中工作的文件和材料，黄敬、吕正操等同志又来到柳岗处，打算再谈一些有关地道战的情况。少奇同志对冀中的工作，除有关地道战问题外，已在北方局的会议上提出了全面建议，并得到北方局的完全同意。但黄敬和吕正操同志说，还有些问题须当面请示。于是，大家就一起来到了少奇同志的临时办公室。少奇同志细心地倾听了黄敬、吕正操同志的汇报，每当他们谈到关键性的地方，还不时发问，提出些问题。在他们谈完关于地道战的补充情况后，少奇同志又要他们提出关于进一步发展和扩大地道战的设想和意见。

过了几天，当少奇同志对情况已经全面掌握，并经过深思熟虑之后，便吩咐柳岗去找黄敬、吕正操等冀中负责同志，约他们一道来商谈。见面后，少奇同志便说：

“想和你们一道来研究一下发展冀中地道战的问题。地道战的斗争形式，古今中外都还没有这种经验，完全是群众伟大的创造，我们应该给予足够的重视。我看可以坚持下去，并且可以大大发展。你们看怎么样？”说到这里，他又打趣地说，“传说中的一个土行孙，就闹得官家无法办，我们人人能作土行孙，难道敌人还能有法来对付！”说得大家哈哈大笑。

黄敬、吕正操同志认为地道战可以发展，并根据对冀中情况的分析，提出了如何发展的意见。

少奇同志就像往常一样，严肃而恳切地说道：

“对，你们的意见基本上都是好的，信心也是好的。从具体情况的具体分析出发，把广大群众的创造性的经验，提高到原则上，再拿到群众中去实践。这就是毛主席的方法，马克思列宁主义的方法。”

少奇同志站起来踱了几步，朝着黄敬等同志亲切地说：

“我看要发展地道战，是否应该从根本的方向上来提高一步？你们现在的地道战，主要还是防御性的，如何能由防御的形式逐步转为既能防御又能进攻的形式，这是发展地道战的一个关键问题。”

吕正操同志目光炯炯插话说：“这就把我们的地道战提到了游击战争的原则高度。”

黄敬同志也说：“你不指出，我们都没有这样想过。但怎么转，也还不是容易的。”

少奇同志进而启发他们说：“怎么转可以研究，我想群众既然可以用地道来防御敌人，那么他们一定也会想出办法，来更妥善地防卫自己，更多地去打击敌人，扩大战果的。现在，你们不是已经可以突然从地道里爬到烟囱上、屋顶上去袭击敌人吗？这就是进攻的性质嘛！把这种斗争形式扩大起来，我看就可以处处去打击敌人。同时，你们还可以考虑一下，是否可以把地道活动和地上的武装斗争结合起来。”

少奇同志吸了几口烟，接着说：

“敌人不是常说我们八路军神出鬼没吗？把地道战发展起来，就是神出鬼没的办法之一，也是迫使进入根据地的敌人，陷于草木皆兵的被动地位的一个办法。”

黄敬同志说：“这真给我们开了窍。”

吕正操同志也说：“这是个能行的办法。”

但是，少奇同志又进一步提醒大家，不要把问题看得太简单，我们现在的地道活动范围还很小，敌人还会想出很多办法来对付我们的。要把活动范围扩大，以我根据地现有的人力物力和财力，还会有许多实际困难。斗争是很复杂的，不要只看作是个单纯的武装斗争或技术问题，而是一场很严重的政治斗争。在这场斗争中，我们要有坚定的阶级路线，依靠贫雇农。地道战的民兵游击队，成分必须纯洁，成员必须是贫雇农中最有觉悟最可靠的人，武器必须掌握在他们手里。另一方面，也要做好抗日民族统一战线工作，可团结的一律团结，可中立的就中立。因为敌人来“扫荡”时，除开汉奸狗腿子外，不管他是地主、富农，也往往要遭受日伪军的奸淫掳掠和烧杀，所以也不得不连人带物藏到地道里去。这样，他们不也就和地道战发生共同的利害关系了吗？但是，游击队的武装、地道战的结构和作战计划等等，是绝对不能让他们知道的。同时，还必须严防村里的坏分子向敌人通风报信。对地富和可疑分子也要提高警惕，还要严肃地告诫他们，为共同的利害不许泄密，如果谁泄露地道战的秘密，就决不宽饶。重要的是要系统、全面、深入地掌握情况，掌握每个村子各阶级各阶层的人们的政治思想动态，尤其是坏分子和伪军家属的动态，正确地把党的阶级政策和统战政策深入具体地贯彻到地道战中去。这一切都需要经过周密细致的调查研究和组织工作。

黄敬同志和吕正操同志一面注意地倾听着少奇同志的指示，一面认真地做着笔记。

少奇同志问：“能够做到吗？”

黄敬同志停住笔，有信心地回答说：

“中心区大都可以做到，边缘区还需要回去研究和进行工作，有些村子甚至要做很多的工作，但我们保证一定能按你的指示去做。”

吕正操同志说：“关于地道战的问题，我们从来还没有提到这样的原则高度去想过，现在认识比较清楚了。在冀中当前的形势下，只有这样做，才能发展、巩固和扩大根据地，打击敌人，保证胜利。”

少奇同志说：“是么，这样做就能使民兵和一般群众从实际斗争中提高觉悟，并且不断得到考验；能使我党我军锻炼得越来越坚强，可以从根本上去打垮敌人妄想缩小、并吞我根据地的政策。”

讲到这里，黄敬同志要求少奇同志对地上斗争和地道斗争如何结合的问题，做一些具体指示，吕正操同志则请少奇同志休息一会儿再讲。于是大家就到院外坪子里盘桓了一会，然后又回到少奇同志的临时办公室。

少奇同志继续说：“是呀！事情并没有这样简单，还有很多问题得谈谈。”他又望了望黄敬同志，“你提的这个问题，我是这样设想的：敌人的力量看起来有点气势汹汹，但实际上是空虚的，力量是有限的。他不可能同时在每个村子里、每栋房子里都住下兵，也不可能长期住下去。因此，地下的民兵如何活动，应有这样一个原则：县的游击队应以县为活动范围，区的游击队基本上不离开区，各村民兵原则上也是围绕各自的村子打游击。这样，敌军来时，如住到这个村子里，那个村的民兵游击队可以活动起来，去袭击、扰乱、引诱敌人。当敌人进攻那个村子时，这个村的民兵游击队就可以从地道里爬出来，打它的屁股，那个村子的游击队民兵就及时转入地道。使敌人疑神疑鬼，什么地方都要挨打和受惊，不敢安然住下。至于游击队如何配合正规军，我们军队过去是有一套经验的，现在你们又多了一个地下战场，可以用民兵游击队从地上和地下两个方面配合去牵制敌人，扰乱敌人，打击敌人。当敌人企图回击时，正规军就可以截击、追击和袭击；可能时，还可集中优势兵力，吃掉他一些。总之，要把毛主席关于游击战争的学说，结合你们的情况灵活运用起来。”

黄敬、吕正操同志都很兴奋，情不自禁地点头，认为：

“这样做，冀中根据地就好坚持了，反扫荡的仗就好打了。”

少奇同志接着又指出：“现在的地道，只是在一个村子里相通，横剖截断是敌人已采用过的办法，‘道高一尺，魔高一丈’，他是还可以用其他阴险毒辣的办法来对付我们的。”

讲到这里，他征询冀中同志们的意见说：

“你们想想，是否使村与村之间都打通一两条地道？这是一。有没有办法让地道过河，通到敌占区边缘，在野外开几个万无一失的口子？这是二。我们知道，依靠广大群众的力量，天也能翻个面。但这种工程的巨大，可能要大过万里长城。”

黄敬同志望着吕正操同志说：“个别近邻的村子已有地道相通，我敢肯定能做到。”

吕正操同志微侧着头想了想，接着说：

“地道过河，老乡有这个经验，他们把水缸底打破，一个个地接起来做水道。我看，从河身底挖条地道，把这种东西安进去，岂不成了河下地道？”

“好，你们都可以去试试，万一办不通，再想其他办法。”少奇同志遂又问道，“你们这里的小庙多不多？是否可以在小庙的神座里挖个口，从村里通到村外，既不怕倒流，又可以隐蔽。”

黄敬同志蛮有把握地表示：都可以做到，通到敌人据点附近的地道也能做到。因为冀中群众对地道战已有了越来越多的经验和信心，特别是又有了少奇同志今天给予的这套法宝。

少奇同志无论考虑和处理什么问题，总是那么缜密、周到、细致。对这个问题也是这样，至此，他又再三嘱咐冀中的同志们，挖地道的时候，要注意土的处理，决不能让敌人和坏分子看出地道的痕迹来，使他们得以追踪来进行破坏。其他问题，也都要考虑周到，都不要疏忽大意。冀中的同志们当即表示："胡服同志的指示对我们很重要，没有这道紧箍咒，我们还可能犯粗枝大叶的毛病。"

这时，警卫员同志请大家去用饭。在吃饭的时候，大家说说笑笑，显得心情分外舒畅。

少奇同志深邃的目光注视着大家微笑着说："假使能够把今天大家所谈的样样都做到，冀中的抗战工作就会好搞得多了，主动得多，有把握得多了！根据地的巩固和扩大，就能有更多的保证，敌人却会因此增加更多困难。这是一场极艰苦、极巨大、极复杂的群众斗争，也是人类战争史上一种空前未有过的伟大创造，人民将会把它载入光荣的史册中去的。"

饭后，吕正操同志说：

"我们的问题现在都完满解决了，打算明后天就回冀中。胡服同志还有什么指示吗？"

少奇同志又再三地嘱咐和勉励他们，并亲自送他们走到村外。

太岳反"扫荡"

我们随少奇同志在北方局和十八集团军总部所在地——万山绵亘、峻岭环峙的麻田住了一个多月，就又向太岳区西进了。

这一带是有名的太行山区，我们一路翻山越岭，记不清走了多少山路。离开麻田的第二天上午，我们从太行山主峰下面的一条比较小的山坳穿过。其实，这座山也不算小了，上下四十里路，山势很陡，道路难行。刚上山的时候，我们还骑着马，走了不一会儿，马就累得浑身大汗，气喘吁吁地，一步一颠。我们于是跳下马来，牵着马爬山。北方的10月，气候已经凉了，大家却都累得汗淋淋的。不知是谁在一旁嘀咕起来:“奇怪,这山总走不完!”

少奇同志走在前面,回头望了望我们,大概看到我们那副狼狈的形象,不由得笑了。他擦了一下脸上的汗水,指着前方说:

“翻过这座山,从南面下去,就是长治、长子,历史上有名的潞安府盆地,我们的粮仓之一!”

这时,柳岗也想起了历史上的故事,就接着说:

“潞安府,过去是用兵必争之地,五代时李克用和朱温就曾经长期争夺过这块地方……”

少奇同志又告诉我们:太行山区,历来人民生活较苦,但斗争性很强,有着英勇的斗争传统。岳飞抵抗金兀术,他的兵主要就是在这一带组织起来的。

就这样,我们一面走,一面谈,道路同样难行,走起来却不知不觉地轻快了。年轻的警卫员们更是活跃,都想快一点登上山头去眺望眺望。

我们翻过了太行山,突过了白晋公路敌人封锁线,在一个拂晓进入了太岳区。又翻了几座山,进入一条几十里路长的山沟。当我们走出这条山沟,到达一个集镇时,天色已经很晚了。据护送我们的同志和镇上的老乡们说,这里距离军区司令部所在地只有十几里路了。大家都很疲乏,想在这里休息一下再走,于是便去请示少奇同志。

少奇同志沉思了一下,凝神看了看周围的环境,又侧过头望了望大家,决断地说:

“在敌后情况变化多。天气已经这样晚,我们再赶十几里路,就到达司令部了。如果情况发生变化,司令部很可能要转移,那就麻烦了。我们还是赶到司令部以后再休息。”

经少奇同志这么一说,大家又都振奋起来,继续前进。其实就在这一天,阴险狡诈的日寇开始对太岳区进行“扫荡”。将近七万个日本鬼子,分五路从东面和北面,向我太岳区北部(司令部驻地)分进合击。敌人兵力的分布是,主力在北路,而东路的敌人恰好和我们同路,只相距十几里路,紧紧地跟在我们后而。由于我们走在那条大山沟里,天色又晚,敌人才没有发现我们;而我们也不知道后面跟着敌人。在我们离开那个准备休息的集镇不久,敌人就到达了那里。他们因为要等待北路的主力部从,在那个集镇宿营了。如果不是少奇同志的英明决定,我们势必以众寡悬殊之势陷入敌人虎口。

当天夜里，我们到达了军区司令部所在地。

军区司令部驻在一排窑洞里。司令员陈赓同志是一个游击战争的能手，是一个精悍、乐观、豪放不羁的人。他简要地向少奇同志报告了敌情和我军反“扫荡”的战斗部署。最后，他爽朗地笑着，大声说：

“一切都准备好了!”

少奇同志仔细倾听他的汇报，注视着他，不时地露出信任的微笑。

我们休息了片刻，午夜，又随同太岳区党委和军区司令部出发了。刚刚走到河沟旁边，便碰上了一支浩浩荡荡的队伍，借着星光月色，辨别出是我们的部队在掩护群众转移。在群众的队伍里，有带着武器的青壮年民兵，有银色鬓须的老大爷和老大娘，也有背着孩子的妇女，还有人赶着牛、牵着毛驴……这些都是土生土长的农民，然而他们却是这样满怀着对敌人的憎恨，满怀着对抗日的胜利信心，这样的有秩序，这样的镇静，除了母亲怀抱里的婴儿偶然啼哭几声以外，没有丝毫喧闹的声音。少奇同志叮咛我们不要惊动老乡，一直等群众的队伍过去了，我们才又继续前进。

第二天，我们甩掉了日本鬼子，向另一个村镇转进。陈赓同志笑着对少奇同志说：

“敌人‘扫荡’越来越频繁，上次‘扫荡’刚过去，又发动了这次‘扫荡’。看来，日本鬼子是急于想‘胜利’呀!”

少奇同志听了微微一笑，说：

“这不是表现他的强大，恰恰是表现他的脆弱；这是垂死前的挣扎!”

这时，少奇同志的目光忽然落在墙上的大字标语上：“一年战胜希特勒，二年战胜日本!”他注视了一会儿，又侧过头来，看着我们大家说：

“从总的形势看，这个口号的提出是有根据的。敌人失败是肯定了的，我们的胜利也是肯定了的，但是，估计在日本投降以后，蒋介石在美国的支持下，一定要来分割我们的根据地；顽军阎锡山也会来分割我们的根据地，我们现在就应该有个思想准备，要多吃一些苦，多准备一些条件，如果将来这种情况一旦发生，就不致张惶失措了。你们说是不是?”

说到这里，少奇同志笑了笑，意味深长地接下去说：

“不过，我们现在还得做另一种思想准备：我们现在是在农村里转，将来一定要占领一些城市的。我们的军队和干部是要进城的。这是个什么样的形势，首先在我们干部思想上会发生些什么问题和情况？”

这时，走在少奇同志旁边的太岳区党委书记薄一波同志立刻要求少奇同志：

“请少奇同志给我们谈谈这个问题吧，你要不谈到，我们的确想不到这么远。”

少奇同志仍然微笑着，考虑了一会儿，他才开始慢慢地说下去：

“你们都是负责干部，应该考虑到抗日战争结束以后的问题。我想中央和毛主席一定已经考虑到这个问题。我现在还没有得到指示，只是个人估计到的，你们要我讲嘛，我作为和大家交换意见来讲。

“估计形势，抗日战争的胜利是肯定了的。希特勒的失败肯定了，日本帝国主义要跟着失败，也是肯定了的。但是，在打败希特勒以后，不等于说日本帝国主义也失败了，英美也还没有战胜日本，而且他们也不愿意作出重大的牺牲去战胜日本。因此，仍将可能请求红军出兵，苏联也可能出兵。如果这样，对中国对远东是有好处的。对待这个问题，不能有丝毫怀疑，当然，哪年哪月哪日胜利，我们倒不必去作那样的估计。但是，日本帝国主义失败后，我们哪样胜利法，是不是马上就是人民的胜利，那就是一个比较复杂的问题。如果蒋介石愿意和我们一起搞民主共和国，那是一种胜利形势。不过，根据蒋介石的性格和大地主资产阶级的特点，这个可能不能说没有，但我看是不大的。最大的可能是，蒋介石在美帝的扶助指使下，要发动反共反人民的内战。如果是这样，人民的胜利就将要走着一条曲折复杂的道路，但胜利也是迟早要到来的。蒋介石发动内战，必然将利用他的一切条件，沿着日本帝国主义的道路来分割我们，然后来消灭我们。但，这只能是他的打算，能不能实现这个打算，当然又是另一个问题。在我们，如果搞得好，可能占领几大块根据地，占领若干中小城市和个别大城市；即使搞得不好，也一定会占领一些中小城市，重新组织力量。也就是说，经过国内力量的重新组合，最后战胜美帝国主义和蒋介石，达到人民胜利的目的，进入全国所有的大、中、小城市。

“因此，我们总是会进城的，应该有进城的准备，特别是干部们要有这种思想准备。进城以后，将是不同于今天斗争形势的另一种斗争形势。地主阶级和资产阶级将用各种各样的方法，来软化我们，腐蚀我们，从我们的内部来削弱我们的战斗力，瓦解我们的思想武装。中国的地主、资产阶级都是老于世故的，办法很多的，而且是卑鄙的。他常常玩弄一些花样，可以使我们有些干部只简单地去看问题，摸不清头脑的。

“我们是一个小资产阶级占相当成分的国家，党员出身于小资产阶级的比重也不少，特别还有一些党员出身于地主和资产阶级家庭。不仅有若干新党员，就是老党员中，一些在思想立场上没有完全解决问题的人，一进到城市里面，特别是大城市里面，那些红红绿绿、花花朵朵的世界，脑袋就不免要发昏，脚跟子就不免要摇摇摆摆，何况资产阶级将要摆下各种各样的迷魂阵和我们斗争。这样，就可能有不少人要摔跤子，甚至于会摔下去爬不起来。我们有些同志，他们吃得起苦的，吃不起甜的；碰得起硬的，但碰不起软的。进城以后，资产阶级和我们的斗争，不只用一些甜的软的方式和我们斗争，甚至这种方式会很多，会到处碰到。

“因此，在没有进城以前，我们就应该有进城的也就是胜利的思想准备，要把这些道理向主要干部、向全党干部讲清楚，使他们有个思想准备。这样，就可以阻止地主、资产阶级对我们的阴谋侵袭，保持党的战斗性；可以防止许多人摔跤子。即使有些人碰了钉子，以至于摔了跤子，也容易觉醒过来；防止或减少我们可能遭受到损失。当然，这不能说，我们有了党，在进城以前有了思想准备，就可以完全不受损失，任何人也不摔跤子。我看，那也是不可能的，有些人还是会摔跤子的，甚至于有些人会摔下去爬不起来的……

“这是我随便想到的，没有很好地准备，只作为同志们的参考。我这样的想法可能是错误的。估计党中央和毛主席到一定时机会给全党正确的指示。”

少奇同志讲完之后，薄一波、陈赓、安子文等同志即请求少奇同志就这个问题给区党委和军区的主要负责同志做个报告。我们到了宿营地后的第二天上午，少奇同志根据毛主席的著作和党中央的文件，对形势的发展做了透彻的分析和估计，显示了高度的马克思主义的预见性。

这时，日寇正集中优势兵力，用所谓梳篦战术，翻来覆去，到处寻找我军主力部队和首脑机关，进行决战，企图消灭我军主力。

一天，我们随陈赓同志转移到安泽县的一个村子。村子虽小，却是个交通要道，村南是一条公路，西北有条大车道。村子正坐落在两条道路的交叉点内。我们到达这个村子后，准备午餐后继续前进。

正在吃饭的时候，侦察人员跑来报告：敌人突然到达了邻村，正向我们休息的这个村子的方向逼近。大家听了都很紧张。

"不要紧，这村子处于两条大路的交叉点，是个交通要道，敌人想不到我们会在这里休息，一定不会注意。大家继续吃饭好了，就是敌人到了村边，也不要动，不要暴露目标。"陈赓同志很镇静地对大家说。然后，他用征询的眼光望着少奇同志，等待着少奇同志的指示。

每当遇到这种情况，少奇同志总是很沉着的，他点头表示同意陈赓同志的意见，并且说：

"很好，就这样办。这么多的人，一跑出去非出乱子不可。"

少奇同志的话，安定了大家的情绪，又继续吃饭。村子内外静悄悄的，没有一个人讲话。

鬼子距离我们所在的村子只有半里路了。少奇同志和陈赓同志依然不动声色。同志们的心情都很紧张。

过了好一会儿，侦察员才回来报告说：

"敌人从村外经过，现在已经越过我村有几里路了。"

陈赓同志还请少奇同志考虑是否可以分开行动？少奇同志也表示同意。

陈赓同志把情况和自己的意见，报告了少奇同志，请求指示。少奇同志沉思了一会儿，对陈赓同志说：

"对，敌人到东面寻不到我们的踪迹，完全有可能再回来搜索。我们应该立即转移。"

陈赓同志立即决定派军区参谋长毕占云同志负责保卫少奇同志向山区转移，他自己率领一部分部队向相反的方向转进。据后来得到的情报知道：在我们离开这个村子不久，敌人就返回来搜索，什么也没有捞着，就又沿着原来的方向走去了。

当天下午，我们转移到一个小山庄，住在半山腰一户农民家里。安置好行李背包，少奇同志信步走出来，站在门外的小坪里，向外眺望。这时，一个中年农民挑着一担水，从山脚下沿着一条弯弯曲曲的山路，蹒跚地爬上来。他走得那样艰难，两条腿向里弯曲着，几乎每跨上一步，都要费很大的力气。少奇同志的目光一直关切地注视着他。过了好一会儿，老乡终于爬上了山坡，向院子里走来。原来这位老乡正是我们宿营的房主人。

少奇同志于是走过去，慈祥地问道：

“老乡，你是不是有什么不舒服？你的腿有病吗？”

老乡抬起头，把双手伸出来给少奇同志看，十个手指的关节都肿得像小萝卜一样。他痛苦地告诉少奇同志说：

“这种病，叫柳拐子病，骨节慢慢地都会这样肿起来的。干活也不方便啦！”

少奇同志关心地问他：“这里害这种病的人多不多？它对寿命有没有影响？这种病怎么得的？”

老乡回答说：“这地方害这种病的人可多哩！说不上是怎么得的，反正祖祖辈辈都有人害这病。得了这种病干活很困难，也没法治。”

少奇同志沉思了一会儿，然后一字一句地说：

“一定能找出害病的根源，想出治病的办法。”他转过身来，对我们说，“我们到下面去看看。”

少奇同志到了山脚下，循着老乡汲水的小溪，背着手，沿着溪水缓缓地踱着，仔细观察。他时而站住，注视着浅浅的溪水；时而又漫步前行。忽然一阵山风吹来，满坡的榆树、枣树叶子，簌簌地飘下来，纷纷落到水面上。有些叶子随着溪水打着漩涡流走了，有些叶子却麕集在水浅的地方；其中，有的叶子已变成黑褐色，散发着霉烂的气味。少奇同志停住了脚步，目光集中在那堆烂叶子上。一会儿，他继续循着溪水向上游走去。几条细细的泉水从岩隙中流出来，经过褐色的岩石，又经过红色的沙砾。少奇同志在那里又仔细地观察了一会儿。最后，他回过头来，对我们说：

“老百姓得这种病是很痛苦的。是不是喝的水不干净，水里有什么毒质或矿物质？还是缺少了什么营养？”

少奇同志回到宿营地，就对毕占云同志交代说：

“这里有一种柳拐子病，是群众世世代代的痛苦，我们共产党人不帮他们解决，谁能帮助他们解决？在现在的条件下，纵然不能根本解决，也应该使它减轻，至少要阻止它发展。”

少奇同志稍停了一下，接着又用询问和启发的口气说：

“这种病的根源在哪里？是不是缺碘？如果缺碘的话，附近又找不到海带，是不是可以用碘剂来解决问题？如果是水里含有某种矿物质或是其他毒质的话，是不是可以从饮水方面解决一下。总之，这个问题一定要好好研究，叫部队里的卫生人员认真帮助老乡解决一下。”

毕占云同志把少奇同志的意见一一记在心里。

第二天，由于敌情紧急，我们又跟随少奇同志整装出发了。一路上，少奇同志向我们说：

“在中国农村，类似柳拐子病的灾害是不少的。共产党人应该看到自己还有许多工作等待着我们去做，也只有共产党能给劳动人民解除世世代代的灾难和痛苦……”

经过一天翻山越岭的急行军，黄昏，我们到了宿营地，真是高兴。然而，走近村落时，却冷冷清清没有一点声息，村子里空空荡荡，不见一个人影。原来，老乡们为了对付敌人的扫荡，都隐蔽到山里去了；牛羊、骡马、粮食、衣服，甚至锅碗瓢盆等用具，凡是能够带走的，都带走了；实在带不走的东西，就埋在地下了。我们走进老乡家里时，都是四壁空空，土炕上光秃秃地连片席子都没有。翻了一天山路，大家都疲倦了，肚子也饿了。怎么也找不到一个老乡，弄不到一点粮食。

一个同志在山后茅厕附近的地面上，发现有些浮土，跺一跺脚，声音有点不同。根据过去的经验，这种地方往往下面是埋过东西的。于是试探着挖下去，果然刨出来几个大南瓜，另外还找到一点点小米。

在这种情况下，能搞到这么点吃的东西，确实是很不容易的，可惜数量太少，怎样更好地利用它呢？我们几个人悄悄地商量，准备把南瓜熬成稀糊糊，分给大家吃；把小米煮点稀饭给少奇同志吃。不料被少奇同志听到了我们的谈话，他立即说：

“不要单独给我煮稀饭。把南瓜、小米合煮一锅粥，大家吃。”

他又看着几个南瓜和少许小米，对毕占云同志说：

“看样子，这个村子都是贫苦的农民，生活艰苦，他们可能还要指靠这些东西过冬的。我们一定要记下这笔账，在这次反‘扫荡’过去后，向老乡做个交代，照数偿还他们。”

南瓜和小米合在一起，煮了一锅热腾腾香喷喷的稀糊糊。我们盛了一搪瓷缸子，找来细高粱秆，截成一双筷子，送给少奇同志。但是，他不肯先吃，只是对我们说：

“先尽战士们吃。他们很辛苦，还要准备继续战斗呢！我们顿把不吃，没大关系。”

离开这个村子时，少奇同志又叮嘱我们：

“要仔细检查一下，不要留下我们在这里住过的痕迹。要不然，敌人来了，发现我们在这里停留过，可能要把房子烧掉的，使老百姓遭受损失。”

大搞地雷战

敌人这一次来势很凶，对我根据地的“扫荡”很残酷。但太岳区的广大群众在党的正确领导下，配合子弟兵对敌人展开了英勇、顽强的斗争。在反“扫荡”中，表现了无比的机智，创造出了许多动人的事迹。其中一项较突出的创造，是地雷战又有了新的发展。

在反“扫荡”战的转移途中，陈赓同志便向少奇同志汇报了基干民兵游击队用地雷炸敌人的经过，还谈到了一些鼓舞人心的生动事迹。少奇同志一面行军，一面听陈赓同志谈话，听得分外认真，还不时提出询问。少奇同志说：

“这样说来，地雷战也可说是群众创造的一种较突出的斗争形式，很值得我们重视。”停了一会，他又问道：“你们总结过经验没有？山西其他根据地也有搞地雷的吧？”

薄一波同志回答说：“由于经验不够多，还没有正式总结过。等我们今后再多搞一些活动，然后把经验好好总结一下。”

“对，但你们首先还应该研究一下，到底有没有发展的条件和推广的可能。”少奇同志说，“在这次反‘扫荡’中，就可以根据条件再作些部署，去取得经验。”

我们来到一座群山环绕的村庄里。刚宿营不久，就有个分区的负责同志来向司令部汇报反“扫荡”战进行的情况。陈赓同志要他来向少奇同志汇报。分区的同志对敌人的动态和分区的部署，两天来“扫荡”和反“扫荡”进展的情况，谈得很具体、生动。少奇同志询问了各种重要情况，还着重询问了有关地雷战的情况。

太岳区大山横贯，丘陵绵延，河流、水道很多，道路和河流都是弯弯曲曲的，很便于游击队的活动。那种河流，也可以说是溪沟，发水的时候，水很深，河面也较宽；而到了秋冬，就只有不多一点水，甚至是只结上一些冰块的干河。因为水浅，水面也不怎样宽，行人通过，一般都不架桥，只是在水里铺些石头，作为过河的道路；水从石头之间的空隙流过，人就踩着石头走过去。敌人来“扫荡”时，基干民兵游击队常常把地雷埋在这种过道的石头底下，侦知敌人要经过时，游击队就埋伏在河两侧隐蔽的地方。他们还常常派人留在村子里，故意让敌人抓住，给敌人带路。有一次，敌人真抓住了一个这样的游击队员，连逼带骂地要他带路。这个游击队员带着敌人走到离村二三里的河道边，就故意停住不肯前行。敌人凶恶地责骂他，他说：“太君的，八路的夜里的大大的多！”并用手作出八字形，“这里的地雷的，多多的有。过的，死了死了的，我的不敢。”敌人因看到这里没有“小心地雷”的牌子，似信不信，又有点害怕，就强迫我们这个游击队员先走。游击队员知道地雷埋在哪些石块下，是有把握不踩着地雷的。他一面故意装出害怕的样子，一面就小心地踮着脚跳过去了。敌人看到没有地雷，大队人马就放心大胆地跟着过河，还没走到河正中，就一连几声轰隆，炸死了好几个。敌人中了地雷，就不敢再往前走，叽哩呱啦地只顾往后退。我埋伏在河侧两边的游击队就一齐打枪，弄得敌人人马混做一团，进退不得，狼狈不堪。原来没有碰上地雷的，又碰上了地雷，连人带马炸死好多。这样，有时一次要打死炸死好几十个敌人。

少奇同志听罢说：“这都是很鼓舞人心的场面，只有我们的广大劳动人民和人民的游击队，才能发挥这样的机智和创造，才能有这样的勇敢！”他看了看分区的那个同志，接着说，“你们要充分珍重群众的这种创造和战果，要及时总结经验。在这次反‘扫荡’战争中，还能推广一些吗？”

那位同志做了肯定的答复，然后匆匆地奔回分区去了。后来，我们在行军中，还经历了一处类似这样的地方，地雷战的痕迹还很新，少奇同志亲自仔细地进行了察看。

陈赓同志见少奇同志很重视地雷战，就对地雷战的情况作了一次系统的收集和整理，然后向少奇同志做了比较详细的汇报。陈赓同志在汇报中谈到了下面一些情况：

最初，我们是把炸药埋在敌人路过的地方，安上导火线，必须有人拉线，才能爆炸。后来，在军区的布置和帮助下，基干民兵与群众又想出办法，把炸药装在铁筒子、罐子、瓶子等各种器具里，做成各种各样的地雷，安上导火管，把它埋在地下，只要碰上导火管就可以爆炸。有些民兵游击队就运用它来打击敌人，每次反扫荡中，总有一些敌人被炸死，并迫使敌人不敢像以往那样放肆，特别是夜间，更不敢大胆行动。后来，有些民兵游击队就故意埋了一些假地雷，并在路口写上牌子："小心地雷！"用来摆布敌人。

少奇同志说：

"这也是打击敌人的一个好办法。你们这里，现在是不是每个村子的基干民兵、每个游击小组都能这样做了呢？"

经常充满乐观和信心、对太岳区情况了如指掌的陈赓同志，不假思索地说：

"不普遍！已经照这样做的地区，约计不到一半。因为制造地雷条件有限制，不能大量地、普遍地制造。假地雷也不好埋得太多，多了，敌人会认为是恐吓他的假玩意，因此又会放肆起来。同时，群众也还没有完全掌握埋地雷的技术，所以还不能在全区每个村庄都这样做。"

少奇同志又要陈赓同志找几个主管地雷制造的后勤同志和熟悉地雷战的民工同志来谈谈。陈赓同志便令几个有关参谋来见少奇同志。少奇同志从制造地雷的材料问题，成品的性能问题，一直谈到基干民兵是否能掌握制造地雷、埋地雷的技术和地雷战的活动情况，群众对地雷战的反映等等问题。经过少奇同志的启发和指示后，他们认为可以创造条件，多多制造和全面推广。至此，少奇同志又向他们提出：

"你们能否保证地雷只炸敌人，不炸老百姓，你们有什么可靠办法没有？"

"能！村里的基本群众都是帮助基干民兵和游击队搞地雷战的，地雷埋在什么地方，他们都知道；他们的家里人也不会错碰地雷的。"

"那么，基本群众以外的人呢？"少奇同志问，"如果他们误碰上地雷，那也不好。是不是可以这样：反'扫荡'时，告知全村的人，都不要走人行道，那不就万无一失了吗？而敌人的大炮和人马，是非走人行道不行的。"

正讲到这里，陈赓同志和区党委的另一位同志走进来了。少奇同志说：

"来得正好，一同来谈谈。"

少奇同志把话头转向党的领导工作上来，说："地雷战也是群众性的武装斗争的一种新形式。这里面既有阶级政策，也有统一战线政策。要推广和搞好地雷战，除去一些技术上的问题外，各个村的党支部既要做好统一战线工作，团结一切应该团结的人，防止地主和坏分子了解和泄露地雷战的秘密，及时给那些向敌人通风报信的坏蛋以应有的打击。更重要的，要做好群众工作，做得越深透越好，要使基本群众都积极赞成和参加地雷战，或直接和敌人打游击，或分头监视坏分子，注视地主的动态，等等。地雷战也和我们其他地方的斗争一样，都是为了削弱敌人和壮大自己，也就是说为了保护广大人民群众的根本利益。因此，千万不能让人民受到地雷的损害。”

区党委的同志说：“把地雷战提到政策原则上，我们过去还没有这样考虑过。根据胡服同志的这一指示，我们的许多工作还要重新把它搞深搞透，不少工作须得重新布置，但我们保证能做好。”

在另外一个日子里，少奇同志还听到了又一个同志的汇报，他也讲到了游击队员给敌人带路的故事：也是在一处靠近河道的村庄，一个事先布置的游击队员给敌人带路过河。那里写着“小心地雷!”的小木牌，实际上是没有地雷的。敌人也知道我们有些地方有地雷，有些地方不一定有，但他捉摸不定。走到河道边，这位游击队员说：“不能走。太君的，这里的地雷的有的。”敌人还是逼他先走。我们的游击队员为要表示石头底下确有地雷，所以故意不从石头上过。他想，今天即使没有地雷炸死这些狗东西，也不能便宜了小鬼子。于是，他就脱下鞋袜，从冰冷的水里蹚过去了。敌人没有办法，也都乖乖地脱下鞋袜，跟着游击队员从水里蹚了过去。这时正是寒冬 11 月，敌人被冰冷的水冻得哇哇叫，有的还尽埋怨。

少奇同志听那位同志讲完，说道：

“人民群众的智慧是无穷无尽的，他们的英勇果敢精神，是任何力量也不能战胜的。”

这期间，我们随少奇同志已和薄一波、陈赓、安子文等同志分开行动，因此，当时又把毕占云同志找来了。

少奇同志对那位同志和毕占云同志说：“根据各方面汇报的情况，证明地雷战很值得坚持和推广，是一种好的斗争形式。你们读过《孙子兵法》吗?”

毕占云同志回答说：“没读过，在红军大学听到讲过。”

少奇同志于是讲解说：“依据《孙子兵法》的道理，虚者实之，实者虚之，虚虚实实，使敌人疑神疑鬼，可以麻痹他们的行动，这就叫做‘疑敌’。

敌人疑神疑鬼，夜晚不敢活动，至少不敢放肆活动，使敌人的行动有所限制，这就叫做‘制敌’；敌人是外国人，进到我们根据地，人地生疏，不得不找老乡带路，这样我们就可以到处安排带路的，引着敌人去碰地雷，吃苦头，或者调动敌人的队伍绕路走，也就是按照我们的圈套行动，这也叫‘制敌’。更重要的是，搞些炸药和瓶瓶罐罐，制造些地雷，就可以杀伤敌人，打击敌人的斗志。地雷造得越多，推行得越广越精，就能给敌人以更多更大的杀伤和打击，这就是‘弱敌’。”

少奇同志接着说：“此外还得加一条，如果这类斗争坚持和发展下去，掌握得对头，不使群众遭受损伤和打击，那么，还能使民兵、游击队和广大群众不断提高觉悟，受到锻炼。所以还可以壮大自己。”

少奇同志站起来走近几步，亲切地看了看那位同志和老毕，慎重地问他们：

“你们看，普遍使用和推广这种斗争方式，能不能达到这样几个目的?”

老毕说：“你这就是要我们把毛主席的办法，用到地雷战上来。这有什么说的，我们革命势力就是这样发展起来的呗!”

少奇同志说：“那么，你也认为这样，我们的民兵、游击队和抗日群众，在各方面都可以不断地得到更多更大更快的锻炼和提高，那就很好。我看关于地雷战的问题，很可以深入研究，总结经验，大大地加以推广和发展。将来还可以提供给北方局和十八集团军总部去考虑。”至此，他又望着毕占云同志说，“这些我都零零碎碎地和陈赓同志及区党委其他同志谈过。你回去时，可把我的意见再转告他们一下，请他们当做一个问题，认真地加以考虑和讨论。”

老毕是个急性子，说要趁热打铁，当夜就和陈赓同志通了电话，扼要传达了少奇同志的指示。陈赓同志复电说：少奇同志这次经过太岳，一到就是反“扫荡”。在反“扫荡”中，少奇同志毫不怠倦地考虑了我区敌友我斗争的形势和各种重大问题。他所有的指示，对太岳区今后的工作都要发生很大的作用。在地雷战的问题上，他又给了我们以力量、勇气和明确的政治方向。

普遍推广地雷战的工作，很快就布置下去了。我们在离开太岳区以前的反“扫荡”战行进中，到处可以看到“当心地雷!”、“此地地雷!”、“危险!”、“小心!”等等小木牌。当我们走到近敌占区的平川地时，还不断听到关于地雷战的英勇机智的斗争故事。

平遥游击队

过同蒲路前，大家都有这样一种精神准备，如何护卫少奇同志安全到达晋西北。汾河平川是山西的重要产粮区之一，同蒲路是由东北直贯西南的山西交通动脉，敌人封锁、控制很严，沿路两侧都筑有封锁沟和封锁墙。与同蒲路平行的汾河，是敌人设置的又一道封锁线。此外，晋东南和晋西北还有两条主干公路和几条交叉的公路，也都是敌人为对付我军和封锁我区的。如与汾河平行的太汾公路，就经常有敌军摩托队往来巡逻。沿我晋西北根据地，敌人还筑有一条较深较宽的封锁沟，沿我晋东南的太岳区也有这样一条封锁沟。但他怎样也封锁不了与群众血肉相连的我党我军。然而像少奇同志这样一位负责人要过同蒲路，对当地的党组织来说，究竟是一项颇为光荣而又艰巨的政治任务。太岳区党委、军区和晋西北分局往来电商的结果，决定把护卫少奇同志越过200里左右的汾河平原敌占区的任务，交给土生土长而又较可靠、较坚强的平遥游击队。

平遥游击队是当地最有觉悟的党员和积极分子组织起来的，是一种武工队形式的组织，不仅受平遥县委直接领导，而且县委的骨干就是游击队的骨干。所以他一面是我们的县委，一面又是武装组织；夜晚是游击队，白天又都是老百姓；是地上的武装组织，又是地下的秘密组织。这是平遥党和群众的一个创举。

过同蒲路的中午时分，我们就前进到了平遥平川地东面山区的一个山村。毕占云同志带了一个护送团和平遥县委书记带领的平遥游击队的一部分同志，早就在这个山村和其邻近地区做了周密的布置。我们和毕占云同志随同少奇同志到达山村时，县委书记即游击队的政委，早已在窑洞里等候，饭也准备好了。我们到那里就吃午饭。饭后，平遥游击队的政委向少奇同志报告行动计划，他说：

“首长，今晚过同蒲路和汾河要走一百六七十里，明日得在敌占区隐蔽一天，明晚才能走出敌区，到达晋西北根据地。现在就请首长休息吧，下午5点多吃过饭，我们就下山。到达山脚下，就是黑夜了。”

少奇同志对太岳区的布置和游击队的活动都是充分信任的。但他随时随地又都不放松任何一个了解情况的机会。为要了解平遥地下工作的情况和问题，他又开始了和游击队政委的谈话：

“你就是县委书记吗？你说说你们的游击队是怎么搞起来的，又是怎样进行活动的，好不好？”

“我是县委书记。今天护送首长的十五个同志都是党员，其中有我们县委的组织部长、保卫部长，我们最精干的交通员也在这里。我们都是平遥土生土长的人，为了对敌斗争的需要，因敌占区较大，我们没有武装，在地下活动很困难，所以我们在必要时，夜晚拿起枪，集中起来，按计划出动，进行武装活动。有时还钻到敌伪据点里去活动，袭击敌人据点。在村子里，夜晚为进行工作，就把村子封锁起来。首先把反动地主、汉奸等坏分子监视起来，然后向基本群众进行宣传教育……”

“那么，你们白天怎么活动？”少奇同志问。

“我们夜晚活动完了后，把武装藏起来，就是老百姓，敌人没法找我们。”

“你们夜里是游击队，放下武器就是老百姓。这办法好。但你们夜晚工作时，把汉奸、地主、坏分子都监视起来，不怕他们认出你们去报告敌人吗？”

“没事，认识的不同他们见面，所以敌伪知道有游击队，却始终不知道是哪些人，也不知道我们落脚的地方。”

讲到这里，他望了望少奇同志慈祥而高兴的面容，又谦逊又有信心地说：“我们的工作才开始，还没有很好展开，还要努一把大力呢！以前过路的首长，也都很关心我们的工作，还给我们提过好些意见，对我们帮助很大。”县委书记并不知道眼前的首长是谁，只知道是前方来的一个老同志。他接着说，“咱这里，不是经常有些负责同志经过吗？经常有打延安出来到前方去的，也有从前方回延安的，都是我们招呼过路的，托党的福，总算没出过岔子。”

少奇同志又关切地问：“敌人重重封锁得这样严密，你们又怎样能保证不出岔子？这主要靠什么？”

“我们靠党，靠毛主席，靠群众。为了过路同志们的安全，我们布置了两条路线。经过的地方都没有鬼子和伪军的据点，而我们却在那里建立了几个地下据点。咱们同志和队员都是本地穷苦家出身的人，本地人比较好办事。虽然没有敌伪据点，但敌伪人员经常来要粮呀，催税呀，查户口呀……遇到这种情况，我们就设法把过路的同志隐蔽起来。其中有两个地下据点——大良庄和小良庄，是比较好的，首长明日就到那里隐蔽。”

“在这些据点里，都有群众组织吧？平遥县的每个村庄是否都有咱们自己的人？”少奇同志问。

“有的区有党支部，有的就没有。有秘密农救会的地方要多些。另外也有些地方联系了一些耳目。”县委书记简要地回答道。

这个县委书记虽然识字不多，但从他的谈话里，可以看出他是很精干的；从他那双闪闪发光的眼睛里，和那坚定的神态中，还可以看出他是坚强的。他很善于摆布敌人。

这时，外面的阳光已从西面射进了窑洞的窗子，户外树上的叶子被风吹得沙啦沙啦响。少奇同志望了望户外，又望了望我们大家，然后面向着毕占云同志和县委书记说：

“我看这又是一种很值得重视的斗争形式，很可以研究，你们已经开了一个头，做得很不错。”接着，他又以征询的口吻说，“是否可以多搞些名堂？白天都是老百姓，这很好。夜晚都是游击队，是否有时还可化装成武工队，让一些人穿上八路军的军衣，去敌占区进行活动。太岳区也可乘空子派些武工队到平川活动，和他们配合。”

讲到这里，少奇同志转向毕占云同志说：

“你看如何？这些情况，一波、陈赓同志他们全都知道吧？”

“我回去再汇报一下。”老毕谨慎地回答。

少奇同志又转向县委书记，继续说：

“我看，你们还有许多工作可做。如果每个区、村都能有自己的地下党组织和群众组织，都能有自己的人，游击队就算扎下了深根，敌人就怎样也无法把我们消灭。如果能做到这样，你们想一想，敌占区表面是敌人的，而实际岂不是成了我们的！”

毕占云同志连连点头。县委书记也露出了难以形容的喜悦神情。

那天，因为晚上还要行军，就没有谈下去。

大家在老乡的炕上休息了一会儿，很快就到了吃饭时间。

下午五点多钟，我们按时出发了。从山顶一层层地盘旋而下，越往下走，回头看，山越高，山坡上的弯弯和岔口里，有很多村庄，金红色的夕阳照着一层层丛林掩映的房屋，看去有似一幅奇幻美丽的图景。俯瞰汾河流域的平川，一望无际，田亩相连，村舍相接，真是祖国的大好河山。但它惨遭敌骑蹂躏和阎顽的剥削，使美好的河山失去了它应有的光辉。想到这些，令人无限愤慨。

沿途布置得很好。夜深人静，离同蒲路还有三里地，就有人在那里等候带路。我们很顺利地从一个村庄通过，进口和出口都有一个白发苍苍的老大爷或老大娘在打扫街道。一眼就可以看出，这个村庄原先是富饶的，现在却已破落不堪。过了同蒲路，大约不过五里地，就到了汾河边，游击队的同志轻轻地拍几下掌，那边的老渡公立刻就划出了船来，一句话也没有说，就把我们送过了河。到了对岸，有人把我们引到一个小草棚里歇息。小草棚里没有一个人，但是柴火烧得很暖和，还预备有开水和茶碗。不一会儿，忽然有十几辆自行车出现在我们眼前，很快又把我们带上走了。他们的动作真敏捷，布置得真周密。我们到达小良庄时，正是四更天，而庄内有些住户的窗棂还映现着灯光。有个人从村子里走出来问："不歇店嘛?"游击队的同志们答说："明日要出早工，不歇了。"

又走了一程，我们就安全地到达了大良庄，这时天还未亮。游击队把少奇同志安置在一个比较大的院子里休息，那是个不大为人注目的地方。我们隐蔽在一个木匠的屋里，少奇同志的其他随员也都分散隐蔽在老乡家里休息。从我们进村以后，一个游击队员也看不见了，照顾我们的都是老百姓。

天明以后，约八点多钟，我们都起床了。柳岗正想到少奇同志住处去看看，忽然传来了一股谣风，说是鬼子带着伪军已经到了邻村，大概是来催粮。当时尤其使柳岗担心的是少奇同志的安全，提步就往少奇同志的住处走去。木匠的妈妈却阻止柳岗说："不用担心，那边已安置好了，大家堆到一块去可危险哩！鬼子和狗腿子常来糟践人，糟践东西！不用怕，我有办法对付他。你们快往庄稼地里去，碰上敌人，就说是我家的亲戚。"她一边说着，一边就吩咐她的老伴带着我们来到土围子外面。

过了一会，老妈妈嘻嘻笑着走来说："快回去吃点东西吧！鬼子狗腿子往别处去了。"

我们担心少奇同志的安全，心里总是忐忐忑忑的，这时便急急忙忙地来到少奇同志住处。哪知游击队的政委早已经在那里了。他见了我们说：

“正好，咱们也刚从外面回来。首长正要合计咱游击队的工作哩！”说罢，他转向少奇同志，“首长对咱游击队的工作多指示点吧！”

少奇同志微笑着说：“没有什么指示的。昨天的话没谈完，继续再谈谈吧。”

“咱这里离毛主席太远。首长昨天的指示，过去都没听到过。”县委书记说。

少奇同志站起来，递给县委书记一支烟，然后又想了想说：

“好，再谈谈你们的游击队吧！根据你们的条件和经验，在每个区、每个村都建立起咱们的地下组织，也就是地下据点，我看是完全可能的。”停了停，又问，“你们这样打算过没有？”

县委书记回答：“也想过。就是汉奸狗腿子活动得厉害，怕事的人都不敢搞，好多村里都摸不清……”

少奇同志说：“你这就提出问题了。敌占区同解放区不一样，同游击区也不一样。在这里，敌人统治很残酷，帮敌人做事的汉奸、特务、狗腿子、地主们当道，群众是不容抬起头来的。但是，压迫得越狠，群众同敌人的矛盾也就越厉害，越尖锐。群众口里虽然不敢说，心里就是要求反对他们。只是没有人去提醒他们，把他们组织起来。”

“咱能行。”县委书记天真地插话说。

少奇同志接着说：“在敌区进行宣传和组织工作是不容易的，特别在敌伪的据点控制最严的地方。你们当然也有了一些经验。我看武工队的形式可以试一试。”

县委书记问道：“什么叫做武工队呢？”

“我正要向你介绍。”少奇同志说，“不过，这要和你们敌占区的具体特点结合起来。”

于是，少奇同志简明扼要地告知他武工队的组织形式、作用和工作方法等，并指出如何与当地情况相结合的基本原则和办法。

县委书记表示说：“这能办到。”

少奇同志又告诉他，还要做好调查研究工作，以及调查研究什么和如何去进行调查研究。同时，还必须选择一些有能耐的党员和积极分子，都要是可靠的，去到敌伪据点、敌伪控制严密的地方，和我们还没有工作的区村，利用关系埋伏起来，做秘密工作，配合武工队或游击队的活动，去发现积极分子，和他们交朋友，慢慢地就能建立起地下组织。还有，武工队必须要告知连同汉奸在内的所有人，鬼子一定不久就要失败，胜利必定是中国人民的。不消说，平遥也定是平遥人民的。要使群众看到将来，坏人也应该想想将来。要让群众有胜利信心，眉飞色舞；让敌人、汉奸、狗腿子苦恼、恐慌，愁眉苦脸。

县委书记两只乌黑的眼睛睁得大大的，越听越有劲。他精神奕奕地向少奇同志表示：

“这个工作大得很，有些问题还要军区帮助。虽然有不少困难，但是能向首长保证，坚决完成任务。”

少奇同志说：“总而言之，要记住毛主席的话，紧紧地依靠群众，尽量缩小打击面，争取多数，该中立的就中立他，至死与人民为敌的坏蛋要坚决予以打击。同时，一定要把地下斗争和游击队、武工队的斗争密切结合，秘密斗争和公开斗争相结合，合法斗争和非法斗争相结合。在敌区，这一定要结合得恰当，切不可暴露自己，使自己遭受损失。这里有着很多新的东西，应该好好地去掌握它，运用它，发展它。还有，战时的敌区情况变化很大、很快，应该常去了解这些变化，深入、全面、具体而又及时地掌握情况，根据情况发展改变工作方式方法，经常总结经验，以适应新的情况和要求。”

最后，少奇同志鼓励县委书记说：

“你搞地下工作已有不少经验，看来也很精细，相信你们会搞好的。预祝你们工作胜利。”

县委书记满怀感激的心情说：“首长的指示对咱们今后工作的门道，都摆得明明白白了。听了你这两天的谈话，咱自己感到大大提高了一步。”

胜利到延安

太岳区党委和司令部预先和我晋西北联系好了的，由第三分区司令员杨秀山同志率领队伍来接少奇同志，并如期派出联络参谋，到预定地点和平遥游击队接头。

晚上，我们按照预定的行动计划，离开了大良庄，前进到距太汾公路上贤庄五里地的一座荒凉的古庙旁边，停了下来，等待三分区联络参谋到来，然后准备以急行军越过太汾路封锁线。

同志们耐心地等待着联络参谋，同时注意了解上贤庄一带的动静。一直等到半夜，联络参谋的影子都没有见到。而在这时，县委书记临时派出去的侦察员回来报告说，上贤庄的前前后后都像死一样地沉寂。县委书记又急又愁，不知道三分区的部队是否按预定时间到达指定地点，觉得进退两难。这里是敌占区的中心地区，继续等下去，必然要暴露目标，危及少奇同志和大家的安全；但是，如果冒冒失失地穿过太汾路，万一三分区因临时发生情况，没能派出军队来，又将冒极大的危险。在这种情况下，县委书记向少奇同志做了汇报和请示。

少奇同志问我们大家的意见怎样？有的同志当即说：

“古庙离敌人据点上贤庄只五里，如果敌人有行动，上贤庄必然免不了有人声、狗叫，可是现在没有半点动静，可见敌人还没有行动。”

有的同志说：“我们已经走到这儿了，再返回大良庄，也很可能暴露目标，此外又没有比较可靠的隐蔽地方。”

少奇同志依旧像他往常那样，慈祥地对县委书记说：

“你是了解情况的，又是和群众有联系的，我们对这儿的情况完全无知，因此，还是要你下决心。联络参谋没有来，可能是派的部队还没有到达。据我们了解，敌人对三分区的活动较为频繁，反反复复地实行了极端残酷、野蛮的‘三光政策’。三分区临时遇到什么情况也是可能的，我们经过了这么长的敌占区，很难保证不走漏消息。”

接着，少奇同志分析当时的具体情况说：

“敌人如果有埋伏，他也不会哇哇叫，引起人声和狗叫；老百姓看到日本鬼子来了，也可能都躲在家里不出来。因此，没有发现什么声息和动静，不能就做出没有敌人埋伏的判断。我以为还是按照原来预定的步骤行动好一些。必要时可以回大良庄去，现在到处都是一望无际的青纱帐，再隐蔽一天是可以的。”

讲到这里，他略停顿了一会儿，又非常谦和地望着县委书记说：

“你只把我的意见作为参考，不要动摇你的决心。在这里，我们是服从你的。”

少奇同志对他的信赖和尊重，使得县委书记深受感动。

当夜，我们返回了大良庄。第二天又派人出去侦察，没发现有什么动静。少奇同志决定当夜立即越过太汾公路。第二天拂晓，我们顺利地到达了三分区，和杨秀山司令员率领的部队会合了。看到了自己的部队，少奇同志的脸上立刻浮现出亲切的笑容。

杨秀山同志向少奇同志汇报了情况，并且说：

“据侦察报告，您到达古庙的头一天晚上，有一百八十个敌军在上贤庄埋伏了一夜，他们谣传说是朱总司令要经过这里。第二天拂晓时才撤走了。”

少奇同志听了以后，笑着说：

“我们是马列主义，敌人是资本主义，和我们捉迷藏，他总是要输的。”

过了一会儿，少奇同志又向杨秀山同志交代说：

“三交这一带，敌人‘三光政策’搞得很厉害，现在的问题是，你们如何设法帮助群众过冬，把基本群众保全下来；明年春季如何帮助群众恢复生产。这是两件很重要的大事，应该全力以赴，采取一切可能和必要的步骤做好这两件事。”

杨秀山同志接受了少奇同志的指示后，感慨地说：

“群众的损失实在太重了，我们必须拿出最大的努力来帮助老乡们重建家园。”

“重建家园这个问题嘛，当然不是一天两天的事情，慢慢地来。”少奇同志说到这里，凝视了大家一会儿，接着说，“只要把日本鬼子赶走了，他们就会建立起比过去更好的家园。”

少奇同志坚定的话语和乐观的情绪，感染了大家，杨秀山同志和我们站在一旁，都满怀信心地连连点头。

已是严寒的12月了，晋西北地区山高风大，满目是冰雪世界。前面，我们要通过回到延安的最后一道封锁线。日寇为了分割三分区和晋西北军区的联络，战车和坦克昼夜不停地轮流在交离公路上往来巡逻。在这样严寒的天气里，我们还得夜行军。三分区和地委的同志们，担心少奇同志的身体抵不住那样的严寒。少奇同志不在意地说：

“三分区和晋西北军区的部队和群众，不都是常常夜间活动么？你们都能顶得住，我们为什么不能克服这种困难呢？”

从夹着冰雪的河流中蹚过，我们离开了交离公路西侧的平川地，进入高寒的山区。迎面吹来的北风，真比刀刺还难受。每个人的眉毛以及男同志们的胡须上，都结了冰珠子。爬山时不断流出的热汗，浸透了衣服，被冷风一吹，变得像玻璃一样，一动就刷拉刷拉地响。身上冷，嘴里渴，肚子饿，嗓子和鼻孔干得像要冒烟了，那种味道真不好受。在这高寒的山上，没有村落和住户，想找个地方歇歇脚、缓口气都办不到。

在这艰难的情况下，少奇同志仍然像他平常一样，兴趣盎然地给大家讲故事。他告诉大家说：

“前面那座很高的山，就是吕梁山。山上有个人祖庙，我也上去过，庙中有历代的碑记，说人类的祖先就是从这里起源的……那当然只是一种传说。你们将来有机会也可以上去看看。”

大家为这个有趣的故事所吸引，忘却了寒冷和饥渴。女同志们都听得格格地笑。大家一边听着，一边鼓着劲走，就这样过了高寒山区。

这时，少奇同志一边抹去眉毛上的冰凌，一边幽默地说：

“中国什么地方的气候都是比较好的，最冷的地方也不至于使人的血液流不动。”

尽管少奇同志自己也冷，也疲倦、饥渴，可是他总是充满了胜利的信心，总是鼓舞着大家不断地前进。就这样，我们经历了十个月的夜行军生活，经历了各种艰险以后，终于跟随我们敬爱的少奇同志，于12月底平安地返回了革命圣地——延安，看到了我们敬爱的领袖毛主席，和党中央在一起了！

（《中国青年》杂志1959年第9、11、13、20、23、24等期陆续刊载。1960年中国青年出版社出版增订本。1980年2月中国青年出版社出版《回忆少奇同志》一书，辑入本文。）

回忆蔡锷事迹的零片情况[①]

1962年12月5日

吕振羽同志前天游岳麓山，在蔡锷墓前谈到了早年闻自蔡妻刘夫人及其内弟刘恂等人关于蔡锷一些事迹。其主要之点，已见今天（12月5日）《新湖南报》第二版“吕振羽同志诗五首”中的“岳麓山黄兴蔡锷墓”的附注中。现将当时记下的几点略述如下。

①蔡锷出身，父、祖均为裁缝。其祖父从邵阳迁居武岗三门。蔡锷小时为家中打猪草、卖豆腐。三门刘举人见其诚实、聪慧，叫他入刘之家塾读书。蔡以无学膳谢辞。刘说不要缴学费，且供饭食。蔡称家中无人卖豆腐、打猪草。刘举人又问蔡，每年卖豆腐、打猪草能值谷多少。蔡又询之其父母，云不过一、二石。刘说，我每年给你父母三石，能不能同意？自此，蔡便到刘家塾与刘之子女辈同窗共读。刘后又以女妻蔡。即蔡所谓夫人亦贤不可及也之刘夫人。

②武岗州考时，州童生辈怕蔡占去名额，不认蔡为武岗人。蔡乃以邵阳籍入庠。蔡少年敏锐多才，十二岁应童子试之联。据说，出对为“福禄寿三星拱照”，蔡对为“公侯相一品朝”。又出“未有小人而仁者也”，蔡即对曰“然则夫子其圣已乎”。主考者惊其敏慧。同榜取录的少年有萧瀛洲、唐璆。回武岗三人乃结盟共约到宾饷局清算学款。该局反将三人加以责骂和殴打。萧、唐均当地大族。三人又订议，乃由萧、唐各回家集族人百人，星夜赶至武岗，将〔局〕座打得半死。事后唐、蔡乃逃至长沙，〔于〕时务学堂得识梁启超，被

① 编者注：本文系王树云记录整理，并经著者修改。

赏识。梁去日后，蔡、唐旋去日本。闻蔡去日旅费，仅够到达日本之用；又说只有八百铜钱，尚未婚。岳父刘举人闻讯，即予资助，亲送其女赴日完婚。蔡、唐到日后，以梁之助入日本士官学校伍生班，蔡后转学海军。

③从日本回国后，唐、蔡均任新军教练。蔡被派至广西，后任总教练，继又调至云南。辛亥武昌首义后，云南新军举行响应武昌的起义。蔡任云南都督。

④吕振羽同志与蔡之内弟刘恂等为同班同学。蔡任云南都督时派人来武岗、邵阳召幕学童。吕振羽同志当时也报了名，刘恂兄弟也想去。其父刘举人不允。刘恂兄弟请吕振羽等去劝说其父。刘举人说，松坡原来是穷小子，得有今天，是他自己经历千辛万苦而来的。有出息的人都要靠自己努力，不怕艰难、困难，总能搞出点名堂来。历史上靠亲戚起家的人都没有什么好结果的。所以我不能同意他们去投靠姐夫。

⑤袁世凯称帝前，因惧蔡反对，曾召蔡去北京。表面上宠以高位，实际是软禁。蔡不得离开，日常与其妻刘夫人共同策划，佯示沉湎酒色，出入酒楼、妓馆，伪与筱凤仙好，并与妻闹假离婚。得筱凤仙之助，使袁不疑，蔡乃逃出北京赴云南。西南各省将领同举反袁义旗，共推蔡为反袁军总司令。讨袁通电到北京，袁惊惶失措，当即呕血。

⑥抗战期间，在延安，朱德同志曾说过，旧民主主义革命时，真正试行过民主，只有蔡锷在云南。

⑦蔡锷妻刘氏，是一个有见识的女子，蔡锷称赞夫人，“贤不可及也”。

吕振羽同志说，有关蔡锷的一些事迹，均来自其亲戚口述；如作为信史，须向有关人士查对。

南京谈判的始末

南京谈判，是在1935年11月至1936年8月期间举行的，前后历时九个月。这是我党在国家民族生死存亡的严重关头，为抗日救亡而同国民党进行的第一场谈判。这场谈判，是在党中央和毛泽东同志领导下，在刘少奇同志指挥下，直接围绕国共联合抗日这个历史要求进行的。它对我党提出的"停止内战，一致抗日"方针的实现和抗日民族统一战线的建立，是作出了积极的贡献的。

在文化大革命中，林彪、陈伯达、"四人帮"和那个顾问这一伙野心家、阴谋家，出于篡党夺权的需要，公然伪造历史，以莫须有的罪名，诬陷少奇同志，并广事株连，罗织冤狱。

事实究竟怎样？我是这场谈判的直接参加者，有责任把自己亲身经历的有关情况如实地记录下来，让历史恢复它本来的面目。

1935年，日本帝国主义继"九一八"之后，加紧推行吞并中国的步骤，进一步向华北地区发动新的进攻，而国民党政府继续执行其卖国内战政策，构成了中华民族空前严重的危机，威胁到全国人民的生存。在这民族危亡的严重关头，我党根据国内政治情况和阶级关系的改变，提出"停止内战，一致抗日"的主张和建立抗日民族统一战线的政策，采取许多积极措施，推动了全国抗日救亡运动的发展。

日本帝国主义所实行的灭亡中国的侵略政策及其魔爪步步伸向华北、华中等地的侵略行动，同英、美帝国主义在华的利益发生了严重冲突。英、美帝国主义由于在华利益直接受到打击，对日态度开始改变，因而也就影响了以宋子文为代表的中国买办资产阶级中的英美派。他们为了自身的利益，为了小朝廷的统治，也不得不要求抗战，要抗战就必须联共，这也是当时国共两党南京谈判合作抗日的一个背景。

1935年冬，我收到一封南京来信。写信人谌小岑，也是湖南人，曾在主办《丰台旬刊》时经翦伯赞介绍而同我相识的。写信时，他在国民党政府铁道部任劳工科长。来信的大意是：东邻侵凌，龚姜两府宜联姻御侮。兄如愿作伐，请即命驾南来，云云。

当时，我任北平中国大学教授、中共北平市委领导下的自由职业者大同盟书记。市委由周小舟同志经常同我联系。我就把谌的来信交给周，请示市委如何处置。周小舟同志说："市委讨论后再答复你。"

数日后，周小舟同志通知我，大意是：市委要你辞去教职，立即去南京，探明此事系何人发动和主持。

同年11月底，我抵达南京，住进新街口的一家旅馆，当即电话通知谌小岑。谌小岑对我说，此事系南京方面掌握工矿企业的宋子文主持，由铁道部常务次长曾养甫出面。在谈判过程中，曾、谌始终说是宋子文主持的，并说蒋介石还不知道。我说，蒋介石不知道，如果谈判成功，能够实行吗？他们就说，将来是要告诉他的。

在到南京后的当天晚上，谌小岑来到我的住处，陪我到鼓楼曾养甫家中，进行第一次会面。我问道："国共合作抗日谈判是曾先生自己的主张吗？"曾答："我是秉承宋子文先生的意旨办事的。"并说："日本占领东北，又在华北搞特殊化，走私又到了长江流域，看来非抗战不可了。你能找一个共产党方面同我们谈判的线索吗？"我表示，"不敢肯定，但也可能从北平的教授和学生中找到这样一个线索。"当时谌向曾介绍说："吕振羽先生是北平的大学教授，是用马克思主义研究历史的史学家。"曾说："吕先生，你是历史学家，如果我们同共产党合作抗日，不会把我们作为克伦斯基政府吗？"我说："克伦斯基当时搞成那个结果，是他们自己的政治行动形成的，并不是旁人把他们弄成'克伦斯基政府'和那样下场的。"

周小舟同志得到我关于上述情况的书面报告后，于1936年1月第一次到南京，我把他安置在新街口北面的一家大旅馆，离我不远。他告诉我，组织决定要我留在南京，和国民党继续进行接触。同时，他向我传达党的指示：一、组织国防政府和抗日联军；二、停止内战，一致抗日，停止进攻苏区，承认苏区的合法地位等。我们要以这些作为国共合作抗日谈判的先决条件。

我随即通知对方，谈判线索已找到。曾、谌二人希望我“继续留在南京，作为中间人，从旁协助谈判”。我根据周小舟同志的意见，向对方提出：“既要我留在南京，我在北平的教授职务就不能担任，因此，我的生活费应当由国方支付。国方必须保证共方往来人员的安全和通讯自由，不得加以检查和扣留。”曾说：“可以保证”。随即他们送来函件，以聘我为铁道部专员的名义，月致二百元车马费。这些钱，也就成了我和周小舟二人在南京期间的生活费和小舟北归的路费。当时，陈伯达在北平中国大学造谣说：“吕振羽把自己出卖给国民党，每月三千元”。完全是别有用心。

在周小舟同志北归前，我陪谌小岑到小舟住处，第一次介绍他们会晤。

周小舟同志北归后，我根据他传达的精神，在和曾养甫的谈判过程中，正式向国民党方面提出了共产党的上述两项先决条件，双方辩论得很激烈。曾说：“国民政府就是国防政府，国民革命军就是抗日联军。”我反驳说：“国民党常自称‘党国’、‘党军’，这就是说，国民政府只是一党的政府，国民革命军只是一党的军队。”曾还代表国方提出了四点反要求，大意是：一、停止土地革命；二、停止阶级斗争；三、停止苏维埃运动；四、放弃推翻国民政府的武装暴动等活动。事后，我立即把这些情况向周小舟同志作了书面报告。

3 月，周小舟同志第二次到南京，传达了向国民党提出的六项原则要求(连同上次两项在内)。大意是：一、开放抗日群众运动，给抗日爱国人民以集会、结社、言论、出版自由等抗日民主权利；二、由各党各派各阶层各军代表联合组成国防政府和抗日联军；三、释放一切抗日爱国政治犯；四、改善工农群众的生活；五、停止内战，一致抗日，停止进攻苏区，承认苏区的合法地位；六、划定地区给南方各省游击队集中训练，待机出发抗日。针对国民党的四点反要求，周小舟同志还传达了党的有关指示精神：一、阶级斗争，是阶级社会全部历史过程的必然现象，谁也无法停止，也不可能制造出来。在合作抗日的形势下，只要国民党实施适合工农要求的适当政策，改善工农群众的生活，调整阶级间的关系，我们为战胜日寇，加强国内团结，可施用影响，实行战时阶级休战。二、国民党必须实行孙中山的“二五减租”政策。为了团结抗日，除没收汉奸卖国贼的土地分给无地少地的农民外，我们将考虑在战时暂不没收地主的土地。三、国民党必须承认苏区的合法地位，但不得改变工农民主政权的性质，并以之作为全国抗日民主政权的示范。四、在组成国防政府的情况下，国方所提武装推翻国民政府问题将不存在。

在周小舟同志第一次到南京时，我曾提出入党要求和看党的有关统战政策的文件的希望。这一次见面后，周小舟同志正式通知我，组织已批准我的入党要求，1936 年 3 月入党，无候补期，为正式党员。并说，我的工作由陈酉生（即王世英）直接联系，以后每次有关谈判问题的秘密通信，一封寄天津陈酉生，一封寄北平周小舟。小舟同志给我看了他随身带来的陶尚行写的关于统战文章的油印本。我问："陶尚行是谁?"他说："北方局负责人，是一位很优秀的领导同志。"他还给我带来了党组织给代表的"训令"和秘密通信用的药水。"训令"用药水洗出后，已不完全，只有下面几个字还清楚："派你为和国民党谈判的代表，望继续……"。小舟同志还带来了有毛泽东、朱德、周恩来、林伯渠等中央领导同志署名盖章，用墨笔书写给宋子文、孙科、冯玉祥、程潜、覃振、曾养甫等人的白绸信件，每信均附我党的《八一宣言》，由我和小舟同志分送到各人负责的机关，有的请人转交。在从北平到南京的路途中，小舟同志把这些信件放在胸前的西装口袋里，我听了不禁捏了一把冷汗。当时，小舟同志赋诗一首示我。诗云：

片衫片履到都门，伫足三年悟死生；
拟向荆卿求匕首，雨花台畔刺嬴秦。

我和诗一首。诗云：

潜踪南渡到石城，艰危未计死和生；
为挽狂澜联吴策，残篇断简续亡秦。

5 月间，曾养甫在和我谈话时怒气冲冲地说："共产党有什么了不起的力量，不过四五万条破枪！一面和我们谈判，一面骂我们委员长是卖国贼头子。历史上实力就是是非。说我卖国，我就卖国，我有力量，共产党其奈我何?!"对曾的这种嚣张气焰，我很气愤，严词批驳说：贵党和京沪一带报纸不是每天都还在骂"朱毛匪"吗？至于曾先生所说，历史上也确实有人那样说过，而且那样作过，但历史都给他们一一作出了公正的结论，这是可为殷鉴的。不过我相信国民党有些先生还是赞成抗战的。谌小岑出来打圆场说：算了，算了！相打无好手，相骂无好口，彼此都是老朋友了，不要生气。回到住处我写下了《祖龙吟》一首：

无穷潜蓄在人民，强弱从来系旧新。
论定是非岂任己，果决成败皆由人。
祖龙误堕骊山梦，赵高强指鹿马真。
夫子庙前弹艺客，人人茹古说嬴秦。

随后，曾养甫通过谌小岑向我表示：这样转达来转达去，不解决问题，希望共产党派个代表来谈判。于是，约在六、七月之际，周小舟同志第三次来到南京。我把这期间的会谈情况如实告诉了他。他说："你谈得很好，我完全同意。"接着，周小舟同志以正式代表身份和曾养甫在铁道部二楼曾的办公室举行正式谈判，我和谌小岑参加。在整个谈判过程中，双方都是根据上述各自提出的内容进行折冲的。曾养甫要周小舟同志先谈。小舟同志便系统地提出了我方的六项要求和条件，并对国方的四点反要求作了回答，我在旁边作了不少补充。小舟同志说：国民政府作为国防政府的组织形式是可以考虑的。但必须由各党各派各阶级阶层各军代表组成战时民意机关，作为战时最高权力机关，这才能说是可以考虑的，也才能承认国民政府作为国防政府的组织形式。关于红军改编为国民革命军问题，国民党必须保证在军需供应、防区划分和作战任务的分配等方面，均应一视同仁，不得有任何歧视。曾表示：这些都是可以保证的，但必须服从最高统帅部的统一指挥和调遣。红军改编为国民革命军，可以开赴察绥边境一带驻防，待机东进，但不得干预地方政府的事务。会后，小舟同志对我说：以察绥边境为防区，背靠外蒙，未尝不好，然后进入东北，开辟抗日战场，只要国民党在关内真正实行抗战，那也是可以的。对于曾养甫提出的南方各省游击队，由各省分别指定地区集中，改编为国民革命军的问题，小舟同志断然拒绝，说："绝对不能同意"。这样，曾养甫不得已，说：那就指定路线，让南方各省游击队北上和主力红军会合。小舟同志说，国民党必须保证我们的部队安全通过，不得中途截击。曾养甫答应这不成问题。关于释放政治犯问题，周小舟同志说：凡是以共产党罪名或抗日爱国罪名关进监狱的，都应该一律无条件释放。曾说：这很好办，请共产党提个名单来。（会后，我对周说：可能有没有承认自己是共产党员的，开了名单，国民党可以按名单进行迫害和策反，这是要警惕的。周同意。）但他们出去后，不得进行反国民党的活动。我说：只要国民党真正抗战，这个问题就不存在了。

曾养甫又提出：现在是资产阶级民主革命，应由国民党领导。共产党现在不要搞马克思主义，希望共产党和我们一道来实行三民主义，将来社会主义革命，再由共产党单独领导搞马克思主义好了。过去国共合作，国民革命，都是奉行三民主义的。小舟同志批驳说：过去在广州时代、武汉时代，三民主义作为四个阶级联盟的共同纲领。国民党不要三民主义以后，我们领导下的工人、农民的斗争，都是没有违反三民主义的地方。曾说：事实完全不是这样，有很多共产党策动的阶级斗争，有时口头上讲三民主义，实际上都是挂羊头卖狗肉的。我说：曾先生这个说法可不对，现在正式谈判合作抗日，不是来骂架的。要骂架，这就没法谈下去了。曾说：不是我骂架，因为周先生说我们不要三民主义，我才这样说的。我又说：至于资产阶级民主革命和社会主义革命的关系，这是一个极严肃的理论问题，不是一二句话可以说清楚的。

会谈结束后，谌小岑送周小舟同志至楼下，我故意留后一步，问曾养甫对周代表提出的六项要求有什么意见，希望能给以具体答复。他说：共产党对谈判没有诚意，派一个小孩子来作代表。我告诉他：共产党的干部都是比较年轻的，我看倒不在于年龄的大小，而在于能否负起责任和解决问题。

在周小舟同志离开南京以前，为取得国方对我方六项要求的肯定回答，我至少去找曾养甫面谈过五六次，谌小岑有时在座，有时不在。面谈的大体情况如下：

第一次，我同曾养甫着重面谈关于国防政府的问题。我说：周代表临走时，要我将国方对他在会谈中所提出的六项要求的答复转达给他，现在请你将国防政府问题作出肯定的答复。曾说：我们已肯定答复过，国民政府即国防政府。周代表也说，以国民政府作为国防政府的组织形式是可以考虑的。因此，这个问题可说是已经解决了。我说：周代表说可以考虑，是有前提的，就是由各党各派各阶级阶层各军代表组成民意机关，作为战时最高权力机关，问题就在这里。曾说：那好办，我们可将立法院扩大，将各方代表人士包括进去。我说：这绝不能代替战时民意机关。有些立法委员，自己也说他们是柜台里的陈列品，谁也清楚，他们自己立了些什么法，不过是立了些约束和制裁抗日爱国人士的法，丝毫也没有立过制裁汉奸卖国贼和走私集团的法。曾说：扩大立法院的组织以后就不会是这样了。

第二次，我同曾养甫着重面谈关于停止内战，停止进攻苏区的问题。我对曾说：关于这个问题，我曾经向曾先生转达过，周代表在正式会谈中又正式提出过。国民党成百万军队没有一兵一枪去对付日寇和汉奸，而是全部用来进攻苏区，“围剿”工农红军。国民政府几十万全副武装的税警，并不是用去稽查日本、朝鲜浪人和走私集团横行无忌的走私，而是对付民族企业的商品流通和民间的小商品流通。这种十分不合理的现象，只会为亲者所痛，仇者所快，徒然消耗民族抗战的力量。曾强辩说：停止内战双方都有责任。现在，共产党到处煽动群众，打土豪分田地，搞游击战争，共军到处找空子袭击国军，使国军动弹不得，这是更厉害的消耗民族抗战力量，分裂民族团结，破坏中国农村传统的安定情况。我说：事实恰恰相反，红军和南方各省游击队，经常遭到国军的包围和袭击。至于农村的土豪，他们和农民并没有什么平等团结的关系，他们是统治农村和吸尽农民膏血的封建残余。据我所闻，农民打土豪分田地，打游击，完全是被迫的。曾说：我所知道的情况，完全不是这样的。

第三次，我同曾养甫着重面谈关于给抗日爱国人民以集会、结社、言论、出版的自由等民主权利的问题。曾强词夺理地说：本来是自由的，国民政府并没有禁止他们这种活动。现在据我们所知，到处所谓抗日爱国群众运动和所谓“飞行集会”之类的事情，无不是玩弄阴谋的政党密谋策动的。我很生气，反驳他说：难道“七君子”的爱国言论和行动也都是被人阴谋策动的吗？因为发表《闲话皇帝》而被判罪的杜重远先生和邹韬奋先生主编的《生活周刊》，难道也是受人阴谋策动的吗？曾养甫理屈词穷，只得推说：关于这类事情，是非常曲折、非常复杂的。曾又说：周代表也承认三民主义是广州时期、武汉时期国共合作的共同纲领。共产党在群众运动中散发的宣传品，题目和封面是三民主义，内容无不是攻击政府和谩骂蒋委员长的。我说：问题不在于口头上怎样说，而在于是否认真实行，在孤陋寡闻的我看来，找不出工农群众的阶级斗争有什么违反三民主义的地方。曾说，就说吕先生自己吧！听说你有历史著作出版了。谌小岑也曾说，你是用马克思主义来研究历史的，难道那里面有三民主义吗？我想那里面只会有马克思主义，不会有三民主义。我就理直气壮地说，曾先生，你很可以这样说，我的著作和陶希圣、胡适、叶青等人的著作比较，只比他们多了些历史真实性和爱国思想。

第四次，我同曾养甫着重面谈关于释放一切政治犯的问题。我说：周代表提出国方应把一切以共产党员和抗日爱国等罪名被监禁的政治犯无条件释放。曾说：只要共产党开个名单来，保证他们以后不从事反对政府的活动，我们就可以按名单释放。我说：这样做就不是无条件释放而是条件很苛刻。在遍布各地的监狱中，究竟关了多少共产党员和抗日爱国的政治犯，恐怕谁也不知道，更不可能知道他们每个人的名字。曾说：任何国家释放被监禁的人出狱，都不能不要他们表示对政府的忠诚态度。我说：至于他们出狱后，如果政府的施政同民族利益和他们本人的利益相矛盾，难道谁能禁止他们的一切反抗行为吗？国方是否无条件释放他们，周代表说，这是关系到国方是否真正与民更始，有无抗战诚意的问题。因为这些人都是我们民族的精华、抗日的骨干。曾养甫说：吕先生，你这个说法是“书生空谈”。我说：我绝不认为是这样。曾又给我出难题说：如果你现在知道什么人关在哪里，我们马上就可以把他们释放。我便回答说：我的老师董维键，是留美博士和研究英美文学的，还有和他一起的张唯一，听说现在还关在南京的监狱里，受到非人的待遇。曾尴尬地说：我们可以了解了解。后来，董、张二人一起被放出来了。在抗战时期，我在长沙曾碰到过他们。他们高兴地对我说，就是在那个时候他们被放出来的。

以后，大约在六七月之际，有一次我去找曾养甫，他对我说：“这样的谈判不解决问题，希望周恩来来南京，我或张冲去延安。”不久，谌小岑面交我一份密电码，并说：“南京谈判到此终止，自后由武汉电台和延安电台直接联系。”我以秘密通信告知陈西生、周小舟两同志。

在谈判过程中，周小舟同志曾传达党的指示，要我设法取得国方的书面材料。因此，国方对我方所提要求的答复和他们的反要求，我都设法要谌小岑写明后给我，谌都是亲笔写在国民党政府铁道部便笺上的。

我在南京谈判期间，得知原在广西红七军任团长的袁也烈同志（原名袁炎烈，此时化名袁映吾），在战斗中负伤，到上海养伤，遭敌搜捕，监禁数年，出来后，又陷在南京。我将所了解的情况，告诉周小舟同志。他向北方局汇报后，让我约同袁也烈同志到秦淮河游艇上会面。此后，小舟同志北归前通知袁到北方局接头。同时，我又通过在南京宪兵司令部当法官的小同乡肖仲阶，要他设法帮助袁离开南京。后来，袁辗转到北方局，恢复了党籍，又投入了火热的战斗。

在此同时，我抓紧在谈判的空隙，完成了写著《中国政治思想史》的工作，袁也烈、李邦彦二人帮助我抄写了这本书的原稿。当时，我曾作诗一首：

夜雨寒灯续旧缘，白山烽火客街黑；
钓鳌来载秦淮月，写就新编劳巨椽。

8月，周小舟同志又一次来到南京，我将所有材料和密电码全部交给了他。他说，他回到北平后马上就要携带这些材料去延安，向党中央和毛泽东同志汇报这次南京谈判的全部经过和情况。小舟同志到延安后，担任了毛泽东同志的秘书。他当时带到延安的这些材料存在中央档案馆。

谈判完全终止后，我就离开了南京。当时的情景，正如我在《谈判——离南京》一诗中所说的：

荷命南来白下时，日侵蒋暴痛离支；
手携“八一”谈联合，面对逆横自护持。
左顾右盼情悻悻，外强中干语刺刺；
无常冷热日邦色，密码交来意态迟。

以上就是关于这次南京谈判的前前后后，是铁铸的历史事实。是功是罪？历史早已作出了严正的裁决，人民也自有公论。而林彪、陈伯达、“四人帮”和那个顾问，在文化大革命中，把我囚禁在京郊狱中，非法审讯近八百次，其中七百多次都是为了当年的南京谈判问题。他们伪造历史，颠倒功罪，硬说我和少奇同志“狼狈为奸”，硬说我参与了少奇同志“勾结”蒋介石“阴谋消灭红军，取消红色政权”的阴谋活动，硬说经过周小舟同志传达的是“陶尚行即刘少奇的投降主义指示”，硬说我和少奇同志“跪在蒋介石脚下，充当了革命的内奸”，硬说南京谈判是背着党中央、毛泽东同志干的。他们还造谣说少奇同志在1942年自华中回延安的行军途中被俘叛变，跪倒在日本帝国主义的脚下。如此等等，无中生有，必欲置之死地而后快。追忆历史，以我党中央和毛泽东同志关于统一战线的有关指示来衡量，当时周小舟同志传达的少奇同志指示，是完全正确的。回想当年，周小舟同志和我，受党和阶级的委托，为了挽救民族危亡，遵循党中央的统一部署，在南京谈判中，立场坚定，旗帜鲜明，进行了针锋相对的斗争。在谈判过程中，我只知道国民党方面发起和主持谈判的是英美派的宋子文，根本不知道是蒋介石，也不清楚蒋介石玩弄的什么阴谋。至于当时北方局负责人陶尚行就是少奇同志，这是我后来才知道的。当时，我与少奇同志没有发生过任何直接的接触。我见到我们谈判中一直没有出面的这位指挥员——刘少奇同志，是在1941年4月底，在我到达苏北根据地的当晚参加庆祝“五一”国际劳动节的大会上。而知道陶尚行就是少奇同志，那是更后的事了。这怎么能说我参与了少奇同志“勾结”蒋介石“阴谋消灭红军，取消红色政权”的阴谋活动呢?！这真是二十世纪的“风波亭”。

最后，我还想讲一点情况：关于南京谈判，1961年前后，全国政协副秘书长、《文史资料》主编申伯纯同志，曾找谌小岑写过一份材料。申伯纯曾亲自对我说：“谌小岑写的这份材料，我到档案馆核对了原始材料，材料是真实可靠的。”后来，他又对我说：“这份材料我送周总理看了，总理很重视，并叫我把它送给周小舟看一看。当时周小舟正在北京开会。周小舟看过这个材料后说：‘情况就是这样’。”以后，我也问过王世英同志。我说：“关于南京谈判，申伯纯找谌小岑写了份材料”。王世英同志说：“我已看过了”。我讲这个情况的目的，就是为了好让后人从当时谈判双方的参与者所提供的情况中了解事实真相，从中汲取有益的东西。我想这是每一个马克思主义者对待历史所应有的正确态度。

党的十一届五中全会为刘少奇同志平反昭雪，千古奇冤，大白于天下。我由衷地感到高兴。我永远忘不了那在虎穴里战斗的日日夜夜，我更加怀念指挥我们胜利进行斗争的少奇同志。

1980年6月于北京

（原载《群众论丛》1980年第3期。《中国建设》1980年第10期、《新华文摘》1981年第1期转载）

少奇同志和南京谈判

南京谈判，是在1935年11月开始举行的，历时九个月。这是我党在国家民族生死存亡的严重关头，为抗日救亡而和国民党举行的第一场谈判，是在党的领导下，在少奇同志的指挥下，直接围绕着建立抗日民族统一战线这个历史要求进行的。它促进了“停止内战，一致抗日”方针的实现。

文化大革命中，林彪、陈伯达、“四人帮”这一伙阴谋家，公然伪造历史，以莫须有的罪名，诬陷少奇同志，为此广事株连，罗织成狱。

事实究竟如何？历史应该恢复本来面目。

起　因

“九一八”以来，日本帝国主义加紧推行吞并中国的步骤，魔爪步步伸向华北，半个中国陷于沦亡，全国人民面临生死存亡的抉择，反日反卖国贼的斗争，浪涛汹涌，我党领导下的东北抗日联军及冀东人民游击战争，正响亮地在回答日本帝国主义的进攻。1935年，蒋介石政府在日寇的压力下继续妥协投降，签订了辱国丧权的“何梅协定”。日寇据此更加气焰嚣张，不断制造事件，寻找藉口，以便武装进占华北。这年10月，日寇在“军事演习”中，侵占了香河、三河等县城，驱使日本、朝鲜浪人到处为非作歹，实行武装走私，活动范围扩展到了长江流域，并在上海闹事……。这与英、美帝国主义在华的利益发生了严重冲突，英、美帝国主义在华北和华中的利益直接受到打击，对日态度开始变化。因而也就影响了以宋子文为代表的中国买办资产阶级中的英美派，他们为了自己的利益，为了他们小朝廷的统治，也不得不要求抗战。要抗战就必须联共，这就是国共两党南京谈判合作抗日的起因。

同年冬，我收到一封南京来信。写信人谌小岑（他也是湖南人，在主办《丰台旬刊》时经翦伯赞介绍与我相识）正在国民党铁道部里当科长。来信的大意是：东邻侵凌，龚姜两府宜联合御侮。兄如愿作伐，请即命驾南来，云云。

我这时任北平中国大学的教授、中共北平市委领导下的自由职业者大同盟书记，市委由周小舟同志经常同我联系。我即将谌的信交给他，请示市委如何处置。周小舟同志说："市委讨论后再答复你。"

过了数日，周小舟同志通知我，市委要我辞去教职，立即去南京，探明此事系何人发动和主持。

谈　判

是年 11 月，我抵达南京。谌小岑声称此事系南京方面掌握工矿企业的宋子文主持，由铁道部常务次长曾养甫出面（此后在谈判过程中，曾养甫、谌小岑始终说是宋子文主持的，并说蒋介石还不知道，将来是要告诉他的）。

在谌的陪同下，我与曾养甫作了第一次会面。我问道："国共合作抗日谈判是曾先生自己的主张吗？"曾说："我是秉承宋子文先生的旨意办事的。""日本占领东北，又在华北搞特殊化，走私又到了长江流域，看来非抗战不可了。你能找一个共产党方面同我们谈判的线索吗？"我表示不敢肯定，也可能从北平的教授和学生中找到这样一个线索。

周小舟同志得到我上述情况的报告后，于 1936 年 1 月到南京，告诉我，组织决定要我留在南京，和国民党继续进行接触。同时传达党的指示：一、组织国防政府和抗日联军；二、停止内战，一致抗日，停止进攻苏区，承认苏区的合法地位等，以这些作为国共合作抗日谈判的先决条件。

我随即通知对方，谈判线索已找到。曾、谌二人希望我继续留在南京，作为中间人从旁协助谈判。我这时根据周小舟同志的意见，提出既要我留在南京，我在北平的教授职务就不能担任，因此，我的生活费应当由国方支付。国方必须保证共方往来人员的安全与通讯自由，不得加以检查和扣留等。曾养甫说，可以保证。随即他们送来聘书，以聘我为铁道部专员的名义，月支二百元的车马费。这些钱也就成了我和周小舟同志在南京期间的生活费。

周小舟同志北归后，我根据他传达的精神，在与曾养甫的谈判中，正式向国民党方面提出了共产党的上述两项先决条件。双方为此辩论得很激烈。曾养甫说："国民政府就是国防政府，国民革命军就是抗日联军。"我反驳道："国民党常自称'党国'、'党军'，这就是说国民政府只是一党的政府，国民革命军只是一党的军队。"曾养甫又提了四点反要求，大意是：一、停止土地革命；二、停止阶级斗争；三、停止苏维埃运动；四、放弃推翻国民政府的武装暴动等活动。我立即将这些有关情况向周小舟同志作了报告。

3 月，周小舟同志第二次到南京，传达了连同上次两项在内一共向国民党提出的六项原则要求，大意是：一、开放抗日群众运动，给抗日爱国人民以集会、结社、言论、出版自由等抗日民主权利；二、由各党各派各阶层各军代表联合组成国防政府和抗日联军；三、释放一切抗日爱国政治犯；四、改善工农群众的生活；五、停止内战，一致抗日，停止进攻苏区，承认苏区的合法地位；六、划定地区给南方游击队集中训练，待机出发抗日。针对国民党的四点反要求，周小舟同志同时传达了党的有关指示精神：阶级斗争，是阶级社会全部历史过程的必然现象，谁也无法停止，也不可能制造出来。在合作抗日的形势下，只要国民党实施适合工农要求的适当政策，改善工农群众的生活，调整阶级间的关系，我们为战胜日寇，加强国内团结，可施用影响，实行战时阶级休战；国民党必须实行孙中山"二五减租"政策，为团结抗日，除没收汉奸卖国贼土地，分给无地或少地农民，我们将考虑在战时暂不没收地主土地；必须承认苏区合法地位，不得改变工农民主政权性质，并以之作为全国抗日民主政权的示范，等等。

当周小舟同志头次去南京时，我曾提出入党要求和看党的有关文件的希望。这一次见面后，周小舟同志正式通知我，组织上已批准了我的入党要求，并说我的工作由陈酉生（即王世英同志）直接联系（每次有关谈判问题的秘密通信，一封寄天津陈酉生，一封寄北平交周小舟）。小舟同志给我看了他随身带去的陶尚行写的关于统战文章的油印本。我问陶尚行是谁?他说:北方局负责人,是一位很优秀的领导同志。他并给我带去给代表的“训令”和秘密通讯用的药水。“训令”经药水洗出后,已不完全,只有下面几个字还清楚:“派你为和国民党谈判的代表,望继续……”。还有由毛泽东、朱德、周恩来、林伯渠等中央领导同志署名盖章,用墨笔书写给宋子文、孙科、冯玉祥、程潜、覃振、曾养甫等人的白绸信件,每信均附我党的《八一宣言》,由我和周小舟同志分送到各人负责的机关。

这年5月,曾养甫在和我谈话中大要流氓,他说:“共产党有什么了不起的力量,不过四、五万条破枪!一面和我们谈判,一面骂我们委员长是卖国贼头子,历史上力量就是是非,我就卖国,我有力量,共产党其奈我何!”对曾养甫的嚣张气焰,我很气愤,严词批驳说:贵党和京沪一带报纸不是每天都还在骂“朱毛匪”吗?至于曾先生所说,历史上也确实有人那样说过,而且那样作过,但历史都给他们一一作出了公正的结论,这是可为殷鉴的。不过我相信国民党有些先生还是赞成抗战的。

随后,曾养甫通过谌小岑向我表示:希望共产党派个代表来谈判。于是,约在六七月之际,周小舟同志第三次来到南京。我把这期间的会谈情况如实告诉他。他说:“你谈得很好,我完全同意。”接着,他以正式代表身份和曾养甫举行正式谈判,我和谌小岑参加。在整个谈判的过程中,双方都是根据上述自己提出的内容进行折冲的。曾养甫要周小舟同志先谈。周小舟同志便系统地提出了我方的六项要求和条件,并对国方的四点反要求作出了回答。他说:国民政府作为国防政府的组织形式是可以考虑的。但必须由各党各派各阶级阶层各军代表组成战时民意机关,作为战时最高权力机关,这才能说是可以考虑的,这才能承认国民政府作为国防政府的组织形式。对把红军改编为国民革命军,国民党必须保证在军需供应、防区划分和作战任务的分配等方面,均应一视同仁,不得有任何歧视。关于这一点,曾养甫表示:红军改编为国民革命军,可以开赴察绥外蒙边境一带驻防,待机东进,但不得干预地方政府的事务。会后,周小舟同志对我说:以察绥边境为防区,背靠外蒙,未尝不好,然后进入东北,开辟抗日战场,只要国民党在关内真正实行抗战,那也是可以的。对曾养甫提出的南方各省游击队,由各省分别指定地区集中,改编为国民革命军这一条,周小舟同志断然拒绝,说:绝对不能同意。然后,曾养甫不得已说，那就指定路线，让南方各省游击队北上和主力红军会合。周小舟同志这时说，国民党必须保证安全通过，不得中途截击。曾养甫答应这不成问题。周小舟同志又就释放政治犯的事，发表了这样的意见：凡是以共产党罪名或抗日爱国罪名关进监狱的，都应该一律释放。

会谈结束后，谌小岑送周小舟同志至楼下，我故意留后一步，问曾养甫对周代表提出的六项要求有什么意见，希望能给以具体答复。他说：共产党对谈判没有诚意，派一个小孩子来作代表。因为在他看来，周小舟同志实在太年轻了。我告诉他：共产党的干部都是比较年轻的，我看倒不在于年龄大小，而在于能否负起责任解决问题。

周小舟同志离南京前，我为着得到曾养甫的肯定回答，至少又去找他面谈过五、六次。关于国防政府问题，曾养甫说：那好办，我们可将立法院扩大，将各方代表人士包括进去。我指出：这绝不能代替战时民意机关。有些立法委员，自己也说他们是柜台里面的陈列品，谁也清楚，他们自己立了些什么法，不过是立了些约束和制裁抗日爱国人士的法，丝毫也没有立过制裁汉奸卖国贼和走私集团的法。关于停止内战，停止进攻苏区的问题，我进一步说道：国民党成百万军队没有一兵一枪去对付日寇和汉奸，而是全部用来进攻苏区，“围剿”工农红军。国民政府几十万全副武装的税警，并不是用去稽查日本、朝鲜浪人和走私集团横行无忌的走私，而是全部用来对付民族企业的商品流通和民间的小商品流通，这种完全不合理的现象，只会为亲者所痛，仇者所快，徒然消耗民族抗战的力量。关于给抗日爱国人民以民主权利的问题，曾养甫狡辩说：本来是自由的，国民政府并没有禁止他们这种活动。现在据我们所知，到处所谓抗日爱国群众运动和所谓“飞行集会”，无不是玩弄阴谋的政党密谋策动的。我一气之下回击他：难道“七君子”的爱国言论和行动也都是被人阴谋策动的吗?！因为写了《闲话皇帝》而被判罪的杜重远先生和邹韬奋先生主编的《生活周刊》，难道也是受人阴谋策动的吗?！曾养甫理屈词穷，只得推说这类事情，是非常曲折、非常复杂的。关于释放一切政治犯问题，曾养甫提出要共产党开个名单来，保证这些人以后不从事反对政府的活动，就可以按名单予以释放。我的答复是，这样做就不是无条件释放而是条件很苛刻。遍布各地的监狱中，究竟关了多少共产党员和抗日爱国的政治犯，恐怕谁也不知道有好多，更不可能知道他们每个人的名字。至于他们出狱后，如果政府的施政同民族利益和他们本人的利益相矛盾，难道谁能禁止他们的一切反抗行为吗？国方是否无条件将他们释放，这是关系到国方是否真正与民更始，有无抗战诚意的问题。这时，狡猾的曾养甫说：如果你现在知道什么人关在哪里，我们马上就可以把他释放。我便说：我的老师董维键是留美博士和研究英美文学的，还有和他一起的张唯一，听说现在还关在南京，受到非人的待遇。曾养甫说：我们可以去了解了解（后来董维键和张唯一一起出来了，抗战时期我在长沙遇着他们俩。他们说，就是那个时期被放出来的）。

在这后不久，曾养甫说："这样不解决问题，希望周恩来来南京，我或张冲去延安。"谌小岑随即面交我一份密电码，说："南京谈判到此终止，自后由武汉电台和延安电台直接联系。"我以此告知陈酉生、周小舟同志。

当时在南京谈判过程中，周小舟同志曾要我设法取得国方书面材料，因此，国方对我方所提要求的答复和他们的反要求，我都设法要谌小岑写明给我。

8 月，周小舟同志来到南京。我将所有材料和密电码全部交给了他，他说马上就要携带这些材料去延安，向党中央和毛主席汇报这次南京谈判的全部经过和情况。周小舟同志去延安后，担任毛主席的秘书。文化大革命前，这些材料尚存中央档案馆。

并非题外的话

从那以后，三十年过去了。

文化大革命中，人妖颠倒。林彪、陈伯达、"四人帮"把我囚禁在京郊狱中，审讯近八百次，其中七百多次都是为了当年的南京谈判。他们伪造历史，硬说我和少奇同志"狼狈为奸"，硬说我参与了少奇同志"配合蒋介石消灭红军、取消苏维埃政权的阴谋活动"，并且说我和少奇同志"跪在蒋介石脚下，充当了革命的内奸"，硬说南京谈判是背着毛主席、党中央干的。

千秋功罪，谁人曾与评说?! 最有力的评说者还是历史事实。翻开《毛泽东选集》，毛泽东同志在 1935 年 12 月 27 日写的《论反对日本帝国主义的策略》一文中，曾指出："当斗争是向着日本帝国主义的时候，美国以至英国的走狗们是有可能遵照其主人的叱声的轻重，同日本帝国主义者及其走狗暗斗以至明争的。"这篇文章是毛泽东同志在陕北瓦窑堡党的活动分子会议上所作的报告。在该文的第九条注释里，说得更加明确："毛泽东同志在这个报告内，已经说到了各帝国主义间的矛盾可能引起中国地主买办阶级营垒中的分化。后来，由于日本帝国主义在华北的进攻，与英美帝国主义的利益发生了严重的冲突，中国共产党就认为和英美帝国主义利益密切联系的蒋介石集团可能在其主子的命令下改变对日本的态度，因而采取逼迫蒋介石转向抗日的政策。1936年5月，红军由山西回师陕北，即直接向南京国民党政府要求停止内战一致抗日。同年8月，中国共产党中央又致国民党中央一封信，要求组织两党共同反日的统一战线，并派遣代表进行谈判。"而我们的具体谈判，也完全是遵照党中央的有关指示进行的，哪儿存在林彪、"四人帮"所栽诬的罪过呢？这次谈判分明是对党有功的，对革命有贡献的。至于当时的北方局负责人陶尚行就是少奇同志，这是我以后才知道的。我见到我们谈判中一直没有出面的这位指挥员，是1941年5月在苏北根据地的华中局党校。看到他高高的个子，安详的神态，我仿佛想象出他在负责北方局工作时，为指导我们步步深入地进行谈判，开展针锋相对的斗争而深思的情景。他通过周小舟同志转达给我的指示，是正确的，是符合党和全民族的利益的。我忘不了那段在虎穴里的战斗，更怀念指挥我们胜利进行斗争的少奇同志。

1980年2月

（原载《怀念刘少奇同志》，湖南人民出版社1980年4月出版）

北平《村治月刊》之回忆①

在《村治月刊》时期，我阅读的东西很复杂，一方面看了〔孙中山〕《三民主义》，也看了亚当斯密、李嘉图、马尔萨斯等古典经济学和克鲁泡特金、傅立叶、圣西门、欧文等空想社会主义的书籍和胡适的《中国哲学史》等书籍。特别此时较系统地阅读了日人河上肇《马克思主义经济学基础理论》、《资本论入门》，德人博哈德《通俗资本论》，日人高田素之日译本《资本论》、山川均《物观世界史》、《共产党宣言》、《帝国主义是资本主义发展的最高阶段》，苏联布哈林《共产主义 ABC》等。〔我〕也到地下书店去搜集和阅读了一些进步书刊和其时正在进行的〔中国〕社会性质社会史问题论战的有关资料，结合中国历史和现状与自己的经历比较研究，感到碰来碰去，还是只有马克思主义才是伟大的真理。同时我与在《村治月刊》投稿的北大经济系毕业生郑侃（中共党员）、燕大杨缤（后名杨刚，中共党员，地下刊物《北方青年》发行人）、北平民智书局经理刘思慕（中共党员）、马克思主义经济理论作者宋斐如等有了交往。

① 编者注：江明据著者口述整理，时间约在 1975 年。

我为什么写《史前期中国社会研究》[1]

在五四运动以前和以后，支配中国历史科学领域的是地主阶级传统的道统史观，即所谓盘古开天地、三皇五帝、尧舜禹汤文武周公孔子一脉相承的道统。五四运动以后，由胡适为首的美国资产阶级实用主义的历史观，也在中国教育和研究系统起作用；另一方面，也有了马克思主义历史观，但力量还很微弱。在当时，要想为马克思主义的历史科学开辟道路，必须推翻上述两种地主资产阶级反动的历史观。儒家所奉行的道统史观，在长期历史过程中，支配了社会生活各个方面，为地主阶级各个继起的王朝行使统治的武器。培养干部、选拔干部，也都用道统史观的文献为纲。在长期历史过程中，劳动人民也都受到很严重的影响，被其欺骗，并在实际生活中起作用。胡适为首的资产阶级流派，对那种道统史观，他们不愿也不可能进行科学的批判，而只是主观主义地武断否认，譬如说传说中殷以前的历史根本不存在，这完全是儒家所伪造的乌托邦。因此，为推翻这两种反动的历史观，为马克思主义史学开辟道路，首先必须将漫长的传说时代的历史，给以科学的解释。我根据恩格斯《家庭、私有制和国家的起源》及马、恩肯定的摩尔根的《古代社会》研究及其他有关原始社会的记述，同时根据地下出土文物和可靠文献及其他神话传说的文献记载，对殷以前的漫长历史时代，首创性地进行全面系统的研究和分析，阐明它是中国历史上的原始公社制阶段，以之提供到中国人民和国外同道的面前。

地主资产阶级的传统的道统史观和胡适为首的实用主义胡说，便都不攻自

① 编者注：江明据著者口述整理。时间约在1978年。

破了。这也可说是为马克思主义历史科学奠基作了一点工作。因此，《史前期中国社会研究》出版后，便得到党所办的在上海出版的《书报评论》的赞许和介绍，并得到国内外同道和读者的称许。

我为什么写《殷周时代的中国社会》[1]

在社会史问题论战中，一、关于殷代社会的性质，论说纷纭。胡适说殷代是有国家、有阶级的，是像后来地主阶级那样的国家。陶希圣说殷代是原始封建制。李季说是“亚细亚”的。郭沫若说殷代是氏族社会。二、中国社会历史有没有奴隶制阶段？托派和陶希圣派一致否认中国存在奴隶制阶段。

关于殷代社会性质的论证，主要表现在四个方面：（1）殷代是否存在着阶级，或存在什么阶级？（2）殷代生产工具主要是什么？（3）殷代的生产是什么？郭沫若说，殷代还不知道冶铁，所以还不能是奴隶社会（所以大家拼命找铁）。我根据甲骨金石文字和地下出土文物及可靠文献的记载，论证殷代已存在着奴隶阶级和依靠奴隶过活的奴隶主阶级。恩格斯讲过，在原始公社制时代，西半球先发明农业，东半球先发明畜牧业。郭沫若说，殷朝畜牧业繁盛，农业也很繁盛。因此，根据恩格斯的指示，殷代不是奴隶社会。我论证殷代畜牧业确实很繁盛，但已走向下坡或衰落的过程；农业也很繁盛，但正在向上发展。所以，这种情况和恩格斯教导不矛盾。关于殷代社会阶级构成问题，郭沫若说，殷代还没有阶级存在（后来范文澜称殷代为殷国，但也没有回答所谓殷代的阶级构成的问题。杨荣国说，殷代是种族统治种族的国家）。我根据金石甲骨文字和可靠文献的记载，论证殷代生产主要担当者是奴隶阶级，同时存在着依靠奴隶过活的奴隶主阶级。所以殷代是中国历史上阶级大分裂时期，殷代是奴隶主统治奴隶的国家。（4）殷代人民获得生活资料的主要生产，托派、陶希圣、胡适等派对这个问题都没有回答。郭沫若说，殷代畜牧业发

---

① 编者注：江明据著者口述整理。时间约在1978年。

达，农业也很发达。他根据恩格斯讲的奴隶社会，东半球最初发明和发展的是畜牧，西半球最初发明和发展起来的是农业。因此，当时殷代的获得生活资料的主要生产应当是畜牧业。我认为殷代畜牧业、农业确实都很发达，畜牧业虽然很发达，但已走向下坡；农业很发达，但正向上发展。（5）什么是殷代的主要生产工具？郭沫若说是石器。托派、陶希圣等派说，殷代还没有生产工具（后来范文澜说是石器和木器）。我根据文献所载殷代冶铜业的情况和地下出土冶铜遗址的情况及铜犁、铜刀、铜矛、铜镰、铜斧、铜锯等实物存在的情况，明确地论证了殷代主要生产工具是青铜器。但同时根据……也有知道冶铁的可能。当时曾受到历史学界不少人的反对。许多人拘泥于恩格斯曾经指示过奴隶社会的生产工具是铁器，但他们忽视了恩格斯也讲过，当时的铁硬度还没有青铜器高；同时斯大林讲过奴隶主所拥有的生产工具是金属。同时他们不注意殷代奴隶运用青铜器生产工具所获得的劳动成果，除养活自己外，还提供了大量剩余劳动，养活奴隶主阶级及其消费所需。不明确地解决这个问题，说殷代是奴隶社会就没有根本依据。我第一次提出殷代生产工具是青铜器，并第一次论证了殷代是中国史上的奴隶制阶段。不解决这个问题，就无法科学地论证殷周之际的社会转变及其性质。

关于殷周之际的社会转变及社会性质问题

郭沫若认为是由氏族制到奴隶制的转变。

范文澜说殷周之际的社会转变是周国战胜殷国。

我根据有关文献记载和地下出土的金石甲骨文字，论证武王革命是封建主义革命，殷周之际的社会转变是由奴隶制到封建制的革命转变。

关于西周社会性质问题

郭沫若说是奴隶制度，范文澜说是封建制度。这两说对史学界有相当的影响。根据郭说，就可能使人们对奴隶制和农奴制社会历史和特点混淆不清，并因而无视了中国史上的农奴制度。范文澜说是封建制度，就可能使人们对封建制度本身各个时期的特点和特性混淆不分。范文澜和郭沫若争论的基本，是关于《诗经》上面某些史料的解释。如“雨我公田，遂及我私”、“以我覃耜，俶载南亩，播厥百谷”、“千耦其耘”（大规模农业生产）的性质问题等等。范文澜抓住了：奴隶制时代，奴隶没有自己的家室和私有财产，只有农奴才有自己的家室和私有财产。这点，范老是对的。范说，偶耕是封建时代农民向封建主提供劳役地租、从事徭役劳动的一种耕种形式；郭沫若却从氏族制的情况进行解释。我则认为是当时所谓领主的封建庄园制所产生的情况，如孟轲所谓“井田”、“邑”或“书社”，就都是庄园。据孟轲解释说：“方里而井，井九百亩，其中为公田。八家皆私百亩，同养公田；公事毕，然后敢治私事，所以别野人也。”（按：“野人”是住在封建庄园以外的，这是符合全世界其他各国封建庄园的基本情况的。当时封建领主自己住的地方是围一个圈圈。圈圈以内，住着封建领主及其家族，和住在庄园内的为封建领主服务的武士，服杂役的贱奴，为领主搞手工业和商业的工奴、商奴。所谓“人有十等”，农奴是住在圈圈以外的。所以农奴自己盖房子，“五亩之宅，树之以桑”（后来农民不能进地主房子，特别不能进少奶奶、小姐卧室）。

领地制：武王革命后，周天子除去自己在全国占有的土地外，还把土地分封给自己的亲属左右和某些部落的首领。受封的形成为各级领主，即大小不等的各级诸侯。受封的最大领主和各级领主，都有自己的领地。他们又把自己的领地，分封给自己的亲属左右。最大的叫“大夫”，最基层的叫“士”。“士”只有一个庄园，因之不能分封左右。庄园只能长子继承，其他儿子有些就没有土地。《左传》：“唯士无土则不君”。所以，《五服志》除去长子“百世不迁”，其他儿子“五世则迁”，没有土地了。这些人原来还住在庄园内，自己耕种一块土地，以后连一块土地也没有了，只好迁去或沦为武士、贱奴等。贱奴有十等，赶车的，服侍他的，看牛、看马的等等。马克思讲不是单纯概念下的土地而是连同土地上的人民。如土地上没有人民，还要赐农奴给他。所以西周，上级领主给下级领主，除土地和其他外，还赐给农奴。领主受封，叫“受民受疆土”。《诗经》说：“王命申伯，式是南邦，因是谢人，以作尔庸”，“受民受疆土”。还按封建等级修城堡。《左传》：“都城过百雉，国之害也。”马克思说，封建等级从属性是封建土地占有的属性。所以下级领主对上级领主要宣誓尽忠，服从军事调遣和供土特产。齐桓公率诸侯伐楚，“责贡包茅不入”。上级领主对下级领主，要保证给下级领主的爵位和土地不受侵犯。如《史记》：“黄河为带，泰山为砺，国以永存，爰及苗裔。”

我为什么要写《中国社会史诸问题》[1]

一、为的对1925年至1927年大革命失败后开展起来的中国社会史问题论战，作一次全面系统的总结。在社会史问题论战中，中国的马克思主义历史学家，为了捍卫马克思主义，捍卫党的纲领，对中国历史，包括发展的各阶段和各时期具体的发展过程及其规律性，初步把握了的科学体系。当时，以国民党陶希圣派和托洛斯基派及胡适派等等反马克思主义流派，为适应国民党顽固派反动的政治要求，提出各色各样的反动论纲，来反对中国共产党民族民主革命的纲领。尤其恶毒的，他们千方百计来反对马克思主义历史发展的阶段，歪曲历史唯物主义。国民党政府退到重庆以后，上述各反动派，为配合蒋介石卖国投降的阴谋活动，又都以其社会史论战时期的歪论为蒋介石制造舆论。

二、日本法西斯的侵华宣传员秋泽修二，为着法西斯侵略主义，曾写了所谓《支那社会构成》和《东泽哲学史》两书，肆意歪曲中国社会发展的光辉历程，来破坏中国人民的爱国主义，同时以此来歪曲马克思主义历史科学。胡说中国社会的长期历史过程，都是循环反复和倒退的，没有外力的严重冲击，根本都不能前进。“停滞”是中国社会的特性。为着捍卫马克思主义和鼓舞中国人民的抗战的战斗意志，因此，必须系统全面地粉碎其极端反动的法西斯谬论，和阐述中国社会历史包括各阶段、各时期的光辉历程，特别是中国富有革命斗争光荣传统，尤其是民族斗争的光荣传统。当时如向林冰曾将上述两书的摘要，编为《中国哲学史纲》，曾经在一个时期内模糊了一些人。所以，抨击秋泽修二的文章发表后，向林冰的书就卖不出去了。

---

① 编者注：江明据著者口述整理。时间约在1978年。

回忆延安批判蒋著《中国之命运》的一些情况[①]

皖南事变后，少奇同志担任华中局的书记，新四军的政委。

1942 年初，党中央决定调少奇同志回延安工作。3 月 18 日，少奇同志及随行人员从苏北阜宁单家港起程回延安，经过山东、冀鲁豫、冀中、太岳等革命根据地，1942 年 12 月 30 日到延安。在这八个月中，少奇同志不仅穿越了一百零三道封锁线，经过极其艰苦的夜行军，而且对各个解放区的工作进行检查和指导。在此期间我一直担任少奇同志的政治秘书，协助少奇同志做一些工作。

1943 年初，我第一次见到毛主席。毛主席对我很关心，并要我担任少奇同志的学习秘书。我一直担任到 1945 年 8 月 15 日日寇投降为止。

国民党反动头目陈立夫以及陶希圣、叶青等以三十年代社会史论上老问题、老观点向我们进攻。《中国之命运》就是汉奸陶希圣根据蒋介石的授意进行炮制的，以蒋介石的名义于 1943 年 3 月 10 日公开出笼。蒋介石在这本反动小册子中赤裸裸地鼓吹“一个主义、一个领袖、一个政党”的法西斯主义，建立封建的、买办的法西斯的独裁统治。

我们党对蒋介石鼓吹的法西斯主义理论，进行坚决的斗争。以毛泽东同志为首的党中央亲自领导和指挥这场斗争；尤其是少奇同志起了极其重要的作用。少奇同志受党中央和毛主席的委托，亲自主持召开了延安的理论干部会议。参加会议的有：陈伯达、艾思奇、范文澜、王学文、何思敬、齐燕

---

① 编者注：本文系著者接受采访，由北京大学国际政治系教师潘国华、林代昭记录整理。

铭、陈唯实和我等。会议开始，少奇同志首先指出：党中央和毛主席对这场斗争很重视。中央专门开了会，对蒋介石的小册子进行分析研究。中央已经有了一个看法，而且有一个简单的记录（你们可以到中央档案馆去查证）。

少奇同志接着说：蒋介石的这本小册子公开抛出，就是集中代表了蒋介石国民党同我们争夺革命的领导权；就是要从思想上、政治上向我们党进攻。蒋介石叫嚣不消灭共产主义死不瞑目。他的最终目的是为了投降日本帝国主义，联日反共，消灭共产党。

中国共产党在中国人民中享有崇高的威望，是抗日战争和中国革命的真正领导者。我们共产党人要用笔杆子同蒋介石打一仗，捍卫革命的领导权，批判蒋介石鼓吹的法西斯主义。

少奇同志说：你们在座的是延安的理论工作者，党中央召集你们开会，要求你们仔细地看一看蒋介石的那本小册子，要知己知彼，才能写文章批判它。对如何批判蒋介石的《中国之命运》，中央已经有了一个初步的考虑，和大家商量：首先写一篇全面评《中国之命运》的文章，可以根据中央简单的记录去写。哪一位写这篇？陈伯达表示他写这一篇。少奇同志说：写的过程中有什么困难，可以同毛主席和我商量。少奇同志接着说：不仅写一篇，还要写几篇，在座的同志可以比一比，看谁的批判文章写得好！少奇同志对着我说：你不是对中国各党派的阶级性有研究吗？在这方面写一篇批判文章，每个同志都可以自己报题目。我立即表示，我写一篇关于国共两党和中国之命运的文章。少奇同志说，可以。少奇同志说：还要写一篇从政治上揭露蒋介石的本质。这篇文章由谁来写？范文澜同志表示由他来写。少奇同志又说：还要写关于批判蒋介石反动世界观的文章。艾思奇同志和范文澜同志都表示各写一篇。少奇同志最后强调说：这些文章写好后，送中央审查，并组织大家讨论修改；最后，在《解放日报》上公开发表。

在较短的时间内，陈伯达写了《评〈中国之命运〉》，范文澜写了《谁革命？革谁的命?》、《袁世凯再版》，艾思奇写了《〈中国之命运〉——极端唯心主义的愚民哲学》，我写了《国共两党和中国之命运》。经过反复讨论修改，经党中央批准，于1943年7月、8月分别在《解放日报》上公开发表。

我的文章经过讨论修改，送中央审查时，少奇同志对我说：你的文章副标题，即驳蒋著《中国之命运》，是毛泽东同志亲自加的；文章的最后一段，毛主席还亲自作了修改。

（中国革命博物馆、党史研究室编《党史研究资料》1980年第21期，辑入1982年四川人民出版社《党史研究资料》第2集）

附录：回忆塘田战时讲学院[①]

1938年夏，台儿庄战役胜利后，国民党军为保全实力，从徐州撤退，著名的马当防线，也没有经过剧烈战斗和取得适当代价，即行放弃。日军乃一面继续实行诱降，一面调集南北两战场的兵力西进，准备进攻中原，夺取武汉。全国最富裕地区，重要交通要道，著名大中城市，相继沦陷，人民惨遭屠杀和侮辱，流亡载道。5月，毛泽东同志发表了《抗日游击战争的战略问题》和《论持久战》，批判了国民党的“亡国论”和片面抗战路线，以及战略战术方面的消极防御、阵地战、消耗战；批判了王明的“速胜论”和轻视抗日游击战争的错误；精辟地阐明了持久战的总方针和抗日游击战争的伟大战略意义。中共湖南省委和中共驻湘代表徐特立同志，依据武汉可能失守、敌军可能进攻湖南的形势分析，便加紧动员和号召全省人民“有钱出钱，有力出力”，组织起来，保卫乡土，并由吕振羽、翦伯赞以名流学者名义致书国民党湖南省主席张治中，提出“保卫大湖南”的要求和主张：彻底发动和组织群众，积极准备条件，于日寇进攻湖南时全面开展游击战争，及与正面战场配合等等。徐老并主张在日寇攻入湖南时，我党独立领导开展游击战争，在湖南创立抗日民主根据地。

在当时形势下，培训党的骨干，已是当务之急。吕振羽同志认为：苗岭山脉的巫山和雪峰山间（包括邵阳、新化、武岗、城步、新宁、绥宁、溆浦、东安、祁阳等县）为中心的山区，自然条件和社会条件，都很适合开展游击战争。其中的四明山，明、清之际，曾有数万群众进入山区坚持反清斗争。而

① 编者注：本文系著者1959年5月委托江明、王建中执笔，稿成后亲自审订、修改。

位于这个地区的塘田寺，有现成的大房屋——席宝田的塘田别墅可以借用（席宝田，清末以镇压贵州兄弟民族人民暴动起家，清廷赏穿黄袍马褂，诰授中宪大夫，赐太子少保）。因此，他向省委建议去那里开办一所为开展游击战争作准备的学校，培养地方乡级工作干部和连排级游击战争军事干部。徐老和王凌波同志都很同意。他们和省委商定后，又写信报告党中央、毛泽东同志和洛甫同志。6月，湖南省委决定派吕振羽同志为副院长兼党代表、负责筹办塘田战时讲学院（以下简称塘院），院址就在武岗县塘田寺（今属邵阳县）。为了争取学院能尽可能多的时间存在和发展下去，省委决定尽可能通过广泛的统一战线形式来建立这个学院。通过统战关系邀请国民党政府司法院副院长覃振（号理鸣，国民党元老，湖南桃源人）为院长（实际是名誉院长），湖南省参议会议长赵恒惕为院董事会董事长；准备在日寇进攻湘桂铁路、潭宝公路地区时，以四明山区开展游击战争，作为开辟湘桂黔边区抗日民主根据地的据点。

吕振羽同志得到湖南省委的指示后，取得覃振、赵恒惕同意，由他们分别担任院长、董事长职务，又利用国民党CC派、复兴派和何键派之间的矛盾，取得何键派刘子奇（号岳厚）的支持，刘并同意担任学院董事。7月，吕振羽同志去邵阳，去塘田布置筹备工作。到邵阳后，以刘子奇的信与第六区专员李琼（何键派）接触，李同意任院董事会董事，并介绍第六区保安司令岳森（原谭延闿派）任院董事。吕振羽同志随即到塘田，在原区立小学校长兼区董吕遇文（号政三，当地开明绅士，吕振羽族侄）的赞助下，借得席宝田的塘田别墅为校址，并委托吕遇文负责院舍的修缮、院具设置等方面的筹备工作，同时还将省委拨给的二百块开办经费交给了吕遇文。由于吕遇文（学院董事）出面筹备，当地绅士吕惠阶、李心徐、李梯云和大革命时期曾任湖南土地厅长的李荣植、武岗县长林拔萃，均同意任院董事。学院董事会共有三十余人，包括了湖南各方面的人物。如著名历史学家吕振羽、翦伯赞，老国学家吴剑丰（湘乡人，曾任北平郁文大学校长）、文化界进步人士陈润泉等。解放后曾任湖南省委统战部长的刘道衡同志，当时也是学院董事会的成员。

8月初，吕振羽同志回长沙向省委和徐老报告筹备情况。省委同意立即以覃、赵名义，向同意任院董事的诸人发出聘书和院董事会成立的通知，并发函征求新董事。同时由覃、赵亲自写信给张治中与省政府教育厅厅长朱经农（CC派），告以筹办战时讲学院的缘起和宗旨，请其担任名誉董事。张治中回信表示谅解和同意。朱经农则回信拒绝担任名誉董事，并附限制成立私办大专院校的条例一份，声称“须按合法手续进行筹备”，企图迫使我们半途下马。针对这种情况，省委和徐老指定聂鸿钧（省委组织部长兼军事部长）、王凌波与吕振羽共同研究。他们认为在国民党各派的矛盾中和武汉已受威胁的情况下，CC 派一时不可能用强力来加以阻止；而加强对覃、赵的统战工作，免使中途生变，却具有决定性的意义。徐老和省委都同意这种意见。因此。一面即以覃振亲笔信复张治中致谢，请其多加赞助和支持；同时复函朱经农，表明塘田战时讲学院非正式大专院校性质，乃系旧时书院式的战时讲学机构，不能按平时大专学校的手续筹备；一面将招生广告在报上登出，并分送各县教育局、师范、中学，请其保送学生，同时省委还通知各县、市党组织动员和选派优秀青年入学。

省委决定张天翼（著名文学家）、曹伯韩、杨卓然、雷一宇、李仲融、林居先等同志与吕振羽同志去塘院工作。张天翼同志为教务长，吕遇文为事务主任，曹伯韩、李仲融等为教员，杨卓然为支部书记，雷一宇为生活指导员兼党支部组织委员，林居先为党支部委员负责中华民族解放先锋队工作。同年 11 月，因杨卓然去省委汇报工作，不知去向，省委并调走张天翼、雷一宇、林居先，另派陈润泉来校任教务长，派游宇同志接任党支部书记兼生活指导员，阎丁南同志为党支部宣传委员并负责“民先队”工作，王煜为党支部组织委员（塘院被国民党反动派封闭后，去桂林途中被同行党员发现王有问题），王西彦接任张天翼同志的课程，并请老国学家吴剑丰前去讲授孙子兵法。同时决定由吕振羽、游宇、阎丁南同志组成党的三人小组。为避免暴露吕振羽同志的政治面貌，他不参加支部的活动，三人小组在院内也不公开。以后，又调研究班学生王时真同志（即江明，原为院学生会主席）任院长办公室秘书兼民众教育指导员。

8 月底，吕振羽等同志陆续到院，9 月上旬开学。报到同学百余人，从政治面貌说，其中有我党的一个县委书记，两个党员，几个民先队员，也有曾误入歧途参加过三青团的青年，还有国民党从邵阳等地派来的反动分子如肖萍（又名李剑萍，后改名李云涛）、方品、吴总权等；从学生成分说，有印刷工人、小学教师、失业军人，还有尼姑，而以青年学生居多数；从地区说，有来自江西、福建及湖北、东北各省的，而以武岗、邵阳、新宁、东安、祁阳、新化、湘乡、湘潭、宁乡等县的学生为多；有由赵恒惕及其他方面介绍来的，而由党内介绍与动员来的居多。到 1939 年 4 月，学校被国民党反动派三路派兵"勒令停办"前，先后到塘院学习的二百五十余人，有的已陆续派回各地开展救亡工作。

塘院是当时中共湖南省委在国民党统治区所办的一所以统一战线形式出现的培训干部的学校，直属省委领导，是省委工作重点之一。省委和徐老对塘院的工作都很重视，经常给予指示，并多次向上级党组织汇报塘院的情况。塘院的负责干部，除事务主任吕遇文外，都是省委派去的，且多为我党党员和进步人士。塘院的教育方针、内容和方法等都经过省委、徐老和吕振羽同志的专门研究，徐老还及时将创办塘院的情况写信向党中央、毛泽东和洛甫同志作了汇报。在他写的《在湘十个月的工作报告》中就曾说："一个月前，我们的同志吕振羽在宝庆办了一个学校，名叫战时讲学院，已经找好校舍，开始招生，由司法院副院长覃理鸣当院长，吕振羽当副院长……。不久前，我曾写信给泽东、洛甫同志，要求派几个下级干部去当学生，将陕公和抗大的学风带去，以便在湖南进行抗战教育。"

塘院的教育方针，是以阶级教育为中心的抗战教育（即寓阶级教育于抗战教育之中，寓马列主义于爱国主义教育之中）。教学方法，采取课堂教学与课外活动、生活实践、工作实践相结合，个人阅读与集体讨论相结合，其基本精神是理论与实践相结合。根据学生文化程度的差别，学院分设研究班、补习班两级。研究班开设历史、文学、哲学、政治经济学、文艺创作等专修课，补习班开设国文、数学、自然等专修课，并以"中国民族解放运动史"、"抗日民族战争讲座"（为着冲淡颜色，以孙中山先生纪念周会的形式出现）、战时防护常识和体操（以长跑和爬山为主）为两级同学共修课。研究班的文学和文艺创作先后由张天翼、王西彦担任，哲学由李仲融担任，政治经济学由曹伯韩担任。补习班的国文先后由王时真、陈啸天担任，数学先后由徐昭等人担任，自然由陈润泉等担任。共修课的"中国民族解放运动史"由吕振羽担任，抗日民族战争讲座由吕、阎、曹、雷等共同担任，战时防护常识和体操由退职家居的军官李华白（当地人，国民党中央军官学校第八期学生，曾任团长及炮兵总队长）、王煜担任，歌咏先后由林居先、周白担任。教材大都由教师自己编选，由谱匠用活字木版或同学自己刻写腊纸油印，在印发前大都经过集体讨论。

由于学院正确地执行了省委的教育方针和教学计划，特别由于形势的发展，同学们的进步很快，迫切要求抗战，渴求真理，追随伟大的中国共产党。学院党组织又正确地执行了建党方针和建立、发展民先队的工作，至1939年4月学院被“查封”止，共吸收民先队员一百八十余人、党员五十余人。

为了对群众进行阶级教育和爱国主义教育，密切与群众的联系，加强群众对学院的了解、信任和支持，为今后战火延及附近地区时领导群众开展游击战争准备条件，我们通过举办民众识字班的形式，开展了对学院周围的群众工作。先后创办了儿童识字班（均为附近农民子弟，在下午学习）、成人识字班（为附近贫苦农民设的夜校）、妇女识字班（派女同学到附近村子上门教学）、对河识字班、水西唐家识字班（帮助当地恢复已停办的初级小学，并附设成人识字班）、油塘李家识字班（派同学在当地小学担任教学工作，并附设成人识字班）等。识字班都设有国文、算术（笔算和珠算）、唱歌三门课。国文教材全系自编自写，内容由简到繁，由浅入深，由近及远，由单字到造句、课篇，由群众日常生活到社会生活和抗战等，边编、边审、边教，给群众以适用的常识，启发阶级觉悟和鼓舞抗战情绪。有时由于教学上的需要，每每在一夜间动员同学用毛笔写出几十本笔划整齐的《民众识字》课本来。这在群众中产生了极好的影响，不少人说：“过去的学生长年上学还不会记账，入识字班几个月，就学得点实用本事。”那时，在学院周围的田野、山村和夫夷江岸，到处都回响着抗战的歌声，这就密切了学院与当地群众的联系。具体表现在几次匪警中，群众纷纷自动到学院将妇女老幼接到其家中隐蔽，识字班的孩子常将其自家生产的李子、甘蔗、花生塞进识字班老师（均是塘院学生）的口袋里。国民党反动当局三路派兵包围学院、“勒令解散”时，群众情绪怨愤，纷纷议论：“这样好的学堂也不让办，只好叫人去当土匪”。不少人不顾农忙活紧，都自动放下农活来帮助学院疏散人员、财物等等。这使塘院师生受到了平时难以受到的实际教育，加深了对党的群众路线的理解。

由于学院影响很大，附近的一些中小学、师范，或派人前来参观，或写信要求给予抗战歌词，有的还请学院派同学担任其歌咏教学。为了满足他们的要求，附近一、二十里内的白仓司白仓小学、金称寺古峰小学、连溪吕氏小学的歌咏课，都由学院同学每周轮流前去教课两次；五、六十里内的，如黄亭寺唯一小学、塘渡口资汇小学、回隆寺回隆小学等，都由学院推荐同学前去任教。学院街头剧团和歌咏队在塘田寺、金称寺、黄亭寺、塘渡口、回隆寺及学院周围几十里的农村、集市作了多次演出，教唱抗战歌曲，宣传抗日，受到群众的热烈欢迎和称赞。同时，又根据情况分析和条件的可能，派遣同学回到本乡，以小学为依据，建立抗日工作据点。在今武岗、邵阳、邵东、隆回、洞口、绥宁、东安、祁阳、湘乡、城步、新宁以及洪江等地，当时都有救亡室、歌咏队、读书会或战时救护队组织的出现。

为了扩大塘院影响，与国民党反动派的破坏阴谋进行斗争，我们创办了院刊《战时塘田》，在湖南《力报》副刊上开辟了专栏，将学院创办的缘起和宗旨、教学方针、方法及全院师生员工学习、工作、生活等方面的情况公诸社会。

由于学院的教学工作和院外群众工作、统战工作的开展，院刊的发行，学院影响扩大，从而也就导致了我院与国民党反动派间越来越尖锐、复杂的斗争。

在院内，国民党反动派从邵阳及新宁等地派来破坏学院的肖萍、方品等人（研究班学生），他们来院之初，伪装进步，不久即现出本来面目，进行破坏。第一步，他们在同学和教职员工中，散布流言蜚语，鼓动同学闹事，拉拢一些思想落后或警惕性不高的人游荡狂饮，每至深夜；并到院外偷窃群众果、蔬、竹笋，损坏群众的生产工具、船只等，企图以此来激起群众对我院的反感，破坏学院的声誉。第二步，他们在院外散布谣言，说“学院寿命不长了，政府（指当时的国民党政府）已下令查封”。后来，他们竟然拿出手枪威胁进步同学，制造恐怖气氛，企图使学院陷于混乱。塘院党组织研究这种情况后，便通过党和民先队在院内展开反谣言斗争；同时，采取一些表示要扩大学院的种种措施，以安定人心，并通过识字班向院外群众作必要的解释。对持枪威胁的行为，发动党员、民先队员进行揭露，并通过当地乡自卫队在院内外出示布告，令私藏枪支者于限定之日缴出枪支。肖萍、方品等人慑于形势，即于次日离院去邵阳城。数日后方品偕吴总权回院（肖萍已在群众中孤立，不复返院），从表面看，不似前之嚣张，实质上他们改变手法，伪装积极，设法和我们接近。吴总权、方品、廉叶（廉是伪中央政治学校毕业生，学院解散后，国民党政府教育部即任命他为湘中教育督察专员）等，一面多方侦察我党和民先队的活动，一面反复找吕振羽等同志要求设法介绍入党。吕振羽等同志识破了他们的阴谋，与之进行了复杂的斗争。这种斗争，一直延续到学院被迫解散为止。

1938年11月长沙大火以后，张治中被免职，薛岳接任湖南省主席。陈立夫就电令薛岳强行解散塘院，电文大意说："据报湖南塘田战时讲学院，实即奸党之西南抗大，宣传错综复杂的思想，愚弄青年，欺骗群众，希图捣乱社会秩序，危害三民主义，应严加查办，制乱未萌……。薛岳即以湖南省政府主席兼保安司令名义，令第六区（邵阳）专员李琼，保安司令岳森"派要员查明具复"。由于统战关系，林拔萃于1939年1月以电话约吕振羽同志去武岗，说"有事急待面商。"吕到武岗后，林将六区转来的薛岳的训令给他看，并说："我的地位不能帮你顶，只能帮你拖，你最好去找覃院长、赵董事长代顶一下"。吕感到情势紧迫，急赶回院。学院党组织根据这种情况，决定一面派人向省委报告，一面派陈润泉去长沙找赵恒惕，必要时转去重庆找覃振。2月，当地白仓乡乡长亲来告知，他已接到林拔萃转令"查明具复"的训令，请学院代拟呈复文稿。学院就复文内容提出了一些建议，拟请乡公所自行起草，并约定在最后定稿时由学院派人前去一阅。2月底，吕振羽同志亲自到白仓乡公所，对呈复文稿作了一些必要的修改，并亲自看到写好发出后才回院。由于乡长、县长、六区专员、保安司令都用拖的方法来帮助学院，白仓乡公所的复文大约到4月才到达薛岳那里。此时，薛岳一面复令申斥六区专员、司令、县长、乡长"无视政令"、"虚词搪塞"，一面严令六区派专员率兵前往塘田寺，勒令解散塘田战时讲学院，并不断以电话向六区督催。林拔萃得令，又约吕振羽同志去武岗县城。吕到武岗后，方知六区已派文某率兵一连，武岗县教育科长秦某、科员周石安偕武岗县保安团兵一连赴塘田，另一路也由桃花坪向塘田寺进发。而林拔萃则表示自己力量用尽，不能给予更多的帮助，并说此事全系县党部书记长易瑞芝等人搞的鬼；同时还拿出一叠省和六区发来的关于解散塘田战时讲学院的电报对吕说："老弟（指吕振羽同志）看了这些电报，就知道陈立夫和薛岳把你当老虎打了。恐怕自从有武岗以来，再没有比这更大的案子了。""塘院是没法救了，老弟，你赶快回去收拾。""祝你前途无量！"4月22日，当吕振羽同志回到塘田时，始知国民党的三路兵马已于21日以分进合击的形式先后到达塘田，贴出布告，封锁了学院大门。薛岳的布告大意说："查有吕振羽者，假借覃院长、赵参议长名义，擅自开办塘田战时讲学院，宣传错误思想，愚弄青年，蛊惑民众，图谋扰乱社会秩序。兹派员率兵前往，勒令解散，丝毫不得姑徇。该院员生人等如有抗拒情事，准予格杀勿论。”从此以后，塘院便进入了反包围和有计划撤退的斗争之中。

在反包围与有计划撤退的斗争中，我们胜利地达到了孤立敌人和保存自己的目的。

4月22日晚，学院党组织开会研究了情况，决定了反包围与有计划撤退的步骤：一、利用六区保安团某连与县保安团某连间的矛盾以及六区连长曾某“只要院里办文件，即可撤退的”表示，抓住有利时机，办好文件，争取该连先行撤退，再迫使县保安团某连撤至对河；二、为保证全院师生员工的安全，分别撤退，党员干部撤至桂林、疏散回家或介绍工作，吕振羽同志与部分老师留下来办理结束工作和等待省委指示，争取保全全部院产，不为敌人利用；三、加强全院团结，保持正常的情绪和秩序，防止坏人破坏和造谣，动摇人心；四、尽量拿事实在院内外群众中进行教育，揭露阶级敌人的反动面目，争取群众的同情；五、成立塘田战时讲学院结束委员会，以吕振羽、陈润泉、吕遇文、游宇为正副主任，同学代表和员工数十人为委员，阎丁南和李仲融同志负责同学的撤退工作，游宇、曹伯韩同志负责教职工疏散工作，吕遇文负责院产处理和财务工作；六、遇事尽量去依靠附近村镇群众帮助解决，并随时掌握国民党派来的保安团的动态。

由桃花坪前来的连长张某（据传此人之兄曾是党员，在大革命失败后消极的）是一个青年，是附近资汇乡三坡田人，他曾向院后周家院子的群众表示：“我自己对吕院长和塘田学院的先生们是很敬佩的，这回奉命来解散这样好的学校，良心实在是有愧。”该连士兵大多数也是附近各乡农民子弟，他们夜里露宿于院后及两侧围墙下，也都有怨言。因此，我们便选派附近各乡同学，尤其是他们的亲戚故友，分别进行活动，学院并备热茶热饭招待他们，扩大了该连与另一连之间的矛盾。3日后该连即撤至塘田寺。至此，由武岗县城派来的一连更陷于孤立。在张连撤退过河后，所谓查办专员周、秦二人来到院长的办公室，要求给予一个全院师生离院的固定日期，并提出缴出“院印”、“院牌”和全院人员名册的无理要求。吕振羽等同志当即向他们提出反要求：一、军队不全部撤退过河，根本无法办理结束工作；二、结束日期，自军队撤退过河起，约需20日以上；三、学院“院牌”、“院印”并非政府颁发，无缴销必要，要“全院人员名册”更没有理由，绝不能同意。争执数小时，周、秦才勉强同意当日请示县长，只要县长同意，第二天即可将军队撤至对河待命；可不缴出“院牌”、“院印”，但要在结束前一定时日内截角。而在名册问题上争执激烈。最后吕振羽同志拍案而起，厉声怒斥：“为什么故意提出这种毫无道理的要求，来阻挠学院的结束工作？你们要报功请赏，可拿我的脑袋去，何必在这些青年学生和忠于民族抗战教育的教职员身上打主意！这个学院是进行抗战教育的，你们封闭了这个学院，难道还想按名册去陷害他们？如果硬要这样干，我没法结束，一切都不负责，现在没什么可谈的，你们要怎样就怎样吧！我明日就回家，去找林县长和李专员、岳司令谈，必要时我还要去找薛主席、赵参议长。”他们还想再谈下去，被吕振羽同志等严词拒绝。周、秦觉得这样无法复命，次日便请武岗第九区学务委员吕音南前来调解（可能当夜请示了县府），同意不缴出花名册，并告诉学院，只要学院按日前双方同意的事项如期办理，当日下午即可把军队撤至对河街上。

通过全院师生员工的努力和附近群众的帮助（他们不少人在农忙时节放下自己的农活，用自己的船只，挑担来帮助学院撤退和疏散），撤退工作进行得很快，不到一个星期，即完成了人员的疏散撤退计划，清算了全部院产和公私账目。由于同学们的一致要求，不发还剩余伙食费，将此作为组织一个出版社的基金来纪念塘田战时讲学院。因基金不足，又将处理全部院产的余款数千元一并充作此项基金，成立石火出版社，公推吕振羽同志为股董会董事长。石火出版社设在桂林，由陈润泉、曹伯韩、李仲融等前去具体负责，由撤至桂林的同学中一部分党员邓晏如、王琦蔚、吕健云等参加工作。

在结束工作基本完成的时候，学院组织召开了“话别会”，全院师生员工、附近各村部分群众参加了话别会，并邀请了周、秦和两个保安团的连长以及自卫队长吕音奇、学务委员吕音南等人参加。大会一开始，群众情绪就极为激动。当吕振羽同志一上台，才说出“同学们”三个字就哽不成声时，全院人员连同与会的院外群众都不禁失声痛哭。当吕振羽同志讲完话后，同学、老师、工友都纷纷上台发言，控诉国民党当局封闭学院的罪行。院外群众议论说：“这样好的学堂也不许办，只好不要读书人，想必要我们的崽女当瞎子。”话别会开到深夜，才在激昂的院歌声中结束。“话别会”后二、三日内，师生们陆续向目的地疏散，吕振羽、游宇、阎丁南等同志撤至油塘。

在结束工作的进程中，省委派李锐同志前来传达省委指示，完全同意学院党组织的撤退计划和措施，并指示学院党组织，从家居武岗、新宁、城步、绥宁县（当时均未建立党组织）的党员同学中，各选拔数人，进行一周左右的训练，回家建立空白县的省直属党支部。因此，学院便一面在油塘开办建党训练班；一面筹建金称寺支部，指定王时真同志为书记、吕恒芳（即吕一平）任副书记，李志国为组织委员，姜景为宣传委员，一面决定建立新宁直属支部。但由于新宁同学中的几个党员不能全部回去，便指定郑圭田为书记，并由李锐同志与郑圭田一同去新宁，帮助建立新宁直属支部。训练班结业后，又在洞口、绥宁、城步建立了党的支部。洞口支部由雷震寰同志任书记，绥宁支部由李子华任书记，城步支部由肖强软同志任书记。至此，省委交给的建党任务已完成。除新宁直属支部由李锐同志向省委直接报告外；7月，吕振羽同志去邵阳（今邵阳市），将金称寺、洞口、绥宁、城步四个直属支部的关系转给省委，并报告了建党经过。从此上述各县均建立了党的组织。

在建党工作进行的同时，我们还印发了《塘田战时讲学院全体师生员工向全国各界人民申诉书》、《致覃院长、赵董事长书》、《告别湖南全省同学书》、《告别武岗各界书》（这都是在话别会前经过全体师生员工讨论通过的）等，同时又编辑了约十万字《战时塘田纪念册》（这个册子曾经省委审查，后因情势紧张未印发）。

今天回忆起来，我们认为当时省委和徐老决定在国统区创办塘田战时讲学院这样一所学校是正确的，他们为塘院制定的方针和任务也基本上是正确的。塘院党组织也正确地执行和实现了省委规定的方针和任务，培养了一批干部，教育和组织了群众，建立了空白地区的党组织，宣传了革命的思想，播下了红色的种子。正如“七大”代表、邵阳中心县委书记谢竹峰同志1944年在延安对吕振羽同志所说：“塘田战时讲学院在邵阳一带群众中的影响是大的、深的，为后来的工作准备了条件。”

塘院同学经过革命理论的学习，又大都经受了群众运动、工作和一些阶级斗争的锻炼，提高了觉悟。此后，他们在不同的岗位，不同程度上起了传播革命思想和宣传抗日的作用；有许多同学奔赴战场，转战祖国南北，在抗日战争、解放战争中献出了自己的青春和智慧；有的人身陷敌人监牢，坚毅不屈；有的在组织和领导地下武装举行反蒋起义中经历艰苦卓绝的斗争，其中如曾国策（皖南事变牺牲）、谢维克（在邵阳被国民党反动派暗杀）等同志，已为革命流尽了最后一滴血；还有许多同志全国解放后已成为党的骨干，在各条战线上继续为党奋斗。塘院的影响深深地刻在人们的心里。

（原载中共邵阳地委、中共邵阳市委党史办编《抗日战争时期党在邵阳的活动》——《邵阳党史资料丛书》第1辑，1985年10月）

学吟集诗选

编印说明

学吟集诗选

著者早年深受老师萧承舆先生影响，爱读唐诗。“颇好吟咏，每有所感，必有所咏。然随吟随舍，不论口吟、笔录，存稿极少。”《学吟集初草》是其晚年自编诗集，共分十卷，近三千首。始于一九六三年一月九日，终于一九六七年一月十一日，是其接受审查时期之一文稿（另一文稿为自编文集《史学评论》）。诗集第一卷至第四卷为回忆不同时期旧作，第五卷至第十卷为每日阅报所作诗词（全部用钢笔竖排书写在27×19厘米的旧报纸上）。一九九九年前后，经江明同志及吕坚从中辑选出七百余首，又收入“坚挺乔松柱人天”诗三首，署名《吕振羽诗选》，于二〇〇〇年五月由吉林大学出版社出版。

全集编辑，以《吕振羽诗选》为底本，重新据原手稿校订，更正了出版时若干错、漏字，并据原稿补入四十一首。以著者原集名《学吟集诗选》编入全集（其中注释凡“自注”为著者所撰，其他注释与后记为江明同志所撰）。

吕　坚

目　录

咏诗（代序）

其一（十四首选二首）

一

历史人物一一评，物观如矢扬群氓。
畴人功过别多少，顺逆如何对史程。

二

旧代群氓苦恨深，伐残诛暴诗家箴。
歌颂光明扬此日，英雄形象立如林。

其二（六首选五首）

一

声韵古口音，歌谣贯古今。
五七长短句，对偶也唱吟。

二

歌谣都这般，采风创新体。
铿锵声响亮，好唱好诵记。

三

声韵老框框，都应废除之。
句法下今韵，对偶亦可期。

四

五七绝律古，长短句曲词。
必须融新体，变种花枝枝。

五

须为人民歌，要便人民唱。
皇皇共产业，形式精多样。

其三（三十首选十八首）

一　李　白

目空碧落极江天，曲画云章逸思燃。
落笔豪情常欲化，诗仙玩世岂鲁连？

二　白居易

童年椽笔动耆英，“新丰”“卖炭”医疮情。
“琵琶”“长恨”才人调，析视千章纤发明。

三　辛弃疾

渡江豪概气吞金，塞北江南华夏魂。
垂老犹悲田舍乐，不忘河济万千村。

四　陆　游

死前犹自念中原，老去英雄志尚存。
徒有钗头沈园恨，锦官桥畔日昏昏。

五　胡　铨

春秋椽笔放高歌，骂贼护忠谪海阿。
万里孤身“三关”志，哭赵忘却自蹉跎。

六　郑所南

吟喉画笔向中原，失地涂兰不著根。
亡国杂揉忘宋恨，长呼战斗诗人魂。

七　张煌言

“五百田横”志节真，四明义旆动人民。
事毕阻郑非非想，那有深山得避秦。

八　元好问

一脉兴亡故国情，洛阳塞北壮长行。
诗家评颂翻醒见，中世吟台女真英。

九　王夫之　顾炎武

瑶山苗岭“关西”“骡”，湘上“茅椽”逐客门。
鬓华江山“天地裂”，“龙舟”奇恨悼双魂。

十　王渔洋　吴宾贤

诗坛稷下从来盛，前有攀龙后阮亭。
一代大名神韵说，争如妄黜吴野人？

十一　屈大均

北向秦山访故夫，“因诗”“得妇”识黄吴。
竹枝词缀萌新迹，衡阳反清误认途。

十二　龚自珍

风雨欲来奋力吟，存清贬旧扦离深。
瞿昙岂是九流醒？敢启昧蒙济世心。

十三　魏　源

海国憬憧构画图，讵能“圣武”启新途？
诗书微旨创托古，时代角声咏徐徐。

十四　王闿运

偏贫奇僻傲王侯，燕北岭南歌几秋。
卫道旗张洪杨后，古装名士伪风流。

十五　谭嗣同

“横刀”慷慨自行吟，浏水呜咽壮士心。
“冲决网罗”声烈烈，维新百日输刀斤。

十六　石达开

桂山行吟发战歌，缓裘豪概诵山河。
天京歼逆著忠节，大渡偏师罪责多。

十七　秋　瑾

三岛疾呼到国门，河山破碎痛行吟。
民权“国族”同盟志，鉴湖侠骨报“黄魂”。

十八　章太炎

痛唤“黄胄”酣梦醒，长歌短咏出心声。
晚来妄夹冥冥想，佶舌聱牙读不成。

其四（十首选八首）

一

我生所为诗，亦律亦非之。
被迫协诫规，惟只声韵殊。

二

律绝今声韵，声读便众人。
韵脚好处大，力争符国音。

三

四五七言句，传世框框图。
形式原歌谣，文人窃天书。

四

脚韵长短句，歌谣亦天籁。
文人采集来，曲词严框盖。

五

五言七言句，只适单音言。
绝句不限四，律破二四联。

六

承旧又革新，早辈每嘘呵。
离众徒无益，传统可突破。

七

口吟过千章，帙中多旧货。
每每突嫩芽，亦只短步破。

八

破立未成形，苦衷亦辛楚。
拾起卅年吟，亦笑半天足。

李白和杜甫（五首选二首）

一

呻吟疾苦近人民，我说青莲输少陵。
若从立足析根本，同是中世队中人。

二

青莲豪慨薄千金，杜叟清寒见苦吟。
身历遭逢各有别，诗情磨炼异高深。

学吟集初草之一

首卷辑稿

马克思赞

一九六三年五月五日是世界无产阶级的伟大领袖、导师，共产主义创始人卡尔·马克思诞生一百四十五周年。这篇赞诗的原始稿是一九六三年十月一日写成的。

一

卡尔·马克思，
有史以来人类最伟大的儿子，
无产阶级第一位伟大的战士、领袖和导师，
规划共产主义社会第一个伟大的工程师；
劳动人民的朋友和救星，
有史以来，最卓越、最杰出、最伟大的巨人。
像太阳一样的无限光芒。
永远照耀着宇宙、人类理智和前进的闳门；
资产阶级不共戴天的第一个敌人，
一切吸血鬼不共戴天的第一个敌人，
你平庸而又伟大得无与伦比。
你伟大的共产主义科学和事业，

已在十亿人民中初步实现，
其中也有你出生的东德意志人民。
无可奈何的帝国主义强盗，
又培养了现代修正主义殉葬人。
今天，是人类最伟大的时刻，
共产主义运动最艰巨复杂而又伟大的时刻。
人民的眼睛，从西天望向东天，
当代共产主义运动的明星。
你伟大战斗的一生，
总是不断向前；
在曲折、艰苦而漫长的路程上，
不断克服困难、障碍，越过一湾又一湾，
　一峰又一峰，毫不“左”右摇摆；
普鲁士贵族的屠刀，从没使你色变，
容克家族的铜臭，更无法把你污玷；
贫困、疾病和一切反动派制造的陷阱，
只增加了你的无比光辉、伟大、顽强、坚决。

二

德意志民主共和国的名城耶尔，
大学里长留你伟大遗迹。
还有激动人心的传说，
你学习中表现着无比高尚的风格。
从没为自己打算，
从不怕任何困难，
攀向最崇高的科学高峰。
为无产阶级、为人类追求远大的未来，
对人类所有优秀的遗产和学说，
都作了恰当的考察和检验。
正如你对德国的哲学、法国空想社会主义、

英国的古典经济学等流派，
都作了认真的分析、批判，
吸取其合理内核，批判地承袭，
那一一都成了创造伟大共产主义学说的素材。
在柏林洪堡大学，人们纷纷传述：
你在日常生活中，
总是那样平凡、透亮、正直、坚忍，
总是和黑暗作对，同贫苦人站在一边。

三

早在青年马克思的《莱茵报》年月，
就摔开自由资产阶级，擎举民主革命旗麾：
对普鲁士专制，口诛笔伐、鞭打脚踢，
尽量把它涂黑。
已使用批判的武器，
对待黑格尔和青年黑格尔派，
又这样看待费尔巴哈学说；
向往社会主义，成为辩证唯物论者。
在《德法年鉴》的年月，
已闪灼着马克思主义奠基人的天才；
在《黑格尔法哲学导言》上，响亮地指出：
“批判的武器不能代替武器的批判”；
群众一掌握革命理论，就是无敌的物质力量；
粉碎旧社会，把资产阶级埋葬；
创造新社会，把劳动人民解放。

四

你和恩格斯在巴黎的伟大会见，两个巨人：
志同道合，一见倾心，
一同为共产主义竭身，就扎了深根；

彻始彻终焕发无产阶级的革命风格、原则精神，
对一切资产阶级流派，开展无情斗争
——从黑格尔到蒲鲁东、格留思、魏特林……
从青年黑格尔派到改良主义、平均共产主义、
“真正社会主义”……连费尔巴哈哲学在内，
都给了系统地批判，揭露其本质和阶级特点，
斗争中，创造、建立和发展起：
战斗的辩证唯物主义——人类思想的无限光辉；
破天荒地提出：无产阶级必须夺取政权、实行专政，
并提出了革命斗争的策略和纲领；
又不只为无产阶级先锋队的形成，
给予了天才的思想、政治和组织准备，
还亲手缔造了它的战斗的模型——
“共产主义者通讯委员会”、“共产主义者同盟”。
无情地揭穿了资产阶级的隐秘——
千方百计地保护私有财产制度，
隐蔽阶级矛盾、欺骗人民……
在空前未有的人类历史上，
创造科学社会主义理论，
这就是你和恩格斯共同的心血结晶：
《神圣家族》、《德意志意识形态》……
尤其是《共产党宣言》——共产主义运动史上的辉煌经典，
“共产主义者同盟”的纲领，它规定无产阶级必须：
彻底推翻资本统治，粉碎它的机器，
夺取政权、实行专政；
剥夺资产阶级的一切生产资料，
集中到无产阶级国家手里，
建设社会主义——过渡到共产主义。
又提出了亘古不朽的战略口号：
“全世界无产阶级联合起来！”

解放全人类和阶级！
“全世界无产阶级和被压迫民族联合起来。”
——这正是列宁和毛泽东的发展！
把一切旧制度、一切吸血鬼，都打入垃圾堆！
无产阶级将获得整个世界，
失去的，只是颈上的锁链。
“要消除一切害人虫，全无敌。”

五

十九世纪四十年代，
欧洲爆发了民主革命，
你和恩格斯，都亲自参加到狂风暴雨的战斗中，竭身为指导法国革命，
还改组了“共产主义者同盟”，
亲自担任主席，和群众一道前进；
为指导反普鲁士专制的斗争，
制订了无产阶级在民主革命中的纲领：
——“共产党在德国的要求”，
为向群众宣传政策、路线、纲领，
又亲手扶植《新莱茵报》诞生。
普鲁士贵族的暴力，能迫害伟大马克思，
但这对马克思代表的革命和真理，却无能为力；
能禁阻《新莱茵报》，
却不能封锁真理。
革命失败后的总结，又手创皇皇经典①，
为无产阶级和革命人民立极，

① 自注：指马克思著的《德国革命和反革命》、《路易·波拿巴的“雾月十八日”》、《一八四八年至一八五〇年的法兰西阶级斗争》，恩格斯的《德国农民战争》等经典著作。

无产阶级革命的理论和纲领，更加光辉、完善。
正式提出了："无产阶级专政"，
彻底粉碎一切旧的国家机器，
彻底消灭资产阶级一切生产关系、社会关系和观念，
宣布"不间断革命"——历史的长河，
"革命是历史的火车头，"暴力是新社会的产婆，
人民是创造历史的动力源泉的无尽长河。
阶级社会的历史就是阶级斗争史，
历史唯物主义就是无产阶级的社会科学。

六

风暴后的五十年代，
正因为你是马克思，
资产阶级、一切反动派，一起对你封锁、攻击、污蔑。
不论牛鬼蛇神怎样兴风作浪，
却损不了你毫末的光辉。
在这革命间隙的低潮年月，
你埋头于共产者国际的组织准备，迎接新风暴的到来。
为论证资本社会必然死灭，系统地武装无产者，
给它以经典地科学解剖、论例——
穷搜博采有关的资料，
有史以来，从没有人像那样艰苦卓绝，
也从没有过那样伟大卓绝的科学天才。
给了我们《政治经济学批判》，
无产者经济学第一部经典，
破天荒的历史唯物主义公式的《序言》，
为无比伟大的《资本论》准备了条件。
对被压迫民族人民的伟大关怀，
论析了波斯、印度和中国……
奠基了民族问题的始篇。

七

你和恩格斯都以极大的喜悦，
迎接新的革命洪潮到来，
各国无产阶级斗争相继展开，
实现了国际组织宏愿——
“第一国际”——“国际工人协会”，
亲自起草了《临时章程》和《成立宣言》。
人类历史上第一次出现的“巴黎公社”，
给予何等重视和关怀！
从伦敦，给予亲切的指导、关切！
亲在国际会议提出：
发表斗争趋势的宣言——
即发表在公社失败后三天的《法兰西内战》：
全面、系统、深入分析和总结了经验，
以崇高的历史观歌颂了“公社”，
是“无产阶级专政”、“无产阶级国家”、“无产阶级政权”。
人类历史上空前的伟大宣言——
无产阶级革命的武器，
国家、阶级斗争、革命、专政的不朽经典；
再一次谆谆告诫无产阶级：
必须彻底粉碎资产阶级国家机器，建立自己的阶级政权，
根除阶级存在的经济基础，建立、发展、巩固社会主义，
生产、过渡到高级阶段的共产社会；
必须把专政、革命和阶级斗争贯彻到底——
在全部过渡时期。
在国际组织中，
亲自领导、坚持和贯彻了两条路线的斗争，
无情地揭露、打击了所有资产阶级流派、牛鬼蛇神、
“十足的小市民的幻想”的蒲鲁东派——

妄图把“国际”沦为合作公司，
用“和平合作”、“改变资本”来替换革命；
妄图窃取“国际”领导的巴枯宁派——
主张立即消灭国家，
否认革命权威和无产阶级专政，
巧言令色自称是马克思的学生，
卑鄙的企图不能得逞，就拼命制造分裂，
诬蔑马克思“独裁”、“迷信权威”，
毫不容情把它们都赶出“国际”大门。
又展开了与杜林教授的论争，
集中表现在经典的《反杜林论》。
国际内部又开展了对拉萨尔主义、
工联主义……的斗争，
批判爱森拉赫派机会主义的斗争，
还批判了妥协性的《哥达纲领》。

八

劳身焦思，领导国际的忘我斗争的年月，
为武装无产阶级走到完全胜利，
又给予了人类历史上空前伟大的《资本论》
——闪灼着无限光辉的科学论证，
揭露资本主义社会的客观规律——历史的规律，
剖视了它的原形，
“资本主义必然灭亡”，“共产主义必然代兴”。
用历史唯物主义系统地解剖社会历史，
给予了最高的典型。
为此，牺牲了个人健康和家庭幸福，
历四十年难以想象的艰辛。
为帮助马克思完成这空前伟大的创造成果，
恩格斯以二十年的时光，从事“该死的生意经”，

正因为你的工作就是他的工作，
是共产主义共同事业、同志精神，
是无产阶级及劳动人民命运攸关的“圣经”。
它又是经济学的伟大革命，
震撼了整个资产者阵营，面面相觑，议论纷纷。
不论他们如何敌视、歪曲又震惊！
但都无法抹煞它真理的光辉、高深的科学性；
不论他们对它的革命和战斗性如何胆战心惊！
那些较有正义感的人们啊！
却不能不给予些较客观的评论。

九

伟大的导师，
共产主义的灵魂！
今年五·五是你一百四十五周年诞辰，
三月十四日又是你八十周年忌辰！
你和伟大恩格斯的事业，
全世界无产阶级真正的马克思主义者，
正一辈接一辈，前仆后继地在完成，
你们将永远活在每个共产主义战士的心灵，
全世界无产阶级的心灵，
社会主义社会每个劳动人民的心灵，
万古长青！
现代修正主义流派，
不论他们如何猖狂地叫嚣！
终不过是前进道路上的微尘。

一九六五年十月二十八日复稿

祖国颂

此篇之作，意欲以之作为新急就篇，以在马列主义毛泽东思想基础上的新中国史为基本内容，便于群众尤其是青年阅读，期能发挥一些爱国主义教育的作用。

甲　篇

葱岭东开古神州，物华天宝国锦绣。
名山胜水广万千，矿农奇富牧林茂。
民族弟兄五十余，文化悠久人俊秀。
革命传统世无匹，勤劳智慧尤善斗。
人民革命百余年，红旗飘飘回天轴。
胜地周口溯远源，肇迹七十万年前。
中经仰韶与龙山，各系遗存瓜瓞绵。
伟哉成汤首革命，启开文明规范闳。
除旧布新起跃进，艰难缔造到盘庚。
革命前后过渡纡，讵能一举无陨虞？
夏氏奴隶已萌蘖，户邑之间滋有无。
成汤而后跃过渡，新旧制度争斗徐。
盘庚迁都到安阳，殷道中兴国势张。
历数百年矛盾显，举国板荡河沸扬。
天下惶惶伤穷苦，贫弱萌隶日羹沸。
文武周太导革新，反殷风雷腾海宇。
万方同仇仰新周，万民同诛一夫独。
联军革命渡盟津，牧野会战决胜负。
纣率百万旅如林，前途倒戈溃洹渎。
奴主国家归消亡，商书甲骨留案牍。
武王革命开封建，五服五等五爵列。
皇皇新政克旧制，西周文采空前烈。

成康勃勃四十年，自西徂东奠南北。
周室衰微诸侯大，齐晋继起号五霸。
桓文新政拟初周，尊王攘夷联诸夏。
兼并侵伐势如焚，弱肉强食乱纷纷。
大国开地各千里，争城争地杀人盈。
新兴强秦蚕六国，合纵阵线敌连横。
地主更代领主起，统一六国开皇秦。
混一宇内创宏规，一统郡县当时新，
佃耕替代劳役制，名田雇役租税兴。
同文同轨同衡量，一日万机历艰辛。
南戍五岭凿灵壁，防胡北筑万里城。
稗政苛役黔首怨，自坏根基天人厌。
祖龙崩，地分裂，陈涉吴广起大泽。
六国余孽死灰燃，刘项两军争秦社。
项王无面见江东，枉把头颅赠马童。
独吞战果成汉业，亭长还乡歌“大风。”
汉承秦制开基业，萧规曹随倡勤俭。
及至文景渐繁富，穷人越穷富越富。
农家无奈鬻妻儿，朝廷钱粟盈万库。
国力日张启边功，武帝君臣修兵戎。
高帝白登险被掳，单于岁岁犯边土。
千里刁斗关山月，亭障未纾边民苦。
戕残西域痛凋零，僮仆都尉丝道堵。
驱除元恶宁边筹，岂同穷兵与黩武?
继历宣昭及章和，靖睦边廷和各部。
连年远征民力疲，安刘易姓汉社移。
新莽王制陷绝境，赤眉义旗漫天飞。
东汉戚阉篡乱频，天下汹汹极桓灵。
三十六方同日起，义旗匝地悬黄巾。
豪强竞起讨黄巾，赤壁一战定三分。

曹刘孙袁争大位，攘夺杀伐更纷纷。
并蜀吞吴迄两晋，南北六朝继多君。
中世黑暗斯为甚，部族头人争夺繁。
暴残更激阶级恨，揭竿扬旗卫家园。
张三李四起融化，开张隋政一华夏。
兴农筑道倡善邻，文帝俭约隋业新。
杨广武文才器横，开运兴驿岂恶景？
长年征战农工亏，根基薄弱民力萎。
东征北伐令峻严，海内悉惨捐庐井。
龙舟未过彭城阁，兵甲已掩秦关岭。
纵横捭阖李世民，残灭农军移隋鼎。
贞观开元七十载，八纮一宇文物灿。
华夷一体擅同仁，汉藏联姻贤松赞。
声威文教及八表，万邦来宾迈往代。
天宝而后日腐朽，寺宦当道藩镇枭。
朱门酒肉臭，野鸿哀嗥嗥。
禄山思明纵逆兵，风雨如晦结宵小。
王黄倡义起鲁西，迅风疾雷万壑啼。
南入粤海西秦陇，争迎黄王眉色飞。
叛徒窃国猴冠裳，五代十国始后梁。
卖身投辽唐汉晋，甘充儿奴丑秽彰。
奋起行间图匡济，壮志未酬柴大郎。
陈桥恶剧加黄袍，义兄盟弟建宋朝。
农桑工艺盖当世，印刷火药创发饶。
都市繁富工商盛，万国通航梯海桡。
突起北土辽迄金，宋局如麻添瞶昏。
怕抗辽金乞降和，甘作儿臣羞辱多。
殚精对内肆专横，竭虑残民不容情。
梁山旗卷河南北，魔军义声撼江浙。
钟杨农军光洞庭，联宋抗金反奸贼。

抗金英雄称韩岳，围剿农军有血责。
蒙古贵族起北庭，联宋灭金若雷霆。
奔突欧亚临多瑙，南人滇越竟背盟。
蒙哥定计迫宋疆，南北四路会大江。
畏敌如虎贾似道，抗蒙军民足顽强。
蒙军北去越十载，坐视强寇修疆场。
伯颜率军入江楚，宋廷惶惧争主降。
赣城义师出岭海，力障狂澜文天祥。
张文未保汉山河，长留人间《正气歌》。
天下鼎沸入暴元，蒙色汉南苦乐悬。
元政远比辽金恶，反元义战九十年。
山童倡义托弥勒，反元人民争结社。
预埋石人一只眼，石人一出天下反。
红巾树义中原先，北锁南锁继火燃。
寿辉应义撼川楚，子兴为首动两淮。
皇觉古寺劳动僧，凭依红巾领义兵。
地主恶蛇李刘宋，投朱窃权建皇明。
徐常等辈明功臣，出身无非草野氓。
洪武正统近百载，重农劝商过往代。
锄贪抑强兴水利，得田贫户成百万。
弘嘉城镇更繁盛，四民圈外蔚新人。
市民雇工同萌蘖，矿冶百工旧杂新。
江南纺织佛山铁，卖力城乡有工人。
卓哉船山龙舟会，分明新人出四民。
官绅横暴凌贫贱，藩阉淫虐万民怨。
税监密布缇骑满，锦衣无力制民变。
瓦剌女真交内侵，如水益深火益烈。
反监斗争新阵容，农民义师起陕北。
东摧明社如拉朽，义师转进到南国。
联明拒清义声高，洪吴降敌作奸贼。

血洗扬州屠嘉定，江海溢血天人愤。
海涛狂溢江逆流，天崩地裂志士哽。
反清随在张义旗，定国奋战入滇西。
功业未成赍恨去，伊洛星堕云天低。
北去旧侯急薙发，假夷齐歌颂清诗。
清凭汉唐旧国疆，修边归流有更张。
田制赋役承明旧，封海闭矿绝荒唐。
重兴农桑复繁庶，妄逆史车遗祸殃。
僿野欧美反先行，文明古国落后尘。
两来海盗起鸦战，神州陆沉灾难盈。
最是三元工农恨，南海日夜怒涛鸣。

乙　篇

鸦片战后金瓯缺，淫雨腥风黯禹甸。
卖国清廷频揖盗，列强凌侵日炙炎。
海沸江腾涛声怒，人民战斗始三元。
林公奋战军民联，工农斗志冲云天。
红毛舰炮妄肆毒，损兵折将粤海边。
君相畏寇只乞和，自坏长城误国多。
志士铁血义民泪，南京条约开先河。
英法寇军陷津沽，清廷竟作贼臣仆。
美俄德日尽贪狼，狠毒援例要约章。
买办网罗匝地撒，鬼影魔爪遍穷乡。
太平农军出桂湘，直捣金陵撼大江。
旗号自明对象显，中外蛇鬼相惶张。
绝代恶憝曾李彭，投洋扶清反太平。
远出湘漓都白门，八面对敌力量分。
美英法寇据上海，竟组恶棍洋枪军。
分兵西征又北伐，痛惩洋贼气凌云。
南北大营皆粉歼，大胜鄱阳敌寒慊。

韦逆构乱内讧起，达开率部走西川。
风雨危舟半明暗，陈洪荩忠难擎天。
一失长遗百年恨，新政空遗《资政篇》。
洋务瓶中满陈药，妄藉炮舰起沉疴。
中体西用两参差，皇权企业相乖离。
邮电纺铁官厂矿，衙门陋规状离奇。
如此企业好处少，徒迫私资向隅低。
封建军事资本蛇，三岛牙角向中华。
俄日虎狼胁满韩，美英扶日兵戈加。
东海烽烟卷浪云，廷议和战嚷纷纷。
陆海战士发义愤，痛击恶寇卫国门。
青年英雄陈战计，气吞山河荆棘繁。
慈荣李袁争迎寇，以战乞和斫国魂。
马关约成台澎没，兴亡唇齿弟兄泪。
自缚手足折长城，寇骑横纵堂奥内。
书生忧时伤沦灭，康谭结社倡保国。
和平改良不可期，百日维新六人血。
谁似那拉肆阴狠，史车滚滚著革变。
戊戌而后保皇党，康腐梁蜕成挡箭。
保清助袁铸奇耻，余孽政学系卖国。
列强侵略教先行，跋扈城乡凌小民。
官绅俯首争听命，抱忿怀恨亿兆情。
农牧凋残百工萎，洋鬼个个似肥豚。
民资难与外资竞，每每赔本少利赢。
昧心敲剥工农骨，压榨愈酷愈斗争。
湘赣多处同反教，焚堂围衙发怒号。
软骗硬压皆徒劳，矛子腰刀敌大炮。
鲁冀遍兴义和拳，乡农斗志似火燃。
练刀挥戈香火绕，灭洋旗鼓耀中天。
除奸痛惩二毛子，师兄红灯号令严。

拳民威扬深宫惊，骗取灭洋又扶清。
真团灭洋还管官，他们很少晋京城。
地主假团若蝇涌，纷纷蠢动入燕京。
八帝竟然起联军，迎战聂军先溃奔。
督府官绅充清道，卫国义拳联村屯。
杀敌缴获积战果，长缨大刀压海云。
那拉携帝出城走，皇族显贵多作狗。
玉帛迎敌杀义民，尸横城乡血波沓。
寇骑践破紫禁城，杀烧淫掠史罕有。
瓜分无成谋共管，无耻条约著辛丑。
孙黄为首倡革新，同盟图把中华兴。
民族资本时运蹇，羊肠道上梗关津。
驱逐鞑虏兴中华，冲决网罗须革命。
建立共和平地权，士农工商有响应。
兴中华兴同盟会，奔波海天苦筹运。
枉抛头颅误暗杀，武装爆发道路正。
三镇义旗动八边，督抚投新纷挂悬。
换旗改号不变制，资帝“友邦”助袁贼。
革命声中误妥协，拥黎认约自陨颠。
都督尽成新军阀，新瓶旧酒争战接。
似此讵能兴民国？大盗窃国称洪宪。
保皇余孽今拥袁，筹安猪仔同勾串。
国会多数复何益，渔父只解覆清社。
清社虽倾军阀兴，雾笼神州仍惨绝。
松坡间关到滇城，领率反袁百万兵。
袁死段继护国解，岑梁投段向北京。
侵华列强广派系，黎段奉直继兵争。
曹吴乃美英走狗，皖奉皆日帝犬鹰。
政暗产凋民憔悴，军阀内战白骨盈。
资本商品竞输华，激扬工农号角声。

阶级构成力量变，中华人民新觉醒。
市场争夺竞垄断，掀起大战再瓜分。
民资乘机略抬头，日帝图营独占门。
二十一条亡国约，工农商学杯葛生。
工人阶级更壮大，预为革命起新军。
十月革命炮声响，马列主义随送来。
五四面貌异前代，普罗巨人登舞台。
诞生伟大共产党，两个革命胜利连。
纲领明确旗帜赤，反帝反封开新篇。
工农学运匝地起，迅风骤雨响惊雷。
民主战士中山翁，奋斗半生叹道穷。
至此始知欲达此目的，必须联俄联共联农工。
国共合作红旗高，大众喁望向岭峤。
省港罢工帝胆裂，五卅风暴起来潮。
阶级分析路线明，毛著光芒破长夜。
中山舰接商团变，蒋介石继陈廉伯。
陈彭右倾惟退让，三敌磨盘注水液。
北伐大军出长江，三省群运势高张。
汉浔租界均收复，豪绅丧气似犬羊。
帝封势绌策内讧，勾通洪沪贼黄杨。
反共拒调据南昌，蛇神牛鬼哄阋墙。
福州镇压肆屠杀，赣南惨杀陈赞贤。
四一二变人神怒，烈士血染春申滩。
豺狼当道暗千门，刽子手狼虎成群。
“青天白日”天地黯，石头淫虐空前闻。
继踪反共汪精卫，从左到右臭狗粪。
七一五接四一二，清共分共皆恶棍。
正确路线遭屏绝，葬送大业陈彭派。
江河横溢乌云笼，烈士血染大地红。
有人蜕变甘降贼，有人遁迹学石公。

有人迷前路，徬徨歧途中。
有人伤零落，飘泊类转蓬。
坚强卓越杰出者，手执红旗歌东风。
八一南昌播义声，六大揭示新进程。
绝代巨人毛朱周，埋好同伴尸。
揩干身上血，高举红旗井岗峰。
白区围中小红甸，红色边区万世业。
巩固老区辟新区，打豪分地工农愿。
手创红军日坚强，作战生产宣传队。
农村终把城市围，马列主义崇实践。
介石无计空张惶，拜师求法到西邦。
蹩脚邪门何处有，墨索里尼希特勒。
封建买办法西斯，非驴非马老蟊贼。
美欧日帝奋力援，“围剿”网罗张两面。
一网撒向苏维埃，匪军百万势汹汹。
飞机大炮漫空陆，不敌红军来福枪。
一网又向城市撒，这条战线是文场。
黄狗白狗成千万，特务分子满城乡。
蒋宋孔陈金满门，哀鸿嗷嗷苦呻吟。
公债名目多无厌，券价变化手翻云。
中小企业纷倒闭，四家银行利更繁。
安内攘外倒行施，倾巢反共围红军。
煌煌兵学创新篇，胜利大道迈向前。
少胜多，弱胜强，劣械制利器，白军随处挨打击。
战略长期游击战，集中优势歼弱缺。
积集小胜成大胜，雷迅电闪打速决。
战斗红军日坚强，土地革命似火燃。
亿万工农开大业，苏区星火燎野原。
革命声威风云卷，刁斗相望万灶烟。
两拳并击路线左，分兵把口自为厄。

左右原是同母孪，坚持错误教条派。
两条路线起斗争，结合实际坚原则。
惊人事变传关东，日寇亡华逞穷凶。
民族危亡海鼎沸，抗日呼声厉烈风。
招来侵略蒋党贼，妄执安内不攘外。
卖国协定层层迭，出卖东北又华北。
北上抗日起长征，千山万水举世惊。
突破乌江金沙险，踏消岷山千里雪。
红旗飘扬陕甘宁，五亿人民同欣悦。
形势总随路线转，遵义会议是关键。
抗日战线树灯塔，民族解放基础奠。
为敌清道蒋介石，仍倾全力犯甘陕。
张杨囚蒋双十二，被迫才肯说抗战。
广田原则田中策，军事政治成两侧。
日寇长驱入三关，卢沟炮声震长夜。
蒋军应战沪江泾，军民力战将帅昏。
工农纷纷上前线，蒋军无声退南京。
石头城下车未停，弃城捐械赍敌兵。
水陆竞溃向汉皋，自相火并黄浦生。
暗中说降非秘密，阻民抗战叠法令。
德意大使忙牵合，蒋日双方相呼应。
军事胁降寇西进，又入夔门奔重庆。
人民大军出秦山，出师大捷平型关。
抗日救国十纲领，救亡大政人心振。
日军残暴世无双，党领人民卫家邦。
双减一增符民望，三三制新民主光。
发展生产兴文教，鼓鼙声里建乐园。
根据地开三角争，歼敌抑顽千万村。
小米步枪世无敌，日顽苟合穷窜奔。
有理有利又有节，顽军残民无地存。

制寇龟缩点线内，“皇道乐土”天地昏。
蒋区漫漫乌云弥，协寇反共反人民。
敌后到处搞摩擦，特务横行人怨忿。
法西恶政更专横，区内四民不聊生。
四家大发国难财，国贼奸特逍遥行。
汪派分工开伪府，蒋系降日半暗明。
反共逆潮高三次，人前忠奸面面分。
防共限共又溶共，集中营里日昏昏。
降日汪蒋仅明暗，抗日招牌只具文。
日寇阴狠别敌友，皇军死敌是共军。
正面战场同休战，集中兵力对人民。
扫荡残酷世无匹，反复梳篦推磨盘。
突然奔袭分进合，惨绝人寰有三光。
魔高一尺道高丈，人民越战越坚强。
日寇也是纸老虎，持久堂堂新篇章。
抗日进程三阶段，三个法宝燕谋长。
红军挥师出长白，协我赢得抗日战。
我胜日寇美帝来，蒋军如潮下蜀山。
图窃战果运兵紧，北越河岳东出关。
攫取城市又夺路，妄想分割把我歼。
护日招伪还乡团，魑魅肆虐天地暗。
和战两手旧刀枪，三军备战日夜忙。
冈村力献灭共策，马司阴谋更多端。
革命两手协人天，整军生产巩固后方一条鞭。
民主和平反内战，第二战场敌后开。
力量对比急改变，急取主动制敌先。
内战锣鼓出石头，美蒋机炮可断流。
灭共梦想难实现，死不瞑目“该死”愁。
我军小米加步枪，人民力量展宏猷。
调敌制敌决神算，弱敌强我皆定谋。

敌我力量日日变，歼敌胜算如操券。
美元难救泥足兽，千万敌军妄困斗。
奈何纸虎日衰朽，对我战计同束手。
辽沈战、莱芜战、天津战、淮海战、
西北战、中原战……蒋军主力歼灭了。
长春、四平、绥远、北平和长沙。
和平解放城大小，群丑逃窜如猪狗。
雄师百万下江东，扫除垢污奋疾风。
六万万人庆解放，江山如画。
大地回春，旗旆飘扬万里红。

一九六三年九月三十日写祝国庆
一九六四年二月卅一日略改贺新年

咏　史

成汤、伊尹

首创革命业，华夏启文明。
建业著元勋，开国名“阿衡”。
太甲违遗训，出桐自艾惩。
伊陟与巫氏，甘盘相继承。
创立新制度，勤奋竭忠贞。
名相皆教主，奴主利权横。
傅说起工奴，“托梦”悬形图。
农牧启历数，甲骨纪贞卜。
古代文明国，无不起主奴。

姬发、姬旦、吕望

封建制革命，旦望可比侣。
口碑满周公，名相式伊吕。

过渡数百年，平叛飞毛羽。
革军渡孟津，三千虎贲亲。
纣师七十万，矛戟势如林。
牧野决战日，奴隶倒戈奔。
至死怀宝玉，灭纣入商京。
武王逝去后，周太共济宏。
殷顽卷东土，称叛联淮楚。
太公镇后方，周公沐风雨。
为把妖氛靖，分镇临齐鲁。
两公逝劳瘁，新政略初定。
殷遗存余烬，死灰每欲逞。
况有管蔡派，余孽常相混。
新旧斗争长，革命完善稳。

周公东征

武王革命局初平，东顾山头寐不成。
旧派蠢谋联管蔡，殷顽卷土结徐荆。
皇皇大政明文诰，凛凛曲章戒慝横。
三载居东隆伟业，灭亲大义震雷霆。

管 仲

春秋杰出管夷吾，成霸兴齐勋业殊。
合夏“攘夷”明界限，“尊周”革制创宏图。
兴农“煮海”“四维”教，“聘好”会盟“九合”途。
大义“驱狄”存“卫社”，共维赤县未夷奴。

李 斯

李斯佐秦皇，一统作令章。
千岁别过功，评论欠端详。

韩李出兰陵，学行各异辉。
助政成帝业，峄山纪盛碑。
小篆简文字，同文复同轨。
秦纲半逆乱，丞相责难免。
“指鹿”绝专横，未及施裁断……
制治如延统，焉用汉承创？
始皇亦雄材，远巡履忧患。
阿房骊山墓，黔首伤斫丧。
斯也治荀学，酒醋各半罐。
暴政违民愿，政死“地分裂”。

卫青、霍去病

将军年壮舒筹策，力靖边患穷漠北。
十万雄师并道进，北庭远遁频告捷。
匈奴侵边始周秦，刘邦北狩辱白登。
年年秋高南入塞，边关处处扬烟尘。
俘掠劫杀极暴横，边民残践泪盈盈。
驱走复来防御苦，雷霆奋发震汉武。
君臣协计修甲兵，岂是穷兵开边土？
扫穴犁庭万千程，西域灾难又“僮仆”。
山碛城堡连烽燧，亭障万道关山月。
大功成时各族安，北匈远走南匈克。
世代姻娅联汉匈，佳话长留耀史册。

萧何、曹参

汉初名相说萧曹，兴汉“徕民”功过交。
田野荒残民户少，公仓穷困盖藏凋。
政法“黄老”权时急，承代牛车倡薄庖。
继秦兴汉宽简策，岂是“无为”卧板桡？

张骞通西域

匈奴长戟陷西土，边掠战陈开后窟。
丝道连关刀剑横，西域诸国“僮仆”苦。
问盟通好来亚欧，济弱抑强奋部伍。
万里关山戴月星，东西劳涉几徕徂。

呼韩邪单于

为慕汉衣冠，和亲出燕然。
北庭绌长计，岁岁掠三边。
汉师劳远出，关山弥烽烟。
边民伤荼毒，匈众苦戕残。
南庭和亲后，长年两相安。
牧帐转繁盛，文采亦着徽。
汉匈联血肉，奕代光史篇。

魏孝文改制

自改衣冠魏孝文，居高随下一同群。
无伤鲜汉泯畛域，同辟田园化“邑”“村”。
远启隋唐新局面，消除南北旧纠纷。
群争肇造人文启，融化化同顺逆分。

诸葛亮

三分局势茅庐策，水镜门中苦运筹。
略川平南奠蜀业，联吴拒魏抒奇谋。
竭忠讨贼刘朝短，争荆败盟大计休。
志节堂堂出师表，鞠躬尽瘁大名留。

谢　安

南渡偏安百八椽，王谢庾周扶晋元。
坐视元元“沦腂膻，”忍看半壁糜烂天。
书文俳俪伪风雅，山野抎夺广寨田。
苻坚挥兵迫江淮，安石出相起东山。
谢刘鞠旅屏淝水，苻军氐羯疏亲隔。
朱序联晋策汉民，狂呼逆奔苻军溃。
是知晋军能战斗，将如刘谢亦可人。
安石从容力战计，闻胜怆惶怕不真。
一胜稳定半壁局，保得南天未夷沦。

唐太宗“一视同仁”

中世杰黠李世民，“同仁”“夷夏”史非真。
累代娅姻通汉鲜，满朝文武半胡丁①。
贯连南北参天道，杂处市原各族人。
文采风流迈中世，独叫公主远和亲。

魏　征

佐唐投笔历戎行，污叛农军肇贞观。
负笈习儒就中子，援锥逐鹿侍秦王。
治平术出王通语，开济策存政要章。
惕主忠言警旦夕，鉴人鉴古察兴亡。

松赞干布

崛起西原倡创新，雄鹰展翅正青春。
蕃唐联属盛文采，汉藏结盟入赘亲。

① 自注：初唐文武大臣，“胡人”、“丁零人”均颇多。

大招提寺柳长社，农牧口碑语更真。
领主三家今逝去，高原腾跃隶奴农。

郭子仪

唐政盛衰际泰否，四疆强项凋矛走。
安史乘势先发难，突蕃伺隙喙腐朽。
支撑残局非民愿，保障疆土同擞抖。
河北屠烧汴洛残，汾阳平贼费主裁。
军民奋战皆英勇，误引回吐入秦山。
狼虎恃功乱纵横，长安市上多哭声。
仆固妄自“窥大位”，烽火连天起西庭。
郭李伏威数弭兵，剜肉难断毒疮生。
从此唐社如破庙，和战不匡中兴名。

裴　度

积年奋勉修戎兵，剔荡扢封获令名。
裂地暴征闾里苦，拥兵相伐藩镇横。
淮西自大恣狂谩，河北从恶着逆行。
剪灭枭镇一统好，夸功争赏两碑铭。

狄仁杰

佐武治人半过功，激扬震奋砭颓风。
公门桃李集寒士，豪邸葛藤刖蔓蓬。
敦睦蕃回宁土宇，笼络市野列匦筒。
儒门訾诋臣周武，中世名人应有公。

王安石

新政期成十六年，图强略著北宁边。
青苗“市易”宽农贸，供赋税徭按户田。
群仕拔擢抑旧党，诸经疏义释新篇。

略针时弊非根本，已招旧耆叫闹缠。

韩世忠、岳飞

抗金义战为人民，韩岳忠君著战阵。
屏障江淮支宋社，提师河洛合遗民。
能明情况握全局，加意民生著队规。
威慑金廷黄天荡，势凌河朔朱仙镇。
千篇请战精忠表，“三字”诘秦正义珉。
人物品评具体性，阶级观点议论真。

成吉思汗

雄张漠北入文明，震撼西洲烽烟横。
发扬骑射容长技，广揽降人作褊氓。
西并多瑙分汗国，南下华夏渝同盟。
天骄一代成吉思，自坏根基复倒行。

耶律楚材

早年仗剑奔元宗，论政言兵苏张风。
计出理财禁杀掠，疏停圈地利租庸。
南征西伐多筹策，内务军书半悖从。
点滴利民遗爱在，庙堂千载纪功崇。

张居正

晚明贤相夸江陵，力挽皇权砺政声。
阉邪横暴肆倾轧，内外阢陧欲陆沉。
未回危局忍凌侵，沾身狂逆号忠贞。
尽多瑕疵浮沉处，最污清名结佥壬。

戚继光

鼎沸海疆倭患深，卫军莫把寇骑禁。
倭贼乘虚倏来去，严党守口钝如黾。
倭依海贼明底细，愈入愈深愈骜矜。
统察军情肃军箴，联民灭倭屯成林。
民靠军援军依民，闻寇歼击处处金。
八面网罗八面壁，从此寇贼咸嘘唏。
南窜闽粤袭台海，杀敌军民齐火急。
戚军声威震海邦，百年倭患告绝迹。

努尔哈赤

源出白山自有说，图腾神鹊类商源。
肃慎弓矢入周志，鲜卑铜戈开新篇。
“明安穆昆”金创制，完颜贵族下幽燕。
努尔再兴古代国，历历行程续递婵。
反明“七恨”延宁范，扞隔三韩制叶赫。
爱新帝业旗众泪，洪吴功名多族怨。
阶级恩怨迈族界，满汉人民同倡变。
人群优秀史灿瑰，汉满交互四千年。
铲平三山同解放，民族家庭大团圆。

洪秀全

鸦片一战时势变，列强争攫清卖国。
百业凋落市野残，欧氛美焰笼赤县。
深入下层创义盟，新旧两参上帝会。
桂山筹运身艰辛，唤起农民万千人。
金田号角山河动，十万云集只月旬。
东上攻郴围长郡，偏师略宝出武新。
天地会人争响应，连筏展旗过巴陵。

东下大军五十万，“妖贼”溃败克江宁。
开府创制砺长策，田制改变农人愿。
人皆兄弟男女平，“灭虏”“除妖”起鼎革。
洋教礼拜纡莶筹，平均主义空想国。
四面出击兵力分，韦逆构难助曾贼。
陈洪忠贞难挽匡，“资政”宏篇悬空券。
天国未把乾坤翻，斗争迂回教忠烈。

洪大全

天德崛湘衡，山原倡社盟。
“太平”来漓水，“天地”应南荆。
绝笔平生志，断头壮士情。
洪杨东出众，强半三湘氓①。

谭嗣同

忧国倡维新，“冲决”少壮身。
改革存斗志，“以太”谬元真。
流血六君子，去留“两昆仑”。
浏阳仁学在，心照后来人。

翁同龢

东海翻狂涛，华夏涌新潮。
康谭倡“变法”，“兴中”联华侨。
清政日阢陧，官僚兴务洋。
少帝思振作，翁相左康梁。
日寇逞凌辱，甲午逆涛扬。
美英同助日，四面网罗张。
少帝倾抗战，慈李偏乞降。

---

① 自注：在湖南参加太平军的人，大部为洪大全为首的天地会众。

少帝问师傅，师傅却徬徨。
袁贼卖少帝，乞降自戕伤。
戊戌百日政，垂败仍彷徉。
进步士大夫，只此别豺狼。

孙中山

伟大民主士，毕生前进中。
晚岁倡“师俄”，三策道路通。
鸦片战争后，中华日阽危。
列强布罗网，阶级新安排。
倡义结华侨，“兴中”“同盟”联。
“驱鞑”建民国，复华平地权。
主义为“三民”，奋斗四十年。
已知联会党，未解起工农。
举义抓武装，力量是先锋。
三镇风云起，打烂旧牢笼。
“民国”牌子鲜，何事容帝封？
响义旗帜改，新瓶旧酒浓。
穷究夜燃脂，研读革命史。
有幸接列宁，“革命”大圣智。
成功革命真，必唤劳动“民”。
“联共”得帮助，主义面容新。
中山伟大处，求真义竭身。

秋　瑾

风雨神州半陆沉，列强鲸噬朝纲昏。
东游岛国参盟社，西入国门力革新。
骂贼稽山甘引颈，浩歌东海誓捐身。
九原今日应无恨，华夏乾坤转好春。

夏明翰

旬刊常鸣鼓浪舵，杀头无畏壮山河。
信心丹节悬霄壤，一字万斤绝笔歌。

陈涉、吴广“揭竿而起”

揭竿仗锄掀巨波，历朝同唱“大泽”歌。
“亡秦”旗号新声势，王楚衣冠旧衣钵。
五百刑徒尽俊杰，万千黔首竞扬戈。
焚书传统才三世，刘项知书亦不多。

赤眉、平林、新市（绿林）

贫者越贫富越富，“安刘”“易姓”如汤沸。
赤眉新市起东西，新王刘汉同恶毒。
复古更添火上油，散财随破官家库。
不图大盗入堂深，赤绿相残未相护。

黄巾军

凋残郡国雾霾腾，戚寺凶焰四海倾。
太学三千扃党锢，“妖教”百万动农兵。
“黄天当立”“苍天死”，卷地烟尘匝地生。
血手起家吴蜀魏，何须扬曹抑刘孙？

黄　巢

首诛乌孔阵营分，北国南天张义旌。
闽浙关山辟绝隘，桂湘川泽连帆云。
北攻淮泗折天节，西入殽函放暴君。
争接黄王徕我后，大功垂坏叛朱军。

梁山军

阶级民族两纷纷，内压外降旧党魂。
冀鲁原中连义寨，浙苏地下起“魔军”。
两河屏障卅余郡，聚众领头百八人。
群英叱咤风雷动，民间世代念李逵。

红巾军韩林儿、刘福通

九十年间血泪盈，惶惶大地鬼蛇行。
教托弥勒播宗旨，系借宋家起义兵。
东西南北红巾接，宋汉川吴分垒横。
踢碎元宗“疃”社散，史车历历复前程。

明末农民起义李自成

流民载道乌云低，阉党横跋戾锦衣。
瓦剌女真肆内侵，税监驱变江潮啼。
奋发兵农如疾雨，免粮均田旗飘舞。
迅雷突击明军溃，屡蹶屡起仗贫苦。
开府布政入西京，大顺旗鼓连秦楚。
义师东进克晋蓟，雄据燕台尽海浒。
洪吴投清甘作贼，降官通敌袭腹背。
牛刘蜕化军心解，西进不支复南退。
正好集结到洞庭，九宫尘雨天晦明。
妻侄挺起承遗志，联何抗清未了情。
闯王威德高一代，口碑长载李自成。

义和团

“灭洋”反帝义和拳，鲁冀平原烽火燃。
英伟“师兄”群里首，健饶“红妹”众中材。
大刀闪闪洋鬼惧，威风凛凛豪绅慊。

洋寇东西来八国，义拳真假别多道。
真团杀敌光千代，假义扶清污万年。
当日农家千万愿，工人镰斧创新天。

蔡伦发明造纸术

耒阳伟大匠师蔡，纸术发明利万代。
绵帛竹头艰记传，麻经破布深思探。
中华简策易篇书，他邦泥贝换革带。
柸榛欧美噩浑时，华夏文明已灿烂。

蒙恬发明制笔

蒙恬制笔非新创，掘发近年出楚坟。
狼箭兔毛同效力，铜刀铁嘴作先行。
斜削羽茎古希马，铁制鸟头新法英。
早晚进程各异采，革新蜕化探规闳。

活字印刷术

活字发明不世功，开张文化六洲同。
雕版碑刊赢手写，铜模胶制替天工。
文书印刷传播远，创发交流畅往闳。
早代神州名杰手，怎如今日东方红？

火药术

宋代匠手创火药，开山凿塞功绝宏。
战术从兹新局起，战争依旧性质同。
炮舰机车科递演，核弹火箭理同工。
任它万变宁离本，马列学说世代通。

卢扁医术

扁卢医道振人心，起死回生教古今。
初发人身矛盾理，世传汉医阴阳经。
临床说理各长短，中医西科互浅深。
新旧相融同学习，赶超万国起权威。

华佗外科术

圣手外科传汉末，腕开入骨病症脱。
已从人体探经络，惜乏遗书秘诀歌。
蒋贼竟屠白药土，曹瞒忍杀圣师佗。
毒残民贼皆沉没，开脑破腹此日多。

李时珍药典

百草身尝传说早，盛唐博士有专科。
总括传统殚文献，遍历访查涉岭河。
药典详明福利远，学风踏实搜罗博。
人民解放幽光显，科学名坛一席多。

左丘明与《左传》

分事系年创史编，字严褒贬有嫣婵。
直书横暴竹千杆，曲护纲常心一元。
今古师门刑后学，春秋年谱纪前言。
丘明史法断朝史，批判剔扬素料全。

司马迁修《史记》

子长文史古无多，互见短长比韦哥。
敢把“日”“游”入正史，欲从今古究长河。
书传通代开新例，心物一炉放浩歌。
分寸史家严毁誉，年来过打开山锣。

司马光主编《资治通鉴》

通代纪年创体裁，皇朝资治鉴残篇。
陈辞立意独裁夺，处事取材自摆排。
廿载勤苦足借益，千年评价休过抬。
皇家年谱瑕多瑜，“修史楷型”保守台。

郑樵《通志》

史通郑氏著新编，门类《略》析脉络全。
“食货”“艺文”颠主次，古今通变叙禅缘。
敢提疑伪同知几，忍摭传闻近史迁。
未若船山阐理势，广搜博引仰莆田。

王船山史论

史学船山掀巨波，欲明“理”“势”究长河。
导论进化别达氏，认有律规拟韦哥。
未破旧瓶“通鉴论”，初扬异帜“龙舟”歌。
休言古乏“物观”点，莫把南针作绑索。

章学诚《文史通义》

实斋“通义”浙江学，力究“史才”出匠心。
编纂工夫“意”“识”密，六经皆史道统深。
论家比岁遗文颂，笔乘连篇面壁吟。
史学吾华遗产富，继承批判莫相侵。

稗史杂记家

累朝稗杂盈书栋，立足各家每不同。
言事论人多切实，笔诛口伐少缝缝。
每翻正史杳形迹，却阅稗杂见色容。
捃摭流言全谬伪，稽钩考辨要勤工。

《诗经》

博采宏集古诗经，民情政社史家心。
风吟山野歌谣富，赋咏庙廊雅颂林。
采访删修笔力健，批判剔扬井源深。
至今传世三千载，世界诗坛仍唱吟。

屈原《离骚》

铿铿离骚歌九章，灵均忧愤楚宗伤。
行吟泽畔呕心血，怀玉抱沙沥胆肠。
秦楚当年谁顺逆，史家今日各绌长。
文坛一席位名立，屈子才高古艺场。

刘勰《文心雕龙》

评文品艺导先河，形式内容论列多。
言志为文雕作美，剪裁成体见闻博。
巨帙雕龙言有恸，文心载道儒衣钵。
详析历代概各派，尚待文公起衰波。

苏　轼

眉山苏东坡，才调著一代。
父弟皆名家，永叔殊青睐。
书法工纯青，王欧比无惭。
诗词气豪放，文采亦阔概。
笔力拟青莲，香毒两边排。
青壮预政潮，风格颇不高。
党王复党马，蜀社旧肆鲍。
谪居到海南，敷教储英材。
诗文多佳句，风采著南台。

祖国名都吟

（四十五首选十七首）

北　京

雄都大北京，远溯自燕台。
五星红旗展，声响动人天。
左濒渤海湾，右据太行山。
北枕燕山壮，黄河绕南迴。
广原入鲁豫，河网分其间。
运河贯南北，长城连玉关。
雄阔复饶丽，奇秀势宏开。
周代建燕市，肆野多壮士。
辽金迤元代，都燕存遗肆。
北京旧规模，明建清葺治。
列强凌侵赓，蛇鬼白日行。
英法联军蹦，八国践禁城。
焚掠杀惨绝，血溢尸骨横。
劫宝连车舰，兽军烧圆明。
日阀纵寇兵，傀儡开伪庭。
杀人如草芥，胡同满哭声。
人民驱日寇，蒋贼窃北京。
千街万灶冷，狐鼠自纵横。
奴隶反压迫，代代起斗争。
千年多英烈，爱国足贤哲……
坚壁抗也先，军民共艰危。
英勇义和团，“灭洋”除奸贼。
新代起“五四”，领导有马列。
伟大“一二九”，抗日广阵线……
人民新北京，宏都长新生。

长安万国道，新华聚红星。
面容日月异，厂厦岁增闳。
工农科文教……鼓劲齐奋腾。
品德新风格，万方此名城。

南　京

名都千载灾难连，东晋蒋朝一脉嬗。
南朝金粉流人血，蒋党“青天”白骨堆。
玄武湖头鸡鸣寺，中华门外雨花台。
大军南下冰山解，黔首翻身怒火燃。
无须长江横铁锁，不容石头压金山。
秣陵市貌今全改，时代香花竞盛开。

上　海

扬子口南黄浦江，“蛮夷猾夏”兴洋场。
崇明深锁航环海，商埠连车通僻乡。
地上网罗洋鬼爪，国中租界帝魔王。
百年饱食华民血，九世奋争革命章。
污垢除清成乐土，技科创发献新邦。
精忠“五卅”“四一二”，后继前仆多国殇。

广　州

南国名都旧五羊，英雄壮烈百年长。
海疆锁钌控台港，陆奥门栏障赣湘。
英岛寇军凌舰炮，三元义旅挥刀枪。
林关横弋总抚署，工农回马红花冈。

武　汉

两楚旧都四战场，绾毂南北东西疆。
江源青新汇东海，路贯亚欧过五羊。

天险夔门浔道口，地形武胜羊楼风。
江汉平原云梦泽，万千社队稻棉香。

长　沙

南楚古都星沙早，百年风暴涌红霞。
洞庭浪打长江锁，南岳峰压五岭蛇。
巫雪苗嶷连黔粤，湘资沅澧接天涯。
铜铁远存楚子墓，文章早著贾生家。
鼎澧义旗撼女直，鄂湘农运出长沙。
革命馆中斗志满，英雄形象焕奇葩。

济　南

稷下古城今济南，黄河如带砺泰山。
原连五省饶农柞，岛入大洋富海盐。
赤眉黄巾发祥地，水浒义和导火源。
文章中世传邹鲁，红旆当今照岱原。
公社大明烟九点，高囱霭丽蕴千泉。
龙山而下遗存夥，批判汲扬富舜天。

福　州

闽海华侨早岁乡，漳泉侯厦接南洋。
宋唐舶市存遗迹，亚非来人有古堂。
足踏马金控台海，背依崇岭接赣江。
鹰厦凿山联路网，更多斗志复台疆。

贵　阳

新市贵阳纪古筑，乌江磅礴枕乌蒙。
蜿蜒两水珠湘首，丛脞万山苗岭峰。
保家“反丈”旗常赤，阴雨不平①人更穷。

① 自注：贵州旧日谣谚云：“天无三日晴，地无三尺平，人无三分银。”

喜遇长征初见日，今朝各族并蓬蓬。

南　宁

自治新都跨邕江，睦南长睦弟兄邦。
十万大山亲姊妹，百千河道足鱼粮。
畛域永泯僮汉界，灵渠两系湘漓长。
年来百业竞繁茂，忠烈遗型焕采光。

拉　萨

昔译罗些今拉萨，古今变化极西遐。
大招提寺松赞业，布达拉宫领主家。
雅水难穷差巴恨，珠峰已耀堆穷花。
田园幕帐欢声满，丰产初尝合作葩。

乌鲁木齐

自治名都屹北疆，山原形胜古沙场。
北南绸路出葱岭，空陆新线入玉关。
牧农场社同丰产，民族弟兄共笑颜。
克拉玛依深且广，英雄子弟惕金汤。

兰　州

地临中点近河湟，阿尔山脉越六盘。
西出阳关通欧亚，南奔青海入西藏。
岁时增产腾油海，日夜运忙过走廊。
水利蓝图如网络，青纱层嶂抗碛飚。

太　原

初见《诗经》古太原，频来征战数千年。
商周土狎劳征伐，汉宋匈辽苦兵革。
北关锁钎雁门道，西路藩屏霍吕悬。

煤铁资源著宇内，河汾子弟创新天。
阎家天下殉残寇，群众乐园肇史篇。
各族而今休戚共，永无国内烽烟燃。

长　春

伪满十年“新京”市，人民规复市长春。
汽车基地隆新厂，水电长堤丰满津。
米粱菽豆连丰产，机械化肥又日新。
学府芸芸帮学赶，工农百业育新人。

开　封

古城百代早，商殷肇文明。
五代轮汴洛，北宋居东京。
两河民气盛，辽金锋镝横。
马吕继文富，自毁宋长城。
十贼张凶恶，徽钦召寇兵。
师师知爱国，黄汪卖国贼。
神州半陆沉，金元迭迫煎。
军阀争地场，残民“浆糊汤”①。
原野鸿嗷嗷，麦仓民无粮。
滥匪横城野，民变满邑乡。
中世帝王都，蛇鬼各成行。
刘邓率大军，壶浆出汴梁。
古城新安装，万类争向阳。
千载隋堤柳，亦自放清香。

衡　阳

衡湘绾险阨，交织航程线。

① 自注：“浆糊汤”即指蒋鼎文、胡宗南、汤恩伯。

百代兵争地，形势著险绝。
黄沙道道隘，苍梧崇关叠。
关垒屏长株，西南控桂粤。
早代起名城，荆楚存遗铁。
郴州新煤海，水口饶黑铅。
宝永万嶂竹，竹纸样色艳。
蒙军来越邻，抗击积重镇。
歼敌岳湘间，义战协军民。
抗清支明桂，军民累奋征。
贼吴开伪府，贼廷假冒真。
太平出漓水，天地应湘衡。
军扩五十万，大半是湘人。
工农奋雄威，衡阳亦重心。
负戟同北伐，红缨立如林。
四野奋南征，工农争献身。
新桥跨湘岸，旌旗湘山新。
工厂联潭株，工匠出农民。

祖国名山胜水吟

名山吟（十二首选七首）

衡　山

南岳蜿蜒系九嶷，屹立南天湘山崇。
荆楚先世祝融尊，历代皇朝亦禅封。
僧人常畜数千众，寺庙宏厂类皇宫。
心悦曾随天国去，五百罗汉镌艺工。
腾伏岭峰连百里，“永禁砍伐”树葱茏。
中有高峰常回雁，十月积雪白蓊蓊。
历代帝皇禅岳碑，骚人游客抒情篇。
僧俗学人炫闲趣，书画词章杂雅俗。

大钟佛像型铸巨，蓬门血泪铁铜库。
南岳僧人遍天下，南楚文物南岳富。
解放而后“换新书”，开发南岳建特区。
林场果园随山转，杉松新竹相间徐。
柑橘桃李足名品，积水长年注湘渠。
举目旧山变新貌，田园片片公社居。
今又顺势建县制，疗养游览新山都。

阴 山

大青“敕勒”土默川，农牧工矿竞联辉。
地温八月无飞雪，非似穹庐覆极边。
更无亭障连刁斗，青冢遗爱昭君钿。
汉时关山秦时月，“飞将”扬鞭指远天。

峨眉山

奔赴蜀山势巍峨，碧霄遥挂景奇多。
千峰层嶂迷云霭，万壑翠丛涌瀑沱。
画里名山真面目，堰边平野接天河。
峨眉今日归民有，高下由人自在歌。

昆仑 葱岭

河山万道出昆仑，葱岭东圻蔚文明。
穆王八骏探帝墟，“王母高歌颂华居”。
峰耸万丈砌冰玉，水济黄扬灌天衢。
社会主义威力大，晶峰银野变膏腴。
储水无限富源厚，油矿牧农多饶余。
丝绸古道联亚欧，流畅文华相驰驱。
崇岭连云邻谊重，山河绵递东西趋。

五指山

虞书坟典记“九黎”，“黎婺山高”日不迟。
印纹古陶石铜器，五指深处黎母家。
尚余“合亩”径过渡，工农旗鼓变南涯。
地临赤道谷长熟，橡椰椒瓜月月华。

不是穷岛万宝乡，赵家有幸驻海疆。
常爱谪憩苏坡翁，海南群居著佳章。

长白山

——朝鲜称白头山

长白白头长白山，东西两注四江连。
明媚天池晶于镜，良材名兽满山栏。
“库里雍顺”传神话，红色英雄雪上眠。
鸽原兄弟同生死，长共祸福联彼此。
山连山兮心连心，水共水兮恩情深。
绿江如带白头砺，盟誓万年颂毛金。

喜马拉雅山

珠峰全球第一峰，喜马拉雅贯西东。
峰隶中尼析南北，山高谊远表苍穹。
雪莲雪鸡雪人迹，玉龙银象水晶宫。
青山绿水掩童岫，河川四出冰雪融。

胜水吟（十六首选四首）

长　江

白玉乾坤蓄水渥，江河同出自帝墟。
万里奔流浇广域，千峰迤逦蔚诗书。
毓钟多族文明古，远历各朝战斗余。
浩浩长江共产浪，资源无尽启丰储。

黄　河

黄河浩荡倾黄海，中华文化古摇篮。
石金遗址成棋布，朝代故都近险滩。
旧日黄灾伤“祸子”，今朝河道庆安澜。
沿河电坝连山野，林带梯田栉次开。

珠　江

海盗铁轮相次来，风云忧患珠江先。
褒延百越多奇物，域跨两洋翻巨澜。

“天国”义师接鸦战，红冈忠骨炳苏埃。
赤旗灿烂明涯海，只欠江边港澳悬。

松花江

白山飞瀑下天池，饶丽莽原注脂饴。
“渤海”河边鞣鞨早，松辽原上辽金继。
日俄跃马争优势，中朝挥戈灭丑魑。
林海雪原驰“四野”，南平楚粤出辽西。

大水库电站吟（五首选二首）

三门峡

万年岁岁望河清，沧海桑田几更轮。
河道决溃沙碛泛，田园沉没水波腾。
堤高千尺河清浚，峡落万寻电火明。
百万瓩力输市野，永除河患载歌声。

设计中之三峡特大水电站

世代常惊三峡恶，瞿塘滟滪今安波。
电坝成时高白帝，发电千万接天河。
广袤电网江南北，电化蓝图应手得。
人民双手奠广宇，休道“神禹不能摧”。
谁说五月不可过？不用“沉牛”“云雨”会。
电库果将“吞江河”，安澜无须“摧其波”。
“诗圣”“诗仙”古往矣，谁为三峡赋新歌？

学吟集初草之二

一九一五年至一九四一年皖变前旧作拾零

序

予早年深受萧承舆师影响，爱读唐诗，先此亦随经馆吕静斋师为处女作，虽至今犹不善诗，却颇好吟咏，每有所感，必有所咏，然随吟随舍，不论口吟、笔录，存稿极少，年深日久，亦多忘却。初草之二、三，尤其二，除少量记忆较深之原作外，多系依当时景况、思想、感触之回忆。年中少事，从中采择题材发为吟咏，但亦夹有不少原句，然此亦是雪泥鸿爪，拾零而已。盖时代巨流中之微沫也。自然那些早年的旧作，又表现了觉悟不高。今亦拾起，以志一个思想变化的过程，也不是无益吧。

咏榴花[①]

一九一五年上半年读于玉公山坊吕静斋先生经馆。

门内榴花树，花开血样红。
何时成硕果，此日莫摇风。

① 自注：静斋师改为："种得榴花树，初开艳色红。何时能照眼，此日已摇风。"此篇系予之处女作。

争城战

谭周争地战，虎去豺狼来。
罗掘穷薪炭，杀人若草莱。
清乡连坐狱，预赋累多年。
篦密甚于匪，呻吟恸闾阎。

一九一九年

石城师“咏武岗城内玉兰花”学步

此稿系与黄光寰、向建藩诸同学合作，并经石城师修改。

城上玉兰树，春来吐异花。
独株凌碧立，分桠劲苍斜。
传称陶潜植，又得吾师夸。
同学十余侣，临风欣满葩。

附：萧石城师原作

城南有古树，名曰玉兰花。
老干参天起，新枝向日斜。
先贤亲手植，历代众人夸。
乞得惜花意，春风吹试葩。

莲塘泉上丹桂香

一树桂花十里香，清泉娓娓注池塘。
莲葩四月红似玉，鱼儿队队啮草忙。
麻线葛绢漂雪白，日夜劳劳纺绩娘。

感时（堂兄新民原韵）

三年负笈都梁城，餐云楼下资水清。
万道山河含秀气，岧峣云山势最英。
周郎窃据肆残暴，旧人推翻新人更。
新旧连年剥削政，传命乱世尽忘生。
胥吏如狼隶似虎，更苦伏莽寒夜檠。
季季清乡月筹饷，绅委兵痞乱纵横。
市野萧索人憔悴，呻吟到处多死声。

感　怀

国事年来乱如何，眼观残局忧心多。
虎踞强藩争势力，鸡惊百姓受凌磨。
裁兵政策风前影，救国舆论水上波。
安得多生姬姜辈，元元早颂太平歌。

悼孙中山先生（二首）

一

天上星斗陨，八方嗟悼声。
高山亦可仰，谁是后来人？

二

为国赍遗恨，斯人不我留。
独余东海水，千载自悠悠。

酬续三步原韵（二首选一首）

济世谁能展壮猷，偷闲名岳实堪羞。
匹夫各有兴亡责，志士难忘家国忧。
风雨同舟共努力，河山一统费筹谋。
平民革命救时策，普济慈航古渡头。

再和续三原韵（二首选一首）

勋名黄蔡仰前猷，极目时艰应有羞。
军阀不知亡国恨，吾曹非抱杞人忧。
曲中白雪闻高调，书里青灯感卑陬。
抵掌欲谈天下事，邀君同上麓山头。

附：续三赠诗

处世君持有大猷，驹光虚度我惭羞。
胜读儒书惟一话，耽心国事有同忧。
英才原出三湘地，壮志来从五岭陬。
预料明年春景好，伫看双蜚上云头。

一九二七年春赣州观琼花

鸿泥吴楚三千里，慷慨戎车仗剑身。
不乞琼花消绮劫，甘将身手付黎民。

一九二七年秋夜太平洋舟中

船头独立伤零落，沧海茫茫天欲倾。
惆怅神州今何似，马面牛首鬼横行。

一九二八年北平

匝地泥尘古北平，黄钟毁弃瓦雷鸣。
万家炉灶炊烟短，敢有狂飙角号声。

悼王鸿一先生

反田临案抎壮志，阨途援手志私衷。
防边反蒋余豪慨，村治儒宗旧幡幢。
先生恼我溺唯物，我悲先生“蹈虚空”。
人间恩怨何足论，盖棺他年别过功。

一九三〇年七月

自述（口韵）①

回首廿七年前春，生我溪田一农舍。
五间茅屋凭山建，叔祖祖父各半截。
开门遥对黑山岭，当面寨势最嶙峋。
田园片片浑似画，青山环绕湾里村②。
幼随祖父勤农作，樵牧队里乐成群。
我父读书未成名，年训蒙童十数人。
我母自幼家贫乏，农艺针黹样样能。
菜园鞋靴和茶饭，由她双手全担承。
朝朝贪黑五更起，夜夜纺绩到三更。

---

① 此诗写作时间不详。以有关内容及作者经历推断，始笔似约在一九二八年左右；完稿可能在三十年代初。

② 溪田，村名。黑山岭，山名。当面寨，山峰名，与湾里村均原属湖南武岗，今属邵阳县。

祖母陈氏富家女，只缘残废嫁寒门。
祖父原是佃家子，十二力耕当成丁。
聪慧多闻强记忆，故事夜夜能翻新。
“我村原来称豪富，文风之盛远近闻。
禀贡秀才多似鲫，半夜三更有书声。
自从来了洋鬼子，世道大变异昔时。
年少人人爱洋布，家机土布皆停织。
富豪之家爱洋货，穷人年比一年贫。
年年防饥夜防盗，家家户户锁愁眉。
长毛造反起桂林，来到我村赖大人。
大营驻扎茶山院，杀了富人又招兵。
我父舍家随军去，我随母氏勤苦耕。
三叔只身去云贵，四叔被害在州城。
岳家对我多照看，买得薄产得自耕。
我村出了洋举人，声势赫赫远近闻。
每日薪水两元多，说讼另外有小水。
买得良田二百亩，村户人家充佃耕。
纳租三石分二五，虫伤水害不徇情。
兑钱回扣折二八，借债月息三四分。
零活杂差随叫唤，柴水供应按户轮。
还有官家赋和役，兵差苛役数不清。
儿自聪明勤苦读，书中自有黄金屋。
为儿日夜绞心思，难集费用又奈何”?①
族兄新民苦相劝，族戚助我到塘田②。
夫夷之曲兴学舍，为开风气着先鞭③。
巫山苍葱来黔桂，四明隐约入云天。

① 从“我村原来称富豪”至“难集费用又奈何?”均系著者转述祖父语。此注及该诗以下各注均录自中央党校刘仲亭同志所记著者释词。
② 塘田，原属湖南武岗，今属邵阳县。
③ 夫夷，湖南资水支流。

巉崖沿滩神斧凿，平石潭深鬼难填①。
蔬果蓬蓬四季盛，罗卜如猕蔗成林。
李园成片桃满江，四月处处稻花香。
江山如此多饶美，世事离奇费商量。
种菜之人无菜吃，人面更比菜叶黄。
黄金粒粒何处所，种田人家多缺粮。
春风吹我到武城，餐云楼下资水清②。
万道山河含秀气，苕荛云山势最英③。
长桥横亘如玉带，东塔斜立不记春。
二邓祠堂庙貌古，古仙法相白云深。
城乡烟火万千户，鸡鸣狗吠声相闻。
周郎来此肆残暴，旧人推翻新人更。
曾记连年剥削政，传命乱世尽忘生。
胥吏如狼隶似虎，更苦伏莽寒夜檠。
巴会惊起睡狮醒，狂潮怒吞天安门④。
风卷云涌山河动，春讯迟到都梁城⑤。
三千学子争效死，仇日焚货思潮新。
奔走呼号相求应，只有奸商贼胆惊。
“豪侠自古皆无我，英雄难忘死后名”。
回念吾师萧夫子，嘉言耿耿记终身。
岳麓山头黄蔡坟，古庠名刹湘江滨⑥。
机电矿冶土木化，同堂八百尽俊英。
实业救国各有志，难偿素愿计前程。
白首田叟走相问，三间茅屋两间倾。

---

① 巫山山脉自黔桂蜿蜒而来，四明山在新宁、邵阳、祁阳、武岗、东安等县邻界处。沿滩、平石潭均为塘田名胜。

② 武城，指武岗。餐云楼在武岗县城。

③ 云山、玉带桥、东塔、古仙院、法相岩、白云寺均在武岗县城。二邓即理学家邓辅纶、邓绎。

④ 巴会，即巴黎和会。天安门句，指五四运动。

⑤ 都梁，武岗县旧称。

⑥ 黄蔡，即黄兴、蔡锷。古庠，指湖南大学。

弹痕累累陈迹在，为道连年战火频。
燃遍潇湘三千里，闾阎处处有哭声。
军阀不知亡国恨，直皖谭赵动刀兵[①]。
“长男从军靖港死，三男抓伕去桂郴。
我自年老难力作，二男卧病无药饵。
‘六一’长沙死难者，我侄小名号秋生。”
列强兵舰如鲸鳄，领海内江任横行。
义愤激起怒潮涌，呼声动地帝胆惊。
认贼作父赵恒惕，官怕洋人洋怕民。
同行同学有欧君，最爱黄庞劳工经[②]。
“欲兴实业先自救”，自称思想比我新。
为道克氏[③]“极乐国”，陈义远过“孙三民”。
午夜激起思潮转，如醉如狂梦未醒。
组成学会来改造，误入空想又一春。
金称大会初试手，豪恶处处设陷阱。
为逃虎口亡命走，大年除夕别家门。
驱宾[④]队里逢续三，先得卡伊是英材。
深明主义传三味，爱晚同结香火缘。
南望羊城意气雄，七尺从此属工农。
前路崎岖何足论？四海之内皆弟兄。
革命风暴来五岭，工农觉醒力无穷。
军阀豪绅狼豕奔，农协旗飞遍地红。
策马腾鞭到宜春，一决雌雄樟树东。
宜河东去临新喻，赣水北流入大江。
红色军容传“二六”[⑤]，牛行一役声威扬。

---

① 直皖，指直系、皖系。谭赵，指谭延闿、赵恒惕。
② 黄庞，我国早期无政府主义者黄爱、庞人铨。
③ 克氏，指俄国无政府主义者克鲁泡特金。
④ 驱宾，指驱逐湖南大学反动校长宾步程。
⑤ 北伐时，国民革命军二、六两军有共产党军之称，李富春为二军党代表，林伯渠为六军党代表。

受命随军到赣州，章贡合流据上游。
名城自昔多英杰，人民抗清战迹留。
发工主席段剃脑，① 斗争形势数从头。
去年来了革命军，工会农协都组成。
从此穷人敢作主，大声大气搞斗争。
开会自由加工资，不许老财欺工人。
农民也要把家当，协会有假还有真。
莫道老财人数少，气派来头可不小。
南联粤港北沪汉，买卖来往声气晓。
商人也把商协组，要与工人比矮高。
自从来了倪弼匪，东家凶焰更张嚣。
开会也分红与白，口号标语各一套②。
逆流激起狂潮涌，南天三月风云急。
打死工贼名萧赣，党员大会击倪弼。
逃走倪贼今复还，携来密旨肆凶焰。
乌云弥漫气压紧，误入圈套老赞贤③。
忠奸顺逆呈红白，团结斗争到明天。
赣南处处开追悼，灵前宣誓共口诛。
农协来人传恶讯，钱倪领军到大庚。
该死④硬要反革命，临危逃走小丈夫。
会昌一役军溃败，右派迎敌肆暴行。
英雄战死欧阳子，同志潜踪入山深。
相携行乞到古田，小道羊肠九回旋。
汀江南去巉崖绝，险历丰浦到潮汕。
白色恐怖笼春申，失群孽子伤遗伦。

---

① 理发工会主席段云青，外号“段剃脑”，盖杀反动派之头也。
② 当时国民党右派所用口号只提国民革命，我党领导的工会和农民协会口号则为“拥护三大政策”，“世界革命万岁”。
③ 赣州总工会主席陈赞贤。
④ 该死，即蒋介石。

为隐朝歌宁卖酒，湘益公里充账丁①。
觅食燕子巢幕上，鬼域狼窝险象生。
为逃虎口扶桑去，冒籍寄学神田町②。
秋田教授情意重③，讲解指点议论真。
回到故都古北平，徬徨要把真理寻。
亚丹克鲁同钻研，三个障碍歧途深④。
识破邪门非正道，卡伊主义世无伦。
而今而后知所勉，誓为穷乏竭此身。

济南大明湖图书馆

伫迹东来撕卫胄，名宬助我究殷周。
遗陶金石搜罗远，佳本货泉藏护优。
馆里藏真嬗岁月，湖上亭阁几春秋。
史聃殷殷相助意，河山如画陆沉忧。

一九三三（二）年秋

游大明湖

明湖风月慨悠悠，北海少陵旧迹留。
蒲菜美鲜掘采苦，半输官府税包头。

趵突泉

历城满地泛清泉，趵突如盘花涌莲。
安得均注万家灶，滴水长流到旱田。

① 湘益公，旅馆名。
② 日本东京神田町为明治大学所在地。
③ 秋田教授名秋田贞。
④“三个障碍”为著者早年著作《障碍问题》中指出的阶级、民族、知识三个不平等。

“宣传赤化”

强人自颂“韩青天”，“赤化”宣传“明镜”悬。
旧书老板合投狱，“社会经济”书里刻。

风雨频袭之一小楼[①]

一

风雨频袭一小楼，新书万卷钻无休。
墙内及门多志士，门前追迹有鹜鹜。
日著万言书贾胖，夜过三鼓思维周。
教授队中年最少，每从虎口拔同仇[②]。

二

古木秾荫掩小楼，箧中禁帙点圈稠。
疾世总嫌人喋喋，夜眠时惕鬼啾啾。
邻居相护多贫乏，灶下常愁缺米油。
事业等闲付逝水，情怀岁岁系神州。

一九三四年

喜《史前期中国社会研究》出版（五首）

一

假真马列剑弩张，千户百门跃史场。

① 著者居室。抗战前，著者在北平住东太平街一号一居民杂院里。“小楼”乃小土堆上之一小屋。实为吕氏书房、卧室兼会客之室。所著《史前期中国社会研究》、《殷周时代的中国社会》、《中国政治思想史》等论著，均撰写于此室内。

② 二十世纪三十年代初，著者执教中国大学等校，与李达、黄松龄等被称为红色教授，而年最轻。他保护进步学生，多次营救我党被捕人员。

初战珍重书一卷，还期同道细商量。

二

殷前原始臆虚无，抨揭无人我著书。

似此史论惟“实用”，开天辟地老训诂。

三

治水地公国家论，从无阶级皇朝花。

更添“资本”来外烁，连篇累牍为谁家？

四

“原始封建”渺天涯，“商业资本”有国家。

“末期封建”意安在？败枝残圾逆行车。

五

抨谬披邪奋铁笔，筚路蓝缕探道崎。

丹心异代应知我，非贪史社一枝栖。

南京谈判中和周小舟同志①

潜踪南渡到石城，艰危未计死和生。

为挽狂澜联吴策，残篇断简续亡秦。

一九三六年一月

附：周小舟同志诗

片衫片履到都门，伫足三年悟死生。

拟向荆卿求匕首，雨花台畔刺嬴秦。

---

① 一九三五年十一月至一九三六年九月，中共北方局和刘少奇同志派著者驻南京，与国民党当局进行国共合作抗日的谈判。一九三六年一月，周小舟奉派到南京，向著者了解谈判情况，传达中共北方局的指示后返北平。

偕周小舟弟登清凉山

河山劳我共登楼，铁甲铜驼望八州。
谁向随园闲敲击，清凉山下竹萧萧。

一九三六年三月

又同访鸡鸣寺

老僧寂定六朝魂，萧寺无声鸡夜鸣。
胡马踏消长白雪，长歌曼舞石头城。

一九三六年三月

酹袁炎烈杨天越两兄①

夜雨寒灯续旧缘，白山烽火客街黑。
钓鳌来载秦淮月，写就新编劳巨椽。

给持平弟

偶聚白门兄弟亲，少年岁月撼乾坤。
可穷天地浑无际，百炼金刚识此身。

祖龙吟

一九三五年冬至三七年，我以中间人身份与国民党谈判国共合作抗日问题。三六年春，国方曾养甫以我党《八一宣言》指出蒋介石是卖国贼头子，乃当面发怒，并说："历史上实力就是是非，共产党不过五万枝破枪，竟敢骂

① 袁炎烈即袁也烈。

领袖为卖国贼头子，说我卖国，我就卖国，其奈我何?!”

无穷潜蓄在人民，强弱从来系旧新。
论定是非岂任己？果决成败皆由人。
祖龙误堕骊山梦，赵高强指鹿马真。
夫子庙前弹艺客，人人茹苦说嬴秦。

一九三六年春

谈判——离南京

荷命南来白下时，日侵蒋暴痛离支。
手携“八一”谈联合，面对逆横自护持。
左顾右盼情悻悻，外强中干语剌剌。
无常冷热日邦色，密码交来意态迟。

一九三六年九月

赠黄金龙李心徐两先生

相逢白下话湘芹，闻道几回折斧斤。
三十六湾洞庭月，万千百年义士心。

一九三六年夏

翦伯赞先生请游五洲公园

玄湖广建号五洲，日夜笙歌彻不休。
玉管江牙壅画舫，摩登洋派塞中流。
迫降密檄传街巷，内战凶炎漫岭陬。
空陆竞趋秦关道，军车不断出石头。

一九三六年

偕袁炎烈杨天越两兄及平弟游中山陵谭陵明孝陵（三首选一首）

中山马路接孙陵，侧近孝陵靠紫荆。
廿年革命成功杳，三策南针大道明。
谒灵堂上遗容黯，纪念周中静默经。
唤起先生应有泪，茫茫禹甸寇骑横。

一九三六年秋南京偶感（二首）

一

天昏地暗气萧森，吴楚东南势欲倾。
紫电长虹联朔漠，鸡声报晓到五更。

二

都门歌舞醉莺语，塞外胡笳催马蹄。
秋色湖光玄武月，仁寿宫外鬼夜啼。

《殷周时代的中国社会》初版出书（四首）

一九三六年九月离宁前，接到冯和法兄寄《殷周时代的中国社会》不二书店初版本十册。此书于一九三五年脱稿后，初经李鹤鸣师介至商务，继承左胥之兄介至中山文化教育馆，又继友人介至生活，均以各种顾虑璧还原稿。一九三六年春，冯和法兄谓渠们新组一不二书店，愿为出版。我始终未获分文稿费或版税，亦从未作此计较也。

一

革命阶段究殷周，铁石青铜析论优。
数十万言成稿后，为问枣梨几折筹。

二

妄假马列贩多元，托陶腾舌毒青年。
“铁器”论说休泥拘，阶级构成甲骨篇。

三

古代初封质性殊，西周过渡信不虚。
“渤海”史观托门客，“大夫”无地生命书。

四

封建都始领主制，份地劳役有农奴。
不经变革胡过渡，革命天国两殊途。

过长沙望麓山

麓山远望初霜红，湘岸橘柑乡思浓。
曾载豪情迈绝顶，山川形势一望中。

一九三六年秋至一九三七年春广州杂咏（九首选五首）

珠江疍民水上餐馆

疍民餐馆水上楼，浮桥悬架接码头。
“永禁”陆居船为家，上陆打罚还监囚。
形状语言况无殊，何故歧视逞凶刁？
可怜世代劳苦众，水上岁月景萧萧。
破船而外惟一网，寒来暑往任飘摇。
馆中主菜皆水出，调制品位足佳独。
顾客堂堂多官商，携眷邀友饱口腹。
恶禁歧视亦若曹，为贪口腹常枉顾。
闻道餐馆众资营，税捐重重苛敛横。

为售水产赢利薄，警宪常来吃“人情”。
每与疍民话世道，“不平层上加不平”。

广州闻西安事变（二首）

一

西安事变传羊城，市众纷纷鞭炮鸣。
菜馆工人心怒放，纷为名菜改牌名①。

二

事变传来反映殊，有人惟怕独夫诛。
有人暗里推横浪，巷议市谈各异途。

黄花岗

中山堂近黄花岗，百年战斗烈骨香。
七十二人挥戈戟，广暴扬锤奋缨枪。
风雨神州肃凭吊，唤起角鞸耀史章。

广州能仁寺中山堂

古寺无声僧入定，古园有幸我来游。
中山祠宇先生泪，惨澹黄花鬼夜愁。
幸有长堤屏海噬，高歌我欲上罗浮。

一九三七年四月由粤北上过湘粤临界之砰石

砰石圆墩神斧斫，擎天奇砫壮山河。
一江南去湘山麓，五岭西来秦戍陂。
南戍北筑嬴政略，东征西伐汉军歌。
连宵风雨神州黯，北望白山感慨多。

---

① 自注：在菜单及悬牌上，改“龙虎斗”为“合作抗日”，“豆腐烩鸡血”为“国共合作”。

同月便道回里

瞎舅母覃秋妹

舅父困穷死，孤孀更苦清。
含哺抚表弟，夜纺日农耕。
人祸累天灾，双目痛失明。
闻我回故里，扶门来社溪。
牵扶行步步，慈爱情依依。
诸表幸成人，舅娘愿粗毕。
家贫不可怕，只要志气齐。

别珂乡

回里居三日，相问多乡农。
闻讯相继至，殷殷情意隆。
片鱼或个卵，珍贵无比崇。
益砺区区志，奋勉竭庸工。
愧我久驰驱，建白太微庸。

抛荒满目桐茶林

遍山遍岭植桐茶，油果成堆苦倍加。
两粤牙行连港澳，三湘苦力跋仙霞。
压低油价贱如水，债累垦民穷破家。
久别里门情更苦，洋行买办地头蛇。

一九三七年四月

去陕西道过上海黎明书店送来《中国政治思想史》初版十册①（四首选三首）

一

破除道统披妖云，思想史程心物分

析论阶级穷根本，锋向托陶战斗文。

二

“神权”“王权”“民权”说，政治思想笼乌烟。

“批判”胡适托门学，阳打阴捧一脉传。

三

手持斤斧探垦深，穷荒原林路可寻。

浩海茫茫犹未竟，初辟羊肠向高岑。

一九三七年五月由上海至西安陇海道中感怀

陇海空车日夜奔，汴梁古市夜昏昏。

潼关险隘布新垒，中州广原多路坟。

日鲜浪人横客座，流亡妇孺叩车门。

怒吼黄河腾巨浪，太华峰上黯黄云。

西安数日

残破西安古西京，汉唐遗建谁家城。

古刹史迹添游兴，公路空航梗客行。

---

① 记一九三七年五月去陕西过沪收到《中国政治思想史》初版书时心情。

破巷灾黎嗷嗷叫，戏园警宪排排横。
华清有客传遗趣，不是人英是犬豚。

一九三七年北平沦陷南行途中杂咏

脱离虎口

香月清司狼虎性，闭城屠搜拂腥尘。
脱离虎口作跟仆，平津车中多逸民。

到天津

居停长袖发财经，困难当头高利生。
一席檐前租特价，行行白圭皆心横。

英商太古轮

票价倍常太古轮，挤压成堆没“等”伦。
泊沽三日张零卖，票中餐费尽鲸吞。

由天津经烟台到潍县

轮上相逢战友身，同航风雨更亲亲。
行到烟台停不得，一车挤压奔潍镇。

战时南京（二首）

一

寇机日夜袭白门，沪上炮声隐绰闻。
未见动员“焦土”誓，秦淮歌舞响行云。

二

为逃警报满城奔，达官牙将洞中屯。
惟有富岗特殊哨，监察层密更纷繁。

由南京去长沙（二首）

一

北雁飞传一纸难，拳拳“父命”去开荒。
京汉轮上官绅满，万柜千箱奔后方。

二

“回湘开荒”到星城，何处能见战时情。
“甲”“乙”派酣争权梦，防民层障法令横。

祝湖南文化界抗敌后援会成立（二首）

一

各界商谈统战成，千人大会吐清音。
啸然一哄挥兵甲，画得面容分外明。

二

妄想拆台嗾吠犬，革命人民岿泰山。
推动湘河抗日浪，新闻封锁令徒然。

一九三七年十一月

抗日宣传大游行（二首）

一

抗日宣教组训深，我党方针孚人心。
歌队剧团读书会，讲座短训班如林。

二

三千示威大游行，多种宣传献五民。
忠奸从来不两立，孤立冥顽震聋聩。

一九三八年三月

岳麓山红叶

爱晚亭边古树岑，秋风夜夜染枫林。
丹霞片片红间绿，北雁行行动哀吟。
一鹤排云诗思远，层峰迷雾世情深。
恍如风动缨矛舞，空谷夜深有足音。

一九三七年冬去岳麓山过朱张渡怀古

荆南讲学盛朱张，一渡悬舟架两庠。
岳麓城南遗手泽，争如师校蔚南强。

访麓山岣嵝碑（俗称禹王碑）

麓山之巅岣嵝碑，隐约虫文舞虺蛇。
俗谓禹碑无信证，我质奇字属谁家。
潇湘早代住民杂，汉土苗瑶……民族华。

祝徐老（特立）六十寿辰

老师①六十“老青年”，革命程程更向前。
桃李遍栽芙蓉国，德才垂教工农篇。
素朴平庸见伟大，情深明彻出纯全。
亿万生灵翘首望，北辰夜夜照人间。

① 自注：予为徐老学生之学生。

过邵阳游烟雨楼登双清亭（三首）

偕王时真（江明）自长沙去塘田战时讲学院过邵阳双清亭。

一

春申沦陷东南倾，又报寇骑迫洞庭。
为保湘山同扣楫，身衔成命过邵城。

二

片衫相携入野深，瘴风雾雨惕人心。
名园萧落人犹壮，回首同袍泪暗涔①。

三

砥柱屏河岳，长城固北陬。
万山来天际，一石压江流。
资邵双清合，高亭水上浮②。
登临同展望，纵目看远舟。

一九三八年八月

访濂溪书院遗址③

濂溪书院邵水阳，爱莲池上今女庠
周子兴学问俗处，资邵源头会珂乡。

---

① 自注：一九二三年与邓中夏、欧阳东等同志结伴由长沙回乡时同游此楼。邓、欧于大革命失败时在长沙被难。我今重游，不胜感伤。

② 自注：双清亭建于城东一石山上。山笼罩江面，资邵二水在山左会合后穿流其下，势雄伟，景奇绝。

③ 书院为北宋著名理学家周敦颐所建，遗址在邵阳市。

一九三八年八月偕时真溯资水夫夷由邵阳赴塘田途中

一、唱和（四首）

（一）

一苇历险滩，声喧乱石间。
浪涌千山起，风逐曙色来。（时真）

（二）

一滩又一滩，狂浪涌层峦。
江流去不转，山山蜿蜒来。（振羽）

（三）

夫夷湾湾景色殊，霞明万嶂展画图。
江山合酹好身手，打破人间“之”“也”“乎”。（时真）

（四）

夫夷风光信不殊，近嶂远山皆画图。
江上胡骑突堂奥，尊经犹唱“之”“也”“乎”。（振羽）

二、联句（一首）

八月夫夷泛客舟，江水迎船向北流。
节劲古木夹横岸，山穷不是水尽头。

三、过曙山唱和（二首）

一

曙山真像桃源洞，夫夷几处似曙山。
秀山奇水萦回转，笼村古木透朱丹。（时真）

二

藻饰佳胜赖多手，千代勤劳开曙山。
山川奇秀谁为主？开建桃源万树丹。（振羽）

晨操偕全院人员练跑至平石潭联句

清澈潭水深十丈，峭壁危崖画不成。
陡石西峙成合壁，沿滩东耸砫高坪。
三千民校俊男女，五百黉墙铁甲兵①。
河伯蜿蜒系苗岭，夫夷回旋入沧瀛。

塘田——春山即景（三首）

一

晨色蔚蓝八宇空，森严碧绿万山中。
风光无限笼层嶂，竞放百花桃更红。

二

百鸟鸣春暖树啼，农歌和唱陇山齐
万千男女为谁声，瘦马羸牛苦挽犁。

三

沟沟田塘夜不眠，鱼儿游食逐光来。
肥鳅黄鳝篓难满，盏盏篝灶出照回。

一九三九年春

金紫大岭晨景②

记得童年晨放牧，轻纱烟绕金紫岭。
千峰万壑闪霞光，漪澜萦回夫夷水。
此日夫夷曲上圃，披棘栽桃心耿耿。

---

① 黉（hóng），古代的学校。这里指塘院。
② 金紫大岭，邵阳县金称市与新宁县交界的大山岭。

塘田河干望曲潭 忆早年负笈武东中学预科

少年爱看夫夷月，每自临风立港汊。
伫足沉思万类化，昂头遐想繁星赊。
几回共友谈今古，多次驰心骋海涯。
垂柳丝丝沿浪转，月空潭底照农家。

一九三八年秋

一九三九年春初率塘院学生假行军至蜡树 坳过刘行之同志故居忆旧（三首）①

一

寒假同赁饮马塘，争论雄辩话盈窗。
殷勤相将访遗族，同追老翁说故常。

二

平安喜报发春申，绿色学宫托隐身。
惊自乡人传恶讯，无凭无据系徒刑。

三

出狱佳音到旧京，相期把臂寐难成。
朝朝我向南天望，死耗忽传费猜疑。

① 塘院，即塘田战时讲学院。一九三八年八月，著者受中共湖南省委和中央驻湘代表徐特立同志委派筹办，这是抗日战争时期我党建立在白区的一所革命大学。著者任副院长，领导全院工作。院址在武岗县夫夷江畔（现属邵阳县）原前清中宪大夫太子少保席宝田的别墅。学院于一九三九年遭国民党反动派破坏被迫解散。刘行之，在国民党反动派狱中牺牲。

斥谣

武汉失守，日寇进攻湖南已成剑拔弩张之势，长沙国民党各报依旧不宣传抗战和保卫湖南问题，仍以反共反人民的政令等宣传为主要内容，并大放谣言，对塘田战时讲学院和我肆行攻击，如说：吕××本系“一穷苦教授”，假覃振、赵恒惕“名义创办塘田战时讲学院”“欺骗无知青年”①，“宣传错综复杂思想”，“刮钱刮财”，“昔日之穷教授，今则满袋麦克麦克矣……”并逼覃振登报声明与塘院无关云云。

不将毛锥指敌伪，如盆血口喷人民。
“欺骗青年”传抗战，“苦穷”教授善刮银。
复杂错综“思想”罪，明逼暗煽“声明”真。
寇骑压境弹冠庆，岳色冥冥暗雾尘。

国民党政府火烧长沙

寇侵武汉迫湘边，玉帐西遁入巴先。
不守巴陵自卷甲，竟焚长市没焦烟。
“人头”两颗酬民愿，“方案”三章付火燃。
究竟长缨能杀敌，角鞸匝地贼宵迁。

① 覃振当时是国民政府司法院副院长。赵恒惕，湖南参议会议长。他们都曾应邀担任过塘田战时讲学院院长、董事长。

一九三九年春受林拔萃约为统战第一次去武岗，访古怀旧（六首）①

去武岗中学讲演忆萧承舆（石城）师

高风宿学萧夫子，麈拂鳌山启众士②。
“策问”吾曹寓意长，“圣行”“侠烈”起蹈实③。
今日满堂菁菁子，时代号角速行止④。

偕友游东塔访古

危立江滨一斜塔⑤，层层浮级接云霞。
成群宿鸟翔高下，倒影江心舞参差。
千载咸称鲁班术，万民同造新中华。
鳌山三载郊游遍，每访农家话桑麻。

① 林拔萃，当时任武岗县县长。为著者求学武岗中学时的教员，对著者很器重。一九三八年应著者之请为塘田战时讲学院校董。在国民党反动派迫害塘院时，他曾帮助著者，起了维护塘院的作用。

② 鳌山，指鳌山书院，武岗中学校址。

③ 自注：我在武中读书时，国文教师萧承舆。为县著名国学家。著举后，不仕进，亦不理地方事。我班临卒业时一次试题“策问”，副题“曷各言尔志”。我文中大意云：如国家民族危亡，当拜谢祖宗，舍身以赴，告黄帝轩辕于地下；如民族国家昌盛，只求茅屋二、三间，卧读唐诗，以至南窗……萧师批云：“圣贤行止，豪侠义烈，兼而有之。”又附一长段批语，大意云：生有此志，吾甚嘉欣，但作来颇不易。如今日反日仇货，我除一洗盆外无它日货，理应焚毁，亦觉可惜。生欲行其志，务求蹈实，凡事从一己始……。

④ 自注：时武中校长王甫田，系王圭田烈士之兄。为我求学武中时博物教员，要我为该校讲演一次抗日到底的问题。时武岗有一国民党黄埔军分校，以分校为中心，三青团活动颇猖狂，吾意甫田师必以此而约我讲演。

⑤ 自注：俗传神话云，鲁班与其妹相约在一夜之间分别建成东塔、高庙。鲁班建成塔时才半夜，故作鸡鸣给其妹。妹妹一急，便忙将碎木捏成两大柱子，故高庙大殿前两柱未刨光。妹知为鲁班作弄，便一脚将东塔踢斜，故东塔自始就是斜的，但不倾倒。

城南法相岩访古

古迹城南法相岩，磨崖历历多宋唐。
书存佳品诗非俗，中有精华可掘扬。
明亡进士说于君①，遁世当年入洞冥。
遗著于今无散帙，穷为独善抑仇清。

登武岗古餐云楼怀旧（二首）②

一

高峰危耸餐云楼，不尽郊原眼底收。
奇香花笼看不厌，洪潮六月满山陬。

二

郊外萑苻鼓噪声③，摇旗跃马迫危城。
楼头远望弹纷发，驻军深沟夜鸣檠。

访城南二邓先生祠④

二邓祠堂武城南，古迹淋漓法相岩。
未向科场求仕进，名高两潘誉逸才⑤。
遗著“云山”研读苦，“白香”“藻川”格调古。
衡论宋学门户扃⑥，淳淳汉学偏训诂。

---

① 自注：明清间进士于思成（应为于子仁——编者），《宝庆府志》《武岗州志》均谓其有著作，今无存。

② 古餐云楼，在武岗城东门口高庙内，已圮。

③ 此指明崇祯十六年，反抗岷王残暴统治的农民起义军曾攻入武城，杀死岷王。

④ 自注：邓辅纶、邓绎兄弟，不事科甲，清政府赠以博学鸿儒，起邓绎主两湖书院，《历代名臣言行录》有传。湖南中山图书馆藏有所著《云山读书记》、《白香亭集》、《藻川堂集》，其中并《云山读书记》稿本八十七卷。

⑤ 自注：明代兄弟同举进士之潘应星、潘应斗，亦武岗南乡人，有著作，惜失传。里人称二邓高于二潘。

⑥ 宋学，主要指宋儒理学，同汉学相对。汉学专重训诂，宋学以义理为主，亦称理学。《宋史》为周敦颐、程颐、朱熹等人特立道学传，故又称道学。后来元、明、清的理学也称宋学。

似未穷根论周程，尚欠王黄根底闳①。
论史独尊汉司马，言诗多称杜少陵。
两湖庠苑盈桃李，盗名窃雕真假横②。
能非汉宋非小节，我岂泥古仰先生。
岂无哲嗣邓幼弥，大癞能诗著星城。
省宪颁日钱散雨，骂尽天下爱钱人③。

资江源（三首）

一

都梁城西资水源，雪峰南麓云山阴。
早年结伴深寻探，无数细流类织纹。

二

反岷农暴黄桥军，颠倒正邪旧志乘。
蔽野义旗连数县，几年穷乏尽扬眉。

三

北去蜿蜒千里程，湘资沅澧汇洞庭。
芷兰自昔多骁秀，他日红旗曜日星。

---

① 王黄，指王夫之和黄宗羲。

② 自注：抗日战争时，在长沙闻人道及，何键以很少代价从邓氏后人手中买得遗稿不少，以己意篡改后用何名刊印。何键曾赠“所著”线装近二十册予余。惜未翻阅，亦未保存。

③ 自注：邓绎子邓幼弥，为王闿运之婿，湘人称邓癞子，夫妇均能诗，随作随毁。贫常不能炊，强里人助酒钱。邓绎门生不少为达官，共醵金数百元予之。赵恒惕颁布省宪之日，邓手持数百银元在贡院坪乱撒，并口呼：“爱钱的人都来捡钱啊！”有人谓“二邓无哲嗣”。

一九三九年春受林拔萃约为统战偕时真由塘田去武岗道中过盆溪抗金名将杨再兴故里

夜宿武岗城东四十华里之龙头桥，闻故老言小云山东南谷口，即宋抗金名将杨再兴故里盆溪。一九六二年偕江明访武岗，故老亦传杨再兴故里为县之盆溪。旋查《宝庆府志》、《武岗州志》，亦有此记述。予旧所见《湖南掌故考》等书均仅称杨为湖南武岗人。但亦有人谓盆溪在今新宁境。按宋时新宁属武岗，此说亦有可能，待考。

将军故里古盆溪，未及探访意有遗。
农民义战起宝永①，奋发抗金战功奇。
威震河岳风雷陡，长胜驱金犬羊走。
身御顽寇制全胜，血战创伤镞满斗。
桧构甘作金儿臣，乞和遗臭万年丑②。
英雄地下恨无穷，大军未饮黄龙酒。

宿秦家桥闻老妇夜哭

一九三九年四月，再应林拔萃约偕时真由塘田去武岗，途中，宿武岗城东六十华里之秦家桥。

暮宿秦家桥，夜中闻哭声。
一儿新病死，两眼早丧明。
病黜财东雇，资绌含哺情。
未为夫骨葬，白首更何营？

---

① 宝永，指宝庆（今邵阳）和永州（今零陵）地区。
② 桧构，指南宋宰相投降派代表人物秦桧和南宋高宗赵构。

横纵到何时

恣情假慨叹，强笑欲乘危。
志士未浮井，阴鹭复何为①？
汗外新民血②，公堂老佃啼。
巨豪连袂舞，横纵到何时③？

忆油塘地下建党工作

一九三九年五月偕游宇、阎丁南、王时真等同志由塘田战时讲学院转入油塘进行建党工作。塘院被国民党反动派围封后，湖南省委决定以我为首进行附近各县地下建党工作。乃与游、阎、王等同志转入油塘李氏旧祠，办理地下建党及塘院善后事宜。集塘院学生中已发展之党员又籍隶附近者，开办两期建党训练班，建立了湖南省委直属下列各支部：金称寺支部（书记王时真）、新宁支部（书记郑圭田）、洞口支部（书记雷震寰）、绥宁支部（书记李子华）、城步支部（书记肖强欤）。其中如金称寺支部，在我与王时真同志离开当地时，已有党员十多人（王时真、吕振羽、吕一平、李树荣、李志国、吕楚成、李毅卿、薛夏、张轸、吕若兰、吕慧能等），以深入埋伏于农村为原则。同时按照省委指示，集塘院被围封时向国内、全省、各县区乡发布之宣言、书、代电等及其他有关文字，编成《战时塘田》册子，由曹伯韩、王时真负责编出，后送交省委。同时，将撤退至附近乡村人员，一一安排疏散妥当。并派李志国同志为油塘识字学校教员。

---

① 著者诗前原注："至武岗，唐国珍约会，有落井下石意，时真不放心乃同去。"兹以诗末句为题。

② 自注：吕新民于一九二四年为豪绅唐国珍、邓诩之等以"通匪罪"勾同驻军谭道源将其斩首于武岗汗西门外刑场。

③ 自注：唐国珍为武岗公堂大地主、大恶霸。

转入山村里，荒庙淘沙金。
塘田烈火后，油塘地下深。
构筑新堡垒，风火变古今
总结旧经验，集汇龙虎吟。
随农篝渔火，采撷入高岑。
训练播火班，识字系众心。
同享今日苦，还有他年林。

一九三九年六月偕时真由油塘回家过田心忆初讲吕金翅师

恂恂吕夫子，遭际足逆横。
落第绝会试，阁束府庠生。
“不要讲相公，同为一介氓”①。
床头惟酒罐，家无粟粮陈。
讲坛新议论，课徒教力行。
蒙求才三月，启我志恢闳。
偕妻过故居，系我木铎情。

听村中人谈房兄新民被杀害经过

新民身长不四尺，家贫年少志欲然。
热心教育创武东，不怕横逆集学田。
庵产一一成学捐，火烧佛像送西天。
僧绅一气生横梗，逮来恶僧成百千。
绅权汹汹不可当，只身间关走五羊。
归来每说陈独秀，此中因缘我难详。
豪绅诬他通土匪，溅血武岗断头场。
每念新民怒火涌，吾乡豪绅尽豺狼。

---

① 自注：乡下称举人为“举人公”，廪生为“廪保”，秀才为“相公”。

望江南（夫夷曲四支）

夫夷岸，古树笼江村。水转山萦层障叠，滩头垅上鱼粮屯，农牧饥寒奔。

夫夷岸，世代豪绅横。抗日开院新潮涌，班班识字千门醒，寒士喜登瀛。

塘田学，遐迩树风声。顽党蜚谣复布谍，兵围三路虎狼行，伪电两册盈。

塘田学，风雨斗争深。建党安排巧撤退，迅雷疾雨激人心，长足入山岑。

观遗书忆吕敬吾癫子

癫子岂真癫，有书满一轩。
无册不精读，无读不批圈。
有子横冤死，有妻随人迁。
痛恨曾国藩：“他是大民贼，
仕清又反清，吃够洪杨血。
杀人如草芥，每杀万千百。
曾军下金陵，纵掠七昼夜。
贪赃空前代，还要把人骗。
湖南乡试考，一语定褒贬。
最是癸卯科，初试我领解。
曾党肆操纵，终榜我名没。
田野二十余，冷眼看世变。”
癫子此言语，每自逢人数。
我今重忆及，颇合当时史。

忆苦大爷

大爷吕德温，小名苦辛，人因呼为苦大爷或辛大爷。三子号白狗、黑狗、麻狗；女号翠兰，卖与同族吕卫卿家为婢，后嫁陈才明。

大爷号德温，吃尽饥寒苦。
合当名苦辛，全家活苦死。
饥寒连灾病，孑存惟一女。
绰号苦大爷，一生最苦楚。
父死逢凶岁，食艰米更贵。
大伯被冤杀，三叔走滇桂。
养母饲幼弟，父子苦苦撑。
忙月为人佣，闲月当脚夫。
白牙永丰滩，连城全州埠。
土产送油碱，担盐供富户。
未明赶早行，向暮争行步。
咬牙抗寒热，饥肠恒辘辘。
一年累一年，筋折背佝屈。
长子黄病死，遗尸白牙铺。
三男去连州，一去永不复。
二男作长工，病死无药物。
年老苦夫妇，一室似鸡窟。
锅空灶长冷，拾柴捡破絮。
幼女卖作婢，夫妻恒嘘唏。
双双苦病缠，无钱怎问医？
亲属知死讯，横尸已三日。
遗孀老更苦，仰活惟纺绩。
代代苦大爷，何止万千亿。

夫夷歌（四首）

一

夫夷曲折汇资水，穿越峻岭出粤西。
劳动鹌原联瑶汉，披荆斩棘携蓝荜。

二

元末汉民来赣西，农军携眷担篓飞。
“打坛”画地联原住，豪夺官贪锁苦眉。

三

明清几度起农军，攻占白仓连紫云。
最是抗清四明众，垦山持戟羽书纷。

四

抗日塘田红潮生，麾坫铎音天半明
山前湾湾夫夷月，渔篝点红似繁星。

一九三九年七月应省委召至邵阳神滩渡

七月，省委通知去邵阳面议要事，为保安全，省委特于城西南郊十余里之神滩渡农家为置住处。省委向我示以周恩来同志电示，令我与王时真同志去南方局。并敦嘱省委妥送桂林市东郊路慕村李克农同志处，由李克农同志安排去重庆。党对党员的行动安全何等爱护备至！

应召至古渡，议事决行程。
未明离溪田，相伴一双成。
日行山僻道，夜宿孤村亭。
秘居农楼里，外围布哨警。
向暮载船去，般般爱护情。

间关去巴渝，党命共竞竞。
星夜回乡里，束装万里行。

同月由溪田至桂林路慕村并携兰儿同行[①]

一、别溪田

相携别溪田，晨兴出家门。
家人忍相送，两亲泪涔涔。
间关行僻道，午渡夫夷津。
夜宿崇岭下，踏破金紫云。
双成旧东伙，白牙居亭殷。
薄暮桂林郊，潜入路慕村[②]。
村人不相识，隐蔽似铁军。
忽来一小童，查根询来因。
引入机关里，维护倍殷勤。

二、过田禾渡（二首）

（一）

晨鸡未发向西行，皓首艄公恳恳情。
夫夷滔滔慨逝水，交亲夜夜望天明。

（二）

古渡田禾出珂金，廿年两度少乡心。
乡农二载拳拳意，黄口菜颜系我深。

---

① 兰儿，即著者大女儿吕若兰。
② 路慕村为桂林市郊区一村庄，当年为我八路军桂林办事处电台所在地。

三、越金紫大岭（三首）①

（一）

巉岖石道过金紫，腰巅村廛十里亭。

结队盐佚连唉咳，山头山麓卡恶警。

（二）

太平大队入资滨，横跨金紫下武新。

里闾农樵争负戟，轶闻佳话传山镇。

（三）

战士双双携女行，间关履险向延城。

白牙镇上盘查密，路慕村中欢笑声。

四、过新宁一渡水见鸣枪围捕壮丁（二首）

（一）

江夏闻已没枪声，抓丁有勇嘭嘭鸣。

螺线如囚丁满道，编作国军“太保”横。

（二）

买丁卖丁抓壮丁，区乡门阀袋袋盈。

观音色相罗汉目，逃亡隐匿每捐生。

五、木兰——时真由征兵抓丁问题谈到木兰

五胡各国强征兵，身老无男女代行。

哭别爷娘驰骏马，扬戈城野显英名。

万夫威武出边帐，一将功成入故衡。

战友不知真面目，“将军何事女儿情”？

若使木兰生此日，必惩污贪抓兵横。

---

① 著者原有副标题：“夫妇携兰儿兼程越金紫大岭（巫山）”。金紫岭：位于邵阳、城步、新宁与东安接壤的大山岭，有紫云山、金紫岭、舜皇山，逶迤六十余公里，其中舜皇山主峰海拔一八八二米。

同年八月由桂林至重庆道中

过贵阳空袭中访郊区苗村

贵阳城外访山围，野果迎宾苦亦甜。
“田土山林会馆产”，汉苗无户不承佃。

贵阳观“娃娃鱼”

鱼号娃娃名不正，分明鲇首青鱼身。
虎狼惯习吃人乐，却把山鱼比作人。

过乌江

水深千丈不通轮，为有暗礁剑戟横。
军家皆道乌江险，红军天降歼贼兵。

过龙里听谈仲家二三事

仲家龙里有故乡，人群俊秀余文章。
至今庐舍多断壁，豪门竞买仲家娘。

过贵州

贵州南北飞车行，莫道地无三尺平。
我信峻崇蕴蓄厚，皆缘苛虐人无……银。
阴雨弥漫晴天少，水源洪涘旱魔横。
四岳群黎百姓愿，地平银富到天晴。

夜宿都匀一山镇来自邵阳新化的筑路工人问乡情

我车过都匀，工友问乡邻。
萍水非无故，口音偶自亲。
湘黔道路梗，新邵鱼书沉。
乡况何须问，寇骑压湘滨。

河池轮渡

河池轮渡渡轮破，一日千车不能过。
西南此路关战计，报章频宣颂赞多。

重庆杂感

一九三九年八月偕时真到重庆（兰儿由南方局送往陕北公学学习），至皖南事变后夫妇一同离渝。

磁器口山村我印刷所小住夫妇联句

山村层竹围，“天书”广印传。
接席皆同志，连床共室眠。
朝朝斥敌机，夜夜惕顽间。
问俗访农户，援手攀岗峦。

董老吴老王明博古等同志到北温泉，约去同住数日并同游缙云寺（二首）

一

相携到北泉，温暖春风连。
提耳说形势，围桌预舜天。
攀登缙云寺，俯瞰嘉陵船。
趋步随耆宿，名山对笑颜。

二

层峰翠笼寺径幽，钟声旦暮出危楼。
壮年长老矜华贵，踏破芒鞋结俗酋。

小住石磄门，南方局命代某民主人士写外交政策问题，进行统战工作

并栖篷屋下，艰苦倍香甜。
竹床连席座，草卷塞墙垣。
无柴甘停炊，买烟罄角钱。
联吟笃伉俪，争斗共怡然。

题照寄临澧合口祖母（三首）

一

巴山澧水三千里，枕上鸡筹剑外身。
寄语婆婆休挂念，双双犹是镜中人。

二

蜀道崎岖坎坷横，瘴风雾雨溪山弥。
扬鞭慷慨骋驰志，比翼嫣婵万里行。

三

危岭缙云势欲倾，嘉陵滩险暗礁横。
源头北溯开宏野，一样江山两样情。

黄桷圩大地主嫁女

黄桷圩大地主王家，与卢作孚及唐家有“三大家”之称，从合川到北碚嘉陵江沿岸土地、矿场、山林、蚕场等。大都皆为此“三大家”所占有。黄桷圩街上铺屋及附近田地山林，大都为王家占有的产业。复旦大学租借的全部校舍及农场等用地，亦皆属他家。他嫁女，复旦大学送了数百元礼物。王大地主为示阔绰，宴请了全校教职人员。

王门嫁女动全圩，住佃家家彩礼输。
敢诉困穷宁得免？为防黜逐暗悲哭。
连朝筵席金千两，全套奁装银万蚨。
卅味川鲜穷海错，花乘前后拥牛奴。

文章“司命”

审查司命意何云？抗日时论不准行。
每扣全文沦雾海，更常删节“×”“□”横。

文化委员会

“国府”文化委员会，毛锥铁戟不容挥。
每月一会成俗套，舌剑唇枪永妙微。

重庆北温泉盛会

一九四〇年秋，周恩来、邓颖超同志来北温泉，我得通知，先期迎至北碚市郊会面；当嘱我如期约同统战关系友人前去温泉相见。此次集会，影响颇深。

温泉会群彦，北斗明路碣。
形势析暗明，方针条晰揭。
明彻若朝暾，深秋似春节。
谈笑寓褒贬，同声斥魑魅。
谆谆一夕话，愚孺可感格。
归途相与语：“黑夜逢明哲；
盛会不可忘，咸愿献一得。”

喜吴泽由常州奉母至川住北碚

道梗途长隘卡横，喜君扶母巴山行。
三峡有险难偏安，两河群英启大庭。
溟濛瘴雾崖危绝，巉错江礁浪激腾。
夜雨寒灯相砥砺，正宜蜀道畅豪情。

歇马场访外庐不遇①

独步寻君歇马场，柴门深锁炊烟香。
嘉陵急涛笼白瘴，半为琐事半文章。

一九四〇年

给时真

相勖忠贞忘苦艰，勤勤磨砺夜常阑②。
安危岂仅夫妻爱，夜夜山头呼我回③

荒村探兄④

兄弟半生阔别长，荒村来探喜洋洋。
贪污群中能自爱，夜昏道上须灯光。
即精技术为民族，应有豪情共国殇。
一日情怀吐不尽，沁人最是新文章。

《简明中国通史》上册完稿（四首）

周恩来同志指示为国统区大专一、二年级学生及高中学生编一简明中国历史读本，进行爱国主义教育。上册（原始社会至战国）一九四一年二月完稿，交生活书店后，正继续搜集有关史料，值皖南事变，党决定我夫妇离渝赴新四军，编史任务未能全部完成。

---

① 外庐：即侯外庐同志。著者与侯外庐相识于三十年代初期的北平。抗战时期，又先后到重庆，著者在复旦大学任教，侯在《中苏文化》杂志工作。两地相隔二十余里，虽交通不便，仍常往还。皖南事变前夕，重庆为白色恐怖所笼罩，某日著者访外庐不遇赋诗一首。皖南事变后，著者奉命去新四军，离渝前曾向外庐辞别。

② 此诗写作约在一九四〇年，著者夫妇已迁住石子山，正写著《简明中国通史》和批判秋泽修二为日寇侵华宣传的反动中国史论。

③ 时国民党益趋反动，特务密布。著者每出活动或去复旦大学授课，时真倘未同行，日暮，时真即赴山头迎唤。

④ 著者弟持平（一九二〇年考入湖南工业专门学校，后转入北洋大学就读。一九三〇年被派赴瑞士、德国等国学习枪炮专业，一九三五年回国）自海防回到重庆，即来石子山探望。

一

稿才半卷离渝城，未完党命心难平。
我负国区菁菁子，投笔善事戎马行。

二

三皇五帝儒家经，道统文章淹史程。
德意自承杂“皇道”，阶级源头淆渭泾。

三

五阶段论史一元，阶级斗争物观篇。
当代史家立足别，谁共陈吴站一边？

四

奴封转变阐革命，“侵伐”“天国”逆史程。
托门日秋外因说，投降侵略史蛙鸣。

“发国难财”（二首）

一

国难当头物力窘，官私豪猾囤连云。
美英奇奢塞滇缅，敌寇错珍壅夔门。
物价妖风日几变，市平官告累空文。
巷闾纷道孔门事，渝港专机日夜奔。

二

何物民需不踊腾？市原灶冷多哀声。
千门万户悬锅铛，巨馆重楼列鼎铭。
杜宇悲啼盈菜色，鲥鱼金腿特行情①。
西来民企鲸吞尽，买办市场高利横。

“黄帝子孙抗战”（三首）

重庆政府拿“黄帝子孙抗战”的口号掩饰口头抗战，并表现其在抗战形势下仍不放弃民族压迫政策。退至四川以后，地盘缩小，乃千方百计排挤边疆

① 重庆大菜馆悬牌有：时菜鲥鱼中段烧金腿 $ 3000。

各省的地方与少数民族势力，并在贵州苗山等地肆行屠杀镇压。宋、孔备财阀资本进入云南后，龙云派受到压迫，闻龙云在“总理纪念周”会上大骂说：“老子云南抗战（有彝族、白族……），老子不是黄帝子孙，你黄帝子孙抗战为什么不到东南去，我云南不要你来抗战……”

一

口头抗战妄宣传，那有“黄帝”号轩辕？
石器炯炯系族夥，史篇彰彰弟兄联。
谬凭古讷歧同视，蒙却画皮逞毒炎。
云南抗战有“彝族”，尔曹何不去东南？

二

民族不平积恨生，国难财阀压滇城。
唐明犹耘“同仁”旨，吴楚长留语汇明。
争权边远虐排挤，委敌东南不斗争。
虽非正义亦严峻，“纪念周”中愤愤鸣。

三

扩兵捕壮压苗彝，鞠旅陈师战马啼。
苗岭义旗痛击贼，凉山血手虐屠夷。
屠民战路恶狼虎，对敌沙场怯鼠鼷。
抗日中华各族愿，反暴西南羽檄飞。

学吟集初草之三

一九四一年三月至一九六二年秋杂咏

皖变后偕时真（江明）离重庆经广西香港上海至苏北道中

一、辞别周恩来同志[①]

真美人间马列心，周详恳切意高深。
床前形象窗前月，寸草涓埃报好音。

二、行前准备[②]

电来脱虎口，展翅向道山。
安排布置妥，行秘束装全。
财薄衣被简，时争分秒前。
同偿心头愿，明朝翔海天。

---

① 一九三九年夏，得周恩来同志电召，著者由湖南调重庆，在周恩来同志直接领导下工作。皖南事变后，党决定著者夫妇离渝经广西、香港、上海前往苏北抗日民主根据地。三月中旬某夜，著者于曾家岩五十号辞别恩来同志，恩来同志百忙中对此行全程作了周详的布置。夜已深。他要著者睡觉，然后才离去。但不久，他想到还有事情没有谈到，又返回。著者立即要起来，恩来同志赶快把他按住要他睡下，自己却站在一旁殷殷叮嘱。事隔多年，著者仍感念不已。

② 自注：皖南事变后，党决定我夫妇离重庆去苏北抗日民主根据地。为减少注意，乃嘱时莹弟从临澧合口时真母家来电："祖母病危，见姊速归。"同时商得复旦大学当局同意，托由吴泽、赵纪彬分别代授所任课。复旦当局因亦未疑，且为办理往返护照。

三、离重庆（二首）

（一）

存亡关键入艰程，通敌蒋屠掀内争。
华北义旗筑人海，皖南事变折长城。
凶残厂卫万民指，灰暗王冠半壁倾。
险历千山途万里，相携衔命渡沧瀛。

（二）

榆关险峻海棠隘，手足关怀万重心。
搪塞护维身试险，殷勤咛嘱情笃深①。
港沪道上谍成网，川桂途中卡似林。
地下交通联水陆，敌顽无计毒相侵。

四、过柳州何元文请游柳祠（二首）

（一）

前过柳州记忆真，柳祠今度洒征尘。
八人进退时论左，三教争鸣哲理新。
举目城头思政友，恫怀“蛇者”慨穷人。
河东遗著文集在，评韩说天万里身。

（二）

亲植桔柑留手泽，祠堂遗爱一香炉。
柳州唐季风情异，南国今朝戎马纡。
天下人民争抗日，极边豪杰撒天书。
柳公地下情何似，身在“大荒”胡踯躅？

---

① 自注：行前住吾弟持平处，琐事均由其代办。过重庆南岸海棠溪时，检查询问甚严，持平以其在国民政府兵工署工作人员身份，出面交涉，并代答一切，而此对持平是颇具危险性的。持平并备信致其兵工署驻香港工作的同学，谓在港如有困难，可找他们帮助。

五、过桂林住环湖旅馆（三首）

（一）

佳胜桂林天下闻，群峰如戟洞森阴。
此行未带游山兴，心事悄悄寄庶群。

（二）

早年常拟粤西游，奇洞俊峰岂爱幽。
大地如今正破碎，桂林阳朔系人愁。

（三）

今过桂林风满楼，环湖道畔系行舟。
行人个个愁眉锁，舫上女男汗漫游。

六、由桂林飞香港

比翼又朝香港飞，春申更当看狼啼。
红心赤胆绅商貌，行到江淮学展翅。

七、达香港

俯观香岛半山沧，电火如栏半暗明。
难忍三元百岁恨，南海日夜怒涛鸣。

八、过上海

洋场十里申江边，罗网神州天外天。
淫雨腥风污大地，纳藏垢秽到何年？

九、过上海喜见《中国社会史诸问题》初版书样本（三首）

日本法西斯侵华宣传员秋泽修二的《支那社会构成》、《东洋哲学史》等书，是在马克思主义外衣包装下的反动理论系统化的东西，系统地歪曲中国历史、东洋历史，无耻地宣传日寇侵华的法西斯理论。我这本小册子，正是与之作斗争的，系从在重庆发表的文章辑集而成。文章在重庆曾受到国民党顽固派的“审查”而横遭删除，并有一文被扣未能印行。上海所见此书样本，虽多所删改，可能系出版者适应敌占城市特殊情况，不得已而为之吧。

（一）

文章杀敌金锥开，“查审”蒋家“×”“□”堆。
港沪有隙能出书，沉沉霾瘴渝州天。

（二）

突遇抗倭沪版样，枣梨行发费筹纡。
惜多删改丧原意，虎口出书总胜无。

（三）

法西史论秋泽文，侵华假马宣“皇军”。
居然陶叶托同契，战士扬戈气吞云。

十、进入苏北抗日民主根据地（二首）

四月中旬进入苏中区，月底到达华中局（盐城）。翌日参加五一劳动节大会，会上看到少奇同志，禁不住心情激动。在重庆时，南方局约定我改名柳岗，时真改名江明。

（一）

行到拼茶心便宽，盐城夜半斗星光。
鸡声催晓号声响，曙色绚绚满早窗。

（二）

襟海带江万道河，鱼盐棉稻鸡豚多。
旧明倭寇窜劫地，匝地烽烟起战歌。

十一、一九四一年六月苏北反扫荡战

盐河六月水盈堤，平野稻禾满腰齐。
扫荡寇军来南北，游击小组起东西。
屠焚直比狼蛇毒，灭寇争扬忠义旗。
铁壁合围梳反复，总输人海一只棋。

苏北寺庙神权

反扫荡战中接触不少寺庙实况，甚感僧俗地主与神权之嚣张。

苏北平原寺庙多，千僧闲罢唱弥陀。
庙高产广佃农夥，长老后院有“客婆”。

学习与反扫荡战结合①

汪朱集里聚高干，政策战争共习阐。
实践理论重实践，活教活学活题材。

听少奇同志为华中局党校讲课

一九四一年夏，华中反扫荡战大胜后，少奇同志即在华中局党校讲课。讲了“中国革命的战略和策略”、“共产党员组织纪律的修养”、“人为什么犯错误?”等重大问题，干部不断地同声说：真开脑子!

三千俊彦集汪朱，胜败廿年识真诠。
贯彻行知师马列，运筹韬略迈前贤。
发扬大政明实质，心怀人民转坤乾。
干部同欣“开脑子”，春风荡漾大江天。

回延安道中

一九四二年春末，少奇同志从中共华中局驻所苏北阜宁单家港出发，回延安，我夫妇随行。四月初夜过陇海线进入山东滨海区，七月底夜过津浦线，九月过平汉线进入晋东南北方局驻地辽县，十月过同蒲线进入晋西北，十二月三十日抵延安，共越过敌寇严密封锁的一百零三道封锁线。途中参加了滨海区、

① 自注：反扫荡战中华中局党校转进至阜宁汪朱集，在战斗中学习。

沙区、太岳区三次反扫荡大战。

一、过津浦线

月拥繁星夜二鼓，风驰电闪过津浦。
沟深垒险锁不住，为有斗星照坦途。

二、瓦岗军（过沙区三首）

一九四二年秋偕江明过鲁豫冀接合部之沙区参加反扫荡战，听地方同志谈关于隋唐间瓦岗军传说，口占。

（一）

辗转沙区并夜行，拊鞍怀古瓦岗兵。
千年往史留传颂，此日新猷柱赤旌。
八路义高声威广，三光惨绝忾仇盈。
万里夜行穿线沟，人山人海近天明。

（二）

尘烟路路并飞扬，长白义旗动八方。
扬铜跃马倾隋社，济困来苏散洛仓。
暗篡明投贼李密，累倾屡起义刘郎。
唐公父子售阴毒，收买离间伏暗枪。

（三）

传述瓦岗忠义众，疾风腾鼓撼黄河。
为抒大地铲平愿，“不向辽东浪死歌”。
投李秦徐凌烟暗，竭身刘翟口碑多。
中华义战充前史，代代农民善舞戈。

三、太行山怀古

太行形势天削成，联宋抗金八字兵。
抗日义旗满敌后，山原人海胜长城。

四、夜渡汾河（二首）

（一）

夜半渡汾河，天风曳禁舨。
舟人迎室暖，车队快骑多。
北斗明前路，南针指远轲。
延安来日到，负戟发长歌。

（二）

间道渡河汾，隆冬踏白云。
东西封锁线，上下贤良村。
人海通途广，山川旗色分。
马列迈诸葛，胸有万千军。

五、十一月渡黄河达陕甘宁边区

河东古渡向绥延，东去大河南向回。
到此情思分外鲜，人声号角尽诗篇。

六、过米脂东一山村传系李自成故里

奴隶万千起义兵，十年戎马锻人英。
农民独自无方向，何必訾言败与成？

七、过绥德西山坳中韩世忠故里

一篓蓬舍秦山坳，戎马群中挺俊豪。
今日我从珂里过，若闻战鼓义声高。

八、采桑子（晋陕所见古烽燧遗址）

廿朝烽燧余战迹，阶级战歌，民族战歌，蒋马残民罪孽多。
白沙黄土烟尘卷，“双减”腾波，生产腾波，“组织起来”开长河。

九、回到延安

年底回到延安，在党中央欢迎少奇同志的晚会上，见到伟大领袖毛主席，夫妇同喜不自支。

回到圣地心花开，八州翘首向延安。
欢迎晚会红光闪，亲聆音容乐无边。

寄时真（延安和平医院）

春到病房赋早迟，边城早报岭头枝。
怜子年来病事苦，拾个闲趣学吟诗。

一九四五年延安

一九四五年秋偕江明由延安去东北道中（十六首选十三首）

柳长春　过清涧小雁门（江明）

辞别红都，连骑并伍。皓月照彻清涧水，马蹄踏破雁门霜，心随明月到东土。秋色宜人，豪情奋舞，更无人觉行军苦。欲吞战果虎和狼，敢向人民来扬武。

夜宿无定河畔小村

停骢夜宿无定河，相逢村农笑呵呵。
青壮争问参军事，为反美蒋愿荷戈。

至碛口马背胨肿承刘忠同志以自乘健骡相赠

美蒋机车我步行，声声鼓角鸡催程。
白山黑水待播垦，赠我爱骑战友情。

夜过同蒲路后自广武镇至桑干河患病　调寄采桑子

关山明月知多少，千钟豪情，万斛豪情，依仗铁骑万里行。　　斗争前路争分秒，负病强行，继又强行，横越桑干月五更。

桑干河病中得句

塞上秋高残月小，山城春雨病骨寒。
心悬辽海思潮涌，夜夜随梦出榆关。

桑干河

河水清清广陇平，农家十户九家贫。
雇贫“双减”斗争后，残破田园始向荣。

过宣化怀古（二首）

（一）

沙陀突厥旧庐疆，独眼将军跃马场。
千里乞师陈敬泪，乞援攘内识亡唐。

（二）

又调寄浣溪纱

沙陀故地桑干边，十三太保曾扬鞭，往事而今已成烟。
抗日烽火满关山，工农千万竞向前，为除三敌启尧天。

夜宿山村近南口

夜宿山村近南口，一户只有裤一条。
善良朴实勤劳甚，白发大娘说情由：
“口内逃来已三辈，辈辈都为日月愁。
山地十年常九旱，东家岁岁苦催秋。
敌伪贪残苛于虎，蒋家衙门火煎油。
上月来了解放军，正为穷人出计谋。”

所见新区都类此，人人要活要雪仇。

卜算子（过古北口）

古北故关雄，千载沙场在。多少英雄战迹存，万里长城寨。　　抗日英雄群，奋战冀辽代。筑起人山胜古墙，功勋常绚烂。

承德清帝避暑山庄

卅里城围圈暖泉，排场约略大观园。
环庄十大喇嘛庙，各族头人赴猎回。

承德大佛庙

瞿昙危立山庄秋，围猎当年起佛楼。
香火销沉堪布恨，小僧争自蓄平头。

自碛口至兴县道中（夫妇马上联句）

驰马林南道，白杨风萧萧（明）。
山川形胜地，北望吕梁高（羽）。

冀热辽散咏（十二首选十首）

一九四五年十月抵承德，冀热辽分局留下，分派工作，任热西地委副书记。东北局指名电调，与江明同至阜新总部。因患重感冒，有肺炎症象，请示东北局，令与李运昌同志同转回分局。分局分派与欧阳钦、李运昌同志负责冀热辽救济分会工作①，并指示方针：救济、调查研究与群众工作相结合，统战工作与对敌斗争结合。后因蒋军进攻，分局决定以救济分会干部为基础组成分局工作巡视团，进入围场、经棚、林西一带工作。此前江明已在热河省委工作

① 党中央电示：由李运昌、欧阳钦、吕振羽同志三人组成冀热辽救济分会领导小组（大意）。冀热辽中央分局派吕振羽同志为冀热辽救济分会副主任，具体负责领导分会工作。

团赴围场开辟工作。

一、送江明与热河省委工作团赴围场开辟工作①

结褵从未远分离，今日送君去热西。
政策精神君自稳，靠牢群众歼顽匪。

二、中共二十五周年诞辰寄江明

——一九四六年承德故宫

十年驰骋西复东，六渡河湟归远鸿。
吾党只为群众苦，韶华廿五未全功。

三、围场早期农奴型耪青

围场主佃说耪青，内有早期农奴型。
资料要属东家有，耪户进门先押金。
中有巨厦住东家，环居耪户蓬棚阴。
每户分地各几垧，收获名义自亏赢。
数户共种地几垧，实物连草归主享。
柴水耪户轮流应，杂差孝敬无额定。
耪户家家缺食粮，春借秋还一根棍。
耪东不能平起坐，耪是贱民主户贵。
有的东家住城邑，二东似虎更横行。
我云这般活历史，能解坟典训诂疑。

四、经棚草原

无边草地千年遗，放牧贫富别瘦肥。
牧主豪夺牲成队，日寇统制剥层皮。
可怜万千贫雇牧，羊皮无着子馁啼。

---

① 围场久在日、伪、地主恶霸等残酷统治下，民不聊生，加之土匪猖獗，出没无常，为害甚烈。当时工作团的任务是：充分发动群众减租减息、反奸清算、剿匪反霸、土改支前……

五、经棚与回族住户谈来历

千户回裔谈族源，道说本土百千年。
惜无余力穷索探，美蒋消除我再来。

六、再咏草地

广野无垠水草肥，牛羊队队马千蹄。
畜群曾由敌伪统，牧主权与奴主齐。
贫雇自牧或零雇，家家夏月穿羊皮。
草地此际呈曙色，唤起穷牧跃马飞。

七、林西怀古①

辽都遗址古林西，衰草萋萋没马蹄。
头下军州奴隶泪②，古塔宿鸟结群飞。

八、蒋匪进攻前完成分发救济物资任务

千吨物资车水微，安排点滴救寒饥。
犹思作谍贼美蒋，复曲斗争坚我篱。

九、惊闻江明牺牲

蒋匪军进攻，十一月迫近围场。江明任热河省委工作团团长兼围场县委民运部长，乃集其工作地区之五区武装自卫队，掩护我机关部队撤退。时纷传江明已在对敌斗争中牺牲，县委副书记蹇先任亦作此肯定估计。

报党忠心早铸成，舍身杀贼死亦荣。
难忘夫妇同袍恩，杀敌报君地下情。

十、闻江明无恙喜赋

陈奇涵同志特告，江明已随我骑兵团胜利突围，到达坝下。

---

① 林西为辽上京故址，尚存辽塔等遗建。
② 头下军州是辽王朝奴隶主政权统治下的一种组织。

传到佳音喜欲然，知君无恙在人间。
恨无双翼腾身展，片刻翔飞到君前。

从林西至哈尔滨道中

一九四六年十二月随江明负责率领之翼热辽分局干部队，从林西出发，经林东、开鲁、通辽、突泉、洮南、白城子、齐齐哈尔至哈尔滨东北局。

一、沁园春（热北辽西行）

万里沃原，草地无边，俊秀人群。看河山矫健，壮饶风景。原驰虎贲，地卷风云。辽代遗都，金宗故地，元帝扬威马步军。千年事，无数争城战，故垒森森。

日寇敢肆凌侵，十四载，凄风酷雨暗千门，集村并家圈，农产统制，牲群掠尽，仇恨满城村。抗日人民义旗招展，塞北关东战歌腾。看今日松辽山野，究竟属谁？

二、过黑庙、罕庙诸大喇嘛庙

莽莽草原一庙辽，庙围俗属堡城周。
王爷活佛僧层别，农牧人身半自由。

三、过西满草原（四首）

（一）

冰天雪地过辽西，岭沟国匪作鬼啼。
冷枪乱向行车射，战士人人斗志齐。

（二）

羊裘轻过薄纱凉，珠挂须眉串串长。
便溺胀得腿发抖，耐苦抗寒有热肠。

（三）

茫茫草原极天边，农牧资源蕴万千。
野草密繁知地厚，平沙多处见流泉。

（四）

白城小市富皮张，灰鼠貉貂野猫羊。

红狐虎豹名贵品，毡鞋靰鞡保温强。

四、抵齐齐哈尔西满分局富春同志备加照顾

雪地冰天两月行，西满分局暖融情。

室外寒温卅度下，党人情谊春风生。

一九四七年初偕江明自哈尔滨经朝鲜民主主义人民共和国至大连道中

一、图们别朱瑞同志

朱瑞同志因公去平壤，自牡丹江同乘车至图们分手，并热情地以互换刮胡刀具作为纪念。

图们江上雪纷飞，君向平壤我向金。

一盒换还情意远，难忘滨海促膝深。

二、过朝鲜民主主义人民共和国

唇齿中朝连图洇，三韩形胜古沙场。

茫茫白浪连天际，郁郁青松障海疆。

落日迷朦富士暗，红旗飘舞牡丹光。

西南遥眺风云紧，暮色朦胧掩夕阳。

三、过罗津港

罗津形势自天成，两臂回环一岛横。

南旅北崴遥呼应，半宵铁道到图们。

四、采桑子（罗津海外远望三首）

（一）

寰瀛有尽天无际，认识无穷，革变无穷，无限微勺

积大空。　　几多先哲殚思虑，揭发穹窿，剖解人丛，芸芸劳作架长虹。

（二）

海里龙宫多富丽！物类繁华，物变无涯，谁跻琼楼摘奇花？　　五洲缩地秦皇法，海上船家，空际金鸭，总当电航闪彩霞。

（三）

漠漠宏宇繁星夥，早于人寰？晚于人寰？变化万殊理势张。　　岂无辽远星球体，共产当场，迈越当场！应有消息到地堂。

五、自罗津至大连航中经海峡望日本（二首选一首）

两邦隔海似长河，袅袅村烟相对过。
犬吠鸡鸣如听见，应教同唱大东歌。

大连杂咏

一、金县探关向应同志遗族

金县城边蓬舍间，白头遗烈喜开颜。
老爹为道先年事，“个个工人听小关”。

二、参观旅顺口军港

旅顺要塞天险成，日俄侵占只孤盆。
陆空此日连南北，新国海疆铸铁城。

三、闻冀热辽分局表扬江明为模范干部志感

未曾战死喜还生，又荷模范干部荣。
激励知君更奋勉，相约根绝利和名。

四、大连送张爱萍同志去苏疗伤

张爱萍、李又兰同志夫妇与予及江明均甚契好，江李尤情逾姊妹。但我们间的友谊完全是建筑在马克思主义、毛泽东思想基础上的，毫无言不及义的任何夹杂。爱萍同志在淮海指挥战斗中脑受重伤，组织决定他来大连疗治，朝夕过从，论史议政，相互印证对毛泽东思想之体会。现组织决定他去苏疗伤，海疆送别，不胜惓惓。

相契双双我与君，气味相同阶级魂。
跃马淮盐桴鼓威，穷经辽海马列文。
杀贼英名寒敌胆，过人毅力壮三军。
海疆送别情难胜，康复明春迓国门。

一九四七年

五、大连酬陈继周同志

廿年奋斗几轮菌，暴雨逆风见笃纯。
吾党从来多异士，腊梅时节又逢君。

一九四七年二月

六、酬白天步原韻①

泥尘匝地乌云飞，揭竿人人展赭旗。
棋局分明红与白，丹心炳灼是和非。
欲从丰沛识韩信，休向关西夸马眉。
江左啼猿哀未已，醒风弥漫混华夷。

七、大连文化台宿舍玫瑰盛开

时我夫妇奉中央指示去国统区工作，至大连候地委与萧理（即冯铉）同志布置交通。未成行前萧华同志令我暂以南满分局代表帮助旅大地委工作，迟迟不能成行，颇感焦急。

---

① 白天即魏白天。

老虎滩头文化台，小园玫瑰朵朵开。
如何岁月催人老，无限春光不再来。
学书未精又学剑，砺我戈矛奋迅雷。

一九四七年夏

悼裴济华同志

裴济华同志系旅大区高等法院院长，老共产党员，安徽人。

早岁奋起皖江滨，生为工农誓竭身。
铁窗岁月磨丹志，地下斗争甘苦辛。
迟暮完婚情切切，深更究反节耿耿。
识君辽海我嫌晚，千里闻耗泪沾巾。

与马辉之同志去哈尔滨过石河驿

我苏军接石河驿，十里墙外踞国匪。
“俄租旅大”到驿头，日侵关东括金州。
河山犹未归正主，墙外匪焰万民愁。
艰苦奋斗辽南党，坚持廊道秋复秋。
我过石河乘拂晓，吉普强行沿海陬。

与马辉之同志由大连抵安东江华刘澜波刘子载程世才等省委诸同志盛情欢聚

行到安东又是家，同堂战友相欢哈。
鸭绿楼头情惓惓，镇江山下笑哗哗。
功成土改春耕盛，地届边关友道花。
斗争繁复辽河浪，除芟盘根利器嘉。

一九四七年四月

朴一禹同志家宴

朴一禹同志即系与马辉之同志和我在延安中央党校一部同学之王维同志，回国后任朝鲜民主主义人民共和国内阁内务相；马、我此来平壤，承邀请家宴。

五千同堂香火情①，来聚雄都乐盈盈。
两条路线论明暗②，百战沙场藐死生。
牡丹红旗开大业，鸭绿义旅砺同盟。
迂回曲折统一业，团结党群旗色明。

平壤杂咏③（五首）

一

乙密台前箕子坟，百千年矣疑难存。
我来访古勘传误，翁仲无言没石文。

二

大同江畔古楼台，多代诗联满壁间。
源远流长兄弟国，交流文物接江山。

三

古镇旧店廿余家，风土人物类中华。
永济仁寿堂号古，处方陈设不相差。

---

① 自注：延安中央党校六个部，共五千人。毛主席说：孔夫子有三千徒众，我有五千徒众。
② 自注：朴、马、我等所在中央党校一部，主要为学两条路线。
③ 自注：一九四八年三月与马辉之同志由大连赴哈尔滨过朝鲜民主主义共和国。

四

结婚堂上证婚词，逐家转音意可知。
人种近亲繁蔓衍，“蒙古利亚”毓灵奇。

五

大同江畔碧云楼，乙密古台战迹留。
五百孤军殉国处，英灵犹占牡丹头①。

松花水涨

长白倾流奔远洋，松花五月似长江。
洪涛卷地凌堤岸，巨浪连天淹“太阳”②。
抢运千帆斗险渡，护堤万众战沙场。
冲锋撼阵连宵夜，保卫名城护麦乡。

一九四八年五月

一九四八年四月偕马辉之同志由哈尔滨赴安东道中（三首选二首）

一、过北满平原

如画风光我欲醉，莽原无限吐黄华。
工农生产竞先进，棠棣联辉焕紫葩。
长白逶迤驰虎贲，松江磅礴走龙蛇。
山川如此多娇健，遍展红旗亿万家。

---

① 自注：甲午之役，清廷和战不定，复受美英帝国主义摆布，军事部署倒行逆施，致海陆两军均相继失利。袁世凯令守军退出朝鲜。左宝贵逆命率军坚守平壤，最后以少抗众，率五百孤军退守牡丹山乙密台拒战。父老传言歼日军千数百人，全军皆英勇战死，并谓风雨之夜犹常闻万马奔腾。盖传奇也。

② 自注：松花江流经哈尔滨之江中心长屿名太阳岛，半没洪汛浪涛中。

二、过通化宽甸之间看川岭

看川岭半与天齐，眼底群山一览低。

群山众海千回浪，骤雨狂风万壑啼。

安东杂咏（八首选三首）

一、卜算子（安东寄江明）

镜里铁头陀，慰我相思苦。辽海风和水暖融，飘逸临风舞。　梦里莫嗔依，横渡同风雨。苦乐年年共斗争，携手迎天曙。

二、五龙背村漫步

村头处处现紫微，春意人情共映辉。

群众相逢喜相慰，儿童迎面笑顽皮。

一九四九年五月

三、望新义州

安东省委所在背靠镇江山，与朝鲜民主主义人民共和国隔江相望。

国门锁钥镇江山，近海名城鸭绿边。

新义安东烟火接，白山浿水中朝联。

南下道中（十四首选十二首）

一九四九年六月与黄凯、伍晋南两同志率辽东干部队南下，离安东经沈阳入关，沿津浦路至南京，溯江而上至九江，过鄱阳湖达南昌。江明扶病携少平、爱梅同行。

一、过山海关

管键关山第一镇，雄关古战累灰层。

骑津挟海迟明宋，塞柳屏边古燕秦。
清顺决争关史局，熊袁劳瘁苦经营。
沈辽津海重光后，“马后”“马前”一样春。

二、过黄河故道

肇昌文化古黄河，千万年来易道多。
洶却英雄盈往史，颂扬圣战起新歌。
治河“国府”劳民卒，救国人山葬蟒鼍。
卷起红旗禹甸浪，排山倒海竞扬戈。

三、过徐州

彭城南北古沙场，九里山前战垒长。
淮阴灭楚炫奇略，辫帅复辟妄嚣张。
斗争频发农民恨，风暴锻成英雄钢。
淮海一战终前史，万众支前过大江。

四、过南宿州

陈吴首义亡秦处，翘首盼看大泽乡。
恍观五百奋雷雨，若见万千跃马枪。
淮泗竿摇“天下裂”，殽函关破子婴降。
农奴推起史轮转，封建皇朝没海桑。

五、抵南京（三首）

（一）

窜亡群丑奔纷纷，廿载皇朝魔穴崩。
群奸卖国夸能手，强盗谒陵想算经[1]。
铁索不固狼蛇穴，雨花频添忠烈魂。
中华从此开真史，春满河山壮大军。

---

① 自注：鲁迅诗云：一同去谒陵，强盗充正经。静默三分钟，各自想算经。

（二）

万户庆新展赭旗，秣陵城上彩云飞。
江头“燕子”迎新色，山下“鸡鸣”报晓啼。
市野再无人冻馁，闾阎尽复汉冠衣。
中山地下应含笑，民族民权大业毕。

（三）

雄师百万下江东，刁斗连营旗帜红。
群丑窜跳如犬鼠，人民子弟尽英雄。

六、与黄凯伍晋南江明诸同志游南京中山陵

中山路接中山陵，蒋党廿年此建营。
遗骨那知陈赝鼎，雨花台畔尽忠魂。

七、过彭泽

江边名邑彭泽城，陶令当年有逸声。
五斗不弯高士腰，三荒待垦诗人情。
桃源有地人同种，浔阳悬琴众共鸣。
若使渊明生此日，诗篇合当战歌行。

八、抵九江望庐山　夫妇联句（五首选二首）

（一）

匡庐岭半构魔窟，玷污名山几经秋。
万斛脂膏千斛泪，长江呜咽日夜流。

（二）

九道茫茫浸浔阳，涤除积垢清江乡。
井岗南望红霞染，同载豪情入赣江。

九、过湖口怀古

赣江锁钥古柴桑，早岁雄镇有周郎。
天国此曾歼“妖贼”，明汉鄱阳决战场。

陈迹千年俱往矣，人民湖口风泱泱。

十、鄱阳水涨一望无际

六月鄱阳吞赣河，浩茫无际万顷波。
龙王应谪东洋底，尽倾湖水灌山禾。

十一、过鄱阳江明病剧作

由九江去南昌夜宿船面，江明病体受不住风雨交侵，突发高热，粒米不入口，犹自倔强支持。

弱躯病兼岁，怎禁风雨侵？
粒米不入口，倔强见丹心。
盘错别利器，苦炼识真金。
予怀难自若，患难两情深。

十二、到达南昌

赣北名都再度来，湖心亭上未流连。
滕王高阁赣江渚，景德磁都鄱阳边。
“剿共”沙场余血债，红军故垒历劫灰。
园工谓历流亡苦，客里偶逢认旧缘。

武汉杂咏

中南局电催，便于一九四九年八月偕江明由南昌到武汉。

一、抵武汉

北伐红都今又来，三镇峙立大江边。
二七风暴英雄血，七五横逆匪贼鞭。
白狗潜逃新夏口，兵工吐气今晴川。
两湖农运开新局，缔造艰辛廿九年。

二、小住珞珈山（二首选一首）

中南局令去武汉大学为三镇各高校教师作报告，并了解一些情况。

两湖书院今名黉，珞珈火薪接八方。
黉里春秋明正误，坛中天地别朱黄。
三千须育栋梁器，万仞同跻科学堂。
日丽山明湖水动，江鱼岭树竞朝阳。

偕江明回东北过山海关

在武汉患脑病，炎热头痛加剧，常彻夜不能成眠，医生谓须易地治疗。东北局命回东北负责大连大学工作，参加旅大区党委，边工作，边治疗。便于一九四九年九月离武汉经北京去大连。

缠人脑病苦天炎，又出榆关向大连。
黑水白山极可爱，辽东子弟唤予回。

参观旅顺东方文化博物馆

即原日寇之关东州东亚文化博物馆，苏军改为今名。日寇曾谬古遗为其“大东亚主义”与“满洲国”服务。

旅顺博馆早亲闻，忙病未遑究古文。
仰韶石器貔子窝，唐史活编“阿木”军。
妄饰同文东亚史，谬图托古满洲论。
历历古遗活见证，任情装扮总非真。

喜大连大学物理电机等系响应号召自制教学实验实习仪器

大连大学是在美帝封锁、日寇破坏的基础上建立的。创议办连大的苏联在大战之后的物资援助亦极有限。为解决困难，大连大学党委便公开号召与深入布置各系自制科学实验与学生实习用仪器。物理系主任王大珩、电机系主任毕德显等便首先利用大连当地的废料废件制作成功。

美帝封锁日破残，仪器缺昂验习艰。
鼓起精神扬自力，提高教学育英材。
拾来废料制精品，节约民财创舜天。
尤促学用相结合，技能思改并趋前。

斯大林大元帅七十寿颂

一

伟大的斯大林！
亲爱的同志和导师，
全世界人民的诚挚友人！
你是我们的太阳，
伟大时代的象征！
你屹立在人类的最高峰，
领导亿万受灾难的人民翻身！

二

伟大的斯大林！
亲爱的同志和导师，
人类最优秀的儿子！
人类有了你，
有了列宁斯大林式的党。

马列主义才得发扬。
人类有了你，有了列宁斯大林式的党：
资本主义都要灭亡，
人类都得解放；
全世界每个角落，
都要放出新民主主义的光芒！
社会主义的万丈光芒！
共产主义的万丈光芒！
伟大的斯大林时代！

三

伟大的斯大林！
亲爱的同志和导师，
人类最出色的巨人！
你，列宁最亲密的战友最优秀的门生！
由于列宁和你，
给人类赢得了伟大的十月革命！

四

伟大的斯大林！
亲爱的同志和导师，
人类最出色的巨人！
在苏维埃国家危机的年月，
在帝国主义武装干涉的年月，
你，列宁最亲密的战友最优秀的门生，
在那里出现，
危机就在那里消灭！

五

伟大的斯大林！
亲爱的同志和导师，
人类最出色的巨人！
在托哈匪帮阴谋破坏的年月，
从你口里吐出无比响亮的语言，
身上放出的无限光辉！
就是力量，
就是信念！
保证了社会主义胜利，
建设起无产阶级的强大祖国！

六

伟大的斯大林！
亲爱的同志和导师，
人类的救星！
在法西斯匪帮发动战争的年月，
全人类遭受灾难的年月
由于你的英明领导，
你的响亮号召，
你的无限光辉，
把你全世界的朋友、弟兄和战友，
连同你昨日的敌人，
一齐动员！
更由于你亲自教养的优秀苏维埃人民，
优秀无比的红军！
才把法西斯武装干脆消灭！
才给人类带来和平。
没有你，

人类历史，
还不知有多长灾难年月！

七

伟大的斯大林！
亲爱的同志和导师，
人类的救星！
而今美英战贩和其各国螟蛉，
又在威胁和平！
但：
我们有你给予的力量和信心，
有斯大林列宁式的党，
有全世界爱好和平的人民，
还有和平堡垒苏联的保证。
我们在斯大林旗帜下，
一定赢得民主和平的胜利！
斯大林就是民主和平的象征！

八

伟大的斯大林！
亲爱的同志和导师，
中国人民的恩人！
在我们灾难深重的年月，
苏维埃国家，
首先把我们提到平等地位；
我们民族和人民的解放斗争，
你和优秀的苏维埃人民，
又给了莫大的援助和关心！
由于列宁和你的无限光辉！
无比响亮的语言！

更由于你的教养，
我们也有了一个列宁斯大林式的党，
保证了我们的胜利，
到而今，
我们就要赢得全国解放。
深厚无比的盛情，
在伟大中华人民的心坎中，
亘古永存！

九

伟大的斯大林！
亲爱的同志和导师，
全世界人民的诚挚友人！
人类最出色的巨人！
全人类的救星！
中国人民的恩人！
伟大时代的象征！
祝你万寿无疆！
松柏长青！

（刊于驻大连苏军政治部《实话报》一九四九年十二月二十一日）

东北杂咏

一九五〇年冬，大连大学分校工作胜利结束后，调到东北人民政府文教委员会工作。一九五一年秋，东北局派兼任东北人民大学校长，直至一九五四年病入关疗养，五五年秋正式离职。

一、五〇冬率工作组视察长春、哈尔滨各高校过唐渤海国故址

靺鞨华夏老东邻，一代豪英大祚荣。

文物衣冠力仿习，千秋满汉谊情真。

二、东北师范大学观西团山出土文物（二首）

（一）

遗物琳琅耀眼开，石陶骨器费摩研。
西团早岁拓荒手，中满广原创史篇。

（二）

遗石松辽旧有闻，何家沟与顾家屯。
石陶遗址布辽海，细石沿西连藏云。

三、增订《简明中国通史》重阅范晔《后汉书》

蔚宗史意迈孟坚，世变“传论”自在天。
力说无神破妄信，敢抑“势利”黜奸邪。
史承华著何容毁，“道述符瑞”岂谓然？
中世史家闻见囿，未决罗网儒薪传。

四、游沈阳北陵书感

北陵散木若清癯，为借时光纂史书。
争斗场中严寸秒，良材那许弃荒衢！
埋头日敲三千字，报党我自心有余。

五、忆郑侃（三首）

到哈尔滨后，郑依群同志谈其兄群彦（郑侃）被日机炸死情况，不胜哀悼。

（一）

蓟门旧友几凋零，“夜雨燕山暗重门”。
“东方问题”“青年社”，卓著才华每忆君。

（二）

文场奇幻动风云，长借论坛起异军。
灶下荒凉薪屡绝，箪羹瓢粒每相分。

（三）

七七劳燕各东西，长汀噩音半信疑。

偶遇依群杨缤姊，激情万斛若接眉。

六、湖南衡山岳麓山两岣嵝碑口占

湘山陂上两遗珉，一样佝偻孰伪真？

隐约虫文著手迹，苗瑶谁家古代民？

一九五一年春

七、近临生日忆母　湘豫道中口占

吾母贫农女，少小苦冻馁。

山窝茆子塘，旱地多瘠裂。

人无一家富，百尺少水掘。

外祖略“之乎”，诸舅垦山土。

贫病相煎频，豪绅更狠毒。

杉竹植成林，荞薯亦有获。

山主算盘敲，全入租息库。

我母善劳作，粗细咸纯熟。

为人绣嫁装，花虫活生物。

园艺手作精，纺车夜喔喔……

同胞孕十胎，七个夭折惨。

劳累哀伤过，头痛又眼残。

有子远离隔，老更痛寡帏。

祖国解放后，垂抚倍香甜。

卅年才三见，有家未能回。

辰日念我母，耿耿记胸怀。

柴达木盆地颂

慕生中同志由青海来京，与我夫妇同住学院胡同一院内。谈及他来京任务：一、初步勘察由青海修筑青藏简便公路较简便，许多地段与草原只须稍为加工即可通车，经六个月至一年可修通；二、盆地盐湖盐层富厚，质甚佳，结晶如大理石，现骡马道均为盐块叠成，盆地还极大可能为储油极富的大油田，拟将初步了解情况向中央汇报，请予夫妇从旁将情况向中央同志反映。我们于翌日即去向林伯渠老作了汇报。林老说：他对盐田油海情况的了解很重要，简便公路是个很好的设想和计划。如情况确切，我赞成他的计划。最好叫他再调查落实一下。

中华资蓄无穷赢，柴达木真聚宝盆。
深厚盐湖填晶玉，无边油海待详明。
原上紫微今闪烁，地中睡宝应觉醒。
廊庙荩筹决策后，英雄儿女待竭身。

西湖杂咏

一九五四年夏偕江明去西湖疗养。

岳飞坟庙（三首）

一

岳王坟庙气堂堂，坐拥湖山带钱塘。
山共牛侯忠烈墓，水连和靖鹤梅庄。
宋君甘作金臣妾，奸桧原为汉贼蛀。
民族家庭今一体，谁能翻案起秦王。

二

束发从戎贫佃子，辽金残暴起同仇。
精忠八字洞庭众，血战三关义士胄。
遮马未酬父老愿，金牌长志宋廷羞。
通金宰相甘为贼，青史无情铸铁囚。

三

当时果直捣黄龙，曲折行程许不同。
早见车书通女真，何来噇社逆元蒙？

风波冤狱千年恨，鄂渚义旗万眼空。
百岁偏安如梦逝，坐看伯颜下江东。

牛皋墓

一冢森严青石栏，千秋忠义满心丹。
果遭奸桧毒鸩死，义旆未回太行山。

于谦墓

沸腾朝议别逃降，抗贼荩谋决主张。
驱走也先来旧帝，复辟恶剧厉疆场。

凤凰顶

凤凰顶上庙院多，帮火团行共几何？
明宋临安早夜市，吴山几度系铜驼。

钱镠庙

十国钱镠尚有庙，颓垣衰草木萧萧。
唐京羯虏凌中土，节度诸侯建小朝。
政虐中原民力竭，天优南国物华饶。
妄叨吴越农桑富，土木侈淫著靡骄。

访绍兴

苍茫无际水乡连，跃进农桑自此年。
探古稽山禹迹杳，访忠市首秋碑前。
周公故里隆群望，三味金锥动万千。
垅上迭垒应化净，市中河沟待清迁。

偕江明参观浙江博物馆上海博物馆

一九五四年五月参观浙江博物馆，陈列品中有漓渚出土青铜镰一件。六月去青岛过上海时参观上海博物馆，陈列品中有青铜犁一件。两件青铜器皆实用农具，并非冥器。不久又于安阳一殷墓出土青铜犁头一件。予早岁为论证殷商系奴隶制社会，其拥有之生产工具则是青铜器为主。为此，并从头研究了世界各古代国家历史，因悉古埃及、巴比仑、亚述、叙利亚的生产工具均为青铜器。解放后，云南出土之南诏生产工具有大量青铜犁头等青铜器工具。

系列万年并灿璃，青铜农器系人思。
漓渚旧器鹤镰钩，沪馆古遗鸭嘴犁。
岂是铜兵石耒耜？原来金属铜斤匕。
中亚埃及遗存富，商代青铜不特奇。

一九五五年夏偕江明探北平旧居后忆董毓华同志（五首选三首）

一

弥漫寇氛华北倾，救亡号角出边城。
义声电迅风雷震，百万学生起旧京。

二

学生群里好头行，联运工农出古城。
抗日武装正热火，何期积劳竟捐生？

三

峥嵘头角依稀是，寻党如饥意至诚。
烽火难忘“一二·九”，念君岁岁动哀情。

北京旧书画铺

偕江明自杭州、青岛疗养回京后，夫妇于疗病中，相携对《简明中国通史》作第三次修订。因搜集史料，常往旧书画铺选购旧书亦不少。每月夫妇工薪及其他收入，除百元用之生活费开支及孩子们学膳等费外，全用在购买旧书等开支。手边书籍已集至六七万册。

古旧书坊立似林，搜罗渠道广而深。
汇书珍重多名版，古砚帖碑有异斤。
明清墨香动我思，匠师画品系人心。
双双非是古遗迷，精选博收待敲砧。

第一届全国人民代表大会第一次会议

予叨议席，赋此志感。这次会议通过了中华人民共和国宪法。

建国今朝大法成，全民立宪论辩闳。
代表分途集阙下，头行选举开尧廷。
民族家庭昭诸族，和平堡垒耀繁星。
群英济济经纶展，马列南针相究明。

悼边章五同志

血管恶癌作暴凶，夺吾战友老英雄。
深究军科扬马列，早扬红旆奔工农。
初接巴山闻伟论，相携辽海共屠龙。
板门店里扬邦威，美帝白旗拜下风。

欧行杂咏（十四首选十首）

一九五五年九月率我国出席在德意志民主主义共和国莱比锡召开之东方学

会议代表团，经苏联、波兰、柏林。会后德方招待访问其各大城市。团员为刘大年、季羡林、齐声乔等同志及赵瑞霟教授，秘书为罗元铮副博士，阵容颇强。与会者除社会主义各国代表团外，有西方国家的英、法、荷及西德等国代表团。东方学会后，中国科学院去电，嘱我代表该院参加德科学院发起的希腊学讨论会。出国前组织指示，就便在德国疗病。德夏利特医院、步哈神经外科医院诊断我患脑下垂体肿瘤。我使馆电报中央，中央电示去苏诊断医疗。在莫斯科神经外科医院治疗中，并遵医嘱去雅尔达疗养。经三次深度X光治疗后，于一九五六年六月离莫斯科，经西伯利亚铁道回国。

过波兰人民共和国首都华沙

平野菁菁万里涯，雄都复建看华沙。
地窖抗战余遗迹，西海苍烟落照斜。

东方学会议

亚欧宿儒聚德邦，东方学术论翻新。
坛上分明敌友我，同惊刮目看华人。

访柏林洪堡大学并承邀至该校中国学院讲中国学诸问题

洪堡古黉千载深，学人铜像立如林。
宫墙古苑耘奇志，哲社巨编皆旧箴。
名坛承邀谈中学，多瑙随兴畅雅吟。
卡尔早年留迹处，东来徒众最铭心。

柏林谒红军英烈墓

战败法西主力军，丰功伟业高霄云。
攻守运筹马列学，东西驰骋电雷奔。
犁庭扫穴穷多瑙，净寇伏魔镇柏林。
我来凭吊光荣感，忠冢丰碑不朽文。

莫斯科红场瞻列宁斯大林遗容

红场肃立瞻遗容，绝代巨人代代崇。
人类历程创世纪，光辉遗教万年红。

莫斯科神经外科医院进行深度 X 光第一个疗程后告江明

中枢脑瘤骇听闻，初疗佳讯报与君。
右野两度扩至六，左野几恢十二分。
似此疗效如续见，三个疗程许解纷。
柏林诊讯到都下，料君酷悬更骇怕。
良瘤恶癌尚难分，致命迅速瘤增大。
生死我早置度外，灾难今朝尚难绝。
惟念涓埃未报党，死难瞑目见马列。
万里一书报刘陆，一介党员表心愿。
我死还念君心苦，有党是家能康健。
深度“X”光疗优异，还有手术作后备。
自信此病能医好，临危我从未泄气。
马列主义确万灵，无产革命真“圣经”。
遵循核心矛盾律，制病起死又还生。
寄语君家毋苦念，万里一书达我情。

离柏林前民主德国科学院请观国家剧院话剧《彼得大帝》

潜离国土习船工，彼得大帝蓄志雄。
眼见王朝沦欧海，图添军威制艨艟。
发张资本岂初意？为挽治权出始衷。
盖棺俄史今论定，保守促前别过功。

过贝加尔湖（二首）

一

六月湖中尚有冰，东风习习吹波平。

西伯山下斡难水，蒙古鲜卑有牧营。

二

雪原层嶂暗行云，贝尔湖边望国门。

满里榆关明日到，名山大水万家村。

进入国门满洲里

车入国门百感生，涔涔泗泪少年情。

明朝妻子重相见，新华门前看五星。

赴吉林视察数则（四首选三首）

一九五七年四月，在全国人民代表大会代表视察工作的统一安排下，我与刘亚雄、李培之等同志赴吉林。

由北京去长春过山海关登关楼远眺

雄镇往代称榆关，襟海枕山锁辽燕。

远眺今朝览胜迹，桃花两侧同时开。

去东北人民大学，员生纷自结队邀请合照，不胜感奋

曾充校园一介丁，手持麈尾拂微尘。

满园花木今成果，慰我当年报党心。

参观第一汽车制造厂

从无到有汽车城，工序层层分外明。

生产潜能过十万，技工成队皆英菁。

同年七月在青岛举行民族事务委员会扩大会议期间与人大各民族代表随总理出海观海军演习

舰若列城机似鹰，英雄挺拔桅如林。
气吞领海金汤固，各族人民心印心。

同月游海中小青岛寄江明

青岛原来名自真，碧波荡漾岛常青。
德日何物施强暴，沾污名园几度春。

偕江明游卢沟桥忆七七抗战

卢沟炮声震名城，旗飞八字山川腾。
师渡黄河先告捷，路分阶段洽舆情。
牢中冤狱禁囹塞，国后群争政令横。
往事廿年回首处，燕台装易跟随氓。

偶读王安石晚年溺佛诗依韵小评（三首）

一

水笼山野雾笼纱，禹过龙门不入家。
通濬九州百姓乐，肇开禹甸万年花。

二

云从大地起，落向地中去。
水汽凝云层，源头自有处。

三

云从水汽来，还作水云去。

虚妄不能寻，胡溺虚妄处？

附：王安石原作

（一）

秋灯一点映笼纱，好读楞严莫忘家。

能了诸缘如梦事，世间惟有妙莲花。

（二）

云从钟山起，复入钟山去。

借问钟山人，云今在何处？

（三）

云从无心来，复向无心去。

无心无处寻，莫觅无心处。

这与《临川全集》所集安石晚年文章所表现出的思想是相适应的、一致的。这表现了他意气衰颓和在世界观上的倒退。

观白石翁遗作画展

一代匠师国之宝，画诗书石光岩疆。

孳孳劳作意无限，留得丹青楮墨香。

一九五八年二月

小院即景

风飘枣粉满院香，两树山梨映海棠。

华实结成千万颗，石榴笼照水莲花。

一九五八年六月五日

中华人民共和国各民族团结起来

一

“中华人民共和国各民族团结起来”！
这是个伟大的号召。
五十多个兄弟民族，
亲如骨肉，
手携着手，心连着心，
并肩前进，
铲平了民主道路上的三座大山；
又在亲爱的祖国土地上，
建设着百花盛开的社会主义花园。
纵然，个别地区还没进行改革，
有一天，他们会跟上来。
美妙的共产主义社会啊！
如今不只是理想，
我们已开辟了坦荡大道。

二

“中华人民共和国各民族团结起来！”
六万万人一条心。
紧紧围绕在中国共产党周围，
保卫和建设民族大家庭、
我们伟大的祖国、
社会主义的花园。
从太平洋到帕米尔，
从滇藏边疆到海拉尔，
在风光明媚气象万千的天空，
在碧波浩渺的海洋，

胜利的红旗到处飘扬。
“地大、物博、人众”，
文化悠久、卓越。
我们各民族人民的祖先，
经历了千百万年，
披荆斩棘，
艰难缔造；
祖国广大富饶的疆土，
锦绣壮丽的河山，
历汉唐元明清就连成一片；
经济和文化，
早形成不可分割的联系。
我们各民族人民，
勤劳、勇敢、善良、智慧，
对人类文化，
作出了伟大、卓越的创造和贡献。

三

“中华人民共和国各民族团结起来！”
坚决执行党的民族政策！
它依据中国历史的实际，
体现了马列主义的基本原则；
它是我们各民族繁荣、发展的南针，
是共产主义事业的路碑，
是同两个民族主义斗争的准则。
警惕吧，各民族的兄弟姐妹！
大民族主义反映过去的民族支配，
地方民族主义会滋长出分裂，
都是腐蚀我们思想的恶瘤，
剥削阶级的毒草；

它毁坏我们的胜利果实，
玷污社会主义的民族大花园；
只便利帝国义的破坏，
剥削阶级的死灰复燃。
不论它在那里出现，
就给予无情的批判和揭穿，
断不容它滋长、蔓延。

四

“中华人民共和国各民族团结起来！”
为着我们自身，
为着子孙万代，
也为着全人类。
帝国主义丑恶的猪嘴，
敢伸入我们美丽的社会主义花园，
就迎头痛击，
把它粉碎！
残余反革命分子，
敢于兴风作浪、为虎作伥，
就把它歼灭！
我们坚决彻底追击；
他要想不自绝于人民，
就只有低头认罪、
翻然改悔。
亲爱的各民族兄弟姐妹！
还有祖国的领土台湾待解放！
那里有汉族人民和高山族弟兄，
祖国统一，民族团结。
是我们共同的职责！

和李老六如七十自寿（二首）

一

七十年来未有闲，只为革命到人间。
河山万里红旗展，劳动人民尽笑颜。

二

古稀喜庆寿筵开，曾度花甲春复来。
预贺他年庆两度，阶级根绝无残灰。

一九五九年六月

一九五九年偕时真携久儿游陶然亭公园（四首）[①]

一

翠柳长堤连远天，浮光潋滟涌陶然。
环湖缓步低吟唱，时有笑声出画船。

二

金代遗廛沉水底，六朝积垢开湖山。
楼移云绘辟图舍，桃李万株花满湾。

三

露天剧院凭山起，群众舞场雁阵横。
最是年年秋夏月，笙歌夜夜到天明。

四

学语“英哥”尚有家，当年饿殍谁为宅！

---

① 久儿即吕坚。

千寻积垢万人扫，今日名园处处春。

答陈继周同志（二首）

承赠予夫妇诗并亲书大幅中堂

一

卌载奋争志节盈，东西南北万千程。
未因坎坷意随转，每直横逆心倍贞。
常忆党黉同习政，难忘海埠共搏鲸。
比邻月月承相问，马列同宗不老情。

二

车斗丘坟三昧之，新知旧学富文思。
论史言文成益友，评诗品画是吾师。
箧中手稿书分寸，笔底春秋别正畸。
我读“双集”余隽味，怀珠抱玉党人知。

附：陈继周（廖华）同志访新居喜作

一别肤施阅十春，那知此地又相邻。
诗书已够供俺读，况遇柳州与采革。
卅年史界乱如麻，议论纷纭一着差。
谁似先生凭只眼，早标马列汇诸家。
卜邻喜近龙门宅，谈艺翻惊道韫才。
我怪眉山苏小妹，唐碑晋帖尽收来。
晚凉天气届初冬，暖日微红树色浓。
半亩槐荫笼夕照，呕心纂述兴未慵。
学术也随国运昌，千秋事业费平章。
斗争应认问题杂，三五年时三五长。

一九六〇年春节家内献词

结褵而今白发生，比翼翱翔不计程。
跃进生涯人未老，奋斗豪概春向荣。
河山处处添新色，公社家家颂太平。
灿烂光华亿万景，大年元旦献新声。

爱梅天中结婚志念[1]

相结为夫妇，比作鸾鹤群。
但愿长相爱，白首两莫分。
马列坚信仰，共产好前程。
祖国万年祜，艰苦共经营。
瑕瑜不相掩，互助各至诚。
相携求进步，跃进比友声。
为公须忘私，鞠躬竭忠贞。
耿耿两亲愿，哓哓未了情。

一九六〇年一月十日

答王树云张锦城等同志提问后自问[2]

四十年来共垦荒，如椽史笔砺锥枪。
旗开红白营分垒，阵共卡伊见短长。
秦汉商周变曷在？铁铜骨石孰当场？
托陶邪说皆陈迹，百氏争鸣细考详。

---

① 著者的二女儿吕嘉，小名爱梅。其夫党天中。
② 王树云、张锦城为著者在中央高级党校任教时的助手。

颐和园排云殿

排云殿上排云起，日夜巡回巨鹫鸣。
清代圆明笼紫陌，辽军台凸扬赤旌。
燕山远障晴岚晓，龙岛兀突波影横。
园外亩陇人片片，欢腾尽是春耕声。

中央党校北楼晨起远望

紫气暖融融，时和预岁丰。
晨光笼万寺，朝日出蓟东。
曙色随峰转，回廊映海红。
穹苍未有际，犹欲乘长风。

观京市航空表演

万人争赴航空会，千顷广场欢声盈。
旌旗闪烁迎风展，雄鹰凌空骋八纮。
俯迎腾翻鱼龙跃，萦回高下自纵横。
吐出明珠星万串，红旌彩球耀太清。
智勇神技翻新样，跳伞儿女皆人英。
激起人人心花放，掌声四处响雷鸣。
且把领空装点好，展翅星际亿万程。

数度由中央党校跃步卧佛寺（二首选一首）

隔岭遥看碧云寺，碧红浓绿染山岭。
胜佳更在林泉外，四季青边大学林。

华峤范晔两《后汉书》答问偶成

“剽袭”成书古帙横，先出华书应有成。
原删诸家范编文，中有史意迈等群。
取材同源记述异，互闻殊见个中论。
旧编简册迎旧政，真迹赝品谁氏分？
史源讹变劳勘修，必去繁琐谬纠纷。

偕江明游西山八大处

奇径幽谷画里诗，万千劳动创多时。
古刹丛碣存遗迹，名囿群鱼跃井池。
览胜爬山寻古史，偷闲究物益新知。
夫妻更喜同风雨，常共支支革命词。

一九六〇年四月

喜闻张凤阁烈士子已入大学并忆刘亚生烈士（四首选三首）

一

关东沦陷冀东倾，华北“特殊”戾气横。
抗日播种同救国，运筹长计每三更。

二

为营同志出囹圄，废寝忘餐苦走奔。
最是锦衣多似狗，亚生曾此陷阴坑。

三

阎军背信乱萧墙，溅血斥奸党有光。（凤阁）

昂首边城同聚旧，送君南去君不还。(亚生)

西江月（民族文化宫）

民族弟兄数十，多采文化绚绚，长河万代交流深，异彩共型增进。
各族人民谊重，斗争永结同心，昔豪贵争权相侵，不是主流休信。

七一忆延安（三首选二首）

一

延安秦川一古城，工农胜地聚红星。
杨家岭上朝霞闪，大砭沟边路线明①。
回天生产破封锁，三段演嬗烛败成。
窑洞礼堂著胜迹，远景长系万方情。

二

常忆延河当日景，垄头窑洞战歌声。
王家坪里元戎帐，宝塔山前国际兵②。
“解放”声音腾八表③，枣园形象拱繁星。
五千徒众集门下，薪火不熄世代明。

至北京大学参加哲学史问题讨论会，北大同志陪同参观旧燕园及新建校舍全貌

北京大学旧燕园，两样黉宫两样文。
五百旧曾燃火燧，三千今庆际风云。

---

① 自注：中央党校校部及一部均在大砭沟。全校六个部，集中五千干部学习两条路线和进行整风运动。

② 自注：日本工农学校设在宝塔山。

③ 自注：党中央的机关报名《解放日报》。

新开崇宇连仑奂，发展争鸣曜紫芬。
旧地重来气象改，百家坛上阵容新。

悼念林老

林伯渠老以心脏病于昨日在北京医院逝世。林老为中华民族和中国人民解放事业奋斗终生，是坚持我党正确路线的中央重要领导同志之一。功在人民，永存不朽。我自一九二六年在北伐军前线袁州六军政治部初见林老，亲聆教诲；一九四二年随少奇同志回到延安后，更时相过从，加之时真祖父与林老为少年旧识，公谊乡情，时加训勉，益我良多。林老逝矣，缅怀我伟大人民战士，倍增戚感。

一

林老安福蓬牖子，早年苦读傲公卿。
日寻樵牧论乡俗，夜究禁书计远行。
家国存亡游子意，山河明暗志士情。
孙黄事业昙花影，马列队里结新盟。

二

回头廿四年前夏，我见林老袁水汀。
革命火炎正鼎沸，卡伊道理细叮咛。
驱逐孙匪走狼豕，领袖六军奋电霆。
盖世宏猷成“祸首”，蒋家新建小朝廷。

三

逆风腥雨牝司晨，星火燎原道理真。
高举红旗开伟业，运筹帏幄展经纶。
分明路线非和是，哪计长征艰与辛。
展布边区关胜败，鞠躬尽瘁白发新。

一九六〇年五月三十日

悼陈赓同志

一九四二年随少奇同志回延安，行至太岳区即进入反扫荡战。陈赓同志大施地雷战术与坚壁清野战术，到处打击敌人，保存和壮大我军。反扫荡战中，陈赓同志表现了料敌如神、指挥若定的才能和风度。这，我们在《跟随少奇同志返回延安》中已有所叙述。

南国突然传噩信，将星陨殁日西曛。
地雷战术歼穷寇，空野奇谋壮我军。
料敌如神指挥定，爱民过己夙夜勤。
邻居比岁时相问，回首沁源意尚殷。

太平天国颂（八首选七首）

——步郭沫若“金田新貌”韵

一

南京条约计年年，破碎河山阴霾天。
唤起君氓尽俊杰，雷霆奔放始金田。

二

义旗风卷出资源，千里刁斗烟火翻。
天地会人齐响应，怒风骤雨出倒悬。

三

百万雄师下大江，金陵建业沥忠肝。
旌旗奔放蒸云动，天国衣冠万里船。

四

西征皖浔争鄂汉，北扼江浦计未全。
东击强敌防堂奥，四路分兵守百川。

五

铸成一错百年恨，杨韦相残自煎湔。
西走石军又分裂，空留“资政”笔如椽。

六

陈李忠贞智勇全，撑持危局丹青妍。
天京沦陷天柱折，紫禁城边山蜿蜒。

七

天国人间看当今，人民革命政权专。
中华遍地红旗舞，锦簇花团处处燃。

一九六〇年十月二十九日

一九六一年秋访内蒙古自治区杂咏

一、内蒙古博物馆

大厦嵬峨气象新，万年遗物细铺陈。
辽金衣冠观蝉化①，索鄂手工数异珍②。
元祖武功超一代，党人志节迈无伦。
馆员争道敬斋事，铁骨丹心党性纯③。

二、青冢④（二首）

（一）

青冢登临凭远眺，平川⑤无际预丰收。
岭树苍葱阴山晓，宫草凋零汉苑秋。

---

① 自注：辽、金衣冠文物与中原大致无异，其中瓷、铁、铜器、织造种种，蝉化之迹尤著；然亦各具特色，如鸡冠壶、长颈瓶之类。

② 自注：鄂温克（旧亦称索伦）、鄂伦春两族工艺品，皆妇女手制，如以兽皮鹿筋缝制之男女老少衣、帽、手套、靴、袜，桦皮作之盒、桶、箱类用具，皆精美。

③ 自注：馆中革命文物均甚珍贵，尤以黄敬斋（即王若飞同志化名）等同志在监狱、法庭等方面对敌斗争之模范事迹，令人肃然起敬。

④ 自注：昭君青冢在呼和浩特市西二十里大黑河畔，冢前树“汉明妃墓”碑石一方，清代以来名人诗文碑六方；诗文或以昭君功比卫霍，或以出嫁呼韩邪单于为昭君抱屈……。自治区内尚有传称为昭君墓者数处。与青冢遥对之汉古城遗址，城成回形，周约五千米，蒙汉人民呼为塔布托拉海（汉语五座土山头之意）者（汉砖、瓦、陶残片随地皆是，并有其他发现）。位于呼市东二十五里阴山麓，今为托里人民公社，烟火万家相望，蒙汉社员亲如一家。

⑤ 自注：土默川平原，南濒黄河，北接阴山，计两万平方里有奇，禾黍菁菁，一望无际，令人心爽。“土默川”为蒙汉语合璧，意即万人川。

托里万家烟火绕，黑河九折日夜流。
琵琶胡语成佳话，鄂博原来是古丘①。

（二）

昭君坟上草菁菁，碑石如林论纷纭。
巾帼有人非卫霍，曲中怨恨意何云？
单于朝阙到帝京，金堂玉马钟鼓鸣。
得为臣婿平生愿，更坚汉匈世代盟。
粉黛何人怀远志？王家有女群中英。
画图添疵不足论，裙钗队里自请行。
千钟雄心少女意，袅袅乡云万里情。
怀抱琵琶协胡语，阴山如砺矢忠贞。
汉宫秋色成往事，一片丹心任权衡。
留得人间传佳话，元海犹称汉外甥。

三、希勒图昭②

萧森古寺香烟销，谁把辽刹托宋朝？
三次亲征垂史石③，千年宏构入云霄。
黄河远上连燕代，红旆凌空颂舜尧。
展望新城看不尽，烟筒林立簇天翘。

四、访汉古城遗址④

塔布古城阴山阿，麻池遗址近黄河。

---

① 自注：蒙语“白云鄂博”即汉语“古老的荒丘”之意。“荒丘”今为包钢基地。

② 自注：希勒图昭，大盛魁财东横匾题为“阴山古刹”，清初就达赖三世讲经座遗址所建，在呼市旧城中心。与此庙并立之古寺，建筑宏伟，住持喇嘛称系宋建，予疑为辽建之误传，此亦为国内可贵古建筑之一。

③ 自注：希勒图昭院井，有康熙帝三次亲征噶尔丹等御制纪事碑，用汉蒙满藏四种文字勒石；文甚简炼，仅四五百字。

④ 自注：此次参观内蒙古自治区汉古城遗址，一为呼和浩特市东约二十五里之汉古城（见前页注④——编者），一为包头市郊之麻池遗址，西南距黄河十里左右，城周约八千米，城址夯土尚高于平地三数尺至一丈左右。两古城遗址范围内，汉砖、瓦、陶残片，俯拾皆是，闻尚发现有其他汉代文物。

山川磅礴龙蛇舞，亭障联营势嵯峨。
岁岁单于起兵戎，十万貔貅夜荷弓。
年年驰骋金河道，边城秋高数惊风。
骠骑将军纾奇策，誓扫顽恶奏肤功。
雄师深入九千里，犁庭扫穴欣来同。
马列主义开基业，人民子弟尽英雄。
“塔布屯”① 里聚人杰，辽塔②遥立参碧穹。
闾阎深处结公社，蒙汉人家乐融融。
禾黍蓬笼腾细浪，江山如画万里红。
呼市风光无限好，烟霞缭绕映太空。
连云巨厦焕新市，路树葱翠皆成行。
更喜少年好身手，赛马场上气轩昂。
艰难缔造万年颂，六亿神州风泱泱。

五、包钢

两山中划昆都水③，建设宏图春向荣。
电库炼焦火树涌，高炉锻石红潮生。
白云鄂博连煤峪④，土默平川接大青。
岂但地灵人尽杰，钢铁子弟更峥嵘。

① 自注：蒙语“塔布屯”意即汉语“五家屯”，为乌兰夫同志故居，曾为我党同志地下活动据点之一。

② 自注：“辽塔”距呼市约三十里，间呼市与塔布托拉海遥遥相对。从呼市遥望，一塔耸立，高入云霄。塔系辽建，今仍坚拔，表现了辽代建筑艺术风格。

③ 自注：大青山（阴山）、乌兰山两山在包头分界，昆都仑河从两山间南流入黄河；包钢沿河兴建，数年间已成一大钢都。

④ 自注：煤峪口在大同西三十里。大同煤与白云鄂博铁，堪称双璧，距离不远，并有铁道相连。

一九六一年秋访大同

一、上下华严寺①

南北户枢古大同，华严并立玉河东。
千年古寺存辽迹，四块石碑记晦翁②。
壁画连环叹巨构，塑雕林立夺天工。
战争历历当年事，革命遗存照眼红③。

二、云岗石窟

平城西亘古云岗，北逾大青接大荒。
雕凿梵宫廿一窟，长留艺苑焕光芒。
匠手锦心著色相，卌年工事万人殇。
昙郎勋业西天梦，沙里众生泣昊苍。
百年世事有余恨，盗宝狂徒太猖狂。
又偷又劫扒子手，华府博院佛成行。
东风涤荡西风厉，还我云岗古宝藏。

---

① 自注：大同为北魏首都平城，又为辽西京。今市内上下华严寺，殿宇构筑均颇宏伟，原皆辽建。上寺于辽大保间毁于火，金天眷三年仿原构重建，其大雄殿为国内现存两大佛殿之一（另一辽宁义县大佛寺）；殿内壁画制于清光绪间，后壁合两侧前壁，乃释迦牟尼事迹连环画，左右偏墙为佛家讲经会连环画。佛家宣传画规模似此之大，为予所仅见；画工细致，颜色鲜艳，每幅均署有画人姓名。今存下寺仍辽建，梁上有“重熙七年建”等字样，嗣后仅略加修整；此乃藏经殿，盖佛家图书馆也。正殿辽代塑像林立，姿态不一，面貌、衣纹……均极优美，尤以合掌、微笑、露齿菩萨像更特出。塑工之佳，为予在国内外所仅见之旧时塑像。剔除宗教糟粕，可体现伟大人民之伟大艺术才能与创作。

② 自注：上寺正殿前檐北端外壁，嵌有从他处摹刻之朱熹墨迹石碑四块，右侧殿檐下有文征明墨迹两面刻石碑一块，书法均颇遒劲圆润，朱字尤雄健。

③ 自注：下寺中殿为抗日民族革命战争时期革命文物陈列室，倍觉亲切、感奋。

一九六一年秋末访武汉

一、谒洪山施洋烈士墓[①]

烈士墓堂气象宏，凛然遗像立峋嵘。
名山今日埋忠骨，大地当年动义声。
浩荡长江急浪涌，神明禹甸睡狮鸣。
三山移落海天外，亿万河山日日荣。

二、访东湖九女墩[②]

天朝有九女，宁死坚忠贞。
骂贼同身殉，丹心万古情。
舟子话前事，眉高语纵横。
名湖添胜迹，山绿水益清。
绝顶古塔耸，屈庙更敞宏。
长天映秋色，江畔听涛声。
同游多硕学，谈笑皆风生。
凉风送归艇，新月正初明。

三、武汉长江大桥

长桥横亘腾波起，万橹千帆东复西。
列车驰骋龙蛇舞，卡轿翱翔虎象嘶。
松沈平原联港澳，藏新高岭突云霓。
还喜东湖风景好，摩天新厦绕平堤。

---

① 自注：二七运动死难之施洋烈士，被难当时，同志及群众收瘗于武昌洪山北麓路侧。解放后，就地建烈士墓，墓前并有董必武副主席题诗。

② 自注：武昌东湖九女墩，据传太平天国九女同殉难于此，故名九女墩。

一九六一年冬访河南

一、郑州殷隞都遗址

废址残垣殷故都，繁华一代见宏图。
依依城阙遗踪在，历历坊场虚构无？
重器无殊铜耒耜，贻规谁看断头奴！
我来访古证闻见，龟骨图书岂瑞符？

二、郑州中州宾馆午夜腹泻怀江明

数十年来意未违，只缘伏虎长相依。
史论争辨红和白，路线分明是与非。
苏北湘南同效死，白山黑水共揭旗。
艰危苦乐知多少！惹我离愁逐梦飞。

一九六一年十一月

三、洛阳杂感

关林春会人如云，洛邑牡丹天下闻。
此日更看囱柱夥，点缀洛涧连城村。

四、访洛阳古都遗址①

名都十代论兴亡，故垒森森近北邙。
白马驼经僧寺石，“殷顽”知化燕谋长。
孝文改制肇宏烈，柴耀均田迈百王。
仲颖德光皆民贼，青史无情辨莠良。

① 自注：洛阳为东周、东汉、曹魏、北魏……十朝首都。顾炎武《天下郡国利病书》、《怀庆府志》洛阳条谓周公所营洛邑，在今洛阳西北，前临涧洛二水；东汉洛京，在今洛阳东十八里，跨洛水，前直轘辕，北属邙山，极平远。所述故宫规模亦甚宏伟。现存故都城址，盖即东汉洛京位置而偏北，南北长约九里，东西广约六里，白马寺等建筑及若干园塵均在城外。城基原约二丈有奇。

邙山兀兀洛涧水，父老含笑话沧桑。

五、龙门石窟

伊水禹开凿，伊阙锁洛京。
两水东西合，一川南北横。
断崖开石窟，艺苑萃华英。
异代相蝉袭，风格各峻嵘。
药方①广扁技，廿品②足玮精。
佛脸金刚目，辛酸工匠情。
径曲壁更陡，崖高泉益清。
公路沿山建，新桥跨岸行。
坦途达秦晋，车马云烟轻。

六、谒龙门白居易墓

龙门白傅墓，青松表圹垒。
诗情冠一代，才华响惊雷。
“长庆”应不朽，风雅香山台。
“长恨”歌悲喜，琵琶泪满腮。
最是“折臂翁”，辛酸苦辣醅。
我来式瞻仰，临去复徘徊。

七、参观三门峡水库

黄河浩荡来葱岭，万里奔流入大洋。
文物光华人俊秀，山川壮丽旗辉煌。
淼淼黄灾纪虞夏，茫茫禹甸几沧桑！
河清今日红旗展，六亿神州尽睿良。
修堤大军气纵横，开海排山天柱擎。

① 自注：龙门诸洞中有药方洞，镌有疗治疟疾、狂言鬼语、反胃、心疼、消渴、疔疾等一百二十方。
② 自注：言著名之龙门二十品。

万顷碧波摇日月，无穷电火曜沧瀛。
古老黄河更新妆，千寻堤坝砺金汤。
三门险道沉湖底，一叶秦川到大梁。

杜甫诞生一千二百五十周年纪念

千载诗豪崇李杜，少陵才调似汪洋。
岂止沉郁冠古代！品德晶莹迈李王。
忠国忧时频溅泪，呻吟蒿莱诗千章。
“三别”吐出万家苦，“三吏”惋转倍忧伤。
百年多病饱离乱，潦倒未易志鹰扬。
诗怀李白见至性，文祭房琯痛楚狂。
“孤舟”三峡哀猿啸，南入岳阳到耒阳。
诗圣万年宜不朽，长留雅咏足三湘。
从来论杜文如海，独惜元白亦皮毛。
世界文坛添此老，文章正气日月高。

偕江明游紫竹院公园

昔年积水沟，今日紫竹园。
层翠笼曲径，奇花出绿樊。
环湖景参差，倒影入水天。
游人纵歌舞，意气自陶然。
园外更恢闳，巨厦联新城。
文章八大校，蔬果四季青。
我来非游赏，阅历广心情。

一九六二年五月

中山公园辽柏

森森古柏参天起，老干苍郁向日横。
千载风霜识良木，七代兴亡饱世情。
满园花木竞芳艳，烈士碑耸教忠贞。
长安路树今成梓，好护老柏作天擎。

悼郑振铎谭丕模同志（四首选三首）

一

谈学论交溯早年，我居城内君燕园。
鉴遗评古首常肯，究到源头亦有违。（西谛）

二

同学青年记岳麓，究心马列聚燕山。
风风雨雨相维护，评谬纠诐文史篇。（丕模）

三

比岁都门重叙旧，过从反少牵纷繁。
展翅同为和平去，漫漫长空竟不还！

八一颂

风雨如晦夜三更，虎啸龙腾压江城。
赤旗凌空山河动，星火燎原北斗横。
奋起受苦人亿万，铲除三山廓八纮。
红色边区开大局，包围城市到天旭。
不把口，不分兵，速决歼敌扬大纛。
弱小胜强大，兵学创新录。

世界战史孰与京！辗转长征三万程。
万水万山历万险，出奇制敌鬼神惊。
八州糜烂寇氛紧，蒋军溃奔似山倾。
深入敌后抗日军，保家卫国建奇勋。
开创基地歼日伪，血染河山气凌云。
人民军队终胜寇，中华无处不欢迎。
美蒋奸谋咸疾首，战云弥漫压细柳。
革命两手振声威，势移强弱大匠手。
辽沈一役贼胆寒，大军到处歼群丑。
雄师百万下江东，刁斗连营千里红。
蒋党奔窜如豕兔，人民子弟尽英雄。
神州再造高日月，普天同声歌东风。
革命干城世无敌，红星炯炯功业隆。

听少文同志述台湾思乡诗

今夕知何夕，他乡说故乡。
看人儿女大，为客岁年长。
戎马无休歇，关山已渺茫。
一杯柏叶酒，未饮泪千行。

九月二十六日访通县北寺人民公社翟里大队

秋高意远车驰飞，不尽骄杨展翠帏。
渤海新潮腾旭日，燕山红树薄晴晖。
房场处处谷粱满，社队家家鸡豕肥。
汤旱七年迟逸马，便便周道五星辉。

史可法诞生三百六十周年
应约题扬州史可法纪念馆

阉邪横逆燕辽倾，马阮刘韩聚南明。
神州板荡风雨日，犹罪东林济寇兵。
谁与黎元图匡济，铮铮阁部见忠贞。
志坚身危心益苦，奸蠹盈廷骄惊伍。
梁令纾策识奇谋，荩划淮扬系各部。
敢有遗恨失亲仇，孤城粮尽夜三鼓。
中华男儿宁断头，敢屈志节同诸竖。
梅花岭下读书楼，英雄烈士共千古。

学吟集初草之四

壬寅冬访山东湖南杂咏

由北京赴济南道中口占

十一月四日与刘导生、金灿然、赵纪彬等同志同行赴济。

驰车京沪道，时彦欣同群。
旭日耀金柳，远山接白云。
秋庄归囤满，春作备耕勤。
历下前边是，齐烟九点分。

重访济南感赋

一九三二年由张家口回北平，闻国民党反动政府北平行营拟逮捕之抗日同盟军人员名单中有我，乃以友人之助潜来济南，就大明湖图书馆钻研古史，于古陶、古泉方面得该馆馆长、古陶泉专家王献唐氏教益不少。同时研究了淄博等处中外企业情况。后闻国民党反动派一次禁书密令中，拙著《中日问题批判》一书，与署名瞿秋白著《中国往何处去?》、中译恩格斯《反杜林论》三书同列一纸，因于闻讯之当日，既潜踪离济，亦未与献唐言别。此次重来，济南已成为我社会主义祖国的名城之一，各方面均欣欣向荣，面目已完全改变，诚令人感奋。独是闻献唐已于去年逝世，追念旧游，亦有不禁戚然者。

投止历山忆旧年，腥风淫雨阴沉天。
周泉汉瓦资摩勘，剩水残山苦探研。
闻道禁书名在榜，为攘厂卫手空拳。
重来面目已全改，独念旧游已戚然。

孔子逝世二千四百四十周年①

稷下盛文采，“群彦今汪洋”②。
尼山不朽业，精粕费平章。
传经启中世，“梦周”意彷徉。
“春秋”创史例，三代因革将。
丹心“严夷夏”，“栖栖”叹楚狂。
“诲人”树师表，“愤”“悱”著义方。
修己嘉言振，“克、伐、怨、欲”“讱”③。
“笃敬”“行”无间，朴实“言忠信”④。
“毋我”、“意”、“固”、“必”⑤。
“忮”、“求”诫谆谆⑥。
川上慨逝水，洙泗盈后进。
阙里三千子，八九皆贤士。
杏坛同穷经，派衍见殊旨。
孟荀论善恶，学行别韩李。

---

① 自注：注文引语除②外，均见《论语》、《仲尼弟子列传》、《孔子世家》等书。
② 自注：借韦应物句。
③ 自注：“子思（原宪字）曰：‘克、伐、怨、欲不行焉，可以为仁乎？’（马融曰：克，好胜人；伐，自伐其功；怨，忌也；欲，贪欲也。）孔子曰：‘可以为难矣……。’（包氏曰：四者行之难……。）”“子曰：为之难，言之得无讱乎？”“孔安国曰：讱，难也。”
④ 自注：子张“问行。孔子曰：‘言忠信，行笃敬，虽蛮貊之国行也；言不忠信，行不笃敬，虽州、里行乎哉！’”就是说，言要诚恳老实不欺诈，行要忠忱切实无贰心。
⑤ 自注：孔子教人要“绝四：毋意、毋必、毋固、毋我。”何晏等人注释均非是；实则，就是教人不存成见，不强人同于自己，不固蔽或固执己见，不只从自我设想或不要只看到自己，也就是要虚心。
⑥ 自注：孔子教人要“不忮不求”。“不忮”，就是说不心怀怨恨；“不求”，就是说不追求名利。

仲舒谬“天人”，经文辨伪真。
突起扬王辈，衡玄耀北辰。
何学杂儒道，牝鸡竞司晨。
“道”“性”迷退之，文章开新津。
韩柳本源辨，河东有权衡。
濂溪穷“太极”，关洛起争鸣。
朱陆辨同异，“理气”欠分明。
余姚阐心学，源浊流不清。
入室异军起，泰州一灶丁。
梨洲绝帝秦，船山萌革新。
东原承习斋，工夫非等伦。
魏氏公羊学，穷变新义伸。
长素倡改制，中西两弗淳。
余杭《訄书》作，衡阳传火薪。
南北会群英，人材斯为盛。
学理宗马、列，秉炬细论评。
名城佳胜多，泰山足砥行。

访曲阜孔庙

紫殿青宫孔子庙，万株古柏凌霄枝。
文章灼灼传中世，犹有余晖映碧墀。

偕刘导生金灿然诸同志登千佛山探千佛残雕

同登千佛探雕崖，济上明珠九点烟。
历下古亭遗古迹，龙山遗粹万年前。

韶山谒毛主席旧居

诞降巨人处，韶山旭日红。
五洲同仰颂，声气叶东风！

一九六二年十一月二十五日

参观湖南革命博物馆

工农革命起三湘，溅血当年痛国殇。
瞻视遗存袍泽感，后生型范仰元良。

一九六二年十一月二十七日

参观湖南历史博物馆

殷周彝器汉砖瓦，玮丽琳琅南楚丰。
除剔发扬看此日，文章华国赋春风。

一九六二年十一月二十七日

参观湖南中山图书馆

学海华英三百万，厚今薄古启文明。
船山学社昭遗范，“格物致知”首力行。
天禄琳琅简策满，龙飞凤舞铸雕盈。
千车万库凭摩钻，为跻高峰越障横。

王船山逝世二百七十周年学术讨论会

“天崩地裂”遘阳九，江海横溢泣孤忠。
遁迹苗瑶同敌忾，改名易服志恢宏。

丹心一片通黄顾，拒秦三户起兵戎。
茅舍数椽湘山陂，苍苍衡岳蔚英奇。
深研苦钻节高亮，为攘鹰犬月三移。
究穷理气迈前代，探索天人妙幽思。
揭破程朱非明宋，陆王心学更乖离。
论史竭精阐理势，未临堂奥窥藩篱。
岂但皇统“可禅”“继”，革命改制萌新旨。
好个“人欲”“天理”章，铮铮诸子谁堪比！
千载纲常品从头，龙舟会中别丑美。
诫子条条越常套，钢铁斗志垂后起。
宿学菁英集星城，雄谈宏论起争鸣。
工夫何止传“正学”！精粕表里自分明。
湘江北去淘沙金，岳色南来变古今。

一九六二年十一月二十九日

登岳麓山瞻黄兴蔡锷墓

岳麓山头黄蔡坟，古庠名刹湘水滨。
虫文隐约岣嵝碣，红霜枫林爱晚邻。
“白鹤”古泉澈冰玉，“望湘”耸立三千春。
楚山不断来黔桂，湘波奔流入洞庭。
腾翻五岭控粤海，大江东去接沧溟。
三元义声销沉后，洪杨而后又夷沦。
逆流激起怒涛涌，志士群起倡革新。
三湘从来多英杰，名山有幸瘗成仁。
少年仗侠击恶盗①，“兴华”结盟信有因。
手持三尺频倡义，海天筹运费艰辛。

① 自注：汪根甲师云：克强先生组“华兴会”前，曾仗剑任侠。某夜，遇匪盗掠河西一农家女，乃仗剑纵马驱走匪盗，将少女送还农家。

三镇首义纡筹策，神州鼎沸清社泯。
名连中山应不朽，岂同渔父谬“二民”！
“惊人事业付流水”，泥土圭冕不帝秦。
依依“猿鹤”无端感，寂寂“鱼龙”叹孑身①。
覆清未能兴“民国”，墓表峋峋青石珉。
茕茕三门缝工孺②，头角初露试童子。
仗义结盟除学阀，亡命东瀛两奇士③。
辛亥举滇同响应，表率西南规范宏。
韬晦遁迹古北平，反袁未计死和生。
刘氏夫人志虑远，策奇制敌月三更。
平康有女识国士，智绐巨憝到滇城。
洱海义旗联黔蜀，领袖反袁百万兵④。
袁死兵解盟约散，未能展志搏巨鲸。
滇疆新政试民主，内务军令盈蜚声。
壮志未酬身逝去，江山悠悠万古情。

偕江明访岳麓山过水陆洲

湘江中嵌水陆洲，一水中分过潭州。
隔岸两庠连古渡⑤，崛城一阁瞰长流。
新黉此日环名岳⑥，长缨当年满万陬。

① 自注：引语均见克强先生诗文。
② 自注：松坡先生之祖迁今洞口三门，父、祖皆为缝工。
③ 自注：松坡先生与唐镠（璆）、萧瀛洲同应童子试，考取郡庠生后，即结盟至武岗，迫兵饷局坐办某公布学款收支情况，被殴；乃共约乡人痛打学阀，蔡、唐即逃至长沙入时务学堂，得识梁启超，后又亡命至日本。
④ 自注：松坡先生回滇后，联合贵州都督刘显世、川军司令（?）戴戡，共举反袁义旗，推松坡先生为总司令。
⑤ 自注：古岳麓书院（今湖南大学所在）与城南书院（前第一师范所在）隔江间长岛并立于湘江两岸，因朱熹、张栻同时分主两院，往来之古渡因名朱张渡。
⑥ 自注：解放后，环岳麓新建有湖南大学、中南矿冶学院、湖南工学院、湖南农学院、湖南师范学院、湖南科学院等著名高等学府。

更喜株洲潭市厂，电光迎接橘洲头。

偕江明与谢华等同志由长沙去衡阳访船山故迹回游南岳（十三首选九首）

去衡阳道中

南国风光记衡阳，祝融崇峻岳苍苍。
云断九嶷迷帝子，气吞云梦压荆王。
百年烽火开新局，万嶂乔松缀梓乡。
我自驰车三面看，河山壮丽画卷长。

访王船山故居

船山故居曲兰东，瓦屋三间旱陇中。
手植青枫高百丈，开门长对万株松。

探船山墓访墓庐遗族（三则）

一

三尺黄冈阡石峋，青松环障自为茔。
脚头溪水清澈甚，“南国文章第一人”。

二

墓庐遗族尽农民，家口散居百几人。
为道船山家旧况，“旱田两石近亲邻”。

三

道器究评敷义新，宋明庠苑翻秋春。
汉家江山存正气，南国儒林第一人。

衡阳市观船山展览会

一代哲人翰墨香，连环巨构遗踪详。
船山学养多踏实，行言百业器论张。

登南岳半山亭望回雁峰

葱苍南岳何崔嵬，北雁年年到此回。
飞雪化成洞庭水，流向泰山浴日来。

南岳宫观心月和尚手刊五百罗汉图

如何剃尽冲冠发，来携名山两袖风。
不信瞿昙空色相，但随天国预兵戎。
大业垂摧逆韦难，一肩孤忠类转蓬。
归来心事凭谁诉？笔底春秋付雕虫。

偕江明访湖南大学

同到岳麓日初晨，纵目远山动旧情。
苍茫岳色连云梦，浩荡江声下洞庭。
六君子堂遗迹在，爱晚古亭新貌闳。
新黉栋栋足仑奂，雄立湘滨大学城。
访旧同学多为鬼，北海碑前哀吟生。

爱晚亭

寻旧特来爱晚亭，依稀香火昔年情。
同游指路人何在，令我难禁涕泗横。

长沙送吴泽回上海

夏腊星沙送客行，声声汽笛别离情。
念君远在春申浦，细雨和风共放鸣。

夫妇同登天心阁远望

同登天心看长沙，旧市新城廿万家。
烈士塔头扬赤帜，麓山青障透红霞。
河西黉舍著多校，湖畔文坛放百花。
风物乡山今日好，绵延湘水接天涯。

又自天心阁望稻田女一师故址①

天心阁下古稻田，担笈湘灵记万千。
兰芷亭亭金玉性，斗争豪慨步城南。

偕江明与刘寿祺诸同志由长沙去邵阳市过隆回桃花坪、洞口高沙，访武岗过新宁至塘渡口邵阳县委探塘田战时讲学院旧址转邵市

由长沙赴邵阳市道中（四则选二则）

一

朝别星沙雨雪纷，昭陵冬日破残曛。
眼前景物多新象，几处烟囱高入云。

二

长宝道中频纵目，水光婵递山乡高。
陇田到处堆肥满，增产明年看早朝。

玉带桥

东塔寺边玉带桥，宋明遗建公输高。
洞涵巩月迎舟楫，仑奂悬厢拥阁翘。

---

① 自注：江明在稻田读过书。湖南第一师范校址即城南书院故址。

风雨常经三丈浪，烽烟曾聚万根矛。
妄阻红军桥址毁，法西国贼罪难逃。

东塔寺

古寺残垣无片瓦，旧碑林立竟无存。
杀人如芥盈城野，罗掘俱穷拆寺亭。
淫掠官兵冷万灶，政苛虎狼累多门。
何薛周谭今安在①？“民贼”而今皆自焚。

法相岩②

四十年前几度来，邃岩古迹每徘徊。
洞如堂奥添奇峭，诗镌唐明字丽环。
嫉俗拒清高士志，潜修苦读逸人才。
人民今日开庠舍，生产文章耀万山。

餐云楼

岭头楼阁可餐云，烟火城郊万道村。
资水蜿蜒联七泽，云山迤逦绕三门。
茅坪豪族祠堂宴，郊野忠贞义士魂。
珍贵百年争斗苦，艰难缔造奋殷勤。

过新宁沿夫夷水右岸金紫岭东北麓赴邵阳县塘渡口

新宁县委以刘坤一宅舍为机关，洞口高沙区委以伪乡长宅舍为机关，均未新建

一

官绅院宅作机关，节约资力办建设。

① 自注：闻武岗许多古建古迹，均被前伪湖南第六区守备司令周伟、谭道源拆卖，薛岳、何键甚至将古碑拆作军事工事。

② 自注：武岗城南法相岩多古迹，磨崖多唐宋明人诗，传明末进士于思成避世居岩中，为拒清抑其他无可考。二邓先生亦常读书其间。今武岗中学移建岩首山上。

旧式房舍新安排，三面红旗并鲜艳。
党令储资重节约，生产排场严区别。
县区这样作得对，我从此处看风格。

二

立锥土地生财源，熟耕沃壤重农田。
荒山废丘多开建，平坝耕地少沾连。
作裁计划握全局，建设宏图系百年。
这般安排劳远虑，每观新建意陶然。

过新宁沿夫夷水右岸赴邵阳县委（塘渡口）

明媚夫夷金紫光，河山迢递著新妆。
冬余不见冬城色，葱绿田园入画窗。

陡石潭（二首）

车过河边易家，遥望陡石，感今昔对比。

一

陡石潭水深多寻，峭壁奇崖入岭岑。
松竹连峰笼翠绿，萑苻成股据丛林。
潭鱼肥厚归金秤，鱼妇萧条敲夜砧。
夫妇驱车过故里，新山新水沁人心。

二

姊妹不同阶级身，送鱼还米偶相亲。
平时苦乐相悬甚，穷富姻亲亦越秦。

过白仓四尖峰下

纸产四明旧有名，公文“连”“史”质双真。
明清两代迄民国，专利豪门几百春？

偕江明与刘寿祺等同志由邵阳市经隆回桃花坪、洞口高沙市、武岗、新宁至邵阳县塘渡口访塘田途中（九首选三首）

一

青山绿野饰隆冬，社社冬庄足茁蓬。
油菜丛丛葩偶试，春苗葱葱蘖初荿。
夫夷江面帆如织，牛马司前车贯篷。
喜看家山容貌改，乡歌惹我耳偏聪。

二

邵市渡轮接轲车，和风随我到桃花。
跃进烟囱伞石下，新开渠坝浇高沙。
竹篙塘上新车渡，云山脚前公社家。
重到都梁欢乐满，唯寻遗烈每兴嗟。

三

苗山万道奔四明，塘渡口头新邵城。
两水资夷大罗会，山原横纵坝渠萦。

到塘渡口

十年荒岭建新城，人力如潮气概宏。
填壑平坟乘废地，开园兴学办寮瀛。
水陆交汇新景象，农林并茂涌潮声。
乡山喜看红旗舞，社干如云迈进情。

偕江明回塘田探战时讲学院旧址并访旧，省委刘寿祺同志、县委张玉清同志同去（十三则）

重回塘田廿三秋，万里江山红旗飘。
夫夷荡漾入海远，金紫巍峨入云霄。
旧人迎面横热泪，痛心当年说恩仇。
塘院自昔非孤岛，识字班通处处桥。

殖荒播种劳多手，党命南针日月高。
斗争起伏腾波浪，浪卷疾风翻新潮。
查办伪电盈两帙，报章肆蜚特务刁。
薛贼兽兵三路来，杀气腾腾妄暴雷。
护院众人多穷苦，御匪防顽夜常午。
话别会上义愤填，蒋党委员如鼷鼠。
按步撤退工作好，未遗顽贼一根草。
斗争历历探遗址，逆水危舟未惜死。
喜看菁菁村干材，识字儿女亦成梓。
满堂社干尽俊英，乡土传统共论评。
同赞我党领导好，抗旱增产斗志腾。
三年水利连成套，从此不怕两月晴。
诸侄来会意殷殷，朴实情爱一片心。
要我回家住几日，牵衣拉手泪涔涔。

七律四则

一

奇秀夫夷画不真，周回到此若环珉。
沿滩陇里长渠绕，金紫岭前车路新。
旧地重来多故知，故山随至皆新人。
田园日暖歌声满，古渡绿杨尽可亲。

二

平石潭头绿更浓，石峰峻丽万山空。
田畴梯叠高金秤，湾渚萦洄到罗公。
片片果园随岭转，家家公社笑颜迎。
社员好问当年事，童小爱歌东方红。

三

膏火担簦卌年前，萑苻风唳难成眠。
抓夫派捐阎王殿，欺弱凌贫绅士权。
敢操生杀由团董，竟夺利权到学园。
门墙舞浴春风赋，惟念程门意惋然。

四

日帝兽骑压汉皋，兴庠讲学布新潮。
马列学说巨涛涌，陕甘红旗万众翘。
入园三百多贫苦，识字八班尽佃樵。
十月斗争如烈火，炎炎烈烈速成陶。

塘田话旧

一

解前起义老山区，邵武新边飞羽书。
除劣反顽扬正义，红旗竖立向赤都。

二

蜡树坳中行之家，车过珂里忆天涯。
麓山夜雨同窗日，沪上雁书几度赊。

三

理发工人老船夫，无限情怀泪满珠。
双手紧握话当日，旧情新谊倍真笃。

四

突遇王姨热泪迎，识字女孩社干身。
远望花石情并重，卅余儿女应成丁。

五

塘院当日一厨工，今朝公社植棉模。
相随终日情殷恳，坚赠菜卵感我衷。

六

车过对河未返里，侄们探我到塘田。
相逢旧友多新干，喜看家山富稻棉。
山山松竹迎春意，队队千群冬作回。
丰乐毋忘旧时苦，先公后己到尧天。

塘田赠诸侄

溪田旧茅庐，山径通远途。
垄间穿小溪，松高百丈余。

村邻皆亲族，饥寒别有无。
革命土改后，社资道路殊。
同心卫集体，岁岁添仓储。
将来到共产，幸福接天衢。

诸侄谈牧业忆掌子珐乜牧场

幼年常牧处，总角结同群。
草场形似掌，四面桐茶林。
折枝作枪剑，战阵分两军。
老辈谈古事，贫富苦乐分。
摔跤翻筋斗，捉迷动若云。
群儿皆自牧，同族别富贫。
拾柴割青草，歌声互纷纷。
卅八回故里，叙旧忆所云。
同牧多为鬼，潸然欲断魂。

说狮子湾

狮子湾潭石俏狞，肖狮肖虎肖战陈。
狮子潭水深千尺，陡石百丈像画屏。
古峰顶上古峰耸，金紫蜿蜒势奔腾。
山崇水秀田野阔，十家却有九家贫。
豪门都占狮子景，冤仇更比狮子深。
几次杀官打差吏，官家镇压血淋淋。
自从有了共产党，长夜漫漫迎黎明。
人民奋起游击战，红旗迎接解放军。
河山从此属人民，共产主义万年春。

访邵阳师专

来访师专心似潮，师资任务农村高。
须为共产培后代，植树植人费辛劳。

昭陵今昔

邵阳市旧日除电灯公司外，无现代工厂。今为邵阳地委、专署所在，已兴建了有一定水平的造纸厂、金笔厂、皮革厂，传统工艺竹器制作与毛笔制作亦均有所发展，市东郊车马司煤矿亦已开挖有相当规模。潭宝铁路建成后，已与涟源钢铁厂、湘乡铝厂及长、潭、株各厂连成一线。

资邵双流会邵城，昔年阴雨锁双清。
爱莲池上女儿学，烟雨楼头志士情。
奴隶翻身兴厂矿，竹工新艺著声名。
涟源钢铁煤牛马，长宝列车日夜腾。

自邵阳市转长沙再过湘潭湘江大桥

江水绕墩分股流，扬帆轮舸下潭州。
层桥驰骋连车舞，林立烟囱万座楼。

偕江明自长沙回北京道中（六首选四首）

别送行诸同志

又别星沙向京华，何处有党不是家？
折来一枝情无限，满园腊梅正试葩。

过汨罗吊屈原

泽畔行吟发浩歌，声声金石翻江河。
楚秦成败关兴替，何事怀沙入汨罗？

过岳阳纵目洞庭望岳阳楼

隆冬丽日过巴陵，不断青山送我行。
洲白渚清船出进，岳阳楼上飞五星。

过武昌念李鹤鸣师①

今过武昌未停车，心事拳拳系珞珈②。
立雪当年蒙解惑，担簦一帙走天涯③。

一九六三年春

① 李达，号鹤鸣，是马克思主义最早在我国传播的先驱，也是我党创始人之一。
② 珞珈山，武汉大学校址所在地，李达时任该校校长。
③“立雪”，典出“程门立雪”，表达著者对老师的深挚仰慕之情。担：举着。簦：古代一种有柄的笠，类似伞。

学吟集初草之五

癸卯杂咏

文天祥死节六百八十周年

文山忠节古颂多，千秋同议“正气歌”。
少年拈鳌寻常事，临安岁月苦逝波。
宋政阽危民疲苦，蒙军如潮压川楚。
守土军民皆善战，督兵贾贼怯鼷鼠。
宋廷惶惑如鼎蚁，君臣争欲走海浒。
突发义声止迁都，身挽狂澜钱塘浦。
义旗枉扶宋社庙，文山被黜到赣州。
小朝廷，君臣僚，
只图苟安惟畏敌，十载时光任逝流。
坐看忽烈饬部伍，南下东进疾如雨。
廷议权臣尽主降，陈相逃命走南渚。
赣城集师张义旗，湘鄂遐迩羽书移。
亲率赣兵出江津，结营平江作北屏。
抗议犯颜救时策，手折降旗力战陈。
志坚兵弱心更苦，乱命出使到敌营。
义正辞严伯颜忤，生杀由人系囚囹。
镇江脱羁拼死生，出入敌屯到淮城。
李帅疑变坚相拒，孤忠方寸何能明？

只为救国早亡己，坎坷颠沛到粤闽。
再整一师图匡救，新兵临阵仍纷纭。
妻儿被俘大势紧，巩信战死方石岭。
义斥张贼妄劝降，五坡岭前堕陷阱。
矢忠抨奸垂懿教，一死未许汙清名。
囚经伶仃到燕京，圈套重重出元廷。
梦炎帝㬎同卖耻，“正气”高歌激雷霆。
无耻最是“北朝相”，利诱威慑杀气横。
折磨愈坚忠骨硬，耿耿志节像嶙峋。
计袭大都救文山，薛娃不枉好男儿。
杀忠怎绝反元民，万年遗臭麦秃丁。
蒙军频添万家恨，义与不义两难并。
不畏强敌敢战斗，文山胆识人振奋。
血溅蓟门市野悲，丹心万古照汗青。

一九六三年一月九日

春节念江明

何时复比翼，慰我情惓惓。
生当长相爱，百年愿同穴。
及壮祝奋发，为党砺志节。

读报偶感（二首）

一、广西右江游击根据地韦拔群同志故居东兰

尽道东兰风物好，旧时地狱今天堂。
九曲江中星和月，宵宵环照列宁岩①。

① 自注：东兰城外山上有一大岩洞，韦拔群同志常与干部群众在洞中集会，并开训练班，众因称作“列宁岩”。

二、广西侗族自治县程阳寨

采风争说程阳寨，此日同光风雨桥①。
三月侗家春作满，钟楼日暮笛声高。

睦南关

“镇南”今日睦南关，万里一关系两边。
扬子红河源共远，流归瀛海大同天。

中越两西湖

天然姊妹两西湖，古木奇葩衬画图。
两地游人同喜乐，难忘百岁殖民奴。

董老“读花”二绝原韵学步

董必武老原作载五月三十一日《人民日报》。

一

皎月垂空本自圆，盈缺弦象幻人前。
香花岁岁同竞艳，谁似梅香傲骨坚？

二

相映群芳鲜并妍，千红万紫丽中天。
辛勤培育新花种，报向人间实践篇。

① 自注：风雨桥为旧时全国四大名桥之一，解放后又加扩葺。

顾炎武诞生三百五十周年

卓哉清初学人心，王黄颜屈顾亭林。
志节耿耿悬日月，岂为“复明”苦自箴？
究往开来启实学，时代精神共鸣吟。
治史穷理图匡济，方面不同有浅深。
夫之论“气”迈前行，说经言政黄四明。
欢呼铁工卖蔗蒔，翁山采风著竹枝。
践实习斋反空谬，青主书法震聩诗。
宁人“日知”穷吸呼，天下郡国利病笃。
指斥“空虚”名利词，“媚世”殃民假夷齐。
足跋南北历乡隅，一肩残驴几筐书。
偶逢豪士言治乱，常共兵夫探世途。
山川形势勘“肇域”，工农商贩究瘠腴。
富民占地什之九，残民官府员生丑。
匡时“兴利”务去“病”，意抑官绅济农有。
从访樵牧清议新，救时须仗匹夫身。
民俗采访开新面，卓哉勤笃顾宁人！
六老为诗铿锵鸣，姜桂性共金石声。
一代精华同珍惜，批判继承有权衡。

美国黑人斗争持续开展

苦斗“人权”火继燃，火星不绝必燎原。
黑非那有山姆戚？惟仗戈矛不“吁天”。

端午念江明

一

报道今日又端午，六月离情滋味苦。
三十年来形贴影，念君病事谁相抚？

二

何日插翅到君前，相知难禁更相怜。
斗争生涯人不老，报党相携珍余年。

崔庸健委员长率代表团来我国访问感赋（四首）

一

浿水图门出白山，如兄如弟系中韩。
百年苦斗同吃住，鲜血凝成赤牡丹。

二

曾访雄都近廿年，城乡民俗探源缘。
难忘峰上童颜伯，源远流长述史篇。

三

抗美坚强世罕伦，普天同赞英雄民。
援朝自卫宜输力，血海何分两家人。

四

革命雄飞千里马，跃临高地展红旗。
宏图猛进翻天地，屹立海东万世基。

念江明

月来无日不思君，三夜婵婵入梦深。
莫怪别来情益笃，卅年争斗共丹心。

傅山逝世二百八十周年

五老操行并世才，峋峋青主屹恒山。
宁怀实学终岩壑，不服清廷一品衫。

八月十八日晨起略感秋凉念江明

金风吹叶飞，晨起温突低。
月来君独处，但愿勤加衣。

书　怀

冬往春过秋又来，时光随逝独怆然。
湘滨济上客冬会，一岁恍若一百年。
为党勤劳尚几日？非为名利天职先。

读王昌龄青海诗作

油田盐海草原长，日夜陆空接玉关。
不怕“黄沙”“金甲”穿，珠峰葱岭坚金汤。

读柳宗元登柳州城头诗

江山万里溢红光，民族家庭极“大荒”。
文化衣冠同灿烂，西疆百越尽家乡。

董老挽沈衡山先生七律原韵

九十年间阅历多，晚年同唱大东歌。
亡清恶政观成败，蒋党逆行识战和。
北斗瞻依同骋赴，南针服膺得肩摩。
中华今始成强国，逆命惟余伪赵陀。

偶　感

心血卌年纸版雕，喜为人海助潮流。
炉中真理添薪火，身后余名曷足求！

白石老人百岁生日

老人出身穷，少年学木工。
愤世嫉不平，毛锥征恶腐。
人途尽坎坷，昂然不首俯。
颠仆复颠仆，步步识艰苦。
传统承两朱，私淑参徐吴。
匠心敢创造，神格开新途。
画出贫苦怒，怨愤如决堵。
画出民族恨，狂飚怒涛呼。
雄悍临展鹰，大地紫光曙。
蓬茏三春花，欣欣竞荣伍。

或盛如火然，或跃如群侣。
书法拟王欧，名句新杜甫。
手镌“三百石”，龙蛇并起舞。
老人逝去岁三更，举世人犹念寿星。
世界艺坛列名者，如公亮德几人盈？

广州发现一八四一年抗英水军死守虎门要塞沙角弹尽援绝全军战死者义冢

抗英战鼓起三元，杀贼义声动海天。
沙角节兵同战死，群忠烈烈壮河山。

悼嵇文甫同志

去冬小聚活长庚，恶讯传来涕泗横。
史战早年接道席，重光而后添新情。
埋头明学翻陈案，表率中州领学瀛。
早岁故人君又去，儒林后起足菁英。

忆七七前北平旧居

旧居在石驸马大街附近，解放后曾与江明一同前往探访，苦忆街名不得。

小院斗室添书新，巷口轮班有黑人。
风雨频袭更梦浅①，地下藏稿苦暴秦②。
披图散帙满床案，问书论世多逸民。

① 自注：我在《史前期中国社会研究》中有“著者自序于风雨频袭之一小楼”，即此处小山上之一小室，当时为我书室及卧室。

② 自注：我起草之《社会科学概论》，有些书稿及买回之秘密书籍，常掀开地板或墙砖藏之。

稿录图书埋古井①，眼前景物半非真。
二十多年战烬余，归来处处是坦途。
苦忆故居忘旧里，不认衰老认糊涂。

重阳念江明及旧日同志（四首选三首）

一

山原记取入峰高，云白枫红金气骄。
东菊凌霜朵朵傲，长青松柏不零凋。

二

戎马群中奔走随，几曾肥蟹醉杯酒？
工农号角彻星月，迢递关山接北斗。

三

松辽原上入城深，昼夜辛劳苦病侵。
革命战场面面紧，临风几度共行吟。

西藏木犁即将绝迹

一九六三年十一月十八日《人民日报》报道。

吃人奴封千百年，木制犁锄木镐镢。
山区地方无铁迹②，十户一家偶有铁③。
史程一般沿轨前，殊形特色亦万千。
有了青铜嫌不足，硬向奴隶索铁镰。
寄语史界吾同道，莫曲经典任逢源。

---

① 自注：我一九三五年冬去南京与国民党谈判国共合作抗日时，此处房子由一友人接住，室内书物大多未搬动；七七事变后，继住者畏祸，便将书稿等全部投入古井。我偕江明去探访时，井水已成黑色。

② 自注：如喜马拉雅山的勒布地区，四年以前还找不到一件铁制农具。

③ 自注：在农业区，一处七十九户农户中，民主改革前，有铁制农具的农户不到十分之一。

郭沫若同志“桂林登叠彩山仰止堂见瞿式耜张同敞像诗以赞之”五律二则颇佳，摘韵效颦

一

明季多忠烈，野原溢万千。
庶群突畎亩，宦族奔幽燕。
常熟精忠表，江陵骂贼篇。
壮怀存匡济，难拟李高传。

二

南明谁砥柱？义军自李张。
锦心支桂社，定国撑滇疆。
可望甘降贼，逆藩敢相伤。
提师入缅甸，犹保汉冠裳。

郭沫若同志“兴安观秦始皇时史禄所凿灵渠”借韵，忆一九三九年偕江明过兴安

环宇混同集众材，筑城凿道坝渠开。
灵渠北注汇云梦，长城东伸绕蓟台。
匠师长技兼才德，廊庙雄图富主裁。
过功嬴秦与史笔，诗人何用费疑猜。

大雪念江明（三首选一首）

冬临大雪届严寒，工作念君每夜阑。
冷暖晨昏须自摄，斗争前路山连山。

癸卯除夕（三首选二首）

一

每逢生日便思亲，慈母音容记忆真。
生儿献身闹革命，地下安息百岁身。

二

少小离家四度回，风险常系慈怀牵。
闻道逝前犹念子，母氏晚年坐孤帏。

学吟集初草之六

甲辰杂咏（上）

甲辰元旦试笔（四首）

一

脑力衰颓羡岁华，倔强犹欲看锥花。
近今史事须雕续，往旧哦吟待选拔。
民族余编胸有数，哲人补述尚多家①。
卅年假我殷勤学，夫妇同窗愿不赊。

二

如矢驹光痛逝波，川流不再奈谁何。
五洲革局途还远，万类究穷体更多。
人事班班相永续，文明段段会长河。
高于共产知何似？完美更超共产歌。

三

环球反美动雷霆，日暮途穷贼胆横。
刚果巴邦同倡义，海洋大陆并吼鸣。

① 著者正准备践人民出版社之约，动手撰写近现代中国史、近现代中国哲学史，并补写《中国民族简史》、《中国政治思想史》等书，但由于横遭迫害而中断。此诗反映了他身处逆境壮心不已。

逆图两面阴谋险，走狗三调败局成。
耗子过河齐狠打，害虫除尽海天清。

四

烂漫春光好国家，红旗灿灿物饶华。
牧农跃产普天乐，工矿树基遍地花。
比学赶帮矛盾律，天时人事英雄葩。
今年形势更佳胜，鼓足劲头遍天涯。

一九六四年二月十三日

忆朝鲜（五首选一首）

相依唇齿中朝人，绿水白山喻首身。
纸绢同源人海秀，漆铜共染两邦尘。
谊联姻娅汉唐宋，国共存亡高济新。
万代文明同异采，殷檀而后数千春。

消防战士韦必红

事迹见一九六四年二月二十日《光明日报》。

奋发非为“功”，丹心比火红。
柳江著勋业，品德蔚高风。
为民浑忘己，形象千秋崇。

悼周保中同志

惊悉周保中同志于一九六四年二月二十二日在京病逝。解放后，偶相值于中央民委，旋又因同为第一届全国人大代表及常委会民委委员，会中时有接触。保中同志以我患脑肿瘤，乃将其家乡赠渠之名药“三七”相赠二十枚，婉谢不获，并坚欲为我找云南白药，令人深感。

大名幸久闻。首都始识荆。
病中往还少，赠药意如云。
抗日入白山，随杨树赤军。
声势震三省，敌伪惊纷纷。
艰苦二十载，冻饿冰雪寒。
果腹缺橡藿，冰穴篝火焚。
雪山与冰川，足迹皆遍经。
人人坚斗志，马列腾芬馨。
早岁奋滇边，白族群中贤。
共产不朽业，斗志共万年。

宇宙有多少太阳

昔传十日曾并出，今见一日系行星。
宇宙究有多少日？子孙万代必究明。

中国史上奴隶制到封建制过渡问题自问

革命传统史实盈，奴封过渡岂和平？
“萑苻”盗跖各持说，鲁季齐田任扭拧。
史笔拳拳关马列，立言灼灼涉知行。
已见区区成个事，敢悬方寸再阐明。

玄奘逝世一千三百周年

为研瞿昙到西天，漫迹苦行十八年。
尼巴名山穷访问，佛婆成帙苦钻研。
千卷手泽毫锋劲，万里跋行意志坚。
佛氏成论非尽疵，抛沙深掘滴甘泉。

清　明

烈士坟堂勤扫奠，光扬遗烈壮尧天。
神州烽火百年后，先烈楷模万岁传。
炉里真金纯似玉，涂中泥铁软如绵。
三洲奴隶纷揭竿，通译争传毛选篇。

采桑子（二首选一首）

再颂登山队登上希夏邦马峰

琼楼玉宇凌霄冲，天上仙宫，地上高峰，儿女英雄驾玉龙。　人间何处途程壅，建设高峰，科技高峰，驭梯登临遨太空。

死海文献与昆兰寺院的发现

事载五月六日《光明日报·史学》。

地下沉埋千百年，旧经古寺现人间。
陶坛穴穴盈书稿，废建层层出昆兰。
将破基督神秘史，必除西国伪流传。
即宜传译供详究，史界喜添古史材。

日本人民积极开展日中复交运动

善邻谊续二千年，同种同文血肉联。
通贸舶船连海岸，交流文化起唐前。
百年日阀肆侵略，两国工农共苦甜。
敌美同仇激海浪，求同存异到明天。

石雕跪像

山西稷山城关大队加金贵父加元瑞跪像，像背刻碑云：加元瑞借府君庙案下大洋五十元整，系王徐深作保，乃徐深于二十年六月初六日到庙不承认担保责任。庙中公议，因加元瑞即加和尚家道极贫，又充当本关庙中役快二十余年，今则扣还不已，着其准抽约据了事；刻石人一个，注明加元瑞即加和尚姓名，准他永远跪到庙中充当庙夫，日后还债准其取赎。此记。民国二十年六月九日立

高利庙祠吸血鬼，菩陀背后尽豪绅。
卌元贷债廿年役，永远跪雕百岁身。
雇贫血泪留人像，土劣狼心镌石铭。
更代不忘累世恨，辑成四史教孙孙。

活人墓碑

见一九六四年五月十五日《光明日报》报道：“长沙五好社员石庚全的‘活人墓碑’。”石现年四十八岁，幼时由母带其兄弟出外讨饭，十五岁给地主当长工，一九四三年国民党反动派抓壮丁，地主即将他辞退。伪保长逼着要人，全家苦苦哀求，伪保长答应准拿二十五石谷子可不当壮丁。石父子东奔西走凑足谷子交了，伪乡长又派人来抓他，石跑至亲戚家逃避。伪乡长仍不断派乡丁追逼。适此时石隔房嫂子因天花死了，乡人乃以石庚全病死抵制伪乡长。伪乡长仍不信，亲自跑来看，幸此时墓已封土，乡人又在冢前立碑“石庚全之墓”，伪乡长倖倖而去。

蒋家朝廷抓壮丁，昏天黑地坑穷人。
五丁抽二三丁一，富人有钱买替身。
豪绅家家能豁免，穷户出钱还要征。
脚镣手铐禁囚房，若有逃匿问四邻。
赤贫家世石庚全，随母乞讨度幼年。
十五为人充长雇，日日夜夜摸黑天。

蒋党内战扩新兵，保长抓丁不容情。
买命稻谷廿一石，乡长复逼势更横。
忍别家人自躲藏，越追越紧枝节生。
天花瘟疫凌无告，房嫂疫死权替冒。
追灵移棺入土坟，乡长不信亲来到。
欲借死者逞吓诈，杀气腾腾势张嚣。
乡人无奈柱墓碑，活“庚全”碑柱墓道。
从此远走充长雇，父母妻子难相顾。
解放大军入湖湘，移去三山起穷户。
五好社员石庚全，身世历历活掌故。
垂教世代子孙辈，享甜忆苦莫相负。

满江红（川藏线上钢铁运输班）

钢铁英雄，高原上，铜筋铁骨；突雪雾，悬崖冰嘴，安全驶赴，十五年中，无事故，赤心忠肝，擎天杵。为人民，壮气吞山河，岂他虑？　　爱集体，扬互助，“车如命”，“油甘露”，踏破川藏险，碾碎冰柱。千万里路风和雪，披星戴月白云度，好男儿，眼中没阻难，辟前路。

采桑子（国画典妇——活历史）

清末国画家符节画，见五月二十一日《光明日报》。

农民头上张张刀。凶岁寒饥，丰岁寒饥，丰岁凶年骨肉危。　　豪绅筵宴农民泪，骨肉分离，生别死离，鬻子典妻带血啼。

颂川藏线上四好站——卡集拉

见一九六四年五月二十六日《人民日报》报道。

高寒卡集拉，行旅喜还家。
茫茫千里白，巍巍万峰斜。
雪地栽青菜，冰天育豆芽。
川藏原上站，长放雪莲花。

西江月（何时老休回溪田　二首）

一

自幼勤劳稼穑，山村短梦犹甜，何时老休到溪田，共建尧天乐园。　遍植桐茶杉竹，清渠垄亩连阡，社社农林牧副连，老养幼教乐极。

二

平陂广开稻畦，新村建到山园，校寮所宅布千门，果木繁花掩映。　大办池塘饲植，牛羊鸡豕争繁，城乡差别真难分，人人文武才艺。

五卅纪念

卅九年前起战歌，工人巨掌扬新波。
南京路上红潮涌，粤海城头正义播。
北伐角声摇陆海，红缨威势撼江河。
工农扬戟开前路，陈彭右倾自倒戈。

小院即景（二首选一首）

大风压荡衰枝低，吹落残花卷地飞。
挺拔青葵临碧立，向阳劲节不折腰。

补草拖鞋

布块纸条粘废棉，线衫破袖粥糊连。
几时拖破复重补，还与儿孙跻舜天。

“户”“扈”“鄠”名演化

一九六四年六月十日杨明轩同志《“鄠”字的简化和其他》读后。

周初“古邑”户君邦，尚有“户谷”著户山。
因“邑”加“阝”便成“扈”，秦皇忌讳“扈”“鄠”蝉。
复简为“户”意见好，类此地名漫八边。

“藏”和“芏”

藏族学生不约而同地写“藏”为“芏”，教师加以纠正，仍写“芏”如故。

群书“藏”为“芏”，繁简见短长。
应识群力创，名随主人光。
“彝”“僮”亦繁体，书“彑”通城乡。
他若“圆”“闩”类，日邦早滥觞。
调研广集思，文改大文章。

端午并念江明（二首）

一九六四年六月十四日为甲辰端午，湖湘相传端午起于两湖，系悼屈原投汨罗而起，龙舟竞渡系为防水类伤屈原遗体。湘人并于是日饮屠苏，门悬菖蒲。

一

端午世传起楚疆，龙舟庙会遍湖湘。
屠苏蒲帜惩邪类，竞渡鼓锣戒水乡。
土劣因沿兴械斗，工农逢节练刀枪。
中华今日同欢乐，屈子允歌新九章。

二

怀君此日记端阳，三十年中历雪霜。
护院夫夷击逆贼，统文嘉陵入山乡。
海东转辗欣劳瘁，塞外驰驱喜奋扬。
更喜神州解放后，年年同尝粽儿香。

借魏文伯同志“湖口石钟山”原韵，借意忆一九四九年偕江明与东北干部大队去南昌过含鄱口（三首）

一

两山壮且秀，浩荡江湖流。
含鄱激涛涌，石钟疏雨收。
霞明井冈火，绿掩黄梅洲。
千古风流客，湖山胜概留。

二

铁索永沉大江中，石钟南对匡庐峰。
赣河千里汇诸水，五月山花满地红。

三

柴桑文章古陶公，“五柳先生”高士风。
得否悬推千载后，桃花源里尽红农？

附：魏文伯同志原作

见一九六四年六月十六日《光明日报》。

南望庐山秀，回峰枕双流。
石钟船亭立，江湖一日收。
清浊交流处，绿绿扁担洲。
千帆竞风走，不为湖口留。

临潼秦栎阳宫新出土八块战国时金饼

临潼新出土，八块战国金。
成色达九九，炼金术精深。
秦权四两半，市秤足半斤。
以此论冶铁，岂可乱古今。

长安新出土唐代丁课银锭一个

据报，银锭长三十厘米，宽八厘米，厚半厘米，净重合市秤四斤二两。两面均有文字，一面刻“天宝十三载，丁课银四锭五十两”。另一面记当时征收丁税的宣城郡县地方长官姓名等。当时并将征收钱财先换成银锭，再解交唐国库。

长安出土银，乃唐丁课税。
天宝十三载，丁课银匹锭。
一锭“五十两”，市秤“四斤二”。
以此考今秤，秤大唐权仄。
郡县征丁钱，解上银锭兑。
实物活史料，可以证文献。

西安新出土秦铜权——高奴石

阿房宫遗址近出土之秦权“高奴”（今延州）石，重六十一斤半，有三个时期的铭文，共一百一十九字，系秦廷颁给上郡高奴县使用，二世时又收回，重新检定，未及发还高奴，秦已亡。依此，秦统一度量衡制不始于始皇，至迟应在庄襄王时；秦廷对统一度量衡制度，是认真的，抓得紧的。

出土秦铜权，六十一斤半。
乃颁“高奴石”，权量能两算。
斤量系权衡，石斗可量捞。
刻字一一九，刻出三人手。
度量衡制行，庄襄时已有。
收回复检定，秦政弗且苟。
上郡古高奴，延川近帝都。
始皇明勤政，一统出帝图。
政策有两手，才传二世余。
前汉承秦制，专制封建途。

火焰山下瓜果乡

一九六四年六月廿三日《光明日报》小品，述吐鲁番盆地是世界最低洼地之一，盆地中央之艾丁湖比海平线低一百五十四米，其北面常年白雪皑皑的天山则海拔六千多米。天山许多小河到盆地边缘便沉入戈壁沙底。汉代始在此开坎儿井，林则徐谪新疆时又发展之，但皆为领主地主所霸占。火焰山横亘盆地中。所谓火焰山，因满山通红如炎炎烈火。吐鲁番城在山南，即唐时高昌，玄奘去天竺曾过此。高昌王麴文泰曾予以优待和帮助，以产葡萄著名之葡萄沟即在火焰山下，并出产哈密瓜等瓜果，在善鄯东，故亦名善鄯瓜；因善鄯曾受哈密王管辖，故又名哈密瓜。盆地亦世界最热地之一。解放后十几年来，大兴水利，如穿戈壁，用卵石筑河等等，面貌已完全改变。中央党校新疆班同志曾赠我葡萄沟出产之葡萄干一大包，色如碧玉，形似牛奶，又如珠粒，无核，味至甘美，真佳品也。

南疆热碛正新生，水灌绿洲渠纵横。
记往日，天山河道沉戈壁，艾丁湖面落海平。
万户千门奴隶泪，十年九灾旱魃情。
喜今朝，吐鲁盆里坎儿井，火焰山前瓜果城。
雪水源源浇四野，果粮郁郁连千顷。
邪魔领主沉湖底，作主当家农牧民。
卵石筑河穿戈壁，集体力量变吐城。
火焰惟送干葡风，南针高悬仰红星。

夏　云

忽倏夏云变化多，晴空突又轰雷霆。
雷过云散升明月，昊杳长空万里明。

老马识途

老马识前途，黑夜明方向，
每到交叉足稍停，好像在思量。
好马畜中宝，远胜长途象，
站站路程不失足，履险如便当。

拟为旧作编目杂感（二首）

数十年间旧作，率多口吟，有稿者亦大多无存。静中苦吟，亦多不能记出，而又大多惟余大意。

一

雪痕泥爪忆多程，篇帙诗章白发生。
不弃溲浡存药料，沙里粉金抓不成。

二

从无分秒编集想，闲里无聊偶把笔。
如得搜寻成一卷，平凡跋涉识经历。

学吟集初草之七

甲辰杂咏（下）

为“读报随笔”写（二首）

一

岂贪百年身后红，只为报党一腔忠。
从知学海无涯涘，惟解平生苦斗功。

二

力向青年求进益，篇篇文字细推摩。
议论观点见长短，助我闲居思量多。

秋风秋雨（二首）

一

轰轰秋雷激，长空骤雨霖。
雨风涤垢污，卅亿工农心。

二

一诗才搁笔，密雨哒哒淋。
残叶随风卷，玉葵挺似林。

抒　怀

山水迢遥不计程，东西南北霜如尘。

蛀书钝喙连朝夕，报党长盈一片真。

八月二十八日午后五时二十分狂风骤雨

风雨晦明念三洲，射虎屠龙雨点稠。

丛林竹桩刚山箭，落木萧萧白宫秋。

悼张存实同志

一九六四年九月十六日《人民日报》讣告，惊悉张存实同志于是月十四日下午三时在兴城逝世，不胜怆悼。余童年即识存实同志，时渠青年，任北军营长驻吾乡白仓。一九三二年为奔走抗日去张家口接洽又相值，言及渠驻白仓时，即识我，促谈甚深。一九三五年冬至一九三六年秋，我去南京与国民党谈判国共合作抗日问题，党指示我至伪总参谋部找存实同志帮助递信等等。一九四九年春又在沈阳相值，同住一处，时相聚谈，时渠正拟去辽西办农场。一别至今，不意竟成永别！

总角即识老园丁，默幽风趣青年身。

恶耗传来怆感甚，从此无缘再相亲。

“同盟”抗日聚张垣，夜雨客窗情欲然。

为谈“合作”到白下，难忘递信金石言。

四九关东重聚首，情逾手足话尧天。

青年从戎入冯军，只眼将军西北闻。

得接马列参香盟，白衣红心气凌云。

为取“圣经”去莫科，学毕遣归经斡河。

原林沙漠戴月跋，艰危困阨险象多。

平生劳瘁历险阻，总为共产高荷戈。

中华已开新天地，应肯瞑目念弥佗。

连夜梦江明（二首）

一

日夜思君梦里还，月圆复扁几多回。
况逢国庆佳辰近，祝子无恙续跃前。

二

回回梦里未曾别，论政言诗析义联。
朗诵依稀声铿铿，不禁醒时意慊然。

从西子湖畔到延河滨

一九六四年十月十日《光明日报》载赵永远报道“记延安市林场场长黄品根”。黄品根，浙江金华人，从农学校毕业，后即分派去西北工作。他于八年前一次来京开会，去延安参观枣园等革命展览，便向团中央请求调去延安工作；团中央支持了他的要求。至今他安家延安已八年。八年中克服了重重困难，已为延安绿化打下基础；他本人在政治上业务上都得到很大提高，并已光荣地加入了中国共产党。

绿化祖国愿不赊，青春壮阔抱天涯。
不贪西子锦上绣，但到圣地永安家。
访农问工求林学，涉水掘冻植绿芽。
宝塔山头松柏盖，青凉凤凰果木遮。
最是枣园胜迹处，梨枣桃李满园葩。
岭坡沟洼万株障，延安三春匝地花。
花木已惯延河水，更喜雪松衬宝塔。
要把祖国园林化，固沙防风事业大。
年来样板柱多种，重装大地新华夏。

圣地园林影响深，绿化美化广人心。
我亦延河老住户，无限向往圣地林。

高山村寨一条水渠（三首）

一九六四年十月十二日《光明日报》报载，云南怒江傈僳族自治州碧江县果保乡居住怒族、傈僳族。该乡位于碧罗雪山山腰，甚缺水，千百年来都火耕刀种，在山梁和峭壁上种些包谷、薯、小麦，人们从没吃过大米；饮水也只能到几个小坎里一滴滴地接和雨后用树叶杓牛蹄印子中的水。解放后，党领导和扶助他们开岭凿崖，开出一条长渠，不只解决饮水问题，并教导他们开垦水田，种植水稻，两族人民生活已由贫困转为富裕。他们感慨地说："共产党呀，你们的恩情说不完。"

一

凿崖劈岭开长渠，傈怒果乡始稻鱼。
从此不饮蹄印水，初尝白米革菑畲。

二

长渠浇灌绕山来，平沟开梯辟稻田。
永绝火耕刀种术，家家集体是丰年。

三

碧罗雪山碧罗江，土沃人勤锦绣乡。
革去压制绝械斗，尧天日进万年长。

甲辰重九念江明（六首选二首）

一

几年湘上过重九，十岁白山黑水乡。
京市长疗偕步处，碧云峰顶燕山阳。

二

去岁重阳念子诗，今晨重读思依依。
沙场犹有余年在，常记骈驰马上眉。

泸沽湖畔——摩梭人的家乡

一九六四年十月十七日《光明日报》载杨光海《摩梭人的家乡》。叙述从丽江北行，渡金沙江，过小凉山地区，爬过悬崖险道，通过原始密林，便到达云南的泸沽湖和永宁盆地，即摩梭人的住区。在解放和民主改革前，摩梭人不但还保留原始母系家庭，实行所谓"望门居"的对偶婚。土地、山川都归阿姓世袭的封建土司，以份地形式分给农民耕种，征收地租。"责卡"（百姓）放牧牲畜必须交"草场钱"，在泸沽湖捕鱼要缴鱼税。最苦的是"俄"（农奴等级的人），他们无权占有份地，对封建主有人身依附关系，必须世代为主子服役。他们除了无偿地服田间劳役外，还要作一切家务劳动，凡是主子家的事情，只要主子需要和指派，就得无条件去干。谁违抗土司"法令"，就立即遭吊打，甚至戴上脚镣、手铐，送至监牢或戴上木枷游村。土司家正房两侧挂有两条皮鞭，就是专门用来打人的。这是一个曾是土司家奴隶的摩梭人格若的口述。土司还使用"桂梅"（伙头），催收钱粮和派款等。摩梭人受尽了封建土司的残酷统治和剥削，过着无衣无食的生活。解放、改革后，已成立了农业合作社，年年有更多的余粮卖给国家。摩梭人的住屋都用整的杉木和松木建成，屋顶亦用松木板盖压以石块。服装就生产双长单……，男衣上衣白角金边，蓝裤长筒靴，系红色腰带。其母上身着短衫，下系百折长裙，背披羊皮，用牦牛尾和丝线作假辫缠在头上，束黑布包头……。报道所述摩梭人在解放和改革前的社会的原始性与封建性，似是都带有过渡的性质。可惜反映的村料不全。又摩梭人即以往又称作摩些人，乃音译之出入。

永宁盆地泸沽畔，摩梭古族今始闻。
林野奥隈凉山北，尧天从辟桃源村。
报称"母系家长制"，"望门居"即对偶婚。
阿姓土司行封建，土地山川全被占。

农奴份地供地租，杂役随唤连昼夜。
如有违抗即捕打，坐牢枷示残虐绝。
人身依附累世代，无衣无食连年月。
草场放牧湖捕鱼，“责卡”亦须纳税额。
似此摩梭社会貌，不离一般特殊类。
泸沽湖畔红旗明，浪涌急流人沸腾。
万手撞碎千年锈，湖光山色喜气盈。
集体富裕结农社，移山增产竞先行。
余粮输出累岁赢，文化教育远景宏。
锦锈湖山明似画，田园无处不欢声。

今日患感冒酷思江明（三首）

一

两年阔别竟何似？老伴情怀战友心。
气温近春急剧下，寒侵病体思更深。

二

比岁独居只苦吟，诗篇满箧味隽深。
惟惜题材来报上，常虞错绘英雄林。

三

杂集随笔万千言，紧摸斗争时代脉。
报与君家必欣喜，诗思起伏一篇篇。

一九六四年除夕谢岁并念江明（十首选三首）

一

荏苒时光不自知，试革旧律赋新诗。
选题未许来亲践，刻画英雄应入时。

二

百工战线畅东风，大庆油田不世功。
万二千吨水压机，核弹爆炸满天红。

三

举世风云反美年，屠龙射虎万条鞭。
核机核艇任摇摆，纸虎泥人近井泉。

新岁念家人（五首）

一

此日家人必念我，我怀老小思更苦。
最深苦处谁知情，革命夫妻同战伍。

二

战胜病魔不等闲，要凭马列斗争开。
弱躯比岁康痊否？月月离人梦几回。

三

院外儿童燃炮竹，声声引我到家门。
久儿此日燃鞭否？应许顽皮学老军。

四

侄子孙儿来祝年，堂前定教倍开颜。
莫因念我惹心苦，珍重欢欣不要烦。

五

吾家革命几代人，辈辈党团红领巾。
累积家教方向正，家庭不比党更亲。

凉山新声

“冰山五座”化金山①，五管芦笙金玉开。
雪雾吹散镣铐断，雄鹰飞舞坤乾翻。
飞来京国红日颂，歌上崇台喜庆篇。
奴隶翻身佳话满，追同先进跻尧天。

祝推广防护林营造经验会议

一

青山绿野覆天边，锦绣画屏缀麦田。
渠坝穿院藤蔓绕，大荒戈壁变江南。

二

林带海疆万里长，漠边绿野稻粱香。
雁北黄沙今沃壤，贺兰山下新风光。

全国少数民族群众业余艺术观摩演出（三首）

读一九六四年十二月二日《光明日报》郑伯农《赞湖南代表团演出》，并以纪念先曾祖父母瑶女肖氏（曾祖父先纪是佃农，以八百文铜钱从瑶族卖草药人手中买得作妻）。又四日《人民日报》报道五十个民族业余文艺青年欢歌颐和园。

---

① 自注：一九六五年一月五日《光明日报》载彝族井古阿合“永不变色的金葫芦笙”，述井古阿合要来北京参加少数民族业余文艺汇演。消息传开后，凉山彝族人民极兴奋。小伙子们进山砍荆竹。姑娘们取来蜜蜡，一连三晚，就作了一支金色的芦笙。老年社员们说：“你这芦笙是五根竹管。就象征我们凉山五座大山，过去全是一片荒凉的雪山，如今都变成台台坡地、层层梯田，每到丰收的时候，大山都是一片金黄颜色，真像座座金山！”

一

面面红旗柱僻疆，万千侗寨竞朝阳。
九嶷瑶村心花放，吉首土家意气扬。
斑竹泪痕成往事，柱铜械斗只旧章。
英雄儿女会京邑，颂党深情句句香。

二

满园红紫竞芳馨，兄弟谊高姊妹情。
排云殿下歌山呼，昆明湖边舞雁行。
争攀古台多慷慨，同歌舜日并嵘峥。
牧农模范业余手，生活源泉出艺新。

三

苗岭风光织锦云，湘西侗寨万山欣。
琵琶协奏芦笛舞，苗鼓轰腾飒爽军①。
祝日油茶献主席②，长歌师女到京门③。
弟兄民族同欢唱，芳满湘山斗茂繁。

满江红（喜蓝田猿人化石出土）

毓秀钟灵，有几处古猿突变，制工具，群劳实践，诞生人类。爪哇、周口、公主岭，突尼芬在非东北；海登堡格与皮尔当，后来接。　　人类史，首中国，新生代，辟人天。起猿人色相，谁能二说？旧日强徒逞垄断，妄将化石蛮横占；看今朝新国名工手，多英杰。

① 自注：侗族以侗歌、琵琶歌、芦笙著称；苗族以苗鼓、苗歌著称；舞蹈“苗山女民兵”等表现苗族女民兵的飒爽英姿。
② 自注：侗族舞曲“油茶献给毛主席”表现对毛主席的爱戴。
③ 自注：湘西苗寨都有善编歌的歌师和歌娘。

党的关怀（三首选二首）

一月十三日徐虔同志来，言及党［组织］曾考虑我是否参加本届人大、政协问题，并言江明无恙。

一

关怀慈母意，点滴细叮咛。
报党涓埃志，尽予五尺身。

二

闻子健无恙，寸衷喜若狂。
何时相挽臂，争斗共翱翔。

金紫火龙（二首选一首）

一九六五年一月十九日《光明日报》上刘志坚同志《山寨火光》读后，忆幼年祖父讲“金紫火龙”神话。绵延湘中南新宁、邵阳、东安、祁阳的金紫大岭，包括四明山区，属苗岭山脉。

冬冬金紫照天红，祖父檐前讲“火龙”。
“天纵烈火驱虎豹，人挥铁斧好樵农。
反清万众临山奥，助垦千山降火童。
两百年来传火种，火童何日下天宫？”

代迎春歌（八首）

一九六五年一月二十九日《光明日报》拓傅抱石同志画“延安画卷”，郭沫若同志“题傅抱石画‘延安画卷’八首”借韵。

一

圣地火燎万里红，中华马列著神功。
舆幅环球颜色改，春光烂漫沐东风。

二

抗日帅旗掌握牢，人山人海宣奇劳。
整风马列新篇创，盖世鸿文出土窑。

三

南泥方向迈云霄，自力更生过渡桥。
小米步枪屠蟒虎，万方刮目延河皋。

四

丹青描就面容新，林立烟囱枣园春。
杨家岭前新学府，继扬革命老精神。

五

王家坪中桃李满，背依杨岭气盘盘。
元戎虎帐笼春色，兵学新篇动万山。

六

“五千徒众”拱崔峨，“六部”同堂砺甲戈。
“路线两条”齐辨别，实事求是滨延河。

七

最爱枣园雪里梅，无边风物接春来。
廿年久别延河月，何日故山再一回。

八

巨幅画图描绘真，延安面貌又全新。
珍重传统勤阐发，一代胜过一代人。

甲辰除夕谢岁（二首）

一

卌载奔波历险辛，何曾憔悴利名场？
孤忠结就一身恨，薄雾染成两鬓霜。

二

著书非为利名谋，只为苦贫恨与仇。
宣扬真理渊源早，记取铎播卅几秋。

一九六五年二月一日

清平乐（除夕念江明）

革命夫妇，忧乐长相顾，战斗生涯互爱护，马列毛选共读。　　相依苏北湘南，白山黑水河延间，未怕斗争险苦，迎接人民江山。

学吟集初草之八

乙巳杂咏（上）

念杨至成同志（四首选二首）

一

北国归来会哈滨，顿成莫逆两心真。
江南“三下”济筹裕，四保临江转运新。

二

过从汉上更倾心，“毛选”精神领会深。
万里转筹济大业，井冈风范砥珉金。

念江明

立春已三日[①]，别君正二年[②]。
檐前梨枣木[③]，三月鲜花妍。

① 此诗写作于农历乙巳年立春第三日，即公历一九六五年二月六日。
② 著者感慨前二年的此日正是他突蒙不白之冤，被迫夫妇分离。
③ 著者家小院内有梨、枣树。

美帝核潜艇“海龙”号滚出佐世堡

连日报载美帝核潜艇“海龙”号于去年十一月在日军警保护下，窜入佐世堡港，慑于日本人民反对的声威，于四日狼狈逃走。后又于二月二日窜入，因日本人民反对示威更为强烈，又于五日上午十一时滚出。

“海龙”原来是死龙，潜入佐港岂威风？
连宵日民振臂怒，慌忙逃窜活狗熊。

偶　感

我惟史界一小兵，旗号分明苦斗争。
四十年中未疏懒，常随星月到天明。

九年服役九年红

一九六五年二月廿二日《人民日报》报道海军战士王行志的共产主义精神。

海军战士王行志，九年服役九年红。
只为革命献身心，出身内地贫苦农。
指作主机便主机，穷钻苦练过硬工。
头晕胸闷恶呕吐，坚持岗位志韧宏。
战胜自然蹈狂浪，任它十级几级风。
役满不为家小想，留舰一心为大公。
下升到上小变大，不比不妒更从容。
虚心设想帮领导，名利俗趣一扫空。
荣誉訾议唯一笑，丹心豪概吞长虹。

念张大姊金保同志（四首选二首）

一

圣地山城逢大姊，赤心相照党心贞。
斗争群里生龙虎，敌监法庭浩气腾。

二

半岛筹思砺海疆，徐迟明伏添忧伤。
公忠满腹全为党，劳绩昭昭鉴短长。

援越反美大示威（五首选二首）

一

七亿神州巨雷鸣，洋海怒腾天地惊。
灼灼红星天安首，义声鼓起六州氓。

二

城市号角连山村，动员旗甲翻红云。
昂昂斗志高日月，战线三条亿万军。

鸭绿江大桥（三首选二首）

——读报感赋

一

镇江山麓鸭江桥，层浪不间兄弟交。
患难唇齿三千载，壮丽红旗相映骄。

二

义州东市肉烟接，两岸鸡声日夜传。
千里农田同灌溉，水丰电火相辉联。

古商道上（三首）

一九六五年四月十七日《人民日报》载记者访叙利亚通讯。

一

丝绸古道二千年，文物交流出天山。
一道东西联远近，睦邻重译著张骞。

二

大食旧途四至通，古城古驿尚遗踪。
“霍塔”原上粮棉富，自钻油田计百工。

三

文明古史溯亚非，灿灿青铜著早期。
季涨尼罗黄河浪，两河早发希罗迟。

学　书

近年金笔段书工，亦常写成几字红。
视力衰颓笔不顺，笔锋常觉欠圆融。

假　象

假象迷人视力横，微宏真假总难更。
自然假象出多样，雾迷海市蜃楼生。

杯中弦弓似蛇影，玻光反射电亦明。
社会假象反动多，阶级时代混史评。
登峰造极假反帝，相得混账假和平。
明彻马列万宝镜，战士头脑长清醒。

四月二十七日致信江明取单鞋

一纸亲书到手边，知予无恙勿挂怜。
破鞋天雨行不得，寄我一双过夏天。

学吟集初草之九

乙巳杂咏（下）

斥约翰逊悍然发布海盗法令

一九六五年五月二日《人民日报》报道，“约翰逊竟把整个越南领土和领海、中国部分领海划入美国‘战斗地区’……”

任画海疆作战区，暴横远酷古罗希。
越疆不是机机肉，华域岂容跃兽蹄。
“逐步升级”侵略战，诱和骗局困兽啼。
六洲五一红潮涌，人海旌旗与天齐。

谢觉哉同志七律“虎门林则徐纪念堂”借韵忆一九三七年春虎门之游

三元义战南天震，虎塞鼓鼙众志齐。
林关战守违廷旨，工农抵抗舞更鸡。
窜门敌舸沉江底，歼贼英魂护海堤。
还记蒋屠叛变日，虎门囚锢党人栖。

酷念江明连夜入梦（四首选三首）

一

手书去后竟鱼沉，酷念难除入梦魂。
曾否青丝添发白？长年夜半舞刘琨。

二

相期同偕到白头，党人后乐更先忧。
越山烽燧正弥漫，皓首扬戈预卅秋。

三

年来两鬓添霜丝，体力无衰宿病除。
报与君家必雀喜，胸怀依旧纤尘无。

读郭沫若同志“访南京”忆一九四九年偕江明与东北南下干部大队过白门借韵

南下大军出晋辽，铁索沉江水滔滔。
百年战斗江山改，三敌淫恶怒愤高。
欢腾白下迎红旆，歌罢秦淮没蒋朝。
国殇地下应含笑，亿万工农著奇劳。

题古元“绿树丛中景色新”木刊

绿树丛中景色新，古元新作取材真。
长安道上连宏厦，北海桥南有巨人。
浓绿重楼明晓色，碧湖倒影净无尘。
雄都巧摘一方景，六亿同看眼里亲。

读郭沫若同志“春泛漓江”忆一九三九年偕江明携兰儿越金紫大岭沿湘漓去桂林借韵

苗岭大山势峻雄，湘漓两去共源宏。
蜿蜒磅礴灵渠壁，丛翠劲苍巍秀峰。
越险间关制鬼魅，偕妻携女斗虬龙。
难忘路慕亲人聚，展翼灵霄气吐虹。

咏古帖

后世兰亭讼伪真，临摹工夫属幽人。
何必三王传三希？率更手迹每入神。

再咏古帖（五首选二首）

前已偶咏古帖，现读一九六五年六月十一日郭沫若同志“由王谢墓志的出土论到‘兰亭序的真伪’”，又成五首。

一

汉字法书思艺深，书家辈起立如林。
今朝简笔宜提倡，应为人民报好音。

二

相传书圣迈人群，真伪兰亭琐辨纷。
后人岂比前人拙？萧衍陶宏国粹魂。

今日河西走廊

七月二十日《光明日报》刘焕文《河西散记》读后。

山障风沙南北横，菁菁林带起长城。
西营干渠绕百里，安西水库乘千顷。
亩邻七百麦粮富，园植万株果蔬盈。
于役甘凉镌甲骨，醴泉香冽志汉兵。

读叶剑英同志“远望”原韵学步

民主哲人中山翁，“联俄”“联共”勖农工。
几多预想成鸿烈，孰假遗言涸胜踪。
孤岛赵佗伴饿虎，碧云衣冢壮雕龙。
识途别雁归途广，爱国“后”“先”罪亦功。

“金缕鞋”读后

袁鹰同志文载九月十一日《光明日报》。

玄奘问佛访西土，中巴谊通百代前。
塔克西拉古刹迹，白沙瓦廛金缕鞋。
两缔边约铸新谊，同温旧情重史篇。
反帝仇侵同敌忾，更期友善到尧天。

“榆林城”读后

九月十六日《光明日报》载侯仁之教授文。

岁岁也先鏖甲兵，防边无计拓边城。
榆城三拓石台古，沙障九重林带青。
蒙汉融融族谊厚，关河航舫舸车腾。

边墙犹未绝烽火，曾记大河策马行。

念江明（二首）

一

念君心意总难平，岁届寒冬觉冷清。
弱躯此际竟何似？依旧坚强梦里人。

二

早岁连翩甘隘隘，长年悬剑两相依。
月星戴出双霜鬓，惭愧未酬夫与妻。

重读钱松岩先生“陕北江南”二首忆昔

一

满园紫红映晓岚，千门万洞辩论酣。
闻道延河春意满，南湾曩日小江南。

二

自力更生革命风，牧农纺织力无穷。
军民同忾突封锁，大政辉煌岁岁红。

偶感

优秀人民华族胄，高峰迭上出人头。
蘑云两爆人寰动，卅亿腾欢鬼夜愁。

读郭沫若同志近作借韵学步忆旧

郭沫若同志原作载一九六五年八月七日《光明日报》。

一、湖口石钟山

湖口石钟山，北望大别宽。
山川锁钥处，戎马夺争间。
谁敌众群勇，孰夸一将关？
湖山明赤帜，星火照人寰。

二、访赣州（二首）

（一）

章贡会双流，古城战迹遒。
宋明留杰迹，烈骨夹江浮。

（二）

北伐张群运，工农跃赣州。
红涛层浪涌，惨案痛千秋。

三、宿太和　忆一九二六年过太和询祖居

太和吾祖居，鹅颈赣河清。
嫂叔担篓走，汉苗圈地平。
昔年过此境，宿次访村名。
闻有家门在，戎装催月星。

四、登庐山（三首）

一九四九年偕江明发九江，入湖口，经鄱阳湖赴南昌环望庐山。

一

环山看匡庐，惟见半山亭。
天际风云绕，江心波浪鸣。

二

乾坤亘古在，云气归根无？
群创夺天巧，江山新画图。

三

云天衔接峻匡庐，横岭侧峰岂二乎？
帝封叠叠名山污，庄墅幢幢膏脂涂。
“茶会”几回“白虎”议，“训集”连岁妖人居。
庐山今日还真面，虎豹尽除魅魍无。

白洋淀上两代雁翎队

见八月七日《人民日报》王良俊文。

雁翎两代继鹰扬，儿女英雄卫白洋。
土炮猎枪成利器，汊湾苇荡尽沙场。
运船全俘百村振，排炮一声虏寇亡。
歼贼突围水底逸，惊呼“飞了”鬼空忙。

九月十日中秋苦思江明

比翼平生白首期，驱驰南北复东西。
羽檄关山披夜月，芒鞋风雨动晨鸡。
何曾食饼贪闲趣，惟有追根察幽思。
三载中秋劳子望，比来夜夜梦魂飞。

一二·九运动三十周年（二首）

一

黄云黯黯山河残，一道曙光突秦山。
“青天白日”偏安梦，“安内攘外”国力殚。
作依僵祟舞榆海，救亡红旆竖燕台。

城乡到处起烽燧，队队青年到农田。

二

雷腾风激震顽迷，“八一”洪钟撼白门。
庠苑英菁奔秦岭，虎毡张杨束游魂。
抗日自卫乾坤改，反帝防修文檄新。
三大革争共产业，青年连袂入山村。

一九六六年元旦试笔（四首选三首）

一

元旦岁纪添一周，报党光阴慨逝流。
条条战线腾龙虎，我自甘为孺子牛。

二

六洲战斗迎春潮，越老英雄壮勋劳。
“折报”又添白宫黯，谁家天下日月高?

三

人间迎岁暗明殊，新物向阳腐朽枯。
老年能偿青春愿，负戟扬戈迈远途。

乙巳谢岁念江明（十首选五首）

一

卅载业余亦“史家”，马列烛我探荒遐。
生产方式穷阶段，阶级线索层层抓。
总为无产竭微劳，披径垦荒心力焦。
夜中摸索多纡曲，助我穷研一字高。

二

和唱学吟付纸箩，惟残胸稿千章多。
平生随咏少佳句，斗志豪情每放歌。

三

鸿雪爪痕记几程，工农旧况片光零。
纵然惊句金沙少，眼处绘描皆实情。

四

中岁初萌诗改情，至今犹牵旧规横。
非是故为迎俗好，疚心突出独遗群。

五

欢欣乙巳丰收全，万里红光丽普天。
任它冬来旱魃毒，争丰六亿预来年。

学吟集初草之十

丙午杂咏

迎一九六六年春节（丙午元旦）

儿童燃爆竹，联语桃符新。
公社万家乐，东风大地春。
椎牛慷慨志，射虎英雄民。
砺匕修弓矢，觥觥史辙真。

一九六六年二月五日念江明（二首）

一

立春昨日正元宵，别子月圆卅六周。
岁月等闲随逝去，频添落发鬓丝头。

二

敢谓党教粗净根，个人名利等浮云。
相知历历君和我，报党无成暗恨吞。

焦裕禄同志永垂不朽

一九六六年三月七日《人民日报》关于河南兰考县委书记焦裕禄同志的报道《县委书记的榜样》读后。

只求一冢埋沙丘①，巍巍典型柱万秋。
三害根除兰考业②，全心全意列毛猷。
鞠躬尽瘁全忘己，榜样头行③竭荩筹。
临危特嘱治沙志，激我衷情热泪流。

题程嘉楷摄安徽枞阳县孙冈大队抚育更新的竹林

竣节亭亭映绿竹，高风落落耸苍松。
平生偏爱松和竹，最厌杏桃花粉红。

一九六六年二月十六日

晚饭后漫步闻院树鸟语念江明

枝头群鸟丽歌吟，三月阳春报好音。
鸟语唤醒万嶂树，东风吹暖三洲林。

一九六六年三月二日

“那里有群众就到那里演出”

一九六六年三月七日《光明日报》报道涉县平调落子剧团把服务重点转

① 自注：焦裕禄同志临危前向党组织提出：“我死后只有一个要求，把我运回兰考，埋在沙堆上。活着我没有治完沙丘，死了只要看着你们把沙丘治好。”

② 自注：兰考从来就是沙、水、碱三害著称的穷碛区。

③ 自注：焦裕禄同志说：“榜样的力量是无穷的”，县委书记要善于当班长。

到山区。

分队轻骑穷岭村，为农服务剧团魂。
自携农具同劳动，播种文化到里门。
一专多能更践实，开花结果遍生根。
乌兰牧骑开前路，时代新型文艺军。

广播今夜九时左右有地震念江明及家小

突传今夜地将震，两地挂悬一样深。
似此灾害犹难制，何日子孙握地心？

三月二十二日

悼艾思奇同志

一九六六年三月二十三日《人民日报》载，艾思奇同志于昨日在北京逝世。

君逝突传悼念深，卅年论战贯丹心。
初接沪滨谈抗日，过从延水究真经。
燕山夜雨抨修反，麈座春风锻斧斤。
风雨六洲正激荡，哲坛榱折滇山喑。

读报偶吟

辩证过程文字史，庶群创造岁时新。
“青”“兰”简化由来久，“歪”“要”革新别错真。
字型稳定暂时性，乱用扣分倒果因。
从少到多繁转简，改革“文字”涉长津。

一九六六年三月三十一日

小院即景

喜看绿树已成林，初夏庭前春意深。
桑榆亭亭竞碧绿，黍葵密密拔刀针。
长空极目明如玉，邻里欢欣夜操琴。
酹我连朝诗兴盛，敲砧独自作豪吟。

一九六六年五月二日

五月十日晨闻我国爆炸第一颗核弹成功喜赋[①]

华宇核弹爆，永消讹诈经。
和平新保证，五洲鼓豪情。
帝反垂亡日，工农世纪临。
反华任嚣唱，真史轨轮阂。

清平乐（念江明）

约在一个月左右前，托××同志转明一信，索凉席，至今未得消息，念甚。

雁书去了，却似黄鹤杳，非为贪凉一席藁，只怕二竖君忧。　念君为党勤劳，常忘达旦通宵；文革洪潮叠涨，竭身夜夜朝朝。

一九六六年七月十四日

① 自注：赋成，接到《人民日报》五月九日关于我国核试验成功“号外”。

首都人民援越抗美大会（二首选一首）

雄都午夜战歌高，百万同奔金水桥。
声明羽檄寒蛇鬼，革命人流卷怒潮。

一九六六年七月二十三日

连日头晕苦思江明（四首）

一

连日头晕体乏力，夜惟假寐力更疲。
看来血压随年长，仗我倔强驱病魑。

二

病里思君情愈切，公忠私爱并赤心。
平生奋发多英概，争斗程程共唱吟。

三

我亦孱骡君病累，未报涓埃对党心。
余年假我同身健，灭敌犹能执斧斤。

四

平生自负多奇节，同抛忧患影随形。
史事当行非本业，东西南北历关津。

一九六六年八月三日

悼聂洪钧同志

一九六六年八月十七日《人民日报》报道，聂洪钧同志于八月十二日在京病逝。思念旧友，不胜哀悼。

卅亿正扬毛著文，战鼙声里悼洪钧。
吠尧修帝趋离析，义战人民继起军。
湘水纵谈连夜雨，秦川把臂欣同门。
多病年来时探问，更从何处望江云？

自报纸抄录经典语录资我学习[①]（二首选一首）

恭缮啮吟味永真，天人轨道万年灯。
学透用深方寸广，人间万代理长新。

一九六六年九月五日

一九六六年国庆前一日念江明及家小（三首选二首）

一

月来苦病未吟诗，念君无已只自知。
况值文革层浪涌，电影幕幕翻旧思。

二

几回相慰梦中人，学武学文唤羽真。
原则问题争似昔，庭前明月共相亲。

---

① 自注：及今所录已粘成二十三个小册。

晨起偶吟[①]（二首选一首）

学吟早岁爱唐诗，十卷帙成多过时。
最爱工农时代作，斑发老年甘拜师。

一九六六年十月二十六日

悼古大存同志

一九六六年十一月七日《人民日报》报道，惊悉古大存同志于十一月四日在广州逝世，闻耗不胜悼念。

五华古老吾党英，斗争节概著忠贞。
东江游击南海啸，圣地修学松江鸣。
一部[②]头行吾辈首，东局党内骨鲠情。
难忘病里时关切，夜雨客窗每几更。

痔　痛

肛左侧外痔忽至眉豆大，剧痛至不能坐；仍用开水蒸浴，连续三日，日蒸一小时左右。今为第五日，已大为减轻，喜赋。

痔漏缘血汙，痛剧坐难成。
沸蒸驱血散，轻濯绝菌生。
特疗凭斗志，体念出华经。
点滴长河汇，阴阳争斗明。

一九六六年十一月十一日

---

① 自注：重读一九六四年十一月二十九日《光明日报》“朵朵红花向太阳，歌唱毛主席，歌唱共产党”。

② 一部指延安中央党校一部。

今日给江明一信要毛衣及笔墨（二首选一首）

日夜念君梦里长，醒来常觉更心酸。
一书发去索衣物，聊慰衷情心略宽。

一九六六年十二月三日

悼吴老玉章

一九六六年十二月十五日《人民日报》载，吴老于十二月十二日在京病逝，闻耗不胜哀悼。

北伐早闻吴老名，巴州谈史夜雨沦。
联盟道路新纲领，建党斗争马列文。
急路风潮鉴往史，育材雨露辟新瀛。
空前雄文兆民奋，广传毛思化雨人。

一九六六年除夕谢岁并念江明（三首选一首）

两书去后均鱼沉①，念子时时盼好音。
卅年战斗同艰险，又届岁除思更深。

一九六七年一月十日阅报偶成

本日《人民日报》载北京师范大学井岗山公社红卫兵关于一九六二年十一月山东孔子讨论会两稿中涉及我。我去赴会，系中国科学院哲学社会科学部敦促和山东负责方面邀请，其他情节全无所知。我仅在大会结束时作了一次发言（稿已载《专刊》），此外发表了三首诗（载《山东文艺》）。歌颂什么、抨

① 自注：别后两地苦思，音讯杳然，只字未见。

击什么是很清楚的。年轻同志未详析我的基本立场和观点，以致与……混为一谈，真是误会不小。

混淆红白误非轻，观点立场别浊清。
会上锋笠我何指，请略阅查自分明。

一九六七年一月十一日未来报

青年同志谓系《人民日报》停刊。

不阅党报似聋盲，惟有丹心尚盈腔。
卌余革命路凸凹，马列照彻灵犀光。

坚挺乔松柱人天

——狱中惊闻少奇同志蒙冤感怀三首

一九六八年十二月，我在京郊秦城狱中惊闻少奇同志被永远开除出党。缅怀少奇同志半个世纪为党和人民立下的丰功伟绩，目击林彪、“四人帮”等丑类残害党和国家杰出领导人的滔天罪行，义愤填膺。回忆在少奇同志身边工作期间难忘的日日夜夜和谆谆教诲，感念不已，默成诗三首。十年浩动，八载幽囚，劫后余生，亲眼看到党的十一届五中全会为少奇同志昭雪奇冤，衷心感奋，书此志念。

一

二十世纪“风波”寒，三顶帽子绝代冤。
忠奸功罪全颠倒，吁天辨诬董狐篇①！

---

① 吁天：同呼天。无辜受冤，悲愤至极，呼天倾诉。岳飞被秦桧诬陷死，其孙岳珂撰《吁天辨诬录》鸣冤。董狐为春秋时晋国太史，因如实记载史事被孔子称为“古之良史”。

二

阜延长途云和月①，夜夜北斗照路前②。

所至“双减”植路碑③，奠基深广开新元。

三

圣母池边说孔丘④，日夜翘首向延安。

普罗党性无杂染，坚挺乔松柱人天！

---

① 一九四二年，著者夫妇随少奇同志回延安，三月从苏北阜宁单家港出发，十二月三十日抵延安。长途夜行军，共越过了敌寇严密封锁的一百零三道封锁线，途中参加了滨海区、沙区、太岳区三次反扫荡大战，著者和江明在《跟随少奇同志回延安》文中已有所叙述。

② 夜行军时，少奇同志教导看北斗辨方向。

③ 少奇同志返延途中经过了鲁南、鲁西、晋东南、太岳、晋西北等各解放区，所至均阐扬党中央的减租减息政策，在当地党的领导下发动群众和组织群众，经过农民自己的斗争，建立农救、农抗等群众组织，发展民主政权和人民自卫武装，为抗日战争和新民主主义革命的伟大胜利开辟了广阔的道路，打下了深厚的基础。

④ 行经山东莒南县某山顶一水池，水面浮有血红色泡沫。当地传说孔子诞生于此，其母于池中洗孔子，血染池水……。少奇同志说，池水可能有某种矿物质。并说，这种传说反映出孔子在鲁南一带影响比较深远，也反映了一家一户为单位、个体经济为基础的社会结构的残余。

后 记

这部集子是从吕振羽同志遗稿自编诗集《学吟集初草》中选辑整理而成。署名《吕振羽诗选》(以下简称《诗选》)。

《学吟集初草》(以下简称《初草》)写作于艰难之际，始笔于一九六三年一月九日，至一九六七年一月十一日停笔。时值“七千人大会”之后，“文革”前夕，风雨欲来，振羽当时已收集资料，正准备践人民出版社之约，撰《近现代简明中国通史》、《近现代中国政治思想史》。一九六三年一月六日，横祸飞来，突蒙不白之冤失去自由，幽禁于北京，宏伟的研究和著作计划，归于破灭。从此振羽与世隔绝，亲人朋友，咫尺天涯，音讯杳然。他身边仅有两报(《人民日报》、《光明日报》)，一个视时光如生命的人，怎能不痛惜“报党光阴慨逝流!”

一九六三年一月九日，是振羽失去自由的第三日，这天，正是文天祥死节六百八十周年，振羽感慨不已，奋笔在旧报纸上写下了六十几行慷慨激昂的长诗，倾心歌颂文山耿耿志节，遥奠英灵。同年五月五日是马克思诞辰一百四十五周年，十月一日，振羽以二百七十七行的新诗体写《马克思赞》以资纪念；同年九月三十日，六百四十四行的长诗《祖国颂》完稿，以庆祝国庆。

幽禁四年，他每天写诗，辑成十卷，近三千首，题名《学吟集初草》。均为旧体诗（词少，新体诗仅收两篇)。内容多为有关现实的新作，仅二、三两卷系回忆整理往昔旧作。这些诗，或咏史、咏诗，或歌颂新中国建设，或吟咏祖国的名都、名山、胜水，或回首艰危苦乐的经历，或缅怀战友，或苦思亲人，皆见至性，而以咏史更为突出。首卷辑稿中《咏史百题》、《再咏史》已逾一百五十篇，散见其他诸卷者亦为数不菲。

振羽咏史诗所涉及的领域和问题与其生平治史相适应，甚广阔。有关历史上的关键性事件（如商鞅变法、秦始皇统一六国、淝水之战、王安石变法、甲午战争、辛亥革命……）和历史人物（特别突出的是历史上的革命领袖，农民战争和其主要人物，保卫祖国奋勇抗战的英雄，对历史上文化交流、祖国统一、民族团结作过重大贡献的人物，对科学、文学、史学、艺术、医学等有过重大贡献的人物，历史上比较突出的妇女）的评价；也涉及史学原则和中国历史上重要的史学著作如《左传》、《史记》、《资治通鉴》、《通志》、王船山史论、《文史通义》、裨史杂记及碑志等民俗资料、民族和民族史资料等等及史学方法。

咏诗，主要为诗的体裁和方法及突出的诗人。他少年时期即爱读唐诗，且好吟咏，中年萌诗改意。他主张评诗应以诗人立场为标准，即是否站在人民一边，对待历史是促进或后退，他提出"伐残诛暴诗人箴"！诗"须为人民歌，要便人民唱"，要"铿锵音响亮，好唱好记忆"，要继承古诗优良传统，但对那些脱离群众的旧框框可以废除。对李白和杜甫，他都曾热情歌颂，但当回答"李白杜甫孰个优"时，他说"呻吟疾苦近人民，我说青莲输少陵"，这是他对诗、对诗人，也是对一般历史人物的评价标准。他对待自己也是奉行这个标准的。他对"只为救国早亡己"、"不畏强敌敢战斗"的英雄烈士倾心歌颂，情溢于词①。他对人民的苦难有切肤之痛。《初草》中累见这类作品。

提到他的《初草》，他曾说，他不是诗人，主要是藉以咏史和抒怀，却未注重推敲韵律，难免有不周和错误；但它反映了他的史学观点和思想感情。是的，在《诗选》选编和整理过程中，我也是这样看待的。我感到这些诗也反映了他挚爱祖国，挚爱人民的赤子之心。他以之自励并寄望青年。这在他的长诗《祖国颂》② 中得到集中反映。此诗序言传达了他的心声："此篇之作，意欲以之作新急就篇，以在马列主义毛泽东思想基础上的新中国史为基本内容，便于群众尤其是青年阅读，期能发挥一些爱国主义教育的作用。"

有人问：吕振羽生平爱诗，好吟咏，幽禁中每日写诗，为什么一九六七年一月十一后就停笔了呢？其实。这并不是江郎才尽，而是被迫停笔。一九六二年七千人大会后，毛主席震怒，卧榻之侧岂容"赫鲁晓夫"鼾睡！文革中黑高参康生、"四人帮"推波助澜，必欲置刘少奇同志于死地而后快。于是，广事株连，罗织成狱，一时冤狱遍中国，"黑帮"到处是。三十年代，振羽是著名的红色教援，一九三五年十一月至一九三七年，在党中央、毛泽东同志统一

---

①《学吟集诗选·文天祥死节六百八十周年》。

②《学吟集·祖国颂》。

部署下，奉中共北方局和刘少奇同志委派驻南京，后又到广州，与国民党当局进行国共合作抗日的谈判，为第二次国共合作，为抗日民族统一战线的形成和发展作出了重要贡献；一九四二年三月离新四军驻地至一九四五年九月离延安前往东北前，振羽曾任刘少奇同志政治秘书、学习秘书；一九四二年三月至年终曾随少奇同志长途行军自新四军回延安，解放后曾受团中央（胡耀邦同志任第一书记）之约，写过革命回忆录《跟随少奇同志返回延安》。这本来是光明磊落的工作关系，但在那场浩劫中岂能幸免！一九六七年一月十一日停报，振羽名列“刘专”（少奇同志专案），随即被投入高级战犯监狱秦城。没有纸笔也没有时间，只有无尽的残酷折磨，车轮战，每日审讯三次，前后审讯八百多次，七百多次是逼供“南京谈判”问题，目的主要是为构陷少奇同志“反革命罪行”，诬陷少奇同志派吕振羽去“南京谈判”是“勾结蒋介石消灭红军、消灭红色政权”，“毛主席不知道”等等；还诬陷少奇同志一九四二年过平汉路被捕叛变，“投降日寇”……审讯者使用法西斯手段，利诱威胁，卑鄙阴毒，振羽坚决抵制，他“要坚持自己的历史真实，也坚持他人的历史真实”。拒作谤书，高喊“打倒法西斯！打倒伪造历史的恶魔！马克思主义万岁！一切真正的马克思主义者永垂不朽！吕振羽永垂不朽！”……批林批孔高潮中要他写文章，他断然拒绝。他说：“我向来对孔子是两点论，对秦始皇也是两点论。”隔离四年，秦城八年，直到小平同志复出主持中央工作，看到我的申诉书，他批示：“回家治病，结论以后作”。立即，振羽回到家中与亲人团聚了。但是，政治风波潮起潮落，落实政策，平反冤假错案，难得一帆风顺……胡耀邦同志主持中央工作，先批示吕振羽同志所有书籍、房子、衣物等全部财产速退还。至此，振羽在“隔离”中创作的两部手稿也得以觅还（在创作《初草》的期间，还写出了《读报随笔》即《史学散论》——原名《史学评论》）。一九七九年国庆前，耀邦同志亲自主持宣布吕振羽同志参加国庆活动、参加国宴。国庆节一过，即恢复他的组织生活，恢复工资和级别待遇，安排工作，任中国社会科学院顾问。随即为振羽沉冤彻底平反昭雪。

振羽在失去自由的第二年所作《甲辰元旦试笔》中，计划要完成的“未了任务”是：写著《近现代简明中国通史》、《近现代中国政治思想史》、选辑自己的诗集，重新撰写中国民族史、补写几位思想家等等。而且他当时还满怀信心地说：“假我卅年殷勤学，夫妇同窗愿不赊！”他预计是可以实现的！

但是长期遭受的难以忍受的身心摧残，劫后余生，几濒于死，虽然“倔强犹欲看锥花”①，但已无力完成他那宏伟的研究和著述计划了！一九八〇年七月十七日因心脏病突发，竟怀志以殁！

振羽同志逝世后，继续得到学术界、出版界的关注和支持，他的许多著作由人民出版社、上海人民出版社相继重版或改版印行。并整理出版了《中国历史讲稿》和《吕振羽史论选集》，河北教育出版社即将出版二十世纪史家名著选《吕振羽卷》；国内报刊发表他的未刊稿六十一万余字；研究振羽史学的专著已出版三部（还有一部即将出版），吕振羽研究论文集二部，国内报刊发表的研究吕振羽的论文、回忆录等类诗文近百篇，湖南将出版振羽回忆录，现正辑集中；纪念吕振羽的史学研讨会自一九八六年以来，相继在吉林长春、北京、湖南邵阳市举行。斯人已逝，他毕生致力的马克思主义历史科学正面临更大的发展和繁荣！

今年是吕振羽同志诞辰一百周年，中国社会科学院和中央党校联合在京举行纪念会，并出版振羽遗著《史学散论》。吉林大学在长春举行纪念会、《吕振羽诗选》首发式等活动。

《诗选》是《学吟集初草》之一部分，原拟整理出版《初草》全集，考虑到卷帙浩繁，时间局限，先出《诗选》，会后将继续整理出版其他部分。这个集子由振羽同志老战友张爱萍老将军题签，将军爱女小艾设计封面，吉林大学校领导和同志们给予了热切关怀，并得到吉林大学出版社刘会军等同志的热情支持，谨志谢忱。

江　明

二〇〇〇年四月二十九日

---

①《学吟集诗选·甲辰元旦试笔》。

学吟集诗选补

编印说明

学吟集诗选补

著者于一九五九年十一月用毛笔抄录《少年写作烬余录》、《早年写作散记》等诗作在线装册中，未曾发表。现据原稿整理出二十三首，以《学吟集诗选补》编入全集。

吕 坚

目　录

少年写作烬余录

予中学、大学时写作均存邵阳家中，但自一九二三年除夕离家后至一九三八、三九年办塘田战时讲学院止，不曾回里。塘院被国民党顽固派三路派兵查封后，不日□潛踪去桂林八路军办事处转重庆南方局。全国解放后，我从东北局之命，于一九五一年南下招募文教技术人员，党拨给我母一笔给养费。我因便回里，住了三天，方悉我兄弟存家中之书籍及少年作品均被国民党军张云卿匪部借口为所谓“赤匪”家属肆行搜掠、焚毁。从一废纸堆中捡出一九二一至二四年在湖南高等工业［学校］学习时之“麓山读书杂记”、“可记”（书信录）各一帙、塘田战时讲学院“中国革命史讲稿”（草稿）两本及自述。兹将前二帙照录，以见我当时思想与徘徊歧途之苦闷情况。

振羽志　一九五九年十一月

感　怀

国事年来乱如何，眼观残局忧心多。
虎踞强藩争势力，鸡惊百姓受凌磨。
裁兵政策风前影，救国舆论水上波。
安得多生姬姜辈，元元早颂太平歌。

送同乡唐先生

唐字固屏，省参议员也。予曾从唐学诗，但意气大相左。

羁唤辕门催客行，者番难禁别离情。
西风凄凄潇湘冷，岳色苍苍星月明。
资水长流湖广地，云山遥望都梁城。
故园重望景寒色，桃李无言瞩老成。

又一首

千里读书不肯休，前程浩渺正悠悠。
清高世上如银汉，横列长空看斗牛。
心慕高山苦励胆，气吞岛国转潮流。
谁为医国补天手，还我民权真自由。

寄向建凡

记得除夕别远行，有君送我资江滨。
分行几步频回首，细语叮咛最感人。

又一首

我在长沙度一春，每逢高会忆侪们。

莫谓别长情便短，今年犹是去年人。

杂感

这万恶的社会，
枪炮的毒焰，
说什么公理？
说什么人权？
只恨那：
大凌小，富吃贫，
弱肉强食，残忍无边。

全世界竞争的焦点：
只有土地，只有金钱。
要什么和平会议？
订什么国际公法？
来装门面。
何不直截了当只讲大炮、战舰，
只讲侵略强占。

乌黑黑的天空，
布满了云雾、霾烟。
太平洋的水，
是东方人的涕和血。

这病夫似的中国，
已入了膏肓地危症。
那些军阀、官僚、政客，
却只知个人的快乐、方便，
那管你四分五裂，

祸在眉睫。
好伤心！
老百姓，欲死不得。
哎哟，好同胞！
猛回头，同来改革，
切勿蹈印度、朝鲜的覆辙。

夏月池中

一

碧绿透明的池水，
好像水晶，又像明镜。
禁不住我烂漫的天真，
来赞美伊，叹赏伊；
纯洁无瑕的心儿，
还与伊互相照映，互相怜悯。

二

一队队大鱼、小鱼，
悠然自得，在小世界中游行。
谁也禁不得它们的自由。
那也许是“极乐国”吧！

三

倘使小池塘，变作釜和缸，
它们那自由快乐，就都会牺牲；
还要受那可怕的夏日熬煎，
痛苦难当。

长沙旅次怀旧

十二巫山梦雨云，洞庭八百水东行。
孤灯残照旅邸月，看花不见伴花人。

偶　书

时光荏苒年复年，为计前程欲问天。
十载闲窗何处所，而今应叫争人先。

酬同学杨君

一

偕君把酒语从头，聚首名山意更悠。
国事而今不可问，相携愿与骋神州。

二

男儿处世贵天真，不为仇雠不为亲。
他日若能偿素愿，讴歌同唱资江滨。

麓山夏夜

一

花样的川光，浩荡的湘江，
掩映长空明月，
和星儿似的电光，
更显得景色无限，
触伤我的愁肠。

二

因物伤怀，回首家园，
今夜的明月、物色，
也是这样的光采，
这样的引人深思吧！

三

明年今夜，大地风光又该怎样？
啊！
我也说不完万变无穷的未来。

忆旧游

一

昨夜和唐君，
跑到麓山顶，
一边谈笑，一边赏景。
身世无挂牵，
悬着一颗少年心。

二

你们那今夜的月和万般物色，
是否和这儿一样？
最快乐时，曾否记得：
千里故人，怀念你们，
深夜里在这山巅游行？

三

你们办学堂，尽有热心肠，

总算是天真，不入名利场。

中 秋

一

年年中秋，依然故我。
忽倏又一年，
只多受了些乱世苦味，
多看了些世态炎凉，
还有这万恶社会的黑暗。

二

年年中秋，依然故我。
去年今日，曾饮过酒，赋过诗，
把拉杂的心情，用文字描摹；
今年，依旧吟诗，描摹，
只是，去年的月，
不算不明，也还赏过；
今年的月，
却躲在云层里，不来相见。

喜笃弟归湘

年来手足各天涯，四海飘零大一家。
踏遍尘环少年事，胜如种豆与栽瓜。
种瓜时节客窗暖，他乡勇目理征衣。
我亦千里别乡者，前年一度归夫夷。
归时老亲殷殷问，何事久客无归期。
北雁曾传游子字，捏报归期荷花时。
亲问归期自有期，莫道归客故迟迟。

归来犹作旧时话，四年不算久别离。
去家万水又万山，去时桃李花未开。
久客归来原是乐，故园明月亦大圆。

冬　夜

万籁岑寂，
大地的人群都睡觉了。
只有窗外的风，呼呼作声，
益显得严酷、黑暗、惨淡……
我睡梦里醒来，
心儿砰砰地惊颤，
朋友们一个个都睡熟了，
只发出自然的鼾声。

羁旅的心肠，
谁也当思念故乡；
但想到归途，
归不得这是谁的罪过？

酬续三步原韻

访友而今不计秋，寸心时忆餐云楼。
唾余如我不足数，知己逢君幸有由。
一度雄谈偿素愿，百篇豪醉浇心愁。
高山流水一曲奏，肝胆相携付九州。

再和续三原韻

名山胜概几千秋，数载言欢共倚楼。

慷慨豪情同愫抱，轩昂意气证前由。
胆肝如印波心月，风雨时添梦里愁。
聊把郢歌和一曲，夕阳残照满神州。

赠续三[①]（二首）

一

屈指韶华廿余年，苍黄莫辨孰媸妍。
前程渺渺凭谁计，髀肉情怀欲问天。
浮沉道力未能坚，人海暗礁只自怜。
误读诗书计岁月，芒鞋踏破亦年年。

二

世事非同一局棋，奋臂而起今之时，
青春不再莫虚度，消息个中付与知。

早年写作散记

夜登麓山

同学邓乾元以私嫌构怨，予感慨不已。年底漆黑之夜，独自登山，把壶狂饮，放声大歌。

疾首光阴容易过，人生到底应如何？
乾坤黑暗斗争起，才智高明私怨多。
我欲把酒浇傀儡，谁怀孤愤寄清歌。
七尺早许酬蒿莱，寸金谁叫空磆磨。

一九二五年底

① 自注：同班同学黄君续三，湘阴人，名隽。与余成至友，劝余勿读《极乐国》，介余读《响导》及《新青年》。

游塘田席宅

席［宝田］宅为旧武东学校故址。一九二三年冬与林隆如师同游作陈。

一

重游胜地意缠绵，相与偷闲话旧缘。
门外夫夷犹是昔，令人回首大年前。

二

荒凉大地江山寒，棘地荆天不忍看。
为问东皇何处去，客心无限倚栏干。

日　　记

目　录

编印说明

中央民委第二次全体会议日记

1949年10月19日，中央人民政府主席毛泽东任命著者为中央民族事务委员会委员。1951年12月，著者出席了中央民委在京召开的第二次全体会议，与各地民族代表进行了交谈。会议期间，听取了董必武副总理政治报告、李维汉等同志关于民族政策报告，参加了周恩来总理召开的东北地区民族代表汇报会。此外，还与范文澜、翦伯赞等同志见面。日记始于1951年12月10日，迄于1952年1月10日，系著者用钢笔书写于笔记本上，未曾发表。

全集出版，现由编者根据原稿整理编入，题目为编者所拟。除更正个别错讹字外，内容和观点均保持原貌。

吕　坚

中央民委第二次全体会议日记

1951 年 12 月 10 日

田富达同志谈［台湾］高山族，内分七部：①泰耶尔族，②赛设特族，③朱欧族，④蒲能族，⑤拔旺族，⑥阿美族，⑦耶眉族。1947 年共有人口 14 万以上[①]。

孟德寿同志谈鄂伦春族[②]。

民族事务委员会第二次扩大会议党组会。

12 月 11 日

单庆麟同志谈北京高校史学教师思想情况。

12 月 12 日

民族事务委员会委员会议。

翦伯赞同志谈北大、清华、燕大教师情况。有的说："马列主义几个月就可以学好。《毛泽东选集》几天就可以读完。"言外之意，认为那都不是学术。我本人学习历史与许多见解都是受到你的影响的。我常说：生平只佩服两个人。一个是郭沫若同志对个别问题的深入，一个是你的马克思主义的总合力[③]。

---

① 编者注：记录谈话内容从略。

② 编者注：记录谈话内容从略。

③ 编者注：记录谈话内容从略。

12月13日

北师大教务长丁浩川谈师大教学组织及教师情况[①]。

12月14日

上午，范文澜同志谈：北大、清华的历史教学还很不差。白寿彝也很好。辅仁大学很差。北大长于古代史，清华长于近代史。齐思和也有些研究。他们对我们有很多意见。他们对思想改造，有些人觉得妨害学术研究。河大史学工作搞得很好。智建中来要求组织长春史学研究会。我叫他去找振羽同志，在你的领导下，组织东北史研究会，然后在东北史研究会的领导下，再组织长春分会。

下午1时至50分，委员会议。

下午2时，大会开幕。李维汉主任委员致开幕词。

12月15日

上午，董必武副总理报告：一、继续加强抗美援朝。二、关于增产节约运动。三、思想改造运动[②]。

下午，小组讨论[③]。

12月17日

党组会。李维汉同志解答几个问题：你们许多同志有少数民族地区的工作经验与知识。我则没有。只是听报告，看材料。此外就靠斯大林的著作、毛主席的指示。各地情况不一样，经验不一样。但无论哪个地区，经验还很不够。从整个民族工作来讲，从两年来说，经验已很多了。中南的经验少一点。最近搞出的这几个草案，一面根据中国情况，一面从马列主义上找启示。主观上是这样想的，也是这样去做。而是否就合乎马列主义，我们没有保证和自信。所以要开这个会，各地方工作同志与少数民族同志大家来议，

---

① 编者注：记录谈话内容从略。

② 编者注：记录报告、讨论内容从略。

③ 编者注：记录报告、讨论内容从略。

并无意想随便解决这个问题。这个会后，再把这个草稿送各中央分局研究提出意见，然后送中央审查，再提交中央人民政府。所以我说完全推翻、另一个提案的出来也可以的。同志们不要盲目的轻率的去赞成的态度，要采取批判的态度。同时要采取认真的严肃的态度，划分正确与错误，是与非。主张是的，批判非的。党组的工作方针应采这样的方针。现就工作中、草案中存在着的几个问题以及我的理解说说。①民族问题；②民族平等；③区域自治是中央与政府解决国内民族问题的基本政策；④与人民有联系的领袖人物问题[1]。我所讲的不是完全经中央批准的，可能有错误。希望同志们自由交换一下意见，不同意见可自由发表。

下午，小组讨论[2]。

晚，陈维荣同志谈达呼尔族问题[3]。

12 月 18 日

上午，小组讨论[4]。

12 月 19 日

小组讨论[5]。

晚，浙江景宁县外全乡分支书蓝明斋谈畲民分布及现状[6]。

12 月 20 日

上午，刘格平同志报告：两年来的民族工作[7]。

下午，乌兰夫同志报告：关于内蒙古自治区[8]。

---

① 编者注：记录的报告、讨论、谈话内容从略。
② 编者注：记录的报告、讨论、谈话内容从略。
③ 编者注：记录的报告、讨论、谈话内容从略。
④ 编者注：记录的报告、讨论、谈话内容从略。
⑤ 编者注：记录的报告、讨论、谈话内容从略。
⑥ 编者注：记录的谈话、报告、讨论内容从略。
⑦ 编者注：记录的谈话、报告、讨论内容从略。
⑧ 编者注：记录的谈话、报告、讨论内容从略。

12月21、24、25日

上午，李维汉同志报告：有关民族政策的若干问题：一、任务；二、权利平等问题；三、民族的区域自治；四、地方民族民主联合政府①。

下午，华北小组讨论②。

12月27日

大会讨论。白斯古、马岐山发言。

12月28日

蓝昌发同志谈广西瑶族现状③。

12月30日

云南撒尼族代表、回族代表、傣族代表、彝族妇女代表，福建畲民代表，新疆哈萨克族代表、满族代表，贵州水族代表相继发言④。

1952年1月2日

荣孟源同志谈北京史学界思想情况⑤。

1月3日

民委座谈满族问题⑥。罗常培发言：我的民族情感，只在民国初有反感。以后自己教书就没有了。座谈会，如老舍、程砚秋都不到。他们认为我以满族代表出现都不高兴。我现在的民族情感，只是看到列举民族没有满族。北京有一部分人还有点狭隘民族主义成分。

---

① 编者注：记录的谈话、报告、讨论内容从略。
② 编者注：记录的谈话、报告、讨论内容从略。
③ 编者注：记录的谈话、报告、讨论内容从略。
④ 编者注：记录发言、谈话内容从略。
⑤ 编者注：记录发言、谈话内容从略。
⑥ 编者注：记录发言、谈话内容从略。

1月5日

李维汉同志召集西南区代表谈话①。

1月7日

民委召集东北代表解决延边自治区问题。

我对东北区不负民族工作专责，对情况了解不够，只提了个人意见，供解决问题参考：关于延边实施区域自治，东北局、东北人民政府的方针与延边的要求是一致的，并没有原则的分歧，问题在于延边虽在若干程度上具备了区域自治的内容，起了一级政权的作用，但没有及时完成区域自治的形式。在这个问题上，据朱德海同志说，在干部间存在着一些思想问题，那是可以由地方自己去解决的。

根据朱德海同志所提，自实施区域自治而来的有几个问题：①财政上要求国家补助的问题；②把省营工业交给延边自治区经营的问题；③文教方面的问题；④划界问题；⑤水利问题。

关于财政问题。延边在九·一八后是抗联的老根据地，目前又是抗美援朝的国防最前线，当地朝鲜族、汉族居民对国家是有功劳的，牺牲和负担也是较重的。延边目前财政，据朱说是较困难的。我以为国家应以适当的照顾，延边也要从国家整体出发，不提出不合现实的要求。关于工业问题，这个要求我认为是可以提出的。目前省营四个工矿，其中锑矿值得研究，煤矿是不成问题……。关于文教问题，分两方面，鲁艺学院及学生出路问题、卫生问题等，在不要求一下子解决与超过汉族地区的情况下，具体研究与商量解决。关于划界问题，敦化县一部分、长白问题，可以从实际出发，由民委商请东北人民政府解决。水利问题，请李主任指示，我个人是同意的。贸易基金与商品流通问题，我希望民委提请贸易部及合作［总社］设法解决。

朱德海谈，自治不自治而在于解决困难，要搞自治就要为一级政权，要不然就取消专署②。

① 编者注：记录发言、谈话内容从略。

② 编者注：记录谈话内容从略。

李维汉主任：编制财政预算提得太大，于自治区并不利。按草案财政权可划分，在批准后可在国家统一制度计划下划一部分给自治区。从经济来说，国家今天会选择最有利的、最迫切需要的搞。要建设就要积累资金，行政上非生产所必须的应尽量减少。延边水利如为人民生活所必需，可考虑划出一些经费去搞。省营四个厂矿，提交东北［人民政府］研究一下。自己想搞工厂，这个意见是好的，适当照顾他们这个想法，是有益的。我们这个意见仅供参考，问题还在东北解决。

1月8日

政务院周总理召集汇报。

1. 民族民主联合政府的基本特征是汉族占相当比重与少数民族的关系（李）。

2. 联合自治区就不设民委会，民族民主联合政府还得设立（周）。

3. 自治区底下可以有联合政府和联合自治区（周）。

4. 汉人为主体的地区不可能搞个自治区，成立民族民主联合政府（周）。

周总理指示：对朝鲜族军烈属应解决一下，光靠他们自己解决不了。办烟厂问题，由东贸去收烟叶。工厂问题，同东北去谈。县旗问题按纲要办，但须注意形式。民委问题，按维汉同志指示。东北财政权可划给一部分，由其支放，但必须实行预算决算的财政纪律。

1月9日

撰写给林枫等报告

林枫同志并高岗[①]同志：

兹将中央民族事务委员会第二次（扩大）全体会议及关于东北区的几个具体问题简略地向你报告。

一、这次会议由于中央领导正确和准备充分，开得很好。会议具备代表会议的性质，有四十三个少数民族的代表参加，并有36人在大会发了言。对董老的政治报告、李维汉同志关于民族政策的报告、实行民族区域自治纲要草案

① 编者注：高岗系东北人民政府主席，林枫系副主席。

等四个草案，均进行了具体深入的讨论，确定了汉族的主体地位和作用的认识，揭发和批评了大民族主义和狭隘民族主义的有害思想，统一了大家对民族问题的若干模糊的分歧的认识，解决了若干具体问题（特别是关于西南和西北的一些较严重问题的处理方针）。大会及大会结束后的各种小会为时近一个月，时间是较长了一些，但大家的精神始终是饱满的。在会议的全部过程中，充沛着友爱团结的民族家庭的气氛。不少少数民族的代表都说："我们真是像兄弟"，"完全觉不出我们是不同的民族"。连一向较顽固的傣族土司龚绶也表示很兴奋，认为"非始料所及"。

会议所讨论的中心问题是区域自治问题。这个草案及关于民族民主联合政府所保证散居的少数民族人民平等权利的草案，各级民族事务委员会组织的草案等四个草案，即将印发各大行政区征求意见，然后由中央批准公布施行。

二、会外、小会及周总理召集的汇报会议所解决的有关东北区的几个问题：

①朱德海、崔采同志提出：a. 划给一部分财政权和财政补助；b. 62 人的干部编制；c. 拨款帮助修建水利；d. 拨给延边的省营四个工矿。李维汉同志一面批评了朱德海同志所提编制和预算过大，一面又于会后嘱我转达，希望东府主动给予解决几个问题（如编制、水利、工矿、财政）。周总理面示：延边军烈属问题，他们本身是无力解决的，须东北帮助解决；财政权可划给一部分，但须按财政纪律办理；延境县营工矿、省营或自治区经营都可算作国营性质，请东府适当考虑处理。水利建设如为人民生活所必需，可拨点款搞一下(周总理也同意维汉同志这个意见)。

②东北与华东均须组织各级民委，但可按事务繁简设置脱离生产的干部。

③已改县之原有蒙人居住的各旗，是否恢复旗名实行区域自治，一面务即进行调查了解情况，一面俟区域自治纲要正式公布后按纲要处理。原为旗之各县，注意其民族形式，如人民政府文告，须用蒙汉两种文字……。

④回民要求组织回民联合会，城市散居朝鲜［族］要求组织朝鲜会的问题。如再有要求，可准其暂时成立地方性的文化性的组织；但自治区内不容有这种组织。

⑤失业回民就业问题。希尽可能吸收其精壮转入工矿充职工，并适当照顾其生活习惯。

⑥鄂伦春族要求解决打猎弹药问题，请东北设法帮助解决。

拜托赵天野、阚廷弼两同志口头汇报①。

敬礼！

吕振羽［1952年］1月9日

1月10日

座谈全国民族学院问题②。

① 编者注：会后著者为东北人民大学招聘教师事去上海。

② 编者注：记录发言内容从略。

编印说明

1955年9月，著者率中国科学院代表团赴德意志民主共和国参加莱比锡东方学会议，并在开幕式上致词。之后又代表中国科学院出席德科学院希腊罗马学研究所成立大会。在德期间，同与会各国学者进行了交流，并参观了洪堡大学、席勒大学、德科学院东方研究所、柏林图书馆、东方博物馆等处。日记始于1955年9月22日，迄于10月21日，系著者用毛笔书写于线装册上（回国后整理），未曾发表。

全集出版，现由编者根据原稿整理编入（会后著者赴苏联治病及访问期间日记，因著者未整理完稿，故未编入）。除更正个别错讹字外，内容和观点均保持原貌。

吕坚

访欧日记

（1955 年 9 月 22 日—10 月 21 日）

我 1955 年 9 月 24 日奉命率一代表团赴德，参加由德意志民主共和国发起之东方学会议；随又得电，令我参加德国科学院希腊罗马学研究所成立大会；随又得电，令我转苏疗病，至 1956 年 5 月 29 日至祖国首都北京。这是这期间随笔记事日记。

1955 年 9 月 22 日

刘大年同志来，谓已由中组部决定，并已由外交部通知德意志民主共和国，由我担任团长，率代表团去德参加东方学会议。团员为中国科学院历史研究第三所副所长刘大年，北京大学东方语学系主任季羡林，秘书为经济研究所助理研究员罗元铮副博士。我以此事既经党和政府决定，无力改变，只得扶病准备出国；科学［院］并叫我就便出国治病，更觉无可推却。

23 日

科学院联络局送来德意志民主共和国外交部送致我外交部关于召开东亚学会议的来电和文件。有关会议文件要点为：

（一）10 月 5 日在莱比锡举行东亚学会议。

（二）出面主持者为莱比锡马克思大学东亚学系（主任、教授爱吉士）和柏林洪堡大学汉学系（主任、教授拉奇乃夫斯基）。

（三）目的：要使德意志民主共和国的汉学家、日本学家以及有关科学领域的代表与外国和西德的同仁建立密切的关系，促进全德性科学会谈，从而也促进有关于本时代社会问题的会谈。会上尤其重视与中华人民共和国、苏联和人民民主国家的专业代表进行密切的个人接触，其目的是通过经验交流获得对教学和研究工作的新的启发。

（四）全德东方学主要是汉学家，还很需与旧的汉学教学与传统作斗争。年轻的专门人才只很少几个，所受马克思主义教育也不够。应依此去判断目前会议日程。

（五）此外任务在全德澄清翻译方法问题，并尝试达到对研究工作做具有全德和国际［间］的一定的调配。

（六）议程：

爱吉士教授："1954、55年在中国的旅行"

拉奇乃夫斯基教授："论中文句法的统一问题"

齐声乔教授："中文停顿语气和音调之间的相互作用"

贝喜发博士："论中文德译［语］法问题"

赵瑞蕻教授："现代中国的文学主流及其主要特征"

舒伯特教授："西藏民族交（文）法问题"

容克教授："朝鲜语的构成及状况"

差赫特教授："日本文字问题"

梅纳特博士："对日文语言与思想之间的关系的一些意见"

威德麦尔教授："日本神话作为历史来源"

拉明教授："日本史前研究"

芬斯特博士："德意志民主国内的东亚陶瓷"

（七）［会议］成功将赖于中、苏、捷代表参加并作适合的演讲。

希望罗常培作一"中文研究的发展"的报告（并着重于目前的发展）。

（八）二至四周的客籍讲学，讲学目的由中方自行决定。

（九）建议苏代表团有雅洪托夫教授、托达耶娃教授、科捷托娃教授、山歇也夫教授。

捷不超过八人，包括普路塞克教授、依古斯塔博士。

波三名，包括雅布隆斯基和赖维基教授。

匈：包括李盖底教授。

并请保、罗、蒙、朝派代表团，请各作一讲演。

（十）邀请其他汉学教授（名略）。

依此，会议的性质是国际统一战线性质，民主德国欲依靠苏、中、捷等兄弟国家的协助，去进行把西德科学家拉过来的工作，是会议的中心目的。因此会议的任务是极其艰巨的，加之日期太迫促，已来不及进行起码的准备，因而更不免感到担负责任的严重。如果会议失败，不只会使国际共产主义事业受到损失，且会使伟大祖国的辉煌声誉受到不利的影响。事已至此，只好遇事采取稳当的步骤，事事请示大使馆，遵循苏联代表团与兄弟国家代表团密切合作与配合，尊重德方对会议的领导。对西德科学家如不可能拉过来，也不容起疏远的作用。以上待明日与全团人员会议讨论。

24 日

在历史研究所第三所代表团人员会议，除事务性问题外，刘大年等同志汇报了情况，均颇简单。大家一致同意我上述意见，并决定在出国后处处注意了解情况。

晚 7 时，至科学院党组负责人潘梓年同志处，请示参加东亚学会议的方针、任务等等。梓年同志指示：本人亦不接头，可告外交部约谈。因此，便请求党组考虑，考虑后再通知我们。

25、26 日

准备学术报告及治装等事务性工作。

27 日

与刘大年同志去梓年同志处谈参加东亚学会议有关方针等问题。梓年同志首先提出要我于参加东亚学会议后，代表中国科学院参加 10 月 24 日开幕之民主德国科学院考古研究所成立大会（按即希腊罗马研究所）。我因自己对考古学无深刻研究，对我国解放六年来考古发掘情况，亦因工作限制没有时间作系统考察，前去参加此等会议，个人出丑事小，影响我党我国体面关系太大，恳求另选他人。根据东亚学会议参加人的情况估计，参加考古学会议的东西德学者亦可能资产阶级学者占绝对多数。同时连续参加这类性质复杂、任务烦重之会议，对我的带病之身，亦不会好。如无比我更适当之人，我自可不考虑这一点。而事实上如尹达等同志远比我适合条件。梓年同志最后亦认为可转请党组考虑。

关于参加东亚学会议的方针问题，梓年同志代表党组提出：一、团内好好团结党外团员季羡林。二、方针请示大使馆。三、会议中如资本主义国家代表正面攻击我党、我国时，原则绝不让步，但不要冒火。我并提出以下意见：我认为代表团任务很重，准备很仓卒；事事尊重民主德国对会议的各种安排和做法，紧紧跟着苏联同志走，与其他各兄弟国家的代表团取得密切联系；随时随地不放弃调查研究；了解每个参加会议的人的情况，以便分别对待，争取中间，也不要去和落后的争吵，避免发生摩擦，务期完成民主德国、［我国］外交部所提出的任务。梓年同志完全同意。

关于历史研究第三所起草之“六年来中国历史研究的情况”稿，已由主持起草之刘大年同志送请梓年同志审阅批示。梓年同志亦声明只看了第一部分，但愿全部负责。

28 日

约刘大年、季羡林及秘书罗元铮于三所布置关于前去参加会议的方针、任务，议定代表团出国纪律问题，作了初步的具体分工，布置同时应行准备各事(罗元铮作了记录)。

29 日

代表团人员各自料理出国前之私事。

30 日

多年来，与真[①]未作远别。这次我扶病远行，真亦尚在病中，自不免有一种说不出的远别之感。

晨 6 时，由祖国首都机场起飞。科学院联络局派人到机场照料；约好到机场送行的德大使，大概未能赶上飞机起飞前到达。

10 时 10 分达乌兰巴特，11 时继续起飞；下［午］1 时 45 分过贝加尔湖，

① 编者注：真即江明。

此为全世界最深之淡水湖，水深过二千公尺以上。苏联政府禁止在此湖游泳。沿湖有经过良好保护与培植之望不尽边际的原始森林。贝加尔湖，据《元朝秘史》曾是英勇的蒙古族最初的故乡，即蒙族尚在游牧部落的时期居住在斡难河（即今鄂嫩河）的不儿罕山（即今大肯特山）。今苏联布列特蒙古共和国亦在贝加尔湖沿湖区域。布列特蒙古人当系远古蒙人之一支。闻苏联考古队曾在布列特蒙古发现汉代式宫殿（专家有认为系匈奴左贤王为其妻王昭君长女所建者，她曾被召至汉廷随侍皇太后）。

下午2时1刻，飞达苏联远东新兴大工业城市伊尔库茨克，休息10时，并办理过境手续。我第一次踏入伟大社会主义苏联的领土，兴奋的像孩子一样，完全忘记了自己是病人。站上的优厚招待和苏联同志的热情，我的心情完全为它所吸引和融化。

下午6时，代表团同志讨论和修改准备在东亚学会议开幕会上的致词，对西欧汉学家的估价，略有争执，最后经过修改，达成一致。

下午10时，继续起飞。

10月1日

北京时间上午4时，达苏联又一新工业城市新西伯利亚，在此换机。前站便是以模范共产党员斯维尔德诺夫同志的光荣称号命名的苏联亚洲地区的又一新兴工业城市；再前一站，便为亚欧交界之乌拉尔城。这是在伟大卫国战争中，对前方供应起过极其重大作用的英勇的后方城市之一。横跨欧亚的伟大社会主义苏联真是无比伟大。无怪世界青年代表团乘火车经苏联西部城市布列斯特过莫斯科，经西伯利亚铁道入我国满洲里达北京后，喜得发狂地说：有这么伟大的苏联和中国，而又联接在一起，世界和平是绝对有保证的。

11时20分，飞抵社会主义新城市斯维尔德诺夫城。提到斯维尔德诺夫的名字，就令人分外感到亲切和敬仰。

按北京医院医生的规定，应在昨日上午注射红药水，到斯城时机站立即派护士同志为我注射。护士同志在注射后，亲切地说："你的肌肉很松，应该好好运动。"这正是社会主义人民对同志的关切，也表现了中苏两大兄弟国家人民间的亲切关怀和高度友谊。

这时我的心情忽转到伟大祖国，特别是伟大祖国的首都北京。今日正是伟大国庆节日（第六周年）。遥望举国狂欢的国庆典礼，此时必有开始。毛泽东同志与党和政府的主要负责人此时业已稳立在天安门的检阅台上，心中感到无限的感激和兴奋。

北京时间下午5时20分，飞达伟大社会主义的心脏莫斯科，全世界劳动人民衷心向往的圣地，爱好和平的人们的依靠。它是从著名的莫斯科公时代就已经建立起来的。莫斯科公曾依据这个城市组织了反蒙古贵族的斗争，并从其压迫下得到解放。〔以后〕又是击败纳粹匪徒的强大堡垒。所以它是伟大俄罗斯民族的一个具有伟大历史文化传统和斗争传统的古城。

到机场办事处，方悉中国科学院联络局给莫斯科机场的电报预订的是4日去德的机票。如此，我们到达莱比锡时，只能赶上会议的闭幕式，比不派代表团前去的影响还坏。与机场负责方面交涉无法解决后，我只得临时以电话请我驻苏大使刘晓同志设法。刘晓同志亲自将明晨去德的我商务代表团的机票抽出4张与我团对换。这样，还可以匆匆赶到莱城参加开幕式。这不禁使我捏了一把汗。

2日，改换莫斯科时间

晨起飞，11时5分抵立陶宛社会主义共和国首都维尔纽斯。在苏境，每站都备有丰餐，热情招待。立陶宛餐的作风与俄罗斯亦小有不同。

12时5分从维尔纽斯起飞，下午1时45分抵波兰人民共和国首都华沙。这是一个伟大的英雄的城市，也是一个很美丽的城市。被希特勒匪徒破坏得仅存废墟的华沙，不只已全部恢复起来，而且比过去的华沙更加宏伟、美丽。这表现了社会主义波兰人民的伟大建设能力，也可以想见伟大苏联给予波兰人民的各种兄弟般的援助。

下午4时25分，飞达德意志民主共和国首都柏林。德方人员及我驻德使馆文化参赞叶克同志到机场迎接。德方官员和我们在机场相互发表外交礼仪上的致词，随即至大使馆开会商讨我代表团参加会议的方针、任务等问题。大使馆参加会议者为王、徐、叶各参赞及秘书，曾大使因病未参加，代表团人员全部参加。此外参加有我派在民主德国洪堡大学、莱比锡马克思大学之齐〔声乔〕、赵〔瑞霟〕两教授及德方高教总署一司长同志（统一社会党党员）。德某司长同志首先介绍德方召集此次东亚学会议，感于旧的汉学家太猖狂，青年汉学家力量太小，抬不起头，拟借此次这个会议把老汉学家狠狠批评一下，给青年汉学家壮壮气云云。齐、赵两教授根据自己在工作中的体会，证明德方司长同志的正确，王参赞在他人发言的插话中也好像有点同意。在此情况下，在刘大年同志发言后，我提出以下意见：

“个人认为应集中讨论以下问题：

①德意志民主共和国方面对会议如何贯彻领导的问题；

②首先应确定会议主要是学术性的还是国际统一战线的，从这个基础上去规定其任务及我们应起的作用；根据德外交部致我国外交部文件，我认为德方是希望这次会议：使青年汉学家受到教育，影响老一辈的汉学家，把尽可能多的汉学家并通过他们把其他科学家争取到东边来，不容把他们赶到西边去。因此，应该考虑的问题是：

（一）讲话对象问题。

（二）汉学含义问题。

（三）会议中可能碰到的问题。如对他们在学术上的错误东西怎样对待？遇到伤害或侮蔑我［方］的言行怎样对待？个人认为学术思想问题不可〔能〕在这样一次会议上得到多少解决，政治上在避免引起摩擦与不快的原则下，进行说理工作，在各种场合的接触与活动，都要抓紧求同存异的原则。

（四）我们对各种情况都全无了解，希大使馆与德国同志帮助解决。

（五）会议期间希望随时提出的汇报能随时得到大使馆的指示。

请王参赞根据大家发〔言〕，特别是德方意图作一总的指示。”

王雨田参赞代表大使馆指示：首先对此次会议，除德外交部致我国外交部文件外，使馆另外未得到其他文件，几次向德方探询，亦未获明确说明；其次，同意我的发言，和大使馆精神完全一致；使馆派叶克文化参赞参加代表团；情况须就地了解，并可与使馆保持随时的接触。

会后，德方在国际宾馆设宴为我们洗尘。宾馆前即为希特勒的皇宫，仅存残基。残基对面即为西柏林，以一道红色牌坊为界，这边为民主德国，那边为阿登纳的德国，双方警察与岗哨仅隔数步。宾馆右面为民主德国的“祖国统一战线部”，左面为高等教育总署。

宴后，分乘轿车数辆赴莱比锡。下午10时到达。由柏林至莱比锡约300公里。公路甚良好，双线柏油或洋灰铺面。乡镇与城市情况相差不太大，均有电灯、百货公司、教堂、学校、餐馆，甚至有电车等设备。莱比锡是民主德国第二大城市，人口约七十一万，也是第二个经济文化中心，设有马克思大学，有学生一万二千余人，有我国留学生在此学德语。

从伊尔库茨克至乌拉尔，为有丘陵起伏之广漠无际的原野，望不尽的原始森林，世界上真没有一个国家有苏联那样丰富的木材资源。从乌拉尔以西直至柏林，为广漠无际之大平原——据云西向直至法兰西，西临英伦三峡（岛）之海滨。从飞机上下瞰，青障与耕地相错，城市与乡村相联。公路、铁道、河流的纵横交错，形成了一大交通网。

3 日

上午 9 时，苏、中、捷等兄弟国家及英、荷、西德等资本主义国家代表团（有十一个国家）相继到达会场。我代表团在会议开幕前与各国代表团作了一般礼节性接触。各国特别是资本主义各国代表见我代表团的突然出现，感到颇大的惊讶。

会场设在莱比锡市议会会址。莱比锡市议会在德国是产生较早的一个资产阶级的城邦市议会。据说当时资产阶级的进步分子曾经与封建的教权和俗权进行过殊死的斗争，会场周壁塑有他们的遗像犹存。

10 时，东方学会议正式开幕，选举主席团（德：爱吉士，苏：鄂山荫，中：吕振羽）。首先为召集人、德意志民主共和国代表团团长爱吉士的开幕词，其次为统一社会党中央委员、高等教育总署署长哈利基教授的欢迎词，次为苏联代表团团长鄂山荫教授（一位著名的老汉学家）致词，次为我代表中国代表团致词，然〔后〕为各国代表团相继致词。我代表团的致词受到全场热烈的欢迎，讲话不断为掌声所打断。会后，资本主义各国代表反映，亦谓严肃、谦虚、得体，最后通过会议日程。

哈利基约我共进午餐，餐间约定以哈、我二人为首，于下午 6 时举行双方参加会议的主要党员的会谈。在方针、任务与做法上，彼此看法完全一致。由叶克同志用电话告使馆。会谈中得悉德方尚未与苏代表交换过这方面的意见。

下〔午〕9 时，德方参加会议的四位负责同志前来交换关于活动方式的意见，提出由我代表于明日上午接见东西德代表团中的青年汉学家。我们提出不必分老少，愿与他们作广泛的接触。只希望德方同志于明晨（上午）10 时前将每个代表的基本情况告知。彼此完全同意。并约定于4日下午6时以我的名义宴请全体与会人员，由德方负责具体布置。

4日

约苏联代表团共进早餐，交换对方针、任务及彼此如何配合的意见。彼此看法完全一致。苏代表团团员、东方研究所副所长柯瓦廖夫挨着我的耳根说："你说的完全正确。"

上〔午〕8时，我代表（叶、齐、赵也参加）开会，汇报了3日情况，一致认为良好，并布置本日活动步骤，着重和西德学者接触。

上〔午〕9时，分组讨论会。我代表团成员分别参加。我先后参加历史组、语言组，与各国参加人特别是西德学者作了友谊的谈话与接触。不少人请我为留名于其手册。爱吉士恳请我明午同去参观马克思大学东方学院，并去他家晚餐。语言分组会上，齐声乔同志的报告超过预定时间，容克教授当即递去一条子，非善意也。休息时，我与容克接谈后，容态度较好转。季羡林同志报告时，容克便说："请尽量发挥，听你多少时间。"对我代表人员的报告，全场均集中精神静听。

午后，给各代表团分赠书籍，均表示感谢，并说回去后要赠书籍给我科学院。

我方赠送给洪堡大学、马克思大学的两份礼物（图书、杂志等）。德方于今晨便以之陈列于会场外大厅，共占四个大平台，极引起各国代表的注意，大家争先翻阅；不解中文者，并纷纷询问书名、著者和内容。不少代表并亲向我们表示："希望能得到一本也好。"但我们手边已无有，颇感到被动。

下午2时，分组会。会前叶克同志告我："本日上午刘大年同志报告一开始就声明说：'我的报告，翻译上可能有错误。'负责翻译的几个德国同志当即向我（叶）表示，以后不再负翻译责任"云云。我即偕叶找德方负责同志解释。在下午分组会休会空隙，我们又以口头分别邀请与会各国代表参加今晚宴会。

下午8时，我代表团宴请与会全体人员的宴会开始。首先我代表致词。全体均到会，西德有两位老教授在昨日已接到他处约会的请帖，事先恳切向我代表团解释，并均于宴会进行中赶来参加。情况出乎意料地良好。西德著名老汉学家亨利希、颜复礼等均与我作了友谊的恳谈。亨、颜都是德国权威学者，又都来过我国。会后反映，三位西德老学者当日回到寓所，曾商量说："我们要民主，我们要统一，不要分裂。"

5日

上午大会，议题为从汉译德问题。讨论颇热烈，亨利希、颜复礼等都兴致很高。容克提出成立一个机构，包括两德老少汉学家，并取得各国汉学家特别是新中国学者的帮助。除西德一青年汉学家提出所谓程序问题外（意谓"按程序，应由双方学者联名发起，容克教授在大会突然提出，不合程序"。以此可见德方对西德青年汉学家的估计是有问题的），无一人反对。我代表团刘大年同志等看到此种良好情况，兴致勃勃，主张我代表团应即表示支持容克提案。我考虑结果，认为我如表示态度，反而会引起西德及资本主义国家代表的警惕，暂以保持缄默为好。如有需要的话，是不怕没有机会表示的。叶克同志及刘、季均同意。

容的提议经讨论后，原则通过，并推出负责人会后拟订具体办法。

11时半，我作报告，反映颇好。苏联团长鄂山荫同志说："你的报告好极了。"柯瓦廖夫同志请求于苏联杂志发表。

依照德方安排，下午1时作了广播录音。

下午2时，爱吉士教授约请午餐，并陪同参观东方学院。似此举世闻名之学院，房屋、设备均极简朴。德国同志的这种作风，令我起敬。我到这时，范德隆已先在。据爱介绍，他们是多年老友。出国前阅翦伯赞报告说范甚反动。因曾询诸柯瓦廖夫同志。据云："如他自己说的，他是一个商人，就要作生意。"范有商人气，也有一般知识分子的狂傲气。

4时，赴爱吉士家茶会。爱夫妇极诚招待，全用中国茶点，陈设全用中国艺术品。爱吉士夫人并热忱地出示在中国的作品："斯大林逝世"、"毛主席"、"天安门"、"韶山故居"等写真，并引我参观其园中的中国花木。特别在他国，对此都分外感到亲切。爱吉士有藏书约五千册，言谈间不免露出一点自豪感。

下午8时，德统一社会党中央委员、部长会议委员哈利基举行宴会。首席为苏代表团团长鄂山荫教授，我排在第二席。哈、我即席进行详谈。哈对会议的成就估计得极高，并说主要应归功于中国代表团。我表示：会议确是出乎意外地成功。这主要是由于总的政治形势的发展，其次由于德方对会议的方针政策的正确与工作人员的积极努力，再次由于苏联及各兄弟国家代表团的配合。哈说：中国同志所起的作用是不能低估的。将来全德的统一，是有你们一分作用在内的。对东西德老汉学家及他们在此次会议中的作用的估计，哈里基、鄂山荫的看法也与我们一致。在宴会将进入高潮时，哈宣布在德意志民主共和国国庆日，国家将颁布科学奖金条例，并宣布东德老汉学家 weller（与哈利希、颜复礼等是老友）将是受奖人之一。会场均热烈祝贺，起了良好作用。颜复礼在讲话中表示："我们要统一的德国民族，不要分裂。"哈利希在讲话中说："我特别感到荣幸，有我的新中国友人在座。不图在我行将就土以前，能在这里看到我敬爱的中国友人。"全场均报以热烈掌声。他们与我恳谈，并谈到北京师大张教授及其在德国的爱人。宴会结束时，还依依不舍离去。

6 日

根据德方安排，由本日开始参观民主德国全境的各个方面。出发前，德方工作同志送我至一私人诊疗所注射红药水，手续费 10 马克。医生并坚持要为我写病历和进行全面诊断，真令人哭笑不得。

8 时半，出发赴耶拉，我与叶克同志同乘使馆所备之小汽车，司机为由国内调去者。车抵耶拉市郊，柏油马路因细雨而非常油滑，入一下坡即出事故。幸撞入电车与一电线杆间，否则可能同车三人同归于尽。此次事故，叶胸部略受伤，我只头晕了一下，未受伤。真是马克思在天之灵。

10 时，到达耶拉大学。伟大导师马克思曾在此学习过，因之不油然不生甚无限敬意与严肃之感。著名剧作家席勒曾在此任教。因此这个大学现已改名为席勒大学。席勒是哥德的好友，魏玛现有两人并肩的铜像。唯心论哲学家菲希特也是耶拉大学出身的。大学校长亲自向我们世界各国的汉学家介绍该校校史及现状，并特别向我介绍："现有近二十名中华人民共和国的学生在此学习；他们很聪明、努力，也很守纪律。"（按：高教总署负责人也如此说。）随即引我们参观。参观礼堂时，殷殷为我们解释礼堂正堂的一幅大壁画，乃是拿破仑进攻时德国青年起而抗战的写实，其中第三人即席勒。该校是总（综）合性的，现有学生一万二千余人。

耶拉是一个只五万人口的城市，也是德国的文化古城之一；市容颇整洁、幽美，绿化的情况只可以用这样一句话来形容：全市如在森林中。市内除有这样一所具有悠久历史的著名大学外，还有著名的天文台及大型纺纱织布厂等。

下午1时，抵魏玛，即创制著名的魏玛宪法之城。瞻拜了哥德、席勒墓，哥德、席勒并肩铜像，哥德游览处、散步处、写作处（他在其中写作《浮士德》的房屋至今还照样保存）及故居。哥德当时在魏玛身为部长，从他的故居内容等方面可看出他在感情和生活上所感受的矛盾与苦闷：他与其时贵族、达官周旋有一套客厅、陈设及服饰；与席勒等密友及家人居处又有着不受甚何拘束的一套。特别是他的书室，完全和其时平民住室一样。哥德的爱人，据说明员的介绍，是个贫民家的姑娘。从哥德为她所画的像看来，极可信是一个美丽、智慧、娴静的少妇。

在前往参观哥德写《浮士德》的故址途中，与鄂山荫、柯瓦廖夫、颜复礼、傅尔康（汉堡大学中国学院院长，曾随其父长期间住过中国，汉语文程度均颇不低，其父亦为汉学家，为颜复礼、亨利希之师）合照。在故址、哥德常散步的草坪，和一群德国小学生照了相。他们听说我们是人民中国去的客人，都把大拇指伸起来。

7日

参观布痕瓦尔德纳粹匪徒残害革命者、爱国者、劳动人民之集中营废址，成千成万的革命战士、爱国和民主人士及劳动人民在这里忍受过人间难以想象的酷刑折磨，惨被残杀，或成为残废，或九死一生，让人感到无比惨痛。而若干纳粹匪徒尚在西德逍遥自在，以至仍在猖狂地叫嚣“复仇”，又令人无比愤怒。对纳粹罪行的陈列物中，最令人愤慨的是：该集中营“黑狗”[①] 头子某女匪首办公桌上作为“陈列品”的两个人头（一男一女），因抽去了水分、脂肪、脑髓等均收缩得只及拳头大小；作为办公台布的人皮以及用人发织的布等。匪徒们当时将每个被害者弄到半死时即推入一室，中梁有与〔屠〕宰坊同样设施的铁钩数十，将被害者活活地挂在钩上，脱去衣服，然后推入隔室屠案上，开取脂肪（闻以之送入工厂作原料）；然后推入形似炼钢平炉之炉中焚

① 德国人民称纳粹黑衫队为黑狗，黄衫队为黄狗。

烧。德共和德国人民的伟大领袖台尔曼同志在集中营中坚贞不屈，就是这样被害，为工人阶级和爱好和平民主的世界人民献出了他的宝贵生命。为了表示中国人民对伟大台尔曼的敬爱和感激，为着中德两国人民的兄弟友谊，我们给台尔曼同志献了花圈。

11 时，由魏玛去到 Efard 城。午餐后参观举世闻名之玛利华教堂。该堂建成于公元 740 年，规模宏大，并表现了相当高度的建筑术。从这里也可以看出伟大德国人民的创造能力与艺术天才传统。

在回莱比锡途中，颜复礼说："这次会议开得很好。不论政治见解如何，主要是好人在一起，就能办好事。"并说："亨利希也和我们一样看法。""在短短的几天中，你们很关怀我，我也很关怀你们。可惜马上就要分别了。我老了，恐怕再也没有机会去参观新中国。"

8 日

中午 12 时，回到柏林。

德方女同志 Hoffmanu、朝鲜同志崔廷厚（留苏副博士）、秘书罗元铮（留苏副博士）在我客室中，偶然谈到会议的重大成就，德、朝同志均极力称赞我代表团的作用。Hoffmanu 同志说："中国代表团在短短时间就能与人家交上朋友，我们办不到。"

9 日

游览波士坦及腓烈德利希大帝的故宫——无忧宫和其团亭。

由柏林到波士坦，原来只须乘半小时小汽车可达，现因美帝国主义及英法占领西柏林，绕道而行须一小时。

波士坦城是著名的腓烈德利希大帝的故都。波士坦宫是一个著名王子为其爱姬所建，现陈列波士坦会议的展览。会议情况历历在目。说明员同志为一曾在纳粹集中营考验过的老党员，解说的极其生动深刻。会议反映出：战败希特勒的主要是苏联和苏联在波士坦会议的首屈地位，也反映出斯大林和苏联代表团为世界无产阶级事业与人类和平的远大眼光和艰苦努力，同时也反映出美、英、法尤其是美国的帝国主义面目与其千方百计想保存纳粹势力等等阴暗意图——这都是陈列在人们面前的无可抹煞的铁证。展览还明白指出了德国人民从纳粹奴役下、今日西德人民从美帝奴役下解放出来的道路。

无忧宫的建筑及其内部的艺术创作等陈列以及其他，不知（只）表现了大帝的雄略及其生活形象的一面；也表现人类的艺术创作，而其中主要是德国劳动人民的创作；也具体而微地表现了以中国为主体的东方建筑艺术与西方建筑艺术不同的作风、气派。虽然其发展的历史过程与基本规律是共同的。

宫殿为广大园林所环绕，古木参天，组成看不到边际的森林。在园林中，遇到一群被侵朝美军夺去了父母的朝鲜孤孩。他（她）们看到我，好像是久别的亲人一样。民主德国对于他们，表现了极大的关怀，在这群孩子身上具体体现了无产阶级国际主义精神的伟大。

在归途中，Hoffmanu 等德方同志谈：在民主德国，国营商业占 60%，工业占 80%（其中轻工业占 70%、重工业占 9%）。这与他方面所谈是一致的。就此而论，在社会主义建设事业上，德国党和人民已作了巨大的努力。据 Frank 说：东德绝大部分的私营工商业资本都逃在西德。果真如此，解放初期在争取私营工商业资本家的工作中是否存在问题，还是值得研究的。虽然作为兄弟党党员的我们，对这类问题，只应从中去吸取教训，而不应妄加推测，更不应信口雌黄。

10 日

应德高教总署的邀请，到总署对东亚学会议进行总结。德方参加会议的为考拉兹（女，党员）、贝喜发博士（党员）、考贝霍（党员）、霍夫曼（党员）等；我方参加者为吕振羽（团长、党员）、刘大年（团员、党员）、季羡林（团员）、齐声乔（洪堡大学教授、党员）、赵瑞霈（马克思大学教授）、罗元铮（秘书）。

德方同志一致认为：一、会议是成功的，主要由于中国代表团的作用。每一天会间没有休息。特别是西德汉学家表现很高兴。他们说，特别高兴同新中国学者见了面，建立起友谊。二、中国代表团来的必要。参加会议的西德科学工作者，对中国代表团所作的报告都很满意，确认中国是派了自己的优秀科学家来参加这次会议。三、刘大年教授说：用马列主义和用非马列主义研究学术的人是能够合作的。这句话讲得很好。四、西德科学工作者对吕振羽教授的报告：严肃、诚恳、虚心的态度、作风和平等精神，感到很满意。五、西德研究日本学的专家哈来兹教授说："我们过去不知新中国的学术水平这样高。过去我们汉学家向苏联学习，今后应首先向新中国学习。"六、"我们过去对西德汉学家的了解也是错的，这回才有了较深的了解。"七、"西德的傅尔康过去反对社会主义建设，对我们很不友好。他这次对考、贝、霍说，过去对东方的观念不对，今后对东方、特别对中华人民共和国的历史学应有新的看法。并主张中学历史课本应加入中国史进去。"（贝喜发：他过去在汉堡大学已对《历史研究》第六期作了全面介绍）Kortum 说："傅尔康对我说，他研究中国历史，感到中共与俄共不一样。周恩来走的道路不是走俄国人的路。"

我们询问各方面对中国代表团有何意见及批评，希望介绍出来以便吸取教训。考贝霍同志说：确实没发现反面的批评意见。他们又一致表示，假使听见，一定告知。

又谈到傅尔康。霍夫曼同志说："傅尔康过去反对人民德国的社会主义建设，对人民中国有成见。现在确有不少改变。"

考贝霍同志接着说："会议的唯一缺点是没有作出一个共同的决议，也没发表一个共同声明。"

最后德方同志提出：拟抽东西德汉学家合作创办刊物，希望能得到人民中国同志的大力支持。

我代表团刘大年等同志发言，也认为"会议是成功的，具体表现为：促进了东西德汉学家的合作，扩大和加强了民主德国的政治影响，为社会主义各国与资本主义各国汉学家的接触创造了条件；介绍了新中国的学术，也介绍了我国的作风与合作态度，使他们对新中国学者的学术与政治态度有了一般的了解。缺点是：主要是不熟悉情况，仓卒出战，准备不足（我大使馆也认为，代表团来得太仓卒，以后应事先在国内作好准备）。根据文化协定，我方没有德方执行得好。希将这意见带回国去。在团长领导下进行活动，事实上有个核心，这方面还好，完成了任务。"

根据中德协定在洪堡大学任教的齐声乔同志说：西德汉学家认识到要与中国汉学家接触，必须通过民主德国。颜复礼高兴地说，没想到中国朋友对他这样友好。

其他同志所收集到的反映说："洪堡大学和莱比锡大学的学生，都说中国学者很虚心，报告都很有价值，希望多印发。""原来估计对中国历史定有争论。后来认为在中国权威面前不敢轻易提出意见。”在洪堡大学中国学院院长拉基乃夫斯基关于语言学问题的发言后，各国学者中不少人有意见，但又说：“听听中国人的意见再说。”他们在会内会外都很重视我们的意见。不少人还认为会上的气氛与他们原先想像的不一样。有些自命为老汉学家的人在会前说：“东方人不懂科学。”而在听过我团团长在大会的祝词后，就开始改变这种自高自大的看法，反过来对我们很重视。特别在看到我方赠送的书籍中有团长的好几本书，对我团则更加刮目相看。有的同志反映德国同志搜集的情况说：“不少资本主义国家的代表说，中国人是朋友，苏联人不是朋友。”“汉学上，当然中国人比苏联人强。”民主德国有些人也认为中国代表团比苏联代表团作出更大的贡献，民主德国政府也认可我代表团的到来对会议的支援。刘大年同志说：会议成功，代表团起了中心作用，缺点是对汉学研究方向的介绍不够。还值得指出的是，会议冲开了我国积极参加欧洲汉学活动的大门。季羡林同志说：会议是完全成功的。如要求再高是不可能的。祝词和几个学术报告，我看给了他们以新的汉学方向。

最后，我归纳同志们的意见说：一、会议是胜利的，具体表现为民主德国对西德汉学家打下了统战工作的基础，开辟和建立了社会主义各国与资本主义各国汉学家间的联系，有利于国际统战工作的开展；二、我初步摸了一下欧洲资本主义各国汉学家的底，也结识了兄弟国家的汉学家，并取得了这类国际交往的一些经验；三、更重要的，扩大了祖国的影响。这是主要的。主要的缺点是：我们仓卒应战，事先缺乏充分准备；四、对欧洲汉学家的情况不熟悉，头两天表现有些束手束脚；五、个别同志作风上不够严肃、慎重，但没有发生原则性的错误。成功的原因，主要由于党的方针正确、大使馆的正确领导与密切配合，尤其是强大祖国的巨大威信和影响；其次由于兄弟的德政府对我代表团和我意见的重视与尊重，苏、德及各兄弟国家代表团的密切配合。

包括大使馆文化参赞叶克同志在内，一致同意以我的发言作总结的基础。

11 日

上午，参观柏林市的卡尔·马克思书店、儿童商店，德政府所派陪同前往同志再三劝我们购买东西，乃用 5.36 马克购一望远镜。旋又参观德国历史博物馆。从日耳曼人的封建制度创始起，但略古详今，从德国农民战争以后直至民主德国的建立，愈到后来愈详；每个时期都不只有较好的说明和图片，且把封建主阶级的残酷剥削和农民的生活苦况，资产阶级的剥削和工人的生活以及工人或农民所进行的阶级斗争和革命，形象地陈列了出来，使人一目了然，就看到了以人民为中心的德国历史的一个梗概，并给人一种深刻的印象：一面是德国人民的勤劳、勇敢、伟大和英勇斗争的伟大创造力，一面是反动统治阶级的反动、残酷压迫、侵略。尤其是纳粹匪徒的统治，是德国历史也是人类历史的最丑恶的一页，而又是最凶残的一页。惜时间太晚，未能细看。最使我不能忘记的，在博物馆我们看到伟大导师马克思和恩格斯的手迹，犹活跃纸上。也陈列了哥德等著名哲学家、科学家的手迹，但没有看到任何一个将军的东西。德意志人确实是一个伟大、优秀的民族。

下午5时，偕翻译罗元铮等同志参观国营最大的百货公司，德国同志劝购一些零细用品以作纪念。该公司不及我王府井百货公司规模大，建筑较高，达八层，但只一、二、三层陈列商品，多光学、化学品。同去的女同志霍夫曼说：“中国衣料大都为真毛、纱、丝织，真令人羡慕。中国毛绳、棉布一到柏林，每次都是马上就售光。”公司陈列光学、小五金商品等，均颇精，惜未及参观机器部分。日用品价格远较我国为高，书籍、文具等亦甚昂贵。钟表价格颇贱，同于美制之夜光手表，仅22.5马克一块。

晚饭后，听翻译读东、西德报纸关于东亚学会议的消息与评论。

12日

出国前，中组部嘱告，选我作团长出国，也为了便于到苏、德疗病。团内同志以此告知了大使馆。经大使馆与德方联系，定今日去政府眼科医院，由著名眼科大夫、院长加斯太格亲自主持会诊。检查颇细心负责，着重检查了视野，自动器械检查颇准确，谓须神经外科检查后，方能得出最后结论。

下午，率代表团至大使馆汇报关于东亚学会议情况。大使曾涌泉同志及使馆其他负责人，均同意德方对会议的估计和我代表团的总结及我的汇报发言，对会议的成就估价很高，并称德政府给大使馆的通知也有同样的估计。

涌泉同志旋将中国科学院由使馆转我的电报给我，要我代表科学院参加德国科学院召开的希腊学研究所成立大会（我科学院原误译作考古研究所）。使馆为照顾我身体，主张我继续抓紧疗病，电请科学院另派一人。科学院复电，仍坚持要我代表出席，只得又带病从事准备。

13 日

上午 9 时，代表团会议决定起草一份文字报告，由赵瑞霈教授、罗元铮负责起草，刘大年负责修改，再提交代表团会议讨论。

下午 4 时，接见洪堡大学中国学院院长拉奇乃夫斯基教授、曾来我国科学院历史三所学习过的同志贝喜发教授。他们提出：一、由中德学者合编德文《中国辞典》；二、由中德学者合办一个研究中国学的杂志，每期讨论一个中心问题，如中国古代史的分期问题等六个问题。

我们一面称赞他们所提的六个问题，都是很好的设想和很友好的提议，都是从发展中德友好和中德文化合作出发的，我们很同情。至如何实现在德国党和政府领导下，由兄弟的德国学术文化团体或机关举办，可约请中国学者和学术团体支持，我们将尽力加以提倡；如倡议由中德双方合办，须由两国政府根据中德文化协定的精神，协商决定。如德方正式作此倡议，将提请我国政府予以善意的考虑和力求实行兄弟般的合作。

他们提出的其他问题是：

一、中国封建社会与奴隶社会的分期问题；

二、汉民族的形成问题；

三、有人说中国无奴隶制社会，对不对？

四、苏德都是两院制，中国是一院制，这是什么意思？

五、中国有没有现代语的辞典？

六、中国的人民政治协商会议在国家机能中起什么作用？

七、关于中国语法问题的讨论很多，最近结果？

关于我国奴隶制与封建制的分期，简要地介绍在第二次国内革命战争时期，为着保卫革命和马克思主义，马克思主义者与伪马克思主义者斗争的基本内容、论旨，也介绍了马克思主义者队伍内部在这个问题上的意见分歧所在；同时又介绍郭沫若等人在当时论战的著作。至此，季羡林、刘大年、齐声乔同志介绍说：我们团长的《史前期中国社会研究》、《殷周时代的中国社会》、《中国政治思想史》等都是论战中的重要著作。

关于汉民族形成的问题。我们介绍了当前国内的几种不同意见；范文澜同志的从秦汉开始形成为一种特殊的民族说；有的认为从资本主义萌芽开始，就走上了形成为民族的道路，但没有走完这一过程，中国社会由于资本、帝国主义的侵略而沦为半殖民地半封建社会，“五四”以后便开始走上形成为社会主义民族的道路，我也是主张这一说的；有的认为在辛亥革命时期，或以前，或以后，汉族已形成为近代的资本主义民族等等。这种种不同意见，有的是属于马克思主义者内部的不同认识问题，也有的是属于不同立场的争论。而在毛泽东同志的著作中，不只早已正确地解决了这个问题，而且已经受了中国革命的实践的考验和证明。

关于中国史上有无奴隶制阶段的问题。这在中国，认为没有经过奴隶制历史阶段的是托洛茨基派和国民党亲自培养的新生命派（包括食货派）；是在第一次国内革命战争失败后，他们妄图以这种谬论来反对马克思主义的社会发展阶段论与社会革命论。而此在当时已为马克思主义者所彻底粉碎。在马克思主义者的队伍里，自始就坚持了社会发展阶段论与社会革命论，确认中国社会历史的发展过程，是经历原始公社制、奴隶制、封建制等继起的诸阶段，鸦片战争以后则为半殖民地半封建的过渡期；意见的分歧，只在于奴隶制和封建制的时代的分期问题上。

关于所谓两院制或一院制的问题。我们认为社会主义各国政权形式的基本问题，在于无产阶级专政或人民民主专政，在于工农兵代表苏维埃或人民代表大会。至于采取所谓一院制或两院制，由于各国不同的历史情况和社会情况，可以产生各种不同的形式。但这仅是我个人的认识。

中国的辞典编纂是有很长的历史的。早在汉代就有许慎的《说文解字》；较晚的如《渊鉴类函》之类的辞书，也成书在数百年前。清初的《康熙字典》，是众所周知的。到现代，有着适于各种不同对象使用的现代语辞典，特别是中华人民共和国建国以来所编著的更比较多而又较完善。但在这方面，我们的工作还很不够，还须要而且正在继续努力。

中国的人民政治协商会议，大抵相当于德意志民主共和国的国家战线部。在日本投降以前，我们党为争取国民党实行民主改革，以我党和国民党为主体，及全国各民主党派和无党派民主人士共同组成一个全国性的委员会，协商在全国范围实现民主政治的大计方针。这个委员会即所谓“旧政协”。人民大革命在全国范围胜利后，在我党的领导下，遴选全国各民主党派、无党派民主人士、各人民团体、各民族、华侨及军政等等的代表，在北京召开中国人民第一届政治协商会议，制定共同纲领、选举国家元首、政府委员等国家负责人，宣告中华人民共和国的成立。因此，它是起了人民代表大会的职权的作用。将来人民代表大会召开后，政协便将成为协商和咨询的全国性机构。

关于中国语法研究的进展情况，基本上已见中国代表团在这次东亚学会上的几个报告所陈述。

14 日

参观洪堡大学，校长及历史系主任要求与该系师生等座谈并解答问题。旋至历史系，该系师生已集合相候。他们提出下列诸问题：

①研究中国近代、现代史，资料缺乏与阅读中文资料的困难如何解决？

②请介绍中国大学教学与历史研究的情况及其相互结合的方法。

③目前有 213 个学生学习中国历史和语文，分设哪些专业相宜？

④学生、研究生、讲师大都愿选习中国近代史、现代史，但阅读中文资料效率很低，有无办法帮助解决？

此外还提出一系列学术上的问题。我代表团一一给予虚心的解答或提出恳切的意见。座谈中气氛十分融洽，有如多年朋友师生。

旋参观该系图书馆，大都为英、德、法文及希腊文等，且极陈旧；中文极少，解放后出版的更少。于此，我们应尽可能给予帮助，以利兄弟互助和文化交流。就学生所提问题与发言看，水平似不及我国一般综合性大学历史系同年级的程度高，尤其在政治思想上。

［下午］4 时，又至眼科医院检查视野。加斯太格教授认为病情是严重的，大脑中可能有什么东西，眼科不能作出最后结论，谓须作两周的检查，并备函转至世界著名的 Schrit 医学研究院神经内科学院院长笛勒教授，即：……（名略）。

15 日

上午，应鲁明教授及 Heanisch 教授之约，访问德国科学院东方研究所。哈利基教授为西德汉学权威，年近八十，早年曾来过我国。这次在东亚学会议中表现甚好。他表示对新中国的建设与巨大进步，情感上感到极大的高兴和鼓舞，未死前能见到新中国的朋友，极感欣愉。如能亲眼一见新中国，就更将感到光荣。我当即表示，如果哈利基教授愿意访问我国，我们随时准备欢迎前去。他表示恳切感谢，并谓在布置就绪和决定行期后，即通过德国科学院向我大使馆提出。

东方研究所的负责人一致提出资料困难的问题，希望我科学院予以帮助。我出国前已预料到这方面的问题。潘梓年同志曾说：如遇提出这类问题，应予以灵活而圆满的答复。因同意将解放后出版的历史、语言书籍、杂志赠送一全份。连同莱比锡大学、洪堡大学的相同要求，由刘大年同志回国向科学院汇报。

旋参观柏林图书馆。该馆东方部负责人取出拙著《简明中国通史》1949年版请我签字，说这将更增加这本书的价值。他又告我，该馆原有中文书籍6800册，现已达8400册。关于古代中国史料，已够初步研究之用，但近代、现代部分较少。

下午，应邀参观百货公司（在斯大林大街）。

去大使馆晚餐，并汇报。大年同志询曾大使对东亚学会议与我代表团有何批评。曾说：吕老已详细地说过，我们感到很满意，德方也表示很满意。

回旅舍后，听大年宣读其起草的报告，略作文字上的修改。

16日

上午，谒反法西斯战争苏联红军阵亡将士纪念塔，献花圈，肃穆致敬。烈士们的鲜血和苏联为首的各国人民的斗争，取得了反法西斯战争的欧洲战线的胜利，并从而取得波、捷、罗、保、匈、阿、东德各兄弟国家的人民解放斗争的胜利。中国、越南、朝鲜人民的斗争，尤其是我党领导的人民解放军所进行的革命战争，在红军、蒙军对日作战的配合，取得了对日战争的胜利，并从而奠定了人民解放战争胜利的初步基础。

下午2时，刘大年、季羡林两同志回国，伴送至车站，珍重告别。

4时，偕秘书罗元铮迁入使馆，为代表我科学院参加德国科学院希腊研究所大会进行准备。

17日

大使馆正式将我代表中国科学院参加德科学院希腊学研究所成立大会，通知德意志民主共和国外交部。

下午2时，德外交部以电话与大使馆联系商希腊研究所所长前来拜访时间，我尊重德方意见，约于当晚8时前来。

来者为党员、副所长教授艾同志，彼此互致友谊之意。使馆并备国产香槟、白兰地酒及枣脯、杏脯等干果饷客。谈到会议计划与任务等，并谓参加会议的有民主德国50位著名学者，兄弟国家和东欧各国都有代表团参加，苏联代表团团长为著名东方史家彼得多方斯卡娅，匈代表团团长为匈科学院院长某某教授；资本主义国家有西德三十位著名学者，法、丹、意、英等国也均已通知派代表参加。会议的任务，基本上同于东亚学会。并声明，他们不苛求兄弟国家代表作学术报告和致词，主要希望发挥争取西德学者的作用。具体谈到对我代表团的要求时，他说："中国代表团在东亚学会议中，在学术上、东西方学者的接触上、在协助民主德国的争取团结工作等方面，都进行了大量的活动。对这次会议，仍对中国代表团抱同样的希望。"旋介绍会议日程，并赠书两册。

除将上述接触情况向使馆汇报，并报我科学院。

18日

上午，在使馆阅报告。

德科学院希腊古代学研究所秘书洪博士来，与我罗元铮秘书接洽游历日程。据罗汇报，德方为照顾我身体，除要求我代表参加会议外，不强求作任何活动。这与其副所长艾君所恳谈有出入，因嘱罗在给科学院的信中提到这点。

下午2时，洪秘书复来，请我们搬入政府招待所，同时当即去参观东方博物馆。我商之曾涌泉同志。曾主张我住大使馆，便于疗病，可让罗秘书搬去。

至东方博物馆，该馆规模颇大，从第一次世界大战前到第二次世界大战时期德帝国主义掠自东方之文物，又大都还原为固定于建筑物的陈列。本日仅参观：古巴比仑、亚述、埃及到希腊、罗马的古代建筑、石雕、陶器、青铜器，间亦有玉器及妇女妆饰品等，其中尤以石板和泥版刻字最为〔珍〕贵。汉谟拉比法西泥版，今日始得见原件，喜甚。今日所见，此等中亚和中南亚古代遗存，主要表现为西方的作风、气派，也表现与东亚共同或混合的东西。

旋至画片图籍处，用2马克选购有关东方古文化的图片一册。出馆后，哈斯博士谓没接通电话，可到□馆坐候一会，意欲我们请他吃饭。我寻思解囊是小事，恐引起不良影响是大事。因说，如街车安全有保障，可乘街车。渠又道街车无保障。强同至餐馆，并说到餐馆也是不易接通电话的。我们又相携随同去候街车。这时哈斯说："东方博物馆原有不少中国文物，现均已运往莱比锡展览。在过去德帝国时代，中国送给东西很多。解放后，中国也送来一些东西。东方各兄弟国家代表团来此也都礼……"语言无味，且无伦次，更不合外交惯例，因只以嗯嗯报以。

回使馆，晚餐后至文化参赞叶克同志谈片刻，旋同至参赞徐明同志处，商讨我参加会议的方针问题，并询曾大使能否在23日以前安排时间谈一下。徐询及刘大年同志。我因相知不深，说看来还是有些能力，过去一贯是作文教工作的，写过一本《美国侵华史》，还不错；现任近代史研究所副所长。徐旋说，看来很少年气，我以为他是很年轻的。这次代表团好在有你来，稳重、沉着，掌握得好，要不就不知会怎样。又谈到理论学习、党性锻炼、出国人员遴选等问题。

19日

参观德国历史博物馆十六世纪后部分。以德国农民战争为中心，依据伟大导师恩格斯"德国农民战争"为指导思想，陈列在不少地方都表现了一定的思想水准和比较精，如对农民战争的社会背景和阶级关系，都通过实物陈列出来，给观众以较深刻、较实际的感受等等。说明员也比较认真负责。

该馆负责同志恳切要求留字。除概述上述观感外，并铭志对伟大导师马克思、恩格斯的无限感激的心情。

20日

向大使馆汇报东方学会议情况，并概要汇报了我们的活动和收获。大使曾涌泉同志总结说：

（一）继续与苏联代表团保持紧密接触。

（二）继续保持与德科学院院所负责人的恰当接触，并再度征询其对我代表团是否尚有其他要求。

（三）会议的任务，同意也是搞好东西德统战工作及国际统战工作的估计，深入了解德方尚有什么布置。

下午2时，到夏立特医院内科学院，笛勒教授亲自主持检查神经反映。检查机械式样颇新，据云能得出较准确结果。

按这次会议有各兄弟国家及一些资本主义国家代表团参加，匈、捷代表团均为科学院院长。德方说，各兄弟国家代表团能来参加，就给了支持，不一定要求在大会发言，也不要求在会外的活动，只作些个人的接触，愿同谁接触就同谁接触。同时又声称，“根据吕团长的健康情况，我们认为住在大使馆较好，但希住一人于政府招待所，以便随时联系。”

21日

上午，亲与罗元铮将国内寄到之书一大箱清理分配，补送洪堡大学一部分，送东方学院一全份；其余以一部送洪大历史系——贝喜发博士自来取去。使馆同志为使馆图书馆留下郭、范及我的历史著作一份。

旋与罗元铮谈话，敦嘱：

渠个人迁入德方招待所后，不要自由发表意见，也不要向德方提出任何要求或请求。如有必要，须先与我商量。

如送书，我已与德高教部商定，不经过政府外交系统，乃是尊重德方意见。

编印说明

1957年吉林选区视察日记

1957年4月，著者作为第一届全国人大吉林选区代表，接受全国人大常委会安排，同刘亚雄、李培之、于开泉代表赴吉林视察。在长春期间，听取省水利、农业、工业、文教等部门汇报，分别视察了第一汽车制造厂、市郊生产合作社和中小学，并回东北人民大学看望师生。视察结果与建议向省市委、省人委负责同志作了反映。日记始于1957年4月21日，迄于5月7日，系著者用钢笔书于笔记本上，未曾发表。

全集出版，现由编者根据原稿整理编入，题目为编者所拟。除更正个别错讹字外，内容和观点均保持原貌。

吕　坚

1957年吉林选区视察日记

人大常委会通知，1957上年度人大代表视察工作，从4月10日起至5月10日止。我原拟于人大常委扩大会议听取有关各部汇报后，于4月15日起程赴长春，旋因：①常委办公厅以仅我个人前往，又改变计划不派秘书，这于我负病前往视察，有不能克服之困难；②候刘亚雄、李培之、于开泉三代表同行，于公于私均较便。因定21日起程。

4月21日

下午6时25分离京，时真携久儿送至车站，颇有惜别之意。同行刘、于、李等代表。人大常委办公厅派秘书李时昌同志，颇有责任心。

夜半过榆关，即觉略有寒意。昔人所谓“马后桃花马前雪，出关怎得不回头”，虽不免有诗人之夸大，而关内外气候亦实有显然之差别。

22日

下午4时半抵长春，省人委员会派萧秘书长到站相迎。下榻吉林宾馆。省人民代表大会派洪运昌秘书随同帮助工作。

我们互推组长，大家一再推我担任。我因病固辞，由刘亚雄同志任组长。大家将所提视察项目告萧秘书长，请其安排；并请在视察前，给予一些材料和派有关人员介绍情况。萧同意。

晚饭后，吉林省委书记吴德同志、省长栗又文同志来，意甚恳切。我请他们指示视察中应注意的问题等等。他们仅要求我们注意身体。10时余方去。

23日

上午8时半到第一汽车制造厂，由该厂负责采购的马副厂长接待。马于介绍情况时，似事前无准备。

共看了铸工、锻工、发动机等几个主要车间和底盘工厂、冲压车间等。由于中央的重视、苏联的帮助，动员全国有关力量，短短四、五年内即完成此厂建设——我国有史以来第一座汽车制造厂的建设，设备大都是头等，其中不少是全世界最新式的，殊令人不胜愉悦。

该厂现有职工18455人，内直接生产人员14187人，非生产人员4288人。

工资情况：

	最　高	最　低	平均
生产工人	105元	33.5元	56.64元
学　徒	28元	22元	25元
工程技术人员	230元	38元	84.18元
行政管理人员	277元	36元	74.67元
其　他	190元	27元	52.66元
全　厂	277元	27元	59.39元

据马谈，工人思想有波动，但经过教育后，现比较稳定。生活方面因本厂福利照顾好，只对房子意见很多。现有九千个职工家住工厂房子，每家使用面积18平米、两间。但仍有反革命破坏情事。

昨夜吴德、又文两同志谈，该厂现有设备能力和人力，年产50000辆不成问题。本日所到各车间、工厂，据各车间主任、技术科长、工长等人员谈，一致认为：如原料能源供给、个别生产工序的设备加以调整，年产50000辆以至7—80000辆无问题；但有个别车间的个别工序，谓加以调整，也至多只能年产50000辆；也有个别车间，如轮盘，谓现有设备潜力，即可年产120000辆。现一般车间的设备使用率，谓仅达30%。只有一处谓50%。工人每周工作五日，每日只四小时。本日为星期二，上下午所到各车间、工厂，机器确大多没有开动。考其原因，似有两个方面：一面与厂外有关厂矿没有能按照有比例的计划性的原则建立合同，保证原料的足够与及时的供应；一面该厂本身各车间之间，甚至一个车间内的各工序间的设备，也是不平衡的、比例不相称的。又据于开泉代表说，经营管理问题很大，即官僚主义与人浮于事现象严重。

该厂办公和宿舍的建设和设备，似乎也有些浪费。如接待我们的一间会客室，上等沙发约有三十至四十个，超过了总理的会客室。发动机车间主任的办公室，两间房子约有二十四平方米，远远大于中央任何一个副部长的办公室，其设备也远远过之，更不用说如我的大学校长办公室和设备了。

工人大多为廿岁左右，身体均颇壮，女工似较差一些。我询问她们，均谓体力能担负起来，工作不觉累。他们对我们前去视察，均以笑脸相迎。询及各车间和工厂，均谓已基本能掌握生产技术，苏联专家今年6月回国后，我们自己搞已可无问题。这可见我国劳动人民、尤其是工人阶级之聪秀，不数年间已能掌握如此一类新而复杂的生产技术。

马副厂长要求同我们谈谈。我表示我们去该厂参观，是为了获得知识。如果你们有何意见，我们有义务带回去转达。

据开泉代表说，哈尔滨电机制造厂、锅炉制造厂，亦均为最新式之自动设备。现情形与一汽相似，工人只作半天工，机器只开1/3。北京电子管制造厂，现因无原料，工人只作半天，设备使用率不过1/10。出品有一半废品，价格比外来品贵一半云云。似此情况，如果属实，确系大问题。全党应放下身子去摸清情况，加以解决。至于其根本原因，由于计委、经委、建委负责人不懂技术，科员对技术懂得不透。我们缺乏经验，不懂技术是事实。但经验可以取得，技术现在可以用人家的，同时也逐步可以取得的。

于又谓，小丰满水电站因根据苏联专家意见，为使冬季多流水、多发电，便将夏季储水水位提高。因之，到秋洪发作时又须放水。这样，在六年来形成四年水灾。吴德、栗又文同志对此亦有意见云云。此事如属实，则明显地表现了本位主义，生硬搬经验的教条主义，不从全局着眼的片面观点之所致。

24日

东北人民大学校长匡亚明同志来谈该校地址房屋问题及该校与省市委间关系问题。

吉林省水利局江浩局长等汇报第二松花江水灾区情况：

1951年全省共淹305937公顷，受灾程度70%左右。1952年基本为丰收年，水灾面积（含内涝）为 23811 公顷。1953 年全省水灾面积 435164 公顷。水灾原因，第二松花江由于上游降雨量大……1954 年全省受灾面积 365587 公顷，房屋 3463 间，人口 393090 人。1955 年全省水灾面积 148424 公顷，内涝 56795 公顷在内。1956 年全省受灾面积 965097 公顷，人口 1821873 人，倒塌房屋 24307 间。小型水库塘壩冲倒有 1977 座，内涝 427921 公顷。本年第二松花江水位接近或超过 1953 年洪水位，但灾害面积比较减轻了，由于修建了第二松花江堤防。本年洪水最大的为拉林河，因系暴雨中心，由于对堤防进行了整修，基本上无水灾。洮儿河，从 1949 年至 1952 年建立了大堤，本年无水灾。

丰满水库的水，应几年才溢流一次。但从解放以来每年都溢流，因此每年都造成一定灾害。正说明正常高水位定的偏高，他们是为了发电。因此，提出丰满正常高水位在每年汛期前应适当降低，降到 262 公尺较合适。为保证丰满完成发电任务，每年应在汛期前多发电，汛后如水不足时，可用大力发电补足。水电部门为了每年得到发电的超额奖金，给下游农田造成一定灾害（连哈市在内）。

丰满发电是主要的，希望适当照顾下游农田水灾问题。办法，希望在丰满上游再修一至二个水库。第二松花江下游防涝问题基本上可以解决，也解决了东北一部分缺电问题。此问题吉林已向国务院写过报告，吴书记、栗省长对此意见也是一致的。

下午

第一汽车制造厂郭、马副厂长等汇报。

郭厂长：进一步发展远景规划尚未定，希望快定。现在 10 年内只此一厂，情况应该改变。有些地方要求作小汽车，那就应该改变或新增设备。厂里现在只作 4、5 吨载重厂，可作几个变形。但北京目前还是举棋不定，希望快定方向。

按现有生产能力，生产 4 万辆车，可不增加设备。如个别薄弱环节加以补充，可生产 4 万 5 千至 5 万辆车无问题。如发展为 7 万辆左右，则只须扩建一下，地下可不动。现在车型是旧的，较国际水平晚 10 至 15 年，还有些不适合中国的气候、地理条件，样式老，多费钢材。设计上的改进，我们才开始组织，尚未有经验。现在只能说是中国造的苏联车。

厂里管理上存在一些问题、有一些混乱现象，经济核算制度才开始建立。厂外最大的问题是材料供应问题，非厂本身所能解决。每季要去几百人到北京搞平衡，浪费很大。本月才定本年7000辆车生产任务，但材料在去年10月就要造计划。这说明不是根据任务定材料供应定平衡。现在各厂自己换材料的风气很盛，以物换物。尽管北京各机关不承认，但事实已如此……这说明总的计划、分配上存在很大问题，须改进和解决。因为材料不足，本年能生产15000至20000辆而降至7000辆。上月60%以上工人只作半天工。

还有一个普遍反映的意见，物价问题。现蔬菜涨价。工资奖金原来不多，现又要减。干部存在官僚主义、群众观点不够，群众有意见。

马副厂长：最难过的是材料问题。国家总的情况是钢材不足。分配物资时没有生产计划的根据，冶金方面的钢铁生产是有什么分配什么，有多少分多少……不是根据各方面的需要来平衡。生产计划定的晚，材料计划定的早又无根据。物资没保证，就影响了产品质量。最后表现为生产计划没有物资保证。

我谈了几点看法：我同意刘亚雄同志意见，我们有义务把你们要求和意见带回去。我认为这是由于我们初搞计划经济，缺乏经验，某些环节一不适合客观规律，就会出岔子。经验是要摸索的，尤其须下面各厂在工作中去摸索，帮助中央解决问题。下面厂厂之间发生供应脱节的矛盾，这是一方面，我们也愿意像652厂[1]能充分发挥设备潜力和人的能力进行生产。但在另方面，上面负责部门既已知道这些情况，就可能有我们所不知道方面的困难，这也应该想到。

我们对652厂虽只粗略看了一下，但由于中央的关怀，主席就特别关怀，全国有关方面的协助和配合，短期内建成这样先进设备的大厂，在我国是有史以来的第一次，实在令人兴奋。苏方的帮助也是不可忘记的。我问及各厂间技术科长、工长、工人，均谓基本上已掌握了技术，苏联专家回去后也基本无问题。可见厂里对学习和掌握技术抓得紧，也可见我国职工的聪明能力，殊令人兴奋。同志们所谈的厂内问题，据我们表面了解，人员似乎过多些，设备在厂

① 编者注：652厂即第一汽车制造厂。

间以至车间内、各工序间有些不平衡情况。希望现在不能开满机器的时间设法加以调整。同时，我们没有视察到的一面，仅据同志们刚才汇报，说经营管理等方面还有些问题。如果是这样，也希望就此时间改进经营管理办法，并摸出经验，为国家提供有益经验和节省人力财力。人民内部矛盾问题解决办法，主席已有指示。希望在市委领导下，按照主席的指示，加以妥善处理。相信你们能处理得宜的。

25日

长春市农林局张局长介绍情况：市郊社与全省社情况差不多。去年减产的原因：①遭受水灾、风灾、水后虫灾、秋后冻灾；②经营管理不善、浪费现象；③计划性差；④政治思想教育跟不上，社员还不是以社为家。减收主要原因：①大部分在合作化前为单干户；②合作化后遭受严重灾害；③合作化后一部分人劳动不够积极。存在的问题：合作化的优越性问题，我们体会得不深。总结问题总结出：①合作化有优越性，去了郊区挖了大小上百条排水沟，这在合作化前不可能；风灾把庄稼刮倒了，马上就补种了大豆，这在合作化前也不能这样。1955年郊区稻共只195公顷，合作化后一年发展稻田1524公顷。种果树一年栽了190公顷。培养了大批干部，能办社、整社，看出社存在的问题，进行社的基本建设。以前无一电井，去年打了214眼（国家贷了部分款），还打些水套子电井，修了27处小型水库、拦河壩，共安了194.5公里的高压线路（国家贷了280万款），还修了很多温室、鸡舍、猪舍。②缺点和问题：缺乏领导大生产的经验，特别表现在计划性方面。劳动组织不健全，如管委会不按时开，主任包办代替，队组织得不好、散漫，出勤率与劳动效率不高。有些劳动报酬不合理情况，好坏都是10分。基建上还存在问题，有些电井还是半成品，国家贷款过多一些，社员负担利息过多一些。政治思想教育跟不上，部分社员对社关心不够，勤俭持家认识不足。部分社员对社的领导不满，有意见，对社的铺张浪费不满意等。

今年1月到3月，整社已结束。整社后，贯彻了四固定、三包干，即土地固定、人员固定、牲畜固定、农具固定；包产量、包消费、包工目。这样就合理了。收入最高的社，一劳动日3元5角，最低8角。平均各社一劳动力1元5角。能劳动二百个劳动日，一年能收入三百多元等。

黑咀子乡光明之途社（中等社）、汤营子乡五星子社（下等社）分别汇报[1]。

下午，由张局长陪同参观黑咀子光明之途农业社。社长赵一舟、副社长吴用员、乡长徐鸿俊等在。赵一舟谈[2]。

据农业部部长助理魏震五同志视察东北农业后谈：东北农民分地，辽宁较少，黑龙江最多，吉林农民每人平均分地达1000斤产粮面积左右。根据东北生活水平，每户每年能收入60元就能保证生活，感到满足，80元即能过较好生活。1956年吉林农民除大城市郊区种菜为主的合作社及其他经营特种作物的合作社外，经营粮食生产的，一般每个主要劳动力收入在60至80元之间。

晚饭后，东北人大副校长佟冬、图书馆馆长及李树权馆员三人、我以前之司机郎同志、烧锅炉工张宝廷同志相继来寓。谓匡校长昨日来此后即得我到长春消息故也。

市医院副院长卢士谦来为我们检查身体，刘、于、我三人均有血压上升现象。因之，秘书李时昌同志坚决主张明日休息一天。

26日

上午，去东北人民大学，全校教职人员宛如待久别家人一样，匡亚明校长说真像节日一样，真令我无限感奋。各负责同志及各处部门，均分别与我留影。厨房同志听说是接我吃饭，据说把平生作菜的本事都用了出来，确比北京、长春上等菜馆作得不差。

到图书馆观看近两年所购宋明版本书籍，为数已近千种，多为明末版，其中以《西厢记》、《水浒传》为最可贵。《春秋传经解》一书，该馆人员谓系宋版，实则纸及本文字体似宋版，而注字体却非宋体而为明体，墨色亦不易定为宋版者。

人大与省市关系似不甚调协，殊令人关心。因特嘱佟冬同志应尽力搞好学校与省市关系。

下午，去省人民委员会访负责同志，由关、王两副省长及萧秘书长接待。

---

① 编者注：汇报内容从略。

② 编者注：赵一舟谈话从略。

将人大常委会交带来之人民来信八件面交，请其于我们离长春前将处理结果及当事人对处理意见备一书面材料，并作适当口头说明。当由萧秘书长择要说明，大都还正在进行中，证明该八件人民来信所说基本合于事实。

27日

吉林农业厅刘泳川厅长汇报①。

下午，视察市唐家乡五星高级蔬菜社。社主任崔孟九谈②。

旋视察温床，菜苗多已出土，茴子白苗约有2寸高。十余男女社员正在使草席盖床护暖。他们情绪尚不坏，衣服虽不新鲜，也有几个人衣服是烂了边的，但未见补上加补者。询及一五十余岁女全劳力社员，谓去年收入80多元，够全家衣食。另一年岁相若之女社员情况相同。一年19岁尚未结婚之女社员，谓本人去年收入120多元，穿着颇鲜艳，胜过城市一般学生。一年40余之男社员，亦谓去年收入120、130元。

28日

上午，向唐家营子五星社进行个别访问。分别与退社的李桂山、王永成妻，军属老石太太，社员段文长、徐万田、季连仲等访谈③。

下午3时，省人民委员会萧秘书长来访。4时，请洪秘书电话联系，拟去看省委第一书记吴德同志。适吴去一号开会，5时来此。（1）谈及医大包教授为刘绍久医好喉管良性瘤问题。（2）谈及第一汽车厂问题。谓昨日朱副主席来长，及黄敬同志等共同商量，拟用铝代钢板，该厂主要问题为原料缺乏。我曾谈及该厂要求汇报与向中央反映要求事。个人看法：原料缺乏，不只一汽问题，该厂汇报似对计委、建委有些意见，中央计、建委可能有另方面困难；该厂本身也还存在些问题，如各车间之间、一车间内各工序之设备间多不平衡；经营管理也存在问题。吴同意。（3）谈到东北人大校址问题。吴德同志说明长春市有三条原则：如已住下的不迁动，不能破坏城市绿化规划……最后认为东北人大校址可在地质宫对面建，无办法时总要在附近调剂些房屋；谈到稳定

① 编者注：汇报、谈话内容从略。

② 编者注：汇报、谈话内容从略。

③ 编者注：访谈内容从略。

各高校教师问题，有同感。

5时半，白拓方夫妇来，谈到他要求离校，校部均已同意，即将去内蒙古大学工作。我再三批评他不应要求走，应留人大，把人大办好。他说到肃反时把他作为肃反两个重点之一，支部决定开除其党籍……校党委亦曾批准。经申诉到市监委，作出不开除党籍，也不予处分指示。问题才解决云云。我加以解释、安慰。夫妇同声说，相信如校长在此，这类事情是不会发生的。

6时，市委书记宋洁涵同志、市长周光同志、省委书记李砥平同志相继来，谈到中小学教育、稳定高校高级教学人员、郊区合作社、东北人大校舍困难等问题。

29日

教育局副局长胡文昌谈①。

30日

省工业厅冯英奎厅长汇报地方国营工业情况②，原料成问题，食品工业更严重③。

5月1日

国际无产阶级的伟大节日。参加长春市大会主席团观礼。有15万人参加游行，表现了人民的伟大力量。

在会上便中询问第一汽车厂厂长饶斌同志："朱副主席、黄部长已到此，为你厂问题开了会。你们要我们转中央的意见，是否可不需转达了？"饶说："不需要了。"

2日

上午，视察傻大爷庙广州路小学。

该校教室五间，三间光线、空气尚好，只北屋二间及队室光线、空气较

---

① 编者注：谈话、汇报内容从略。
② 编者注：谈话、汇报内容从略。
③ 编者注：谈话、汇报内容从略。

差。开窗能起空气调节作用。该三教室前院两大槐树是妨碍光线与阳光的，可锯矮到屋檐以下。而开窗、锯树是完全可以主动的。

该校为二部制，学生共十班，近七百人。教导主任说，学生下课，老师即随同在一块。下午组成小组在家学习，纪律尚好。教师月薪，最低37元，中等45元，最高52元，平均为40来元。教导主任52元，校长70元。办公费每月30元。学生学费，每期3元，书籍文具等自备。学费上缴教育局。学生患近视者占30%以上。北教室四班最严重。几个学生说：学校不好。教室上午看得见，下午看不见。

3日

视察市第一中学。

校长郭固成、主任张仁旭、侯铁驱，教育局中教科刘兆祯、王正明。张主任、郭校长、刘科长，曹权、刘玉玺、高明儒、徐剑光、范其静、高俊才、周志文等老师分别谈①。

我讲话：①中央和毛主席对中小学教育极为关怀，人大常委会对他们所提问题都初步地讨论到，中央有关部门也会考虑到。②大家所谈的都围绕在搞好学习为中心的问题上，这种精神是好的。③大家所提，属于须带回中央的带回去，对此我认为都是中央已考虑到了的；属于省市范围的，教育局同志可带回去，我们也可以提一提；属于学校范围的，学校负责人均在这里。④大家应该知道，我们的新中国是在落后的旧中国那样的基础上来建设社会主义，不是所有的事都可马上都作到和作得好的，有若干的事是需要时间才能够解决的和作到的。对学校内的问题，是需要同学们协助，学校才能作得到。对老师，要老师觉得，学生首先必须尊师，这样才能鼓励老师把教学工作作得更好……

4日

上午，视察长春市第十中学（重点学校）。校长张玉琦、副校长周树翘。教导主任陈雨田、副主任龙继礼、陈宝仁、刘治、赵维义。张校长汇报

① 编者注：谈话内容从略。

情况[①]。

下午，省人事局副局长陈英等谈精简节约[②]。

5 日

上午，视察小河台乡红星蔬菜社。社主任张和厚、副主任冷万山、刘玉兰分别谈[③]。

刘亚雄、李培之同志询及社员们困难时，他们说：［社］合得太死，自己连打柴草的时间也没有。送病人看病的时间也不给。手太紧，没钱花，社里支不到钱。所接谈的社员，不下百余人，情绪都颇高，精神也较饱满。

6 日

上午，与长春市第十中学老师谈话。体育教师郭智安（吉林师大毕业）、历史教员刘迅（吉林师专毕业）、物理教员赫长龙（航空学校毕业）、数学教师于庆轩（东北师大毕业）、副教导主任陈雨田（吉林师道大学毕业）、历史教师姚远（吉林二中毕业）、语文教师丁辛百（北京大学毕业）分别发了言[④]。

7 日

上午，参观中科院长春应用化学研究所。吴所长谈了与东北人民大学合作、向科学进军的问题和对中国科学院的一些意见[⑤]。

下午，向省市委、省人委负责同志汇报视察情况要点。

一、我们这次同来吉林视察的代表共刘亚雄、李培之、于开泉、吕振羽四人、秘书李时昌同志。从 4 月 22 日到长春，至今日共 16 天。因为大家身体病患关系，取消了去德惠等县视察的计划。

我们听了省水利局长、农业厅长、工业厅长、人事局长、市农业局长、文

① 编者注：汇报内容从略。
② 编者注：汇报内容从略。
③ 编者注：汇报内容从略。
④ 编者注：发言内容从略。
⑤ 编者注：发言内容从略。

教局长的全面情况汇报；视察了第一汽车制造厂、吉林化工厂两个大的国家工厂，黑咀子光明之途、唐家乡五星、小河台乡五星三个高级生产合作社，研究了三个农业生产合作［社］的材料，长春市广州路小学、第一中学、第十中学等四个学校及化学研究所。听取了各厂、社、校的负责人的情况汇报，进行对工人、社员、教师、学生、研究人员的访问和谈话。于开泉代表又视察了丰满水电站。此外还接到市农业局一工作人员控告。

由于时间短促和我们的水平低、经验少，所看到的东西和问题是比较零碎的，不够深刻、全面，并可能有错误。因此，我的汇报，只能说是一些表面的观感。

二、视察第一汽车厂的观感（我没参加对化工厂的视察）。根据所见及与工人、工长、车间主任、技术科长所谈，厂长汇报，在党中央和毛主席的正确领导和关怀，吉林省、长春市党政的密切配合和领导得好，经过建厂人员和职工的努力，在较短的期间内，建立起我国有史以来第一个大型汽车制造厂，工人、技术人员在短的时期内，对各厂、车间、工序的技术已经掌握或基本掌握了，并已开天辟地生产出解放牌汽车，实在令人无限兴奋和感动，也表现了我国工人阶级的社会主义积极性、创造能力和智慧。

该厂现有职工 18455 人，担负该厂的生产能力而有余（多 1200 人）。设备能力，据说除个别工序设备稍加调整或增加点设备外，能够年产 50000 辆。而今年实际产量是 7000 辆（可能增至 9500 辆）。但是要充分发挥设备潜力和职工劳动力，据该厂负责同志汇报：首先是原料供应缺乏问题亟待解决。关于这，该厂对中央有关部门的原料供应办法有意见，认为在认识高度上存在很多问题，须待改进和解决。因而他们的生产计划没有物资保证。他们提出解决的意见：“固定供应关系，全年一次定货”。我们对工业情况了解很少，但相信有关部门必有其一定的困难和措施的根据。但问题是须从各方面想办法去加以逐步解决。

另方面，据我们初步观察，该厂设备，在分厂、车间之间，同一车间内的各个工序之间，也是不平衡的。据一些工人、工长和技术员说，有些工序潜力能年产 12 万辆，有的能产 7 或 8 万辆，有的只能年产 3 万辆。在具有高度科学技术水准和丰富经验的苏联专家帮助设计、安装的设备尚有这种情况，可见作到平衡是不容易的，是需要从生产实践中才能正确的解决。建议该厂就目前较空闲的时候，尽可加以研究和调整。

其次，该厂在经营管理和职工的政治思想教育上，似还有须待改进和加强的地方。有句古语：闲逸生邪心。在目前工人工作较松闲的情况下，须及时掌握情况和加紧进行教育。

三、对三个生产合作社的视察印象。三个社的基本情况：去年都作了不少的农田基本建设，都多少遭受了一些灾害损失，社员收入大都有所改善，要求和曾经要求退社的只是极少数。据我们短期间而不够深入、全面的视察印象：首先认为吉林去年 6 月三级干部会议特别是去冬的整社工作是作得较好的、深入、细致的。最主要的是初步贯彻了中央民主办社的方针，具体表现为干部向社员作了自我检讨，社员说了心里话，初步发扬了民主，由下而上、由上而下地制订了 1957 年的生产计划。我认为这是按照民主集中制原则的一种很好方式，也是我们在群众工作中的好的传统经验，使社员心中有数，提高了生产积极性，密切了干部和群众的关系，特别加深和提高了社员对合作道路、对农业高级生产合作社优越性的认识。同时也表现了市郊农村社员是有一定觉悟水平的。有些社加多了社员自留菜地和工作时间。这是重要的。

但是，我们又认为，在许多方面还须进一步的不断去加强工作。如民主办社的方针，改进干群关系上，还需不断加以提高和加强。社员民主权利，有些认识不够，对干部和上级有意见，批评还有一定程度的顾虑。社员对合作化优越性的认识，还需大力从增产和增加社员收入等方面不断加以巩固和提高。对社员的觉悟程度，也要不断在大量增产和增加收入的一些基础上加强教育，否则一遇歉收仍是可以动摇的。

其次，社员的积极性和事业精神，我们认为应加以适当指导和与科学技术相结合。如五星、光明之途两社的两个水库的修建。据懂得工程的水电专家于开泉代表说，这两个水库的堤经不起暴雨和洪峰的冲击。又如红星的鸡场，修建和饲养颇不科学，极易引起鸡瘟。上述情况如发生，群众的情绪也会受到影响。三个社去年打井，均出了一些废品和半成品。因此，对社的工作，须进行必要的科学指导，并帮助创造和总结生产经验，不断提高科学水平。现时在社的中学生，大部分任记帐员、会计等，而不直接参加生产，这对提高农业生产技术是不能发生应有作用的。对他们自己的发展也不是合适的。去年有些社员反映说有劲使不出，干部不了解。如果能掌握全社及时情况和每个社员的长处、短处，就能更多的发挥各人的专长，平时更能搞好多种经营，使与农业结合的副业发展得更多更好。在有灾害的年月，就更能发挥多种副业和生产自救作用。

其次，社员的意见和要求：

① 人的粮食不够、牲畜饲料不够，要求尽可能解决。

②自由市场开放后，一部分社员从事经济活动，不生产，影响生产及其他社员情绪。

③对市、区领导的意见，去年制订计划是上面定下去的，主观性强，强迫社员执行，强迫改水田为园子等，形成减产和水涝，社员心中无数，有意见不敢提，提也白提。

④社干在去年工作中，与大伙商量不够，主观性强，如红星社，不早抢救，造成五十多公顷农作物被水涝。

⑤农村青年姑娘不愿与农村男青年结婚，到城里很快就找到对象。如有的社现有六十多个到了结婚年龄的男青年找不到对象。

四、视察四所中小学校

1. 对两所小学没有进行较深入的了解，现仅提出他们对校舍问题的意见，转达省市有关方面参考。唐家乡小学，因校舍被占，该校只能将一、四两年级学生挤在原处，二、三两年级学生每日须走十几里去上学。请进一步了解与解决。广州路小学校舍，系原反动道门傻大爷庙。现有十二班学生，两部制。校舍除北面两间教室外，其他尚可用。北面两间教舍，一因收学生多，挤一些；二则院内有两株高大槐树，空气与光线较差。现学生有 30 名患近视。因此，建议加以检查，尽可能于北墙开窗通空气，将南墙外院内两大槐树锯矮。

2. 两所中学均有高、初中两部，规模均不小。十中据云为市中学设备好、办得好的一个中学。一中则从去年才添设高中部。该两校教师水平，十中较好，一中为东北一般中学水平。教师负担不算重，只在某些课程（如物理、语文等）和工作（如兼班主任）稍重一些。另外有些课程的教师，则在进一步改进教学方法、大纲、教材后，是可以发掘出一些潜力的。学生成绩，一般尚属不差，但由于教材与教师教学等关系，目前负担是有些过重的（如每日做作业至少需 1.5 小时）。毕业班因升学问题忙功课，并普遍有偏课现象。所学课似乎过多过重（见课程表）。

建议：统一教师、图书设备使用，举办讲习班。希望有一全市性的冬季活动场所、全市性的图书馆。

五、对省市的接待表示感谢。

编印说明

全国民族工作座谈会日记

1957年7月，著者作为全国人大民族委员会委员、中央民族事务委员会驻会委员参加了全国人大民委、中央民委在青岛召开的民族工作座谈会。会议期间，听取了周恩来总理《关于我国民族政策的几个问题》报告及参加检阅海军演习。会后，8月23日至9月3日又参加了中央民委在京召开的民委主任会议。日记始于7月18日，迄于8月5日，系著者用钢笔书写于笔记本上，未曾发表。

全集出版，现由编者根据原稿整理编入，题目为编者所拟。除更正个别错讹字外，内容及观点均保持原貌。

吕　坚

全国民族工作座谈会日记

7月18日

本日下8时15分从北京启程，来青岛参加两民委共同召开之民族座谈会。与朱德海、马玉槐等同志同房（车）。

载涛询及：①“反右派斗争是否仍将继续下去?”情绪颇现紧张。我答以：“我看他们那些右派分子还没彻底交待，应该搞透一下，回头是岸。只要他们不自绝于人民，是仍有为人民服务的机会的。”他又询：“为什么到青岛开会，北京不是很好吗?”我答：“大概是因为许多来自东北、西北、西南较凉地区的代表，而又年纪较大，北京往年总是在7月下旬和8月初就很热了，他们都怕热，中央特为此照顾他们。”他说：“要花老鼻子!”

19日　雨

下午车过高密站，站东西约数十里，有已成涝灾或可能成涝灾。下午2时40分抵青岛。住湖南路新新公寓。德海同志对此颇不高兴。

阅《青岛日报》，山东所属荷泽、济宁、临沂三专区已成严重水灾。政府与部队正在大力救灾，每日都有数架飞机出动。据黄光年同志谈，广东、安徽、苏北亦受水灾。这殊为令人不愉快的消息。今年大丰收对我国极关重要，现急须使已灾区尽量将灾情缩小，未灾区先事可能预防措施。如仅止于目前灾情，则地大如我国，加之多已丰收，当不碍于全国大丰收之望。

20 日

上午，党员大会。

下午，全体大会。

21 日　星期天

昨夜睡眠不稳，思想总不免念及时真，她近来身体又不大好，如一犯病，我何以堪！晨起赶写一家信，将我的离家后的情况告她。数十年老夫妻，因不常离别，兼又因我俩都患病，因之离情反甚于青年。

本日 8 时出发，分乘两舰出海参观：射放与快艇鱼雷演习。

青岛军港，右扼胶州，左拥崂山，形胜天成，而又沿海北接旅大和葫芦岛，越北朝鲜与苏联海参崴遥相呼应，沿海南迤绵亘至琼岛、湛江。内地则经胶济接津浦……可直达各省。如于第二、三个五年计划内，将胶济路延长至郑州，与陇海接轨，于无汽车时，战时均颇为要着也。

22 日　小组会第 1 日

本日开始为时 6 日之小组讨论会，将根据乌兰夫同志在党员大会及全体大会之部署进行。为部署会议之发言，所提六点要求：①对工作与问题提出意见和批评；②交流经验（成绩、问题、批评）；③关于反右斗争；④提出问题，可能解决的解决，须送中央者送中央；⑤批评意见尖锐与右派的区别。这点颇关重要，否则可能由于他所提第三点要求交待不够清楚而影响大家畅所欲言。

载涛：来时许多满民同我谈了些，罗老①、老舍也谈了些。他们总觉得我这个代表不能满足他们要求。大家对政府衷心感激，站在毛主席一面对待右派。大家提出的问题很多：

①满民确实很多，应让暴露其族籍，这我在大会已提案。

②没提的，回族老大哥有个协会，满民也有此要求，以便共同学习。我说问题不一样，何妨稍迟一迟。

③两个问题：一是请民委调查各省市满族居住情况，东北聚居的较多些。

① 编者注：罗老即罗常培。

一是民委机关中希望多用些满族干部。

视察了京东一带，有些满、回、汉人组成的农业合作社团结得很好。

马乐庭谈了民委工作有成绩，如成立了自治区，但对内地民族工作注意不足①。马卓洲谈了河北全省特别是承德专区满族现状及存在问题②。特木尔巴根谈了自治区以外的蒙人现成立自治县，但对县名称不满，应用旗的名称，应称全名③。哈图谈了阜新地区民族工作的成绩，解放前是不能比的，希望民委对少数民族地区民族工作予以重视④。马玉槐谈了北京在民族关系上确实还有问题，两个主义都有，主要是大汉族主义，发生的问题件数是比过去多了，但人数减少了⑤。

7月23日　小组会第2日

马乐庭谈安徽少数民族特别是回民状况，并提出尊重民族习惯、回汉通婚、培养少数民族干部等意见⑥。马卓洲谈政府部门提拔少数民族干部少，不能满足工作需要以及农牧地区存在的问题⑦。赵志强谈了山东民族工作和回汉联合合作社的一些问题⑧。

7月24日　小组会第3日

戗拉僧活佛谈了蒙人信黄教、喇嘛现状与今后发展、寺庙维修等问题⑨。朱德海谈民族地区存在问题、延边今后建设、农业机械化及文教发展等问题⑩。

---

① 编者注：记录发言内容从略。
② 编者注：记录发言内容从略。
③ 编者注：记录发言内容从略。
④ 编者注：记录发言内容从略。
⑤ 编者注：记录发言内容从略。
⑥ 编者注：记录发言内容从略。
⑦ 编者注：记录发言内容从略。
⑧ 编者注：记录发言内容从略。
⑨ 编者注：记录发言内容从略。
⑩ 编者注：记录发言内容从略。

7月25日　小组会第4日

陈经畲谈了湖北民族工作存在问题与现状，希望中央派负责同志下来进行检查①。达浦生谈了福建泉州是伊斯兰教发源地，关于对宗教、民族、国家、文物四方面的认识②。

7月26日　小组会第5日

朱德海谈了先进与落后的问题。少数民族是落后、汉族是先进的提出，是在于先进有帮助落后之义；但你说他落后，他就不高兴，而汉族干部在谈话中也以先进自居，这值得考虑③。

载涛说满族所以能翻身，是由于共产党、毛主席。如香山健锐营门头村，解放前房子都垮了，他们是原来的满人，在清朝时也是受压迫的。现在国家给钱把房子修理，并作为他们的私产。希望今后打下民族自治基础，加强培养少数民族行政干部④。

马乐庭、赵志强相继发言，谈了希望民委调济各种事业费、山东往青海移民等问题⑤。

7月27日　小组会第6日

哈图谈了蒙族信仰佛教问题⑥。赵志强谈了对信教自由的看法。达浦生谈关于信仰伊斯兰教的问题。

7月28日　星期天

集体游苹果园。今日得时真来信，欣慰万分。

---

① 编者注：记录发言内容从略。
② 编者注：记录发言内容从略。
③ 编者注：记录发言内容从略。
④ 编者注：记录发言内容从略。
⑤ 编者注：记录发言内容从略。
⑥ 编者注：记录发言内容从略。

7月29日　大会发言

下午5时，汪锋同志来谈。

7月30日　大会发言

7月31日　大会

汪锋同志发言，谈了中央民族事务委员会一年半以来的主要工作和缺点[①]。肯定民族事务委员会一年半以来的工作，成绩很大；但也有缺点，缺点有的是在前进过程中产生的。这次会议开得很好，大家对民委提的批评，绝大部分是正确的，要接受。

刘格平同志报告，关于建立和调整民族自治地方，关于民族自治地区自治权、关于自治机关民族化的问题，关于全国人大民族委员会的工作[②]。

8月1日、2日、3日

无事。3日得时真信，颇安慰。

8月4日　星期天

上午6时起床，7时出发，参加检阅海军大典。乘小炮快艇，达检阅海面，登驱逐舰“抚顺号”。领航部门长项少南少尉殷殷接待，询悉渠为项英同志儿子，在苏学习海军六年，今年22岁，已回国服务两年。人颇精干。感到衷心高兴。

此次检阅演习，为我国有史以来第一次。陪同的王副司令在快艇中告予：“昆明号”驱逐舰为我国上海所造，全系自动，比今日参加检阅之购自苏联造者为新式；主席因患感冒，今日由周总理代表国家检阅。云云。

9时18分，舰上广播开始检阅。先陆上。10时左右，周总理、萧劲光司令员乘快速炮艇三艘进行海上检阅，约10时半由“抚顺号”舰左翼驰来，转向舰右驰去，绕旗舰一周，然后登上旗舰。稍息后，萧司令员发布迎接党的领

① 编者注：记录发言、报告内容从略。

② 编者注：记录发言、报告内容从略。

袖、国务院总理周恩来同志代表国家检阅海军的命令，继由周总理发表演说。旋即开始表演。

约11时，山鹰式的水上飞机由左翼领空越右翼旗〔舰〕上空飞去。旋快速炮艇6艘、小炮艇4艘相继由同一方向驶去，过旗舰后绕向北转西。此时我国自制之喷气飞机分队共50架掠空而过。各民族代表均表现兴奋、惊异。

旋潜艇作潜水表演、水上飞机作降落伞兵（14人）表演。动作技巧均较准确。建设不到8年之人民海军，已达到如此强大与精练程度，不只可以确保社会主义祖国的海防，可以胜任负起解放台湾的任务，且可见党与政府建军方针的正确与我人民子弟兵的英勇优秀。

下午

3时半，周恩来总理作报告①。报告共分四个部分：①关于反对两种民族主义的问题；②关于民族区域自治问题；③关于民族繁荣和社会改革的问题；④关于民族自治权利和民族化的问题。

总理报告不只揭开了问题，解决了问题，而且把问题一一提高到马克思主义的高度原则上，发挥与提出了过去经典作家所没讲过的问题和理论原则（报告另有记录）。

8月5日

上午8时半，乌兰夫同志报告②（总结性发言）：一、关于这次会议的估计；二、社会主义民族改革问题；三、民族关系问题；四、民族区域自治问题；五、党的领导问题。

下午　小组会

讨论周总理报告、乌兰夫副总理会议总结发言。大家对两个报告完全同意、拥护，并提高了认识。如对西藏社会改革问题，原先以为是让步，想不通，现在通了。也有的表示对报告内容没完全听懂，但均完全同意、拥护。

---

① 编者注：《关于我国民族政策的几个问题》（《周恩来选集》下卷247页，人民出版社1984年11月）。

② 编者注：记录报告内容从略。

编印说明

访问内蒙古日记

1961年3月，中央民族历史研究工作指导委员会在北京成立，著者任该会委员。之后，国务院副总理、内蒙古自治区主席乌兰夫同志向该会发出访问邀请。同年7月23日，著者作为该会访问团成员前往内蒙古呼和浩特、包头等地及山西大同访问考察。期间，曾分别为内蒙古区党委及文教系统干部、内蒙古师范学院史学专业师生作了学术报告。日记始于1961年7月23日，迄于8月10日。除学术活动外，对内蒙古等地工业、农业、文化方面均有较详记载。日记系著者用蓝色圆珠笔、钢笔书写于笔记本上，未曾发表。

全集出版，现由编者根据原稿整理编入，题目为编者所拟。除更正个别错讹字外，内容及观点均保持原貌。

杨成岩　吕　坚

访问内蒙古日记

1961年7月23日下7时15分，从北京出发去包头。

同行有〔范〕文澜、〔王〕冶秋、〔翦〕伯赞、〔薛〕向晨、〔刘〕大年、〔金〕灿然、〔翁〕独健等同志。

车行甚慢，大雨后，遍地青葱，令人心喜神怡，而已稿枯之麦苗，则已不可挽救矣。此种灾旱，今为第三年。七亿人口之家真不好当。汤有七年之旱，我今亦旱涝诸灾并至三年矣。

24日

晨起，早饭后，8时25分抵煤都大同。

昨夜上半夜未成眠，下半夜入睡不深，头有些发晕。

昨夜睡前，冶秋同志谈及在洛阳将唐墓志三千多方集成一碑林，将来并拟以拓印，真大好事。余力加以慰勉，并乐观其成也。

下4时45分，达呼和浩特，区党委统战部副部长朋斯克同志、内蒙古大学副校长于北辰同志、中国科学院分院副院长秋浦等同志来接。旋候补书记胡昭衡同志及办公室主任亦来。住新城宾馆，招待极周到。

十二年来，呼市已成为一规模宏伟而又壮丽的新兴大城市。呼和浩特气候较北京为凉。小包[1]为装一套茧绸，未装入〔秋装〕。此见凡事非余动手不可。

---

① 编者注：小包为著者公务员包昆。

25日

早起运动，微有凉意。

上午，翁独健、韩儒林两同志来室，听取两位谈：

①匈奴与蒙族的关系。

②秦汉时匈奴的社会性质及其与两汉关系的变化过程。

③中国历史上的主要特点，而翁、韩均为多年从事蒙古史研究的专家，提出了一些我所未见到的意见，如儒林同志谓东西突厥的上层是同源的。即同种同族的。其所支配下的各部落则属于不同的种和族，等等。谓匈奴经两汉后主要部落已离去，其与汉敌对时是属于奴隶制国家，两位意见相同。匈奴与蒙族的关系则皆谓已难于考知。

10时，区党委书记杨植霖同志来访，杨是十七、八年前余在延安中央党校同学；渠谈及此，颇为亲切。老同志久别重逢，气氛自是不同。

旋与大家谈及参观日程，杨又谈到大盛魁。

大盛魁商号从康熙年间开办，可能为康熙几次征蒙以后所支持创办者。直到解放前，它深入蒙区。蒙古王公几无不免其债，人民深受惨重剥削，至今谈及犹不禁切齿。它不只经营高利贷，并经售绸缎、布匹、糖、茶、小工艺等，为蒙生活和生产必需之品：收买他们的皮毛和牲口，每年冬成十万头羊、牛、马，从牧区赶来今呼和浩特，或斩杀作成冻肉运出，或有牲口运出。其中不少来自债利，云云。

下午，参观呼市市容。新、旧城鲜明地映出两种不同的社会面貌，而十二年来建筑之快与规模之大，洵足惊人。诚如一蒙族司机同志说，“不是共产党和人民的力量，这都是想也不能想的。”植霖同志告我，产业工人已达四十余万。解放前仅面粉公司、电灯公司有一点产业工人。

参观位于旧城之席勒图召（即第三世达赖座位讲经之寺），康熙赐名为延寿寺，内部佛事陈设华贵，圣坛尤为出色，想见当年香火之盛。院内柱康熙四十三年康熙皇帝亲征噶尔丹大功告成时亲笔石碑两方，一书汉、满文，一书蒙、藏文。文之内容，略略三数文字概括地叙述了噶尔丹不服号令与喀尔喀相争及服而再叛与终于归服之经过。康熙征噶尔丹，今当有不少人认为主要方面在于实行民族压迫政策。以愚所见，此举主要方面应予肯定。盖非有此举，祖国版图之奠定与民族之关系的情况，可能有所不同。

此寺前院有大盛魁财伙共立之横匾一扇，题名“阴山古刹”。此呼市正位于阴山东南麓。

寺右院两座院落之古寺（两栋），引导喇嘛谓系宋代所建，后曾数加修葺，建筑确为宋代风格。惟当时因燕云十六州在辽之治内，宋之权力自始未达到此处，盖为相当于宋之辽所建者。在建筑等方面，均与宋无殊。余于三年解放战争时，受命在冀热辽工作，在林西亲见一古寺，父老传言为辽皇室供佛之所，对否尚有待于考证。而其形式与规模却与此寺正相似。

从呼寺仰视阴山翁衮坝（俗语称蜈蚣坝），昔为由呼过阴山入王爷庙之要冲，今为公路蜿蜒横断，洵壮观也。

今日老友王再天同志（区党委书记）来访，颇亲善。

26 日

上午，王再天同志介绍情况。

工、农、牧生产及文化卫生情况：

面积 130 万—140 万平方公里，等于九个山东。

行政区划：共七个盟，共七十七个旗、县、市，盟级两市（呼、包）。内有三个其他少数自治区（鄂、鄂、达）。

人口：汉族 100 万，蒙古族 130 万，其他二十来万。人畜两旺政策。

海拔平均 1000 米以上，呼市为 970 米，集宁二千多米。（鄂尔多意为宫廷，斯为多数）。

东边为大兴安岭，西为阴山山脉（蒙语意为七十里黑山）。过河套为贺兰山（蒙语为汉拉善山即神山），最高为 3400 米。

河流：西黄河经内蒙入晋，东有两辽河……

湖泊面积大的二十几个，面积为几十至一千平方公里。有各种鱼，有百八十斤重的鱼。

森林面积，密林将近 18 万—20 万平方公里。

真正沙漠面积并不大，如腾格里沙漠才 8 万平方米。

矿产都在长草的地方。初步勘察有 68 种。铁矿面积分布很广。如白云鄂博（蒙语富饶的圣山）。地质人员按蒙古地［名］找到矿。还有铝、锰、铅、锌、黄金（去年产了9万两）。煤产量也很大。如伊克昭盟地下面尽是煤。石油如鄂尔多斯很有希望。油页岩也很多。二连（蒙语为花颜色的盐池）、集宁北边地下挖三尺全是碱。盐池更多，有三个有名的。

历史上交通不便，现有铁道4300公里，公路21000公里。汽车5900辆，集二线全在内蒙。这几年森林铁路根本不登报。公路各旗县均通，电话社社均通。航运有三条，北—包—兰，呼—海，呼—赤。

经济类：

农区、牧区、半农半牧区。

生活最好的是半农半牧区。

定居——放牧。

第二个问题：经济建设。

建设历史从展览馆去看。

自治区1947年5月1日成立。

经济发展步调与东北一致。

以1947年为100。总值现增6倍半，工业增50倍。农牧增1.8倍。现为祖国的粮食、牧畜、森林、钢铁基地，逐渐会成为煤炭基地。1947年算作工业的只有电灯厂（共8个），面粉厂8、9个、傅作义的毡毛厂，小皮革厂，另有皮毛手工业厂。

1947年工业产值5200万元，1953年起第一年基建投资4300万元，1958—60年就34亿（包钢在内）。三年地方投资16亿元。工业面貌发生很大变化。

包钢：现年产80万吨钢，1200万吨铁。每盟都可出铁。

1960年产值达27亿，比1957年增了三倍。

去年产煤1300万吨，包钢将用800万吨。

发电量1157亿度，1957年才1357万度，现呼市就1万4000万度。

木材去年产338万立方米。

木材去年砍多了，吃了些老本。砍多了，没有森林气候，撒树籽也不长了。

工业大小厂，较好有几百个，土洋结合的更多。1960年有机床7500台。

轻工业现占36%。

全国最大的柞茧森林在内蒙，皮、毛原料还得照顾区外，否则他处工厂就会停用。

农业：

农业人口800万。

播种面积9000万亩，过去较粗放。互助合作以后有改变，基本上还是粗放。口号：高产多收，多种多收。

水利基建：

解放前，河套也不过400万亩（黄河百害，惟富一套）。

十二年增至水利地2100万亩，三年增至1000万亩。

最近刘家峡一搞，黄河水也不够了，河套也无水了。因此在河套筑了一个坝，把水位提高，搞坝的闸门就拉了八十个车皮。

现全区有1800标准台拖拉机，动力机械3300台，近2000台水泵，有铁制水车40000台。

（阴山南打□，水好往外流。准备几年内搞4000万亩水浇地）。靠近交通沿线还可开1亿亩。

粮食数字，1947年产量36亿斤，1952年68亿斤，1956年91亿斤，1957年、1958年100亿斤（糟踏十几亿斤——炼钢铁）。1959、60年近70亿斤。这三年平均每人粮900斤，够吃还可上调。前年上调20亿斤，去年4亿斤，今年2亿斤。现在看来，农业上增加一个劳动力，就能增2500斤粮。

河套是小麦产区。东部为大豆、□□、玉米产区。山芋，各地都来要种子。

经济作物：胡麻、甜菜，到处都可长水果（没抓好，这几年好些）。

农业再发展是个劳动力问题。关键在于机械化能上得去。

畜牧业：

为世界四大天然牧场之二，一为呼伦贝尔，一为锡林格勒。（另二，一为青海，一为蒙古人民共和国）。

传统的牧业和基础，区地汉人也有些经验和习惯。

几年来比较稳当，牲畜一年年发展（牧业政策，自上而下的民主改革，不斗不分，不划阶级，共同放牧）。

以农养牧，搞互助组，以后搞合作化——八年才合作化。

牧区纯牧民约40万人。1958年牲口1085万头，1959灾年仍增1260万头，1960年旱，仍上升到1360万头（已搞了几万个井）。全区总数58年2400万头，59年2800万头，60年3000万头。今年能否保住3000万头还没底。

牧区每个牧人平均有40头牲口。

牧民收入平均每人100元。1958年正常年每人160元。好多牧民都有几千元存款，有些人坐上飞机往北京玩。带去孩子很欢迎。现在想法定居建房子。

畜牧业不搞机械化也是不行（挤奶、剪毛、割草等）。

畜牧业只需解决水的问题，大有前途，1亿头无问题。

准备搞牧区机械化、水利化、良种化。

猎业：

鄂伦春、鄂温克。喜打猎，不打意见很多。很想搞点饲养野生动物。

文化卫生：

解放前：学生占人口2.6%，90%以上为文盲；现在学龄儿童80%上学了。学生增12倍，中学增50倍。高等学校〔过去〕根本没有，现有20所——正在调整。

内蒙古大学、医、农、林院较好。现很想〔解决〕一部分少数民族师资。

卫生建设速度快：

医院6315所，比1947年增100倍，床位24000张，比1947年增加45倍，基本上形成了预防治疗网。

过去人口下降，病毒、天花、麻疹相当流行。提出人畜两旺后，人口确有发展，蒙族增长了30多万人，达呼尔增加也快。

蒙古人民共和国把喇嘛医全搞掉，我利用此经验治病。中央政策，尽量利用。现大庙中都放个电气队、气象站或医疗队。

解放初，喇嘛8万多，现在在册3万人，住庙的为2万人。住庙、住外听之，念经也可以，年长的养起来。有的大喇嘛成了工人。

因此，蒙教问题也解决了。

下午4时，发时真一信，免她悬念。

27日

上午，参加历史研究所座谈会，参加者近百人（内蒙古方面约八十人）。

我分工谈了“全国史与民族史的关系问题”。范谈了内蒙应成为蒙古史研究的中心和不要怕谈历史上的扩张的问题。翦谈了民族关系，世界史的中心问题等，并谈了他的《关于中国历史的问题》，提出请内蒙油印印发。之后胡昭衡同志说请他作个报告。

下午，休息。

晚看关于内蒙古情况的纪录片。

28日

上午，谒青冢。青冢位于大黑河西约一里半华里，西南为桃花坂村，今则环青冢者均属桃花公社范围。

青冢在呼市西南约廿里。

冢前有一亭，亭前柱碑五障，皆清及民国时人所立。如绥远都统李培基，乃小军阀，欲借以留名，好名之徒也。马福祥所建一碑，文中对青冢所在颇作考据，只可以备一说也。清人昇□，似为满人，所制碑文，竞竞于贞操思想，谓昭君在呼韩邪单于死后，又充新单于阏氏，生二女，为后人所诬，此不惟己见，且属保守思想。道光间清人房德诗：

闺阁堪垂世，明妃冠汉宫。
一身归朔漠，数代靖兵戎。
若以功名论，几与霍卫同。
人皆悲远嫁，我独羡遭逢，
纵使承恩宠，焉能保始终。
至今青冢在，绝胜赋秋风。
颇具识见。

川南傅增湘诗，亦有慷慨事远行之意，颇可取。

以此见前人对昭君出嫁呼韩邪之评价，见仁见智，亦各不同，颇有争鸣味道。

同志们曾摄影多帧。

下午，参观内蒙古大学。资料室所藏，较可贵者：①蒙文书籍数百册，为藏经及有关成吉思汗等人的历史资料，惜我不识蒙文。②所陈出土旧新石器文物虽不多，但所列乌盟出土仰韶彩陶，颇可珍，以此见仰韶文化影响之广与古代各人们集团间交往的一些情况。

内大在建设上已具规模，科研与教学方面似觉尚未全入轨道。此为民族地区之第一所综合大学，应尽力将它办好。

29 日

上午，参观内蒙古博物馆。

第一楼陈列内蒙古人民解放前后生活的对比，颇形象、生动。接着陈列蒙古人民在党的领导下的革命斗争的英勇壮烈的历史，有最好的共产党员王若飞同志的雕像及乌兰夫、奎璧同志的照片。

一楼和二楼并陈列了工、农、牧等生产的资源，可以概见十三年来内蒙古面貌的改变，生产发展的迅速，尤其是资源的丰富和远景的无限美好。

出土古物的陈列，旧石器遗址仅河套人的一处，所谓中石器遗址，仅扎赉诺尔一处。而新石器遗址、遗物则颇为丰富。沿边为细石器文化诸遗址，毗连他省地区一带则为细石器与仰韶两种文化的混合以及仰韶文化对于细石器文化的影响。

内蒙古地区内，不只储存了辽、金、元的文化遗存，并储藏了战国、两汉、北魏、唐、宋、明、清各朝的丰富遗存。以此见战国时的晋、燕势力已达今内蒙境内。鲜卑遗存的弓套，弓（木质），铁箭头、骨刀及不知作何用的骨角竿，均成对。该馆汪宇平断为东汉末物；余以为时应早于东汉末。盖鲜卑人至西晋末已进入奴隶制，此等狩猎工具应为其从事牧畜以前之遗存。确否，尚有待于进一步发掘和研究。

蒙族文化遗存，在成吉思汗建立政权前，显为氏族公社，以此可以解决：在此以前蒙族尚处于原始公社制时代，蒙族的主要来源不是匈奴。

匈奴遗存，显见了阶级的分野：穷人的食具，只有陶罐一个；富人则有铜鼎、铜罐、铜□等等铜器。惜未见生产工具。在该馆留影，与范、翦、我三人题字。

下午，至内蒙古师范学院，听韩儒林同志关于蒙古史问题一段报告后回宾馆。

该院与内大一样，均慎重其事，为我们留影。

晚上观京剧“奇双会”、“海瑞背纤”，演员均年纪很轻，表演颇佳。

30 日

上午，雨，临时改变参观辽塔之行。

下午，晴，分乘吉普车两辆赴呼市东 25 华里处，探前汉古城遗址塔布托拉海（汉意为五个土山头）。今俗呼为托里。位于距阴山山麓约 5 华里之平原上。城成回形，纵横各约 5000 米。据护苗的公社干部和社员同志们说，“出土[汉]砖、瓦不少，并有瓦棺出土。”汪宇平云，还发现有不少汉铜印。

土堆上麻黄丛生，并有甘草。据公社的同志们说，阴山里药材有的是，于此可见祖国资源之富。惜中药药材公司尚没来进行采购，恐尚不知也。此访益见调查研究重要，当请薛向晨同志回京后作一正式建议。

托里公社有十一个大队，户数不明；所辖面积宽 20 里，长 30 里，每个全劳动力须负担三十多亩地的耕种；每头大牲畜则须负担五十多亩地的耕种面积。干部和社员都表现心情舒畅。

回来时至距市 8 公里处参观水井。用机器打下 80 米至 120 米即能长年流水，每口能灌地十来顷。打通后入以水管。以此见土默川平川地水资源实甚丰富也。

阴山与南山（不知名）之间南北宽约 50 华里，东西长（至包头）约 300 余华里之平原，名土默川，今已成为内蒙古的粮仓之一。

31 日

上午，同来诸人齐去内蒙古自治区党委，[自治区]第一书记、中央政治局候补委员、国务院副总理乌兰夫同志接见了大家，并有书记杨植霖、王再天同志及组织部长、宣传部长、秘书长等人在座。谈话甚恳切。植霖同志并谈到麻黄素原料内蒙遍地皆是，甘草质量甚高，现已建麻黄素、甘草膏制造厂各一，两厂都为国家担负一定的出口任务。

乌兰夫同志请大家每年都来休养。我们原定明日上午 11 时起程去包头，由于乌兰夫同志恳切希望大家再在呼市多住几天，为尊重乌兰夫同志，又改变行程为 8 月 2 日下午 3 时起程去包头。

下午 3 时，[我]去呼市宾馆礼堂为区党委宣传部组织的学术报告会作报告，事先由党委发了入场券。题目为“学习历史为什么必须以毛泽东思想为指导”。参加者有：内蒙区党委宣传部、历史所、语言所、哲学所、内蒙古大学、内蒙古师范学院、内蒙古报社、广播电台、出版社、博物馆、内蒙古图书馆、教育厅、内蒙民委、文教办公室、科学院分院、内蒙古文化局、内蒙古文史馆、市教育局（主要中学历史教员）、商业研究所、教育出版社等22个单位，共约220—250人。在座者有副主席哈丰阿同志、区党委宣传部副部长等人。报告会由历史研究所所长勇夫同志主持，勇夫为我在第一次国内革命战争新编一、二师之老战友，老同事。大革命失败后，他（为黄埔第四期生）逃往外蒙，失去了党的关系。解放后回来重新入党，原先为内蒙古日报社长、内蒙古大学副校长，累以私生活等问题犯错，致受到党的严重处分。现仍令其任历史所长，盖在力加挽救也。

报告有一简略提纲，历时2时40分钟。全堂情绪似尚好。哈丰阿、秋浦、勇夫、××（蒙族、宣传部副部长）等表示满意。我再三恳求提出和收集意见。

晚饭后，文澜、冶秋、灿然等同志来我室，南大教授韩儒林同志（新入党者）讲他认为耶律楚材传不可靠的理由（似有武断之处），并讲到亦都护（成吉思汗第五子）的问题等。9时30分回室休息。

8月1日

今日为伟大的建军节。

昨日下午同行诸同志参观了内蒙古博物馆库房。我因去作报告未及参加。文澜同志再三劝我今天去看看。今日上午便与民委工作同志陈之万、贾开钰两同志补了这一课。

共看了历史、民族、革命史三个库，确颇丰富。并可对若干历史问题有启发。如①在内蒙古地区出土有战国时燕赵铜、铁、陶等遗物，并发现有刀币、铲币等。足证燕赵疆宇曾达今内蒙地区。②北魏、辽、金、元以至匈奴遗物，除属于牧区的鸡冠壶之类外，形制大都同于其同时汉区形制，辽、金、匈奴陶瓦文字均为汉文，如匈奴两陶瓦“天降单于”为汉隶书体，形制亦全与汉瓦同。元腰牌用蒙文，他件如禅师官印则为蒙汉文并行。③仰韶与细石器文化之色彩，不只盛见于内蒙与他省邻近一带，且于赤峰洪山子及赤峰以北见有仰韶彩陶；④出土物表明匈奴当时不只有牧畜，已有农业并行。辽、金在今内蒙地区亦已有农业。此均值得重视。

民族库所藏蒙、达、鄂伦春、鄂温克、朝鲜冠服，工具、用具均颇丰。蒙族冠服贵族用者颇华丽，可谓锦绣华团，珠金重银相饰。盖与清皇室公主、郡主多嫁与蒙贵族有关。贵妇人女冠，饰以各式银饰，多串玛瑙或珠子等。每顶约三十斤者，可谓活受罪。将军铁甲，亦重数十斤，似不便于战斗活动。

达呼尔族有冠服、用物等，颇为参杂。有清廷贵族所用之冠服，有农奴服装与用具，亦有很落后者。此正与达族生产接近于汉、蒙。由于清廷利用他们当兵，有不少人当了军官以至将军，服制与生活也便与一般达人不同。

鄂伦春族与鄂温克族的游猎部分，用买进的铁制成的刀，颇锐利，皮用具虽比较原始，亦颇适用；用桦树皮制成的盒子等用具，颇精巧，亦颇艺术；用各种兽皮制成的男女衣服，帽、手套、靴及小孩靴裤等，均颇精巧。以鹿肋为线且很坚牢，衣服的袖口、领、襟均有丝相配花边，很好看。小孩子的桦皮摇篮（并作背篮），呈椅式，亦颇合理。人类都是优秀的，各民族都是优秀的，这是又一实际例证。

革命库存有多烈士等人画像，中央建立大青山根据地的指示等文件，傅作义判处王若飞（黄敬斋）同志判决书及其将若飞转解至太原阎匪锡山处的文件等。又有叛徒告密，奎璧同志被捕，傅作义判处文件及奎璧同志自为文申辩，驳得国匪法官无法狡辩，只得将奎璧同志减刑为三年的判决书等文件。还存有大青山抗日民主根据地及内蒙地区地下工作的武器、用具，被、服等。可概见当时战斗之艰苦与生活之艰苦也，共产党人，革命人民的才智，倍觉亲切。

下午，读完《内蒙古日报》：《鄂温克人的生产方式》续一。文颇具体、生动，但似尚有可酌之处。

旋记两日日记。

8月2日

从呼市起程（下午3时）赴包头，下午7时50分抵包头市。

包头原为蒙语，意为“有鹿”或“圣地”，读作包格达。

格达一站名，Medauchii（美岱召），弥勒佛店之意。

3 日

包头市委孟琪书记汇报：

一、一般情况

位东经 110°，北纬 40°。以河为分界，大青山和乌拉山。

旧包头名东河区，约 30 万人口。青山区约 20 万人，有工厂。

包钢区（昆都仑区）。

共七个区：三个市区，两个矿区，两个农业区。人口共 130 万，城市人口约 100 万。

建立工业基地的条件：

1. 矿产很丰富（如包钢矿在 150 公里之内。储藏量 10 亿吨左右）。品位 60%左右。附近地区煤，如石棉储量也很大。将来能满足需求。以西巴盟桌子山也储煤。大青山出石棉、云母石等等，都齐全。附近农牧业也较发展（黄河南岸即为鄂尔多斯草原——煤也很多）。

2. 交通地理位置最为四通八达。

3. 工业分布。

4. 属于少数民族地区。

工业基地的主要内容：

三大钢铁基地之一。

包钢是以钢铁为中心的基地。设计拟建四个高炉、五个平炉（即为目前最大的）。机床有了两个大厂子。高炉容积 1513 立方米；平炉设计 9 座，现成 3 座，容积 500 立方米。

除钢厂外，还有两大机械厂，又为电力工业基地（新建一厂为 10 万千瓦，一为 20 万千瓦）。又为以石棉为中心的煤基地。

又地方工业（包钢次要的附属工业，都在旧包头工厂建起来的）：

糖厂、食品厂、酒厂。

解放时产业工人 260 多人，另有 5 千多商业手工业户，只是七八万人的小城市。从去年起蔬菜已基本自给，改变了过去从华北运来状况。

建设进度和阶段：

解放前 2 万多烟民，一贯道 2 万多人，为第一大□□。其外贸最大为大烟土和皮毛。

1952年才开始选厂，1953—1955年为筹建时期。1955—59年进入基建时期——盖房子和附属工业。从1959年10月第一号高炉建成起，才开始进入生产时期。第一号平炉投入生产，才转入以生产为主的时期。

以往口号：包钢带动全市，全市支援包钢，苦战4年，基本建成包钢基地。

3、4年来的变化：

1957年产价值1亿5，去年10亿多。1960年投资水平比1957年多一倍。1957年不出铁，1960年出76万吨。煤1957年产46万吨、1960年产380万吨。发电量1957年4430千度，1960年达9亿94多万度。

职工人数1957年11万2千人，1960年31万7千人（其中总的行政编制只6千人）。

总投资1953年起用了402亿。原来蒙族牧民，现已有几千人成为技术工人（以上为孟琪书记介绍所云）。

下午，参观包钢炼铁厂（已建成二高炉）、炼钢厂、焦化厂。由该厂第一书记陈守中、书记刘芝兰同志夫妇陪同、讲解。芝兰为延安时旧识，她原是左权同志妻，说及其女左太北已入哈军工学院学习，不胜心喜。包钢自然条件甚好，所需原材料均在300里之内可以取得。现年产30万吨钢，建成后可年产360万吨。本可于1963年建成，现因缩短战线，将推迟。

所需之白云鄂博铁矿，当地言含铁成分达60%以上，可称为世界最佳之矿，比武钢矿（50%左右）含铁成分还高。若照年产360万吨计，可采炼80年。

包钢建筑预留地步，如国家将来需要，可加设一套（将远比初建为易），便能年产钢720万吨。

“白云鄂博”为蒙语“古老的丘陵”之意。

包钢位于昆都仑河之西，此河为大青山与乌兰山（贺兰山）之分界。昆都仑亦蒙语。

该联合企业原有职工12万人，去年精减2万人，今年将再减2万人。工人来自全国各地，而以东北者为多，大都为20岁左右。其中除200多人系来自鞍山的老技工（青年）外，均多1957、1958年以后来的。大都已掌握了技术。余接谈之各厂30个左右的工人，情绪均甚佳——斗志昂扬，意气奋发。

包头在旧中国为仅8万人口之城市，主要为贩卖大烟、皮毛之市场，除电灯厂、面粉厂外，无现代企业。今则已成为130万人口之现代大城市，除包钢系统及地方所营各厂之外，并有××制造厂和××制造厂两大现代工厂。

从包钢看祖国几年来建设和未来远景，不禁令人心喜。

晚看电影“外套”、“绿洲风光”。

4日

上午，参观“包头共产主义青年团农场”及麻池大队。该场共8个大队，其中有6个大队为全民所有制，两个大队为集体所有制。麻池大队为集体所有制大队之一。

麻池大队现有地16000亩，全劳动力1100人。为兼营蔬菜、粮食生产。自1958年以来，每年都有增产，社员收入均有增加。田间粟、黍、粱、土豆等大面积作物都长得很好，秋季增产可望。夏收原计划为12万斤。实收达15万斤，已超过计划。大队自筑一水库，已发生灌溉作用，电井每口可灌200顷。

该大队社员每人自留地七分，有的一家共有四五亩。十边地与可开之荒地更是不少。社员自留地与开荒地所种，蔬菜较少，多为粟、土豆、玉米等作物，也都长得很好。队书记说今秋以后生活将更好安排。

该队粮食定量，根据农场书记（蒙族）说，一般30斤，重劳力为36斤。食堂还存有一部分（光棍、无辅助劳动者），其余粮与指标都已分配到户。

麻池古城，亦为汉城。夯土城址尚存。城围约8华里。汉瓦、汉砖所在皆是，并有陶片。整块砖瓦已为当地居民拾回来作修建之用。惜未能找出有字的。

包头属汉五原郡辖区内，埋藏内容可能与塔布托拉汉古城不同。但至今均尚未进行系统发掘。

从麻池古城南距黄河约13华里，远望一水如练（白带），北距乌兰山约30华里，大青山亦横亘在望。

下午休息。晚歌舞晚会。

5日

上午，参观后营子边墙，墙位于旧包头北20公里左右。旧包头在新包头南约20公里。旧包头以“旧包头”区党委与区人委为界，东北为原来的旧城，房屋密比，市容古老，今为消费城市。旧包头新市区位于区委西南，烟筒如林，新式房屋相间接，盖均为十二年来所建市营工厂与中高等学校。市容均壮丽，道路两侧林荫已成行成林。

后营子边墙为赵防匈奴之土墙。据包市同志云，在包市境内从东至西，沿阴山、乌兰山横贯，其以东以西是否也有这种城墙，则不知道。墙位于阴山山麓，盖已在山区之内。闻包市南面，沿黄河尚有边墙一道。从边墙山岗远望黄河，其形为黄丝练带，洵壮观也。

旋转至包市东门外参观“转龙藏”。“转龙藏”筑有一古寺名“龙泉寺”。据僧人云，初建于明弘治间，寺已毁，今寺为清道光间所建。寺前近二、三围左右之大榆树，据两位年五十岁左右之老工人云，树龄已有二百年左右；僧人云只有百多年。树前一灰石砌成“圆圈”高及肩，半径约三米左右之圆地。工人与儿童们均谓为日人筑以养鱼，中有小泉水流出，盖龙泉也；僧人则谓日人来此之前，就有该项建筑。旧包头东至阴山麓处有一固阳古城，云即汉之光禄塞，即昭君停留处也。

下午休息，市委便宴。晚看地方戏。

6日

休息。

翁独健、王冶秋、薛向晨、秋浦等同志来。听翁谈关于耶律楚材的评价问题。翁在这一问题上与韩儒林同志有相反的看法。韩以耶律楚材传系根据其神道碑。其神道碑为其子属员所作，率皆阿谀不可信。等等。

韩说不免牵强，翁亦未能作史的唯物论的分析。现翁等将为包市负责干部谈此类问题，大家又要我讲，就讲了几句。并谈到对元史的看法问题。冶秋同志认为讲得很好。

晚看晋剧“走西口”、“鱼舟配”，作工颇为细致。

7日

上午休息，阅苏共纲领草案，许多论点已与我党接近了一步，但仍有若干基本论点，以我的水平看来，似尚有问题，特别对无产阶级革命问题、战争与和平问题等等。

草案提到俄语已为苏联各民族人民共同通用的语言，这在趋势上是无可怀疑的。犹之汉语将成为我国各民族共同通用语言一样，在苏联，事实或者已是如此。

下午，由市委书记处书记孟琪同志、包钢杨副经理伴同参观黄河水源建设，云10000人搞了一年，现已按上二道管，设计共为六道，能满足包钢年产360万吨钢的用水各翻一番。水源建设也要翻一番。水源建设的设计很现代化。

水源地隔黄河即为鄂尔多斯旗，地势愈西愈高。

黄河南岸一形似呼市昭君青冢之土冢，亦相传为昭君青冢。亦有谓系元时，一个被蒙古贵族俘获的回族女子，不屈而死，死于此地。

水源地的几个老工人言，此冢南一二里处，相距二里宽的地址中有三座古城，名木南城，形如[城] [城] [城]。

或为一城而讹传为三者，时代不可臆知。有同志臆断为属汉五原郡者。

晚观电影“牛虻”、“沙漠苦战”。前者为兄弟国家出品，后者为我国出品，我近年观戏剧与电影，总觉本国的好，岂有民族主义的感情耶？

8日

下午，奎璧同志设宴欢送。

6时，与市负责同志合摄一影。晚饭后即离包市去大同。

9日

上午7时，抵祖国的煤都之一大同，地、市负责同志到车站相迎。

早餐后，访问了王城九龙壁。九龙壁比北京故宫与北海者似较大较鲜艳，生动活泼及作工均相同；建于洪武年间，朱元璋子桂（似为十一子）封为代王于此时所建。惜无明代碑记可查。大同在明代，自始即为九边军事重镇之一。

旋访“游龙戏凤”酒楼故址。楼在“九楼巷”。盖以该意有九楼而得名，今改为公社营“凤临阁”饭馆。据该馆一老工人苗老汉（现年68岁）说：这楼（上下各分三间）建筑已有四百多年，仍系原建，只加过几次修整，看来与现在中式楼房建筑无异。苗老汉云：“李凤姐”与皇上（正德）的游龙戏凤故事，即在楼上中间，凤姐和她的哥哥李六原在大同西30里的煤峪口，不是梅龙镇。李六是个猎人。因当地驻了一个师长“镇守使”，他兄妹在当地住不下去，就来到这里开小酒馆，凤姐同皇上去北京，才个把月就□了”。

下午，冒雨访大同市著名的上、下华严寺。

上华严寺大雄宝殿为国内现存两大佛殿之一（另一为辽宁义县奉国寺大殿）。原名上寺，建于辽；辽保大间毁于兵火，金天眷间重建。寺内的大雄宝殿之四壁壁画为最出色。后墙与三道门的两侧，画释迦牟尼全部事迹；左右两墙（寺为坐东向西）均为佛祖讲经故事。画工细致，颜色鲜丽，规模场面甚大；云为清中叶所画，每幅都署有画工名字。盖古今中外，除此从未见有如此规模若大之宣传画者。为国内所仅见。

寺殿前檐外壁，摹刻有朱熹书石刻四块，书法雄劲豪放，刻工亦甚精。北殿廊刻有文徵明书词一阕，词、字均佳。

殿前有辽太康二年陀罗尼石幢。

殿内有明成化元年、万历九年石碑。所树原大同西北角城楼“乾楼”模型一座，则为清末名雕刻家李彦贵所制（现大同城历史另有记，现传城为洪武五年徐达所建）。

下华严寺，一称下寺，其正殿为落伽教藏殿即储藏佛经之殿，解放后已收藏近万卷。寺建于辽重熙七年，木梁下尚有“重熙七年建”字样。

殿内塑像，属辽塑者，姿态不一，面貌、花纹极为生动优美，其中一合掌微笑露齿的菩萨像，尤为特别的优美。此等塑像从美术史上说，余以为出现在九百年前，不只是国内第一，且称世界第一。天花、藻井等亦均精美。惟后从他处移来的几尊佛像，则相形见绌，颇不相称，同游诸人建议将其移置他处。

殿前有辽寿昌元年六角陀罗尼石幢。

前殿今陈列革命文物，内列有陈伯达、范文澜与我的驳蒋介石《中国之命运》的文件。冶秋同志先看到，即调趣地说“吕老，你也入了博物馆了”。

南北偏殿，陈列历代文物。其中特点之一，为大同境内亦是细石器与仰韶遗物并存；之二为大同附近出土之元代一套殉葬的元瓷，颇精美；之三为出土宋物中之大型汉铜镜，其大型及艺术造作，盖为国内所仅见。

晚，地委第一书记王明山同志、市委第一书记韩洪宾同志等来访。明山一见即表示与我为旧识。年来因病记忆衰退，却已记不起来。

10 日

上午，访世界著名之云岗石窟——在距大同市西 16 公里。

另有印品。

文物所备笔墨和宣纸册，嘱范、翦、我题字。我题："剔除宗教糟粕，它体现了伟大人民的伟大艺术创造，伟大祖国的文化遗产。"

回途中参观距市 8 公里之观音堂，在武州□□佛字岭附近。佛字岭［有］大佛字一。相传对岸要出皇帝，立此佛字，即镇住了。

观音堂建于辽重熙六年，清初被毁，顺治八年重建，后多有修缮。堂内石像系辽代遗物，所制似与下华寺者相近。堂前三大碑，所制色彩等均与市内之九龙壁相似，云亦为明代所建。

下午休息。

晚观地方剧。一、二出为要孩剧的"赵匡胤千里送京娘"、"刘金定招亲"。这个剧恢复才四年。第三出为民间剧团演出之"孙悟空煽坟"的滑稽剧，讽刺思想性颇强，演作亦佳，盖亦颇有发展前途之地方剧种也。

编印说明

南行日记

1961年10月，著者应武汉哲学社科联主席李达邀请赴武汉出席辛亥革命50周年学术讨论会，并在21日闭幕会作了讲话。期间，曾去中南民族学院为武汉高等学校历史专业师生作了学术报告。会议结束后，著者同吴玉章、范文澜同志等去河南郑州、洛阳、三门峡访问考察。日记始于1961年10月14日，迄于11月1日，除学术活动外，对鄂豫地区文化、工业等方面均有所记载。日记系著者用蓝色圆珠笔、钢笔书写于笔记本上，未曾发表。

全集出版，现由编者根据原稿整理编入。除更正中个别错讹字外，内容及观点均保持原貌。

吕　坚

南行日记

——1961 年武汉辛亥革命 50 周年学术讨论会[①]

10 月 14 日

上午 7 时 35 分从北京东郊机场起飞，9 时 40 分抵郑州机场，甚宏壮。因武汉电报，大概吴努过汉[②]，阻机迅即时起飞前往，由站招待至中州宾馆午餐，颇丰盛。下午 2 时 50 分抵武汉机场。武汉社联秘书长彭展同志等为迎接我们，自上午 11 时直候至此时。刘导生、黎澍两同志住汉口江汉宾馆，我被安置于东湖宾馆住宿。范老（文澜）殷殷即来室叙谈此地肝炎情况，嘱如何避免传染。随即至范老住室畅谈。去看吴老[③]，正在休息。

晚饭后，至范老处，因感冒已入睡。至吴老室。吴老谈到中国历史上的土地制、家族制等特点问题。

6 时 10 分，吾师李鹤鸣翁（武汉大学校长）来，相见之下，有说不出的喜悦。别已年余，师病益剧，胃溃疡，冠状血管硬化，糖尿病，更见苍老（72 岁），真令人担心。好在精神仍健旺如昔时。我之接触马克思主义，始于 1923、24 年听鹤师之社会学、社会科学概论始。旋范老亦来室，相谈甚欢。8 时省委统战部长来访范老，范老回室。鹤师谈至 9 时始别去。随又至范老室问他的感冒变化情况，又留下畅谈。李新、蔡美彪同志说：接我之秘书长等均正患重肝炎。并云纪念会昨日安排，除李校长致开幕词，吴老讲话，范老致结束

---

① 编者注：副题为编者所加。

② 编者注：吴努系缅甸总理。

③ 编者注：吴老即吴玉章。

词，并安排要吴晗同我讲话。我确无讲话准备，恳请可否不要安排我讲话。范老亦同意说："话少说为好！"

15 日（星期天）

早饭后，阅□□□等辛亥革命时期之社会主要矛盾一文。似觉空论过多，观点、方法亦颇有商议之处。似此重要纪念会，应有多篇水准较高，对经验教训上（对亚、非、拉美今日的民族民主革命斗争）产生应有作用的作品，方符合中央的要求。

10 时，与范老、吴晗、刘导生、黎澍、李新诸同志前去武汉大学校长宿舍，访校长（武汉社联主席、中科院分院院长）李达同志，吾师也。临行又看视师母。武汉大学，清时两湖书院，戊戌变法前清改建学校，民初为武昌高等师范学堂，与北京、南京三校并称为北高师、南高师、武高师，后又扩为国立武汉大学，盖有名学府也。中南文教人才出身此校者不少，钱亦石、刘子载、郭述申等同志亦均出身是校。王世杰长校时，以之作为迎合、伺候蒋匪夫妇的升官发财工具，辟图书馆为蒋宋夫妇居，特务横行于黉宫，弦歌之声、学术之风日益低沉。武汉解放后，余与伍晋南等同志率东北五千干部南下至江西；中南局调余至武汉，命来武大住了十天（偕江明），为武汉高校作了关于立场、观点、方法等问题的三个报告，并与著名教授接谈，反映颇好。中南局拟令余来长武大，旋以脑病调回北方治病。鹤师来长是校，力加整顿、改进，而秘书长徐懋庸全不顾校长意志，违反党的政策，又驱使此校走入歧途。自徐的右派分子面目被揭发后，鹤师虽衰老多病，仍力加纠正，此全国闻名之一最高学府，才渐渐走入轨道。近年出校调派至高级党校的学校（生），水准亦已提高。

现校前的两湖书院，清末大理学家、湘前辈邓绎（葆之）先生曾为院监，讲学于此。清末两湖学人多出其门。邓氏为武岗人，与王闿运为儿女亲家。其兄辅纶（弥之）亦为大理学家，并擅诗词，人称二邓，今武岗古城外有二邓先生祠。二邓著作甚富，现存有《云山读书记》等。诗词有《白香诗词》等。在哲学上，基本上是唯心主义的。

从武大回东湖宾馆途中，同谒二七殉难烈士（1923 年）施洋同志墓。气势开朗，雕像凛然；墓塔刻烈士出身（工人、湖北竹山人）、革命事迹，墓道前簷刊董老①题诗七绝一首。不只令人对烈士肃然崇敬，尤令人深感吾党之光荣而自豪。解放前，此处为被统治阶级惨杀流离无归者之墓地。施洋烈士坟在道旁，左右与后面共有数百墓。烈士墓仅有尺许高石碑一块书“施洋之墓”。盖烈士殉难当时，同志冒险犯难收殓葬此，并为此碑。当时惨杀烈士，镇压工运之刽子手军阀吴佩孚、萧耀南之反动罪恶，已为举世共知。

沿公路东南之洪山古寺，昔多神秘传说，今已辟为洪山公园，为人民游憩之地。武昌为战略要地，功守武昌，必争洪山。盖武昌内有蜿蜒之蛇山，是以俯击城外，攻此唯得洪山乃能俯攻城内。

东湖宾馆与武大仅一湖之隔，沿洪山西南面之公路，至李校长宿馆则约有10余华里左右。1949年大军南下至此时，此地均为农田与荒野交错，一片荒凉，今则沿途均高楼大厦，形成了一个新的武昌市容。公路纵横，林荫满道。沿湖地区，并东湖宾馆后之磨山，湖山城郭，相互掩映，构成一副极其宏伟、错综、美丽的图画，令人神舒心爽。

下午5时，与范老沿东湖散步，与游区工人同志漫谈。青工精神舒畅，为我们介绍了沿湖风景。沿东湖宾馆以东为“听涛酒家”，再东为“清冷荡”，东南为“长天落”，风景均甚佳。这次省人委请尼泊尔国王夫妇及其随行人员游湖后，宴之于听涛酒家，国王对风景与建设赞不绝口。此等介绍亦是富有诗意的。长天落以西为原子研究所。再西为珞珈山，武大所在。省委办公楼在珞珈山麓，濒湖而建。珞珈山南为洪山。

晚饭后，省委宣传部长曾惇同志来访吴老、范老及我，谈甚欢。曾亦邵阳人。旋看电影“摩雅傣”。余观此片，此次乃为第三次。主人专为我等放映，一直看到底，然亦不觉倦也。

16日

上午9时，辛亥革命50周年学术讨论会正式开幕，选出吴玉章、范文澜、李达、吕振羽、吴晗、李书城、孟夫唐等为主席团。执行主席孟夫唐同志宣布开会，由武汉哲学社会科学联合会主席李达致开幕词（见17日《湖北日报》），继由吴老讲话（见17日《湖北日报》）。旋即宣读论文。此次全国各地

---

① 编者注：董老即董必武。

代表120余人，参加大会者共1200多人。在宣读论文之际，李老请范老和我们商谈安排学术报告问题。初步商定：范于18日去武大为武汉地区较高级研究人员讲三个问题；辞不获已，安排我于19日作次学术报告，下午白寿彝作提高学术质量、关于民族历史报告；20日上午吴晗作学术报告，下午未定。此前另安排几次学术座谈会。

下午4时，武汉史学会副主席郭步云同志、武汉社联秘书长彭展同志来宾馆我处，叙述武汉史学教学研究人员及学生的要求与问题，商定我的报告内容：讲历史科学为什么必须以毛泽东思想为指导和中国历史的特点问题。

晚与吴老等至汉口观汉剧三个剧目，均短小精干，作工细。三个剧目据云均为传统剧目。如果这样，亦可证清代京剧吸收了黄梅剧的形式而阉割了它的积极内容。

17日

上午9时起至午后4时，准备报告提纲。

下午4时，与吴、范二老及李老书城，刘导生、金灿然、黎澍、何干之、李新等同志游东湖。东湖面积与构图的复杂，远过西湖，又谓与西湖各有千秋。我说：华东的西湖、华中的东湖，堪称双璧。大家都点头大笑。

昨日所闻有未全者。"听涛酒家"之东为九女墩，乃参加太平天国之九女英雄，于太平军失败时，坚贞不屈，英勇就义于该处；人民为纪念她们，名为九女墩。但在解放以前，从不敢公开说明史实内容。余意，此一可歌可泣的史实，还可作进一步调查，并可考虑作进一步纪念。

西为长天楼，又西为屈原纪念馆，均解放后所建。又西南又一道通湖中之一小岛为湖心亭。此亭原为夏逆斗寅作伪湖北省主席时，为阿谀蒋介石而建之淫祠"中正亭"。解放后，人民把它收回，名正言顺地名为湖心亭。

湖南沿东端为关桥，白寿彝同志谓因关羽率兵过此因名。关桥之东为疗养区与轻工业区。又西为诸葛台，则因诸葛亮曾居住过当地而得名。李书城先生亦云传说确是如此。

东湖之南为南湖，面积大于东湖，但还没培植风景。湖北多湖乃知。"气蒸云梦泽"之说不错，今洞庭湖于秋冬间已成洞庭沟，则"波撼岳阳城"，今已无波撼矣。

回艇中，李书城老先生大谈其养生之道。从今日同游中所见，此老年已八十，犹健步如飞，轻柔如猿。但他所述的健身法，我们都不可能有那么多的闲时间和闲心去作，但有些是可以采取的。

晚饭后，与范老散步，谈及箕子与朝鲜问题。

18 日

早 7 时，按往常作腹部运动，户外散步，作健身操。早点。

8 时，蔡美彪同志为谈昨日古代史座谈会情况（会议由唐长儒主持。白寿彝谈了史与论等问题。吴晗谈了阶级关系、民族关系等问题。读三本书，《史记》、《文选》、《四书》。然后是个人发言①）。

晚上又续谈②。

19 日

上午，去中南民族学院，为武汉各高等学校历史系学生作关于“为什么学习历史必须以毛泽东思想为指导”的报告。自 8 时半至 11 时 50 分，中间休息 1 刻钟。听众情绪颇好。我要求史学会主席郭步云同志为搜集听众意见，并要求大家提出意见，同时希于平日教、学过程中就便对我的著作给予检查。

下午 4 时，长江流域规划办公室考古队陈淮同志来。渠约于前两月去北京时，因见《人民日报》载我关于考古的文章，通信和电话要求见我，谈过一次。这次见《湖北日报》载有我来武汉消息，又通电话要来看我。坐了一时左右，谈渠近中去河南对考古方面的所见。谈时范老及蔡美彪同志在座。

渠所谈河南是关于本年考古规划方面的问题，及许顺湛与考古研究所间的意见分歧处。许遵康生同志指示而考古所可否云云。

旋读汉阳近日发现殷鱼钩与人骨，这确是一个的新的发现。

又：湖南近在宁乡、湘乡、邵阳等地均发现商朝遗物。宁乡黄材水库遗址，发现商代铜畚一件，铜斧 224 件，并在该处找到了商代人面方鼎出土地。邵阳祭旗坡发现了商代铜爵；湘乡发现商代铜斧。这确为最重要之新发现。宁

① 编者注：发言及谈话内容从略。

② 编者注：发言及谈话内容从略。

乡发现情况，似为商文化遗［存］，足见商人曾散布到该处的可能线索。邵阳、湘乡的发现，虽尚不能肯定商代遗物如何落到该处，然亦〔望〕给予一个跟踪探索的线索。

此外，醴陵八步桥，发现有西周铜钟及石凿、箭簇、印纹硬陶等；临武发现春秋时的铜钟，这都提供了新的线索与资料。

陈去后，蔡美彪同志谈了些考古界的情况和问题。范老认为康生同志谈话都不能算，这些问题是无法解决的。

20日

起床后，美彪同志告我，吴老已决定我等24日离汉，到郑停一日看商古城，再转洛阳看看碑林，再转龙门、三门峡，然后回京。其他开会人员则23日离汉。

旋李新同志谈渠等分工编写《中国新民主主义革命时期通史》的经过及现在拟这段通史资料的计划，并送余计划三份，请提意见。

拟咏施洋烈士墓、九女墩，长江大桥诗①。

下午4时，范老、吴晗、蔡美彪同志来，同商我与吴明下午发言事。旋社联彭展同志与刘桂五同志来，同至会客室商谈，彼等坚要我们讲，我们则持原来意见。范老转圜收场，吴晗同志不必发言，由我于他讲话后讲10分至1刻钟。不便再持己见，只好同意。我们提出取消22日便宴之议。彭谓事出省委王任重同志临走时所决定，由张体学同志②出面，亦不便再拒绝。

旋即回室写讲话稿约1500字。

晚看电影“金玉姬”，颇佳。

21日

上午，蔡美彪同志来谈。旋刘金山同志来谈渠学习事。

10时起看论文。

下午，闭幕式。

---

① 编者注：诗文略，见《学吟集诗选》。

② 编者注：张体学系湖北省长。

吴老讲话，范老讲话，湖北副省长孟夫唐同志致闭幕词。辞不获已，我亦于吴老讲话后作了10分钟的讲话。

夜观“红梅阁”。孟超之李慧娘即本此本改写者。观后，颇觉修改前人剧本真不可轻易从事也。

22日

整天为杨至成同志①写《林彪同志在东北解放战争中的战略思想》进行一些加工和提出意见。文字写得具体、生动，只个别地方不够具体，如“三下江南、四保临江”。最重要的，有些涉及到当时东北局个别负责同志今日仍为主要负责同志的问题，写出是对党不利的。因慎重提请至成同志考虑。我意可不写这些问题。下午3时，将此件由交际处送交湖北省委办公厅由内部交通送递给杨。

6时，张体学同志及孟夫唐、曾惇同志等代表湖北省委、人委设宴招待与会代表。张代表致词；由邵循正教授代表答词，大概系黎澍、刘桂五等同志所安排也。

宴后回宾馆，范老邀至他处闲谈。旋吴晗同志亦来。吴谈到当前学风问题，范老亦谈到年来大学生程度降低等问题。

23日

吴老秘书王同志向范、吴、我通知：明晨7时离宾馆去火车站，下午7时抵郑州，住三日参观，然后转洛阳，亦住三四日，然后至三门峡进行参观，约8月5日前回至北京。

魏廷槐同志②派车送来鸭蛋一箱。此事我昨日已当面恳为辞谢，仍派人送来，谓系自养家禽所产。不得已电话中恳为辞谢，坚要由来人携回。廷槐又恳语：系自养家禽所产，乃送江明者。如由车夫带回他处，他将派人携之坐候于火车站云云。老战友情厚意恳，无法再予坚拒，只得收下。

9时半，与范老、吴晗同志参观长江大桥。3万人参加劳动，共2年零1

① 编者注：杨至成为解放军军事科学院副院长，上将。
② 编者注：魏廷槐系老红军，时任武汉市副市长。

个月即建成，技术为最新式，高当于9层大厦。火车道下层之休息室，亦如各宾馆会客室；再下层之厅堂，亦甚堂皇壮观。纪念碑叙述工程经过，并镌毛主席题词亲笔。上下皆设有电梯。我们参观时，即有外宾数十人前来参观。据内部向导同志云，外宾来此参观者已过3万人，并告我们：桥成后，苏联专家亦欣悦地说，“你们将来的建设必定超过苏联。”从桥展望，与洪山僧塔等高，珈珈、蛇山均在眼底。

旋访陈友谅墓，昔在蛇山左侧、鹄山之麓，大江之滨；今则蛇山之头并鹄山均处桥址，陈墓则在大桥左侧台地上。墓经黎元洪修葺，有黎元洪秘书长饶汉祥所为墓志铭碑两块；字尚可，文甚无聊，第一个中心点是在说陈友谅高于朱元璋，第二个中心点则在说陈弑徐寿辉所行篡夺，在纷争之际不足以责陈，且系陈之英雄举动。此盖正在说明黎之帮助袁世凯篡夺辛亥革命果实洗脱。

陈墓之西，有孙中山纪念碑，再西有黄兴纪念塔并铜像，均沿桥畔。

出大桥南行，约当旧蛇山之腰，为“首义公园”，为纪念辛亥革命而辟者。

24日

上午10时，离东湖宾馆至车站。李鹤老及孟夫唐同志等到站送行。11时开车。

东行江汉平原，一望无际：隔伏牛、桐柏、大别三山脉形成之东西重叠山岭，绵亘千里；北则为直鲁豫大平原。直鲁豫大平原南与苏北、皖东北平原接，沿海越长江与太湖三角洲平原地、水网地带接；东北出山海关山岭地带，沿海走廊行又与松辽大平原接。物产富饶，景物壮丽，真大好河山也！

武胜的形胜，实为大别、桐柏两山脉东西交叉接合之山区；桐柏西面与伏牛毘连接川陕；大别东控鄂豫皖，制九江芜湖西控徐州、南京。

下8时，抵郑州。省委苗秘书长到车站相接。寓中州宾馆，我住214号套间。

25日

上午8时半，省文化局长陈建平同志来，伴同参观河南省博物馆。建平曾在辽东省委担任群众宣传科长。宣传部长刘子载同志调任抚顺军管会主任时，我以省委常委之一兼代宣传部长职务半年。这次相见，倍觉亲热。

河南自新石器时代起，各代埋藏均丰富。所列战国铁炉模型，已颇高大。考古队长许顺湛同志云：虽出土一块重 4 吨之铁渣，因知战国冶铁，每炉可出铁数吨。汉代三五层高之陶楼及唐、宋大地主宅第之构制的陶模型（均殉葬品），及使役□□人员之排列，均为可贵之资料。汉代地道陶管，可见汉建筑之业水平之一面。惟所列夏代遗物，无金属，未免勉强；未说明西周可能有铁，也未列春秋时的铁器，好像中国铁器工具使用战国才出现，且一出现即如彼普遍。

旋参观殷阳平时之隞都遗址，夯土层层可见，且甚坚硬；由于年代久远，每层均压至二三寸厚。故城南北 2000 米，东西 1700 余米。城为发现骨制坊、陶作坊等遗址及数处规模较大之冶铜场与铜作坊遗址。住宅遗址或店肆遗址甚多。据许顺湛同志云：中国科学院考古研究所及尹达同志等认为是“殷墙”是无疑的，但还不能说［是］“城墙”。其理由是：安阳未发现有城墙，作为殷城遗址证据还不够云云。

下午，参观郑州市容。解放后新建之郑市，巨厦相间，绿树成林，市郊工厂烟筒林立，以视旧城，恰成一鲜明之对照。

26 日

上午，参观河南省图书馆。该馆在解放前仅有书 18 万册；解放后连年搜集，现已有 80 余万册，内线装古书 60 余万册，且多善本及抄稿本。《左传集解》似可能为伪宋本，纸墨色、字形及该馆所查，对元明不避讳等等。另有数种，印制甚精美，不避宋、明讳，大致可定为元本。稿本中，署为《民史稿》者一书，仅二十帙，搜录古史中无官位者之事迹及近代、现代河南地方无官位者之事迹。究竟内容如何，惜未能详看。此书辛亥以后之作也。另有稿本数种，要皆可作为地方资料。应予珍重。×××诗稿一本，字甚工，诗亦不恶。

所藏明代版巨幅全国地图一册，珍品也。其他可珍贵之物，似尚不少，仓卒未及一一过目。

下午 4 时 50 分，离郑州赴洛阳。8 时列车抵洛阳站；市长兼市委书记宋轮同志、书记卢成松同志、副市长汪洪同志（宋轮同志告我，已提为市委书记，尚未公布），秘书长宋国华同志及交际处副处长石黎民同志等到站相迎。省委派副秘书长刘锋同志伴送前来。住洛阳宾馆，我住2-2号房套间。

市各负责同志，直至我们吃完饭，直候在会议室，至定下参观日程才去，真可谓恳切之至。

27日

上午8时半，出市南过洛水桥。南抵从南北流之伊水西岸。距城25里之龙门，夹伊水东西岸之东西两山对立，故名龙门，又称“伊阙”，为明河南巡抚赵岩所题“伊阙”二字。著名的龙门石窟，即分布在东西两山山崖上。现共存1352个洞窟、小龛750个，塔93座。石窟主要雕凿于北魏、东西魏、北周、北齐、隋、唐；五代及宋所雕不多。窟石崖为大青石，甚坚硬，用现普通的钢，一碰即卷，而见当时工具之精。大窟都属皇室和大贵族，中小窟则多属中小官与一般地主。从艺术造形、作风上，可看出上承云岗，但又有所发展和提高。美、日本帝国主义强盗盗偷而去及损坏者已不少，如宾阳中洞的两副大浮雕“帝后礼佛图”被美帝盗去，现陈列于堪城的艺术博物馆。著名的“龙门二十品”字体颇佳。

现最著名的为北、中、南宾阳洞。据云原名伊川洞，因吕洞宾所居者，乃改名为宾阳洞。三洞共24年才凿成，役人工共802336个。宾阳中洞外之褚遂良墨碑，已脱落而字不可认。

寿光寺，盖为武后所建。南北壁天王、力士各一，现仅存北壁者，气势雄壮，造形独特。云武后曾需脂粉钱二百万贯修建了九间大房，但今已仅余痕迹。

更特别者，为北齐时所凿之“药方洞”，镌有疗疟方、猖言鬼语方、反胃方、心疼方、消渴方、疗疾方等一百二十方。

旋即过河即东山，登龙山左香山上谒唐代著名大诗人白居易墓。白氏居此十八年，卒年七十五岁。今洛阳尚有其后裔。白系山西太原人，曾官至少傅、侍郎。盖晚年及其后人已落于此矣。此处现虽仅有康熙年墓碑，但有李义山墓志可查。白自己曾作墓志，谓葬于渭南下邽里，但生时其志拟归葬于先基也。

南为香山，即白氏祭香山九□之处也。

回途中，路过关公庙，即洛阳博物所，略参观一过。庙最后为关坟，即相传埋关羽首级之坟也。

郑州、洛阳两博物馆注意了古物的社会性质分期□□，但似是完全毋视演化的差异，这是值得考虑的。

下午，参观白马寺。寺为汉明帝遣僧从印取佛经，用白马驮经，印僧随同来汉，因建此寺，故名。据七十六岁之老僧及文物馆蒋馆长云：除最后殿院基址为汉遗址外，其余均系后来所建。进寺门内即见元赵子昂碑一块，高丈许，惜已多脱落不可认。该寺所藏佛经三藏齐全者共五套，均解放后所集；另宋版《大乘法经》虽只五十多册，不全，但甚少蚀损，可贵也。

出寺门左向行约五百步，左右为金代所建塔。塔下层及基址则乃宋或宋以前所建。塔西面有方石一块，埋置与地面平。蒋同志云，认为［是］汉木塔遗址。果尔，则将引出一个新的问题。金人建塔，碑尚完好无损，内有五代木塔之□。

旋参观东汉古城遗址。城基厚约二丈有奇。城凭北邙山而建，城方形，南北 9 里，东西 5 里。为东汉、曹魏、西晋、北魏四朝故城遗址。

北邙山东起郑州，西抵陕西，东西横亘千里。其中洛□为卒埋茔地，坟墓密集，有“邙山坟，卧不下牛”之谚。唐人诗都把邙山写得凄凄惨惨。不特彼时风尚使然，而又是对这里的看法不当。

昔称洛阳为五朝故都，今则谓为十朝，即东周、东汉、曹魏、西晋、北魏、隋、唐（武周）、五代之梁初、石晋、金（未至）。实则梁才住了几日，而刘知远从山西南下时亦在此住过几日也。

28 日

上午，参观洛阳拖拉机厂。建设迅速，筹建虽已较久，厂房及建设，则实始于 1958 年。规模宏伟，现因缩短战线，今年产量定额为“东方红”拖拉机 7000 台；另为他厂造油泵 1000 个。实际生产定额为 15000 台，另油泵 15000 台。如充分发挥潜力，各方面协作的好则可能年产 30000 台，油泵亦如之。周总理来此视察时，曾指示：准备必要时翻一番。该厂在构制上已留此地步。

该厂大部分为自动化，惟精密部分用人较多。该厂现配件等，90% 为国产，10% 尚须依赖进口。

现有工人 17000 余人，工程技术干部 3000 余人。工人老师傅有 200 余人，来自东北、上海，余皆河南本省。平均年龄为22岁，现均已掌握技术。全厂连家属共4万余人，实已形成一个城市。

现洛阳全部人口为30余万，其中工人11万。

晚，地委第一书记纪登奎、书记刘沛、吕英设宴招待（下午参观汉墓，我因头晕未参加）。

29日

上午，石黎民同志伴同游览王城公园。园地即周公所营洛邑及东周王城，并云亦在晋魏王城内。地下尚未开掘。入园门偏右数十步，有“宋承议郎舒□墓志铭”篆书一方。王城公园范围内间涧水，大跃进中修置长约1公里之吊桥。长桥如带，可行3吨重之汽车。

过桥，直西行，预建碑林之碑尚堆置，有数块字面向外者，均为唐代墓志铭，但全文不可见。再前数十步，有前后汉、西晋墓王座，东西列成一直线，置为门道，盖均系从他们（处）迁来者。

园中名花不下百数种，其中有著名之“洛阳牡丹”。我看月季亦甚茂盛而名贵。

旋石黎民同志导观新旧洛阳市容。旧城有吴佩孚曾作兵营之西工及中大街、十字街等处。新城就西工一带而建，现地市委、市人委均在西工一带。巨厦连比，绿荫成林，呈现宏伟、壮美、蓬勃气象。十大工厂大都在四郊，亦有建在西工等处者。黎民同志告予，此次减少城市人口前，洛阳市人口40万，内有工人7万；现减至人口36万，工人亦减少。以此可见，洛阳将成为具有大工业内容的新城市，科学文化亦将相应发展。

上午11时车离洛阳，下午4时抵三门峡市，工程处主任兼市委书记祁文川同志等来站相迎。

据服务同志云，此间已连雨廿多天，并已影响小麦播种。这真是一件大事，不悉能否设法插播？依河南全省当前情况，明年小麦丰收大有希望。明日能否去参观三门峡，尚成问题。

晚7时，看“黄河巨变”纪录片，欣见工事完成，湖面大于太湖，清水漾漾；“圣人出则黄河清”，是我国人民多少年代以来的梦想，“六亿神州尽舜尧”，劳动人民当了家，都成了圣人，黄河清已成为现实。祖国文化——我国主体民族汉文化的古代摇篮黄河区域，对祖国作出了巨大的贡献与创造；但由于不断发生水患，又有“黄河自古为中国祸子”之谚。今则已化水患为水利矣，这无可辩驳地证明了社会主义的优越性。

拟咏黄河诗①。

30 日

休息。读吴老所著《辛亥革命至同盟会的成立》。

下午，与刘桂五同志散步观书店。这一平地建起的新城，各方面都表现出全新的气象；这次缩减人口前，有人口 10 万左右，现为 8 万左右。随即购姜 2 斤，作配药用。

晚观豫剧。

31 日

上午 10 时，乘火车前往三门峡水库工地。由我们住宿之三门峡市至水库约 40 华里。

三门峡，北为山西平陆，中条山即呈在目前；平陆县城因系沿河，今已他迁，旧城遗址已沉湖底；南为河南陕县，县城及潼关遗址，今亦均沉湖底，可是出现了一个新型的三门峡市。

三门峡，因有两列参错嶙峋的石柱纵列河中，好似把黄河分为三道门，南侧一道最险，船行误入者，每遭船破人死之阨，故曰鬼门；中道亦甚险，船不易通行其间，故曰神门；北侧一道，船行其间，在有经验的水手掌握下，常能安全通过，故曰人门。唐代运山东东南之粮经水道至西安，所开黄河水道，此处即沿人门而过，曾加开凿。今三峡之三门，已均在湖底矣。

从水库堤南站向北岸山上遥望，“禹王宫”清晰可见。从堤上向下望，偏南河中，一石柱耸立，即“中流砥柱”也。堤北端水通过闸门流出，呈三十米高之滔天白浪，奇丽壮观；闸门与厂房之间，施工时筑有一道隔墙，今尚露出水面二、三丈，此为东北各水库所未有者。堤呈╱‾╲形，长 963 米，下宽 95 米，上宽 20 米，高 106 米，发电钢管 8 个，共发电 100 万瓩，实际每台发

① 编者注：诗文略，见《学吟集诗选》。

电量为15万瓩，应能发电120万瓩。发电机，下层为水转轮，上为卷子静子构成之发电轮，卷子静子水磨而生电，故名曰水轮发电机。水通直径17米之钢管，从17米之陡度冲下，冲起极巨大之水轮转动。溢流坝有12孔，流水量最多为每秒钟6千立方米；而以往黄河水流量则为每秒3万5千立方米。这对于下游水溢量可保安全。

水库面积为2300平方公里，约1万5千顷，大于太湖（太湖为1万顷）；按黄河常年水流量，可储积一年半之全部流量。当于357亿立方米（但目前不让积水达到这个水量），即可蓄水350亿立方米，现只蓄水333亿立方米。

过去3000多年，黄河曾有1500次决口，26次改道。现在这个问题已基本解决。现黄河水可灌溉4000万亩，如连上游合计，将可达1亿亩。年发电量60亿度，能供给包括西安、太原、郑州纵横广大区域工农民用电。下游黄河故道两沿将使许多土地成为可耕（河南省有统计）。自坝以下，500吨汽轮可航至海口；沿湖各地亦均可以通航。这一巨大的人工湖，将成为祖国鱼产基地之一。100万瓩的发电量如用火力，每日即须煤1500吨。

黄河！黄河！今则坝上人工湖与举目远望之坝下河水，均已成为一望无际的清水湖与大清河。“圣人出，则黄河清。”这是我国人民千百年的愿望。“六亿神州尽舜尧”，今已成为现实。随着水患成为水利，有关地区与沿湖，均将大大发展起来。隋唐以前，我国经济最发展之地区已成为黄河中流；自三国、南北朝的战争破坏，尤其是对树木的砍伐，经济中心转到南方。随着黄河水利工程的完成，将可见这一地区返老还童。

现仅有一问题（这是范老提出的），人工湖内每年将增积流沙11亿吨；第一书记祁文川同志说，若任其自然增积，一百年后，湖将成为平沙。书记王化一同志说，只能到五十年湖就要被填平。这必须随同水利工程完成后，不断采取各种相应的措施。流沙主要来自玉门口以上，因此必须在全河采取水土保持等相应措施。五十年中，我国人民极可能发现办法，使流沙成为有效利用的对象，我以为是可以把它引至海边，再增出一部分陆地来。

11月1日

车离三门峡市，回北京。

编印说明

济南孔子学术讨论会日记

1962年11月4日，著者应邀赴济南出席孔子逝世2440周年学术讨论会，并在12日闭幕大会上作了总结发言。期间，为省直机关干部及高校教师作了学术报告。还曾赴曲阜孔庙、孔林等地参观。日记始于11月4日，迄于同月14日，除学术活动外，对山东农村、市场等均有较详记载。日记系著者用钢笔书写于笔记本上，未曾发表。

全集出版，现由编者根据原稿整理编入，题目为编者所拟。除更正个别错讹字外，内容及观点均保持原貌。

吕　坚

济南孔子学术讨论会日记

1962年11月4日上午11时30分从北京站出发赴济南，参加孔子逝世2440周年纪念会。同行有刘导生、赵纪彬、金灿然、董谦、王焕宇等同志。小包随行。

沿途所见，已全是秋景，秋庄皆已入屯，麦苗种得不少，并大都长得好，令人心怡。

下8时45分抵济站。省人委副省长余修同志、宣传部副部长周南同志、省党校副校长李景春等同志至站相迎。余修为三十年前之中国大学老同学、老同志，以为江明同志也同前去，故其爱人易平同志（延安女大学生）同去。可感。余修同志并告我，吴泽已来济，并谓原定与会者住南郊宾馆，现因省三级干部会未结束，分住三处。我们住交际处。导生同志住01号，我住04号。

自京赴济道中一首（口占）

驰车京浦道，时彦欣同群。
斜日耀金柳，远山接白云。
秋庄皆入囤，春作备耕勤。
历下前边是，齐烟点点分。

二　稿

驰车京沪道，多士乐同群。

斜日耀金柳，远山接白云。
秋庄归囤满，春作备耕勤。
历下前头是，齐烟点点分。

5 日

上午，余修、周南、李景春等同志前来与导生、纪彬、灿然、董谦、王焕宇同我就会议如何开讲了意见。涉及会议讨论方针，要百家争鸣，要马克思主义为指导，展开讨论，不一定一次作出结论；介绍了会议提交论文情况，会议主席团、主席团领导小组成员。

下午，与导生、灿然同志游千佛山。

1932 年由张家口抗日同盟军回北平后，闻国民党反动政府北平拟捕之抗日同盟军人士的名单中有我，即潜来济南，住友人之兄所开之“大旅社”，就大明湖图书馆阅读，得该馆馆长王献唐先生之助，得以初步系统地研究古陶、古钱币；同时得靳云鹏之助，又探索了博山煤矿、济南鲁丰等纱厂的资本性质以及其同外资的关系，也探索了所谓商埠地的日资如何垄断中国市场的情况。此来探访旧游之地及当年益我之王献唐，闻王已作古，不禁慨然。感赋七言一则。寄家信一封，并寄时真七绝一首。

6 日

上午，周南、李景春等同志来讨商划组及主席团名单问题，提出之预拟名单约 27、28 人，似嫌太多。我提出不必将我列入（但结果却列入了）。

旋余修同志来，邀我为斟酌他代表山东省委、人委向大会致词稿。此稿关涉到方针等重大问题，费时较多，至 11 时始结束。

下午 2 时半，大会正式开幕（已看出〔会议〕筹备工作与秘书处工作的漏洞）。余修同志致词，导生同志讲话后，反映颇好。对会议空气起了一定的好作用。

4 时，大会结束，主席团会议讨论划组、召集人、会议进程等问题。因导生不参加主席团，董等亦未参加秘书处，颇难掌握。勉力完成了这一段。

饭前，董谦、王焕宇两同志向我谈到对会议组织等缺点问题。饭后散步后，董、王来，在导生室与导生及我讨论如何补救问题。我认为问题在如何发挥党的核心作用的问题，导生亦同意。旋决定，由导生用电话与余、周商量补救办法。

因本日过劳，夜感失眠。

7日

小组讨论会，我去三组，听取束世澂、刘节、唐兰、郑鹤声等发言后，即回旅舍。

唐、束等提出，研究孔子思想须搞清两周社会性质问题。刘节除重复了他论文的一些观点外，并提出中国文化与西方文化的特点问题，而微露东西文化论的一些苗头，并有毛主席继承了孔子的谬误看法。

郑鹤声也强调孔子的"优越性"，把孔子的消极面归结到后来儒家身上。他说研究中国孔子还不如日本，主张专门建立孔子图书馆，阐明孔子对中国古代和对世界的贡献，对社会主义的贡献等等。

3时，严波同志来，余修同志嘱省委党校派来助我临时搜集研究材料和讲话提纲者。盖余修同志意请我作一次学术报告，并对讨论会重大理论原则问题、带倾向性的问题、贯彻二百政策方向性问题作一次总结性的发言。故有此也。

3时50分，参加第一组会。

黄云眉、李景春谈到《论语》是否可靠问题。景春：孔子的大一统思想，不只在西周起了作用……夸大孔子遗产对社会主义的作用或虚无主义地否认其作用，都是不对的。孔子思想对大一统祖国的形成是有作用的。但如全归功于孔子，则是唯心主义。

本日山东《大众日报》登载贯彻"双百方针批判地继承我国文化遗产 孔子学术讨论会在济南开幕"消息一则，云"本报讯：孔子学术讨论会于昨（6）日在济南开幕。应邀参加这次讨论会的有知名专家学者吕振羽、冯友兰、周予同、于省吾、赵纪彬、杨荣国、黄云眉，还有我省及北京、上海、南京、天津、安徽、广东、四川、陕西、山西、吉林、辽宁、黑龙江、河南、河北、湖北、江西等十七个省市的学者专家及史学哲学工作者，共一百四十多人。中国科学院哲学社会科学部副主任刘导生同志也应邀参加了讨论会。山东省副省长余修在会上讲了话……。刘导生同志在会上就贯彻党的百花齐放、百家争鸣方针等问题作了讲话。”

昨晚，该报负责同志持余、周审过的新闻稿来请导生和我审查时，我曾坚持要求不把我的名字摆上，《大众日报》不同意，我又请把我的名字摆在后面。我意思是：标为著名的专家学者的人名既不多，也不一定准确，未被提名的人可能有意见；如不把我的名字列上，是可以消除这种意见的。因此，我认为这不单从所谓谦虚出发，而是在照顾情况（知识分子的思想情况），减少意见，以期能把会议开好。

饭前，导生同志告我，晚饭后余、周两同志要来和我俩碰头。山大校长成老已去杭休养，副校长杨希文同志定明晚来访。

8 日上午

二组：两周的性质问题，反对赋敛，是否可作为□□阶段的一个重要标志（按这反映了一个剥削关系：吴乃恭）。

“克己复礼”属于修己范畴，处理人与人的关系的范畴。“爱人”具有全面性而不超阶级。

孔子的宗教唯心主义已不能作为精神统治武器。

孙祚云：周初有天命不可信思想，这是革命思想。作丘甲是土地制度的变化。

下午，党内组长汇报。

杨荣国：①刘节说，对孔子作阶级分析是有问题的。我搞了几十年，也不知道自己属于什么阶级。

②本组觉得有脱离阶级分析的倾向。

（按：几日来的情况，实质上概括三个大问题。①西周社会性质问题、资料与史论结合问题；②关于遗产的继承问题；③孔子思想的本质（阶级性、世界观、政治主张及其对历史的作用）。此外也提出一些重大理论原则问题——倾向性的问题（贯彻争鸣方针的态度，几十年来研究成果、缺点问题）。

五组：

①时代是封建社会或领主过渡时期；

②孔子的阶级性资料问题。

几天来，讨论会进行得还好。问题有些展开，有些深入。问题表明对社会性质摸得不深（史料掌握、解释），对批判继承的精神实质掌握也还存在一些的糊涂思想（虽然是个别的）。

六组（高赞非）：

不同意刘节的卫道思想，并把孔子学与马列主义等同的说法与想法。

9日

晨6时半，与导生同志从济南起程赴曲阜，参观孔庙、孔林。上11时17分车抵兖州，下车。至车站候吉普车。12时乘吉普车赴曲阜。午饭后，略事休息，即参观孔庙。曲阜市政协委员刘同志为向导讲解。参观孔庙，偶值暨南大学教授商承祚，邀我等与其合影。〔孔庙〕规模似皇宫，惟五色不同。有各朝帝王所立石碑。孔子所植桧，已成化石。另有之所谓“再生”桧乃后人所植者。杏坛规模不大，乃后人所拟建者。孔子当时住宅遗址前之（有）唐槐、宋银杏（即白果树）。住宅遗址为孔鲤过庭之遗址也。

10日

晨起参观孔府三大厅及花园。

早饭后参观东南十八里之陵城公社东里大队。

大队郭书记说：现有14079口人，参加分配1040多人，土地1782亩，全用水浇（除11亩外）。水井能安水车有83个，水车52个。深井12眼（能安抽水机），有4部抽水机。12马力柴油机5个、7马力2个，7.5〔马力〕汽油机3个。牲畜99匹，能劳动的70几个（牛多）。猪存栏350多口，其中173口母猪。每年卖出小猪2千多口（内大队、小队100多口。社员养2千多口。每家都有，除个别五保户，也有一家养至50口的）。大队核算。

运输工具：铁轮大车18辆、马车8辆，独轮〔车〕50辆，地排〔车〕14辆。今年小麦有28万6千多斤（1020亩小麦，亩产280斤）。大秋〔作物〕（高粱等）15万斤，豆子5万斤，红薯共约15至60万斤。土豆40万斤，蔬菜（土豆在内）170万斤，花生4万斤，芝麻1千多斤，棉花（皮棉）2百斤。口粮合550至560斤（粗粮合近600斤）。上交公余粮124000斤。蔬菜无任务，卖给国家100万斤。总劳〔力〕466斤（全劳270来斤、半劳190来斤）。今年种地瓜700亩。无开荒，无自余地。有包干干部57人（书记、会计、大队长、保管）。小队长36个，平均每小队记工员5个、组长5个。

五保户，每人500斤。不劳动的，每人330斤。有党员22名、团员28名，小学生168名，中学生17名，无大学生。

有砖瓦窑、石炭窑，4个粉坊。饲料由队里给（按工分给）。鸡，每家都有，有一家养2至5个。合作社收8毛1斤。交任务〔之〕外，社员不愿卖给合作社，自己也吃点。食油无供应，自己加工，年每人合5斤。穿衣不□。缺穿、缺化肥。工具不缺。全无贷款。社员无欠队、社债的。队存款4万（近花了1万7在外）。队员存款1万多。无一家有收音机。自行车，队有3台，私人4台。养羊，队有5只，私人可养。无养蜂的。

办食堂不行，社员不满。烧的分柴，不够用自费买炭。合作化以前，吃不上。自合作化以后，就每年都好，没有吃不上的。一年比一年好，粮食一年多一年。合作化第1年50来万斤，现年产90来万斤。

下午

刘同志陪同参观孔府，不只全与皇宫内院一样，且布局更严密，内二院并有原名“避难楼”之碉楼。孔德成之父孔令贻有一妻陶氏及两妾（一为陶随嫁之婢）。陶氏无所出，一妾为生二女。作为生母之二妾，每晨须至陶氏卧室为陶磕头，兼为其生母磕头——盖谓其生女只能是代陶氏生者。孔德成为令贻遗腹子，为妾所生。妾生子后数月，陶氏即将此妾毒死。

内三院不只名字、名画不少，珍宝亦甚多。内院前之大、二、三厅，全同皇宫或高级古建之构置与布局。三院左侧“待官厅”，有孔令贻一次晋北京往来拜见之清廷各要员名单及住址。

旋参观孔林。古柏苍葱，多宋、辽、元植，据云也有更早者，但无记载可考。子贡手植桧，云为1882年遭电火烧死，现已形似化石之枯木。

孔子墓碑：“大成至圣文宣王”，左为其子孔鲤墓，碑署“泗水侯墓”，前为其孙孔伋墓，碑署“洙国述圣公墓”，传为“抱子拥孙”之布局。孔子墓右侧为子贡墓庐，即当时诸弟守丧三年后，子贡又独自继续守墓三年。孔子死后，不少弟子迁来曲阜居住。此不仅见孔子必有感人之深而不可磨灭的过人处；诸弟子尊师重道之精神与作风，亦殊可风也。

原拟4时去兖州，因车须3时去曲阜接人，回来后再送我们。我和导生商量，为使节约汽油，让司机少走一次，专就3时去兖接客之便去兖州。

车行前，乘空参观兖州市面，供销社和自由市场，与曲阜一样，什么都有卖，自由市场花生甚多，1.6元1斤；猪肉（熟）2元1斤；牛、羊肉更较便宜；有几处纸烟小摊陈〔有〕各个品种的烟，均不下10数盒，不知从何而来。而市面商品已渐多，颇令人兴奋，这实为大事也。可见我农村潜力不小也。只要有了东西，再逐步约束，以至取消自由市场和逐步压缩物价，则较易全力也。

回到车站休息后，一女服务员同志约十七、八岁，自云为颜渊后裔，父为曲阜人，祖父母均在30多岁就饿死了。祖父死时连席子也没能够卷，祖母还没用一张席子卷了，买了一分三厘地埋的。真所谓贫无立锥之地。祖父母死时，她的大爷才9岁，父亲才7岁，即乞讨至兖州，得在车站作小工。直到现在为兖州车站工人。大爷已退休。她本人为团员，铁道初中毕业后即经过考试来车站工作。弟弟18岁，亦团员，现在兖州高中学习。姊为党员，在济南工作。姊夫亦铁工子弟，大学卒业后在博山一高等学校教书。大爷三子，长、次〔子〕均已大学毕业，都是党员；三子现在济南一大学，团员。他的父亲在1949年就入党了。这就是社会主义的革命家庭，是社会主义的可靠支持者。

晚8时45分车抵济南，至南郊宾馆，住3060号，连卫生间共3间，住得宽绰。南郊宾馆规模甚大……林□□同志通知北京来长途电话，嘱我回后去一电话。颇焦急，盖恐时真病加重也。旋挂通电话，时真接话，她较好，甚欣慰。

11日

我们去曲阜期间，〔会议〕党组已决定要我在大会闭幕前作总结性发言，并已列入日程。因此，本日闭门看材料和准备发言提纲。与会同志闻我们回济，不断前来探望。睡午觉时亦不断有人来探过四次门，以致发言提纲写得不觉有些粗。

晚8时，聿时、关锋同志来室，提出不同意压短其发言时间半小时。

12 日

晨8时，《大众文艺》同志来，索诗，取去两首诗稿。

至导生同志室，商量不必压短关、林、赵发言时间问题。导生同志同意我的意见，并说明他们都是党员，发言都是在批评旁人，恐影响不好，云云。为此，除面告聿时同志按原定时间外，注意态度和发言内容、措辞等方面的问题。

8时半，赴大会，听关锋、林聿时同志联合发言，赵纪彬同志发言。关批判了曹□、冯友兰、高赞非、刘节等人的倾向性观点。赵发言从汉学到训诂上反驳与批判冯友兰关于《论语》“民”“人”的训义。

午饭后，先由冯友兰、高赞非、刘节自由发言。冯反驳赵的发言，认为“人”是泛指人的意见有一定道理，但所谓“只能说医院多少病人，不能说多少病民”之类，却是强词夺理的。高赞非讲了三点意见，一、三两点还好。第三点说，郭沫若《中国史稿》现为全国教本，大家就应以之为准则，不可格外生枝。并要专家们在此书的基础上做工作，云云。这不只想借此书为抵制批判的挡箭牌，并带强加于人之意。这种态度是不好的，也是不符合百家争鸣精神的。刘节发言简短，仅在声明谓关锋同志发言曲解了他的文章，如谓“我的文章是说孔子是符合马克思主义精神的。”关等却改为“还是马克思主义精神”来加以批判。“我还活着在这里，就被人这样曲解！孔子已死了几千年，怎能不被人曲解呢！曲解了，他也不能不辩正了……”。

接着我发言，连中间休息二十分，共两小时不到。讲了五个问题，即“关于孔子和其思想、阶级性问题”，“关于孔子的世界观问题”，“孔子的政治思想主张及其对历史的作用问题，”“关于孔子研究史论结合的一些问题”，“关于孔子研究的创造性成果、批判继承问题”。

据秘书处了解和内部简报，反映普遍好，认为对孔子研究有指导意义。有几位同志如万九和、关锋、林聿时、金灿然、高赞非、李景春等同志均认为好。杨荣国同志说：“很全面，很深刻。”导生同志说，如果说这个发言还有缺点的话，那就是没有提到马克思主义者与非马克思主义者在孔子研究上的合作问题。

发言提纲，实际是在两次讨论及领导小组、党组扩大会几次讨论的意见基础上，并在秘书处和临时秘书帮助搜集材料的基础上写出的，并非出自我个人。

晚，谭启龙、舒同①两同志来，意甚深，谈甚洽。

13日

上午，省□学研究所所长同志陪同参观自由市场即物资交流大会之市场。肉、米、花生等样样都有，价格亦不甚高。如煮熟肉2元一斤，上〔等〕精米1元左右一斤，上［等］小米5毛一斤，干红枣7毛一斤，花生米2.6元一斤，核桃1.2元一斤……只要有了东西，再逐步去控制自由市场，压缩价格，就好办了。从此也可看农村的潜力真是不小的。

旋参观三十年前曾隐修之大明湖图书馆。面目已改，前余一水池，已拆去了围墙和大门。我曾于其中阅读当年曾陈列一部分古陶、古泉之房间，今未利用。左侧陈列古碑、古雕塑之廊间，仍作此种陈列，记忆中似当年陈列之件较少，今已大大丰富其内容。右侧之石雕像依旧。

下午

省委宣传部邀为省直机关干部与学校教师作报告。题目为“中国历史上的几个特点”。关于“地大、物博、人众”、“文物悠久”、“百家争鸣传统”三个特点，只从毛泽东思想的原则上大概提了一提，仅较系统地讲了“关于统一的多民族国家”，结合党的民族政策、“革命传统、阶级斗争传统”两个问题。

晚饭后，应李景春同志之约，与之交谈了如何研究中国哲学史的问题。

9时，《大众日报》与周南同志持讨论会综合报道的新闻稿给导生与我看。我因精神太疲乏，恐看不好，大家同意不要我看了。

舒同同志为〔我〕写了字四张，甚苍劲，殊可感。

14日

早4时半起床，乘6时由济开出的火车回北京。因大雾误点，在站停了一

---

① 编者注：谭启龙、舒同时任山东省委书记。

时，车始入站。8时始从济站开出。余修、周南等负责同志十余人到站相送，直待至乘车而行。

下5时50分抵北京，［司机］小马已在。时真将家中收拾得很令人舒适，慰悦之情太令人舒适而有不可言宣者。将车上遇张庆孚同志及渠病状告时真，甚以庆孚病状为念。多年老战友，彼此均不免阶级情长，非家人兄弟之情谊可及也。

编印说明

湖南王船山学术讨论会日记

1962年11月17日，著者偕夫人江明应湖南湖北社会科学联合会邀请赴长沙出席王船山逝世270周年学术讨论会，并在26日闭幕大会上作了总结发言。期间，曾赴衡阳王船山故居访问。会后分别为湖南省委宣传及文教系统、省团委主办的报告会上作了学术报告，并与湖南历史考古专业人士进行了座谈。之后，接受湖南省委安排，赴家乡邵阳市、武岗县、邵阳县参观访问，并分别为该地干部群众作了形势与学习报告，与邵阳师专师生进行了座谈。日记始于11月17日，迄于12月31日，除学术活动外，对湖南邵阳等地农业、文化等方面均有较详记载。日记系著者用钢笔书写于笔记本上，未曾发表。

全集出版，现由编者根据原稿整理编入，题目为编者所拟。除更正个别错讹字外，内容及观点均保持原貌。

吕　坚

湖南王船山学术讨论会日记

17 日

上6时由宿舍赴东郊机场，8时乘机起飞。

此次去长〔沙〕，本非原来打算。由于李达师及谢华均来信恳约，两湖社联等派人与湖南哲学研究所所长王兴久同志亲来恳邀，余甚同意前去。渠等回湘后，又派人到济［南］述李、谢及平化同志坚要前去之意，无可再却。只得与时真并树云①一行也。

下午1时50分，飞抵长沙南郊机场。朱凡、刘寿祺、方克等同志到机场迎接。住湖南宾馆，我们夫妇住534号。李鹤师早抵此，住434号。

晚饭后，略事休息，即开党内负责同志会议。朱凡同志汇报筹备经过及会议安排等，似是对方针等方面问题，尚未具体考虑到。旋要我谈山东孔子逝世2440年学术讨论会的经验。我谈后，并指出，王船山逝世270周年学术讨论会情况与彼有别，只可参考，不能硬经验。会议至11时50分始毕。

18 日

上午，周礼同志来访李、潘二老及我。旋召开党组会，宣布党组成员为周礼、秦雨屏、李达、潘梓年、吕振羽、朱凡、刘寿祺、关锋、方克等同志。提出讨论：1. 选党组正、副书记，2. 讨论会的进程安排，3. 讨论周礼同志代表省委讲话的稿子。大家一致选周礼同志为党组书记，秦雨屏同志为副书记。在

---

① 编者注：树云即王树云，中央高级党校教师，担任著者助手。

发言的讨论上，集中在方针政策与如何贯彻方针政策的问题上进行了讨论。对议程问题作了大致安排。周礼同志旋宣布省委决定，党组由潘梓年、吕振羽、朱凡三同志组成中心小组，负责日常工作。平化①同志来。

下午 2 时

纪念王船山逝世 270 周年学术讨论会正式开幕。

议程：①选举主席团；②主席团会讨论会议进程及正副秘书长人选；③朱凡同志报告筹备经过；④李达同志致开幕词；⑤周礼同志代表省委讲话；⑥潘梓年同志代表［中国科学院］哲学社会科学部致词；⑦吕振羽同志讲话；⑧嵇文甫同志讲话；⑨闭幕。

6 时，省委宴会。平化同志讲话，甚明确扼要。

宴后，平化同志拉着我说：你只抓政策、观点两点，旁的可随便参加，以注意身体为主。

19 日

上午，参加第一组讨论会。彭雨新、林增平、张立民等发言，介绍了各种分歧意见。

下午，阅读论文。

晚观花鼓剧。受凉，夜腹泄。

20 日

上午，阅读论文。

下午 3 时，党组扩大会。

各组汇报讨论的关键问题及其广度、深度。听取杨荣国、萧箑父、朱□□等介绍各组发言情况。关锋说在济南，抽象继承法很多，学到的东西很少。这次无论从会内会外都感到丰富，学到不少东西。

董谦同志提出拟减少新闻上提名。我未提意见，由潘、省委决定。

---

① 编者注：平化即张平化，时任中共湖南省委书记，周礼时任省委副书记。

21日

大会发言。彭雨新从明清之际的社会经济结构上叙述阶级关系——市民与封建、农民与封建、中小地主与大地主。龚明凡对王船山代表中小地主阶级的主张作了论述。

方克同志将减少新闻提名之稿征求意见。我表示这问题请不必问我。

下午

刘先□发言：王船山是温情脉脉，要维护地主阶级的剥削……徐旭生说：船山只能从张载那里发扬光大。用阶级分析法去对待一个思想家切要慎重。我很不赞成某个思想家是代表某个阶级的、是某个阶级的代言人……

晚饭后，吴传启、林聿时、关锋等同志来，谈到近日会议发言情况，认为徐旭老下午发言所说，是超阶级的。

旋杨弟圃、唐旭之、方克等同志来，谈及船山的阶级性问题，并提出要我作一总结性的发言，固拒不获。

22日

上午，大会发言。唐明邦、林双忠等发言，均颇有分量。冯友兰发言，一面再三申明自己与大家无分歧，一面又转弯抹角地说：船山在“理与气”、“器与道”的问题上是唯物主义者，超过了程朱；而在“心与理”的问题上，只批判了陆王，而未超出程朱的圈子，是唯心主义的。所以船山的世界观有唯心、唯物的两面性。至于唯心主义是否只是残余？他说，船山在晚年（70岁以后）的著作中说“性”时是唯物主义的。所以说唯物只是残余。这乃是转弯抹角地把船山学曲说为二元论者，为朱学。因为“心与理”乃在阐明存在与精神的关系问题，“理与气”则在阐明客观世界与规律性问题，“性”又是在阐明根本范畴的属性。

熊子烈同志约为湖南历史博物馆题字，拟题《七绝》一首（编者注：诗文略。见《学吟集诗选》）。

下午，看论文，准备发言稿。

23 日

上午，小组讨论。

拟为〔湖南〕烈士（革命）纪念（博物）馆题诗（编者注：诗文略。见《学吟集诗选》）。

下午，党组会。周礼同志主持，讨论会议最后两日发言及闭幕式。决定嵇、关、杨、吴等发言之后，临时号召自由报名发言；决定我于自由发言后作总结性的发言；闭幕式由潘老讲讲学术讨论的方法，李老致闭幕词。

下午，参观船山学社及展览馆。我因须准备发言稿，未参加。

3 时起床，开始写发言稿，边写边交树云誊抄。

24 日

上午 11 时，方写完发言稿，觉得有点仓卒和粗糙。时真细看了一遍，提出几点修改意见，作了修改。

下午听关锋、姚薇元、谭戒甫等同志发言。关发言不同意冯的意见，也批评了嵇文甫、吴泽两同志关于船山的历史观的意见，意谓恩格斯关于马克思主义以前的唯物主义在社会观都是唯心主义的论证，同样适于中国哲学史上的情况，并谓船山的历史观也只能说有唯物史观的因素或倾向。

谭戒甫发言说，只能认为船山有唯物思想，不能夸大为唯物主义；他也有唯心思想，但唯物思想是主要的……云云。散会时，我对他说："谭老，就您所说，船山还是唯物主义者。"他说："还是只能说是唯物思想。"

下 5 时半，将发言稿交方克同志，请 3 位秘书长转党组成员并省委负责同志审查。

晚去鹤师（李达）处。鹤师坚持〔我〕去武汉作一、二次报告。不便固辞，约定 12 月初离湘前去。旋至吴泽处，约他与我夫妇同行离湘去武汉。

浴后，口占纪念船山诗（编者注：诗从略。见《学吟集诗选》）。

25 日

6 时起床。8 时出发赴韶山谒主席旧居。10 时抵韶山，参观留影。旋由时真执笔留字。

谒韶山毛主席旧居留词：

诞降巨人处，韶山旭日红。

五洲同仰颂，声气翕东风。

时真

下5时半回至长沙。宾馆饭后，人民出版社刘□同志、历史研究所叶华同志来，并赠书。旋寿祺同志率湖南师院历史系教师五位同志来。

26日

会议闭幕。上9时开会，由杨荣国、谭戒甫相继作大会发言和自由发言。谭发言颇多错误。杨说，自张载至王船山，中国社会思想的主流是唯物主义，亦颇欠妥。

旋至我作总结性发言，饭前讲了一点一刻钟，午饭午睡后又讲了一点四十五分钟。共谈了三个问题：①关于王船山的时代和其思想的阶级性问题；②关于船山的世界观问题；③船山在政治上的思想主张、爱国主义和民族观等方面的问题。并原则地谈到谭的一些错误论点（如说毛主席继承了王船山，又谓应继承船山的儒家学风等等）。

据朱凡、王兴久同志说，反映尚好。唯詹剑峰前来表示："声明一句，我所说的理气一元论，是高度的唯物主义。"徐旭生同志表示："从全体说报告很好，有些关于我的意见，我们回头谈谈。"谭戒甫说："很好，各抒己见呗。"杨荣国向我表示说："很好。讲得有条有理。"但吴泽问他，他却未表示意见。

散会后，医生来试血压，左为152/92，右为100/100，并谓心脏有二级或一至二级间的杂音。因之，晚会"龙舟会"，未去参加。

拟为湖南图书馆题字：

博学而强识，力学以穷理。

由博到精难，从约而博易。

27日

上午，参观〔湖南〕革命博物馆、历史博物馆。革命馆有"塘田战时讲学院招生广告"复制品一张，"塘田战时讲学院告别武岗各界人士书"原件一纸、复制品一纸。

题赠革命博物馆七言一则（编者注：诗文从略，见《学吟集诗选》）。

题赠历史博物馆七言一则（编者注：诗文从略，见《学吟集诗选》）。

下午，参观船山学社。房址虽系复建，甚似原来之建筑，惟进出之小巷不拆去。内湖南学联办公室，宛似当日。明翰①、波扬等同志早已为党流了最后一点血，不禁戚戚。

船山展览馆陈列甚好，只是说明多有不当处，容当向有关同志建议改正。吕、周两馆长陪同参观，意甚殷，可感。

晚观“龙舟会”。此剧不只在思想性、艺术性上非任何他剧（连同“西厢记”在内）可比例。船山在此剧中，不只骂倒明朝皇室、皇族、明清官僚，与清廷不共戴天，而又明显表示出代表市民阶级的倾向和反封建纲常名教的思想。

28 日

7 时起床，8 时出发，赴衡阳访船山故居。11 时抵衡山，在城关略事休息。下 1 时 10 分车抵衡阳，住地委宾馆。地委第一书记胡云初同志、书记荣成和同志、董子林同志、市委书记岳健飞同志及副市长张同志在馆相候。

饭后，由岳书记、张副市长等陪同参观船山展览。所列清季世琠所绘“船山先生行迹图”临摩品六十二幅，甚可珍。原件为七十一幅，藏馆内。应邀对说明词提了一些修改意见。并留词云：

究穷理气迈前代，鞭打程朱非宋明。

探石鼓回，看书院古碑。石鼓［书院］为四大书院之一。共留影。旋至湘江大桥，遥望东洲岛，即船山学院故址——今为水产学院院址。闻尚有“船山书院”四个大字、碑四大块，王闿运文及书，另四大块为序船山子孙入院学习文云云。

晚由岳健飞同志陪同观衡市花鼓剧，节目亦为“送表妹”、“打铁”，似较长［沙］市、邵阳市花鼓剧团所演为佳。剧情亦略为曲折，合情。

29 日

7 时起床，7 时半早餐后，略事休息，8 时出发，赴市区曲兰公社访王船

---

① 编者注：即夏明翰烈士。

山故居“湘西草堂”。横匾云：“旋翁□戚占，船山先生论解也。船山明壬午孝廉，研精理学，博通经韵，构草堂著书充栋。制军李□屡过□□，题其堂曰：湘西草堂，志不朽也。传今可百余年，不无栋折榱崩……”署为“丙午科举人祧选儒学教谕年宗戚晚生李翼顺为跋”。又对联：

堂构叠新，数代长香生瑞色。

岗陵交祝，千秋令望灿宏猷。

款：施翁老先生重修草堂并八十万奇。众戚友同赠。

李翼顺谓船山“研精理学”，以制军李□题堂为荣云云。立意在赞船山，实则把船山贬得很低。亦谓众戚友之同赠，更见庸俗。

旋余夫妇与市委书记岳健飞同志参观船山手植枫树，盘根错节，经三百年仍生气甚盛。衡市文化科长刘和声同志为我等就枫树下摄影。

住草堂之李步云妻与余等谈及，渠有三男三女，长二女已出阁，长子在华中入华中工大……意甚得，对党甚感戴。旋要煮白薯款我等。乃辞谢回兰西附中休息。附中一年级二女来招待，甚聪秀可爱。与之谈学习及其家庭情况。小妹子并持来纸笔，云：“请您老留几个字，指导我们学习。”我题字云：

“为无产阶级而学习，为共产主义事业而学习。发扬革命的艰苦传统。”

临别时，同将两双小手握着我夫妇的手，乌黑的眼睛水汪汪流着眼泪，时真亦不禁热泪盈眶。

旋至大罗山下的虎形山谒船山墓。先至山下之墓庐。一船山十一世孙，似为不识字之农民，能口述十四诫之嫁女不要财礼，不信僧道等条。并谓船山当日只有地，湘西草堂为光绪三三年官府所建，船山当时只茅舍三数间。李步云妻所述相同，但谓只有田几斗云。

墓庐渠口张翰仪对联

故国賸金盘玉鱼，青塚兽崇高节里。

遗迹览石船枫马，丹心常照大罗山。

王船山墓地对联

1. 北海隐脉无双士，南国儒林第一人。

2. 前朝干净土，高节大罗山。

此辈赞船山者，无不以船山为尽忠于前明而死……若辈何尝又仅能知船山，赞之者实亦无不抑之甚也。无怪船山临终前戒子孙不得为他铭墓作传……盖深知若辈不足以知他之心迹，深恐受其诋毁与抑贬也。

晚观祁剧，焦光甫一角甚佳。我意至少其前段不在叶盛兰之下也。

30日

7时起床，因车子均须去北城添油，所以直至10时方起行。下1时车抵南县。上至半山亭，下山游南岳庙。庙规模宏大，有似故宫。内有千多斤之元辽钟。有李白诗石碑，清康雍、乾碑及派员致祭碑。

庙中所遗文物甚富。最可珍者，为清代心月和尚经三年刻成之五百罗汉。心月，闻曾参加太平天国运动。字画文物陈列室，亦有不少可观之件，惜未细看。

下3时，离南岳，7时回抵长沙。省委方克同志来。为照顾我身体，决定把我报告排至3日。

〔12月〕1日

刘寿祺、朱凡同志陪同观岳麓山。旧地重游，虽年来建设已面目全改，仍倍觉亲切。爱晚亭为我入团旧地。赫曦台规模依稀当年。六君子堂为湖大工科学生会址，当年宾步程为摧灭学生会，便公布收回六君子堂。御书楼已易一新洋楼。北海碑已作为省文物保护重点，周密保护起来。麓山寺之佛殿及殿前植之两罗汉松依然挺拔苍翠。白鹤古泉已建亭加栏。蔡墓坟上略事徘徊，谈及蔡锷的历史及其岳丈刘举人、妻刘氏、内弟刘恂等情况。时真与树云回后作了笔记（省宣传部从朱、刘闻知，向树云要记录）。

午前参观了师院，历史系资料室及图书馆文史书籍。下山后参观湖大。

岳麓山及二里□一带，已为两校校址布满。师院规模尤大，布局亦甚佳美。麓山及其北延之山岭，均已植树成林，一二十年后将不只风景更丽，且将解决省会一部分用需木材。

5时回城，过轮渡，遇周士钊副省长。晚，方、朱、王、陈同来，补学术讨论会总结。

2日

上午，王建中夫妇率子女及其他同志多人来。

下午，参观古籍书店，买书画等共160元，由该店寄北京。

3日

上午，为省宣传部主办之报告会作报告。题为“中国历史上的几个特点”。

晚，开党组会，总结学术讨论会的工作。参加者为省宣传部正副部长、省委秘书长及上次与会各人与谢华同志。我与谢发了言。最后秦雨屏同志提出以我及他的发言为基础，向省委写一报告。

4日

上午，休息。

下午，参观天心阁及文物商店。买了书、帖、文物等共九十余元。

夜观湘剧“赵五娘”四出。

5日

上午，继续作完“中国历史上的几个特点”的报告。周礼、秦雨屏等同志均来参加。报告完后，周礼同志讲话说：“振羽同志这个报告，是马克思主义的。大家要好好讨论，尤其是历史教学研究人员，应切实学习一下。”

休息时，周礼同志又谈及劝我去邵阳一带看看，并同意刘寿祺、邓晏如两同志陪同前去。

下午，寿祺同志陪同参观自由市场，东西甚多，价钱亦不甚高，令人宽慰。

本日《新湖南报》发表诗作五首。

晚，吴泽谈近年来情况，至11时。

6日

上午，方克同志及省团委宣传部同志谈高校学生思想等情况（昨日雨屏面约于12月9日为湖南省青年作一报告）。

下午，史学会秘书长刘梦华同志谈史学界情况。

准备“一二·九”报告提纲。

7日

上午，与长沙历史学界同志们开座谈会。刘寿祺、方克等同志参加。座谈会由湖南历史考古研究所所长谢华同志主持。

我谈了两个问题：①关于湖南历史研究工作应该作些什么和怎样进行的一些意见；②关于史论结合和其相关的一些问题。只谈了二时二十分钟。吴泽同志谈了“关于历史人物的评价问题”。似讲得宽了些，个别地方有不够稳当处，因此作了一些插话。

下午，准备“一二·九”报告提纲。

晚饭后与瑶青谈话。

9日

上午，为省团委主办之“一二·九”作报告，到会干部及学生约2500人。会议由周礼同志主持。

下午，至古旧书店，购古碑帖字画等共约200元，由该店负责邮寄。至此共计这次回湘已共购书籍及字画四百余元。

秦雨屏同志通知，由刘寿祺、刘逊夫同志陪同去邵。

晚，观豫剧“司马貌告状”。

10日

上午，为湖南博物馆、图书馆写字。跋王船山遗稿《噩梦》及手稿。

下午，与时真同去理发。理发师与余夫妇分别接谈中，悉二人均有工作，各八口人；一人工资八十元，其长、次子已作工；另一子入中学，二、三子入小学。夫妇工薪百余元。情绪甚好，对社会主义前途充满信心，对党和毛主席表示无限信任。

旋同参观美术工艺品商店。

晚，时真同学张鹊梅夫妇来访。

观湘剧高腔“柳毅传书”。

11 日

上 8 时由长沙出发赴邵阳。下 1 时 1 刻抵邵。住邵阳地委招待所。在地委内，均建在南关外之山上，地形面目之改变，几使我不能识出。余夫妇所住及寿祺所住，均为三大间（会客室、卧室、卫生间），设备齐全而又现代化。招待所所长为邓观胜同志。

地委第一书记谢新颖同志，书记为王维、曾广城、霍旭奎、郝文成、王惠庭（兼专员）、石新山、张厚（兼湘乡县委第一书记）。宣传部长为张瑞川同志。副部长为赵世芳同志。地委秘书长为王润民同志。

夜观祁剧“马刚打闸”、“探监”、“闹府”。由王维、王润民、刘逊夫等同志陪同。

拟偕时真与刘寿祺同志等由长沙赴邵阳道中诗（编者注：诗文略。见《学吟集诗选》）。

12 日

早饭后，候王维、张瑞川等同志。10 时来，略商定日程后，即由张瑞川、邓观胜等同志陪同参观双清亭。双清亭已辟为公园。唯关圣庙内部已圮，但室壁尚完整。双清亭碑，明成化万历三碑字均佳，惜已与清康熙、乾隆、光绪各碑相同，几半已泐损而不可识矣。当便提及保护之事，瑞川同志表示将作一篷以保护之。“双清胜览”四字（传为明朝巡抚周××所书），书法甚佳，现已模镌四字于园门。双清亭尚完好，但横额已不存。我 1938 年所提“万山来天际，一石压江流”一联，闻早已为国民党反动派所毁。今日重来，空气有雾，远山不可见。“一石压江流”之景象依然也。张瑞川同志一再提出要我重写一次交镌悬。“双清亭”字不及“双清胜览”。两头石门框各一联尚不甚佳。

旋参观邵阳市皮革厂。此纯为解放后新建之厂。厂长刘同志为来自胶东之工人，由胶东南下到邵之胶东皮革技工共十余人，现留下仅 4 人。现该厂有工人三百余，技术工百余，大部分为 1958 年入厂者。刘厂长云，现因原料供给关系，仅能开半工，生产能力不能全部利用。原料不仅用牛皮，并利用猪皮、狗皮、麂皮等。产品有皮鞋（男女，均出口），手提小皮包及皮箱、皮衣等共二百种，制作颇精美。刘厂长告我，工厂国家投资仅百余万元，自 1951 年建厂以来，已共产出 1300 多万元。瑞川同志与刘厂长硬要我夫妇制皮鞋，不可却，已同意收费各量制一双。时已 11 时 45 分，乃回招待所。

下午，至邵阳师专，与该校教师 48 人开座谈会。寿祺与张瑞川同志略作介绍，即由该校教师提出几个问题。因时间关系，我仅谈了“历史科学如何为无产阶级政治服务?”、“关于历史人物的评价问题”等作解答。在解答问题前，我对这次回邵的感想与兴奋心情说了几句话，并希望该校教师继承与发扬邵阳地区的革命传统，进行资料调查，配合教学进行科学讲授。该校校长刘泉清同志当即表示“接受这个任务”。

晚观邵阳花鼓剧“磨豆腐”、“送表妹”等四出。剧颇佳，但个别地方可改一下。如“送表妹”中男谓女“没廉耻”、“不怕丑”……不只太过，且不合情。

13 日

上 9 时半由邵市［出发］，经桃花坪（隆回）、沙子坪、石下江（洞口属）、竹蒿塘，12 时半抵高沙。下 2 时半在区委用完午餐。餐后，树荣等三人伴寿祺回其老家（烂泥坑刘家），并由区委副书记刘参军陪往。正书记曾有德同志陪我夫妇参观高沙市容并自由市场。旋介绍了高沙区生产社会情况，着重谈了一个五年连续增产的大队；同时谈了去年三门破获一反革命组织。曾有德同志年轻（32 岁），头脑颇清楚。

下午 6 时，抵武岗，住县委。

车过处面貌已全改变，不少新建红砖高楼，已使余不可复识。

武岗县委第一书记为迟维景，副书记为周建平、杨孝友、宋宗君、陈玉清等同志。县长为张颂田（常委），副县长为萧奇峰等。宣传部长为周孝信，县委办公室主任刘伦达同志。

14 日

上午，由县委约集有关方面座谈，搜集、了解思思学社、思思学校、二邓先生著作等情况。剧团团长为邓成云之子，被介绍到我的面前。革命感情，袍泽厚谊，我不禁老泪纵横（时真有记录）。

下午，参观第二中学（在二邓先生祠故址后），高、初中学生大都长得很好，聪秀、坚实，围着我们，笑容天真可爱。法相岩，古碑甚多，有宋开禧、淳祐，明弘治、嘉靖、万历等朝石碣。

旋至文化馆，看邓成云同志文物、遗嘱，欧阳东（编者注：邓成云、欧阳东均为大革命时期牺牲烈士）等同志手迹，农会证章及邓遗像等。令人极感奋。

晚观祁剧“隔窗会妻”、“打侄上坟”等。颇佳。

15 日

上午，访翠云公社资南大队，书记刘顺龙。户数，295 户。人口共 1098 人。全劳力 214 人，半劳力 196 人。土地 1040 亩。耕牛 51 头，另小牛 10 头。农业产粮 1962 年比 1961 年增产 19%。口粮去年人均 390 斤多。今年 460 多斤。平均亩产 600 斤左右。劳动报酬，去年平均每日 8.2 角。今年平均每日 12 角。猪：1961 年共 110 头。1962 年 217 头。除五保户、困难户外，每户都养猪。个别有养 4 头。鸡，每户都有，多的至 20 只，少的亦 5、6 只。50%户养了鹅。有 50 户养了兔。蔬菜年产 10 万斤左右。鱼年产 2 万斤左右。油：每人〔分的〕低的有 3 斤，高的 12 斤。大约有 40 人去自由市场卖东西，有 10 来人搞转手买卖。1961 年、1962 年增产原因，主要是“整了五风”、多劳多得，对〔农业〕六十条、十二条觉得好。但有些地方还不大相信。每亩施猪、牛粪，每亩平均 25 担。

公社有一医务所。有一小学，有 200 多人。民办班有 50 多人。上中学的有 30 人左右（已毕业约 10 人，有 1 人考入湖南大学）。〔大队〕有党员 21 人（内妇女 3 人）、团员 34 人（内妇女 11 人）。支委 7 人。1960 年整风前，有 50 多个水肿，现已消灭。

下午，为武岗机关部队学校干部约 1600 人作报告。据县委书记迟维景、宣传部部长周孝信同志表示，反映很好。县委布置大家学习，与当前正举行过的会议起了很好的配合作用。

晚，邓小龙来与我及刘寿祺同志谈。我从政治、思想、组织观念等方面进行教育。

16日

上午8时半，武师一位〔任教〕三十多年语文老教师谢某某来，谈二邓著作情况。“十室之邑，必有忠信”。此人似真实作过学问工作。他拟写二邓年谱，我提了一些对二邓思想的意见作参考，并加以鼓励。迟闻同意。

旋迟征求对县工作意见。我谈了（时真有记录）。迟表示完全同意。

11时由武岗出发，12时15分抵新宁，第一书记曲铎同志在吃饭前介绍了该县五年来的生产情况。除1960年外，是逐年增产的。1960年也只比1959年低，但也比1957年高。宣传部长李中富同志谈了点教育情况。

下午2时离新宁，渡夫夷向邵阳县前进。家山故水，分外有情。过白沙、迴龙市、塘田、白仓、黄唐到邵阳县（塘渡口）。金子岭即灿岭，又名河伯岭，为巫山山脉，由黔桂来，巍峩奇秀壮丽的山势，左翼至白仓四尖峰而降为丘陵地带，右翼至五峰铺三县今邵阳、祁东、东安之四明山西降为丘陵地带。河左自新宁至马头桥场为紫云山，马头桥距金称市约40里，金称市距塘田15里。紫云山虽不似金子岭之崇巍蜿蜒，然亦秀丽，与金子岭沿资江左右两岸蜿蜒而下，蔚为山川之壮观。

5时40分抵塘渡口，住县委。县委第一书记车任光同志去五峰铺，书记孙作英、张玉清两同志迎接，陪同晚餐。

17日

上午，县委办公室主任黄子元同志介绍邵阳县情况。

基本情况：共147671户，508571人。耕地738947亩，其中水田545742亩，另外自留地76421亩。有9个区，62个公社，938个大队，7026个小队，一个农场，二个林场。

8个区总产量：1949至52年平均年产量为17638万斤。1953年至57年平均产量为22509万斤。1958年至62年平均产量为294680万斤。1957年23310

万斤。1958年33000万斤。1959年30406万斤。1960年24833万斤（因旱134天）。1961年29082万斤（因旱50天）。1962年30150万斤，增产4.6%。

1953年至57年平均亩产285斤，口粮409斤。1958至62年平均亩产408斤，口粮418斤。1962年口粮为440斤。

征购：1953至57年外调数为3928万斤。1958至62年外调数为27121万斤，每年平均为5424万斤。本年为5795万斤。

猪：1958至62年平均为22300头。本年到上月发展数为96000多头。存栏数83349头。年底可到11000头。

食油：第一个五年计划，平均年产860836斤。第二个五年计划，平均年产862600斤。本年完成45000斤。

家禽：第一个五年计划，平均年收购数93810只。第二个五年计划，平均年收购数140700只。本年发展数244800只。

耕牛：1957年为69200头。1962年为65100头。

大兴水利：1954年40%水田无水利设施。1952至57年修了5座水库。1958至1962年修水库有164座。现有水库169座，212台抽水机（5063匹马力）。现在90%农田有水利设施，内26万亩50天旱灾无问题，其余可支持30—40天。另外有6万亩无水田。

肥（草灰、刈麦、绿肥）：平均每亩施肥30至40担，一般50至60担，最多至80担。

集体与自留的耕种关系，有与武岗相同情况。

1959年双季稻搞得太多，近20万亩减了些产。今年搞水利，双季稻能增产。种子需因地制宜，粳稻是失败的。万粒籼、胜利籼、广东麻等效果较多。麦子，中大2509是好品种（麦收一般吃一个月，多的吃两个月）。

干部思想情况：

1. 关于中印边界、怕修正主义帮倒忙，也怕南斯拉夫公开反我。东欧某些国家也支持印，怕大打起来，帝、蒋乘机进攻。

2. 对整个国际是否有利于社会主义国家，社会主义空前强大表现在什么地方？

3. 修正主义、东欧都反对我，或修正主义是否是多数，我们成了少数？

第三次世界大战会不会爆发？爆发后，修正主义会不会帮倒忙？因此社会主义不是加强了，而是削弱了。社会主义前景如何？能不能搞成？

国内形势：

1. 困难面前看不到前途，好日子到底要到哪年？为何迟迟未到？今年比去年好，去年比前年好。形势好，为什么还是二十六斤半？为什么还只穿三尺半[①]？农民形势好，干部形势不好。因此，有些干部有退坡思想。当个干部"抵不得在农村喂几只鸡"，"不如投机倒把"，不想当干部，想去作手工业者。农村干部怕困难，不敢担担子，当干部吃亏，工作不好干，怕挨骂，几头受气。整风整社后，干部稍微抓得紧些，群众就说："你这五风又来了。""老婆骂：自留地少了。受群众气，不能搞小投机，挨批评。"

2. 对三面红旗，主要是对人民公社的问题。"一大二公"到底表现在哪？实际是空架子，名存实亡。"公社与高级社无区别"。一部分人说，"高举三面红旗是维护党中央毛主席威信"。

汇报中，车任光同志从五峰铺归来后即前来参加汇报。

下午，为县委机关及正在县开会的区级干部等千数百人作报告。根据车任光同志所提出要求及干部思想情况，讲了革命传统与国内外形势及任务问题。报告会由车任光同志主持，群众情绪饱满。

18 日

上午，由张玉清等同志陪同到塘田。刘老、张书记、我等由区委书记唐克桂同志陪同过河。划船的即当年常接送往来夫夷、邵市各处并给塘田战时讲学院帮忙的周维和同志。一见之下，与我夫妇相互紧握双手，热泪盈眶，慨然道往事。

过河，由塘院院前码头登岸，初入全院——即今邵阳县第四中学校址。现已拆了周围高墙，重建了若干新宿舍。院长办公室、党委办公室、民先办公室、讲义印刷处等故址，历历如昨，令人感奋。

旋访周家院子与吕家院子，多人尚识余夫妇，尤其是当年识字班学生，如久别家人，表现一种令人说不出的阶级情谊，又皆诚恳要我们进屋用茶饭……

---

① 编者注：分别指当时城市居民每月口粮及每年布票。

旋过河，当年常为塘院及我理发之工人陈同志，相遇紧握余手，与余夫妇相问，皆不禁热泪横溢，并坚邀入其居处历述旧事。

据县委副书记张玉清同志说，周维和、陈同志等常津津和他道塘院及我个人当年事迹。

在走回区委的道上，一位女同志（李秀荣）笑着走过来拉住时真的手，问知名字后，彼此都热泪横溢。回至区委，吕礼思、陈启国侄等五人均已在，乃由区委布置一室，与我夫妇相聚，道及生活情况。云本年口粮每人平均在700斤，真令人兴奋。礼思未犯过“五风”（张玉清同志从各方面加以证明，并谓他为队最有威信干部）。

下午，为塘田区干部作报告，根据区委书记唐克桂同志、县委副书记张玉清同志意见，围绕塘田战时讲学院的历史向干部进行革命传统教育。参加者满堂，情绪始终饱满。刘、张等均认为结合现实能解决问题。塘田区委诸同志均认为，讲学院的影响是深远的，在群众中扎了根。张玉清同志对时真说：“你真正回到革命的老家了。”

19日

上午9时，李树荣同志谈：

1. 地下组织问题。a. 1953年□月，邵阳县委杨洪达同志面告：“你那个组织关系，解放前你那个支部的关系都不承认了。”我问：“什么道理不承认?”他说：“你对吕楚臣没起监督作用。”我也没追求，回去后就没通知我过组织生活。

b. 集体参加国民党的问题（去桂林回来后的情况经过）。1945年，我走时与吕楚臣、李义卿三人在我家开会。我交待说：“支部由吕楚臣同志负责，组织宣传由李义卿同志负责。与上级联系由吕楚臣同志。”1946年恢复金称市完小，我没带回组织关系。武岗三民主义青年团团长陈柳州要其弟陈寒柏在金称市建三民主义青年团。我、楚臣、义卿三人都在完小教书。楚臣、义卿怕陈寒柏把整个青年拉去，不知如何搞的，另外和吕应中一起把较好的青年搞个三青团。从吕楚臣手里拿过三青团名单册子来看，有我的名字。我当即说，我已年纪大了，不能参加。吕楚臣在学校想搞三青团时同我谈过，说组织三青团好搞工作，我也以为他那样搞对，口头上也表示同意。自己不参加，思想上表示不同他们合作，把我的名字扯了。

2. 谈油塘保存了塘田战时讲学院院牌、院铃、文件、图书、用物、文具等。

①石火出版社曹伯韩派人来取去油印机、油墨。

②日本投降后恢复金称古峰学校，拿去十一二个荷叶灯、板凳几条。

③解放后：A. 段中兴区长说为保管塘田书籍，派河边乡政府李竹林把所有书籍等东西装了一船到塘田市区政府（当时区委书记为张寿芝同志，他现任专区人民医院党委书记。副区长王林）。并由蒋绍斌（区管财务）打了收据。在塘院前码头起东西时，王伦拿去两张照片。其他东西放在区里楼上，如何放法，我不清楚。

B. 仍保存在油塘的讲学院文件（账本、信、油印品、讲义、学校记录稿、章程等），放在我家中楼上角落里。肃反时，邓代英（县财贸肃反办公室干部）等人把这些东西都拉走了。现油塘已没有了。

C. 讲学院的铃记、印章、图记等，装在一小桶中，也放在楼上角落里。土改时搞到哪去，不清楚。

我说了今后如何搜集［塘院资料］的一些意见。参加同志有县委档案馆负责人罗华生、宣传部□应祥。

午饭后，我、时真与县委第一书记车任光、副书记张玉清说了我们亲自经历、布置及接触到的解放前金称市等处地下党的情况，提出如何对待与处理地下党组织的问题，对待和处理地下党党员关系的问题。等等（时真与树云有记录）。张玉清同志表示说：看来金称市支部应重新搞一下，李树荣、张必烈等人的党籍问题也应重新搞清楚。车任光同志交待组织部管理干部的干事详细记录，要他重新整理材料。

3 时，邵阳县立一中校长来接我去该校作报告。报告前，由张玉清、刘寿祺同志讲了话和作了介绍。报告题与在塘田区委相同。听众情绪始终很好。与会同志认为比塘田区委所讲为好，并有新的内容。报告毕出场回县，学生群起送至校门外很远，时天雨，虽屡劝他们回校，亦未能阻住。

晚饭后，时真为地、县委办公室及宣传部干部聂义生、罗华生等同志讲塘田战时讲学院发动民众识字运动经过，被围剿查封时的话别会情况。效果很好。会后，与会同志有的送照片、写信。聂义生同志说：“我们过去注意不够，塘田战时讲学院是办在邵阳地区内的第一个马列主义学院，影响很深远。我们今后要充分利用它作为对干部进行教育的乡土教材。”

20 日

早饭后，应县委之邀，寿祺同志、时真及我与随行同志和县委负责同志合摄一影。

10 时，起行赴邵阳市，12 时抵达，住地委招待所 120 号。

下午，医生来量血压，为右 132/80，左 130/80。听心脏无异常杂音。

旋，地委宣传部长张瑞川同志来，在刘老住室先商定日程。婉拒不得，我为地委机关干部作“关于中国历史上的几个特点”报告，分两次讲。刘讲“关于阶级斗争问题”。

旋车任光同志及李荣中（邵阳县委书记）来，由李谈关于解放前地下党金称市直属支部及党员情况。我接着谈自己的一些看法和意见。未完，因谢新钦、曾广成同志来，乃相约另找一时间再谈。谢、曾等同志不同意我们后天即去长沙，坚请为干部作报告。刘、我均同意。

晚饭后，作日记。

因车任光同志今晚须参加地委电话会议，乃以电话再约。地委同志来谈干部思想情况，为明日报告作准备。

8 时，地委宣传部理论科科长唐瑛同志谈干部思想情况。

1. 国内形势问题基本解决。

2. 国际形势问题反映多些，对中印边界问题、反对修正主义问题。

国内：

1. 承认一年比一年好，但对前几年有些人认为不能说成绩是主要的，如粮食减产、工业下马。

2. 大有好转，干部个人（粮食 26.5 斤，低薪）困难未减轻多少。

3. 对形势好转的原因，有的认为今年主要是风调雨顺，政策不是主要的。

4. 对三面红旗、对总路线，认为反映了全国人民意愿；主要在“大跃进”、“人民公社”的问题上，有的说：前几年如说大跃进，工业还可以，农业减产如何能说是大跃进？个别的观点、立场有问题。如双峰政法干部说：“大跃进就是半夜喊天亮”，“破冰打氹”、“三年苦战，五年恢复，八年一场空”，“既是大跃进，为何又提出恢复到1957年时的标准？”有的还提出三个标准：1. 产量年年上升。2. 人民生活逐步提高。3. 市场活跃，物价逐步降低。以此衡量前几年恰恰相反。甚至有的说是“工厂倒闭，通货膨胀。”

对人民公社，问是否办早了。对人民公社的优越性怀疑。“一大二公”企业下放了，公共积累全丢了。三级所有制，今天生产队比以往高级社规划还小，大公何在？五位一体，现队、队只有农业。“社政合一”，现情况与过去高级社差不多，高级社与过去乡人委差不多，优越性何在？有的甚至说：公社化以后，五风更严重了。”有的说：公社办早了。如不上，生产可能还好些，不致减产。

关于阶级斗争问题。

有的认为不存在阶级了，斗争熄灭了。“地主不讲话，富农不吱声。中农随风倒，调皮捣蛋的是一些贫农”。

对方针任务问题。

以农业为基础，工业为主导与第一个五年计划提出优先发展重工业是否矛盾？以工业为主导，又说各方面都支援农业，岂不成了附属部门，如何能起主导？

国内形势问题上还有个较重大的问题，对前几年错误的认识。有的同志说既属于工作上的错误，为什么范围这样广，时间还这样长？工作错误与路线错误的界限何在？

国际形势问题：

东风压倒西风问题。有的说，在目前这个论断是否还合适？说有利于人民方面的发展，现状是否相符？

如何理解东风压倒西风。多数认为，与帝与修都处在同等阶级，如何能说是压倒？

说朋友越来越多。印已进入帝国主义怀抱，非洲有些民主主义国家是支持印的。社会主义内东欧是一帮，我们是一帮，如何能说越多？

《人民日报》社论后，多数同志很义愤。有些同志主张索性直接把赫鲁晓夫拉出示众。有些同志说东欧跟赫鲁晓夫是可以理解的。

多数同志很担忧，说不分裂，事实上已成分裂局面。苏联的和平堡垒已屈服于帝国主义，社会主义阵营已削弱了。有些说，他们是多数，我们是少数、穷朋友，还要支援人，得不到支援。

有些说，产生现代修正主义的历史背景何在？远因、近因是什么？是否由于机会主义的社会基础没消灭？近因又如何解释（如对古巴问题）？反华大合唱为何这时更凶？

知识分子中与赫鲁晓夫观点有共鸣的，说：在古巴问题上，赫鲁晓夫作了明智的妥协，避免了一场核战争。帝国主义动刀，我不动刀，矛盾就缓和。还有些害怕的说：现在社会主义内部闹分裂，中印边界又成僵持局面。如爆发世界大战，我们不好办。个别甚至说：我们是四面楚歌。东有台湾，西有帝国主义，南有印度，北有苏联，关系不好。害怕颠复活动。还有些说：这样发展下去，苏、东欧是否会弄成资本主义复辟，出现第二、第三个南斯拉夫。

10时，即由刘寿祺同志主持，我、时真、聂义生、唐瑛、王树云参加，总结这次访问邵阳专区的活动和工作。由聂义生、王树云、唐瑛等同志相继发了言，讲得过好，未谈及缺点。我从地、县工作等方面谈了几点。旋由刘寿祺同志作了总结（时真、树云均有记录）。

21日

逊夫来，说他们今下午须回省，不能陪我们。准备下午报告，把在长沙所作报告的提纲看了一遍，并作了补充。

下午，为地委机关干部作报告。

晚饭后，与邵阳县委第一书记车任光同志、书记李荣中同志继续谈金称市地下党问题（树云、江明为记录）。最后，任光同志表示，金称支部完全要肯定，个别党员问题另作个别审查。

晚，在地委机关看电影“南海渔潮”。

22日

李荣中同志率松柚区委副书记曾纪松、公社书记冯云辉、石溪大队支书罗传汉、竹塘大队燕富生、生产队长唐一鸣等同志来谈该社增产等情况。

曾纪松谈：现有大队97个，生产队757个，户14470，人50695。耕地85481亩（其中水田72493亩）。丘陵地带，山多陇少。解放前是很穷的地方，土质很差，70%以上为旱地，无水源。“天晴一把刀，落雨一团糟。田泥不沉底，牛下挤肚皮”。“半天看不见太阳”。历年来自然灾害，产量低，常年亩产200斤，好年300斤，旱年颗粒无收，生活水平很低。解放后，反霸土改到互助组、合作社后，生产大大增加，亩产为300多斤。由于自然条件限制，合作规模小，抗自然灾害能力薄弱。1953年全区每人产量不到400斤，卖给国家粮312万斤，国家〔返〕销却为383万斤。通过1958年成立公社，全区掀起大跃进，几年来生产有了大的发展。人产300至500斤。1957年为504斤。1958年人产过714斤。59年全区受旱面积65.2%，长达134天，人产却过833斤，比1957年增加65.2%。1960年为连续干旱的一年，并有虫灾，全区社员战胜了旱灾，保证了丰收，人产过862斤，比57年增产76%。1961年人产833斤（划去部分自留地，加上自留地合计863斤）。1962年集体平均人产817斤，自留地人均62斤，合共为人879斤。

由于粮食增产，家畜禽有大的增长：

猪：1957年6701头。1958年7840头。1959年11078头。1960年降至7042头。1961年10824头。1962年为12540头（茶园公社不在内）。

鸡鸭鹅：1956年户均5只。1857年到8只左右。1962年户平均20只多。

家畜禽为农业提供大量肥料，今年为60万担。

为国家贡献的商品粮，逐年增加。1957年征5169235斤。1958年征9868654斤。1959年征13180000斤。人均卖345斤。1960年征14350000斤。人均卖368斤。1961年12569848斤。人均卖300斤。1962年12380000斤，比1957年增加1.5倍。

总产量：

1957年26604288斤。1958年33200022斤。1959年36286955斤。1960年36990212斤。1961年33300553斤。1962年35967000斤。

经验和体会：区委在执行党的决议上贯彻了民主，首先是区委取得一致，加以贯彻。区的班子固定（十六个委员，大部分为1956年的，情况熟悉。八十五个支书，只有八个为大跃进以来的，其他都是土改以来的老支书，脱产干部），60%为本地干部。

去年春季以来，发现了单干风的苗头。了解后，及时召开干部会、群众会进行宣传，把单干风压下去了。教育后，在群众中进行了四条讨论：①回忆过去单干怎样？②通过合作化的发展情况。③讨论党的政策能不能发展资本主义？单干还是集体好？④坚持集体，在集体前提下搞小自由，明确发展前途。

每次运动前作好调查研究，贯彻指示，每项政策基本合于群众要求。如水利成了群众性的自己的运动（群众不同意搞大水库），区委便决定：社办为主，小型为主。到1960年，全区修成96个水库，内中型1个，有1个发电站，另有一火电站。全都中用、受益。新建、扩建、补修山塘3986个，河壩46处。水利工程占了耕地面积7000来亩。现一般种了双季稻，亩产700多斤。新开荒11241亩，一般不影响水土保持。高处田用抽水机，现6个公社有45台，1086马力。全区水稻面积60%以上能抗旱80天以上。

冬田，过去无此习惯。从1958年开始大冬田运动。冬田比不冬田每亩增加产量50斤左右。因此每年冬田达60%以上。

三光除虫，从1958年开始普遍。因之近年虫害比过去少得多。

扩种双季稻，直至1957年种双季稻面积很少。1958年总结了种双季稻的经验，大部地不宜于复种，乃扩大双季稻。从1961年以来，经验证明哪些田能种，哪些田不能种。今年种双季稻26500亩，平均亩产600至650斤，沿河土质较好地方达700多斤。投入每亩须多施1/3杂肥、化肥须3斤多。中稻平均亩产450至460斤。沿河土质好的地为510至520斤。双季稻每亩须多10个劳动力。

加强社会主义思想教育，坚持集体，没出现单干。但从去年有点单干风，现在还有说，田分不得也要分，一般为富裕中农。坚持集体生产，一般是积极的。社员中有五好社员18540人。其他放弃集体搞个人的很少。观院公社3600多社员中，只有3人放弃集体搞个人。也大抵由于家中劳力多，口粮多。

农业生产层层分工，实行责任制、包片、包队、包陇。春耕准备，一般作得好。靠头年冬搞好肥料。山肥、种胡豆、大麻子，冬肥好。

对干部进行经常教育，防止骄傲自满，进行前途教育。及时检查工作的进行、政策的执行情况，及时发现问题、解决问题。各部门的支援，促进了发展。

当前存在的问题：

1. 今年半产，但生产不平衡，口粮平均458斤，加上自留地为520斤。但有两个大队口粮在400斤以下，54个生产队口粮在400斤以下（一般在370至380斤）。原因是连续水灾，其中一个大队由于领导骨干不强，另15个队由于田少人多（四固定时有些人不在家，下放时回来了）。全区最低的也有352斤，最高的有900多斤（每人产量1680斤）。

2. 少部分干部、社员对以农业为基础，以重工业为纲的认识不足，想搞手工业。

3. 少部分社员，特别是富有户有单干思想，说田分不得地分得，地分不致减产。

4. 水利兴修、配套进度不快。计划28万个劳动日，现只完成8.5万个。

5. 抽水机修配，明年利用存在些问题，受管队负担大。

下午

石溪大队罗传汉同志、燕窝大队唐一鸣同志谈：

石溪大队：户244，人757。水田1305亩，地139亩。从1957年连年增产。

1957年，575000斤。1958年，685000斤。1959年，720000斤。1960年，725000斤。1961年，722714斤。1962年，732000斤。

地区沿河，中间有一条溪，只怕水灾，今年水淹四次。1957年统销了3万斤，1958年统购任务18万斤，1959年25万斤，1960年32万斤。1961年34万斤，另加换购1万斤。1962年25万8千斤。

平均每人2亩地，父辈时也很苦，吃过神仙土、野菜。

生产发展，主要靠水利，现只怕涨大水，不怕旱。

今天主要讲1961、1962年连续水灾又丰收的情况。今年水淹，未倒房(因现在是青砖、板房，1949年淹了很多)，淹地856亩，严重减产。全队共减产120000斤。四次水灾，干部群众都有些悲观失望、垂头丧气。因此，有些生产队长不干了。大队便采取挽救办法，如何平衡生产、增产，争取中稻由去年亩产375斤提高至452斤，尽量恢复产量；增加红薯产量，现已扩大到220亩。

党支部有4个委员，分工3人各包一片，另1人抓经营管理。14个党员，有12个小队有，另2队无。干部一般为土改、合作化干部，1959年处理的部分干部现又恢复了。干群关系从去冬比较密切了。

1958、1959年初大搞钢铁，树木砍得厉害。1个大队烧18个木炭窟，1天须砍树二百多根。从10月到第二年2月，共烧了树最多的三个大山。从前年搞林权下放后，去年特别是今年，竹子生了不少。现能包自已用，解决了一些困难，柴火不困难。

自由市场：1960年冬比较混乱，通过去年整风整社已较好。现由供销社定价格。猪肉卖给社3.7元1斤，买4.2元1斤。食油，每年人供3.5至4斤。专跑投机倒把的只是个别的。杣大队有1人，跑市、省以至新疆、广州，作旱烟买卖。买手表、肥皂回来卖。八十元一块表，卖二三百元。

23日

上午，参观城南桃花洞，为旧城南书院附近，面临大跃进中所筑成之大水库。各山陵遍植蜜桃，皆已成林。春夏之际，桃红遍野谷，绿树成荫，可想见风景之佳丽。洞内有南宋孝宗时□□碑。另“古云洞”摩碑，已泐不可识，据云为唐镌。当有数摩碑在洞内。邓湘皋主修《宝庆府志》均有记载。

下午，为地委机关干部及县委书记作报告，共讲了2小时45分。据谢新钦、王维、曾广庭、张瑞川同志说，“反映颇好”。

24日

上午，由张瑞川等同志陪同参观和平金笔厂。年产80万只，被评为中南、西南各金笔厂中第一者。大量销往东南亚及波兰等国。该厂工人大多为1938年入厂者，除上海来的老工人，已成该厂党政骨干。本地新培养的工人，已能掌握技术。金笔零件，95%已全由该厂自造。

旋参观造纸厂，有职工八百余，年产报纸、教科书用纸等共800吨，为国内规模较大造纸厂之一。原料为稻草、麦秆、蔗渣、新竹等。厂长唐同志为本地人，系由部队转业而来，陪同我等参观，能清楚述说全部造纸过程。

下午，由张瑞川同志主持与祁剧、花鼓戏两剧团的同志们开座谈会。参加者有：祁剧，郭品文、谢美仙、周美仁、蒋桂荪、毛海军。花鼓戏，王佑生、李明珍、陈伯卿。

刘寿祺提：

1. 戏剧的历史性问题。

2. 花鼓戏如何为工农兵服务的问题。

蒋桂荪提：①牛皋毁旨的历史性问题。②古为今用的问题，如“生死牌”、“昭君出塞”一类。③怎样写历史剧？④民间传统能否写成历史剧？（如“白蛇传”有人不承认）？⑤历史语言问题。武则天、战争戏不敢演。

周美仁提：吴三桂与马龙。〔吴三桂〕征东、征西、平北、平南所涉及的少数民族问题。韩愈与佛骨问题。岳飞与杨再兴问题。写唐太宗、康熙，可否夸张虚构。

王佑生提：花鼓戏的方向与风格问题。孟姜女哭万里长城戏可否演？

陈伯卿提：①如何编历史剧？②如何恰当扮演历史人物？③如何用历史观点去看传统戏。

寿祺同志和我讲了话。惜因时间限制，未能畅所欲言。

25 日

偕时真与寿祺及省委宣传部副部长张士杰同志等由邵阳返长沙。临行前参观了邵阳市图书馆、邵阳竹艺厂。

10 时 45 分离邵，下午 1 时抵永丰，在双峰县委午餐。下午 6 时半抵长沙，仍住湖南宾馆 534 号。在距湘潭市约 5 里处，一轮胎爆炸，幸在平坦道上，如在陡坡，便有翻车可能。真是马克思在天之灵。

26 日

上午，去湖南医学院高干病室检查。

下午，由刘寿祺同志陪同去省委看望周礼、谭余保、罗其南同志。秦雨屏因开会不在。

夜观湖北越剧团演出。

27 日

上午，去湖南医学院 16 病室检查（作心电图、抽血验转氨酶）。

下午，去中山图书馆，看了一些宋、元、明善本书。旋即馆长室，看邓绎《云山读书记》稿，颇有所得。邓氏学说确有不少进步的东西。邓之著作，似是多在旅行与活动过程中写的。

28 日

上午，复去湖南医学院 16 病室检查视野，并听该院教授总结［诊断］意见。大意云：脑下垂体瘤还未消失，心脏血压问题不大，未检查出有肝炎病症。

29 日

因昨夜下半至晨 9 时汗未收，本日未出门，拟于明日回京。刘、朱诸同志闻讯来视看，雨屏同时来，坚决表示不同意离长。本日看了省委宣传部送来两份新闻稿，略作修改。

30 日

上午，未外出，改了“关于蔡锷事迹零片”稿及在邵阳师专座谈会讲话稿。

下午，去历史研究所，与该所及博物馆同志熊老（子烈）等，就所提问题谈了湖南文抗会情况。

31 日

上下午均未出门。晚赴省人委参加 1962 年除夕团拜会，夫妇同去。

书　信

编印说明

因年代久远、时局变迁等原因，著者书信尤其是新中国成立以前保存下来的很少。现在有幸保存下来的信稿及搜集到的信件共计89封，绝大多数未曾发表。内容主要为三部分，一、与学术、出版界通讯（含读者）；二、向中央领导同志请示及政务、友人通讯；三、与亲属通讯。现据原信及存稿整理，按致信时间顺序及收信人分两部分编入。另外还选辑了与著者在工作与学术上有较密切联系的领导、师友等的一些来信作为附录编入。

吕　坚

目 录

书信（一）

1　致仲烈

1929 年 4 月 2 日

仲烈：

承询敝刊组织的内容，请看我们复民言先生的那段话就可以知道这一个大概。我们采取材料的标准，预定在第 1 卷内，不问其立场如何，绝对采公开讨论的态度。讨论的范围，已经在创刊号标出来了。很欢迎你来加入讨论。

振羽

4. 2

（《村治月刊》第 1 卷第 2 期）

2　致赵可夫

1929 年 4 月 3 日

可夫：

我们的月刊，完全是试办的性质，承你这样夸奖，确是使我们怪难受的。你的贡献，我们都表示非常感激，以后还请你不客气的来指示。这个小小的刊物，还只出得一期，居然引起全国同志的注意，实在抱愧到百万分。还要和你说的，我因为作了 3 年的武装同志，脑海里那半点墨水都泼散了，只学下一点习气，所以我加入本刊，就不过想偷取一点晨光，来收拾自己一下罢了。

振羽

4. 3

（《村治月刊》第1卷第2期）

3 致冀云

1929年5月11日

冀云：

我现在正是忙着，请你原谅我，暂不作长篇的闲谈。

我现在来参加村治运动，并不是放弃革命，而且认为是革命的唯一出路，我已经看真了村治运动，到今日又比军事工作重要，正如我以前不回农村去运动，而去参加军事工作，完全是一样的意义。所以我自认我的主张，并不是前后不贯彻的，请你原谅。

我们所主张的村治，自然不是单纯的制度问题，最主要的还是学术思想的问题，良好的制度，都是高尚的学术思想之产物，断没有离开学术思想而能产生制度的。所以像中国的农业社会之松懈涣散，自然要运用良好的制度去补救，但还应从学术思想着力，使一举而正本清源，冀云以为何如。

振羽

5. 11

（《村治月刊》第1卷第3期）

4 致华弟

1929年6月4日

华弟：

“青年要立志作大事，不要立志作大官”，是吾党一句最有价值的名言，我们青年都应当奉为圭臬，社会国家和民族的危险，确在于青年们都立志想作大官，不立志去作大事，社会国家和民族的一线希望，也确在使青年们都要以作大事为前题而不以作大官为目的，但是今日的青年们都想作大官而不想作大事的心理之养成，都是由于社会的整个问题，而不是在于一方面的或一部分的问题，是事实逼成的问题，而不仅是思想的问题。现在拿几个事实来说吧，我去年到了北平以后，在南京和湖南的几个有权的朋友，约我回去作官，我觉的不能作事，都被我拒绝了，但是当时连一班平日操守最坚相知最深的朋友，也都不以我为然，说“我穷的要命，还要唱什么高调”，最低也要算是革命的“外行”。我去年岁末到南京的时候，有几个平日定不肯作官的朋友，都为着精神和物质两方面的非常压迫，也都请我介绍到我所认识的几个党国领袖面前去求个小官，并且都能坦白的对我说：“我们都感觉要最低限度的生活保险费解决以后，革命的意志才能坚定呀！几个比较有名的革命同志，谁不是这样呢？”两个月以前有个朋友从南京打电报给我，嘱我请某领袖替他打电给中央某要人，保他某种要职，他怕我拒绝他的请求，同时又给我一个快信说：“不取得政权，而言救国，终久还不免成为空谭，人之能力，亦均不过尔尔，吾人何一不如人家，面自贬至此，我再三思维，证明你的主张不仅是落空，而且是错误……”这些事实，大概都是你所知道的，难道你能够去说他们是思想的错误吧，总只应该说他们是受环境的逼迫和社会的引诱，但是我所注意的，就是像他们这些从来都不想作官的朋友，现在都不惟想作大官，连小官都甘愿去作了，而且作官的目的，有些是想借着机会去解决自己生活的保险费，有些就为的要和作官的朋友去较量能力高下，这还不算是环境的压迫和社会的引诱？所以要想转变青年们这个心理，就要把这个社会和环境整个的改变，使青年的精神有发展的出路，青年的生活有固定的保障，人员的任用有正当的出途……这样一来，一切投机和侥幸的心理，才可以根本消灭。不然，单靠宣传的工作，去向青年说些空话，断不能取得他们的信任。譬如像前面所说的我那些朋友，他们并不是不了解这个意思，而且都有伟大的怀抱和深刻的了解的，谁还能拿这些话去向他们说吧。但是自立立人，我们自己切不要受环境的支配和社会的引诱罢了。

振羽

6. 4

（《村治月刊》第1卷第4期）

5　致谢宠泽

1929 年 8 月 12 日

宠泽同志：

你的问题，我只能作简单的答复，因为详细说来，至少也非十几万字不可。

（一）日本国内的生产，在今日的形势，确实不能满足其本国的需要，因此我曾经说过，日本的满蒙政策，实关系其国家的生死存亡，无论何党何系当国是万难轻易放弃的，（二）我们的革命自然不是转移压迫式的革命或嫁祸的行为，而要彻底消灭帝国主义，实现大同世界，（三）帝国主义消灭以后，自然要为全人类求生存的出路，这些问题我都认为有答复的必要。

在还没有正式答复你的问题以前，应该先有几点不可不说明的地方，（一）帝国主义对于弱小民族施行侵略，自然他们常发生利益的冲突，但是对于弱小民族的反抗运动，就成了彼此连环的势力，（二）三民主义革命的意义，可以分为三个步骤，（1）中国民族自求解放，（2）扶助全世界各弱小民族谋解放，（3）帝国主义消灭以后，则与世界各民族，共同建设平等大同之世界，（三）三民主义革命的对象，是限于帝国主义国家内之少数者的特殊阶级或压迫阶级，换言之即限于其抱侵略主义者，并非包括其整个民族，对于其民族内部之被压迫者，不仅应予以深切之同情，而且应予以积极之扶助。

就我们革命的步骤说，无论在第一个步骤或第二个步骤，所遇的对象都是帝国主义的连环势力，如果单独靠一国的力量去和他们奋斗，是绝对危险的，所以革命的势力范围，也应该急切的去扩大起来，扩大的办法，就是以三民主义为原则，组织弱小民族国际与西方无产阶级同盟，对帝国主义一步一步的作整个的击破，这样一来，帝国主义在华的一切势力，自然容易根本消灭，帝国主义侵略的方向，纵然想转移也无从转移，总结的说，这就是彻底消灭帝国主义的方法。

关于你的第二个问题，日本国内生产的穷乏，并不是绝对不能靠自国维持其国民的生存，而是绝对不能靠自国维持其帝国主义的发展，他每年拿许多有用的土地不去种植食粮，拿许多有用的原料都消耗在无尽的奢侈品和军用品方面。我听说日本竟把每年国库的收入13亿元的全额半数用在军备，若拿去补足国民的生活，当然便不感什么穷乏了，并且我们所要打倒的是他们的侵略主义，在由帝国主义统治的世界，过渡到大同世界的程途中，并不是说连通商都要拒绝（大同世界实现以后，当然便没有今日这种商业行为），所以世界各处的生产品，自然还可以借通商来调剂，再进一步说，以现在全世界的生产，供给全世［界］的人们的正常用途，离山穷水尽的时候还远呵，最远的将来，或不免因人口的增加而发生食粮缺少的问题，但是，我相信科学的进步，必有调剂的方法，不过像我们今日这样浅薄的眼光，看不出来罢了。

振羽

8.12

（《村治月刊》第1卷第6期）

6 致罗青[①]

1930年8月14日

罗青君：

我很感谢你对于我那篇《障碍问题》提出讨论和批评，我并惭愧的感谢你对于我的赞许。像你这样肯注意问题的研究，更不禁令我感受无限的同情与欣慰。从我发表那篇《障碍问题》后，曾收到好几封向我质疑的信，并且还有好些朋友当面来和我讨论；但是他们在大体上对我的主张都表示承认和同情的，所以我认为都没有公开答复的必要，你肯从我所抓定的前提去考察，我便认为有公开答复的价值，并借以答复曾经和我讨论过的朋友们。

但是，罗青君！我把大文再三阅过以后，觉的你对于我的原文的意义，不免有一种忽略，并没有去切实体认，这个我想并不是你不能了解我那篇浅显的文字的系统精神，大约因为你事情太忙的缘故。在你的大作里面，关于申述的部分，在拙作原文中大概都说过的。关于你对原文批评的部分，大概又都是错认了论点，忽略了我所提出的问题的核心，譬如“军事”和“政治”是经济

① 编者注：刊发原题目为答罗青，以晨光署名。

的上层结构，我在原文中曾再指摘过的——我所以把它特别提出来作成问题，是因为在已往的过程中，“军事”和“政治”在经济的掠夺上面，各表演其显著而特异的角色。这一点，被你仓忙中所忽略了。又如我曾再三指摘“知识”和“道德”不是原始就存在的问题，而是私有制度社会里面的特产。但是经过私有制度社会长期的发展，已经由后天而成了“自然”，所以把它都看作“天然的障碍”，乃是一个事实，这一点，也被你忽略了。关于你对于原文引申的意思，有好些处，不惟不是原文的意思，而且恰恰还同原文的意思相反，譬如“知识悬殊”的问题，原文的意义，是说在新旧社会交替的过渡期中，如何去消灭知识悬殊的痕迹，避免某种可能的危险，你反说我认知识悬殊的问题，在未来的新社会中也不能解决。诸如这些和原意相反的部分，我当然不能负责。总之，在大作里面，我认识你的思想，是有走入唯物论的出发的倾向，这是我非常欣慰的地方；然而认识不真，还不免多少主观和矛盾的错误，这也许因为你为行动而无暇于理论的研究的缘故。我匆匆就要离平，对于你的来信，无暇详细讨论，简单的答复如下：

1. 关于人为的三个障碍的问题：你根本否定军［事］的威权和政治的威权是进化的障碍；你承认经济的威权是进化的障碍，但同时又否认它是人为的障碍，而归之于所谓自然。

关于后者，你所持的理由是：“人本身就是自然的一部分，自然的一种产物……他本身的一切活动，实际上是脱离不了自然的一般法则支配的”，“我以为这一种建筑于在生产行程中受支配于客观的自然律，而形成的生产关系与经济关系上的所谓经济支配威权，即‘经济威权’，只能说是出现于某一种状况与时期的必然的反动存在，而不能算之为人为的障碍”。自然，你自己不承认是一个机械的“宿命论”者，实际上你已堕在机械的“宿命论”的圈子里！人类的一切精神意识，自然是受“自然”所支配的；但是“自然”又不断的受这个人类的精神意识（自然的反映）所克服。换言之，人类的精神意识，永远受物质环境所支配；物质环境一变动，人类的精神意识也随之变动；变动的结果，生产技术和生产关系都随之改变，这个——生产技术和生产关系——改变，又是人的受自然环境所支配的精神意识在那里“动”的结果。这一个“动”，就是所谓社会是“动体”的那个“动力”所在，也就是所谓“人为”。照罗青君的意见，则今日的资本主义社会即使我们不革命也自然有自行崩溃的一天，然而我们今日的革命，岂不是多事？岂不是违悖自然的法则？辩证法的唯物论是这样的机械吗？这是应当请罗君注意的一点。

关于前者，你所持的理由归结起来不外是：“封建时代，其原因绝对为人口过多与土地不足而引起战争（?），而就其表见的作用说，是在于攫夺土地，抵抗强敌，总之其根本动力，不外是一个“经济的要求”……军事威权在这时期，不仅不是发展的障碍，反而倒成了发展上的必要手段了……我认为军事的威权，纵然特别的显著的表见于封建时代，可不是那时社会发展的障碍，所以晨光君指军事的威权是封建时代社会发展的人为的障碍，便不能成立。“就政治的威权表见于专制时代的场合说：……就其作用言，是捍卫国土，安定生产，联系异族，总之亦不外是一个最根本而最大要求的‘经济要求’的体现。那么……所谓政治的威权，在此时期，不仅不是什么社会发展的障碍，实际反为繁营的掩护了……所以政治的威权虽然特别的显露于专制时代，都不是此时代中社会发展的障碍，因此晨光君指政治的威权为专制时代社会发展的人为的障碍，便不能成立。”在这里！应该有请你去翻读原文的必要？（一）我在原文中曾再三指摘过：“封建时代以军事为掠夺经济的手段，在专制国家时代，以政治为掠夺经济的手段，”“在封建社会时代，封建君主是军事的威权者兼政治的威权者，同时也就是代表社会经济的威权者，不过表面上只见出军事的威权罢了。到专制国家时代，国王是政治的军事的威权者，代表社会经济的地主和城市商人手工行业则结合在统治阶级里面，不过是为其从属，所以表面上只见出政治的威权来”。同时我在图解中又把每个时代的经济关系和社会的基础——经济——都指示的明明白白，还不像那样说的单纯，社会的一切结构变动，都是“经济的原因”这点常识，谁也不能否认。不过在军事的立场上行使剥削的统治阶级，我们当然要认军事的统治阶级为革命的对象；在政治的立场上行使剥削的统治阶级，当然要认政治的统治阶级为革命的对象。这个罗青君也能否认吗？其次，我之所谓成为障碍，是有一个界限的，并不是说，军事横在封建社会的原始及终的期间都是障碍，政治横在专制国家时代原始及终都是障碍，而是说，“中古封建社会一成了进化的障碍，便由其内部孕育反对面的资产阶级革命；此理在资本主义社会又成了进化的障碍，其内部也正在怀育着反资本主义的社会革命”、“结果，后者被前者牺牲（反对面和障碍面……补注），社会便得到一个新的进展；或者后者和前者同被牺牲，社会也得到一个新的进展。可是代起的新的势力，不久也同样成为新的障碍，社会内部又同样生出新的反对面来”。这些进化的事实，罗青君也能否认吗？只要是真正的唯物论者谁也不能否认的。如罗青君所说，则现代的资本主义社会，也负了进化过程中一个阶段的使命，也的确对于人类文化作了不少的供（贡）献，然而到今日也不能把物看作障碍吗？总之，罗青君在这一点，一方面没有找着原文所指出的问题的核心，二方面却替自己制造了不少的矛盾。罗君又说：“单就军事一端来说，假定它在某一时期扩张起来，以至于冲出了国界，势力所及，侵略到其他的国家或民族时，假定这一种的‘扩张’是一种‘障碍’，然在其国内或被侵略的一方面看来，实际上并未扩张。同样的理由，也可应用到政治与经济上去，所以晨光君所谓障碍的扩张性是不成立的……在各级社会中所表见的程度的不同的一点说，这只是纵的发展与质的充实，而非横的扩张与量的增长”。在这里，我更不知你说的是什么？我推想你的意思，大概是说在进化的过程中所发现的压迫阶级和被压迫阶级常是原封原样的东西，可是这虽然有一个共同的性质和形势的核心存在，然而便不能说没有形势的扩张。举一个例来说吧，在现代的资本主义社会，障碍面的压迫阶级，形成了一个国际的营垒；反对面的被压迫阶级也形成了一个国际的营垒。拿去和封建时代比较，不算是扩张了吗？

再次对于这三种威权在各时代的从属关系：关于封建时代，罗君一方面承认军事在这时代占优势，是特别的表演着；他方面又说三者的关系实际都非常含糊。这又是你自为矛盾了呵！罗君又说在这时代是真正的“三位一体”的存在着。罗君，大概因为你受了连环先生的影响，所以你肯抹煞这三位的主从的关系。关于专制时代，罗君只武断不承认军事与经济从属于政治，并说所谓政治的威权，不过是剥削阶级加上一层堂堂的铠甲。可是，在专制时代，城市商人手工行业不是从属于政治的统治阶级吗？地主的经济利益不是隐伏在政治的体内吗？好朋友，我们不要推翻历史的事实吧？

我归总要请罗君注意的：你既自许是科学的社会主义者，便应该要认清“社会的经济结构”这个“经济”的意义和通常在经济学上所谓“经济”的意义，它们是有“广义”和“狭义”的分别的。同时在这个经济结构的社会内部的社会威权者，是些什么？军事、政治、经济在那一种程度和情势里面，才被我们认作威权？

2. 关于三个天然的障碍的问题：你对于“知识的悬殊”和“道德的反动”，一方面根本否认它是到达大同共产社会的障碍；二方面又说它不是天然的障碍；

对于民族的界限，一方面承认是天然的障碍，他方面又误解原文的意义。

关于“道德的反动”和“知识的悬殊”不是障碍的问题：你所持的理由是：“晨光君一面承认知识的悬殊是私有财产制度及阶级社会的产物，一面又认为纵然推翻了私有制度的阶级社会，而知识的悬殊仍不可免……在我以为，知识的悬殊无论如何，定可在私有制度和阶级社会消灭，与社会主义之完全遂行的过程中，而逐渐消灭的。”“晨光君与上面表见了同样的矛盾，就是一方面认［为］“人类的道德概念，是依随于其物质境遇而决定的，人类道德观念的歧异，是私有制度社会的结构里一种必然的结果，也就是私有制度社会的一个特征”。又说：“然而私有制度社会摧翻以后，这个问题就得了解决了吗？不！”他的理由是：“人们这种等量不齐的道德观念，经过私有制度的长期薰染，已经由制造而成了自然”，所以不容易打破（请问罗君，谁说“不容易打破”）。换句话说，就是晨光君认道德观念的歧异，虽然发源于私有制度的社会物质环境的矛盾中，而其根株，则永植于人类的意识里（谁说“永植”，请问罗君），不因私有制的破灭而消失（谁说的，请问）。这种说法，简直是唯心论者的论调，不像一个所谓社会主义者的口吻。”“科学的社会主义者，或一个真正的唯物论者，他认定人类的意识与行为，绝对是受一定物质环境的决定，物质环境一经转换，则其固有的造成其前此之意识与行为的经济条件，与社会基础已失，结果，其意识与行为，亦即立刻消灭。”“民族的界限，却是一种天然的产物……可是谈到道德和知识这两种东西，凡稍有科学常识的人，都认它是人类的一种精神的产物。”在这里，罗青君，我简单的向你提示，你又离开我所说的问题的核心了。我所说的，是由私有制度到大同共产社会的过渡期间的问题，在这个过渡期间如何去消灭这种“已经成就了的一种人为所谓天赋悬殊的结果”和“成了习惯和自然之后”的差异的道德观念。我不仅没说它不能消灭，而且说要如何去消灭。这是将在私有制度社会推翻以后和社会主义社会没完全实现以前的过渡期间应该不能忽视的问题。到社会主义完全遂行以后，这两种东西便失去了存在的依据，这不仅罗君你有这个常识，就是稍微了解点革命理论的人也都有这个常识的。所以你在这两个问题的讨论中，除去拉拉杂杂把原文所说过的又当作你自己的话去重述一些外，就都和我原文所标出的问题，牛头不对马嘴，所以我认为没有指论的必要。

其次你所指摘的这两种障碍不能归在“天然”的范畴里的问题。罗青君！

自私有制度社会之发生一直到现在这个长期的时间，人们因所处的经济境遇的不同，而裂成了悬殊的等级——由于后天的制造而成功了一种身体发育不齐的等级的结果——这个你也肯否认吗？一个真正能正确的了解唯物论的，绝不致发生这样浮浅的错误的。

关于后者——民族的界限——你的最主要的意思，是说我只看到经济的“进化”的过程，而没有看见经济的“同化”的过程。你对于这个问题，又犯了那个同样没有摸着我所指出的问题的核心。罗青君，我不惟没有忽略经济的“同化过程”，而且原文的根本精神，就在研究如何去“同化”，以解决经济文化程度如许差异的社会而达到一个齐一的统合的境遇，到“世界王国”实现以后，这个问题当然便随着消灭了；但是在世界革命发动以后和“世界王国”实现以前这个过渡期间，是怎样去进行“同化”呢？是怎样才能“同化”呢？“同化”的条件是怎样一些什么？罗君你根本便没有注意到，因此你才发生没有找着我的原文所标出的问题的核心的错误。

关于反对知识阶级的问题，我所说的就是不要因为反对知识阶级而忽略知识的存在，同时也就是说，在革命的进行中所提出的反对知识阶级那个口号的内容里，应该要把社会的一般的知识分子从士大夫本色的知识阶级和资本主义那个思想的体系的知识阶级中分别出来。换句话说，就是一方面反对障碍进化的士大夫本色的知识阶级和资本主义那个思想的体系的知识阶级，是一种消极的办法，他方面我们尤当如何去提高社会劳动群众的知识程度，才是积极的办法；再方面，应该把迎上进化途径上的知识分子从障碍进化的知识阶级中择别出来，以避免可能的流弊。罗君你并没有了解原文中的这一段意思，就费了一大堆话，这也许是我原文太简略的原故，应当请你原谅。

罗君！我倒不是“把道德看的超越了时空，太过神圣化与神秘化”，我倒不是受了资产阶级的学者的思想的麻醉的替他们辩护：我也没受过什么无政府主义的影响，也没有什么未去尽的封建思想的渣滓和唯心的地方。但是，你从什么地方看出我有这些思想的渣滓存在呢？自然，这自有个人的思想和行动去表见，并且我还应该请你注意，你的全部思想，都有唯心的倾向。在大作中，到处可以发见这种不良的倾向，譬如你说只要到了大同共产社会，一切问题都可以消灭了，自然我们谁都承认的，但是如何才能到大同共产社会呢？只知凭玄妙的臆想，说大同共产社会是极乐世界，而不去研究到大同社会的途径和一般的条件的，这完全是无政府主义者的主观的玄想。所以我说你根本忽略了“世界王国”之实现的一般的条件而只是在那里和无政府主义者作同样的玄想。其次，你说我看重了国家和民族，不知你又从什么地方看出来的呢？还有许多你所虚构的而当作我的意思看的部分，在原文中没有那样的意思的部分，恕我不置答复。

3. 关于现代的革命问题的：关于革命的阶级的分析，罗青君不承认在帝国主义国家内的兵士是相对的压迫阶级，以为都是绝对的被压迫阶级。但是你同时又说，“兵士完全是资本阶级所拳（豢）养的鹰犬和工具而已。就他本身言，并没有一个独立的阶级立场阶级意识与阶级利益，他完全是以压迫阶级的立场为立场、意识为意识，以压迫阶级的利益为利益的。他既没有生产手段，又不能去直接剥削或随自己的意思而压迫工农群众，所以正确的说来，他简直同样的是一个被压迫阶级（大多数是流氓无产阶级）”。你这一段话，又不免自为矛盾了！我之说他们是相对的压迫阶级，是说“当他们作了资产阶级的压迫工具的时候，便又成了相对的压迫阶级了”；也正是如你所说的，当他们以资产阶级的利益为利益、立场为立场的时候，他们便成了相对的压迫阶级。同时正因为他们本身是脱离了生产关系的流氓无产阶级，所以说他们“本身原是被压迫阶级”。我又说过，“随着其物质境遇的转变，一方面是相对的被压迫阶级，他方面又是相对的压迫阶级。罗君因为害怕失去农工群众和士兵间的妥协，——自然，我们不能把流氓无产阶级放在革命战线以外——便连这些事实也不敢说。这未免是一种滑稽。自然，只要士兵不作资产阶级的工具的时候，他自然仍可被看作革命的阶级的。罗君对于在殖民地半殖民地阶级的分析，不承认民族资产阶级和封建官僚是相对的压迫阶级。他们不肯为反帝而牺牲其阶级的利益和地位，是原文所再三指摘过的。但是就可以因此而抹煞他们反帝国主义的要求和他们被帝国主义压迫的事实吗？你一方面也承认这个事实，一方面又否认他们是相对的被压迫阶级，这又是犯了一种不可原谅的矛盾了。自然他们是压迫国内农工的阶级，而成了革命的对象，所以说他们是相对的压迫阶级——是相对于革命群众而说的——这是在原文也再三指摘过的。你说“绝不能囿于狭隘传统的民族观念，而应无姑息无感情的对付这些”。但是你在何处发现谁有这个狭隘的传统的民族观念呢？你又否认大地主与土豪为相对的压迫阶级。你所持的理由是：“有些活动能力较大的豪绅，甚至将和一二大小军阀发生关系，因而能直接、间接的支配地方政治，形成一种很大的反动势力。”“在政治上、经济上，更显然的是劳苦群众的死敌。”“晨光君认他们为相对的压迫阶级，未免太便宜了他们了。”正因为他们在政治上、经济上是劳苦群众的死敌，所以我说“大地主……相对于农民说……他们是一种相对的压迫阶级”，换句话说，他们在相对于农民的方面，是一种革命的对象。但是因此就可以连他们受国际帝国主义和统治阶级的压迫的事实，也要抹煞吗？这都是没有正确的科学的理解力不能深刻了解科学的革命理论的人们，才肯是这样说的，才肯发出这样单纯情感冲动的直观的武断的论调。这种热烈的情绪，虽然值得赞许，然而因此会要发生的可能的绝大错误的。关于小资产阶级，你一面说“他们是资产阶级的后备军，是反革命的可能者”，他方面又承认他们因经济境遇的变迁有革命的可能性，然而你同时又否认他们是相对的压迫阶级。你这些矛盾，大概是由于太迷信了“农工小市民同盟”的理论所致的吗？

其次关于你所提出的所谓阶级的比较：第一点，你所指摘的是我所说的“就半殖的民说，因为阶级性的复杂，所以阶级的存在也并不显明”的那句话。然而，罗君！我明白的向你提示，我所谓阶级性，并不是像你那样看的神秘，是说从事于生产种类的阶级的性质。因为生产的组织的性质的复杂，所以阶级的存在也是比较复杂的不显明的。假使你明白这一点，你便不致把阶级性看的那样神秘不可思议，便不致费了那一大堆的话了。第二点，你说在帝国主义的国内，农民和工人所发达到一致的阶级意识了，在殖民地和半殖民地到还没有达到一致的阶级的意识。可是，罗君事实上，在资本帝国主义国家的农民（指贫农说的）和工人有发达到一致的阶级意识的客观的可能，并且正在不断的开展着，这是我已经指述过的；但是你说他们已经形成了一致的阶级的意识，这是从资本主义国家的农民和工人斗争的事实去看，是不能符合的，纵然有些部分，发现农民和工人之统合斗争的事实，这只能认为是正在开展的过程中的现象，而不能说就是全部的事实。在殖民地半殖民地的农民和工人还没有达到一致的阶级的意识，也是一种事实。大概因为在我的原文中“所以农民和工人所受的政治和经济的压迫，则有共同的意识的发达的可能，因为他们同是经济压迫和政治压迫下的绝对被压迫阶级”那句话中，由于校对的错误，把“则有共同的意识的发达的可能”一句中的“的发达的可能”六字漏去，致引起你的误会。这是应向你和一般读者道歉的。

再次关于你所提出的所谓革命性质的比较：你根据我所说的“民族内部

的各阶级都有一种解放的要求”那句话，你便引以为说，“那末，殖民地半殖民地的革命，一定是多阶级的革命，在整个的战线上，包含民族资产阶级小资产阶级及工农群众的复杂的成分，其结果，则不符合了所谓历史的事实，由资产阶级作领导，成功以后，一定涌现出一个欧美式的资产阶级当权的民主国家”、“晨光君所主张的名虽未立而实则相同的”“全民革命”这条路，是绝对不应走而且是不能走的”。罗青君！在殖民地半殖民地“民族内部的各阶级都有一种解放的要求”（不过有程度上的分别和阶级利益的不同，这是原文说过的），不是一种事实吗？如果是一种事实的话，这就能算作我是主张“全民革命”的根据吗？能算作我是主张由“资产阶级去领导革命”的根据吗？你为什么不把我下面这些话理解一下呢？“民族革命的初步意义，一方面是民族的革命，消灭国际的不平，二方面是政治的革命，消灭人与人间之政治权力的不平，三方面是经济的革命，消灭人与人间之经济地位的不平；（经济革命的手段，则有一个目的的两个方面：一个是革命政权握在革命民众的手中，强迫资产阶级在共同革命的原则之下，牺牲其阶级的利益或为阶级的让步；一个是革命的斗争）。换言之，就是不仅不使世界上有强国和弱国的存在，而且不使社会内有贫者和富者的阶级统治者和被统治者的阶级之存在。然而这三种压迫势力都是以经济为其基础，所以这三种革命，也是以经济为立场的。因此，三种革命的同时举行，是社会革命之事实的三方面，而不是这三方面所合成的革命。但是这三方面之任何一方面，都是不能以妥协的方法去解决，则是事实”。罗君！你现在可以明白我的主张了吗？

更次关于你所提出的革命战略的比较：关于这点，你根据你对于我所提示的所谓革命的性质的误解，因此便引出你更深的误解。致你所批评的全不对题，恕我不答复。至于所谓你的意思对殖民地半殖民地革命的战略：有些处在原则上并没溢于原文的指示以外，有些处，就还有待讨论的地方。但是此处为篇幅所限，恕我不加指摘。

末了，罗青君！我写那篇障碍问题的时候，曾经声明我发表的动机，是“在提出几个新的问题给大家来讨论，也许讨论的结果，可以解决我的疑问”。所以我是要求大家的讨论来解决我的疑问，便是我的诚意的要求。所以你肯来和我讨论，是我所感激的；你没有拿着我所提出的问题的核心，又是我最失望的地方。然而，你总能算是前途最有希望而值得我同情的一个人。祝努力！

晨光

8. 14

（《新东方》第1卷，第9期，1930年9月出版）

7　致王献唐[1]

1934年6月2日

献唐大兄先生道席：

弟两月来因有两班学生卒业，须指导论文颇忙，以故承贶《汉魏石经残字叙录》及大函至今未复。歉歉。前承尊函论证古彝中文字为镌为铸之见，弟觉至为重要，已将该段文字引入拙著第二册中。拙著第二册月内即可付印。贵馆所藏春秋及战国时代之齐、莒、郑、秦、周、晋、魏、燕等各国钱币，弟拟请兄为拓影（择其可靠者）赐一二帧，用以拓入拙著等，管见请尤望曲谅也。弟拟于拙著脱梓后约在8月内赴济访兄（前借之书亦拟于此时带还），盖有许多问题请益也。匆此。谨叩撰安。

弟　吕振羽谨启

6. 2

（山东图书馆藏）

8　致王献唐

1934年9月29日

献唐仁兄先生道鉴：

前缄想入记室矣。弟因内子产期须在10月。因之年内能否来鲁承教，尚

① 编者注：王献唐（1896—1960），著名图书馆学家、考古学家。1929—1948年曾任山东省立图书馆馆长。

不敢定。现在北平图书馆已承为辟一特别研究室，知注特告。惟弟现颇感问题愈来愈多，因而愈不敢轻率从事，几度想驰缄请益，甚恐先生无暇耳。承云赐赠贵馆钱币拓帖一份，不卜可否于年内赐寄？北大罗庸（膺）中先生对中国古史有甚深之见解，不卜先生知此人否。弟意以为可引为同志。专颂道祺。

小弟　吕振羽谨启

9. 29

（山东图书馆藏）

9　致陶希圣

1935年2月17日

希圣先生：

《食货》第5期“编辑的话”提到弟之《史前期中国社会》。弟对中国社会史何敢云研究？几年来纯系感觉这一问题的重要，须赖多数人的集团工作始能有初步的完成——这在我是这样相信的——所以才大胆的来尝试。

但是我为什么又那样大胆的单独来写《中国社会史纲》呢？那是由于我认为这一问题有急切解决的必要，万不能把这一工作“留到我们的后辈”去作。因为我们从事这一课门的研究，并不像老先生们玩弄词章一样在作为消遣，也不是像从来的文人一样的期于“藏诸名山”；而是为解决民族出路之一现实的任务上的问题。这在您当然有同感的，用不着赘说。因而我认为中国社会史研究的工作，为使其提早完成，在目前，至少方法论的探讨、史料的搜集、系统的书写，有同时进行的必要，故我以为系统的中国社会史的著作，无论其正确与否，至少对问题有相当的补益，出版的愈多愈好。我之写《中国社会史纲》。便是由于这一点意见。这是我的坦白的话。至于较完满的中国社会史的著作，在文化水准低下，与中国社会史研究之烦杂，相对照情形之下，非有集团努力是难有可能的。

惟其因为这一问题的烦杂，所以相互的批评，我认为是相互交换意见与暴露错误之最好方法；易言之，这是我们接近真理的最好办法，——尤其是知识分子的我们。我对您以及对其他许多学者的意见有所批评，便是基于这一觉悟之上的。您只注重积极的“立”的工作，似乎未免忽略了消极的“破”的意义。其次关于方法论上的问题，我认为我们对世界史的知识，有要求进一步的丰富的必要。当我读到《读书杂志》里许多关于中国史的论文时，每每看见有许多本是世界史上一般存在着的问题，而被人特别的夸张，作为中国史的特殊形态去夸张，这不能不归咎于世界史知识之缺乏。因而在《食货》里似乎应该加辟世界史料一栏。

在另一方面，我拜读了《食货》所载关于魏晋南北朝经济性的各篇论文，甚佩服执笔诸先生史料搜集之丰富，和技术的娴熟。但以之确定魏晋为中国史由奴隶制转入封建制的时代，南北朝为中国史之封建主义下的庄园经济时代，——在这一点上，我觉得应该从内的矛盾之斗争的统一，和外的矛盾之对立诸关系上去作全盘的把握。因为南北朝的经济组织，是由两种社会的原理结合而成的。所以不仅南朝和北朝迥异，即在北朝的社会内，我们一方面看见有庄园式的组织，另一方面却又有土地之在封建关系为前提的条件之下“自由买卖”的事实之存在；同时在庄园式的组织之上层，又有一层非世袭的“郡守县令”之官僚系统的组织存在。这似乎是不应忽略的。虽然，这问题确实太大了。然而《食货》的意见，似乎不应太统一化了。

再次，关于形成历史的外的矛盾诸关系的地理等条件，虽然能给予历史本身以特殊性，然而并不能改变那作为其根基的内容的矛盾诸关系的发展的本质。这在中国史上“南北朝”、“五代”、“辽金元”也是如此。在这一点上，我认为您把方法论的探讨与史料的搜集作为均等的重要的意见，是完全正确而必要的。

弟　吕振羽

2月17日

（《食货》半月刊第1卷第8期）

10　致中华书局编辑部

1936年8月11日

编辑先生台启：

敝人现有《中国政治思想史》（约35万字）、《殷周时代的中国社会》

（约18万字）两稿，原由讲义增减补充成书。兹特寄上目录各一份，不卜贵局愿否出版是项书籍。贵局如愿出版，敝人只保留如次之两条件：一、版税百分之二十；二、能定期印出——因拟采作下学期教本。如贵局不愿出版，则请寄还目录。又当预先声明者，拙著系采取较新之方法论而书写者。

专此撰安。

吕振羽启

［1936年］8..11

（《现代名人书信手迹》中华书局1992年1月版）

11　致程子华、赵毅敏[①]

1946年3月4日

子华、毅敏同志：

几次想去和您［们］谈，因您［们］太忙，不便去浪费您［们］的时间，分散您［们］的精力，因此作罢。

我对冀热辽目前的工作，有以下几点不成熟的意见。这或者是您早就见到的，或者是幼稚的、错误的，但我觉得应向您［们］说出来才安心。

（1）蒙古民族问题，就我所闻知的材料，还不够提出一种成熟意见的程度；但我觉得是相当严重、相当复杂了。听说他们正在大擂大吹的搞独立运动，并和东北局、红军、西蒙、重庆、外蒙各方面上层接头；同时在命令汉人迁移。按照目前的情况和东蒙自己的条件，闹独立是不够条件、不合时宜的，实质上可说是反动的，很易为国民党反动派所利用，甚至很可能已有国民党的花样在里面。同时他这样便将酿成蒙汉间的严重矛盾，并造成一些蒙古青年的过“左”倾向——像钦格勒图样的青年，已有着一种轻汉的倾向。若不及时防止其歪曲的发展，便不仅使我无从背靠外蒙，而且可能成为一个很麻烦、很严重的问题。因此，我认为目前一面急应多方搜集材料，加以研究分析，掌握其全部具体情况，决定方针；一面急应与东北局及苏联红军对这个问题上取得

① 编者注：程子华时任中共冀热辽分局书记、赵毅敏任副书记。

联系，以求得步调一致；一面对其上层分子，分别加以争取、孤立和分化；一面选派蒙籍干部深入到蒙民里面去，进行耐心的工作。为进行这项工作，我觉得分局或热［河］省委有成立这种专门工作的部门的必要。

（2）目前热东的情况，听说我们在朝阳、凌源、建昌的工作已全部撤退，反动派已建立起区乡政权；我们已决定用武工队等方式回去活动。同时，反动派利用其条件，自己运粮去，不吃老百姓粮食，并宣布免征一年田赋和二五减租，又相当注意其正规军的纪律。这在他们虽然不可能长期这样下去，但老百姓目前是能被欺骗麻痹的，对其目前和我们的斗争，是能起些作用的。而我们却非吃老百姓的粮食不可，减租减息也还没作。因此，为恢复和开展我们在热东的工作，用武工队等方式回去活动，我认为是很好的办法。同时为适应当地的具体情况和条件，我并以为一方面应调整机构，把地委一级的党政军机关，合并为一个短小精干的机关；县以下的各级党政军机关，均包括于武工队里，随同活动，并严令其须在该县的范围内坚持。难道土匪能在各种地区存在，我们反不能存在？此外我们也可以用土匪的形式去和反动派纠缠，使他不能自在。一方面，在目前财政特别困难的情况下，我不知是否还可以想些办法，如从围场等地方去搞些大烟土，去接济热东，尽可能对粮食给些代价。如果能作到就更好；万一作不到，就只有尽可能减少对老百姓的需索和加以耐心的解释。

（3）目前反动派所制造的反苏反共运动，是带有群众性的，我们丝毫不应忽视，所以中央党报连续发表社论去揭发，并一再把被欺骗的学生与特务区别开。在热河，如在铁路员工和军政干部学校的学员里面，已引起一部［分］人在思想上的共鸣。虽经各该机关负责同志的解释，仍没有消释他们的疑团。这还是摆在我们面前的有组织的群众，在其他一般群众里面也很可能有这种情形。我看，这在一方面，可能由于有坏分子和国特在暗中煽动，一方面是由于解放热河的红军，因个别纪律问题所留给群众的一些印象。为此，我认为我们急须讲求和布置一个具体、普遍、深入、艰苦的解释工作。

（4）此间中上层的社会人士和伪职员、教员，大多还与我们相当隔膜，这种现象是须要改变过来的。我认为不管怎样，须和他们打通声气，该争取的争取他，该中立的中立他，该麻痹的麻痹他，才是于我有利的。如道德会长佟宝霖，在热河有相当影响，周围有一些群众——特别是孤儿和孤儿出身的；同时，他过去也作过一些坏事。我们把他摆在一边不睬，长此下去，他便可能走到国民党方面去。我认为对于这种人，一面应和他适当的联络，并从中去争取其群众，一面则警戒他利用和我们的关系去麻痹群众，使群众迷失方向。这不过是一个例子。因此，我认为我们应开展统战工作，甚至有建立这种专门工作部门的必要。

(5) 适合目前的工作需要和财经情况，现在进行的各机关人员的精简，与机关的裁并与缩编，我认为是十分必要的。我认为如救济委员会，第一个阶段的工作已经结束，目前便没有单独存在的必要，只须用一个秘书，一个干事，附设于热省府内，由李［运昌］主席兼管；将来如为着工作，必要时再扩大组织。如文联，既已有一个建联，就不必单独存在；就其工作内容，作为建联的一个部门已很够担负起来。市联是否必要，也值得考虑；市的各种群众组织，是否直接由市委领导也可以，我的意见不成熟。如承德市政府，所辖还不到六万人，所居各局（除公安局外），一律缩编为科，我想也不致影响其政务。如现在这样成分的军政干部学校，在目前的财力下，我认为是可以结束的。如果继续办，就应改变内容，使之成为一种培养地方干部的教育机关……这样，便不仅可以减少目前财政的困难，而且可以抽出大量干部来，一面充实中下层，去搞群众工作、搞生产，一面送到国民党占领地区（将来也可能是他占优势的地区）去工作。

(6)《冀热辽日报》，一面还该加强一些，以免出大岔子（到现在已出了一些小岔子）；一面却还可以缩编一些，仅出一张隔日发行（即按日报纸都推迟一日发行）的半张报纸，共用了百多人，我看是不必要的。

上述这些意见，仅提供给您［们］作参考；我对情况是相当隔膜的，可能很错误，很不切实际，但我是一个相当缺乏实际工作经验的同志，请您［们］原谅。

布礼。

吕振羽

1946 年 3 月 4 日

12　致胡服[①]

1946年3月8日

胡服同志：

这是我对今后形势发展的一种幼稚看法，作为学生对老师送文章一样，写出来寄给您，请您指示。

现在政协已经闭幕，并作成各种决议和协定，军调部也已在全国范围内执行任务（自然还留下东北一个尾巴）。这是蒋介石为首的反动派在国内国际各方面的压力下，对全国人民所作的一些让步。但其这种让步，不过为一时的应付，并非真正肯为全国人民及各党各派，从此开诚布公来实行——民主。大地主大资产阶级的阶级性及其历史的过程，决定其不会真正肯放弃专制独裁。因此，全国政治形势发展的枢纽，将是主要的两种势力所代表的两种方针的斗争；一方面毛泽东为首的共产党及全国要民主和平的人民（主要是工农小资）的方针，是争取政协各项决议的全部彻底实行，并巩固和保证其往前发展；一方面蒋介石为首的国民党反动派的大地主大资产阶级的方针，是时时会争取空子来破坏或延迟政协决议的实行并处心要破坏和消灭中国共产党及全国民主势力，以求得其法西斯政权的继续或复辟。我看这就是今后时局发展的根据。在这种根据上面，我们和反动派各有着一些主观和客观的不同条件。在反动派方面：（一）有国际承认的合法地位，掌握全国较大较富足生产交通较发达的地区，在今后相当时期内也仍将是他占优势的地区，人口也比较多；（二）拥有数量较大，技术程度较高的正规军；（三）各种企业部门的技术干部和财经干部，程度较高，数量较多；（四）有较多丰富的治人和行政经验，特别是管理大城市和交通要道；（五）其庞大的有着相当训练的特务组织，那虽然是最坏的为全国人民所厌绝的东西，但不必否认，它是反动派手中的一个有力工具。这是他主观方面一些有利的主要条件。其主观方面不利的条件，主要有：（一）其内部派别很多，相互间利害矛盾关系很复杂，不可能统一，存在着许多空子；（二）其现在占领和将来可能占优势的地区，有各种力量和阶级间的

① 编者注：胡服即刘少奇，时任中共中央书记处书记、中央革命军事委员会副主席。

复杂矛盾关系，特别是其和工农小资间的矛盾，人民不会靠近他；（三）其军事干部生活腐化，士兵素质多不好且多非自愿，官兵矛盾，官官矛盾，军民矛盾，不可能或不易调协；（四）为其服务的各种技术干部和下级财经干部，实质上多系雇佣关系，并非在政治上和他结合；中上级财经干部，蝇营私利和作坏事的精神，远高过其服务精神；（五）其治人行政的经验是封建传统的殖民地买办性流氓性的，不适合广大人民要求，特别在今后新情况下；（六）其特务分子多系社会残渣和强迫收买来的，皆唯利是图，并非有何坚定立场，加之其组织系统复杂，内部矛盾很尖锐；（七）最重要的，他们是反动倒退、逆天而行的，是死亡的。这在他们都是不可能或不容易克服的。

目前反动派主观方面比较有利的条件，就是我们目前还比较不利的，主要有以下几个：（一）我们没有全世界承认的合法地位；（二）我们现在占领和将来可能占优势的地区，多是较小较贫瘠，生产交通较落后，人口较少的；（三）正规军数量较小，干部士兵掌握现代化的技术程度较低，阵地战的经验、训练都还较差；（四）工矿交通等企业部门的干部，数量很少，技术较低，财经干部成熟的也不多，特别对大城市的财经工作；（五）治人行政，特别对管理大城市和交通要道，全党的经验大都较差，对议会斗争等公开斗争，大都不甚熟悉；（六）我们的保卫和情报工作，范围好像还比较狭小。但这都是可以克服的，只要全党同志在今后的斗争中，能掌握毛泽东思想，正确执行党中央的方针政策，完成任务，相信在一定时期内，就可能把这些条件转变过来的。另方面，我们主观方面的各种有利条件，反动派今后也都绝对不可能有的，这主要有以下几个：（一）经过整风后的中国共产党，是铁样团结的，全党在组织上、政治上、思想上是一致的，党的骨干是布尔塞维克化了的，党中央的领导路线，是完全能保证正确的。（二）随着政协决议的实行，国际合法地位就将成为全国各民主党派共有的东西——虽然反动派也还在内；（三）老解放区基本上是巩固了的，基本群众都有了组织，并有着相当的斗争经验和觉悟程度，与我们建立了血肉相连的关系，生产已打下基础，农业有较好的发展条件；（四）有庞大数量的民兵和地方部队，平时能保卫地方，战时能配合战斗，正规军有丰富的游击战和运动战经验，士兵素质好，有相当觉悟程度，且多系自愿来的，大多数干部都具有高度觉悟程度和为革命为人民事业的无限忠诚，官兵一体，军民一体，全军一体；（五）已有着组织和领导根据地生产的一套经验，有些在过去对敌伪顽财经斗争的经验；（六）我们有作群众工作的特长，管理根据地的一套治人行政的新办法，在干部的思想中已日渐成熟；（七）我们的保卫、情报工作已有着全套经验，客观上且有广大的群众基础；（八）最重要的是真理在我们方面，我们是体现人类历史前进方向的。这是我们能克服一切困难战胜反动派的主观条件。

在我们和反动派之间的国内各党派、各阶层以及各民族的政治态度，在今后的政治斗争形势下，我看将随同时间、地方、条件的变迁，会有着各种变化。不过我在这里所接触的材料很少，很片面，仅能就部分的材料来估计。

关于各党派和各阶层

中等资产阶级即民族资产阶级，对政协决议，特别是符合他们利益的部分，他们是要争取其实现的，但政协决议是全部关联的，因此，他们便不能不与我们及其他民主党派去共同争取。但是在政协决议获得实现以后，他们与大地主大资产阶级间的矛盾便将缓和下来，其与无产阶级间的矛盾则将逐渐加多。不过我们的工作若作得好，把政策执行得正确，彻底逐渐取得在联合政府中的支配地位，同时使国家企业的比重步步大过私人企业的比重，便能控制他们。另方面，在今后的情况下，不论政协决议实行程度如何，民族资本将有着相当发展。这将加多其独立性，他一面便愈会感受美国和大地主大资产阶级的束缚，但同时也不能脱去其对他们的依赖性——特别在生产工具和金融方面；一面其与无产阶级间的纠纷，也将愈来愈多，同时在今后的政治斗争过程中，大地主大资产阶级将采取步骤去拉拢和收买他们，特别是其中的右派，是会有的。我看国家青年党，就是代表中等资产阶级右翼的政党。他们本来只要求旧民主，因在反动派那里讨不出价钱，伴同我们搞新民主，是被迫的。在今后，除非反动派不实行或破坏政协决议，将在我们和反动派之间摇摆；如反动派给他们一些权利，就有再右倾的可能。如其各别主要分子被收买，他们便有分裂的可能。中等资产阶级左翼的政党还没有形成，还只有个别代表人物如章乃器、陈嘉庚等人。中华职业教育社的黄炎培等（陶行知则当别论），实质上也是其右翼的代表人物，只是比较靠左一些——但不能超出改良的界限以外。

国民党以外的大地主大资产阶级，他们是在大革命过程中从政治上被排挤下去的，经济权利上也受到国民党大地主大资产阶级的排挤。因此他们要求享与国家的政治和经济上的统治权力，但为蒋派的一党独裁所拒绝，因此便不得不转而伴同各民主党派通过争民主的方式去达到其目的。国家社会党，就是他们的代表者。在今后新的政治形势下，只要他们参加政权并获得保证，便可能步步靠近反动派，否则仍将伴同我们和其他民主党派去向反动派要民主。因此他们被反动派拉拢和收买的可能性，便特别大，我们应加倍的警戒他。

中小地主阶层，在今后新形势下，在我们占优势地区，会不断向资本主义经营转化，只要我们对三三制原则执行得彻底，是可以跟同我们去为政协决议的实现而斗争的；否则如果三三制原则执行得不好，就会对我们起反感，而减低其对大地主大资产阶级的矛盾。在反动派占优势地区，是可以追随各民主党派去向大地主大资产阶级要求政协决议实现的。不过他们一面恐怕失去自己手中的东西，一面又恐怕得不到什么东西，所以又很容易动摇消极。但如果政协决议得到实现，则其一部分也必然向资本主义经营转化，将成为中等资产阶级右翼的追随者；其一部分仍继续其地主生活的，便将成为农村反动势力，乡村建设研究会则是他们的代表。将来随着其阶级内部的分化，就将使“乡建”本身彷徨歧途——但其转向农村资本主义方向的可能性较大。

城市小资产阶级，过去的历史经验证明，他们只有始终伴随无产阶级才有出路，在这回的伟大民族战争和民主斗争中，也证明他们是一个很积极的阶级，是一个基本力量，并且是接受无产阶级领导的。在今后新的形势下，不论在争取政协决议的实现或实现以后，离开无产阶级，仍不会有其独立的前途。不过在今后，他们的求学可能会方便一些，就业范围里可能宽广一些，从而其动摇性也会增大一些；同时由于抗战的胜利和其幻想的光明前途，更容易发挥其轻躁性，而误入或“左”或右的歧途。这里一部分学生被特务欺骗参加反共运动原因在此。但作为一个阶级来说，他们是始终会充任无产阶级的可靠同盟者，所以昆明和成都燕大学生能拒绝参加国特制造的反苏反共运动，解放区千百万学生并纷纷通电抨击国特的倒行逆施，代表一小部分城市上层小资产分子的第三党和救国会，除非其本身变质，离开无产阶级也是没有其独立前途的，所以邹韬奋临死还要求加入共产党。

无产阶级和农民，是争取和平民主的基本力量（其他小资也是其中一个），而以无产阶级为领袖，特别在今后新形势下，无产阶级在质与量上，都将获得空前的提高与增大，而农民则将加速与扩大其分化过程。

要求民主各党派联盟的“民主同盟”，根据上面的分析，在争取政协决议实现的过程中，是可能和我们一同干下去的，但其中可能有个别的动摇、叛变和走不到头的——自然这同时也要决定于我们的政策和工作，我们的政策执行得正确、彻底，也可以争取其中最落后的部分多走几步；同时更要决定于民主力量的发展程度，如果民主力量蓬勃发展，便可以相当阻止其个别可能动摇和叛变。

关于国内各少数民族

较落后的如打虎尔族、鄂伦春族、扎萨克族、东女族、奄达族、“土番”族（台湾）、掸族、黎族、畲族……等等，都是感受大地主大资产阶级的大汉族主义压迫的；《论联合政府》关于解决民族问题的原则和政协决议，客观上是他们所要求的，不过正由于其落后和政治文化水准低下，须通过先进民族、先进人士的启发与组织的帮助，他们才会起来根据毛泽东的原则和政协决议，为争取其自身的权利而斗争。

较进步的如蒙族、回族、藏族、维吾尔族、唐古特族、罗罗族、夷族，一部分苗族……等等，除去少数在国内各族人民中造成罪恶的蒙奸、回奸和加入国民党大地主大资产阶级集团的蒙古族如白云梯，回族如马鸿逵、马步芳、白崇禧，唐古特族如格桑泽仁，维吾尔族如乂禄之流而外，蒙族的一般王公，藏族和唐古特族的喇嘛、回族的教长，罗罗族的贵族，其他各族的上层分子，乃至在政治上被蒋排挤下台了的彝族龙云等，一面虽害怕其本族人民起来，但反对大地主大资产阶级的大汉族主义压迫，却和其是人民一致的。所以他们是能在或多或少的程度内，根据毛泽东解决民族问题的原则和政协决议去向反动派斗争的，不过须要各族人民起来才能解决问题，而此也有赖于先进民族先进人士及先进理论的帮助。

关于国际关系方面

全世界人民忍受种种苦难和牺牲去进行反法西斯战争，无不是为着民主与和平，现在战争虽胜利结束，但已创钜痛深，谁也不愿意再要法西斯和战争。现在新民主运动，普遍在全世界高涨，并在欧洲许多国家已取得胜利。所以我们的间接同盟军是无限广大的，反动派是完全孤立的。

在太平洋日本的新民主运动，正在高涨，朝鲜新民主政权已在北部建立，南部的运动也在高涨，安南、缅甸、爪哇、荷印以及印度各民族的民族运动，都在蓬勃兴起，并进入了武装斗争的阶段，其内容也都是新民主主义的。

今后与太平洋问题直接有关的欧美国家，英国的作用降低了，法国更降低了；英国统治阶级和法国反动派，今后对太平洋和中国问题，将成为美国统治阶级的追随者，而其在印缅和安南，又与中国反动派的法西斯主义有相当矛盾，中国反动派在这里并得到美国统治阶级的支持。荷兰统治阶级在太平洋，则正成了英国统治阶级的附庸。

今后在太平洋和中国问题上起主要作用的是苏联和美国。苏联是全世界和平与民主的堡垒，是一切进步人民与被压迫民族的朋友。他在这次战争过程中更加强大，国际地位与威信更加提高了。但苏联在这次战争中，人员死伤和国力消耗都是很不小，很需要一个相当时间的休息生聚。因此苏联对美国，是可以而且需要在一定限度内，即不致损害无产阶级的革命利益限度内让步，但又需在不致引起战争的限度内绝不让步。

美国统治阶级对支持和通过蒋介石反动派来支配中国，对抗苏联，是其共同的基本立场。同时他们又很害怕苏联再实行一个五年计划以后，无法应付。因此便很想利用其在此次战争中人员国力损害最小，还保持很大力量的条件，马上不顾一切的和苏联争一下。但第一，由于其国内人民与士兵都要求和平；第二，由于其战后经济上有许多困难题和危机，因此其中较开明部分，便要求有一个和平同时又必然是民主的中国，以便借中国这个广大的市场，去解决其战后经济上的难题和避免危机。由于这种见解得到国内大多数人民支持，得到士兵复员运动、工人罢工斗争等的配合，所以孤立派的的阴谋反动勾当，不能不被压低下去，赫尔利不能不下台；不论孤立派如何想找岔子来破坏，其现在对于中国问题的方针和行动不能不在今后一个相当时期起支配作用。

根据上述各种情况和形势和估计，我认为我们今后工作的基本方针，在尽量利用我已有条件，克服弱点，多争友，少树敌，利用反动派之弱点，扩大其弱点，打击其优点，尽量削弱他，孤立他。具体地说：

（一）对老解放区进一步组织和教育群众发展生产，群众工作要作到反动派很少空子可钻，生产要利用一切可能条件，尽量去发展，纵不说一下子就把落后变为先进，但需培养必要程度的民力与财力。不过对生产工作，又应力避好高骛远，空谈计划，而须实事求是即踏实地去推进。

（二）对新解放区，发动群众，目前还是中心环节。脱离群众，忽视群众工作，口头的群众工作或不深入的表面工作等现象，都急需从有些干部的思想中改变过来。从日寇投降我军与红军配合解放的有些新地区，地方政权和党建立以后，机关与干部都聚集于交通线和城市，区乡级的政权多有名无实（群众没发动自无从改造），没有把中央和各解放区高级党委给予发动群众的任务抓紧，反动派便利用空子，以土匪的形式，作面的扰乱以致占领。迨土匪遍地以后，我们要进入农村去工作，就非相当部队配合不可了。因此有些地区，如热东，在反动派攻进以后，我们的群众工作严格说还没开始。反动派又利用其优点及其他办法来欺骗群众，如以后方运粮食来，不吃老百姓的粮食，相当注意军队纪律，宣布免征一年田赋和二五减租等等。而我却非吃老百姓粮不可，减租减息在当地还没有进行，田赋也无法免征，有些新部队在过去也有一些纪律不好的地方，因此，反而使群众误解我，并不讨厌反动派。这对我们再去当地和反动派争群众，又增加了一些困难。因此我认为对于这种新解放区的地方工作，不仅需要配置相当强的干部，需要实行精简，需要采取适应情况的多种组织形式，而且需要充分的精神准备，决心在一个相当时期内去进行耐心艰苦的工作，一步步使之赶上老解放区。

（三）我们的正规军，我以为应尽可能减少其参加生产的时间，加速去提高技术，学会现代战争的战略战术和掌握各种军事技术，在现有和将来可能条件的基础上以苏联红军为榜样，地方武装和民兵也尽可能去提高，以填补我在数量上的劣势。日寇在东北所训练的炮兵等科干部，闻散在东北的还不少，我们应尽量去争取，使之为我服务。东北的地方党，应把他作为一个重要工作去进行，不然那些人就可能跑到国民党方面去。

（四）对国民党占领区，今后也可能是他占优势的地区，工作的方面是很多的，斗争将是更细致、深刻、复杂而又残酷的。总起来说，仍不外公开和秘密工作的两个方面。两者须严格的区别，又须密切的相互配合与照顾。对此中央自必有全部正确的方针与政策，问题只在执行政策的干部。我以为担任秘密工作的干部必须至少要尽可能地方化、职业化，同时还必须具备如次的一些条件（至少负责干部必须具备）：（1）有埋头苦干的精神和坚韧不屈的意志；（2）能掌握和运用各种进步的、通俗的、落后的形式，善于利用合法的与群众利益密切关联的事件，去发动群众如利用国民党二五减租与改善工人生活的诚意、群众的水利纠纷等；（3）要有出污泥而不染的精神，更要有入污泥的勇气；（4）最好是在当地群众中有相当威信，工作上要力避躁进、粗糙、急功，要十拿十稳，重质不重量，仅仅“十拿九稳”，那一份不稳，就可使前功尽废。但也不应使自己手脚展不开。每个省委管辖的区域，我以为不论将来省区怎样划，今日秘密党员管辖地区最好划小，不要超过二十个县。这样才能适合今后的环境，把工作搞好。公开工作的干部，如不能地方化，便须注重其工作地区的历史关系，并须注意各地区间传统的、宗派的关系，如平津与上海间的“京派”“海派”宗派成见，同时他们也必须具备以下的条件：（1）相当丰富的社会经验与常识，适当部门的学术知识（如在北平通过学术去接近个别对象是特别重要的），要有公开斗争的相当经验。（2）作风、态度等等方面要通俗，使人觉得合得来。（3）要有出污泥而不染的精神和入污泥的勇气，能吃苦也能吃甜，能碰硬也能碰软，能受得起奚落，也能受得起抬举，同时又要灵活、大方。（4）有相当的社会地位和威信；（5）有高度的警惕性，能防止反动派腐蚀我们的各种圈套，以及土匪手段的绑票、暗杀行为等等。工作上一面在配合秘密方面开展群众工作，广泛开展统战工作，多争取友人（凡与我们在一时、一点上有共同的也要争取其一点一时的合作），减少敌人（使反对我们的派别或个人不反对我，或少反对我，甚至不马上反对我们也好）。孤立反动派，一面尽量去争取各种技术人才，适当的尊重与信任他们，以弥补自己直接培养的不够。这叫做“楚材晋用”。

（五）对于少数民族的工作，我们从长征到华北后才正式把少数民族问题提到行动日程上。对这个问题，虽已有列宁、斯大林、毛泽东的正确方针，但全党的认识和了解大都还很差，对国内少数民族的情况也大都很隔膜，至少相当隔膜。现西康彝族和新疆的扎萨克族，已发生过武装斗争。西蒙的自治运动，已蓬勃展开，但在东蒙由于我们领导的不统一，已走入歧途。他们大擂大吹的在闹独立运动，并派出代表向东北局、苏联红军、外蒙、西蒙、重庆等四方八面接头，而又拒绝西蒙工作团前去工作，同时有命令杂居汉人迁移，一部分蒙古青年并已发生一种轻汉的倾向。

因此我以为按照目前全国的政治情况和东蒙自己的条件，搞独立是不够的，不合时宜的，而且在实质上是反动的。因为他很易为国民党反动派所利用，甚至很可能已有国民党的花样在里面；同时他们的作法，继续下去，势必演成严重的蒙汉纠纷——现已开始。这对中国革命与蒙族的利益都是有损害的。因此我觉得从现在起中央和适当地区的地方党，都应建立少数民族工作部，一面研究各少数民族的情况，一面统一领导对少数民族的工作，一面培养少数民族工作干部。

（六）目前国特所制造的反苏反共运动是带有群众性的，中央对这个问题已严重注视，所以中央党报连续发表社论去揭发，并把国特和被欺骗的青年学生区别开。但由于中国一般群众的觉悟程度较低，特别在东北与热河，一面由于他们在长期民族压迫下，转入阶级斗争须经相当过程，一面由于我们的群众工作没有展开和深入；一面由于他们过去没尝过国民党反动派的味道，一面由于他们自解放后，每日都收听国民党造谣欺骗的广播（收音机相当普遍，但我延安与张垣的广播都听不清）；一面由于红军个别纪律问题与国情不同所引起的一些误会，所以有些有组织的群众（如热河铁路管理局员工、军政干部学校学生），也在思想上与国特制造的反苏反共运动起共鸣，虽经过一些解释，其疑团仍没有完全消释。因此我认为我们对国特制造的反苏反共运动除采取正面揭发，发动群众起来反对外，还须在全国范围，特别在东北、热河讲求和发动一个普遍具体深入而艰苦的解释工作，进到群众里面，特别进到被欺骗的群众里面去，加速瓦解其反革命运动与阻止其影响扩大，以防反革命运动过程延长，致使一些被欺骗的小资产阶级青年，反而形成对我们的成见与走向反动营垒。

同时在东北与热河，由于上述原因，一部分群众曾对国民党有些幻想是事实，而我们有许多同志，便认为东北与热河群众有一种“正统思想”，甚至成了口头禅，这是根本不对的。其实大多群众还是公平的。我从承德至阜新与不少老百姓接谈过，他们都说八路军好，不打人，公买公卖，住住房子是应该的。他们本来只看见我们这些地方，其他好处并没有接触到，他们还能说什么呢？由于我们有些新部队个别纪律不好，他们便说有老八路，新八路，假八路；老八路最好，新八路较差，假八路最坏，这在客观上也是真实的。

（七）对于美国，我以为一面须培养一批“美国通”的干部，一面对其开明的一派，主要拉，次要打；对其孤立派，在其支持反动派与反苏反共方面打，在其主张和平方面拉；在其要求与中国和平、平等、通商方面不拒绝，在不致引起大战的限度时硬上，在超过此限度时作相当让步；对日本的民主运动，朝鲜、印度和南洋各地的民族运动，尽可能支持；对暹罗的法西斯残余政权，印度大地主大资产阶级的附英企图，日本残余法西斯化装的政党，朝鲜南部的美国御用政权，则发动舆论去打击。

台湾已收归中国，但形势仍比较特殊，一面可能保存更多的日本法西斯分子和势力，一面有日寇所经营的南进独立活动的军事体制——陆海空和其军事设备，一面有较发达的轻工业——铃木系等的资本所经营的，一面还有少数民族——土番族的问题；一面有离开祖国多年的汉系中国人，情况也有些特殊。因此，我以为对于台湾工作，应设立一个独特的部门——兼管南洋各地的海外工作。

我的幼稚的见解，就是这些，因离您很远，不像过去追随左右，常能面受教训，深恐处目前大转变的时局迷失方向，所以特写这封长信去请示，希望您费一个钟头的宝贵时间看过后，简单的给我指示。

布礼

吕振羽

［1946年］3月8日

13 致胡服

1947年2月28日

给韩光同志电及韩转我电，均已读到。我的意见已于26日拍去一电，请求考虑。现一方面请地委分配些临时工作，为着不暴露，帮助研究材料，考虑些问题，一方面等候指示。

目前国民党区情况，一般是比较恶劣的；仅我这样曾经公开过的人，能否在国区存在，仍是问题。不过我们拟去工作的湘桂黔边，我认为有些特殊情况与有利条件，觉得应请党再考虑一下（至能否留沪港问题，请不必考虑）。

（一）湘桂黔边二十几个县的地区从来就比较落后，不开化，民性顽强、质朴、善斗，地方豪绅在政治上较麻木；国民党影响较小，统治较薄弱，其党与团的活动，一般都没出县城。广大农村，特别是雪（云）山、巫山、腊尔山广大山区（尤以苗族散布的腊尔山），都很闭塞，很平静。腊尔山区中心诸县（湘黔交界），都是苗区，国民党势力和影响，四〇年时还没有什么。该区苗人与国民党矛盾很深，我们曾工作过的湘境武岗、城步、通道、古丈、绥宁……各县，也都有自成一块小天地的苗区。湘黔桂三省统治势力，不只有一般的空子，而且统治湖南的蒋嫡系，与统治广西的黄旭初派矛盾很多，尤其在湘米、桂盐等问题上，湖南何键派与其他上层反蒋分子，还有些潜在力量。湘黔间，虽都系蒋嫡系支配，但其间为一个地域交错、山岭重叠的广大苗区所割断……因此，我认为这个地区对于我们有较多的活动与存在空子，尤其是苗区，可能作为安身之所，以致成为地下和公开的根据地。

在我们主观条件方面，湘境部分有原先就埋伏较深的党的一些组织，有一些好的影响，群众对我们没有什么大反感，没有老苏区群众那种疑虑。我们是当地人，地理和社会情况都较熟悉，且在当地工作过。湘境武岗、新宁、城步、绥宁等县的党，都是我们负责建立的；有较好的社会关系，尤与群众有相当联系。

这种社会情况、政治情况和自然条件，根据谢竹风同志所述（他系邵阳中心县委书记，七大时到延安开会），以及我去年四五月在北平与同乡接触所得情况，与我们1938—39年在当地工作时的情况，基本上无多变化，特别是党的组织还好。

另方面，我认为这个地区，可说是管制西南的枢纽，从今后第二战场的任务说，有重要战略意义，于将来解决全国问题时，战略意义更要重大。它可以控制湘桂、湘黔、川黔桂各铁路，湘桂、湘黔、湘川、川黔桂各公路——这些交通要道，或环绕或穿过这纵横数千里的山区。

还有一点不值得一提的我个人的志愿，我对少数民族问题不只有较高兴趣，且与我过去长时间的业务（历史研究）有密切关联，愿意今后为党致力少数民族工作。数年来对蒙族问题，已有一些实际接触和一些认识；拟从实际工作中去体念特别复杂的苗族问题，以致西南少数民族问题。也希望党给我这个机会。

因此，我认为把这个地区从湘、桂、黔划出来，单独作为一个单位去开辟工作，于我们党的事业上是有必要的，个人也可以在这个下面求得经验和锻炼。同时，认为我们夫妇可以去，并希望党仍派我们去。另外还配置几个同志如谢竹风、郭光洲、朱早观等同志。

自然、在目前情况下，想在短期内就把武装拿起来，甚至建立根据地，是不合适的，不易存在的。我认为有在邻近地区有相当配合或全国形式有些变化，而又自己条件成熟，能存在下去时，能公开把武装拿出来。否则便只有长期埋伏，稳进稳干，布置巢穴，深植根基，积蓄力量，以待时机到来。

这些意见，可能有不少主观成分。但自己是经过不少考虑的。希望党再予以考虑。如能派我们去，我们就决心为党去干一下；如认为不可以，便请考虑一下我们的工作。此间韩［光］、边［章五］诸同志得你们电后，均表示很诚恳。不过，我过去在大城市住的时间太多了，自己却希望于不能去湘时，愿回北满作地方党工作，尤希望去西满蒙汉杂居地区工作。江明则是一个农村工作的干部。

（二）我到大连不久，了解的情况很片面，一些不成熟的意见，除已向此间各有关同志谈过外，觉得还该反映给你们参考。

我认为大连对我们党的事业有很重要的意义。我们能否把大连搞好，以及把它搞成一个怎样的城市，政治上对于全国以致国际方面，尤其对于中等资产阶级的号召与争取，有莫大的关系，他们都在注视我们：共产党到底能否管理城市？共产党管理的城市会是怎样的？经济上，对整个东北和山东，以致在某些方面对于全解放区，都可能起支援作用。文化上，可能作为我们培养干部、供给解放区文化食粮、吸引外面文化人，以致对外宣传的一个桥梁的大都市。战略上，是红军在东方的一个拳头，是我们在太平洋岸与美蒋斗争的一个战略要地，又是目前东北与各解放区联络的跳板。同时，大连的情况是有不少特点的，它是一个大城市，又是一个复杂国际关系（主要为苏美华关系）与国共关系的自由港。在目前，实质上又是我们统治的一个大都市（我认为国民党还有插进只脚来的可能），并为国、美所封锁的一个大都市。我认为我们应根据这个要求和特点，来确定巩固和发展大连（以致旅大金）的明确方针、政策和具体步骤，并在原则上与旅大红军当局谈清楚，以免产生分歧，取得彼此配合。

根据我们对旅大的要求和其自身的特殊性质，它不仅应与国占区大城市有实质区别——即新民主主义大城市与封建买办性大城市的区别——也不宜照我解放区的大都市一样办。经济上，需要有相当比重的私营工商企业（中小企业以致在一定条件下的大企业），需要它们来繁荣和养活这个大城市，需要通过它们去冲破美蒋对原料与必需品的输入封锁、必需输出品的出口封锁，也需要利用它们来便利我公营企业（不论公开或隐藏的形式）与合作社企业的开展，还需要它们去麻痹美蒋，去影响与号召全国中等资产阶级。政治上，首先应采取各种具体步骤，恢复社会秩序和市民的生活秩序，要有一全套共同遵守的法令和各种具体执行办法（法令尽可能利用国民政府的东西）；应有一个真能代表全体民主人民的政权（经过全体民主人民选举的参议会和政府）——我们的领导要坚强，还要艺术。文化教育事业，在新民主主义的原则基础上，应赋予较多的自由主义色彩乃至内容。目前群众，特别是中上层的人们，还表现对我们有些疑虑，思想动荡，生活情绪不安定。我看，这主要是由于具备的生活依据、生活秩序已经垮了，新的秩序和依据又还没建立起来，特别是一部分工人没有工作，一部分平民没有适当的求生出路，商人没有商品来源，购买力也不太大，尤其不明确了解我们究竟将怎样搞。现市面情况已比较萧条，估计日俘遣完后，将更有一个时期的冷落。现在便需采取一些步骤去应付。

国民党将来不插足进来更好，但为预防万一，便应在其没插足以前，我们赶急把一切主要工作做好，做巩固，便他来时也两手无靠，两脚不着地。为此，我认为我们在旅大工作的所有党员干部，更应团结得像一个人一样去使用力量，在巩固与发展大连的共同方针、共同步骤上去进行和配合工作。现在的情况，一方面却还有些党内不够团结的现象。这不仅表现在地委与一些老同志间，表现在各解放区在大连的机关商店与地委的关系，也表现在地委本身。一面有些力量分散，步调不一致，甚至零乱和各自为政，这特别表现在各地区在大连的机关商店及其人员的活动，以及其对于地委方针、政策的毋视，只顾抓一把，只顾完成其眼前的一点任务，不顾总的全局的利益。这两方面现象的形成，我以为有关方面都有一些缺点，都该负些责任。我们党之所以不可以战胜，我以为由于我们是集体主义，集体使用脑筋，集体使用力量。蒋介石只凭他个人的脑筋办事，他们只是各顾各，自相矛盾，力量分散，这是重要的一点。我曾以一个过路干部［身份］，在这方面努过一些力，以期有利于党。

［曾］一凡同志匆匆要起程，拉杂写了这一点，其他问题，以后再报告。

吕振羽

［1947 年］2 月 28 日

14 致刘少奇

1948年5月1日

少奇同志：

我们从前年11月底，离开工作岗位，到现在整一年半了。前方正在进行猛烈的流血战斗，后方正展开轰轰烈烈的土改生产运动，每个党员都在而且应该发挥其应有作用。因此，我们都很觉不安。

我们南去的交通，东北局本指定关东地委负责布置，但一方面由于地委想截留我们在此工作，听说韩光同志还拍了一个电报给中央和东北局（不悉内容如何），对我们请求解决的交通问题，始终都有点推延；一方面，地委工作本身，海外没有多少关系，也是原因之一。因此，交通布置便主要靠东情萧立①、吴诚等同志及我们自己。去年1月由于岳夏②同志等帮助，利用商人关系，布置了一条经上海到香港的路线，后由于形势变化，中央电令我们再等一个月。3月重新布置经天津去香港路线；因派人去天津办国民手册失败（要本人亲去按指印），关系同志考虑结果，均认为不宜再经天津。4月，萧华、刘亚楼同志等来关东检查工作，均认为我们不宜经上海，刘并主张经海参威（崴）转香港；但他在旅顺、北鲜各处与苏当局接洽，均无结果。同时，地委则向萧提议留我们参加关东党工作，我们自己也向萧提出意见，请设法从南鲜布置交通，万一走不通时，请再调。但愿去南满，希望作农村工作。不过候了数月，希快点解决。萧给地委的答复是：只要能走通，应照顾全面。万一走不通，拟调分局工作（宣传）。另方面，东情负责同志也积极从南鲜布置；但由于原来无基础，他们特别慎重，不让我们轻易去冒险。我们自己其时又布置得一条利用商人关系，经上海去香港路线，由于萧、刘那种意见，便利用它把谢石基同志送出去了。12月，有苏船经香港去孟买试航，张爱萍、萧立等同志主张俟试航成功，第二次再走。但因其时美蒋反英，该船又半途折回；现又在试航，如能成功，我们第二次便可走。但据说，能否成功，完全靠不住。这是

---

① 编者注：萧立即冯铉，时任中共东北局社会部副部长。

② 编者注：岳夏即罗若遐。

交通变化情况。

另方面，年半来，由前年底到去年3月，我们利用蒙区工作过程中搜集的一些材料及书本，写出《中国民族简史》，已在大连出版。4月到8月，萧华同志在［大］连时，临时帮助他工作。他临走时，又令我帮助地委转变和布置工作。但此间问题很复杂，萧走后，连萧的总结报告等事实上也被搁置，我除参加几次常委和机关会议外，什么也不能与闻。我没能完成分局给予的任务，一面有客观困难，一面我自己也有错误（如在坚持萧的总结报告的原则上，不会走弯路）。我已将这种情形，托刘顺元同志向分局报告过。从9月开始，江明在医院开刀，我便着手《简明中国通史》写作，到上月止，两人合完成三十余万字，不久可全部出版。同时，我们利用时间和条件，对大城市工作做了一些研究和学习，觉得也有些进步。

对关东工作，我曾作过一些建议；那些意见，又都包括在致陈云同志的信中，并且现在还是基本上坚持那种意见的。关东但在没能出去以前，能够有机会去参加些工作，多少总可以为党为人民起点作用，同时能学习些东西，对将来的工作也是有必要。因此，如最近走不动，拟请准我们改道华东，到华东走不出以前，参加些工作。如批准，请指示，否亦请指示。指示电请不经地委，经萧立的东情电台。

布礼！

吕振羽　江　明

1948. 5. 1

寄给您、主席、总司令、康生同志、定一同志、伯达同志，《中国民族简史》、《简明中国通史》各一份。

15　致东北局并告中央电

1947年2月26日

东北局高［岗］、林［彪］并告中央：

（一）去湘工作仍请您们及中央考虑。因：

（甲）湘桂黔边国民党统治较弱，空子较大，并有广大苗区。据近两年所知，情况无大变化。

（乙）我们在当地有较多社会与工作关系，隐蔽有相当把握，并经相当工作后，可深入苗区。

（丙）准备长期埋伏，积蓄力量，武装在不能存在情况［下］不拿出。

（丁）我愿为党致力少数民族工作，蒙族问题有初步接触，想再从实际斗争中认识苗族问题。

（戊）途中已有相当准备和布置，可无问题。原拟仍请配置相当干部，令我们去进行这块战略要地工作。

（二）我们不愿在沪港工作，请地委分配临时工作。如不同意去湘时，则请您们考虑分配工作。

吕振羽丑寝

（1947. 2. 26）

（原件存中央档案馆）

16　致孤山县委

1948 年 10 月 21 日

孤山县委：（通化地委各市县委：致孤山县委一信，特印发你们作参考。）

接到你们“关于总结秋收工作及处理秋收中几个问题的指示”、徐泳之同志“复卢恰民、汪国梁同志来信”及报社交来李井同志《孤山县委检查秋收工作处理租佃借贷等问题》通讯后，曾提到 10 月 19 日省委会议讨论，认为你们有不少意见是对的；但还有一些问题值得考虑。特把我们对几个问题的意见，提给你们参考。

（一）“今春移民边外且已分得土地者，其此处之土地收入”如何处理的问题。我们认为移民到他处既又分得土地，首先便应肯定他们不应享有双份地权，“锄割者”也不应享有双份地权；这种地权应暂行归公。因此，其本年收获，应以一部分作为地租缴纳归公；另部分归该移民与“锄割者”按彼此所费生产成本与劳力比例分配；从中按一般办法付还政府贷种。但移民到边外未分得土地者，地租仍应归该移民；到边外虽已分得土地，还未享有本年耕种权利或实因为时太晚来不及耕种者，亦应由其享有原分地之本年地租。这样才算公平。

（二）参军战士全家死亡，其今年收入之粮食的处理，同意你们的办法，即由农会或其亲属负责代为保管，将来通知其本人由其全权处理的办法；但关于这种参军战士“应得”的土地分量，我们以为可按照《中国土地法大纲》第十条甲项待遇。

（三）关于地主、富农出租其分有地的地租问题。凡分给地富的土地，原则上应肯定其所有权；同时也应该肯定，除去其真正无劳动力者外，均应由群众监督，强迫其自己耕种。但在今年根据你县情况，由于有些地区群众没充分发动，“群众管制地主、富农生产很差”，以及我们工作的不够和缺点，我们以为可按照不同情况，权宜处理：①自己有劳力而不事劳动，将其分有地出租者，可通过群众用协议方式，给以最低额地租，并须其保证今后自己下力生产，改变其寄生虫生活；②自己另开山荒，将分有地出租者，可根据其生活情况与双方自愿、商定租额，同时斟酌情况，可令其于今冬调整土地颁发地照后，须自行耕种；③真正无劳动力的鳏、寡、孤、独、残废及缺乏劳力的革命职员家属等，可按照其生活情况与双方自愿商定租额。租额的标准，在中央和东北局没颁布规定以前，我们以为暂时可按照实际情况去处理，但最高不超过四六（地四佃六）。

（四）关于借贷的息率问题。原则上，我们承认新的借贷关系，一面保护债权利益，一面又坚决反对高利贷剥削。但在此战争时期物价随时波动的情况下，“借钱还钱”的办法，不只会阻碍必要的借贷，即一方有借的必要，他方则不愿出贷，而且是行不通的。因此，我们认为可暂时采取“借实还实、借钱折实”的办法。至于息率标准，根据今年灾荒中的具体情况，可暂时容许较高一点；但须照顾双方实际生活情况，由双方自愿协商解决，然不容过高，今后亦不得援以为例。

（五）啃青、偷青是否“违法”及应否处罚的问题。在新民主主义的财产制度下，原则上，人民对其分有地有着所有权，同时又有着处置其这种合法财产的自由权。人民所耕种的庄稼，也就是属于他所有的合法财产。我们劝群众不啃青，并不是由政府制成法令公布的，我们为照顾群众切身利益多打粮食，只在劝诫他们不啃青，并主要在通过和依靠群众自己去保证，其次在采取各种步骤帮助群众渡荒去保证。在群众自己方面，也只是大家相互约束的一种公约与相互督促的自觉性的培养。处理违犯公约者的原则，在促使其认错改过为止。因此，把啃青看作“违法”是不妥当的，而且会助长群众目前所存在的各种顾虑与“农业社会主义”思想的偏向。对啃青实行罚款，就更加不对，你们肯定“不准采取处罚办法”是正确的。

偷青在实质上，是侵犯他人合法财产，原则上是违法的。但在今年灾荒情况下，偷青的大都是没吃的人。处理这类人的偷青事件，我们以为经济上可责其如数包赔或偿还，主要还在于政治上达到其认错悔过、誓不再犯与改造人的目的。对情节较重，累犯累诫不改而又不事生产者，可请政府斟酌情况，依法适当处办。对那些真正为进行破坏（须有实据）而偷青的地富分子，经济上亦可按照上述原则处理（惩罚只可在不妨害其生活得下去的情况下可以作）；政治上必须其向群众坦白、悔过自新，保证以后不得再犯或送政府法办。

（六）被斗地主、富农，过去所欠雇工工资如何处理的问题。由于地主、富农的土地浮财等全部财产即其原来所剥削的赃物，已分还给群众，其旧欠工资也已包括在内被群众拿回去了。因此，原则上这种旧欠工资，可一律取消。形式上，为激励地富老实从事生产，又不致引起其更多反感的条件下，用雇工对他们宽大的方式宣布免追旧欠，是可以的。至于其在政治上不老实者，应从政治上去处理；与旧欠工资问题混作一起，以至“让其为雇工作活，以工扣资、偿还清楚”的办法，是很不妥当的，这不仅不能使他们心服，而且会影响农村秩序。至于那些“尚有较贫雇农较多之土地、房屋、牲口者”也应与旧欠工资问题区别开，可在调整土地与调济牲口中去解决。用“继续斗争……以斗争果实偿还工资”的办法，是不妥当的，而且会引起不必要的波动，这应引起各地的严重注意。至于他们埋伏的“未斗光”的浮财，应坚持不再斗的原则，让他们拿出来投入生产。至于你县那些对地主土地财产的假分或明分暗不分的村庄，则又系另一问题。

（七）村干“额外分地（即贪污土地）”（公开多挑与多分予的，不应算作贪污土地），不光是“脱离群众”，而且要告知他们这是违法的。本年这种土地的收获，应缴纳地租归公，这种地租和公地粮食收入的用途，不要那样死板规定：“作偿还军属因代耕不好收成减低损失外，余者留作今冬赔偿中农牲口时用”；最好只一般的规定作为公款，充作各种必要的正当用费，如对生活困难的军属的照顾，对生活与生产困难的被斗中农的照顾等等。同时，村干用对偷青者的罚款来赌钱以及不经上级批准或群众民主决定，自行派公款、按间收苞米，也都是严重的违法行为。应抓紧这些材料，对村干进行纪律教育和政策教育，解除其思想上的偏向和顾虑。

我们的意见，主要就是这些。末了，希望你们，以后凡关于上级没作过决定、指示和解释的带原则性的问题，可先提到省委来研究，省委分内不能解决的，也好去请示东北局。

安东省委

［1948］10月21日

17　致《光明日报》编辑

1950年7月20日

编辑先生：

来信及承寄柴德赓先生《对吕著〈简明中国通史〉的几点意见》，吕景先先生《我对吕振羽著〈中国政治思想史〉的几点意见》，均于本月16日收到，至以为感；你们对学术问题持如此慎重的态度，尤为钦佩。

柴、吕先生对学术研究所持的那种认真态度，我深深地钦佩而又感谢他们。

拙著《中国政治思想史》原系1936年以前脱稿的；1943年在延安的《增订》，仅在文字上有些修改，实际说不上“增订”；年来因工作关系也没有来得及去审订。吕景先先生所提出的那些问题，我想，不仅我自己应重新去考察，而且可以并应该去引起读者的考虑。如能因此而引起读者及史学者的讨论，我想对我个人，对读者，以致对于人民历史研究工作都会有益的。

拙著《简明中国通史》的一至七章，是1940年匆促写成的，抗战胜利后，方知已由生活书店印成单行本；八至十五章，是1947年我在大连养病期间，在邵公文[1]先生的督促下与江明同志协力进行写著，也是很匆促的，当时

① 编者注：邵公文时任大连光华书店经理。

在大连，连二十五史及年表之类的书籍都找不到手，仅能凭日文材料和极少数的中文书籍作参考。初稿写完以后，我又奉调去他处工作；但为着适应读者的要求，便匆促将初稿付印，所以在“跋”文中特慎重声明：“……由于时间限制，不只没能复写、三写，连修改也没来得及，粗枝大叶以致错误，在所不免，期待读者指教和原谅。”“关于公历纪年，因手边材料不够，仅凭勉强折算，可能有差错。”后因华北高教会采作临时教本，亦仅由编审同志作了一些临时的订正，我自己则至今还没来及去过一次细。柴德赓先生所指出的一些史料和纪年的错误，大致是对的，但其中有些是在新华书店版和东北版已由编审同志改正了的，也有些（如关于民俗资料）是还可以讨论的，有些则由于材料来源的不同而有所出入。我不仅钦佩柴先生这种治史的认真精神，并拟于最近争取时间，把这本拙著审订一次。同时，在审订本出版以前，把柴先生或将来类似柴先生这类的文章发表，是于读者有益的。估计这本拙著已发行不下十几万册，使持有各种版本的读者，去据以改正一些错讹，是完全有必要的。

在我自己的审订工作中，期望能继续得到柴德赓先生、吕景先先生以及读者和同道的帮助。

敬礼

吕振羽

［1950］7. 20

（《光明日报》星期增刊，第50期书评特辑，1950. 9. 3）

18　致三联书店编审部

1950年9月20日

9月14日来信奉到，甚为感谢。贵店出版之拙著《简明中国通史》，因1947年编著时间匆促，特别是参考资料奇缺（当时仅靠光华书店勉强找了一些参考材料）。当时便感知纪年折算可能有错误，材料可能有出入与不够精确之处；但我和光华负责同志都为着适应当时读者的需要，便勉强把它付印，所以在“跋”文中曾慎重声明，以期引起读者的注意，免致贻误。至今为止，据我所得读者和同道反映的意见，还没有提理论上的基本问题；只提出关于纪年及人名、地名等方面的一些错讹，并没有影响全书的基本论点与完整的体系。但我们的写书和出版，无非都是为着读者和人民文化教育事业，而并不为着其他什么。因此我认为在修正本出版前，像柴德赓先生关于本书的文章，可以印付书内，是有好处的，特别使读者借以正讹。我并将此意请示了陆定一部长。陆部长指示：这本书还要作教本，在修正本出版以前，可将柴文及我复报馆编辑同志的信一并印付书内发行。请予（与）编审局同志商决。又，照我目前的工作情况，短期内恐不易完成修正工作，并告。

附寄《中国民族简史》出版权授与□□一纸，请转□□□同志为盼。

敬礼

吕振羽

［1950］9. 20

19　致陶大镛[①]

1950年10月14日

大镛先生：

你的10月4日信及承寄罗元真、高振铎两先生“对吕著《简明中国通史·隋代部分》的几点意见”原稿，均于9日收到，很是感谢。承嘱为《新建设》写文章，本是义不容辞的。但在我目前的工作情况与脑病情况下，还要请你原谅，容缓报命。罗、高两先生的大作，我也深致感谢。特别对他们那样对拙著逐节逐段去进行校正的精神，更十分欢迎，我想读者也会是同样欢迎的。

罗、高两先生的大文所指摘的，如（一）是对的，也是柴德赓先生所已经指出的；（二）也是对的，“番三日”系“番三十日”之讹；（六）也是完全对的，公元593年系592年之讹；（七）也是对的，“豫中”系“豫章”之讹，“纺纱”系“浣纱”之讹；（八）“宇文述”系“宇文恺”之讹；（十二）所指霍让确为孟让之误，孟让是大业十三年（公元617年）才与翟让合流的；

① 编者注：陶大镛时任《新建设》月刊主编。

（十四）隋时苍梧应作今广东（西）封川也是对的；（十五）“卢月明”确为“卢明月”之讹。但其中有些是由于当时的校对和排印所引起的。

关于其他几条，我以为还可以商酌，特举愚见，以就商于罗、高两先生。如（三）“奴婢”应改为“仆隶”，《隋书·食货志》确是如此。但我以为隋的“单丁及仆隶各半之”，也是北周制“奴婢各准良人之半”的沿袭，同时北朝文献中一般都是用的“奴婢”字类而很少用“仆隶”。

第（四）条罗、高两位认为“诸州无课调及……管户数的少的‘课州’‘不受地者’，计户征税”的“不受地者”是出于我的“想象”。但我以为正由于隋朝一般定制：“未受地者皆不课”，所以高颎奏章的“诸州无课调处”正是各该州无受地之户的处所，如边远之郡，“课州管户数少者”也正是各该“课州”所管的“受地”的课户少；他提出要“计户征税”，正是说要向“未受地”之户“征税”，如系捐“受地”之户，那已经是定制，何用再事奏请呢？而此种“征税”的目的，则在于由各该州本身去维持其“官人”的“禄力”，不要从“随州之州”去拨付。

第（五）条公元594年（开皇十四年）“皆给地以营农”的“给地”，即“公廨田”的给予，究系补给前此未曾给予之“京官及诸州”，还是一律从这一年才给予？我以为还值得讨论。我写拙著《简明中国通史》所参考之日文书籍《东洋史讲座》等亦谓系开皇十四年。但由于《魏书·食货志》有“宰民之官各随地给公田：刺史十五顷、太守十顷、治中别驾各八顷、县令郡丞六顷。更代相传，卖者坐如律”，便认为此制由来已久，不是由隋才创制，乃把“京官又给职分田……，外官亦各有职分田，又给公廨田以供公用”看作开皇元年的事。这种看法是否妥当？今承罗、高两先生指出，应重新加以考证；但由于手边材料太少，以及时间限制，仅能把这个问题提出。

第（八）条罗、高两位说：“观风行殿”原为“观风殿及行城”。我以为按《隋书·宇文恺传》说“观风行殿”还容易使读者了解。

第（九）条“（文）帝以岁暮晚日，登（岐州仁寿宫）仁寿殿，周望原隰，见宫外燐火弥漫，又闻哭声……”罗、高两位谓我以之解释为“流落饥民图”是“不恰当”的“想象的推论”，而应解释为“岁暮晚日——服役而死者的家属去烧纸哭泣……”这种解释也不是没有可能。但当时的实际情况是：“帝命杨素出，于岐州北造仁寿宫。素遂夷山堙谷，营构观宇，崇崇累榭，宛转相属。役使严急，丁夫多死，疲敝颠仆者，推填坑坎，覆以土石，因而筑为平地。死者以万数。宫成，帝行幸焉。时方暑月，而死人相次于道，素乃一切焚除之。”（《隋书·食货志》）像这样大规模的徭役，很明白役丁是来自四方各地的。远地的役丁死了，其家属除夕前来“烧纸”，我想不可能有那多“孟姜女”；而近地死于役的役丁家属前来烧纸，我想又不可能形成那样“燐火弥漫”的场面。这是一方面。另方面，《隋书》又说：“开皇四年以后，京师频旱；时迁都龙首建立宫室，百姓劳敝。”在开始营造仁寿宫之明年（开皇十四年），“五月辛未，京师地震，关内诸州旱。”“八月辛未，关中大旱，人饥，上率户口，就食于洛阳。”……我以为，这就是“流落饥民图”的具体背景。至于“洒酒”“宣敕”以后“乃息”，我想也是不难明白的：杨素们能将“相次于道”的“死者”“一切焚除之”以掩文帝耳目，也就能恶毒地驱散饥民的。

第（十）条罗、高两位说“地主的佃户”只“对地主纳租服役、送礼”，对地主阶级的政府就没有什么担税了；因而我认为“一面还要对官家缴纳户税和服徭役等，负担都已不轻，此外还有各种纳税负担。”“却是没有什么根据的。”两位先生的这个意见是不大妥当的。总的说来，是从秦汉的“名田制”以来，由于租税的分裂，地主则主要按地向农民收租，地主阶级的政府则向农民收税和征役，而且常常是花样很多，不胜例举。因此我以为不要把“未受地者不课”的“课”去概括一切，也不要那样去估量地主阶级政府。

第（十四）条“林邑不是没经过战争便成了隋的属领的，是经过了很大的战争的。”隋朝对林邑确进行过一次战争。其经过，据《隋书·南蛮传》：“大业中，南荒朝贡者十余国。”林邑于“高祖既平陈，乃遣使献方物。其后朝贡遂绝。时天下无事，群臣言林邑多奇宝者。仁寿末，上遣大将军刘方为驩州道行军总管，率钦州刺史宁长真、驩州刺史李晕、开府秦雄步骑万余及犯罪者数千人击之。其王梵志率其徒乘巨象而战，方军不利。方于是多掘小坑，草覆其上，因以兵挑之。梵志悉众而陈，方与战，伪北，梵志逐之，至坑所，其众多陷，转相惊骇，军遂乱。方纵兵击之，大破之。频战辄败，遂弃城而走。方入其都，获其庙主十八枚，皆铸金为之……方班师，梵志复其故地，遣使谢罪，于是朝贡不绝。”因此，原先本没经过战争，林邑便向隋朝贡贸易；后来由于隋朝统治者贪图其“奇宝”而又派兵进击的。

第（十三）条罗、高两位谓拙著“白榆妄为首的灵武（宁夏灵武）少数民族人民起义”，“荔非世雄为首的临泾（甘肃镇原）少数民族人民起义”为没有“根据”。其意并谓白榆妄“妄称奴贼”“劫掠牧马”，算不得什么人民起义，只是匪贼。我以为这也是值得商讨的。关于白榆妄条：《隋书》为“白榆，妄称奴贼”，《通鉴》为白榆娑。妄、娑两字很可能系一字之讹。因而所谓“奴贼”，不应出自其自己的称谓，应是隋朝统治者所给予的，如同国民党反动派诬起义的彝族人民为“夷匪”，并诬他们如何“打家劫舍”一样。所谓“奴贼”就表现了一种大汉族主义的歧视。其次，大概罗、高两位也认为荔非世雄是属于少数民族的人民。但是在当时种族关系的具体情况下，除非为各种族人民的联合起义，则以一个出身少数民族的人民来充任汉族起义人民的领袖，是很难想象的。而灵武［为］前汉朝所置，后汉废，故城在今宁夏宁朔县西北。后汉殷颎追羌于令鲜水上，及于灵武谷是也；后魏薄骨律镇后改置灵州；隋置灵武郡，即汉浑怀障，为都尉治所。故城在今宁夏平罗县东北二十五里。唐移置，故城在今宁夏灵武县西北，后魏破赫连昌，收胡户徙此，号胡地城。临泾，汉置，后魏废，故城在今甘肃镇原县南五十里；隋置秋谷县，改曰临泾。灵武、临泾，当时都主要是少数民族住区。

第（十六）条罗、高两位谓“朱粲并非投降越王侗，而是降唐受封。”“后才投越王侗”。按《旧唐书·朱粲传》：“显州首领杨士林、田瓒率兵以背粲，诸州响应，相聚而攻之，大战于淮源。粲败，以数千兵奔于菊潭县，遣使请降。高祖令假散骑常侍段确迎劳之。确因醉侮粲曰：“闻卿噉人，作何滋味?”粲曰：“若噉嗜酒之人，正似糟藏猪肉。”确怒，慢骂曰：“狂贼，入朝后一头奴耳，更得噉人乎?”粲惧，于坐收确及从者数十人，奔于王世充，拜为龙骧大将军。”因此，朱粲的降唐并没有完全实现便半途变计的。

第（十七）条罗、高两位谓“高开道并未降唐，而是被其部将张金树出卖，自杀而死。”（见《旧唐书·高开道传》）“辅公祏则又是反唐而死的。”按《旧唐书·高开道传》说：“罗艺在幽州，为窦建德所围，告急于开道，乃率二千骑援之。建德惧其骁锐，于是引去。开道因艺遣使来降，诏封北平郡王，赐姓李氏，授蔚州总管。时幽州大饥，开道许给之粟，艺遣老弱就食，开道皆厚遇之。艺甚悦，不以为虞，乃发兵三千人、车数百乘、驴马千余匹，请粟于开道。悉留之，北连突厥，告绝于艺，复称燕国。”与刘黑闼合流。又说：“时天下大定，开道欲降，自以数翻复，终恐致罪。”是高开道曾降唐，受其官爵封号，后又绝唐的。关于辅公祏，《旧唐书·辅公祏传》说：“公祏寻与伏威遣使归国，拜为淮南道行台尚书左仆射，封舒国公。”后因与杜伏威为争夺个人权利，“（伏威）阴夺其兵权。公祏知其意，怏怏不平，乃与故人左遊仙伪学道辟谷以远其事。武德五年，伏威将入朝，留公祏居守，复令雄诞典兵以副公祏，阴谓曰：‘吾入京，若不失职，无令公祏为变。’其后左遊仙乃说公祏令反。会雄诞属疾于家，公祏夺其兵，诈言伏威不得还江南，贻书令其起兵。因僭即伪位，自称宋国，于陈故都筑宫以居焉。”后失败，逃至武康，“为野人所执，送于丹阳，孝恭斩之。”因此，辅公祏是与杜伏威一同降唐而受其官职封号的，后来也由于与杜伏威的个人权利冲突，才又“反唐”的。

我除对罗、高两先生的一部分意见完全同意，并对其逐节逐段校对的精神表示十分欢迎与感谢外，并提出上述一些不成熟的意见，借以与罗、高两先生及同道商榷，尚希两先生继续指教。

敬礼

吕振羽

1950 年 10 月 14 日，大连

20 致屈伯川并大连工学院两周年校庆[①]

1951 年 4 月 9 日

伯川同志并连工全体同志们、同学们：

得到你们来信，知连工正在筹备庆祝创校两周年纪念。一年来你们作了很多工作，特别是关于教学方面的工作，已比较地细致深入，专责制也已进一步在全校实行了起来，使连工在各方面都成了一个簇新的人民高等工业学府。这

---

① 编者注：屈伯川系大连工学院院长。发表于《教学生活》，大连工学院校刊编委会编，原题为“东北文教委员会吕副主任致贺校庆”，1951 年 4 月 15 日出版。

些成绩的获得，上级的正确领导，旅大党政等方面的扶植，苏联同志的帮助都有着重大的作用，但与你们全体的努力是分不开的。我相信你们不会因此而自骄，也不会因此而不去寻找和正视缺点。值兹两周年之际，你们将总结两年的经验，包括成绩、缺点等方面，巩固成绩，发扬优点，克服缺点，争取在第三季度获得更大的成绩和进步。

我预祝你们：（一）更加紧学习马列主义毛泽东思想，学习《实践论》，把马列主义毛泽东思想的观点、方法贯彻到教学工作的各方面去、到研究工作上去、到生活的各方面去；（二）抓紧教学工作这一中心环节，进一步发挥教研组的作用，进一步提高教学计划、课程纲要、教材内容、教学方法的科学性、计划性和组织性；（三）把学生负担减低到恰当程度，提高教学质量，改进卫生情况，使我们的学生在智育、德育、体育、美育等方面，都将达到适当的满意的标准。祝你们全体健康和工作顺利！

敬礼

吕振羽

4月9日

21　复《人民日报》读者来信

1952年1月22日

编辑同志：

1951年11月7日人民日报《读者来信》栏登载的读者义华同志对我1940年所著《中国社会史诸问题》的意见，是完全正确的，我诚恳地向他致谢。

但“编者按：‘据耕耘出版社来信称，该社已将《中国社会史诸问题》一书交由作者修正后再继续出版’”则和事实有出入。1949年7月，我到武汉，见到耕耘出版社出版的这本拙著，就对全书加以修改，并把修改本托现在中共湖南省委工作的邓晏如同志转交耕耘负责人黄宝新先生。1950年4月，我在大连见到新发行的本书仍非修改本，就写信请黄宝新先生立刻停止发行，同时询问为什么没有按修改本付排。黄先生回信同意停止发行，并声称没有接到修改稿本。

吕振羽

（《人民日报》1952 年 1 月 22 日第 2 版）

22　致张爱萍李又兰[①]

1952 年 5 月 11 日

爱萍兄
幼兰妹：

得你们 4. 18 信，欣喜异常，因久不得你们信故，在沪时本可能去杭一聚，并借览湖山之便，瞻岳穆墓；而以在沪延聘工作羁迟太久，心猿意马，急欲回东北搞三反及思想改造而未果。

自东归后两月多以来，昼夜以赴，至今还未忙了。——思想改造约至期终，方才结束运动。江明自 2 月来长，在长春市企业党委负责，所以病未去根。兼三反中工作紧张忙碌一些，宿疾复发，至今弥月，尚未完全恢复。我亦以此间气候关系，气管炎转成急性，近头晕颇有加剧之势。长春地方很好，我们也颇爱它；只惜于我俩样身体之南人，微不适宜耳。今已 5 月，有些树木尚未全青，野亩亦才初绿；毛绳夹衣尚不能脱身，恍似江南初春光景。遥念江南，早已成为绿国与锦簇花团世界矣，令人羡煞。承问有无机会南归，只心香祷祝而已。此次回华东一行，困难时期之老友相晤，真另有一番味道，至今犹令我恋念。罗尔纲先生之《忠王李秀成伪降笺注》，去夏在沈时，不少同志曾为此而生争论，颇有利改变原有结论之势。弟当时未有任何公开意见，仅与个别同志交换过与兄相同之意见。

幼兰尚留杭养病，已疗养一段。我们意见，体弱多病之幼兰，能否在病源上从事一根本之考察与解决？她年龄还很轻，及时注意还来得及也。小孩肺病，须特加注意，肺嫩弱者最易出大麻烦也。但只要留意治疗即可不成问题。海东同志[②]之□，现均已治愈，可为明证。文委机关及业务已缩小，兼人大校

① 编者注：张爱萍时任华东军区暨第三野战军参谋长。李又兰系张爱萍夫人。
② 编者注：海东即徐海东，曾在大连养病。

长实已成为专职，思改以后可能轻快一些，乘空把旧著重理一下，但能否实现，又非能主动也。

匆匆

敬礼!

振羽

5. 11

23　致人民出版社

1953年3月30日

人民出版社编委秘书室：

一、2月27日邮去《简明中国通史》第一次增订本最后定稿（系1951年7月寄去之原增订稿本重加增订者），不知已否收到；复于3月14日去信询问，亦迄未见回信。特再函询，请即示复，并将编委意见告为盼。

二、52年11月17日来函，提到关于《中国政治思想史》所断论的《洪范》的时代问题。我认为这是一个专门问题，是大家可以讨论的；但目前尚难强同于一说。如何，请将编委意见告。

敬礼!

吕振羽

3. 30

24　致人民出版社

1958年11月7日

人民出版社：

你们约我写著《简明中国近代现代史》，作为一个经受过党多年培养的党员，我是作为一个严肃任务来看的。经我再三考虑：一、由于我的病尚未全好；二、我因年来患病，没有接受助手（为的是怕浪费国家人力）；三、近又担负一部分行政工作，须照顾两个科学研究所；因此时间须拖得长一些，并分作两次交稿。请原谅。你们有何意见，亦请见告。

前嘱修订之《简明中国通史》，比原版字数增多了些，大约将近70万字。因此，一、请考虑是否可分作上下两册；二、个别修改处，印刷工人同志可能认不清，须要由你处加一些工。为争取时间，请派一同志前来看一下，如彼此同意，可以先拿回第一部分去加工。如果同意分作两册，将来《简明中国近代现代史》就可以……

约稿合同我已签字，留下一份，寄回一份，请查收。匆匆

敬礼！

吕振羽

11月7日

25　致华东人民出版社

1953年11月8日

华东人民出版社负责同志：

前信未及早复，请予原谅。《中国政治思想史》等拙著，因均需由三联、耕耘转交人民出版社，9月去中央开会时，曾向人民出版社提出可否分几种由华东社出版，故拟于人民出版社答复后再告。今承与人民出版社商妥：《中国社会史诸问题》及《论文集》[①] 由华东社出版，我完全同意，并深为感谢。前函询及对《中国社会诸史问题》提出修改意见一节：（一）因耕耘过去在国统区出版时，可能为适应环境，曾对若干论点（如关于所谓蒋委员长等的说法）与术语（如改新民主义为三民主义等）加以修改。同时由于我的水平关系，可能有若干模糊不清的、甚至错误的论点。（二）所引用的史料，特别是原文，由于排印、校对及我自己的粗心，文字有错讹。此外对郭老意见的语气，也可能有不够恰当处。我提请从以上几个方面加以校改；您们觉得还有哪些地方应加修改，亦请见告。修改后，如您们认为有必要，可寄我看一次。承您们

① 编者注：《论文集》即《史学研究论文集》。

负责托人代为校改此书，我衷心感激，并请向负责代为校改的同志转致谢意。《论文集》，因运动特忙，请稍假时日；但无论如何，当争取于年内编好寄去。嘱代组稿件，已与［东北］人大、［东北］师大历史系的同志们初步交换意见，估计明年可能写出几部稿子。此事最好请开寄几种具体书名。匆匆

敬礼！

吕振羽

11. 8

26　致阿古伯尔

1956 年 3 月 1 日

苏联科学院东方语言学院院长阿·阿古伯尔通讯院士：

您由北京转来的 2 月 8 日的信我已收到，信内所提关于在苏联翻译和出版我的《中国政治思想史》一事，我完全同意，并因此而感到光荣。

在你们的翻译工作中如有疑难时请来信，我愿尽力予以协助。

5 月以前，我于苏联治病，如有信时，请寄往中国驻苏联大使馆，由其代转即可。

祝您工作顺利

吕振羽

1956 年 3 月 1 日

27　致汪向荣①

1956 年 7 月 7 日

汪向荣同志：

我从苏医病归来，读到你 5. 22 的信，承你对拙著《简明中国通史》333 页日本遣唐留学生的人名考证，提出意见，很是感谢。我因遵医嘱尚不便使用

① 编者注：汪向荣时在人民卫生出版社工作。

脑力，来信只能妥为保存，作将来修改拙著时的参考。你如有时间能更详细见示，更为欢迎。

《简明中国通史》的九章以后，是1947—48年在大连疗病时写的；当时大连的中文资料很少，参考了较多的日文资料。据记忆，关于日本遣唐留学生，可能系根据《东洋史讲座》。

我们是一个未曾谋面的朋友，从来信看，知道你是一位对中国史研究有一定基础的人。我希望以后能继续得到你的帮助。

敬礼！

吕振羽

7. 7

28　致张竞华

1956年9月25日

张竞华同志：

《人民日报》读者来信部转来你《对吕振羽著的〈简明中国通史〉关于刘邦项羽不视为农民起义的质疑》，我已收到，并详细研究过。

你根据毛泽东同志说过的话去评判各种著作，这是一种正确的态度和方法；我并感谢你对拙著那样细心阅读并提出意见。

同时我认为，我们学习毛泽东同志的著作，在于细心体会去掌握其精神实质，而不要咬文嚼字，拘泥于个别词句。我想你是一定会同意这个意见的。

刘邦、项羽的反秦发动，一方面确实带有农民起义的性质；另方面从全面去加以考察，我认为有着重从其纲领和行动去加以分析的必要。我对这个问题的较详细的意见，曾在《史学研究论文集》（华东人民出版社出版）66—67页说过，请参考。如有不同意见，请继续指教为盼。

敬礼！

吕振羽

9月25日

人民教育出版社的《初级中学课本：中国历史》，我也介绍你参考一下。如回信，请寄“北京地安门北黄城根32号”。

29　致安徽科学研究所

1957年3月30日

安徽科学研究所、历史研究室的同志们：

因脑、眼病关系，来信久未作复，请予曲谅！来信所提问题，仅能就个人意见提供参考。

关于地方历史研究的主要任务和中心课题的问题。我认为，这应该提由省委和省人民委员会去考虑决定。我个人意见，应在配合社会主义建设的总方针下，主要以研究带有地区特殊性的关于经济、政治、文化等方面的历史，以阐明本省人民在历史上的英勇斗争、伟大创造的优良传统，同时担负有关地方志范围内的问题的研究，尤着重于材料的搜集整理。在安徽，关于有特殊性的地方史方面：如关于寿县的出土古物和古代地方史，马当的铁矿，以及六安茶、徽州墨，特别如明清间皖南手工业的发展情况等等；又如关于在省境内的农民起义的研究，如汉末、唐末、宋末、元末、明末、清末太平天国和捻军在省境内的活动，辛亥革命时蚌埠等处的起义，尤其关于党领导人民进行的豫鄂皖边的十年土地革命斗争、抗日战争的历史研究（皖变前的新四军主力，其后的四师、七师均主要在皖境活动，皖变也发生在皖南）等等；又如关于地方性的文化生活的成果和创造，如关于地方戏、歌谣，关于朱熹、戴震、程瑶田、吴敬梓等人的学术思想和创作的研究，他如桐城派我认为也是可以研究的；尤其关于上述等等方面的资料的搜集（主要从书本、地方志、民俗调查等方面）和整理。在关于地方志范围内的问题方面：我们自然不须去纂修像过去那样的地方志，但关于地方志所包括的方面和问题，我认为地方历史研究机构应逐步去进行研究和资料的搜集整理工作，并把这作为自己的主要任务之一。

关于地方与全国、地方与地方的历史研究机构间的分工合作问题。我认为这应该由彼此间具体商定。问题在于目前还没有经验，恐怕还要摸索一个时期。原则上，我认为地方的研究规划应适合于全国性的总的研究规划，但又应保有极大的灵活性，这是一；其次，全国性的机构，对于有全国意义的问题的研究成果和研究计划等等，可随时提供地方研究机构参考，并随时帮助解答地方研究机关所提出的问题；地方研究机构从带有特殊性的地方史和地方志的角度进行研究和材料的搜集整理等等，来配合全国性的研究，并随时配合全国性的机构在境内进行考古发掘和调查研究等工作。地方彼此间在研究和资料的搜集整理上的相互配合，如豫、皖、鄂、苏关于豫、鄂、皖边十年土地革命斗争，抗日战争史的研究和资料的搜集整理等等，可由彼此间协商进行。同时可以按照彼此的具体条件和要求进行各种协商与合作，彼此应建立经常的密切的联系，于此，地方研究机构，可以更多更主动地去与全国性的研究机构取得联系。

关于地方历史研究机构的研究方法与步骤问题。我认为这也同样是没有经验，还须从实际中去摸索；遇事从实际出发，由小而大，由少而多，由点而面，量力而行，实事求是地不好大喜功，就不会出大岔子。

关于地方研究力量的培养问题。我认为，应尽量发挥现有力量的作用，这不只包括参加地方文史馆的人物，并应包括其他可能提供力量的人员，尤其与地方高等学校历史系间彼此应密切合作，一面除由自身及送由地方高等学校培养研究生外，还可请求中国科学院及其分院的有关研究机构、全国各高等学校，代为培养一定专业的研究生。总之，干部缺乏是贫困落后的旧中国给我们遗留下来的一个问题，一下子是不可能得到满意的解决的。

以上就是我对你们所提的问题的答复，极不成熟，更不全面，仅能供你们初步参考，自知不能满足你们的要求，我只有心中抱歉。你们的意见和最后决定如何？并希见告，以正所见。你们的研究成果和资料成品，亦希不吝指教和尽可能不断见赐为盼。

匆匆，致

敬礼

吕振羽

1957 年 3 月 30 日

附补记：

几年来，羽困于脑病，没能正式担负工作任务。但这丝毫也不能减弱他对党的事业的关切。他总是那样孜孜不倦地注意和研究他所接触到的各种问题，并尽力之能及地要求起一些好的作用。但由于脑瘤压迫，视神经受损，看书写字都很吃力，又可能由于多次X光治疗等原因，记忆力也大为减退。可以想见，在这种情况下，他考虑问题特别写东西时会是碰到怎样前所未有的困难。尽管如此，有些事他还是要亲自去作的。以上是他复安徽科学研究所的信。经过几天的考虑后，午前写成了初稿，午后又作了修改。对于他这种严肃负责的精神，使我深为感动。

他已于21日力疾赴吉林视察。不知他此刻是否平安？他是一个勇于负责的人，也是一个不善于处理自己的人。

江明

［1957］4月24日夜10时

（载安徽《史学工作通讯》1957年第2期）

30　致苏联科学院亚洲研究所、苏中友协

1957年5月28日

苏联科学院亚洲研究所

苏中友好协会

敬爱的同志和朋友：

我以极诚挚的意愿和感激的心情，感谢您们对伟大的五一国际劳动节的祝贺！并祝中苏两大兄弟国家的兄弟同盟和牢不可破的友谊万岁！祝我们在伟大的马克思列宁主义事业上永远共同前进！

我近日才回到北京读到您们的祝贺信。敬爱的同志们，请原谅我今日才给您们去信。

吕振羽

5月28日

31　致李必新[①]

1957年11月10日

敬爱的李必新同志：

因江明病，迟到现在才写信给您。这批问题的考释寄出太晚，可能已延误了您的校释工作，非常抱歉！对您上月来信中几个问题的考释，遵嘱定在月内寄上。

我们在欢庆伟大的十月社会主义革命节的时候，发出了向您敬致祝贺的信，同时也接到了您的祝贺信，十分感谢！

特向您致以共产主义的敬礼！

吕振羽

11月10日

江明病中承您深切关怀，我们对您那样高度的阶级友爱和亲密的同志之谊，衷心感谢！现在虽然还没有完全恢复健康，但已能进行一些工作，请释锦注。

32　致李必新

1957年11月20日

敬爱的李必新同志：

10日发出一航信附去对您前所提问题的考释，想已收到。兹将最后五个问题的考释寄上，供您校审中的参考，请查收并指正。

我们衷心地祝贺并感谢您在百忙的工作中对羽著《中国政治思想史》俄译稿校审工作的完成。

为了纪念您珍贵的劳动和诚挚的友谊，我们已将您历次来信装订成册，珍重保存。

① 编者注：李必新，苏籍华人。曾任苏军驻大连政治部《实话报》社副社长，与著者相识。转业后在莫斯科大学东方语学院任教，担任吕著《中国政治思想史》俄译本校释工作。

衷心地祝贺您的夫人和您健康、幸福、愉快！

这本书的俄译本，如方便时请转告苏联科学院寄给我们两册。

吕振羽

1957年11月20日

33　致李必新

1962年2月23日

李必新、夫人同志：

您的来信，半月前就接到了。谢谢！弟于去冬和吴玉章、范文澜诸老去南方开会，回京后即因病住北京医院治疗。现虽已出院，大夫仍不许过多活动。因此，对兄与莫京诸友，均未来得及祝贺新年和春节，兄信亦未及早复。便中并乞代向他友致意为感。尤其是肇唐与鄂山荫两同志。

拙著《中国政治思想史》俄译本的出版问题，承兄关注，至感。在校正译稿的方面，兄给了巨大的、艰辛的劳动，将来修订中文本时将叙明，以志感念。至俄译本出版问题，弟个人丝毫无所用心于其间，全在苏联有关同志从文化交流的意义上如何考虑而已。苏联哲学界对此书如有意见，请便中见告，但不敢烦兄着意搜求。此书拟在作为暂用教材试用二年搜集意见后，再计划修订。知注并告。

祝贺夫妇和孩子们健康、快乐！

并祝您工作顺利！

江明　振羽

2月23日

34 致施顿[①]

1958年5月20日

敬爱的施顿教授：

昨日接到您给我的信，欣悉拙著《中国政治思想史》一书在您的主持下，已完成了俄文的翻译工作，使这部拙著将与苏联专家和读者同志们见面，我感到很荣幸。特向您和其他担任本书的翻译和校审工作的同志们致谢！向苏联科学院主席团、中国学研究所和东方学研究所致谢！

为着使本书的俄译本“能成为比较为广大读者所易懂的书”、“在俄译本中把某些地方非加上很多注解不易明瞭的省略去”的意见，请求您注意在不损害本书的系统性与完整性的原则下，我同意您这样一种善意的打算和处置。我并且相信您们一定已注意到这一点的。

您嘱我为俄译本专门写一篇序，我欣然接受您的嘱托。但因我们正忙于反修正主义的斗争，加之我的病也还没有完全好，可能迟到八、九月间才写成寄去。您和中国学研究所的同志们如果认为须要提早的话，我可以把其他工作摆开一下。如何，请来信告知。

此致

衷心敬礼！

吕振羽

5月20日

① 编者注：施顿系苏联科学院中国研究所学者。

35 致傅纲[1]

1958年7月20日

傅纲同志：

来信因病未及早复，请你原谅。你对拙著所提示的意见很好，很感谢！将来修改时将尽可能采用。历史上有些古字，如甲骨文、金文中的有些字，是已经死去了的，有些是文字学家勉强考释而不能成读的；其中有些字非引用不可，有些完全可以不引用，还有些可以用现在通用字代替（“丵”可以“荆”代之）。如你所提“罼”可写为“畢”（网罗之）、“𣶒”可写为“渊”等；又“蜑”读“代”，系广东一种江上居民；“㠱”，郭沫若说即箕子之“箕”；“受”、“蒙”等均古氏族名；“鋙”读孳服孳，乃人名；“鋙”读余，“鋙呼”亦人名；“羕”读“漾”、“淑”读“叙”、“犀”读“鼇”、“鐭”读“粤”；“𦊆”不可读，乃网之一种。“□”系表示已看不清之空白字。“参验主义”近似经验主义。匆匆

敬礼！

吕振羽

7. 20

36 致越特金

1958年7月25日

敬爱的越特金同志：

您6月14日的信，我收到了。很感谢您的盛意和关怀！

您的来信说，为着给苏联读者“指出研究中国哲学史的复杂性和重要性”等等，打算让施顿教授写一篇导言。那无疑将为拙著的俄文译本增加光彩。借此向您和施顿教授谨表谢意。

---

① 编者注：傅纲在陕西韩城县人民检察院工作，他阅读了1957年版的《简明中国通史》后，“感到很好”，但对书中一些古生字阅读困难。6月19日来信开列了一些古生字，希望今后修改时对此增加注释。

我根据您和施顿教授来信的嘱托，拙著《中国政治思想史》俄文译本序现已脱稿，兹特航去请查收。

致

同志的敬礼!

吕振羽

7月25日

收到后请寄给我一个简要回信

37 致郭化若夏沙[①]

1959年2月11日

化若、夏沙同志：

年来病中，每忆旧游，总要谈及你们，然未音问。去冬与传统[②]同志同住医院，过谈中尝谈及你们。不久，即承寄来横条，如获异珍。非唯词字俱达上乘，老友殷殷厚意隆情至谊，当年情景，宛在面前。尤令我们心感。当即送荣宝斋裱装，现已悬书室内壁矣。老同志见者异口称道。原拟打油一首志谢，故迟未去信。因医生管束，仍不许用脑，恐劳远念。特此函达，匆行健复!

江明　振羽

2月11日

① 编者注：郭化若时任南京军区副司令员。系著者在延安中央党校一部时同学。夏沙系郭化若夫人。

② 编者注：传统即魏传统。

38　致张竞如[①]

1960年5月8日

张竞如先生：

你3月13日的来信及大文《共产主义之哲学原理　哲学共产主义之原理》早已转到。未及早读来文和回信，请原谅。

我们虽然从不相识，从来信和来文看来，你是一个23岁的青年，并读过一些资产阶级的古典哲学著作，同时是一个肯用思想的人。从来文看来，你的思想道路是走入了歧途的，本质上是属于主观唯心主义的东西。迷途知返，像你这样生在今天中国的青年，是能够找到正确途径的。我诚恳的期望你回头将马克思、恩格斯、列宁、斯大林和毛泽东主席的经典著作，从头读起，并与我国当前的社会主义革命和社会主义建设密切结合起来去思考，从当前世界人民的革命运动密切结合起来去思考，从当前世界人民的革命运动密切结合起来去思考，从劳动中去体念和向工人、农民虚心学习，向广大群众虚心学习。这样我相信，你就一定能改变思想道路，登上科学之门。你是一个青年，我的率直之言必能见谅和接收。

敬礼

吕振羽

1960. 5. 8

39　致熊铁基[②]

1960年5月28日

铁基同志：

你的信及吴泽同志信，均已于一周前收到，今日才作复，请你原谅。我们

① 编者注：张竞如系湖南长沙中学学生。

② 编者注：熊铁基系华东师范大学历史系研究生。

虽从未见过面，从来信可以知道你是一个对马克思主义史学研究用力颇猛而又肯切实作工夫的同志，我很愿意有你这样一个朋友来相互切磋。

你这次来信提的几个问题，都很重要，希望在你将来有机会到北京时详细谈谈。对这些问题，目前国内史学界的意见还不一致，在一封信里很难谈清楚，只能提提我的基本看法，供你参考。

一、关于我国统一的多民族国家形成的问题，我自己也还钻得不深；但认为我国和世界其他多民族国家有共性，但又有极大的特殊性；几千几万甚至几十万年□□生息于祖国大地上的各族人民的祖先，交往频繁，以至交错杂处，在长期共同生产、共同斗争的基础上，在经济联系、文化联系不可分割的纽带上，奠定了这个大家庭的基础。

二、关于封建社会的分期问题，目前大家正在争鸣。我以为应该按照马克思列宁毛泽东同志所揭发和阐明的历史唯物主义的公式来分期，不必另创新说；同时它也同样有一个形成、发展和衰落的过程的。这样去解决问题，不容先有一个框框，而应通过具体的全面的史实进行具体分析，必然能显现出它的客观的规律和过程来。

三、关于中国初期封建社会的一些问题。这在目前，有些科研和教学工作的同志，似乎全不重视马克思、恩格斯关于农奴制度及其特点的规定，各说一套，因而就达不到共同的语言。其次，过渡性和不平衡这个规律，尤其在多民族国家是更不容忽视的。但此也每每不易达到共同的结论。于此还应多作工作，以期逐步达到一致。

十一年来，史学也和其他学科一样，进步和成绩都很大，因而就把问题步步提得更深更细了。

我以上谈的不一定对，仅供你参考，并希将你的意见告我。匆匆

敬礼！

吕振羽

5. 28

40　致熊铁基

1962 年 1 月 20 日

铁基同志：

真对不起。大作至今还没有看。我从武汉、河南回京后，即患病住了北京医院，上星期才出院，现还头晕不能看东西。大作如急需，请来信，即寄还；如不急需，待我身体较好时看一下再寄还。

匆匆

祝你今年好！

振羽

1 月 20 日

41　致熊铁基

1962 年 2 月 3 日

熊铁基同志：

你去秋 9 月底寄来的文稿，现才阅读给你寄还。务请原谅；这由于你寄来文稿时，正是我与吴、范诸老南去的时候，加之我从鄂、豫回京后，即患病住进北京医院，直到除夕才出院，出院后，医生嘱咐不许过用脑力，要继续休息。

你的关于中国农民战争史研究的文章是用过功夫的，写得成功的。如作为讲稿，讲后还可以继续修改；如作为论文发表，我以为还可以加些工。

农民战争史在中国史研究领域中的重要性，已渐为史学工作者所承认和有了不同程度的认识；年来在两百方针下的争鸣，也有了一定的深度和广度，并取得了一定成绩，虽然，也似是还没达到应有的深度和宽度，也还存在一些问题。我以为，一个比较重要的问题，是农民战争史和中国通史的关系问题，前者应在后者的基础上，并在后者的既有的研究成果的基础上前进。年来若干研究者对这个问题的处理，似乎是不够严肃、认真的。对通史既缺乏相当系统、相当深入的理解，而又每每过分看重自己的片面推论或感想，凭以纵观和论述全史；在这样的情况下，即使也尽量去搜罗一些自己需要的史料，而能言之有理，恍似论证凿凿，实质上仍不过是拿史料去证概念，仍不能不违反马克思主义的史论结合或理论和实际结合的基本精神和原则的。我想这应是一个值得注意的问题。

年来在中国农民战争史的研究和讨论中，不只创造了不小战绩，而且提出了不少重要的问题，都应进一步展开讨论和进行深入研究，如有关中国中世农民战争的性质和作用的一些大问题，譬如说，它是不是把封建地主阶级作为一个阶级去反对，是不是有反封建制度的性质，等等；都是有关历史唯物主义的重大理论原则问题，都应步步深入，以期获得解决和达到一致的认识，是对教学和科学研究都有重大关系的。

尊稿提出了不少很值得重视的问题，并且有很多好的积极的见解。这些，我都不详谈了。现就我认为尊稿中某些值得进一步考虑的问题，就我一得之见，提供参考。

（一）研究中国农民战争史的目的，“是为了继承和发扬我们中华民族的革命传统”的问题。继承和发扬中华民族的革命传统，无疑是我们研究中国农民战争史的一个重要目的或任务，但还不能包括全部目的，譬如说：必须透过对中国农民战争史一类的重要环节的研究，我们可以而且才能深入地揭发中国封建社会发展过程及某些侧面的客观规律，连同对中国历史的其他重大特点的研究，便能使我们得以更深入地去掌握毛泽东思想的精神实质，并从而有可能去丰富历史唯物主义。

（二）关于中国“自古以来就是一个中央集权化的国家”的问题。这是一个很大的问题。首先，关于夏，是否已进入到国家的时代，目前尚有不同意见；即使说，它已进入了国家的时代，是不是集权化了的国家也是非三言两语说得清楚的。其次，奴隶所有者的殷商国家，是否集权化了，在第二次国内革命战争时期敌我论战（包括我们自己队伍里的争鸣）中，是有着不同意见的。再次，关于西周、春秋、战国时期的社会性质，几十年来，一直存在着争论和意见分歧；因而当时国家的组织形式或政体，也就有了不同的看法和论断。主张当时社会是属于封建社会阶段者，认为是初期封建的领主制的国家，是封建分散性的；西周奴隶制论者，则认为一开始就是所谓“新兴地主”的集权国家。由秦汉到鸦片战争前的国家组织形式，我们不少同志认为是专制主义的中央集权的国家，也是统一的多民族的国家；但有的同志认为只能说是多民族的国家，而不能说是统一的国家，有的认为到清朝才形成为统一的国家，既然不是封建性的“统一的”，那是不是也不认为是中央集权的呢？因此，我以为关于这类问题的论断，须慎重而详晰。你此中对此，也应慎重、准确。

关于隋末农民战争是唐朝封建经济繁荣的基础的问题。这可能只是一个用语的疏忽，但却是一个重要的疏忽，故提出来说一下。隋末农民战争，也只有它，为唐朝的生产发展和文化繁荣，等等，开辟了道路，准备了条件；但我以为不应说作“基础”，马克思主义关于“基础”这个范畴，是有一定的含义的，不多赘。

关于唐代普遍地出现了不同形式的租佃农民的问题。这个问题，不只牵涉到中国封建时代是否存在农奴制和劳动地租的阶段的问题，还直接牵涉到实物地租从何时开始以及它与佃耕制的关系的问题，等等。我以为这个问题须从马克思关于封建地租的三种形态通过中国历史的具体过程去进行研究和理解。自然，我并不要求你在这篇文章中来谈这个问题，而只在说，用语须有分寸和准确。你在这里又谈到农民的人身依附关系的问题。这在近年来是一个普遍存在的问题。有的同志甚至从是否有人身依附去作为中国封建制分期的标志，等等。好像在某个时期，农民就感到人身依附的束缚，而在另一个时期，就不感到这种束缚了。同样，好像在某个时期，农民感到徭役赋税的奇重负担，而在另一个时期，就不感到这种奇重负担了。同样，好像在某个时期，农民丝毫也没有土地要求，而直到某个时期才有这种要求似的，等等。其实，封建的徭役赋税或超经济的榨取，正是以人身依附或“超经济的政治强制”为前提的，经典家所阐明的理论原则和我国历史的具体情况，都充分说明了这一点。因此，在我国封建社会的长期历史过程中，由于广大农民群众的不断的各种各样的斗争，使人身依附不断有所消弱，徭役赋税不断有所减轻；但它是波浪式的，时轻时重，一弛一张的，并且都是与封建时代的历史过程相始终的，因此，不能从这些方面去寻找区划中国封建时期的标志。

你的文章，我觉得还有一些地方的措辞、分寸、举例不够恰当，说明不够清楚、透彻、全面的地方，我都写了几个字或用红笔做了“—”、“——”等记号，请参考斟酌。

以上信手写来，不一定妥当，仅供你参考。

匆匆

敬礼！

吕振羽

1962 年 2 月 3 日

42　致李达[①]

1961 年元旦

鹤师：

12 月 28 日手示于前日收到。手示云：旧病未愈，新病丛生，益增挂念。手示书法甚劲，状态无异当年，又深感愉快。吁恳摆脱一切，作较长期的疗养，在今日的医学治疗等条件下，定能健复。尊体经数十年苦难生活的长期锻炼，相信是蕴蓄着无限潜力的。关于“周代社会制度研究”的著述，生亦常念念在怀；但至早须待明年，商之他友，在吾师指导下进行。年来史学研究工作大有成绩，但修正主义观点、资产阶级观点，仍散见不少。对历史唯物主义，对马克思列宁主义、毛泽东思想，确如手示所云，满足于引用文句者多，能掌握精神实质者少，亟应提高一步，以适应社会主义建设和共产主义运动的当前需要。余不一一。

谨祝新年愉快！

振羽

1961 年元旦

① 编者注：李达字鹤鸣，时任武汉大学校长，系著者湖南大学学习时老师。

43 致李达

1961年3月11日

鹤师：

奉手字，悉吾师已回到武大。尊恙现况如何，至以为念。武大历史系如彼情况，生意确须下点力量，迎头赶上兄弟校系，再过几年，更难追上了。然此亦可见思想改造的艰巨性、长期性和复杂性。束君亦非熟知，近来信，谓已在写作论两周社会的文章，将来辑成册时，可能先送我师审阅。匆匆。叩

尊安。

振羽

3月11日

44 致李达

1962年7月4日

鹤师：

生去冬北归后，住了两个月医院。今年人代会未见吾师出席，传闻已去从化疗养，但不确切，因是至以为念。昨在北京医院见到张勃川同志，谓吾师现在武大，并未他去，健康情况亦较前为佳。闻之不胜喜慰。寄上新印第二次国内革命战争时旧著《殷周时代的中国社会》一册，请吾师留作纪念。年来，报纸、杂志发表的文章，有不少好的，但也提出和存在不少具有重大理论原则的问题（属于历史唯物主义以及经典家关于各个历史时代的基本特征问题的经典论证）：对经典著作的引文的解释等方面也似存在着问题。对这，生以为宜大力开展百家争鸣，以纠讹谬，提高认识水平。吾师以为如何？

祝康复！

振羽

7月4日

45 致张显书

1961 年 2 月 10 日

张显书同志：

你的来信前星期转到。经与人民出版社联系，想直接为你解决。你所提出的要求，人民出版社要我转告你：迳与该社发行科联系。过去其他不少同志为这件事写信给我，人民出版社都是这样解决的。拙著《简明中国通史》1959 年新版修订本，因一些学校用作教本或参考书，以致未能发行到门市部，个人不易买到。这种情况，我想你是能原谅的。其实这部拙著对读者同志的帮助是不大的。郭老主编的中国历史年内就会出版，那对你我都将是一件大喜事。

匆匆

敬礼！

吕振羽

1961 年 2 月 10 日

46 致吴泽束世澂[1]

1961 年 2 月 24 日

哲夫[2]弟并世澂先生：

拙稿《地下出土远古遗存和我国原始公社制时代的历史过程》，愧承奖饰；承两位及华师历史系同志们细加查阅，对我帮助很大。所开示之意见，除有关仰韶文化的社会性和“夏王朝”问题数点，尚待商酌和细加思考外，均已吸收到拙稿里面。

世澂先生大文，已于《光明［日报］》上读过一篇；我觉得可以而且应该写下去，并可以将发表之文逐篇寄李鹤鸣先生，提出一些问题彼此商酌。李老，如

---

① 编者注：吴泽、束世澂均为华东师范大学教授。

② 编者注：哲夫即吴泽。

所周知，是我国马克思主义运动的启蒙大师之一，家法谨严，立论不苟，这在数十年来对我影响至大，印象至深。国内目前对两周以至秦汉社会的看法，分歧仍是很大，在苏联同志中也是如此。因此，任一种意见提出，我想不可能是没有异议的。但这类关于学术问题上的不同见解的不同学派的争论，正是发展科学所必需，愚以为这到将来共产主义社会，也将是要存在下去的。也正以此，而见出二百方针的伟大、正确。大作各篇完成后，愚意可以汇成一册作为一家之言，与国内史学界商讨。李老对此亦极为重视，闻过沪时，渠曾与沪上史学界诸友谈及。

哲夫弟主张将这篇拙文先交杂志发表，因文太长，亦未最后定稿，尚未考虑及此。弟与诸友如认为有此必要和价值，则可以之对《学术月刊》还文债。总之，文太长，于杂志发表似不甚相宜。请熟虑。

匆匆

敬礼

振羽

1961年2月24日

47　致吴泽

1961年4月1日

泽弟：

3月22日信悉。

（一）关于拙作《地下出土的远古遗存和我国原始社会时代的历史过程》一稿，因上次去信后久未得《学术月刊》对此稿意见，加之文太长不适宜于报刊登载，以故三月半间《人民日报》同志提议缩写为一万字左右，我当时即表示同意，现他们已在动手，而缩写后能否用，我尚无把握。待来信后，即与《人民日报》商量，仍坚欲缩写发表。因之只得请弟为我向《学术月刊》恳致歉意。近在高级党校为新疆班所作报告提纲，《学术月刊》如认为合用，则拟以之抵债；如不合用，拟于5月寄去《新疆与祖国的历史关系》报告提纲稿。总之，请千万致歉。

（二）我弟病尚未愈，希望紧紧按党委安排，在痊愈和巩固前，工作不要作得太多。要掌握鲁迅的韧性战斗的精神。

（三）对黄巢王仙芝等历史上农军领袖人物，曾向当时统治者请降问题，很该作点功夫加以考辩，实事求是作出正确结论，既不使古人蒙冤，也借以教育后人，乃大好事。

（四）若玫[1]妹病，甚念甚念。就来信所述，□制补脑液于她无益；此药目前且不可买得。询之名医，均云以乌鸡白凤丸之类为宜；请嘱若玫妹就上海一著名妇科中医诊断后，如上海不能买得药物，请来信，当在北京极力设法。

匆匆，祝

你们均加快健复。

振羽

4月1日

48　致吴泽张若玫

1961年7月4日

哲夫弟
若玫妹：

来信及文稿清样均早已收到。去冬从南方回京后，住了两个月医院，又接连开了七十天的大会和工作会议。会后又为与各校院哲学系、历史系毕业班研究生、卒业班及青年教师讲话，至今未完，故现在才给你们去信。哲夫文章，只粗阅一遍，觉得不错，史学史暂不写五四后部分，是安排得对的，目前至多也是可能作的，可以把这部分的史料，全面搜集、编辑起来。这就能帮青年和后来的研究者从中看出规律和面目来，你们以为如何？

祝贤夫妇及孩子们好！

寄去《殷周时代中国社会》一册请收。

振羽

7月4日

---

① 编者注：若玫即张若玫，系吴泽夫人。

49　致孔经纬[①]

1961年5月28日

经纬同志：

你5月17日信，昨日才转到。我的病承你关怀，六年来无变化，大概是控制住了，请释念。你的情况，吉大来的同志也常谈到，看来你们在学术上都相继成长起来了。我对此很感到高兴。

你如来北京时，可来此谈谈。地址是“西单石板房甲19号”，电话是64505。匆匆。

祝你们都好！

振羽

5月28日

50　致齐赫文斯基等

1961年7月8日

亲爱的齐赫文斯基所长同志

亲爱的柴涅勤书记同志

亲爱的卡柳芝娜亚主席同志

亲爱的同志们：

承您们来信祝贺中国共产党诞生四十周年纪念和祝愿，谨致以诚挚的热情的感谢！并祝您和您领导的全体同志在为了祖国、为了社会主义阵营国家的团结巩固的事业中取得更大的进步！

中苏两国人民永恒的牢不可破的友谊万岁！

吕振羽

1961年7月8日

① 编者注：孔经纬系吉林大学经济系教师。

51　致鄂山荫[①]

1961年10月15日

亲爱的鄂山荫教授同志：

值此伟大的十月社会主义革命节、伟大的红军节，谨向您致以诚挚的祝贺！

祝中苏两大兄弟国家牢不可破的友谊万古长青！

并祝您工作顺利和身体健康！

吕振羽于中共中央高级党校

1961年10月15日

52　致耿鉴庭[②]

1961年10月16日

耿鉴庭大夫：

承转扬州文管会诸先生雅意，奈我诗欠高深修养，脑病以来，书法尤频觉手限不□。勉报雅命。寄陈七古一则，是乞是正为盼。匆匆

敬礼！

吕振羽

10. 16

① 编者注：同日还分寄图曼、郭肇唐，内容同上，均寄往苏联科学院亚洲民族研究所。

② 编者注：耿鉴庭系中医研究院医生。耿转来家乡扬州文管会信，请著者为史可法诞生三百六十周年暨史可法纪念馆题诗。诗文见《学吟集诗选》。

53 致赛音①

1961年11月25日

赛音同志：

你的来信早已收到。因我从南方回来后，即患病住了北京医院，故至今才给你写回信，请原谅。

《怎样学习历史》，本是我在中央广播电台广播词，要能对同行、青年有些帮助，你怎样处理都可以。

你要一部《简明中国通史》，现在手边没有，拟设法找到后，即给你寄去。

敬礼

吕振羽

11月25日

54 致北京大学历史系四年级团支部

1962年1月15日

北京大学历史系中国古代史专门化四年级共青团支部同志们并同学们：

我最近因病在北京医院住了近两个月，没去党校，你们的信（1961年12月1日的），昨日才收到，未及早写回信，请原谅。

你们希望同我见面谈谈，我十分高兴，并借以从你们那里吸取力量。你们知道，我在史学研究上的功夫是不深的，只是酷爱它，总是想一步步把它钻深钻透；年来的痼疾并没有折服我的志气，我也还不肯有老的感觉。中国史的总的发展过程是和世界史一致的；但它具有很多特点—这只有在毛泽东思想中有了高度的科学概括。因此我认为中国史—我是从中国全部历史来说的—科学领

① 编者注：赛音系内蒙古大学历史系二年级学生，看到著者在《中国青年》刊载《怎样学习历史》，很受启发，并已译成蒙文准备投稿，特来信征求意见。

域中有很多功夫可作，有待于多数人的长期努力，从其中，可以发展或丰富历史唯物主义，可以提高我们对毛泽东思想的精神实质的掌握与宣传教育的效力。等等。

你们想同我见面谈谈，我想可以：（1）由你们规定时间和地点，我去北大；（2）你们分批来这里（每次不超过十人，因为人太多没地方坐）。我的住址是中央组织部右侧黄城根南口石板房甲19号后门，电话64505。你们看怎样办好，决定后，请先期通知我。

祝同学们和同志们愉快、努力、进步！

吕振羽

1月15日

55　致王亚南[①]

1962年2月1日

亚南同志：

熊德基同志转来您1月25日手书，甚感谢。厦门和福建其他若干地方，都是我很早就想访问的；有机会去参加伟大民族英雄郑成功收复台湾三百周年纪念会——一个有伟大政治意义的纪念会——更感到极大鼓舞：而况又能就便去看看您和其他多年不见的老友。遗恨的是，弟去冬同吴、范二老去湖北、河南回京后，即病住北京医院两月，最近才出来，近中想去云南，也因身体关系未能成行；到2月17日前能否恢复到可以远行的程度，是很成问题的。届时如不能前去，务请您并请转告其他有关同志曲谅，是为至感。

纪念郑成功收复台湾三百周年的政治意义实在很伟大，特别在目前。这不只由于他是我们伟大祖国为首反对西方侵略而又获得成功的一位伟大的民族英雄，还由于他高举了爱国主义旗帜而又大义灭亲：同时他之能取得成功，又由于他的行动符合于台湾汉、高山等族人民的愿望和要求，符合于祖国和民族的利益；他收复台湾后的各项措施，在当时的条件下，基本上也是符合于人民的

① 编者注：王亚南时任厦门大学校长。

利益和要求的，有进步作用的。这一切，表明了他与那些包括他父亲在内的卖国贼或坏蛋的鲜明对照；这对于拘小节忘大义的人，尤其是今天身在台湾的若干人，是有巨大的教育意义的。而对于那些倾向于或隐蔽地赞同帝国主义“两个中国或个半中国”的阴谋的修正主义者及我国反动派，也给予了有力的抨击和历史地回答。

不觉写得太长，请不要见怪。

匆匆

敬礼！

吕振羽

2月1日

56 致邹开国[①]

1962（?）年2月2日

邹开国同志：

得来信，我很高兴。从来信中，我感到你是一位诚挚而又肯刻苦学习的青年，并曾光荣地参加过人民解放军。因此我相信你在历史科学上一定能搞出名堂来，为党和人民作出贡献。同时我相信，你们这一代一定会胜过我们这一代，这是确定不可移易的。祝你和你的同学努力。承寄鄂东南苏维埃政府的纸币，这是极其珍贵的。我不只要很好地珍视它，并将于必要时转赠给革命博物馆。贤夫的照片及其他赠品，我都要珍视，并感谢你。我请你万勿给我寄鸡蛋或黄豆来，党和政府对我们是照顾得很好的，请勿念。同时，以后来信，请勿称我“老先生”，称“吕振羽同志”就是，既亲爱又尊敬。匆匆。祝假期进步。

吕振羽

2月2日

---

① 编者注：邹开国系武汉师范学院历史系学生。

57 致陈抗生[①]

1962年3月17日

陈抗生同志：

真对不起你，今日才来回信。我去冬10月去武汉、河南回来后，即患病住北京医院；这星期一来党校才见到你的信。想一定望得很恼火。去冬我到武汉时，如能见面谈谈，该多好。

对于你提出的问题，在这封信里恐不能满足你的要求，只能作你初步的参考。

首先，我希望你提高信心，以一个共产主义者的气概，是没有不可克服的困难的，也没有什么做不到的事情。郭沫若同志原是学医的，范文澜同志原是研究经学和《文心雕龙》的，他们对历史和哲学并没有什么师承，而现在都成了名家。我自己在史学和哲学上是数不到的，也没有什么师承（仅从李达同志——现在是你们的校长——那里学过《社会学概论》）；曾学电，因参加革命活动，也没有学好；在革命过程中，由于要与伪马克思主义流派、反马克思主义流派等反动流派作斗争，只有苦钻，并常常是被迫应战。你的情况，总比我好得多。因此，我相信你一定能很好地完成党给予的任务。

对于中国政治思想史这门课，我认为你目前可只抓三个环节：一、抓每个思想家的阶级性；二、抓他们的世界观；三、抓他的政治思想、主张和活动，并注意其这方面与阶级性、世界观的适应性。为着抓这三个环节，可以分几步走：第一步，掌握现有那几本书对每个思想家的每个方面的分析和论证；对其引文，不管懂不懂，浏览一过即可，以此为基础和线索。第二步，进而阅读有注解的诸子书——前人的注解，不一定正确，且彼此常有出入，须选择较好的本子，或用几种本子对着看。我以为不必为过文字关而专去读《古文观止》之类的书——因为那虽然好，但不能济急。这样经过一年二年的努力，我想是能够上台讲课的。在讲课的过程中，结合实践，再步步提高，步步深入；相信

① 编者注：陈抗生系武汉大学政治系教师。

必能在这方面作出创造性的成绩来。

拙著《中国政治思想史》，实际只能是中国哲学史ABC；当时因主要在与陶希圣作斗争，他的书名《中国政治思想史》，为着针锋相对，故亦以此名书。所以在现在没有正式教本以前，暂作“瓜菜代”。作为政治思想史，它缺少了关于每个时代的当权的阶级、相互敌对的各集团的方针、政策以及纲领等方面的分析和论断。作为《中国政治思想史》，希望你将来在可能的时候，在教学过程中，逐步地、慢慢地把这方面补充起来。

我这些意见，可能是主观片面的，对你不准有用。如不适用，请你告我，使我能知道错误所在。

最后，有些字义的解释，我介绍可请教武大刘永济先生。匆匆

敬礼！

吕振羽

3月17日

58 致陈抗生

1962年5月5日

抗生同志：

你4月1日信，因当时正在大会期间，大会后又是工作会议，故至今才作复，请原谅。你的备课计划，我看大致可行，自然不一定完密与合于客观实际；但我不深知你的情况和所有条件，所以提不出具体意见来，望从实践中去不断加以修改。忙中不另。匆匆

敬礼！

吕振羽

5．5

59　致杨森湘[1]

1962年4月23日

杨森湘同学：

近因两个大会后又继续开民族工作会议，你4月10日的信今日才作复，请原谅。

你对拙文《新疆和祖国的历史关系》提出的意见，我很感谢。借知你认真看了此文，并对元史真正作了一些钻研，我很高兴。

你提出的意见，从具体材料来说，是大致不错的；而关于新疆和祖国的关系，在元朝的具体关系，我以为应从总的发展趋势和祖国的整体性着眼，从而才有利对群众的教育。从成吉思汗建立政权到世祖统一全国，就应以之作为中国的一个部分。亦都护归服蒙古，成吉思汗封他为第五子，即把新疆看作同蒙古本土一样。这是一。世祖在新疆的建制，基本上视为腹里，并不须强调它的差异性。这在内地各省相互间也多多少少都有一定的差异性的。如此等等。不知你以为如何。匆匆。

敬礼！

吕振羽

1962年4月23日

60　致刘起釪[2]

1962年9月17日

起釪贤棣：

7月31日信收到。你的求知若渴和虚心请益的精神，使我深受感动。相信，把这种精神贯彻下去，一定能作出创造性的成果，对共产主义事业作出相

① 编者注：杨森湘系中央民族学院历史系五年级学生。

② 编者注：刘启釪时在南京第二历史档案馆工作，旋调中国科学院历史研究所。

当贡献。两次来信都提到愿在你我之间建立师友之谊，我自亦以有像贤棣这样一位刻苦钻研的人，在学问上相与切磋，收教学相长之益，只以自己经受党的数十年的培养，及今成就甚小，未能为人民作出多大贡献，深自惭耳。前次信未及复者以此。

贤棣何时能来京，定后望函告。日内将偕几位老人去滇访问，回京时恐将在11月12月之交也。并告。

匆礼！

振羽

9. 17

61　致毛泽东

1975年6月24日

敬爱的伟大领袖毛主席：

半个多世纪以来，您全面发展了马克思主义，领导全党全军和全国人民，战斗不息，夺取了新民主主义革命的彻底胜利、社会主义革命和建设的伟大胜利；洞察宇宙风云，促进世界革命蓬勃发展。能不令人心情激荡，深感生活在毛泽东时代的自豪！回顾我自己也正是在伟大马克思主义和您光辉思想的哺育和指引下，从长夜难明的茫茫尘海，投身革命。1929年在北平，我开始研究历史之际，地下工作同志给我看了您《中国社会各阶级的分析》，这昭示我确立史学研究的严正方向，开始掌［握］历史唯物主义的基本精神；抗战烈火方炽，1942年到延安的翌日，即蒙接见，面承教诲；在您亲自领导下，反击国民党反动派第三次反共高潮中，所写《驳蒋介石〈中国之命运〉》，蒙您亲自审定修改；抗战前所著《中国政治思想史》，蒙您阅批……耳提面命，使我永受鼓舞，毕生难忘！

1963年起，党对我进行了全面系统深入的调查研究和严肃的审查，使我受到严峻的考验和深刻的教育。

蒙您和党中央深切关怀，使我得于今年春节前夕回家，与长期分离的妻儿团聚，不仅我铭感无涯，即妻儿亲属亦深受策励和鼓舞！旋因病重急诊住院，蒙党关怀和医护人员悉心治疗，已于4月病愈出院。回家数月，耳闻目睹您亲自发动和领导的无产阶级文化大革命、批林批孔和无产阶级专政的理论学习以来，伟大的祖国出现了翻天复地的变化，人民精神面貌焕然一新，新生事物层出不穷，使我深受激励和理解一场伟大政治运动所带来的伟大社会变革和深远的历史意义！我目前心情振奋，身体逐步恢复，自信还能为党工作。

受党哺育多年，在您光辉思想指引下，自1930年以来，为捍卫马列主义、毛泽东思想，围绕党的路线、政策和方针任务与国民党陶希圣派、托派（包括陈伯达）、日本法西斯秋泽修二、修正主义考茨基之流等反动派进行了不懈的斗争；对我国社会主义发展史、思想史、民族史等初步进行了系统的探索。无产阶级文化大革命和批林批孔运动，工农兵势如破竹的磅礴气势，使我受到极为深刻的教育和鼓舞，也启发我发现自己以往著作存在不少缺点和错误，必须进行自我批判和修改，我渴望在有生之年，竭尽全力，为伟大的毛泽东思想的历史科学战线而斗争，并努力完成未了计划，不负您的关怀和教育！翘首待命，不尽欲言！

衷心敬祝健康长寿

吕振羽①

1975后6月24日于鼓楼小石桥11号

62　致邓小平

1977年7月16日

敬爱的邓副主席：

英明领袖华主席为首的党中央，率领全党、全军、全国人民一举粉碎“四人帮”，拯救了革命，拯救了党，日月重光，举国欢腾！素承垂爱，良深依依！

自1963年1月隔离反省，对我的历史作了全面审查。1965年中央专案组告我已搞清，并已通知家属说：“很快就要回来了”。1967年又到秦城②继续审查8年。1975年除夕，蒙伟大领袖毛主席深切关怀，经您批准，结束13年

① 编者注：此信由江明代笔。

② 编者注：1967年经谢富治批准著者被关入秦城监狱。

的隔离审查，得与家人团聚。

同年7月26日，鉴于中央专案办公室对我的历史问题审查所作结论与事实出入太大，不得不上书毛主席和您与中央其他领导同志，请予昭雪！

数十年来，我在党的领导下做了些工作，虽有错误，但不是反革命两面派，对党、对伟大领袖和导师毛主席深怀崇敬；对敬爱的周总理衷心爱戴；从未参与任何反党反毛主席的阴谋活动。在哲学社会科学战线上，自1930年以来，与托派（包括陈伯达）、国民党陶希圣、胡适、蒋介石、日本法西斯史家秋泽修二、修正主义考茨基之流等反动流派、反动思想进行了持续不断地斗争，对中国通史、中国哲学史、中国民族史等首创性地探索出一个初步体系；这具体表现了数十年来我为党的事业持续斗争的过程中的一个重要方面，也具体反映了我在此过程中的思想面貌；在国内外都有适当评论，起了一定的影响和作用。经过历次重大运动，以至无产阶级文化大革命、批林批孔、深入揭批“四人帮”以来，我的十几部著作也经受了考验。方期经过严峻考验，认真接受教育，努力改造自己，继续为党贡献力量。而时光流逝，深感报党之日益促，能不五内如焚！

每忆数十年来受陈伯达倾陷，未得发挥我为党所能发挥的作用，亦甚痛心！我1933年就得知陈伯达是托派，并告诉了当时中国大学国学系主任吴承仕。陈知道后，从此怀恨在心。我在延安写自传又曾提及。1970年5月，时在九届二中全会之前，陈伯达反革命面貌尚未暴露，我曾相继在复兴医院和秦城人民法庭连续公开揭发陈伯达托匪面貌。

在以英明领袖华主席为首的党中央关于科学工作的重要指示鼓舞下，展望我国科学战线的灿烂前景，能不令人无限振奋！

万祈并深信在马克思主义、毛泽东思想伟大旗帜下，在党和华主席、在您深切关怀下，对我的历史作出适当的结论！俾能尽我余生，为党奋斗，直至最后一息！

翘首待命！敬祝为党珍重，松柏长青！

吕振羽①

1977年7月16日于鼓楼小石桥11号

---

① 编者注：此信由江明代笔。

书信（二）

1　致江明

1948 年 8 月 25 日

真：

北来后，前后已寄四信，均收到否？屈指已五十余日，不知你胖些没有？毛狗咬伤的地方没出毛病吗？尤其是胃病好些吗？你独自一人留［大］连，胃痛时如何办？这里一些患过胃下垂同志的经验，说一面只有用抱肚托起来（日本曾制有这种专用的橡皮抱肚，大连大概还能买到，否则就自制两个），从外面去支撑；一面只有使身体吃胖，从内而去支撑和解决问题。你一定要这样做。

我的工作，真是夜长梦多，现中央又来电，说香港形势日恶，南去不便，要调回中宣工作，估计可能是回我们过去致中央的两个电。东局已去电请示：是否定要去？张如心多方包围，想我去东大作副校长，这点大概东局可同意我不去。在中央没来电前，负责同志已同意我暂不作宣传工作，下去搞二、三年，并一度征求我的意见，参加长春特别市常委并宣传部长（谓中央很重视这个东北的文化中心城市）；我以该市太单纯，在还可以提意见的许可下，要求到一个情况较复杂的省或市去，并希望不兼部。组织上也已表示同意了。情形如此，望你做适当准备。

张胖子［子意］情谊可感，从佳木斯特来看我，并很同意我们那两本书。我送了一支在北鲜买的 51 号笔给他，他送了我一件灰鼠皮大氅料——我转送给马［辉之］了。

到此后，即每日去六次劳大旁听，现又参加城工会议。前日开始，东局又召集旅大来的干部开会。学习机会是太好了，只是有点两头顾不到之苦，抓着这边，误了那边。日日是这样忙，身体却很健，你千万放心。而英雄儿女，心中仍不免有些念念于你。你说也真是好笑吧。

羽

8 月 25 日

爱萍又兰同志夫妇，请你代告我的情况。

2 致江明

1948 年 9 月 24 日

真：

东北局决定我参加安东省委常委，马［辉之］亦来安东养病，我们于 9 月 23 日到达省委。由于对此间情况颇生疏，拟先看些材料，再去下面摸索一下。在情况不相当明瞭以前，是提不出什么意见的。

东北局决定你来安东省委分配工作，组织关系已带来交给省委了。王敏同志如不须动手续，亦可同来。现省委特派同志随车去接你们。你可带同刘春兰随车来此。疗养院的用具点交给院方。廖华同志的书籍保留于毛达恂同志处，托他于廖回大连时转交（廖即将回去）。光华书店的书可请吴毅潮兄去点收。其他东西全部带来。我已托毛达恂同志代作木箱两个。托王汉朝同志买的笔和表，须买来。鹿茸精亦须买些带来。你身体如能工作，来此后即可分配，否则可去五龙背温泉洗一时期，于神经、肠胃有特效，江华同志有此意。

闻爱萍同志已由北朝鲜转回，带去的东西不知带回大连否？我去哈曾留一长信托许□同志代交他，他大概看不到了。他的病最好来五龙背温泉洗，收效可能较快。这是我的意见。

东北局常委并不定要我去东大，事实是张如心同志对常委说：我已同意去东大。对我说：常委已决定。最后我俩同去洛甫同志处。洛甫同志知道我并没同意，便说：“东大还是那样办下去吧。何必看见华大有个范文澜，东大就一定要个吕振羽。”张说：“中央已同意老吕由东北局分配工作了么?”洛说：“他来东北的目的不是搞文化教育的。”这是说东北局负责同志很谅解我到下边学习的诚心苦意。所以又说：只要少奇同志不调我，保证3年不调动。

得你信后，甚为兴奋，且实感激，并打了两首油诗，特抄寄：“两月离情非易过，菩萨化作黑头陀。残宵梦里偏嗔我，何事容人唤小哥。”“两地传书意味长，珠玑点点吐文章。个中省破真消息，为道秋娘胜柳郎。”发你一笑。

致爱萍同志信、士杰同志信，请转交；致江□同志信，请爱萍同志转交。

羽

9月24日

3　致江明

1948年10月14日

真：

得达恂[①]同志信后，我心中便有些不安——因为没有你自己的信。得你信后，虽说是危险期已过，但不安的心情仍没过去。你真还像个不懂事的小孩，全不知根据自己身体条件适当照顾自己。在延安时，离开我就得了一次极险的病，这回又是这样。经这两次令人寒心的恶病后，大概会老练点了吧？此间温泉不宜于急性炎症，只宜于各种慢性炎症，因此前日特发去一电，希望俟急性肠胃炎过去后再来安。届时如必要，这里派人去接。我本想去大连接你，因来此还没作什么工作，加之江［华］、刘［澜波］两同志去东北局开会，不便前去。

我来此将近一月，对农村情况与规律已有初步了解（将来会给你知道），但对城市情况，还没进行全面研究。拟对全省情况有相当轮廓后，即下乡去摸摸。将来分工方面，大概会要我负责照顾安东市（有三十万人口）。我与一般同志间的关系还好，我也很留心这个问题。因为这是能否作好工作的前提。我的主旨是“高度的原则性与冷静的头脑相结合”。

---

① 编者注：达恂即毛达恂，时任大连市副市长。

□□同志北来时，你的急性炎症如已过，可一同来，并约王敏同志同来（马很急她）。

望将病状告我，不要蒙蔽我。

羽

10月14日［安东］

4 致江明

1955年10月21日

时真：

寄回三明［信］片，想已收到。前云10月16日可能起飞回国，因科学院来电，一再要我参加民主德国考古研究所成立大会（实为希腊罗马古代学研究所成立大会），就至少得展迟两周。大年同志回国时，因来不及写信，托他打电话给你。很想得到你的信——实不可能。出国已20余日，不知你和孩子们情况如何，很是想念，连日梦里都在北京和你在一起。

我现就此机会在洪堡大学医院的眼科和神经科，由两科主任（均名医）诊断，不只器械设备较好，医生水准也较高，可能与国内诊断时得出不同结论。一面忙于治疗，一面德方安排参观的时间排得很紧，连理发的时间也没有，好在还有□□——自17日住到使馆后，不只能吃祖国餐、有地方散步和运动；使馆同志自曾大使以下又都很关注。参观了德国东方博物馆，从接触的实物中概见了古代巴比仑、亚述、希腊、罗马社会生活的一些具体面貌；也参观了德国历史博物馆，对德国农民战争部分，尤其对□□部分感到极大的兴趣。这比看书有一些好的与受益更实际些的地方。

使馆同志要我作报告，昨日（20日）就在东方学会议的报告中抽出几个问题讲了一下。曾大使也去了。反映还好。我请示了曾大使有无原则性错误。曾认为没有，并认为对大家很有帮助。

东方学会议开得很成功。对我代表团所起的作用，德方领导会议的同志（高教总署长、中央委员）说："会议出乎意外地成功。你们代表团起了很大作用。将来全德的统一，有你们中国的作用在内的。"曾大使说："对会议和我代表团的作用，我们认为满意。德方也认为满意。”但也有不少缺点，最主要的缺点是情况不熟与准备不足。

如不要我参加1905年革命纪念大会，大约月底可经莫斯科回国。但我们拟乘火车，第一暖和些，第二能多见识些世面。下次再谈。望你并右书若兰、持平夫妇勿念。

羽自柏林驻德使馆

10月21日

5 致江明

1955年10月30日

真：

德国科学院希腊罗马古代学研究所成立大会已于10月28日胜利闭幕。我们的影响尚好，与苏联同志作了很好的密切的配合。会议闭幕后本有参观，我尊重曾大使与使馆同志的意见和关注，既已来德，可就其设备和医学水准把病情作一彻底检查。洪堡大学眼病医院院长对眼科已作结论，肯定病症不在眼本身，而是由神经方面的病而来的。大学神经科医院（即世界著名的Charides的一个部分）院长Med Thub教授详细诊断和精密检查结果，肯定神经反映正常，但大脑中的病情定明日入郊区德国家神经病医院用注射法检查，把病情弄明确。检查明确后，是否在德医治或去苏医治或回国医治，须经曾大使决定。我自己拟将病情检查明确后，即乘火车回国，以便广见闻。此来收获甚多。为儿子们及你与若兰买了雨衣等物，料你与孩子们一定是很高兴的。我很好，睡觉也很好，头也不痛。不多写了。

望勿念。

振羽

10月30日

6 致江明

1955年11月15日

时真：

我于13日柏林时间下午4时50分离柏林，乘火车来莫斯科，于15日莫斯科时间下午5时20分抵莫斯科，大使馆派高振华秘书到车站相迎，现住CABOU饭店206号）。

在德检查眼病结果，医生认为不在眼而在神经方面，并谓大脑中有一肿瘤；此肿瘤如在他处毫无问题，因在大脑则须治疗（如不治，可能于□年内使右眼失明，十年内夺去生命。我自己对此论断结果尚有怀疑）。治疗方法有二：一、割除；二、用X线。但后者还同时破坏视［神］经并使大脑受伤。驻德大使馆两度致电国内请示，认为德医在政治上无保障，来苏再进行检查后再定治疗办法（又如真有肿瘤，也可能用原子同位素治疗），定明日上午九时半去外交医院检查后再将结果告你。我一切都很好，你及右书、若兰、持平、一平等千万不要挂念；尤其你身体不好，出国以来没得你只字，很是挂念。

在社会主义国家旅行，真是愉快。一从波境进入苏境布列斯特城（即有名的布列斯特条约签订处，1930年才又重新回到苏联的），旅行社的同志即来招呼，并借给我们卢布（我们只肯借一百，他说恐不够，可多借些），仅写一条言明由大使馆还。

气候相差颇大，柏林草还是青的，树才开始落叶，到布列斯特也还没降雪。离布列斯特后，睡了一晚起来，即是遍地白玉乾坤矣。不过莫斯科并不太冷。

在柏林给你买了一个最新式的照像机（Cantax），买了11盒胶卷，为孩子们买了3套劳动工具，他人又送了我1套，共4套，打算给阿翔阿胜兄妹1套、南岭松岭兄妹1套，一平的两孩子1套，久久1套。另外买了些玻璃雨衣（大人小孩的）与小刀等，也买了些药。那些东西，你们是一定很喜欢的。要睡了，下次再写。

羽

11月15日

7　致江明

1955 年 11 月 19 日

真：

本日下午 3 时半至外交医院，由苏联著名之神经外科医院阿尔波波尔教授参加会诊：①初步认为柏林诊断结论是对的，但可能不同意其治疗方法（即可能用动手术以外的方法治疗），②必须作进一步检查，③下星期一早再通知前去检查。其积极、严肃、认真与对中国同志关心等等方面，不只令人感到满意，且给人以学习榜样。连日参观了列宁博物馆、地下车站、农业展览会，看了宽银幕电影，听了一小时的音乐晚会的音乐，得到了不少实际的学习和教育。回去后，将慢慢地同你谈。昨日下午访问了苏联科学院东方研究所（即前东方大学原址），柯瓦列夫（即我在 20 多年前在亚细亚生产方法问题的见解上受其影响者）代所长与鄂山荫（老汉学家）教授等的热烈欢迎，特召集其全所人员开了一个座谈会，向我介绍了该所的研究计划，并要我介绍中国科学院的历史研究计划。我声明本人尚未正式参加中国科学院工作，只能就个人接触到的中国历史研究中当前争论中的一些问题简单介绍。会后又提出：他们认为我的《中国政治思想史》是一部很严肃的著作，该所拟翻译，问我自己意见如何？我答以，我个人没有意见。后问，他们又拟翻译尚钺同志的《中国史纲要》，问我的意见如何。我表示：此书在中国，虽也有若干历史家同样对之有意见，但销售得较多，我认为可以翻译。不过认为应同时将郭沫若《中国古代社会研究》、《奴隶制度》、范文澜《中国通史简编》、侯外庐《中国古代社会史论》及本人的《简明中国通史》等一同翻译给苏联史学家和读者，得到其意见和评判，也即向苏联介绍了中国史学家的各种意见，这是有助于中国史问题的解决的。出国以来，不论与何国的人谈起中国新史家与新史学研究情况时，我总是称赞郭、范等人，说他们的名声比我大，实际的成就更比我大。说像我这样的历史研究者，在中国是很多的。我从没有为自己作过半点夸耀和吹捧，也从没向任何人批评过国内其他史家的意见。这引起了各方面对我们更加尊重。而在我认为应该这样作，否则只知抬高自己，实际就降低了国家地位，从而更何有个人什么光荣呢？我们的书籍向外发行，从各方面说，都是面太小了。匆匆。再谈。

你们一定不要挂念我，要珍重身体，就会使我安心。

羽

11月19日

社会主义心脏莫斯科

8 致江明

1955年11月24日

时真：

到莫斯科后，已寄去两信，想已收到。我的病，昨日到苏联脑神经研究所附设神经外科医院，经眼科、神经科医生作了一般检查后，复经院长衣果洛夫院士（据闻他曾为斯大林同志治过病），亲自作了初步检查和详细阅读了材料。衣果洛夫同志认为柏林的检查很仔细，照片照得很好；但他们没有查出系那一种肿瘤，要我入院作深入检查，并谓大概不要动手术，可以用X光或镭治疗而不损害大脑和视神经。他又当即叫来一中国研究生王渭钧，说："你住院，我就叫他住在你的旁边。"王对我说，大脑中长的肿瘤系由大脑下垂，如系从骨上长出者，根本不用动手术；如系从大脑中长出者，也可能不要动手术。我定明日即住进神经外科医院。实际情况如此。你和兰儿、右书、持平、一平等千万不要担心。只是时间将拖长一些，可能会影响益清这个孩子的转学。颇念。

苏联科学院东方研究所急欲想看到我的《简明中国通史》新版书，也可能在看后决定是否译。望你即去市场购买此书一本（最好连同《中国社会史诸问题》和《史学研究论文集》一起）送至鼓楼大街邮局用航空寄来。收件和寄件地址及收、寄件人已写好寄去，你把书包好，牢固贴上就行。

李德全部长的女冯理达同志，系我的翻译罗元铮同志的爱人，已在列宁格勒医大毕业，现在是研究生。此次来莫斯科住了三天。人很好，也颇开展，并买了一套苏联儿童玩具赠久久儿——是培养儿童机械常识的一套玩具。

希给我寄一信来，说说你的健康情况即是。匆匆。

振羽

11 月 24 日莫斯科

莫斯科已很冷，但室内暖和，冻不到我。放心。

9　致江明

1955 年 11 月 29 日

亲爱的真：

11 月 26 日下午接到你 11 月 19 日的信。出国以来，这是第一次接到你的信，心中的愉快，是非言语所能形容的。从字里行间，好像你活现在我面前，家中的一切活现在我面前。你寄柏林大使馆的信，大概会转来的。我 11 月 15 日寄你的信已收到，以后连续寄的两信，此时想亦必均收到。

我 25 日下午 3 时住进神经外科医院，所住房间系属于克里姆医院的（院中有几个房间属克里姆医院管辖）。真凑巧，我所住者即刘锡五同志所住过的。院中同志又告我，李维汉同志也在本院治过病。院长衣果洛夫同志是一个老布尔什维克，是苏联神经外科的第一权威，但还只是通讯院士，可见苏联对学位授予的严肃程度。我住院后，他在 26 日清早即到病室来看我。这不仅可感，而是给人以学习的榜样。当然，在这里，可学习的地方是说不尽的。院中对中国同志和苏联其他方面一样，总是特别照顾。我住院前一天，24 日通讯院士、苏联神经内科第一权威斯米尔诺夫教授逝世。我住院的时候，院中正在开纪念会。这可说是全人类医学方面的一大损失。

从院中我国研究生及其他方面情况，察知我国派留学生虽有了一些计划，还是计划性极不够的。将来留学生回去，有些人是很难发挥其应有作用的。如神经研究所，至少应派神经外科、神经内科、眼科、耳鼻喉科、X 光、电短波神经反映一套，而乃只派一神经外科研究生，他将来学好回国，又能发生多大作用呢？这些事，也是颇令人发急的。东北人大留莫的学生，听说我来治病，要派代表来看我。梁子钧在列宁格勒大学生物系一年级学习。

我的病尚在深入检查过程中，最早要到 12 月 2 日才能得出初步结论。从过去几天的检查中，深感苏联比德国的经验办法多，有些器械也较新式。无疑，北京是不如柏林的。说到我的病，医生初步意见，认为还只在视觉和嗅觉上有反映。要是这个瘤子存在的时间还很短，或者就是长得很慢，大概不会要动手术。如万一须动手术，还须经大使馆向国内请示批准。据陪伴我的研究生王渭钧同志（党员）说："手术只作局部麻醉，很安全。从他到院后，还没有开死一个人。而且外国人都是衣果洛夫同志亲自作，他们对中国同志又是特别慎重和关注的。最后检查结果得出后再告你。望你放心，不要挂念，更不要有什么痛苦，也告兰儿、右书、持平、一平等勿念。

羽

11月29日

自莫斯科神经研究所神经外科医院

10　致江明

1955年12月23日

真，亲爱的：

你近日一定望我的信望得很着急。12. 13信收到。因日前曾因受凉患腹泻，引起眼膜发炎，故未及写信给你。X光治疗，亦因此仅作了7次即停止下来。现眼膜炎已好，明日再会诊决定继续治疗办法（主要在研究这次眼膜炎是否与X光治疗有关）。我自己认为眼膜炎（你记得我在近几年内右眼曾否发红过?）是因□风而起，同时根据病之部分容易吸收X的原理，又与X光有交互影响。但我不自作主张，因叶果洛夫等同志均系全世界头等的优秀医学家也。

X光治疗有一个治程即治愈的。杜曼同志（你尚记得，即旅大时苏军政治部主任）说他手上的瘤子三次即根除。不过每次5分钟，脑部每次不能作过久的时间，也有须三四个治程的。我的情况，大概须在作过第一个治程后再检查才能定。不过，如须作三四个治程，恐将按其诊断书回国作。如须两个治程，也可能就在苏联作。如还须其他治疗方法，当然须在苏联。他们是完全负责的（罗走时，因再三打电话未通，曾托同志代书一信）。

衣服千万不要寄。因为寄来穿不着，反而会增加回去时的负担。邮费之多尤其次也。你千万不要来，来此，语言、住处及日常生活均甚费事。我如短期内不能回去时，再同你商量。但我想，短期间可能回国的（即可能在苏完成必要的基本的治疗）。

我到苏以后，心便踏实了，情绪很好，也再没有过任何消极方面的想家了。在柏林时，曾经想：假如我死了，而且死在外国，你是多么的可怜！越想越可怕，越想越觉得我国古人“百年偕老”、“同生共死”的想法，该是何等的深刻而美妙！现在我是死不了了，还有把握好好的同你一同为党工作几十年，好好的生活几十年（因我除肿瘤外，并无其他病，血管也并不硬化……。这回可真对自己身体摸了底了。只希望你要好好为党也为我注意健康、爱惜身体）。因而也就有勇气向你写这些了。来信那样处理甚好。罗元铮同志是很聪明、能干的。匆匆

羽

12月23日夜于莫斯科神经外科学院

陆定一同志曾来信。不只表示了党的温暖，而且给了病中人以莫大力量。

通讯处就定为大使馆联络处转好了。你每封信都没有错。我不会个人往外走，放心。在苏联，汽车从没发生过事故，因为总是车让人。

11　致江明

1956年1月5日

真：

你每次来信都给了我极大的安慰和愉快。12月30日的信，却给了极大的不快和负担。（一）一再去信叫你不要寄衣服，你不只寄了，而且连那么大的皮大衣也请人捎带。除去持有外交官护照的人，任何人也不能携带那么多东西乘飞机。这样给人家的麻烦和不快，同时也就给了我的麻烦和不快。（二）给定一同志写信，报告我的病状。如系他叫你作，当然是应当的。否则就极不应该。需要报告时，我会报告的。这两件事，我一想起来，就全身出汗，睡不着。你这种仅凭自己主观意愿出发的主观主义，斗争了近20年，还是没改过

来。党内像我们这样的干部多得很，能就机会到莫斯科治病，就是党的极大关怀和照顾。千万不要去托人这托人那，去找人说我的病。在柏林还没确定是癌症或非癌时，我自己认为即使是癌症，在我也不过是遭受这种自然灾难千百万人中的一个。我写信给定一并少奇同志，说如党批准动手术，我当为党忍受身体上的一切痛苦以至冒生命危险。如不批准，我也绝不会有任何失望。后来查出是肿瘤，但不肯定为恶性或良性时，我自己仍是保持这种态度的。到莫后，初步确定为在大脑中的部位之良性肿瘤（不大，长得很慢），并试作X光治疗，精神就更加愉悦了。因华人身体对X光的敏感性而引起眼膜炎（莫斯科X光治疗医院最有经验之专家意见），停止了两周，改变办法，现重新作X光治疗又已三次，经过情况极良好。叶果洛夫同志亲来对我说："我真高兴，你的病可能不用动手术治好。"如结果好，可能回国过春节。你完全可以放心，不要挂念。同志们的关怀是深厚的阶级感情以及平日友谊的表现，望一一为我恳谢。我现在看病有研究生同志帮助；日常生活，苏联同志很热情，用符字和手式（势）及同志们为我写好的。电话可以解决，并无多大困难。

箱中的书，可取出。存右书、持平处的书取回。原存东北人大的书，也请他们寄京，都叫小包盖上章，再装箱。衣服尚未收到。以后望再勿寄任何东西来。珍重你的身体，就是我的最大的安慰！

稼夫、梓年同志有信来，极感且慰。

羽

1956年1月5日

12 致江明

1956年1月18日

真，亲爱的：

因你给寄衣服，写了一封生你气的信。发出以后，老是后悔，太不原谅你，不体谅你的苦心了。但我相信你会从生的气中去得到安慰的。

X光的第一个疗程，已于1月13日完成。检查结果，治疗效果很好，左眼视力已完全正常；右眼也达到1.0，只是较模糊些，视野仍未展宽，其他象征也在好转。据神经内外科诸教授会诊说，一个 X 光的疗程完全把病治好，是不可能的。他们决定隔两个半月再作第二个疗程。在此间隔期间，须到疗养院作一个半月休养。休养地点，须到高加索，气候于我较适宜。但路程太远，乘火车对我不好，因商定在莫斯科近郊疗养。以后是否须作第三个疗程，要在作完第二个疗程后检查结果才能决定。但二、三疗程间至少须隔六个月。因此，即须再来莫作第三个疗程。我 4 月间一定可以回国。以上情况，望告张稼夫、潘梓年同志。我满拟第一个疗程后，即可回国，现又须延期，心中自然不免有些失望。但心情已比过去年喜些了。

衣服已收到，勿念。以后勿再寄东西来。来信经大使馆转，不会遗失。

视此情况，我想在相当时期内须静养，并只能任较轻较少工作。后海、西河沿或其他适当房子，是否能购得？如能购得，实有必要也。但我极不愿你因此弄得太累。千嘱万嘱，务望你注重身体健康，并务将真情告我。同时望告所有的孩子们，说我对他们都很喜欢。告挂念我的同志们，请他［们］释念。

羽

1 月 18 日于莫斯科

13　致江明

1956 年 1 月 30 日

真，亲爱的：

原拟入定疗养所后再写信给你，现因疗养院尚未定妥，怕你挂念，特先给你写一信。

上礼拜正是第一个疗程后的第二周，礼拜四按规定到神经外科医院检查，据云视野又有些进步。你闻之必更放心。我现暂住民族旅馆（在红场旁），大使馆照顾颇好，旅馆住有国内同志两人（重工业部的）也常来照顾。你千万要放心。

外国同志给我的信，可不必急急求人翻译，至多请杨至成同志等看看，将大意告你，至多将原信转来此间。你处事过于急性和热心，动机虽好，有时反而惹出些无谓的误会。我思考结果，觉得你对同志、对人和对事的看法，有一些虚无主义的成分，不是完全实事实是，从辩证唯物主义的观点出发，再加有一些主观感情上的好意成分，所以心地虽纯洁、天真，不免常常吃亏。

我在莫斯科，自罗元铮同志回去后，除医院、旅店外，即没有与苏方同志接触过。《中国政治思想史》的翻译，是哥鲁尼同志通过罗向我提出的。我当时只是说："作为著者个人说，我没有意见。"随又经罗翻译，我向柯瓦列夫所长与鄂山荫教授表示："我自己觉得那个书不够成熟。"柯当即说："那是一部很严肃的著作。"后罗与杜曼同志到医院看我，杜说："东方研究所于上星期五已作出决定，翻译你的《中国政治思想史》，现已送科学院主席团审查。我们觉得那本书水平很高。"我未作何表示。哥鲁尼同志的信□□"建议"，大概是指的"东研［所］的建议。"但在不知者看来，就可能疑作我自己的"建议"。至于《简明通史》的经过是：东研经罗翻译征求我的意见。问尚钺同志的《中国历史纲要》是否可以翻译？我即表示："个人认为可以翻译。"但认为应同时翻译郭著《中国古代社会研究》、范著《中国通史简编》、侯著《中国古代社会史论》等。他们提出一些质疑，我都作了肯定的答复。后他们又问及："你自己的那几本著作，你看哪一部可以代表你的关于中国历史发展分期问题的意见?"我答说："我自己认为《简明中国通史》较全面些。"他们就请求我回国后给寄两部书。我因此去信要你寄哥鲁尼同志一册。罗元铮同志为此写信给梁子钧同志说他们要翻译。我当即纠正说："人家并没说翻译，不要这样说。"最后，并慎重声明，这些问题，我想同时，在党内与科学院都没谈过。我所说的，只是个人的意见。有需要时，可直接与北京商量。

1月6日、12日、17日信均收到，勿念。益清、瑞兰两儿的拜年片和信及久久儿的剪品都使我感到很高兴，叫他们努力学习和听话。爱梅看来懂事些了，我高兴。在这里看到她的同学、朱其文同志之子。说到她去年考留苏的问题……。她和少平的仪器，一定给买。还不是有现成的可以随时买到。

望你千万珍重自己身体，这就是对于我治疗上的极大帮助。匆匆

羽

1月30日于莫斯科

须2月底再入神经外科医院，进行第二个疗程。第二、第三疗程间至少须隔半年。□间定回国。

14 致江明

1956 年 3 月 6 日

真：

我于 3 月 1 日由大使馆陈少良同志陪送来克里米亚，住塞瓦斯托波尔疗所（在克里米亚西街 1 号第 2 所房 13 号房间）。此间气候已较温暖，如不下雨，可至海边散步。可惜正值黄梅雨季，晴天甚少，出外散步机会更不易得。疗养所同志对我们中国同志确很热情。我仍拟提早回莫斯科（拟 3 月 15 日），并借以及时进行第二个疗程。你得此信后即给我来一信，可直寄此间（按封面写），以后来信则仍寄莫斯科我驻苏大使馆转。

由莫斯科到克里米亚，气候步步变化，由严冬酷寒的气候转为草色菁菁的气候，可觉苏联国土的广大，并甚富饶。

克里米亚和黑海的自然条件优越、美丽，加之苏维埃国家曾作巨大的建设与美化工作，半岛共有疗养所又多。

苏联科学院翻译《中国政治思想史》，要我帮助的地方，实际不过是偶而一些引文的解释，不会有多大负担，你放心。董秋水同志你可给他电话，说我 5 月间能回国。希望编审部的同志到我回国时《中国社会史［诸问题］》已作完初步校订工作，并会可能提出修改的意见。我回国后一定自己再细看一次和进行必要的修改。我的回忆，《史前期中国社会研究》部分主要在校订与增删资料，论点方面改动的地方不会太多（但如曾引恩格斯：原始社会的动力是生产的发展与人本身的繁殖的论点中关于人本身繁殖的论点是必须加以修改的）。

我很好，望勿念。并告若兰、右书等勿念。

羽

3 月 6 日于克里米亚

15　致江明

1956年3月9日

亲爱的，真：

你2月3日的信及爱梅、瑞兰、益清、久久四个孩子的信，均收到，感到无限的安慰和愉快。从孩子们的信中，都可以看出他们政治上的进步和追求进步的蓬勃气象。我心情的愉快是不能用言语表达的。只是她们回来以后，必将更使您受累和影响睡眠，我又感到极大不安。这方面，希望你注意，并告瑞兰、益清作些家务事。

这个礼拜一到神经外科医院检查眼睛，同上次检查结果一样，没变坏也没变好（只是比出院时视野稍扩大些）。但此也算好现象。

苏联卫生部给大使馆的文件，要我去克里米亚半岛疗养。那自然是一个好地方。但连同接送的人的火车费并其他费用共需六七千卢布，我便有点不想去，而大使馆负责联络的同志仍坚决主张去。神院教授意见，认为语言不通，个人前去是困难颇多的。如必须去，可缓两周，气候会适宜些。但无论去与否，我不主张大使馆再向苏接洽，因苏共第二十次代表大会在即，莫斯科周围的疗养所也想很拥挤也。

因祖国飞快的前进，我怕脱节，所以把每份报纸都看得很仔细，加之看了些小说，失眠问题仍未完全解决。但吃安眠药后，就能睡着。你不要担心，我住在这里，每天出外散步一刻钟至半小时，即使在零下40度。皮鞋、皮帽、丝棉衣起了作用，只是皮大氅没用着。

羽

3月9日莫斯科

你对《中国政治思想史》序的处理很对。1937年序中有一节是1943年增补的，这次增补再版，出版社□同意将“增补”改为“三”或“四”（我记不大清）。

16　致江明

1956 年 4 月 2 日

亲爱的真：

你 3 月 18 日信及孩子们的信和画、照片、白石老人画册等等均已收到。皖湘小丫头真像聪明样子，只是确有些不够坚实。益武的信写得最使我爱看，这个孩子思想已开始开展，将来可能比其他孩子有出息。但真奇怪，我写给他们的信，为何没收到呢？颐和园昆明湖照的照片，使远离祖国半年以上的人看到是分外感到亲切和富有回忆的味道的；只是为什么这几张照片上都没有我你的像片？

我已于 3 月 20 日由大使馆派员前去接回莫斯科，今日 12 时又进入神经外科医院，大约再经一周左右的检查即进行第二个疗程。神经外科医院的同志们与我重见，分外表示亲热。旧地旧人，我也比前次入院有大大不同的感觉。

雅尔达真是一个美丽的城市。我离雅尔达的当日，当车子爬上山巅时，还不断回过头去看望。疗养所的同志都对我很好，一致表示希望我再去休养，并说下次最好在五六月间去。他们还送了我一张疗养所的照片。

我寄回的照片收到没有？房子问题，你怎样办我都不会有意见。你身体不好，给你加上了这些麻烦，□使我够难过了。只是房子间数如不比现住的多，就不必急于搬入。房费暂缓送［李］之琏同志，待我回来，再送不迟。

怕你担心，匆匆写了这几句话。过几天再给你写信。

你的羽

4 月 2 日莫斯科

上次信叫你买《红楼梦》，是写错了。《红楼梦》我们已有两种版本。

17　致江明

1956 年 4 月 2 日

我亲爱的时真：

接到你 3 月 18 日信后，听说又有一封信在大使馆，但还没送来。

我已于4月6日开始了X光第二个疗程，概定共十五次（已作五次，今日还要作一次）。在开始前，经医院检查，谓除右眼外，一切都很正常。主治医生说："这样您大概5月就可以回国。第二个疗程到第三个疗程，至少须间六个月。"这种治疗情况是异常良好的，你可以大大放心。现在我正在设法，使不服安眠药可以睡着觉。医院医疗人员和病员都对我很好。

莫斯科虽然雪冻未解，但已渐渐暖和起来。我每日白天都开开窗户，一早一晚都作体育活动，心神也很愉快。唯一使我常常担心的，就是你的健康。因为你是从来不知道照顾自己的，加之为我患病而担心。

我在疗病期间读完了《红楼梦》、《儒林外史》、《水浒》、《西厢记》（这些书过去很早读过），确实都是好书，好又□，除去一些迷信成分外，大都是积极的、现实主义的。外国同志听说中国在那样的早期就有这一类伟大的作品，都很惊讶。可惜由于眼的关系，我没有作笔记。

祖国的北京，此时已很温暖，你可常去公园散散步，只要不过于疲倦、不受凉就行。

4月5日《人民日报》发表的中央政治局《关于无产阶级专政的经验教训》，须仔细读，可分作几次读，并须读几次。估计全党将结合这个文件和苏共二十次代表大会的文件进行深入的学习。

房子问题，你觉得怎样好就怎样办。我前信所说的几句话，只作参考。

孩子们想都很好。匆匆

羽

4月12日于莫斯科神经外科医院

18　致江明

1956年5月20日

亲爱的真：

刚执笔写此信时，接到你信。

我已购好车票，乘莫斯科至北京第二次国际列车回国，定明日（5月21日）上午9时35分（莫斯科时间）由莫斯科起程，约29日可到北京。座位是头等软席卧车，第1228车厢第1号铺位。

此次护士注射所引出的医疗事故，确吃了苦头。但现已好，信到［不］要挂念。

千方万语，留待到家后慢慢地向你细数。国门在望，不胜欢快，并向你祝贺。

羽

5月20日

19 致江明

1961年7月26日

真：

两日来，因日程安排得很紧，还没给你写信，料你一定很念我，也会怪我。首先要你放心，我很好。

沿途青山绿水，一望无际的平原农亩，祖国山河真是锦簇万千，令人心旷神怡。今年夏收麦田已受旱，会减收；秋收可保持常年收入，并可偏丰。

呼和浩特正位于阴山即大青山之阳，12年来建设甚快，新旧两城对比又看［出］两种社会的面貌。昨日参观市容，并看了一座古刹——席勒图昭，康熙名之曰延寿寺，即达赖三世座位讲经而建者。席勒图者，达赖座也，昭者庙也。前院正门额一匾曰："阴山古刹"，为康熙时集财东夥蒙之大商号"大盛魁"财夥所立。大盛魁从康熙到解放前支配全蒙经济三百年，蒙人至今犹言之切齿，人们每以大盛魁思想意残酷剥削。西院云为宋代建。按宋之权力未能及于此地，盖为辽代所建耶?

王再天同志已来探望，颇亲善。克力更、乌兰夫妇亦已来过，乌兰较为亲善，并殷殷询及你的情况。

你一定要10时前入睡，睡可服一片镇定剂。教久久要听话。要小包[①]好好负起家中责来。彭玉兰已走否?如未走，万勿姑息，务动员她即南归。

① 编者注：小包为公务员包坤。

匆匆。

问家中人均好。

振羽

7月26日下午4时

约30日去包头，在当地又看到安平夫妇。区党委负责同志对我们照顾至周。

20　致江明

1961年10月15日

真：

我已于昨日午后2时半安抵武昌（因吴努过汉，在郑州停了两个多小时），与吴、范两老同住东湖宾馆（我住507号），风景如画，建设速度惊人。李达老师昨日即来此，今上午去看了他。此老身体很不好，病情亦较复杂，真令人担心；好在精神依样旺盛。明日开大会，不能多写。家中事嘱小包好好安排。匆匆。祝

你与孩子们均好！

羽

10月15日夜

赶快注射肝炎预防剂。至嘱。至嘱。

21　致吕芷

1955年5月8日

瑞兰儿：

家信收到了。我们近来因在修改一本书，忙一些，但身体都较前好些，不要挂念。你的信说，近来身体不好，不知是什么不好？头晕？鼻子不通？其他？望详细告知我们，以免担心。你的信，表现情感真切，足见年来是有不小

的进步。我们很高兴。你努力学习和劳动很好，但必须保持足够的睡眠，才能保持健康和坚持下去。如要治病或要什么药，可写信回来。寄去6月份用费20元（另加5元）望收。

羽　明

5. 8

22　致吕坚

1962年11月29日

久儿：

你现在学习和生活怎样？一定很好吧？望你好好学习，不要贪玩，不要受冻，事事要小心、谦虚，并且要听大娘、小包哥、小张姐的话。我们回家后，一定很高兴。我们都很好。明日从衡阳回长沙；须作两次报告，然后去武汉，住三数日，即回北京。

不另给小包哥、张大娘、张姐写信了，你把这信念给他们听，他们就知道我们的情况了。天冷了，如没生暖气，告小包哥必须生下，不然会使大家冻出病来的。

爸妈

11. 29

23　致李野①

1953年12月4日

叶青：

得你校冯云主任信，悉儿已被培养为实验学校优秀学生，现又为班的优秀团员。我们都非常高兴。望儿继续努力，保持光荣称号，并争取入党与将来作

① 编者注：李野系著者外甥女，时在沈阳实验中学学习。

一个优秀党员，你应认识，这完全是由于党、团和学校行政的培养、老师的教导、同学的帮助。作为一个优秀学生和团员，不仅要成绩好，而且要思想意识好、作风好，还要身体好，学习方法好。闻你现在成绩有些下降，望一面要保持身体健康（这是很重要的），一面争取优良成绩——这要从讲究学习方法，善于支配时间等方面着手，不是要拼命。拼命是不对的，也不能争取优良成绩。祝你好！

舅父振羽　舅母时真

12月4日

24　致李野吕修齐

1961年9月16日

叶青、修齐：

来信收到，令我们很着急。近因瑞兰结婚用钱过多，年关各书店结帐，目前还没想出办法偿还。一年来，我已全不要稿费，各种用途都全靠我俩工薪开销。因此这回只能勉强给你们寄去30元。叶青一定要婉转告知你的妈妈：要根本从思想上认识如何节用，过苦日子。

祝小峰孙儿和你们大家都好！

羽　明

1961年9月16日

25　致陈启国[①]

1961年元旦

启国侄：

你最近的来信收到了。你的肝病已初好，并已恢复工作，很高兴。来信

---

① 编者注：陈启国系邵阳金称市大队干部。

说，因没有吃的，希望帮助解决目前生活上一些困难。在连年大灾的情况下，在我们全国不论什么地方、什么人，都应该发挥刻苦的精神渡过困难。你是贫雇农家庭出身和贫雇农成分，又是个光荣的共产党员，应该和所有公社社员一起，并在他们中起模范作用，依靠亲戚关系在生活费用上给予帮助的想法是错误的。我如按照你的要求给予帮助，那对你没有好处，只有坏处。

你的弟弟启友侄来过两信，要求每年帮助一百元学费。我考虑结果，都没给回信。我知道既是党送去学习的，就一定有安排的。我若照他来信的要求作，也只会害他。你兄弟都是共产党员，总会明白这些道理。

振羽

1961 年元旦

26　致吕显楚①

1962（?）年 2 月 23 日

显楚贤侄同志：

2 月 12 日信接到。关于我办图书馆之说，纯系启国、伯玲的误听和误传。他们到这里时，看到我有四五万册书。我曾经谈及：我到莫斯科治病时，苏联科学院东方研究所同志们曾提出，希望我将来把个人的图书赠送该所，他们将设立“某某某”图书室。我自己又有这样打算，“到将来不能使用时，全部送给中央高级党校或送给塘田市第四中学”。并非要办什么图书馆也。请万勿误会。

你立志想把工作搞好，这是很对头的想法。我不了解情况，无法提出意见。一般说来，不外，一、随时细心体念和执行党的政策，并及时向上级请示报告；二、随时虚心征求和听取同级、下级、群众的意见，集中起来，再交付到工作的实践中，到群众中去考验；三、努力学习理论和业务，掌握理论的精神实质，把业务搞通；四、也是最重要的一条，树立和坚定共产主义的人生观，连根拔除个人主义的残余。这都是我党同志都能说的，问题在于

① 编者注：吕显楚系湖南邵阳县金称市公社文教干部。

实践。

祝

努力！

振羽

2月23日

27　致吕春淑、唐魁生[①]

1975年4月28日

春淑、魁生侄：

接你们来信，很高兴。

我夫妇的病，都是因年老和多年劳累体衰之所致，不必过于挂念！希望你们把党看作最慈爱的父母，把革命前辈都看作最亲爱的伯叔父母、婶婶姨姨。春淑想暑假来京看望我们，千万不要来。一因来回需时太多，你应利用暑假期间好好学习和锻炼身体，二因来回路费所需不少，三因来京也无住处，尤其是北京对外地人口来京限制很严。从家乡雇人来帮助也不必要。作罢可也。听说你们已有几个小孩，望好好教育培养。千祈努力工作、学习！

羽

1927.4.28[②]

① 编者注：吕春淑系著者侄女，时在邵阳县中学任教。

② 编者注：时间有误，应为1975年。

附录：来信

王学文来信

（一）

1950 年 3 月 11 日

吕振羽同志：

久未见面，近况如何？念念。

从《民主青年》八十三期读到您《学习政治经济学的任务与目的》讲演稿，其中提到东北东安那边黑斤奇勒族及海南岛的黎族至今还停留在原始共产社会阶段，川康裸裸族还停留在奴隶社会阶段。如果您有这方面比较详细的材料，尤其是关于经济方面的，希望您能设法各抄一份给我们。因我编写《政治经济学教程》第二册——资本主义以前的经济，亟须要这方面的材料。如果得自其他方面，也望将书名示告。此外，蒙古、西藏、新疆一带少数民族社会经济情况，如有，也望帮助指示。此致

敬礼！

王学文

3 月 11 日

通讯处：北京市马列学院

（二）

1950年5月2日

振羽同志：

来信谨悉。东北马列学院已派人来北平，与中央马列学院行政负责人谈过话，院中详细情况及材料等等，已由来人带回，大概你已经知道。如果你还未看到，希望向李刘两部长兼院长处去要。此覆，并致

敬礼

王学文

5月2日

江明同志前烦代致意。刘静淑[①]附笔问候你们夫妇。

王亚南来信

1962年1月25日

振羽
大年同志：

郑成功收复台湾三百年纪念会，于2月17日至23日在厦门市举行。厦门市及厦门大学已向京沪及全国有关单位及个人，发出参加纪念和学术讨论的请柬，也请了你们，要我专函促驾。我想，你们一定是愿意前往参加的。那不但是有重大的政治意义、学术意义，看看那个前线建设景象，也是颇有兴趣的。除你们外，还请了翦、邓［拓］、黎［澍］诸位。我因在上海搞文科教材，届时将陪同你们前往。如何？由熊德基同志负责联系。专此，顺致

敬礼

王亚南[②]

1月25日

① 编者注：刘静淑，王学文夫人。

② 编者注：王亚南时任厦门大学校长。

田汉来信

1951 年 10 月 15 日

振羽同志：

在大连我竟住了三个月。

三游旅顺，两泛大连湾，一访金州。在金州还登了大和尚山，俯瞰高丽城，访了唐王殿。那真是一个好地方。一个石碑被打倒了，碑上是一首夜宿石鼓寺诗，有“石床犹可坐，银杏不知年”之句，诗不坏，也不是日本人搞的，应该把她恢复才是。我跟孙县长提过了。

跟苏联空海军做了文艺报告了。报告关于朝鲜近代史迹有涉及您的。寄您一份，请赐指正。

三五天内就经沈回京。希望看到您，并畅谈为乐。

专此顺候

俪福！

弟田汉①

15 日

华岗来信

1950 年 1 月 19 日

振羽同志：

顷于纪彬②兄处获悉吾兄近况，甚慰。流光似水，巴山一别，倏达十载。弟因肠出血症加剧，前岁请假赴港医治，迄未见效。去岁 9 月自港来青，因途中震动殊甚，不幸复发，不得不留此疗养。坐吃公粮，于心有愧，故当精神尚

① 编者注：田汉信署 15 日，无年、月，信封书沈阳中共东北局转，邮戳为 1951 年 10 月 16 日，其时吕振羽已在长春任东北人民大学校长。

② 编者注：纪彬即赵纪彬（曾用向林冰笔名）。

可支持之际，就近往山大[①]授课数小时，盖亦遣闷之一法也。寄尘拙著《太平天国革命战争史》一册，恳予批评指正。吾兄最近有何著作，能赐寄一读否？来函请寄青岛龙口路40号即达。

此致

敬礼！

弟华岗[②]手启

1月19日

刘少奇来电

1947年3月2日

大连转吕振羽：

同意你去大后方工作。内战已达到空前规模和激烈的程度，决定胜负的关头已经不远，蒋管区人民运动已高涨，不久将有全国性革命高潮到来，人民可能在这次高潮中取得胜利。因此，目前在蒋管区组织人民斗争，开辟第二条战线，已十分重要。现在蒋军百分之九十以上已调来进攻解放区，大后方十分空虚，蒋政府征兵征粮及经济破产已使人民不能生活，组织蒋管区人民广泛斗争的前提条件，已很成熟。故你此去，甚有必要。但仍望你善自珍重，一切谨慎将事，切忌急于求功，一切依靠革命的群众，则成功的可能性极大。后会有期，特此电达数语。

刘少奇

寅冬

① 编者注：山大即山东大学。

② 编者注：华岗旋任山东大学校长。

冯定来信

(一)

1952年4月15日

振羽同志老兄：

每日昏忙，又兼体时不适，来信久未作答，歉甚。［东北］人大来此拉人事，经弟再次严查，业已水落石出，就是并无其事。此事弟应负官僚主义责任。因前次兄信来时，我即严加责询，教育部告我，他们确曾说过，但绝非指兄此来之事，而是在很久以前，弟认为既已与兄此来毫无关涉，那么也就算了。此次再经询问后，他们便开给我一张名单，说明很早以前，东北各大专是有来此随便聘人的现象，不过经中央规定办法后，也已消弭了。而这些现象中，并无人大在内。我想事已如此，发脾气也无补于事，除批判了他们，要他们说话负责，并注意如何帮助各地来的同志外，特向兄表示万分的歉意，并请多多指教，多多原谅。

弟在《解放日报》发表的一文，兄已见到否？此文原是抓住中国资产阶级的两面性，与兄商量后写的，是一正一反翻来复去写的。《学习》杂志的修改地方，非常重要，也足以证明我在理论上还不够有坚强的把握。既以两面性为骨干，那么除了政治上、经济上的两面性以外，当然在思想上也应如此说，然后再着重批判其思想上消极的与反动的一面。可是因为文章写完时，发现了《学习》上艾思奇同志自己检讨前一篇文章而写的一篇文章。我就想：也许正确的意见，除在政治上、经济上要说明其两面性外，思想上应该是一面倒来说的，否则会变成右倾。于是我就“两翼侧飞”，最后归结到从思想体系来说，那么今天资产阶级的思想是反动的，终于使《学习》杂志在这方面改得比较多。上述这话，我并无将责任推之《学习》杂志之意，而证明我的理论基础还是不够坚强。再说，我们对《学习》杂志的帮助是不大的，这也是要检讨而大家负些责任的。老实说，我至今还未曾细读杨耳同志的文章，而艾［思奇］的文章也在当时翻了一翻，体会了他自我检讨的一些精神，也就算了。他原先一文也没有去细读。我想这些都是不好的。中宣部［陆］定一同志的通报，使我很感动，不但检讨深刻，而且责任分明。您说对么？鹿茸精与组织疗法事，常常挂在您的心头，甚为感动。江明同志一定很忙，望为问好。兄近有何著作？人大经验，望能随时告诉我，对我们的办学定将起启发作用。上海诸大学三反尚搞得不错。说来话长，就此带住了。

敬礼

冯定①

［1952年］4月15日

（二）

1980年5月25日

振羽、江明同志：

久失音信，近日始从报纸得知消息，深感欣慰！

听说你身体不好，至为惦念。希望细心调养，以求康复。我亦因身体不济，行走不便，很少出门。

现在北大历史系，有一位西德的汉学研究者，罗梅君女士，她今年5月份到北大来时，路过香港，认识我的一个旧友，又由他介绍罗女士到北大来看望我。

她在和我谈话时，说到研究过你的历史著作，并希望见到你。她写了一封信托我们转交给你。

你看到信后，可根据你的身体情况，决定到底是否见她？写封信告诉我，以便我转告给她。我的住址是：北京大学燕南园55号。电话：28，2471（北大总机）转3662。

衷心地祝愿你们健康！

冯定

1980年5月25日

① 编者注：冯定时任华东局宣传部副部长。

孙冶方来信

1961 年 12 月 10 日

振羽同志哥并江明同志嫂：

我前日（8 日）夜刚从上海及苏南、苏北参观回来。想来看你，但偏偏把你的住址丢在不知那里去了。昨日在中宣部见到尹达同志，他告诉我说，你病在协和医院，倒吓了我一下，我以为你的老病又发了。夜晚根据尹达同志告诉我的电话号码同江明同志嫂通了电话，才知是因皮肤过敏性问题住了院，而且明日就可出院回家。这使我放了心，过敏性皮肤病虽也可以是很麻烦的，但你已出院，则可想也不严重，我希望下星期内来看你们。

我几次想来看你，但总未成者，可见心不诚。几次记下你的通讯处，而临时又找不到也是证据之一。

这次诚心来看你，但用心还是不良，想剥削你的劳动：我想向你学些历史知识（思想史方面的，）尤其想向你请教一些古文方面的问题：

（一）司马迁的《货殖列传》上有这么一句话：“故物贱之征贵，贵之征贱。”《索隐》的介说是“征者求也。”但《史记》129 卷的《考证》（中华聚珍本）：“董份曰：贱之征贵，贱极则人弃之，故其征必贵白圭之术正能明贵贱之征而弃取之也，以征为求谬。”《古文观止》的注解说：“物贱极必贵，而贵极必贱，故贱者贵之征，贵者贱之征。”

我认为《索隐》把征作求解是错的。《考证》及《古文观止》的见解是对的。但我对“弃取之也”是作供求规律解的，即《古文观止》所说物极必返之意（贵则弃之，价必下跌，贱必争购之，价必上升），即现在经济学家们忽然明白，而实则未完全明白的商品价值规律，不知我的介说是否牵强附会。（〈会〉别字否？）

（二）太史公《货殖列传序》的中心思想是什么？是宣扬鸡犬之声相闻老死不相往来的自给自足的自然经济观，抑相反，他是主张互通有无的商品经济的。我认为太史公是商品经济论者。但《古文观止》此篇末的批注说：“天地之利本是有余，何至于贫，贫始于患之一念，而弊极于争之一途，故起处全寄想夫至治之风也，史公岂真艳货殖者哉……”。我认为这批注是迂腐之论，是曲解太史公。不知你意何如？我对古文读不通，很怕犯了牵强附会（？）之毛病。

（三）久知有《食货志》一书，但从未读过，有人劝我一读，有人说此书难读，连近今有一位《食货志》研究专家著的《解说食货志》的一部新著，普通人也不易看懂。我连《古文观止》也读不通，听说此言，对《食货志》更是望而生畏了。我在南方听一位同志说那本《解说食货志》的新著还是科学院出版的，但我问过尹达，连他也不知此书。不知你对《食货志》有过专门研究否？那本新著你知之否？《食货志》到底是本什么著作，有些什么宝贵的内容，可否给我上一课。你有否《食货志》，可借我一翻否？

为节约时间，先把我求教的问题书面奉上。下星期登门拜师。

敬礼！

冶方①

（1961年12月）10日

束世澂来信

（一）

1952年2月1日

振羽先生道鉴：

去年承蒙徐中舒兄所介绍，赐教询以愿否到长春并询弟对中国社会发展意见。比以长春气候严寒，恐怕身体不能适应，拟即奉违。但弟对社会发展所见，颇有与先生大著出入之处，屡欲缕陈，惟有以若干问题尚未搞通，遂致久久未复。去年8月以后华大学习做过思想及鉴定书，学习告一段落，乃有余暇，从事研析古代社会。近日完成《中国奴隶社会之探究》一文，共约4万余言。本拟抄录呈教，因字数太多，时力不济，谨将大要书陈，敬希教正。

中国奴隶社会的探究概要②

第一章　西周是封建社会

第二章　殷代是不是奴隶社会

① 编者注：孙冶方时任中国科学院经济研究所所长。

② 编者注：每章仅列章名叙述从略。

第三章　夏代是不是奴隶社会

第四章　封建社会在三代以前

以上为拙稿的概要，弟写此文之动机，是因先生之问，思有以报命，也可说是由先生之鼓励而成。假使先生认为可以发表，请教尚代拟恳先生赐序一篇，以为光宠。若能介绍出版的书店，尤所感祷。弟现仍在华东人民革命大学继续学习，因尚无适当工作机会，故一面学习，一面等待也。惟因家庭人口众多，能生产者只弟一人（华大补助很少），故生活极度维艰。若有工作机会，仍恳先生介绍，无使企盼。假使拙稿能出版，可得一点写稿之工资，对弟生活亦不无小补也。专肃即颂铎安。

弟束世澂上

2月1日

赐函寄南京颜料坊31号交弟收

（二）

1961年2月4日

振羽先生：

拜读大稿，深深感到此文不可不作。解放以后原始社会遗址大量发现，迄未有人做综合分析。此文体大思精，论断确实，可为研究古史和考古家的指导文件。过去考古家依傍帝国主义考古学，排斥一切传说古史，好像中国的东西不是中国的，而一切文献记载都不可信，至今还有这种遗毒。此文可以澄清一些糊涂思想。在论述各文化的发展及其与文献相印证，皆深入细致，弟实感到无以易之，只在某些小节上有点不同的看法，不见得正确，另纸分陈。主要的是苏联《考古学通论》提出一些考古上的规律，和过去资本主义考古家的论断不同。（一）彩陶（黑陶也同时）是公元前三千年到四千年的遗物，是金石并用时代。（二）轮制陶器是阶级社会的标志。（三）文化遗址如果是有许多房屋在一起，而每座各不相通，那是农村公社，不是氏族公社。（四）新旧石器时代之分并不是以磨光与否来区别。目前我国考古家还没有接受这种社会主义考古学的论证。

彩陶文化除了黄帝至夏周，以外无可□□，黑陶除了商人以外也不能想像。尊论极是。过去乃至现在一些人全不理会，那中国文化非送给外国人不可了。真是奴才。

仰韶文化范围之大、影响之深，似是夏王朝声貌所被。但彩陶时代恐还稍早于夏，可惜周文化已经找出而夏文化还未能确指，虽然古文献的反映夏是一个阶级社会，考古资料还不足证明，这是遗憾。暂照尊论，商开始进入国家，似无不可。是否需要提一提文献资料留待考古证实？轮制彩陶的出现，至少证明了彩陶晚期已面临原始公社的前遗。这都是臆断，请予指正。

上海一般人竟把持西周论的人看做落后，弟发愤写四五篇文章，放下一块石头。第一篇爵名释例，已成。第二篇论领主制社会是封建初期必经的阶段。已成，《光明日报》发表。第三篇论西周封建制的形成，已成，正在修改。第四篇论西周时代生产力的发展，预定在寒假中写成。总题为《西周封建制探索》，有意阐明毛主席学说，但恐学力不足，转为经典著作之累。尚乞大力匡正。专此即颂

冬祺。

弟束世澂上

2月4日晚

陆定一来信

1955年11月24日

振羽同志：

11月6日信悉。你的治病问题，中国科学院已在办理。科学院的考虑是周到的。你的病很有希望治好，请安心治疗和休养，病愈之后再好好工作。

来信并已转给少奇同志看过。

敬礼

陆定一①

11月24日

① 编者注：陆定一时任中央宣传部长。

李达来信

（一）

1950 年 7 月 24 日

振羽弟：

来信诵悉。

你如离开大连大学，就同我去办湖南大学，何如!?

湖大现有文教、社会（科学）、财经、自然、工程、农业六院二十五系，学生二千余人（在中南六省大学中，学生最多）。校中现有进步教员十余人（多数是党员），党员三十余人（包括职员学生工友），团员五六百人。只要你我去加强领导，稳可以把湖大办好，不难赶上北大和清华。你有意么?

你近来把历史的研究工作停顿了，是可惜的；同样，我把哲学和经济学的研究工作停顿了，也是可惜的（特别是我的来日苦少）。假若我你去办湖大，双方都可以抽出一半的时间来做研究工作，一定有一些成就。你意如何?

假如你表同意，我可以向毛主席和周总理说去，调你去湖大（奉屈你担任副校长），好么!?

因为你我以同志而兼老友，所以向你提起这事，你不嫌我冒昧么?

请不时给我写信。我大约在八月底或九月初去湖大。复致

布礼!

李达

7 月 24 日

承寄江建新助教聘书，已收转。他已去齐鲁大学领取离职证明书，而往大连。

（二）

1953 年 2 月 9 日

振羽：

我已离开湖南大学（今年暑期调整后，改为师范学院），日内即去武汉大

学就职。武汉大学现为综合大学，旨在培植科学研究人材和师资。该校较有基础，此后我的主要工作是领导马列主义、毛泽东思想研究。我身虽多病，但还能半休息半工作，决以余年献身于这一研究，学习、学习、再学习，或者能有一点成就。

我的主要病症是胃溃疡和肺气肿（气管枝炎），我决先把胃溃疡医好，只要能得到短期的休息，想是可以痊愈的。

武大从下期起，普遍地讲授“马列主义基础”，你校关于讲授这一课程的教材，请检寄一全份，直寄武汉大学交我，借资参考。

我日内离京前往武大，以后来信，请径寄武大为盼。

敬礼

李达

2月9日

（三）

1960年12月28日

振羽老弟：

你12月17日写给我的信已由武大转来了。尊稿《史前期中国社会研究》已去函学校用挂号邮件寄来，希望先睹为快。

我从7月起来青岛疗养，迄今已历半载，旧病未愈，新病丛生，才逾古稀，便成衰朽，兴念及此，耿耿于怀。

7月间路过上海时，曾与吴泽、束世澂晤谈，我提议约集几位同志写一本《周代社会制度研究》，科学地解决古代史分期问题。我认为此书的写作，甚为重要（曾多次同你谈过）。许多史学家不懂或不知应用唯物史观研究古代史分期问题，而只是主观地、武断地任意划分。这类著作大有市场，许多青年读了这些书，有先入为主的观念，人云亦云，难于纠正。

前几年，我曾想写这样一本小册子，但力不从心，想写的东西太多，一样也写不成。

我认为：你有义务领导写这样一本书！材料是足够的，花费的时间也不多。

余容续谈。并问

近好。

李达

1960. 12. 28

（四）

1961年1月20日

振羽老弟：

元日来信，早已读到。

尊稿已读了一遍，我觉得资料丰富，分析周到，提不出什么意见来。此稿想早已付印了。

你说可以约集友人写一本解决中国古代史分期问题的书，这很好，盼望能早日实现。将来此书完稿时，我一定写篇读后记。

你精力充沛，正是著书立说的时候，但也需坚持劳逸结合的原则。

我真是一个年老多病的人了。所患诸病中，主要的是胃溃疡、高血压、消渴症和肺气肿等。这些都是慢性病，它们交织在一起，互为声援，对人体进攻的火力较大。我本着在战略上藐视在战术上重视的原则，半年来集中全力同它们进行搏斗，争取多活几年，继续在理论战线上发挥一个老兵的作用。现在主观能动力量已能适当地控制它们，但仍须继续战斗。复问

近好。

江同志处均候，

李达

1961年1月20日

我日内回武大，附告。

（五）

1962年10月7日

振羽同志：

今年是王船山逝世二百七十周年纪念，湖南省社联和湖北省社联定于11月15日在长沙联合举行王船山学术讨论会，特邀请你参加此会，并请在可能范围内撰写有关王船山的学术论文在大会宣读。

今特介绍两省社联王兴久、陈中民等三同志前来面邀。请予洽谈为荷。此致

敬礼！

李达

1962年10月7日

吴泽来信

（一）

1950年4月5日

振羽师：

多年不得亲聆教益，时在念中！解放［上海］初，曾探问翦伯赞先生。来函谓：正在探听中。后来王西彦从长沙来信，谓吾师已在汉口，不日去湘（未写地址）。当即去函追问尊址，久久未见复。后来信谓吾师中止去湘之行，又要北返。自此又失去确息！后来东大智建中来沪，谈及吾师，有一段他知之甚详。当时吾师行址，确又不知其详。近来大夏大学同学应聘来大连者，谈及吾师。最近高羽来沪，晤面知之更多。一直想写信，写五次之多，都开了头，被客人、学生打断。语太多，不知从何说起。

高羽先生说，吾师仍健强。全家闻之，欣喜无已。未知师母时真健否？生自重庆北碚，去复旦为吾师代课后，环境稍好转，但章登（CC头目）接长复旦时，便遭解聘。幸同时在朝阳学院教哲学、伦理学，但环境恶劣，不时有风波。抗日战争胜利，全家复员回上海，任教大夏大学。三年多来，在大夏，在上海参

加文化教育的革命运动。为上海电力工人罢工事，遭明令通辑；在交大讲演，抨击蒋贼，气愤过激，吐血病倒，半年未能复原。解放前积极主持大夏“应变”工作，解放时险遭迫害。解放后，即主持大夏文学院，后来主持校务委员会兼教务长。成天忙着行政事务，开会……解放以来，忙，没有看完一本书，教书也没法预备，没有写过一篇文章。最近大夏大学大精简，原来有四千员生规模，现在缩到一千五百人……待把大夏整顿一个段落，就想还原到写著学术工作。

近几年来，写作方面，可以报告吾师者：1.《中国历史大系》；2.《中国历史简编》；3.《康有为与梁启超》；4.《儒教叛徒李卓吾》；5.《地理环境与社会发展》；6.《论自由主义》；7.《中国原始社会史》；8.《中国历史研究法》等。这些书稿，回想起来都是吾师当年鼓励教导而来者！未知吾师处均有否？如没有，当检奉一份前来。

我的政治关系，是翦伯赞、华岗方面的。翦先生是继吾师后的一位热诚的导师！可惜，现在不在一起。我在此期间，尚少先辈照顾之人，埋头苦干，为人民服务。但是，了解我者太少。解放后，曾任第一、二届［上海］人民代表大会代表、高教联干事、中苏友好协会理事等等。还有新史学会、新哲学会发起人等。

我想回来，追随吾师，作学术工作。北京有无适当教书机会？我想摆脱行政，换个环境，稍事休息。很想抽暇来拜候请安，恐无机会。吾师处，如需我来，亦佳。

吾师近情，知焉不详。公暇，希指示，免远念！附上小照一张，请查收。我师有近照否，近在念中。赐示请寄上海中山北路大夏大学。夜深，下次再详禀。敬请钧安！

生吴泽谨上

4月5日

（二）

1962年4月25日

振羽师：

久未函候，尊躬如何？殊念。脑病近来更为好转些否？望严遵医嘱，定期检查。平日工作，劳逸控制得宜，为了党的史学建设事业，为了教育后一代史学工作者，培养好自己的继承人，多为珍摄。

去年9月开始，着手组成史学史编写组，进行编写工作。编写组老少共10人，预定1963年2月写出初稿。因此，现在我们集中力量，攻下近代后，再搞现代。翦伯赞同志现在苏州修改中国通史教材，上星期来上海，住了六天，昨天回苏州。在上海时，曾在史学会和师大历史系作关于历史上民族关系和阶级关系问题的报告。我在上月底、本月初去苏州看他，谈了几天，对分期问题、结构问题等，也作了商讨。近代史学史大纲（草稿），多次修改，在上海史学会也作过几次讨论。初步定了下来，以后随写随改，大体定局。现在油印中，数日内即可印好，当即寄上，请指正。

编写组做法：①按学派、问题做出著述年表（包括版本、考异等）；②做出传记；③做出资料长编；④写出专论；⑤然后按教科书的规格，在专论的基础上，概括出简明的一章一节教材内容……

大纲，近代史学史分二期，以戊戌划线。对象分两大类即史学思想部分和史料目录部分。前者分史观、史论、史评三项，以史观为中心；后者分为史纂、史料、史目三项，以史著（史目）为中心……附上大纲草稿，请抽暇指示一、二。特别是总的原则精神等，希能得到您的指示。

大著《史前期中国社会研究》，读后无限感慨。这本书的第一版——北平人文书店版，是我在中国大学学生时代您的一本教课用书。很快，到现在已近三十年，又看到它再版！这本书对我决意从事历史研究的影响很大。我记得黄松龄先生主编的《经济学报》，黄先生把我最早写的——考试卷子修改出来的一篇《夏代经济研究》，在学报上发表出来，是在这本书的指引下所做的一次写作尝试。其后便是您指导下，并经您亲笔修改并介绍给《劳动季报》发表的那篇《殷代奴隶制经济研究》……这些可能您是不会记得了！我自己，印像很深，铭感于心，是不会忘记的。只是，这几年来，自己进步慢，无所成就，愧见老师们！“来者可追”，我近一年来，身体已见好转，已能正常工作，一定不负厚望。但还请多多指教，步子可能跨大一些。

读了《史前期中国社会研究》，我很兴奋，把和研究生做的报告讲稿，花一星期左右时间，整理成一篇《女娲传说史实探源》一文，已在《学术月刊》

发表。附上，请查收，以为纪念。还有关于神农、黄帝、共工、宿沙、蚩尤、尧、舜、禹等……倘有空，再整理起来……写长了，怕您看得累！下次再告。江明同志好否？殊念。请代候安好！若玫附笔代候

生吴泽

4月25日

范文澜来信

(一)

1953年11月15日

振羽同志：

您知道，我是一个愚钝无能的人，只能做些壮夫不为的工作。我蒙党爱护，指定我学习历史，我决心竭其全力，做些工作出来（当然，我做出来的东西决不会好），报答党对我的期望。但是入城四年以来，一点工作做不成，特别是到科学院两年多，虽然有不少条件是好的，却缺乏工作时间这个必要条件，写几千字的稿子，往往要断断续续做好几个星期，甚至几个月不能写一篇稿子。我精神上感到痛苦，如果明年还是这种情况的话，我想向上级调动工作，离开科学院，求一比较能得到工作时间的地方，因此我经常想到您那里去。我相信您是能体谅我的苦衷的，能给我工作条件。

您知道，我是墓木已拱，右眼失明，夜间不能工作，属于半残废一类的人。领导上如果估计到我这些特点，让我能在白天有些时间，我就感谢不尽了。我实在没有时间资本，像青壮年一样能支付出足够的时间，但是这几年来我是不得不支付的。特别是最近一年多，没有正式做过工作，我心里急躁得很，长此下去，我将不能完成党交给我的任务。如果这样，我将死不瞑目。

明年不知如何？能给工作时间，自然是很好的。如果还不能，我决心离开科学院。您那里是不是可以给我下列一些条件。

（一）除了参加党的会议及学习会、有关学术的座谈会，其余的事，一概

免予参加。

（二）上面号召的大运动，给我尽先自我检讨的机会，我检讨完了并保证决心改正以后，即许我回去工作。

（三）不担任任何学校职务，给一教员名目，使我能工作。

（四）给我两三位助手，帮助我工作。我如能从北京带去几位，当然更好，不必再抽调您校的干部了。

（五）必要的参考书，希望领导上批准购买。

（六）给我夫妇二人生活费，最高不超过一个教授的工资。

（七）不到校外去讲演，校内讲演最好也没有。允许我有推辞之权。

上面所说的条件，希望您考虑，给我一个满意的答复。我有了这个出路，看明年情况，在适当时机可以向上级提出请求来。

我每到周末、月末特别是一年之末，心里躁急，思想情感都发生不健康现象，但又无法克服，上面所说的话，其中充分暴露我的烦躁情绪，但也确是我的思想情感的真实相。希望您原谅我，更希望您帮助我。致

敬礼！

范文澜[①]

11月15日

（二）

1954年

振羽同志：

多日未晤，近况如何？为念。是否仍继续用针？我那篇稿子准备本月底送科学院付印，甚盼您的指教，能早点交给我，以便遵改。当然，不要影响您的休养。有一些原稿的修改稿奉上，请一并赐阅并教正。东北人大同志们来件已打出，我在上面逐条作简答，阅后请寄给我，有些不甚看得清楚。有些意见拟在清样送来时遵改。我衷心地感谢他们。稍暇去信，表示谢意。您如给他们去

① 编者注：范文澜时任中国科学院历史三所所长。

信时，请先代为致谢。致

敬礼！

范文澜[①]

江明同志均此奉候！

(三)

1959年4（?）月19日

振羽同志：

《通史简编》第二编出版后，发见不少错字和不妥处，不敢送给您。近来出版社让我改了一些。兹将改本呈上，乞多赐指正。第一编去年因出版社准备去国外展览会陈列，违反了我的原议（要求出版社用最普通的装订法），装得太认真！实觉惭愧。绣花枕头一包草，就是这本。它不发行，只是一些样本，兹送上，亦乞指正。第三编上册（隋唐五代）还差十万字，想在今年完成初稿，不知能如愿否！尊著出版后，乞赐一部。

敬礼！

范文澜

4（?）月19日

嫂夫人均此奉候！

尚钺来信

(一)

1958（?）年5月18日

振羽同志：

现在送上这本二次印刷，有了一些小修改的本子。此次印刷后，仍然发现

① 编者注：此信未记何时，从内容推测，当系1954年后吕振羽同志在京治病期间。

不少的错误，只有等到再版修改了。

目前，各方面同志们提来的意见，百分之九十以上均系材料问题，很少涉及观点问题。因此，我希望你能就这方面多给我们提些意见，以便我们修改。

现在，从实践中所体会到的，是搞历史很困难，尤其困难的还是搞通史。不是这方面不通，就是那方面通不过去，总而言之，材料难，理论更难。我甚至有这样的感觉，搞历史不出错误是没有的。减少错误的唯一办法，只有求多方面的帮助。现在送上一本，目的也在此，我想，你一定不吝指教的吧？

此致

敬礼！

尚钺[①]

5月18日

（二）

1959年10月25日

振羽同志：

您在《哲学研究》5期上发表的《第二次国内革命战争时期历史哲学战线上的马克思主义与伪马克思主义的斗争》一文，经您的提示，我读了，深感您的老布尔［什］维克的精神现在仍然很充沛。这一篇文章的内容和精神，基本上我是同意的，并且深刻感觉着几年来这样的文章太少了。不说是新起的一辈史学工作者，就是我这个半路出家的搞史学的，也有很多的启发。因为，三十余年前社会思想和社会性质的论战，老实说，因为当时我还是一个搞文艺的，所以不十分清楚。您的文章这样提纲挈领地给出这样一个梗概性的叙述，在今日我认为不仅是十分必要的，而且是异常迫切需要的。因为当年的伪马克思主义者对中国社会的胡说，早已被您们打垮了的东西，其余毒今日还显然未净。因此，我希望能多读一些这样的文章，不仅能澄清一些我思想中的许多糊涂观念，而且有助于我们这些后起的史学工作者了解党在社会科学思想战线上如何战斗过来，并取得胜利的。

① 编者注：尚钺任中国人民大学历史系教授。

我已经介绍您这篇文章给我们教研室的有些同志读读。我的确感觉到包括我自己在内许多搞历史、近代史和革命史的同志们，对于党、马克思主义者在学术思想上，从五四到现在如何战斗过来并取得胜利的历史，不是很清楚的。在斗争过程中，某一阶段的中心问题是什么也是不十分清楚的。因此，我诚恳地希望您、邓拓同志和外庐同志等过去的老战士，有机会有时间，多写几篇这样的文章，对于我们今天的历史科学工作者，是有更大的教益的。

因为，读了您的文章很高兴，所以把感想写给您。可能我的体会是很不深刻的。特致

敬礼！

尚钺

（1959年）10月25日

我的电话：37527

张爱萍来信

（一）

1948年4月1日

柳岗、江明同志兄：

收到手书，欣慰的很！这里同志的国际友谊甚好！似比大连强数倍矣。对于治脑及生活的照顾，周到备至！他们对于中国党与人民解放军影响极好，钦佩！对于我党领袖毛泽东同志尤为热爱。同志们一听说“达瓦里悉毛泽东”均声形于色，均以苏联斯大林同志相比拟。大家争来看毛泽东同志照片（我带来的一张）。近来，好几种报纸均刊载陕北广播电台的胜利消息，医院曾专门收集中国人民解放军情况。此间司令部亦在研究中国军事情况。可惜，中国的东西译成俄文的太少了！

我的脑，似较在大连时稍好些，此间医生们很乐观。他们曾从伯力专接来一博士看病（博士看后已返去。说不要紧，很快可以好）。此间全部医生都□□，检查各方的情形后，决定治疗方案。在医院治一月已满，明天即去疗养所住月余。他们如不行，再到别处治疗。开始来，有些不习惯，现已完全好

了。接到又兰的信后，挂念的事也放下了心，今后精神当更为愉快。两年来的病生活，好似过了二十年了。请放心！

关于你们行止问题，我想：如能顺利去，则可。否则，以不强求为好。去华东或东北工作均好。如中央同意。当然中央的战略计划如何，我不知道。你以为如何？我曾对又兰说过：对于你们去的安全问题（途中及到后），总应该慎重考虑的。否则，未赚钱倒先失了老本。总不行的。

这里气候，从昨天起，外面才未结冰，算是有点春天将至的气象。但，室内很好，18至20度。

你们怎样？甚念。详情在又兰信中已说了，她会面告的。不赘。敬祝

健康！

张爱萍[①]

4月1日

（二）

1952年4月18日

振羽老师
江明同志：

真对不起的很！你从上海写给我的信，早已收到。三种原因，迟到今天才回信，请原谅！三种原因是：一、接信时正值“三反”，整天整夜地弄得大家停不下来（老虎，要搞自己；非老虎，则要打老虎）；二、以为写信到湖南，你未必能收到，你是跑来跑去的；三、阿胜[②]没有最近的照片（我的“照相馆”，因无暇，而早已停业）。也许还有懒的原因吧！该打！

现寄上阿胜的最近半身照，我和四个孩子的照片一张。因赶制，均未照好。希望得到你们的近照！

我们一直想望着你们，从大连方面得知，你们早已离开了，一直不知你们去处。江明同志在沙河口何处作何工作？我还想有机会再次看看大连呢！请江

① 编者注：张爱萍当时在苏联治疗伤病。

② 编者注：阿胜即张胜，张爱萍次子。

明同志亦代我谢谢大连的同志、朋友们！

伤愈后工作三年多来，已调换了三次工作：由海军回陆军，是我自己要求的，去年一月被派去浙江和七兵团工作，今年三月上旬被调来华东军区和三野司令部工作。这就叫勉为其难。我已打算老死浙江矣。突然的调动，直到目下已月余，尚未安静下来……

你们的身体如何？江明同志的病完全恢复了吗？

我想起，顺便告诉你：我最近在工作之余读到罗尔纲著《忠王李秀成自传原稿笺证》一书。我以为，罗尔纲先生在观点有错误，就是这所谓“自传原稿”是否被曾篡改他就未弄清楚。此书你看到否？由于还未深看和认识的浅显，这仅系一点点初步的感觉。

江南初夏将届，气候宜人，你们有机会南归否？我们愿在南京欢迎与接待你们！余后谈。敬祝

健康！

张爱萍

4月18日

（三）

1958年1月16日

吕老并江明同志：

解放军文艺社同志们很高兴将《解放军文艺》送您们，但盼您们能常为杂志写些诗或散文，以光篇幅。

我的几首所谓诗，刊登在1958年6月号，请阅后指正。

敬礼！

张爱萍①

1月16日

---

① 编者注：张爱萍时任解放军副总参谋长。

胡风来信

（一）

1950年4月20日

振羽兄：

信早收到。在我说来，一些事情，固然有着文坛传统来的因素，但已经不仅是一个文人相轻的性质，那已经转化为不同一些的东西了。像我们面谈时你所指出的，我自己也有责任，一种性格上的东西太影响做法了。我自己是知道的，但历史的姻缘太深，现在已经不仅是我的做法所能为力的。在京时，曾约与周公①一谈，把我一向不愿向任何人说的情形说一说，他也答应了。因忙，因去苏，他约过些时。但现在为止尚未来约。如来约，我当尽我的诚恳，能把你一向所关心的事情跨过第一步，当然最好，但如不来约，我就这样像皮球一样滚下去，只希望别人也少踢几脚。——这是因为你一向关心我，而且并不仅是为的私人友谊，否则，我是不应该说这些的。也许是太主观了罢，我多年来从不觉得是为我“个人”的什么的。

有一件事和你商量。晓谷②，暑期住满了中学第四年。这是上海有名的私立中学（位育中学，陶行知学生做校长），在上海，程度比一般中学高。他这一班，是实验班，五年毕业，就是，只差一年高中毕业。解放后，他当了团支委宣教委，现在又被逼做总书记。一则，不满十六岁的少年，做不好，其次，下一学年一定无法弄好学科。他看了我的榜样，不愿弄文学（这，我是非常赞成的），要学机械工程。和他商量一下，他愿意不读完这一年，能够的话，就到大连大学。学科方面，一向考第一，但各个方面平均，看不出特别长处。例如说，数学很有悟性，但文学书看得很多，历史要看中国通史、中国史纲、党史之类。方面广，认真，但没有特别的深入，也看不出创造性。精力是强的，国学根底毫无，正在从无线电学俄文。

已学的学科：

几何（三S平面）

① 编者注：周公即周恩来总理。

② 编者注：晓谷，胡风长子。

三角

小代数（易进编）

生物（陈桢编）

物理（严济慈编）

化学（讲义，由浅入深，在学第三遍）

英文（可读英译《论人民民主专政》）

在学的：

三S立体几何（本学期可学完）

范氏大代数（本学期可学一半）

情形就是这样。烦查一查，考虑一下，你忙，请时真兄详告我：

一、这样的程度接得上连大的机械工程系否？

二、在资格上，能够应考否？——不在上海招考，怎么办？

三、连大机械工程系的教授情况如何？

四、费用情形如何？——有公费否？（他一向是免费生）

好在还有时间，烦时真兄得空时告诉我。如能进连大，有公费，我对他的责任算是做完了第一步。周来约谈，谈得好，也许暑后就移家到北京去。晓风小学五年级，下面是一个两岁半的男孩，顽皮得很。梅志在学俄文，但她学外文本事差（学方言本事倒非常好），不见得会学得一点程度。小红帽收到了吗？

匆匆祝

好

弟　胡风

4月20日

梅志嘱问您和时真兄好

（二）

1952年8月8日

振羽
江明同志：

五月底到东北一次，回来时过长春车站，只能望着市区向你们问好了。

上月初全家移京，住景山后太平街甲20号。你到北京的机会多，等着在这躲雨庐里见面谈天罢。祝

健

胡风

梅志

8月8日

胡立教等来信

1952年3月17日

振羽同志：

3月1日函悉。兄借统战部之款千万元人民大学已兑还，均请释念。

中央组织部介绍兄回华东为东北人民大学聘教员，我们帮助甚少，问心殊愧！至于华东教育部告东北教育部谓东北人民大学在华东私自拉教员一事已查明并无其事，并由冯定同志专函吾兄（他代表宣传部到教育部去查询的）谅达！

克坚①、□民、瑞龙②、文伯③和许多老朋友都向你问好！

匆此并致布礼！

胡立教

陈同生④

3月17日

① 编者注：克坚即吴克坚。

② 编者注：瑞龙即刘瑞龙。

③ 编者注：文伯即魏文伯。

④ 编者注：胡立教、陈同生，分别为华东局统战部部长、副部长。

翦伯赞来信

(一)

1950 年 2 月 22 日

振羽吾兄：

重庆别后，十多年不见。前年冬，过大连，打听你，你刚刚离开大连。去年接丕模①来信，说你要回湖南，以后又听说你到过北平，但始终没有会到你的机会。别后我的经过太长，不想多说，我只告诉你一件事，我的须发已经斑白了。我现在主要的工作是教书，和继续写著我的《中国史纲》，精神异常愉快，只是感到还要（有）许多落后性，尚待克服。我在这里可以告慰老友的，就是我决不会宽恕自己。大连，地方很好，我曾经在那里住过十一天，罗振玉的藏书全在那里。旅顺历史博物馆搜藏也丰富，特别是史前遗物。这些，都变成了你掌握中的资料，我想你一定高兴吧！我的侄女，仲襄的女儿依琴，毕业江苏社会教育学院，现应大连大学图书馆之约（依琴在图书博物馆系毕业），来大连大学工作，希望能得到你的教育。我的近状，嘱依琴面陈。此颂

双绥

希望回信

翦伯赞②

(1950 年)③ 2 月 22 日

淑婉④附候

---

① 编者注：丕模，即谭丕模，当时曾任湖南大学中文系教授。

② 编者注：翦伯赞时任燕京大学历史系教授。

③ 编者注：此件仅署月、日，未记何年，据其内容推断，当系 1950 年。时吕振羽任大连大学校长。

④ 编者注：淑婉，翦夫人。

（二）

1952年10月4日

振羽老兄：

来信接到，你的工作的繁重，使我对于你的健康有些耽心。我向你建议，你应该好好地把你的工作组织一下，否则就是一个东北人民大学的工作，就可以使你须发苍苍。

和你一样，自分别以后，我就投身于三反、五反，忠诚老实运动中，并且担任了一些局部的领导工作。一直到现在，还在院系调整的工作中和困难斗争。

关于历史系是一个麻烦事，我现在也还为此事而摸索，因为我已被派担任新北大的历史系主任。历史系的主要困难，就在于怎样去掉资产阶级的一套，建立马克思列宁主义的历史学，而这对于我们是没有经验可以参考的。

自高自大、抱残守缺、顽固、宗派主义的残余，都是历史系中的教授的最突出的特点。这些特点，在现在不是以公开的而是以暗藏的、隐秘的方式继续被保留着。很小心地、很慎重地去和这些东西作适当的斗争，是搞好历史系最基础的任务。

为了搞好教学，并进行对教师的教育，组织教研组是最好的办法。假如人马不多，可以组织两个教研组——中国史、世界史。假如人多，可以考虑再加几个教研组，如民族史、亚洲史。这要看你们的条件。新北大在目前只组两个教研组，即中国史与世界史。

其次是专业化的问题，关于这一点，中宣部有一个方案，共分为七个专门化：

1. 汉族以外的中国民族史
2. 中国苏联以外的亚洲各国史
3. 苏联及新民主义国家史
4. 美国及欧洲资本主义国家史
5. 中国史
6. 世界史

7. 近代国际关系史（总结）

我以为这个方案是完整的，但条件不够，则不能同时搞起来，必须集中人力，有重点地选择一个、两点（个）先试验一下。估计条件、创造条件也是重要的。

最后，我建议你必须通过各种适当的方式，把新调来的教师的思想情况和历史作深入的了解，然后针对这样的情况做一些预防的启示性的政治报告。这一点，对于将来的业务推进也是重要的。再者，对于每个教师能教什么、愿意教什么也必须征求他们的同意。自然这不是说领导上就无权按照需要分配工作。但最好是把学校的需要与他们的愿望结合起来，这样可提高他的兴趣和积极性。对于业务水准不高的教师，应多给时间，让他学习业务；对于思想有问题的教师应把他们放在一定组织形式之中加以教育。

你要我替你找考古学、民俗学的教授，很难。这一类的专家都集中在考古研究所，和他们商量要人是不容［易］的。我替你注意，但希望是很小的。

敬礼！

翦伯赞

10 月 4 日

吕振羽生平著述活动年表

吕　坚①

编者按：本表以年为序，按月日编排。著述凡刊发者按刊发时间编入，如未刊发者则以撰写时间编入；除著述外，还编入著者一些社会活动与人际交往。年表来源，主要根据著者生前著述，如专著、论文、讲义、报告、提案、诗选、日记、书信、回忆录、谈话、笔记、批注等。

1900年　诞生在武岗

1月28日（清光绪二十五年十二月二十八日），生于湖南省武岗县（今邵阳县）金称市溪田村。幼名典福，后名典爱，字行仁，学名振羽。父吕公斌，字梦求，做过乡村蒙馆教师。母陈翠云，农家女，生子女八人，先后夭折五人。存振羽兄妹三人，振羽为长子，胞弟持平、妹双招。

1906年　6岁　在武岗

童年除与同伴玩耍外，也随祖父作些拾柴、割青草、放牛等农活。

1909年　9岁　在武岗

入父亲蒙馆就读。放学或农忙时，仍做些农业辅助劳动，直至15岁。

1911年　11岁　在武岗

听说辛亥革命爆发，毅然剪去辫子。

1913、1914年　在武岗

因父亲弃教就耕，先后转田心太井冲吕金翅经馆、城塘转福庵吕梅泉经馆

① 本表编写参考了王启慧、刘茂林、翟清福《吕振羽社会科学著述年》、益清《吕振羽著述系年》。

就读。

1915 年　15 岁　在武岗

转玉公山坊吕静斋经馆读书。由于学习勤奋，深受静斋师钟爱。撰诗《咏榴花》（系初习诗作，经静斋师修改）。

1916 年　16 岁　在武岗

经堂兄吕新民劝说，父亲同意振羽与弟持平（建齐）同入塘田寺武东中学预科读书，同年冬季毕业。

1917 年　17 岁　在武岗

夏季，入武岗县立中学读书（插班生）。深受维新思想老师、著名国学家萧承舆（石城）影响，爱读唐诗，喜好吟咏；牢记师训，生平行事“务求蹈实”。撰诗《争城战》、《石城师〈咏武岗城内玉兰花〉学步》（两诗均经萧承舆师修改）。

1919 年　19 岁　在武岗

受北京“五四”爱国运动影响，武岗中学同学发起组织武岗学生会，被推选为会长。组织学生集会、罢课、游行示威，开展“反日抵货”运动（检查日货，分批封存、焚毁），并创办《武岗旬刊》。又被推选为本校学生自治会会长，领导全校同学实行了一学期的学生自治。撰诗《争城战》、《都梁祠堂吟》、《都梁会馆吟》（两诗作于“反日抵货”运动中，得到回县留日学生教育启发不少）、《暑假杂咏》（三首）、《随石城师上常平仓广坪看二邓藏书》（二邓即邓辅纶、邓绎，萧承舆师详为说明、指点）。冬季，于武岗中学毕业。

1920 年　20 岁　在武岗

因祖母病及家庭经济困难，辍学在家。当年遵父母之命，为给祖母冲喜，与陈黛妹结婚。

1921 年　21 岁　在长沙

4 月，经父母同意和族祠帮助，与弟持平及同学向建藩同赴长沙，报考湖南省公立工业专门学校电机系（1926 年 2 月该校改为湖南大学工科）。

7 月，与持平、建藩以高分考入湖南工专电机系。

1922 年　22 岁　在长沙

春，撰《发起组织塘田区学友会启》，呼吁“二十世纪的青年志士……把社会和国家的一切重担放在自己肩上……先从小的范围—自己的故乡下手，来作改造的事业。”

夏，撰文《麓山风土记》。在湖南工专组织武岗东四区学友会（含仁东、中东、白仓、资汇四区同学），被推选为会长，起草了改造社会的《旨趣书》。期间，经同学欧阳骏介绍，阅读了克鲁泡特金的《极乐国》，受到空想主义的一些影响。

冬，东四区学会在武岗金称市召开大会，接办古峰学校，选出古峰小学校长和清算区乡财政委员会，村务由村民大会决定等。后遭区董喻炳莲诬蔑为通匪，欲加迫害，被迫于除夕深夜逃离家乡。

1923 年　23 岁　在长沙、武岗

春，撰《反对妇女缠足》（评论），发表于《武岗东四区学友会刊》（共出两期）。下学期，湖南工专出现反对校长、学阀宾步程（东安人）在校推行专制高压的学生运动（如游行、贴标语、请愿、罢课等），被推为“驱宾大会”副主席。学运得到湖南学生联合会支持和长沙各校学生声援。在驱宾运动中，与湖南学联秘书长夏明翰相识。

1924 年　24 岁　在长沙

湖南工专学生的驱宾运动持续至上学期结束（宾被迫离校）。经夏明翰介绍，从下学期开始，每周到湖南法政专门学校（后改为湖大法科）听李达讲“新社会学”课（李著《现代社会学》1926 年 6 月由湖南丛书社出版）。

1921 年至 1924 年，撰有《麓山读书散记》（含诗作十余首）、《可记》（书信录）。

1925 年　25 岁　在长沙

5 月，经同学陈廷谟介绍，加入共产主义青年团（在校时经陈介绍，阅读了《中国青年》、《三民主义》、《建国方略》、《剩余价值浅论》等书刊）。

6 月，经团组织决定加入国共合作的国民党，任国民党湖大工科区分部常委。撰《向建藩小传》（向因学费困难，1922 年辍学回乡任教，1924 年冬被武岗豪绅害死）。

12 月，撰诗《夜登岳麓山》。

1926 年　26 岁　在长沙、江西

7 月，毕业于湖南大学工科。

9 月，经国民党长沙市党部介绍，与同学彭一帆同赴老关（醴陵附近）投考国民革命军第十一军军政工人员，军党代表为方觉慧，出考题作文《北伐告民众书》。被录取，任该军党代表办公厅中尉干事。从此与团组织失去联系。后随军转至江西萍乡、袁州、南昌、赣州等地。

11月，任国民军新编第一师少校宣传科长。

1927年　27岁　在江西、上海、东京

3月，因不满赣州发生破坏工农运动事件，约集军中数人连夜潜逃。途经南康、大庾、潮州、汕头等地，于5月达上海。得到武岗同乡前辈龙天衢帮助，在其店铺“湘益公”中记账。龙介绍振羽与邵阳同乡前辈、老同盟会员冷公剑（冷本姓尹，亦系吕父邵阳濂溪书院同学）相识，并服侍冷数月。

9月，在上海得冷公剑帮助，赴日本东京入明治学院学习经济。

1928年　28岁　在东京、上海、南京、山东、北平、河北、山西

3月，因经济支绌停学，由日本回到上海。

4月，在南京，因生活无着，重入国民军。

5月，随方觉慧部（时任总政训练部副主任）赴山东兖州前线，任国民军政治部前方办事处宣传组长。因济南惨案（外交特派员蔡公时被害）发生，痛感当政不作为，愤而辞职，再到上海。

7月，经冷公剑介绍，去北平协助《国风日报》复刊。复刊后任编辑。撰诗《一九二八年北平》。

9月，经吴承芳（浏阳人，民国大学教育系主任）介绍，入民国大学任教，讲授《三民主义》、《社会学概论》。经尹仲才（冷公剑堂弟）介绍，与村治派代表人物王鸿一、米迪刚相识，对农村自治、移民殖边等问题产生兴趣。离开《国风日报》社，参与筹办《村治月刊》。

10月，接湖南民政厅长、湖南省自治筹备处主任曾继梧（邵阳同乡前辈，辛亥武昌首义参加指挥者）来信，要求代其考察山西、河北村治情况。

11月19日，离北平赴河北定县翟城村、山西太原等地农村考察村治情况。

12月上旬，在晋及返回北平途中，与桂系政客何民魂相识（何代表桂系来太原联络阎锡山反蒋）。回北平后，将考察报告即《北方自治考察记》及搜集的自治规章等寄湖南省自治筹备处。曾继梧阅报告后让吕到湖南民政厅任科长。吕以北平读书、研究环境较好为由婉言拒绝。经蒯仲襄（桃源人，湖南工专同学）介绍，与其兄翦伯赞相识。

1929年 29岁 在北平

3月，《村治月刊》创刊，任该刊主编。《北方自治考察记》、《中国外交问题》（论文），分别发表于该刊3、4、5月第1卷1、2、3期。因《中国外交问题》有反对南京政府签订不平等条约等内容，王鸿一说阎锡山看后很不满意，认为外交问题与“村治”无关。《致仲烈》、《致赵可夫》（短文），发表于该刊第1卷2期。《致冀云》（短文），发表于第1卷3期。

6月，《中国外交问题》（专著），由北平村治月刊社出版，京城印书局印刷（以后该书被新民会列为禁书）。《农业社会之本质与前途》（论文）、《致华弟》（短文），发表于上刊第1卷4期。

7月，《由现代民主政治之一般的矛盾说到人民自治》（论文），发表于上刊第1卷5期。在办刊期间，与郑侃、杨缤（即杨刚）、刘思慕（郑、刘等均为中共地下党员）、杜则尧、宋斐如、夏次叔等相识。

8、9月，《乡村自治问题》（论文）、《致谢宠泽》（短文），发表于上刊第1卷6、7期。

12月，《从青年心理之病态研究青年出路》（论文），发表于上刊第1卷10期，署名震宇。托王鸿一写信给北平警备司令张荫梧，将被捕关押的穆雨君（中共地下党员）保释出狱，并为穆在生活、就业方面给予照顾。

是年，先后到民国大学、朝阳大学任教，讲授三民主义、社会学概论；撰《殖民地问题》（讲义），由北平朝阳大学校内印行。年底，因办刊观点分歧，离开《村治月刊》社，由梁漱溟继任主编，刊名改为《村治》。

1930年 30岁 在北平

1月，与杜则尧、郑侃、杨刚、刘思慕、宋斐如、夏次叔、穆雨君、谭丕模、邓梅羹、管亚强（即张致祥）等及方济生（方觉慧旧属）酝酿成立东方问题研究会，创办《新东方》、《新亚洲》杂志（方觉慧、居正等提供经费）。任《新东方》编审部主任兼编辑部副主任。所出刊物与东方各国、东南亚地区交换。自此，参加中国社会性质和社会史问题论战。16日，《中国农业经济的前途》（论文），发表于《三民半月刊》第3卷9、10期合刊。《变态的封建社会与中国社会思想》（论文），发表于《村治月刊》第1卷11期。修改毕《自述》口韵诗。

2、3月，《障碍问题》（论文），发表于《新东方》第1卷2、3期，署名晨光。

5月，经同乡谭丕模（北平师范大学毕业）介绍，与吴苏青女士结婚。住西城西太平街一号（1937年“七七”后离开）。

6月19日，出席东方问题研究会第一次筹备会议。

7月，撰诗《悼王鸿一先生》。13日，出席东方问题研究会第二次筹备会议。《殖民地与半殖民地》（论文），发表于《新东方》第1卷5、6、7期《殖民问题》专号，署名晨光。

8月，《东方社会与东方革命》（论文），连续发表于《北平日报》25日至9月6日，署名何民魂。

9月，《答罗青》（长信），以晨光署名，发表于《新东方》1日第1卷9期。12日，出席东方问题研究会第四次筹备会议。《新东方》被国民党中央宣传部以“宣传共产嫌疑”罪名定为“反动”刊物，通令“扣留”。

10月2日，东方问题研究会宣布成立（会员有百余人），任理事。宗旨为“研究、探索解放东方弱小民族，谋求独立自强。”同时在西单北大街租有铺面，创办新亚洲书局。《中国国民经济趋势之推测》（论文），发表于《三民半月刊》16日第5卷3、4期合刊。

11月，《中国国民经济的三条路线》（论文），发表于《三民半月刊》1日第5卷5期。

12月，《加拿大与大英帝国》（译文），发表于《三民半月刊》16日第5卷8期。《中国社会之史的发展诸阶段》（论文），发表于天津《益世报》（日期待查）。

1931年　31岁　在北平、广州

1月，《资本主义没落期的东方革命的意义》（论文），发表于《三民半月刊》16日第5卷9、10期合刊。国民党中央宣传部为易于控制《新东方》杂志社，强令其迁往上海，遭到吕振羽、郑侃、穆雨君、杨刚、谭丕模、邓梅羹等人反对。吕起草《解散东方问题研究会宣言》。由郑侃、杨刚夫妇译成英文，以中、英文发表。

2月，与郑侃、杨刚、穆雨君、谭丕模、邓梅羹、管亚强等组织成立青年出版合作社，被推选为董事长。计划系列介绍、出版马克思主义及进步思想著作；并与莫斯科《国际通讯》社等建立联系，定期收到该刊。

6月，《农村自治问题论》（论文），发表于《三民半月刊》16日第6卷7、8期《地方自治》专刊。

8月，经何民魂介绍，赴广州参加反蒋会议。

1932年　32岁　在北平、济南、热河、张家口

1月，经蓢伯赞介绍认识谌小岑（湖南人，“五四”时曾参加天津觉悟社），并应邀为谌创办的天津《丰台》旬刊撰稿（谌为社长，蓢为主编）。以后介绍郑侃、杨刚、穆雨君等也在该刊发文。刊发文中外文资料不少是从莫斯科寄来《国际通讯》中摘译。

2月4日，为谭丕模著《新兴文学概论》作序（谭著于8月由北平文化学社出版）。27日，《中日问题批判》一书完稿。

3月，《中日问题之经济解释》（论文），发表于《丰台》旬刊7、17日第1卷2、3期。《中国革命问题研究》（论文）、《评陶希圣“作战是唯一的出路”》（论文），发表于上刊27日第1卷4期。

4月，《今年劳动节和劳动失业问题》（论文），发表于《丰台》旬刊27日第1卷7期。

5月，《日本农业恐慌的极端化》（论文），发表于《丰台》旬刊17日第1卷9期。《苏俄五年计划的一九三二年度》（译文），发表于上刊27日第1卷10期。《最近之世界资本主义经济》（上）一书完稿。

7月，《本年世界经济恐慌的进展》（一）（译文），发表于《丰台》旬刊1日第1卷11期。《一九三一年的苏俄对外贸易》（论文），发表于上刊10日第1卷12期。20日，《最近之世界资本主义经济》（上）（专著），作为《青年出版合作社经济丛书》由北平书局出版，北平春秋书局发行。该书出版不久，即遭国民党中宣部查禁没收。

8月，《评萨孟武‘统一中国的力在那里”》（评论），发表于《丰台》旬刊1日第1卷13、14期合刊，署名苏青。《中日问题批判》（专著），由导群书店出版。李达先生来北平，初任北平大学法学院教授，后兼中国大学经济系主任。师生再度相逢，自此在李达指导下，从事学术研究。

是年秋，曾与何民魂等参与筹组热河抗日义勇军，并亲去热河进行活动。后又去张家口与抗日同盟军联系，并为革命青年作报告。回北平后，为躲避国民党追捕抗日同盟军人员去济南进行学术研究，与山东图书馆馆长、考古学家王献唐相识，并得到王帮助不少。撰诗《济南大明湖图书馆》、《游大明湖》、《趵突泉》、《历下怀古》、《宣传“赤化”》、《齐烟九点》。在济时期，得靳云鹏之助，还探索了博山煤矿、鲁丰纱厂的资本性质及同外资关系。后因闻国民党中宣部禁书名单已到山东，其中有《中日问题批判》，故立即离济返平。

1933年　33岁　在北平

1月，《一九三二年的世界资本主义经济概况》（论文），发表于天津《益世报》增刊1日第1版。

2月11日，国民党将《中日问题批判》列入“共产党书刊”，以“宣传共产主义”罪名查禁。

春，经李达先生推荐，到中国大学经济系、国学系、政治系任教，在校化名吕一清。初为讲师，秋升为教授。讲授中国经济史、农业经济学、计划经济学、社会科学概论等课程，先后编写《中国上古及中世纪经济史》、《社会科学概论》、《中国社会史》、《农业经济史》、《计划经济学》等讲义，由校内刊印。还兼任民国大学《中国经济史》、朝阳大学《殖民地问题》等课。

6月，开始《中国社会史纲》书稿写作，计划分四册出版。

11月7日，《史前期中国社会研究》一书完稿。在北平职业学校兼课，与该校历史教师王逸民（又名王辛民、王禹夫，中共地下党员）相识。王继又介绍过去保定二师同学刘立贞即刘亚生（北京大学历史系学生，后去延安。解放战争时，刘任三五九旅政治部副主任，在山西被捕，牺牲于南京）、张凤阁即张季荪（清华大学经济系学生。抗战时任新军旅政委，牺牲于山西十二月事变）相识。与周小舟（北平师范大学学生，1935年任中共北平临委宣传部长）相识。

1934年　34岁　在北平

春，协助中国大学国学系主任吴承仕筹办编辑《文史》杂志。应清华大学历史系之邀，由张凤阁、王逸民等陪同，在该校工字厅作《周秦诸子的经济思想》演讲（杨联升记录）。在李达提议下，在中国大学开设中国政治思想史课，并编写讲义。

4月，《中国经济之史的发展阶段》（论文），发表于《文史》15日第1卷《创刊号》。16日，撰《史前期中国社会研究·初版自序》。

6月2日，为请拓印古钱币事致信山东图书馆馆长王献唐（《北京农业工程大学社会科学学报》1994年3、4期合刊登载）。《史前期中国社会研究》（专著，李达4月10日作序并向佩文斋经理常恩波推荐），由北平人文出版社出版。撰诗《喜〈史前期中国社会研究〉出版》。4日，闻王逸民、刘立贞因共党嫌疑被捕，立即托民国大学校长鲁荡平（湖南人）等营救。王、刘被解送南京宪兵司令部、苏州反省院后，又请靳云鹗、关麟征将军，并托蒯伯赞恳请司法院副院长覃振（同盟会元老，湖南人）营救。王、刘于1935年6月被保释。

7、12月，《殷代奴隶制度研究》（论文），发表于杭州《劳动季报》第1卷2期，《河南政治月刊》第4卷12期、第5卷1期。

7月，《周秦诸子的经济思想》（论文），发表于《劳动季报》10日第1卷2期。

8月，《秦代经济研究》（论文），发表于《文史》20日第1卷3期。

9月29日，为请年内赐赠古币拓帖事致信山东图书馆馆长王献唐（《北京农业工程大学社会科学学报》1994年3、4期合刊登载）。

11月，《氏族制以前的社会生产力》（译文），发表于《劳动季报》10日第1卷3期。《史学新动向》（信），发表于北平《晨报》，日期待查。撰诗《风雨频袭之一小楼》（两首）。《中学生怎样学唯物史观》（论文），发表于商务《中学生》杂志，日期待查。

1935年　35岁　在北平、南京

1月，《关于殷代史料问题》（论文），发表于《河南政治月刊》第5卷1期。《西周时代的中国社会》（论文），发表于《中山文化教育馆季刊》第2卷1期。

春，任北平自由职业者大同盟书记，由中共北平市委领导（周小舟具体联系），在市自由职业者中间进行统战工作。

2月，《墨翟的学说及其劳动思想》（论文），发表于《劳动季报》10日第1卷4期。17日，为撰写《中国社会史纲》一书原由事致信陶希圣，发表于《食货》半月刊第1卷8期。

4月，《杨朱派哲学思想的发展—由杨朱到邹衍》（论文），发表于《中山文化教育馆季刊》第2卷2期。

5月，《两晋之际的一个农民派的社会科学家—鲍敬言》（论文），发表于《劳动季报》第1卷5期。《殷周时代的中国社会》一书于28日完稿。

受中共北平市委指示，以北平自由职业者大同盟名义，与周小舟分头联系平津十余所大专学校学生会，向国民党中央呼吁“停止内战，一致抗日”有五项要求的通电，并于报纸发表。

7月，《孔丘派哲学思想的发展—由孔丘到荀卿》（论文），发表于《中山文化教育馆季刊》15日第2卷3期。《周人国家创设的过程》（论文），发表于北平《经济学报》15日第1卷1期。

8月7日，完成《殷周时代的中国社会》书稿修订（出版先遇人文书局解约，继中山文化教育馆审阅后又退稿），并撰初版序。

10月，《隋唐五代经济概论》（论文），发表于《中山文化教育馆季刊》第2卷4期。《中国原始社会史考》（后藤富男翻译吕著《史前期中国社会研究》），日文本，东京改造社于昭和十二年出版。

11月，接到谌小岑（国民政府铁道部劳工科长）从南京来信，希望为国共合作抗日接触提供线索。在请示中共北平市委后，受中共北方局和刘少奇委派，托故辞去中国大学教职，以进步教授和中间人的身份，于月底驻南京，同国民党代表进行国共合作抗日谈判，直至1936年8月。

1936年　36岁　在南京、上海、广州、北平

1月，撰诗《南京谈判中和周小舟同志》。

3月，由周小舟介绍，于天津加入中国共产党，为正式党员，任中共谈判代表；联系人为陈酉生（即王世英，中共北方联络局负责人）。在南京期间，与中共代表周小舟同国民党代表曾养甫、谌小岑进行关于停止内战、国共合作抗日谈判，并通过关系向国方高官宋子文、孙科、冯玉祥、程潜、覃振、居正、曾养甫等转交了中共领导毛泽东、朱德、周恩来、林伯渠等的署名盖章信件，并附《八一宣言》。与蒯伯赞、袁也烈（武岗同乡，原红七军团长，被捕出狱在南京养病，后经吕介绍其去中共北方局工作）、杨天越（又名李邦彦）等相聚。在南京进行《中国政治思想史》书稿修订工作（袁、杨帮助抄写）。撰诗《偕周小舟弟登清凉山》、《又同访鸡鸣寺》、《酬袁也烈杨天越两兄》、《偕袁也烈等及持平弟游中山陵明孝陵》（两首）、《访中山文化教育馆》（左恭曾向中山馆介绍《殷周时代的中国社会》出版，但该馆因顾虑过多退稿）。

《中国社会史》（讲义），由中国大学校内刊印。

4月，《老聃派哲学思想的发展—由老聃到庄周》（论文），发表于《中山文化教育馆季刊》第3卷2期。

6月，撰诗《蒭伯赞先生请游五洲公园》、《赠黄金龙李心徐两先生》、《祖龙吟》。

8月，南京谈判终止，将有关谈判材料及国方提供联系密电码交周小舟，之后周去延安向中共中央汇报。11日，为《中国政治思想史》、《殷周时代的中国社会》书稿出版事宜致信中华书局编辑部（《现代名人书信手迹》刊有该信，中华书局1992年1月出版）。

9月至1937年4月，奉中共委派赴广州（曾养甫改任广州市长），并任广州市设计委员，继续进行促进国共合作抗日的统战工作（经组织安排，有事联络可通过上海陈有容即陈家康或香港蔡某进行）。撰诗《谈判—离南京》、《离宁前游明故宫遗址》。

10月，《殷代国家的形成》（论文），发表于上海《文化论衡》第1卷2期。《殷代经济前论》（论文），发表于《中山文化教育馆季刊》第3卷4期。《史学新论》（论文），发表于北平《晨报·历史周刊》3日《创刊号》，杭州《劳动季报》第10期转载。《"大元通制"中的"禁令"解》（论文），发表于南京《中华法学》新编第1卷2期。撰诗《珠江昼民水上餐馆》、《访石牌中山大学》、《登观音山》。

11月，《社会发展过程中之"亚细亚生产方法"问题》（论文），发表于《中苏文化》1日第1卷6期。《殷周时代的中国社会》（专著），由上海不二书店出版，收到样书十册（春，去上海，生活书店张仲实退还《殷周时代的中国社会》书稿。旋因冯和法组建不二书店，愿意接受该书稿。还与黎明书局孙寒冰联系《中国政治思想史》书稿出版事宜）。撰诗《〈殷周时代的中国社会〉初版出书》。为纪念母亲六十寿辰，与其弟持平撰写留念亭碑文，并于家乡溪田村捐建留念亭，供行人休息乘凉，请国民政府主席林森题写亭名。

12月，《弱小民族与帝国主义的战争》（政论），发表于《国华》半月刊16日第1卷1期。撰诗《广州闻西安事变》、《黄花岗》等。

1937年　37岁　在广州、武岗、上海、西安、北平、天津、南京、长沙

2月28日，完成《中国政治思想史》书稿修订，并撰写《初版序》。

3月，为吴泽（中国大学经济系学生）著《中国先阶级社会史》一书撰写序言，发表于《世界文化》16日第1卷9期。

4月，接周小舟信，去上海与陈有容（中共地下党员）联系。于是由广州北上，便道回武岗家乡，住三日。撰诗《别珂乡》、《由溪田经蔡家桥至桃花坪》。

5月，在上海受中共地下党安排去西安（再联系去延安），收到黎明书局《中国政治思想史》初版样书。撰诗《去陕西道过上海黎明书局送来〈中国政治思想史〉样书十册》。在西安陕西禁烟总局见到地下党员田福临，得知去延安道路冲毁，需月余才能修复，故回北平。撰诗《西安数日》、《观易俗社秦腔》。

6月，《是活的历史还是死的公式—答王宜昌君》（论文），发表于《文化动向》第1卷3期。

7月，与吴苏青关系破裂。　卢沟桥事变爆发后，曾会见二十九军副军长吕文秀，表达北平文化界和民众愿望，希望二十九军在日敌援军未到齐前，立即出兵夺回丰台。吕文秀亦表同意，但军方高层未予采纳。《评佐野袈裟美的〈中国历史读本〉》（论文），发表于《中山文化教育馆季刊》第4卷3期。

8月5日，因闻名列日特逮捕人员名单，受中共指示离北平经天津、烟台去南京（在天津去烟台船上遇见王世英、靖大康、邓颖超、张晓梅等。在济南，王要吕去南京富厚岗60号找叶剑英安排工作）。撰诗《宋军宵遁》、《脱离虎口》、《英商太古轮船》、《济南话别》。在南京，因叶剑英住处外敌特密布，未能接上关系。

9月，接周小舟由延安来信“家父嘱，回乡开荒”，决定回湖南长沙开辟工作；在南京商同翦伯赞取得中苏文化协会张西曼同意，于湖南成立分会，由国民政府司法院副院长覃振写信介绍吕、翦与湖南省政府主席何键接洽，请予赞助。撰诗《战时南京》（两首）。回长沙先以读书会和歌咏队为据点进行活动，并任民国大学（北平南迁）兼职教授。不久，与刘道衡、熊子烈（中共特科人员）等接上组织关系。《抗战后的新动向》（政论），发表于长沙《前进周刊》18日创刊号。《脱险归来》（从北平回长沙沿途纪事），由湖南《大公报》18至20日、22至30日、10月1至5日连载。

10月9日，经多方协商，于长沙青年会礼堂成立湖南文化界抗敌后援会筹备委员会，会议指定吕振羽、翦伯赞、李仲融、陈润泉、曹国智、萧敏颂等11人为筹备委员，并取得何键支持。《伟大的双十节》（政论），发表于《前进周刊》第1卷4期。《作为抗战的指导理论》（政论），发表于18日长沙《力报》。撰诗《岳麓山杂感》（两首）。

11月7日，于长沙第一师范大礼堂召开湖南文化界抗敌后援会成立大会，到会会员有数百人。大会临时主席吕振羽报告筹办经过，推定吕振羽、翦伯赞等5人为大会主席团，吕当选常务理事兼研究部主任（实际负责该会工作）。《战时的湖南和湖南人》（政论），发表于《前进周刊》27日第1卷11期。撰诗《祝湖南文化界抗敌后援会成立》（两首）。

12月，《对目前形势应有的认识》（政论），发表于《前进周刊》4日第1卷12期。19日，中苏文化协会湖南分会在长沙湖南省党部礼堂召开成立大会，与徐特立、张西曼、黄一欧、翦伯赞等当选常务理事（覃振为会长，何键为名誉会长）。与谭丕模编辑《中苏》半月刊，负责审稿并撰写专论；分会开办了俄文班。20日，中苏文化协会湖南分会举行首次理事会议。《苏联与中国民族抗战》（政论），发表于20日湖南《民国日报》。冬，在文抗会活动中结识文抗积极分子王时真（湖南临澧人，民国大学毕业）。

1938年　38岁　在长沙、武岗

1月，《保乡和救国》（政论），发表于《联合旬刊》（《民族呼声》、《前进》合刊）1日第1卷2期。《湖南文化界抗敌后援会发刊词》，湖南《大公报》、《农村工作》18日第1期，署名：湖南文化界抗敌后援会研究部。

2月，撰诗《贺徐特立老寿辰》。16日，湖南文化界抗敌后援会于四方塘青年会举行第二次会员大会，吕振羽、翦伯赞等5人当选大会主席团。《抗战的前途》（抗战小丛书），生活书店长沙分店出版。撰诗《长沙贾太傅祠访读书会》。

3月，《欧局的变化与中国抗战》（政论），发表于《中苏》半月刊第1卷1期。《世界新危机与我们的抗战》（政论），发表于《联合旬刊》30日第1卷3期（《民族呼声》、《火线下》合刊）。撰诗《抗日宣传大游行》。

4月，《抗战情势讲话》（3月16至31日述评），发表于《中苏》半月刊1日第1卷2期，署名：正宇。《为真理而奋斗》（政论），发表于《今天十日刊》1日第1期。

5月，《抗战情势讲话》（4月16至30日述评），发表于《中苏》半月刊1

日第1卷4期，署名：正于。《坚决“否认伪组织”和“厉行肃清汉奸”》（政论），发表刊物同上期。《怎样来纪念今年的“五九”》（专论），发表于《大公报》9日《五九特刊》。《纪念“五九”与雪耻除奸》（专论），发表于10日《大公报》。15日，《抗战情势讲话》（5月1至15日述评），发表于《中苏》半月刊第1卷5期，署名：正宇。《二期抗战中文化工作应有的任务》（政论），发表于《文化批判》15日第5卷2期。《退出徐州与今后抗战的影响如何?》（政论），发表于23日《大公报》。《中苏关系的过去和未来》（中苏小丛书），由生活书店长沙分店出版。

6月，《抗战情势讲话》（5月16至31日述评），发表于《中苏》半月刊1日第1卷6期。《目前国际形势的认识》（政论），发表于汉口《中苏文化》第2卷2期。《敌国内阁的改组和今后战局的估量》（政论），发表于《中苏》15日半月刊第1卷7期。经中共湖南省委决定，与翦伯赞联名写信给湖南省主席张治中，提出保卫大湖南的主张。是月，经吕振羽建议于武岗塘田（今属邵阳县）开办塘田战时讲学院，为防备日寇进攻湖南，开辟游击根据地，培养区乡级地方干部和连排级游击战争干部。建议得到中共驻湘代表徐特立赞同并报中共中央。中共湖南省委决定，派吕振羽前往创办；邀请覃振为院长，湖南参议会议长赵恒惕为院董事会董事长。

7月，《保卫武汉与巩固湖南》（政论），发表于《中苏》半月刊1日第1卷8期。偕王时真离长沙专程去武岗塘田寺筹借“塘田别墅”作校址。

8月，《伟大的斗争！伟大的进步!》（政论），发表于《中苏》半月刊1日第1卷9、10合刊。月初回长沙向湖南省委和徐特立汇报塘院筹备情况，省委同意以覃、赵名义向院董事会成员发出聘书和董事会成立通知。省政府主席张治中回信同意担任名誉董事。撰诗《偕王时真自长沙去塘田战时讲学院过邵阳游双清寺》（四首）、《访濂溪书院遗址》、《偕时真溯资水夫夷由邵阳赴塘田途中》（四首）。

9月16日，塘田战时讲学院开学，吕振羽任副院长兼地下党代表，主持塘院全面工作（司法院副院长覃振应邀兼任院长，未到院，实即名誉院长），撰写了塘田战时讲学院缘起、组织简则、招生简章、《战时塘田》发刊词等，由该院铅印，均以院长覃振、副院长吕振羽名义发出。教员有张天翼、谭丕模、杨卓然、曹伯韩、游宇、陈润泉、王西彦、李仲融等（中共驻湘代表徐特立给中共中央及毛泽东、洛甫的《在湘十个月的工作报告》提到“我们的同志吕振羽在宝庆办了一个学校名战时讲学院”，要求延安派几个干部来进行抗战教育)。《动员工作在农村》(政论)，发表于《中苏》半月刊9月1日第1卷12期。《战局的严重关头》(政论)，发表于上刊16日第2卷1期。

10月，《捷克问题的发展与今后的中国抗战》(政论)，发表于《中苏》半月刊1日第2卷2期。闻26日武汉失守后，在塘院“总理纪念周”会上向师生发表“武汉失守如何应对”演讲。撰写《中国民族解放运动史教程》(塘院讲义)。是月经党组织批准，与中共党员王时真（后因地下工作需要改名江明）于塘田战时讲学院结婚。

11月，为在邵阳、武岗一带日后建立游击根据地，先后委派学员申剑涛(苏民)、雷一宇到附近各地发动组织群众，建立青年抗战服务团。但同时国民党当局对塘田战时讲学院的污蔑与攻击日益增多，称塘院为“西南抗大”，诬吕振羽“愚弄青年，骗取钱财”。撰诗《斥谣》。

12月，鉴于塘田战时讲学院在附近的影响日益扩大，湖南省主席兼保安司令薛岳十分不满，下令当地军政部门“严予查办并迅速具报”。

1939年 39岁 在武岗、桂林、、贵阳、重庆

1月，撰写《塘田战时讲学院第二期招生广告》。在武岗中学作《抗战到底》讲演。撰写《资汇小学校舍落成碑文》。撰诗《受林拔萃约为统战去武岗访古忆旧》(七首)。

2月，中共湖南省委决定由吕振羽、游宇、阎丁南组成塘院党的三人小组，吕任书记，不暴露党员身份，故不参加支部会议。月底，因武岗县长林拔萃下达《奉令查明（塘院）具复》训令到白仓乡，为此到乡公所修改复文发出。

4月，应林拔萃约与夫人江明去武岗，林告知当局已派兵赴塘田。撰诗《去武岗道中过盆溪杨再兴故里》、《宿秦家桥闻老妇夜哭》。20日，塘田战时讲学院被薛岳下令六区派两连兵三路包围查封，勒令解散。由武岗返回后，吕振羽领导全院师生与之斗争，拒绝缴院印、院牌、全校师生员工花名册。22日，撰写《塘田战时讲学院全体学生告别武岗人士书》、《塘田战时讲学院全体师生员工向全国各界人民申诉书》、《告湖南同学书》等；处理学院善后及教职、学员有计划撤离等事项（一部分留当地进行建党，一部分去桂林）；于桂林设石火出版社，吕振羽为董事长，曹伯韩为主编。

5月，讲学院被围封后，湖南省委决定由吕振羽为首在附近各县进行秘密建党。与江明、游宇等撤至油塘，举办建党训练班，建立了金称市、新宁、洞口、绥宁、城步五个中共湖南省委直属党支部（省委同时派省青委李锐前来协助学院善后及建党工作），并编辑《战时塘田》（含建院公函文电、招生广告、各种规章、报告记录及申诉书等内容）一册交省委。撰诗《忆油塘地下建党工作》。

6月，撰诗《偕时真由油塘回家过田心忆初讲吕金翅师》。

7月，接湖南省委指示，到邵阳神滩渡。省委出示周恩来要安排吕夫妇速去南方局电令。撰诗《应省委召至邵阳神滩渡》。

8月，与江明携大女儿吕若兰离邵去中共南方局（自新宁经桂林路慕村八路军办事处，由李克农主任安排，乘宋庆龄捐助救护车赴贵阳去重庆，沿途石西民同行并负责交涉）。撰诗《别溪田》、《过金紫大岭》（三首）、《过乌江》、《过遵义》、《过贵州》。

9月，抵重庆，先在办事处，后在磁器口地下印刷所住（吕诺兰由南方局安排随捐助救护车去陕北安吴青训班学习，后入陕北公学）。周恩来接见时说："你来得正好，现在重庆的理论战线战斗很紧张，调你来重庆就是参加战斗。"此后在周直接指导下，从事理论战线、历史研究与统战工作。受复旦大学教务长孙寒冰聘请任该校教授（直至1941年初），讲授中国经济史、先秦诸子思想、计划经济学等课，与孙寒冰、陈子展、陈望道、伍蠡甫、李炳焕、潘震亚、张志让、张定夫等教授保持经常接触。经董必武介绍，与胡风相识（胡亦在复旦任教），并为邻居（住东阳石子山）。曾应董必武、吴玉章、王明、博古等邀，去北温泉同住数日，并同游缙云寺。受党委托代谭平山撰写《三民主义外交问题》文。受周恩来委托赴南温泉看望李达师，征求他是否愿去延安。撰诗《重庆杂感》（三十余首）。

10月，改订《中国政治思想史》，由桂林文化教育社出版。

1940年　40岁　在重庆

1月，《悼念吴检斋（承仕）先生》，发表于20日重庆《新蜀报》、《蜀道》二十期。

3月，《日本法西斯的中国历史观与三民主义的中国革命》（论文），发表于12日重庆《中苏文化·孙中山先生逝世十五周年纪念特刊》。

4月,《日寇侵略中国之史的认识与历史给予我们的试炼》（论文），发表于《中苏》半月刊15日第4卷1、2期合刊。

5月,《关于中国社会史的诸问题》（论文），发表于重庆《理论与现实》15日第2卷1期。

6月,《谈史学—致青年同学》（论文），发表于商务《学生杂志》第20卷6期。《本国史研究提纲》（论文），分别发表于重庆《读书月报》6月1日、7月1日第2卷4、5期。

7月,《伟大的历史时代与史学创作》（论文），发表于重庆《中苏文化·抗战三周年纪念特刊》。

9月2日,《支那社会政治思想史》（即吕著《中国政治思想史》日译本上），由日本青年外交学会出版。《中国社会史上的奴隶制度问题》（论文），发表于重庆《群众》9月至11月第5卷9、10、11期。周恩来、邓颖超来北碚北温泉会见重庆文化、教育界友人，得通知先期会面，并担任联系人，约同复旦大学陈望道等教授赴会。与会友人听了周恩来讲话，十分兴奋、感动，称周为“了不起的政治家”。撰诗《重庆北温泉盛会》。

10月，任国民政府军事委员会政治部文化工作委员会委员（郭沫若为主任）。《亚细亚生产方式和所谓中国社会的“停滞性”问题》（论文），发表于《理论与现实》15日第2卷2期。

11月5日，撰《论抗战以来三民主义文化诸问题》（论文，原拟由《中苏文化》发表，后被国民党宣传部门扣押）。8日，与胡风同去参加文化工作委员会成立会。20日，完成《中国社会史诸问题》（1939年至1940年的论文汇集）编辑，并撰《著者序》。《对德凡先生的简单答复》（评论），发表于重庆《读书月报》第2卷8期。

12月2日，于重庆撰《中国原始社会史修订版·序》。《五四运动的历史意义和教训》（论文），发表于重庆《中苏文化》第6卷3期。赴歇马场访侯外庐（负责《中苏文化》杂志）。撰诗《歇马场访外庐不遇》。

1941年　41岁　在重庆、桂林、香港、上海、苏北

1月,《支那社会政治思想史》（吕著日译本下）由日本青年外交协会出版。《三十年来的中国—纪念民国成立三十年》（论文），发表于商务《学生杂志》15 日第 21 卷 1 期。

2 月 28 日，撰《简明中国通史·序》，完成该书上册编写（到重庆后，周恩来曾对吕说，你可写一部简明的中国通史，对青年进行爱国主义和革命传统教育。此后便在江明协助下，努力进行），交生活书店。撰诗《〈简明中国通史〉上册完稿》（四首）。

3 月中旬，皖南事变后，奉周恩来指示，离重庆转移去苏北新四军。以夫人祖母病重为由，向复旦大学请假，并办理护照；由吴泽、赵纪彬分别代课。临行前到曾家岩 50 号向周恩来辞行，周作了详尽指示与布置。然后从郭沫若处取得旅费，途经桂林飞赴香港，与廖承志、张唯一等接头；再与孙冶方、徐雪寒同行赴上海。在上海与沙文翰联系，由沙安排地下交通经新港、如皋赴苏北。经南方局约定，从此吕振羽化名柳岗，王时真化名江明。撰诗《辞别周恩来同志》、《行前准备》、《离重庆》（两首）、《由桂林飞香港》等。

4 月，《怎样研究历史?》（论文），发表于《中学生》战时半月刊第 42 期。在上海看到耕耘出版社《中国社会史诸问题》初版样书。月中进入苏中，月底抵苏北盐城抗日根据地。30 日，由彭康（华中局宣传部副部长）陪同，参加中共华中局庆祝“五一劳动节”干部会，首次见到刘少奇。刘说，早就知道先生。撰诗《进入苏北抗日民主根据地》。

5 月 1 日，由钱俊瑞（华中局文委书记）陪同，受到刘少奇接见。刘说，这里还没有成立政府，你来到我们这里很好；还询问了白区和文化工作方面一些情况。不久被华中局任命为编审委员，实际在苏北文化协会工作。《简明中国通史》（第一分册），由香港生活书店出版。

6 月，参加苏北反扫荡战。撰诗《六月苏北反扫荡战》、《反扫荡胜利中一氓立教同志请吃蟹》。反扫荡战后，任华中局调查研究室委员。经刘少奇决定，到中共华中局党校任教，分别讲授中国革命史、社会史、哲学史等课程，受到学员欢迎，并担任学员课外学习指导，参加小组讨论，密切了与学员的联系（学员多为师、旅、团级干部）。多次受黄克诚师长兼政委邀请，到三师师部为该师及盐阜地区党政军干作理论学习报告。为此得到刘少奇肯定，说“你到党校作了不少工作，学员也有反映。”（除刘少奇亲自讲课外，彭康、钱俊瑞、孙冶方、冯定、陈一诚、陈修良等也在党校任教）。撰诗《听少奇同志为党校讲课》。

秋，《中国革命史讲授提纲》、《中国社会史问题十讲》、《中国哲学史问题十讲》（讲义），分别由中共华中局党校油印教材，署名：柳岗。《古代支那政治哲学新研究》（即吕著《中国政治思想史》日译本），由日本人文阁出版。

1942 年　42 岁　在苏北、山东、河北、山西、陕西

2 月 20 日，毛泽东代中央书记处致电刘少奇及华中局：除吕振羽、贺绿汀外，其他高级文化人亦望调抽一批带来延安从事学术研究，他们在苏北游击环境无研究学术可能，不如来延成就较大。

3 月 18 日，因党中央电召刘少奇赴延安，与江明随刘少奇从苏北阜宁单家港出发，随行干部等有一百多人，开始了夜行晓宿的行军生活。进入山东北上时，经华中局决定，吕振羽任刘少奇政治秘书。开始长驱万里日夜行军，途经敌寇一百零三道严密封锁线，备尝艰辛险苦。沿途参加了滨海区、沙区、太岳区三次反扫荡大战；并协助刘少奇完成了代表党中央沿途检查工作等各项任务，还参加山东分局、北方局、晋绥分局等重要会议。撰诗《偕江明随少奇同志从苏北回延安道中》（十余首）。

4 至 7 月，抵山东分局驻地临沭朱樊村，朱瑞、罗荣桓、萧华等向刘少奇汇报山东工作情况。协助刘少奇解决山东减租减息、抗日统一战线（争取国民党抗敌同志协会参加抗日）和接受朱瑞请求临时代管山东分局宣传部（部长李竹如牺牲）等方面工作。

7 月下旬，因敌情严重和交通原因，刘少奇回延安随行人员只留下十余人（刘、吕夫妇、警卫班及电台），大部分人员返回。在过津浦路抱犊岗时，与刘少奇分两批前进，各自分别携带华中、山东机密档案文件六包，后交鲁西军区杨得志、苏振华部转中央办公厅。

9 月，随刘少奇抵中共北方局及八路军总部驻地山西辽县，见到刘伯承、邓小平、杨尚昆、杨献珍等。

10 月，随刘少奇抵太岳军区驻地山西沁源，见到陈赓、薄一波、黄敬、吕正操等。

11 月，抵介休、平遥。

12 月上旬，抵山西兴县。30 日，抵延安。

1943 年　43 岁　在延安

1 月 1 日，在党中央庆祝新年并欢迎刘少奇晚会上，与江明一起见到毛泽东、朱德、张闻天、陈云、任弼时、王若飞、李富春等中央领导，当晚赋诗志念。2日，受到毛泽东接见，他询问了《中国政治思想史》的写作等情况。此后中央任吕振羽为刘少奇学习秘书（直至1945年）。开始住马列学院，后住中央党校校部（与王学文、何思敬、白天同组）。参加整风运动，入中央党校一部学习，与朱瑞等同支部（朱为书记）。以后在中央马列主义研究院任特别研究员，从事理论研究。

3月21日，完成《中国政治思想史》修订，并撰写《增订版序》。

4月，《中华民族人种的由来》（论文）、《在原始公社制前期我们祖先是怎样生活的?》（论文），分别发表于延安17、18日《解放日报》。

5月，《原始公社后期我们祖先是怎样生活的》（论文），发表于10、11日《解放日报》。

6月，《商朝奴隶制国家》（论文），发表于21、23日《解放日报》。

7月13日，参加了刘少奇主持召开的延安理论干部会议，讨论并分头撰写批判蒋介石著《中国之命运》文章，反击蒋介石发动的第三次反共高潮。《西周时期封建制度的成立》（论文），发表于15日《解放日报》。

8月，《国共两党和中国之命运—驳蒋著〈中国之命运〉》，《解放日报》以《专论》于7日发表（该文曾经毛泽东阅后修改）。后收入《时事小评选粹》（山西左权华北书店1944年出版）。《初期封建制的发展—春秋时期》、《由初期封建制至专制主义封建制的转换—战国时期》（论文），发表于19、22日《解放日报》。

10月，《进入专制主义封建制的秦汉时代》（论文），发表于1、2、4日《解放日报》。

11月，《封建专制国家的分裂—三国时期》（论文），发表于23日《解放日报》。《由封建专制国家的恢复统一到外族侵略—两晋南北朝》（论文），发表于11月25、12月7、28日《解放日报》。

1944年　44岁　在延安

2月，父亲吕公斌去世。

10月11日，出席在延安召开的陕甘宁边区文教代表大会。

1945年　45岁　在延安、热河

9月，《简明中国通史》（第一分册），由生活书店出版。

10月，《中国政治思想史》（增订版），由延安新华书店出版。主动向组织提出去东北基层工作请求，后经刘少奇批准，与江明、朱理治、黄文等组队，随刘秀峰率领的干部大队、何长工率领抗大大队同赴东北。撰诗《偕江明由延安去东北道中》（十六首）。途经热河，被中共冀热辽分局领导程子华、罗瑞卿、黄火青等挽留。向分局领导主动要求到地县工作，先后任热西地委副书记、分局工作巡视团团长。旋奉中央电示：由李运昌、欧阳钦、吕振羽三同志组成冀热辽救济分会领导小组。

1946年　46岁　在热河、北平、齐齐哈尔

年初，冀热辽分局任命吕振羽为冀热辽救济分会副主任（主任为李运昌、副主任为欧阳钦）。救济分会在吕振羽领导下，贯彻分局指示方针，救济、调查研究与群众工作相结合，统战工作与对敌斗争相结合，广泛搜集各省、专区、县因日寇抢掠、杀戮造成各种灾情，编印几十种打印表，赴北平交中共三人小组办事处负责人叶剑英、罗瑞卿、徐冰。

3月4日，为分局民族、统战、精简等工作中问题致信中共冀热辽分局书记程子华、副书记赵毅敏。8日，就有关内战形势、统战民族、国际关系等问题致信中央书记处书记刘少奇。

4月，《吕振羽氏代民呼吁冀热辽灾情极为严重，极盼联总、行总拨资救济》（答记者问），发表于29日中共北平《解放》报（主编为钱俊瑞）。期间多次赴北平军事调停处执行部（驻地东华门翠明庄），在解放区救济总会会长伍云甫支持下，与“联总”（联合国救济总署）、“行总”（国民党行政院救济总署）代表谈判。据理力争，为我冀热辽根据地人民争取到如面粉、奶粉、药品、衣物等救济物资数千吨。之后分别制订分配物资计划，在蒋军开始进攻前，及时分配给灾区人民和杨得志苏振华、黄永胜驻防部队。

6月2日，于北平完成对《殷周时代的中国社会》修订，并撰《修订版序》（该书再版得到胡绳、沈志远帮助）。

在冀热辽与北平参加军调部谈判期间，开始搜集蒙、回等民族有关历史资料。任分局巡视团团长期间，在围场了解反霸斗争后农民是否得到农地，还存在什么问题，农会是否巩固及其在群众中的影响和作用；在经棚以民族关系问题为中心，对蒙、回族居民进行调查和研究，搜集了日伪时期的一些有关资料。撰诗《冀热辽杂咏》（计十二首，如《围场早期农奴型耪青》、《经棚与回族住户谈来历》)。

12月，因蒋军进攻热河，冀热辽分局撤退至林西，巡视团工作结束。分局决定战略转移，随江明率领的分局干部队，自林西出发，经林东、开鲁、通辽、突泉、洮南、白城子赴齐齐哈尔。

撰诗《从林西至哈尔滨道中》(五首)。《殷周时代的中国社会》(第二次修订本)，由上海耕耘出版社出版。

1947年　47岁　在齐齐齐哈尔、哈尔滨、朝鲜、大连、安东

1月，抵齐齐哈尔中共西满分局，受到李富春书记等欢迎。李赞同吕提出到湖南敌后进行隐蔽工作配合大军南下想法，并致信中共东北局。从哈尔滨转经朝鲜民主主义共和国南阳、罗津赴旅大。在牡丹江与朱瑞相遇，乘车至图们分手，并互换刮胡刀纪念。撰诗《偕江明自哈尔滨经朝鲜至大连道中》(五首)。开始《中国民族简史》一书撰写。

2月2日，于大连为陈干侯陈继周《双碧诗集》作序《概论我国诗歌的发展》(未发表)。20日，《中国民族简史》(专著)于哈尔滨完稿，并撰《初版序》。26日，为愿赴湘敌后工作不愿在沪港工作致电中共东北局。28日，为愿赴国统区湘桂黔边开辟隐蔽工作及旅大现状向刘少奇致信请示。东北局决定在大连等候，由冯铉、吴诚负责安排吕赴南方地下交通工作。

3月2日，接刘少奇密电，同意吕振羽去湖南敌后工作，“开展第二条战线工作，已十分重要”，并切嘱“善自珍重，谨慎将事，切忌急于求功”。在旅大期间，受南满分局副书记萧华委派列席地委常委会，帮助工作。撰诗《大连杂咏》(六首)。

4月，《中国民族简史》(专著)，由大连大众书店出版(9月大连光华书店又版)。张爱萍(华中军区副司令，新四军时相识)战斗负伤来大连休养，吕振羽为其夫妇讲授中国历史(张夫人李又兰作有记录)。撰诗《大连送张爱萍同志去苏疗伤》、《与马辉之同志由大连抵安东》。

8月，《中国政治思想史》由生活书店出版。《中国社会史纲》第一卷《原始社会史》、第二卷《奴隶社会和初期封建社会》，由上海耕耘出版社出版。

9月，等候南下交通期间，在江明协助下，开始《简明中国通史·第二分册》写著。

1948年　48岁　在大连、平壤、哈尔滨、沈阳、安东

2月6日，于大连完成《简明中国通史·第二分册》写著，并撰《完稿序》。

3月，与马辉之由大连赴哈尔滨过朝鲜。

4月，收到张爱萍1日自苏联红军疗养院来信，苏联同志国际友谊甚好，脑伤比在大连时好转，你们到湖南敌后工作一事应慎重考虑。撰诗《偕马辉之由哈尔滨赴安东道中》（两首）。《简明中国通史》第一分册由大连光华书店出版。

5月1日，为南去交通不便及今后工作安排请示事致信刘少奇（与江明合署）。《简明中国通史》第二分册由大连光华书店出版。

6月12日，与马辉之赴哈尔滨东北局开会。先抵安东，受到省委江华、刘澜波、刘子载、程世才等同志欢迎。继经新义州赴平壤。在平壤，与马辉之同赴朴一禹家宴（吕、马、朴均系延安中央党校一部同学，朴回国任朝鲜内阁内务相）。撰诗《平壤杂咏》。

7月，在哈尔滨参加东北局关于旅大工作座谈会。

8月25日，为今后组织分配工作事致信江明。30日，出席东北城工会议。

9月，东北局决定，吕振羽任中共安东省委常委，主管城市工作。征得省委同意，吕振羽建议在加强党内团结的基础上，安东市委领导成员召开会议，展开讨论，以批评自我批评的方式解决存在的思想分歧和团结问题。另外还帮助市委处理安东造纸厂正确理解贯彻领导制度问题即“厂长负责制而不是专责制”，为此与企业干部、党员及部分工人群众进行交谈，然后开会取得认识一致。24日，为东北局同意江来安东分配工作事致信江明。

10月，率省委工作队到五龙背区三个村进行调查，挨户恳谈，并对土改后农村存在问题进行纠偏。14日，为望待肠胃炎病愈后再来安东致信江明。21日，就有关农村移民、土改等问题代表安东省委致信中共孤山县委，发至通化地委、各市县委。

12月5日，代表安东省委迎接由香港来安东北上参加政协会议的郭沫若、马叙伦、侯外庐、许广平、曹孟君等二十余位知名民主人士。郭、马、侯等分别在笔记本上留言。20日，在省委试点农村工作总结会上就《五龙背试点工作经验》作了发言，涉及农村开展土改、纠偏、建党、建政等工作。收到张爱萍30日自大连来信，感谢来安东疗养邀请，谈及脑伤恢复已基本上差不多，今冬明春会有渡江等战役，决心明春重上前线。

1949年　49岁　在安东、南昌、武汉、大连

1月3日以后，在安东省委农村工作队会议上就确定地权、公开建党、建政作了三次发言。27日，《关于五龙背试点工作的经验和总结—给安东省委的报告》，发表于《安东日报》增刊（1948年12月20日在省委试点农村工作初步总结会上发言）。五龙背试点工作也得到当时在安疗养的张启龙、马辉之、李延禄等同志好评。撰诗《安东杂咏》（七首，其中有《率省委工作队五龙背"纠偏"》）。

2月15日，出席安东省市劳动模范大会，代表省委致开幕词。

3月8日，撰写《对安东市委工作的一些意见》，经省委会讨论批准。19日，在安东省委党校作《关于区村领导问题》报告。因宣传部长刘子载工作调动，受派兼管省委宣传部。批注四库本《朱文公校昌黎先生集》、《增广注释唐柳先生集》。

6月，中央决定安东与辽南两省合并为辽宁省。东北局决定吕振羽与黄凯、伍晋南率安东干部大队五千人南下。经沈阳入山海关至南京，过九江至南昌。撰诗《南下道中》（十四首，其中有《与黄凯、伍晋南、江明等游南京中山陵》）。

8月，接中南局电召至武汉住珞珈山十余日，受派给武汉大学等高校师生作关于立场、观点、方法问题等报告，并与武汉大学教授等进行座谈。撰诗《武汉杂咏》（四首，其中有《偕江明小住珞珈山》）。在武汉脑痛病发作加剧，彻夜难眠，医生诊断须易地治疗。东北局命回东北，负责大连大学工作，边工作，边治疗。当选为新史学研究会筹委会常务委员。

9月，离武汉经北京赴大连。撰诗《偕江明回东北过山海关》。

10月19日，中央人民政府主席毛泽东签署任命，吕振羽任中央人民政府民族事务委员会委员。20日，东北人民政府主席高岗、副主席李富春、林枫、高崇民签署任命，吕振羽任大连大学校长。31日，中共旅大区党委通知，吕振羽任旅大区党委委员、区党委大学党委书记，并担任大连大学党委书记。

11月1日，主持大连大学党委扩大会。2日上午，与秘书长段子俊、教务处长罗若遐等视察大连大学俄专、工学院、医学院，与各单位负责人见面。下午，出席大连大学副教授、科长以上人员茶话会。3日下午，在大连大学全体师生欢迎会上作《如何办好人民的大学》报告。8日，在大连大学干部会上作《学习共同纲领座谈会讲话》报告。10、24日，主持大连大学党委会。18日，收到作家萧三（延安时相识）17日来信，这次只在集会时见面，未能去大连大学参观，实觉遗憾，留言告别。19日，在全校党员大会上作《关于召开党代表大会问题》的报告。26日，向旅大区党委书记欧阳钦反映大连大学设备、宿舍等问题。29日，参加大连区党委会议。在东北行政学院研究班作《关于治史方法方面的零片意见》讲演。收到张爱萍（华东军区海军司令员）22日自北京来信，自莫斯科返京，脑病已好，现在搞海军，明天陪苏海军将领返宁

12月3日，撰写《大连大学的性质、任务和目前主要工作及明年计划》。17、16、25日，主持大连大学党委会。8、10日，在大连大学全体师生员工大会上分别作《学习政治经济学的任务和目的》（《民主青年》八十二期刊载）、"纪念一二·九运动"报告。13日，参加旅大区党委会议。

1950年　50岁　在大连、沈阳、长春

元旦，在大连大学师生员工大会上作《新年贺词》讲演。1月7日，主持大连大学党委会，讨论俄文班少数学生中出现过激言行及错误思想。会上针对有人提出对错误言行严重者予以开除作法，吕振羽表示不同意，主张以座谈会形式发扬民主、打通思想进行说服教育。9日，接见俄文班学生代表周明德等四人。分别参加17、19、21、23、24、25、26日在大连大学俄语专科学校民主座谈会，并讲话。会上，大部分同学则以摆事实进行说理，因此个别有错误言行同学均表示要改正。11、16、31日，主持大连大学党委会。27日，参加大连大学医学院、医院座谈会。撰读书随笔《学习毛泽东著作—回忆南京国共谈判》。收到华岗（旋任山东大学校长）19日自青岛来信，巴山一别，倏达十载。因病在青疗养。寄去《太平天国革命战争史》一书，恳予指正。收到张爱萍25日自南京来信，目前海军工作已有了一些基础，舰队已组成，司政后等组织已有了，请将大连大学工学院课程授课情况函告。

2月2日，就"大连大学俄专三期学生思想情况及处理俄文班三期学员闹事经过"向中共旅大区党委、东北局作书面报告。后东北局宣传部来电话说要向各校推广解决大连俄专思想问题的经验，并将报告印发各校参考。4日上午，出席旅大区党委会议讨论大学问题。下午，给大连大学干部作《大学当

前几个问题和任务》的报告。7至9日，出席东北高教工作会议。16日，给大连大学全体师生员工作《庆祝中苏签订友好同盟互助条约》报告。23日，主持大连大学党委会。收到华岗9日自青岛来信，感谢到大连疗养邀请，现因肠出血不能前往，有何新著及近况望函告。收到翦伯赞（燕京大学教授）22日自北京来信，谈及重庆别后及侄女来大连大学工作情况。27日至3月1日，出席东北人民政府第三次扩大会、东北地区党代表座谈会。撰诗《喜大连大学物理电机等系响应号召自制教学实验实习仪器》（王大珩、毕德显等教授利用当地废料废件制作）。

3月，作《连大一周年》总结。收到王学文（中央马列学院教授）11日自北京来信，读到《民主青年》您《学习政治经济学的任务与目的》讲演稿，希望能得到有关少数民族社会经济资料。13至16日，出席东北地区第一届党代表会议（期间东北局宣传部长李卓然、组织部副部长陈伯村谈及大连大学应分校办，吕也就分校利弊谈了个人意见）。21日，出席旅大区党委会议。22日，主持大连大学校务会议。收到谭丕模（湖南师范学院教授）24日自长沙来信，谈及工作及介绍人来大连工作。28日，参加大连大学党代表会议。

4月4日，给大连大学全体师生员工作《团结合作办好大学》报告。4、7、13、18、21日，主持大连大学党委会。收到吴泽（大夏大学教授）5日自上海来信，谈及重庆别后及现在大夏大学任教情况。7至12日，出席旅大地区党代表会议，听取、讨论欧阳钦书记报告与总结。11日，中央人民政府主席毛泽东签署任命，吕振羽任东北人民政府文化教育委员会委员。15日，《连大一周年》发表于《大连大学校庆一周年特刊》。17日，在大连大学俄专民主座谈会作总结报告。20、25日，《伟大兄弟同盟与伟大国际主义的友谊援助》（评论），发表于《实话报》（苏军驻大连政治部主办）。给大连大学外国专家、顾问作《现代中国民族民主革命发展的过程》（报告）。收到湖南民革许松圃（原湖大同学）15日自长沙来信，省人民政府成立，已被提名委员，希望今后得到你帮助。收到作家胡风20日自上海来信，谈及吕一向关心他、很想与周恩来见面及子女想上大连大学事。收到罗若遐（军委三局副局长）25日自北京来信，在大连大学工作期间（新四军时相识），蒙您教诲，得到不少益处，以后当继续努力，不辜负期望。

5月，给大连大学师生员工作《关于土地改革学习问题》报告。《研究科学，交流经验，提高人民科学技术水准》（代创刊词），发表于《大连大学》季刊第1卷1期。收到王学文2日自北京来信，谈及东北马列学院已来中央马列学院联系过，并带回材料。6日，完成对1947年版《中国民族简史》增订；14日，撰写该书《增订版序》。收到吴泽15日自上海来信，称复旦大学陈望道、张定夫等教授常问起吕。收到王西彦（原中国大学学生，曾在塘田战时讲学院任教）18日来信，已在武汉大学任教，惋惜当年未随同去延安，现要求入党请予指示。19日，与来大连大学考察工作的中国科学院副院长竺可桢见面。20日，竺可桢率领的中国科学院考察团来校考察。21日中午，欢送竺可桢一行并合影。27日，参加大连大学总支委联席会。28日，撰《中国民族问题的现在和过去的提法》（论文），发表时间不详。31日在大连大学卫生研究所作《关于科学的阶级性问题》报告。

6月，收到罗若遐（军委通信部副部长）2日自北京来信，已开始工作，您致少奇同志信已交到。收到吴泽4日来信，因大夏大学任务重恐不能来东北工作。11日，分别参加大连大学医学院、工学院学生代表有关教学方法座谈会。13日，参加大连大学校务处会议讨论实行责任制问题。16、27日，参加大连大学党委会。收到孔原（海关总署署长）16日来信，结束在大连疗养，回京参加国务会议，因你忙就不来辞行，到北京再见。26日，中央人民政府政务院文化教育委员会学术名词统一工作委员会主任郭沫若聘请吕振羽任该委员会社会科学组哲史工作小组工作委员。28日，参加大连大学医学院党团员座谈会。30日，给大连大学全体师生员工作《庆祝‘七一’、纪念‘七七’》报告。

7月，向上级党委撰《大连大学关于团结非党技术人员的初步检讨》。12日，《制止美帝国主义在东方的新侵略》（评论），发表于沈阳《东北日报》。14日，出席旅大区党委整风会议。20日，《吕振羽先生来函》（答复柴德赓等关于吕著中意见），发表于《光明日报》。21日，出席旅大区党委会议，会议讨论通过关于执行上级决定大连大学分校问题（分为大连工学院、医学院、俄语专科学校）的决定，区党委书记欧阳钦委任吕振羽以旅大区党委委员、区大学党委书记身份负责分校工作，帮助独立各校建立党委及人事安排，段子俊协助。22日，主持大连大学党委会，传达旅大区党委分校决议。收到李达师16日自北京来信，介绍友人之子（齐鲁大学助教）前来大连大学工作。24

日，收到李达师（湖南大学校长）来信，来信悉。你如离开大连大学，就同去办湖南大学。如你同意，我可向毛主席、周总理说。你近来把历史研究工作停顿了，是可惜的。撰诗《大连大学分校》。

8月，《中国民族简史》（增订本），由三联书店出版。收到赵纪彬8日自青岛来信，代表山东大学文学院感谢为吕荧任教事予以帮助并要求回到党内，请提供抗战时证明材料。收到张天庐（作家）15日自北京来信，感谢复信，请向有关负责同志作一介绍，好去面谈自己的社会关系，使工作及生活问题能得到解决。

9月3日，《"九·三"—亚洲人民的春天》（时评），发表于大连《实话报》。20日，就读者来信及《简明中国通史》出版事复信三联书店编审部。29日，参加大连大学医学院、俄专座谈会。30日，参加大连大学工学院座谈会。

10月5日，主持大连大学党委会。10日，参加大连大学技术人员座谈会。12日，中国科学院院长郭沫若聘请吕振羽为中国科学院专门委员。14日，为读者罗元真、高振铎来信及约稿事复信《新建设》主编陶大镛。收到朱早观（军委办公厅副主任）8日自北京来信，多年不通讯，常常惦念您。听大连来人，说您身体很好，私心为慰。梁聚五，贵州苗族，写有《贵州彝民族发展史》（草稿），自行印出，现寄上请予指教（梁在书上写"献给吕振羽先生"）。收到吴泽16日自上海来信，现因过度劳累患肺结核在养病。20日，在大连大学全体师生员工大会作《关于执行东北人民政府命令将大连大学分为大连工学院、大连医学院、大连俄文专科学校等独立院校》的报告。21、22、25日，出席大连大学党委鉴定会。23日，出席大连工学院党组会。26日，离开大连，解除旅大区党委委员、大连大学党委书记等职务。27日，东北局决定拟任吕振羽为东北人民政府文教委员会驻会副主任，即日赴任（沈阳）。30日，林枫副主席谈文教委员会主要工作及职权范围。

11月1日，在东北文教委员会研究去东北师范大学、东北人民大学视察工作问题。自下旬起，率领由东北局组织部、文教委、工业部组成检查团（共16人），采用重点深入、一般了解相结合的方法，相继视察了东北商业专科学校、会计专科学校、东北师范大学、东北人民大学、哈尔滨工业大学、哈尔滨林学院、东北工学院等高校。23日，在东北商业专科学校干部座谈会上讲话。24日，在东北商业专科学校老干部座谈会上讲话。27、28日到东北人民大学了解学校情况。29日，在东北商业专科学校师生会上讲话。在东北师范大学回答历史等系师生提出“怎样学习中国历史”共计十五个问题，也承认近些年来自己因工作原因“对中国历史的研究有某种程度的荒废”；参观东北师大唐渤海国故址和西团山出土文物展，赋诗两首。

12月1日，在东北师范大学干部座谈会上讲话。2日，在东北人民大学干部座谈会上讲话。4至12日，视察哈尔滨工业大学，分别与校领导、教师、职工、学生（含预科）座谈，了解情况。15日，撰《在哈工大干部座谈会讲话—对哈工大工作的初步意见》。16日，与哈工大副校长西乔夫谈话，代表东北人民政府文化教育委员会向其及苏籍教师表示诚恳感谢，并征求意见。晚，与冯仲云校长征求对次日讲话意见。17日，与高铁副校长征求对次日讲话意见。18日，在哈尔滨工业大学干部大会上讲话。向中共东北局撰《视察哈尔滨工业大学书面报告》，后经东北局宣传部印发给东北各高校。26日，中央人民政府主席毛泽东签署任命，吕振羽任东北人民政府文化教育委员会副主任。在哈尔滨期间遇《新东方》老友郑侃弟郑依群，得悉其兄遇难情况，撰诗《忆郑侃》（三首）。

1951年　51岁　在沈阳、哈尔滨、大连、长春、北京

1月初，视察哈尔滨林学院、俄文专科学校。12日下午，出席东北文教委员会哈尔滨、长春视察工作总结会并发言，会议一致肯定了此次视察高校工作，针对各校发现的一些问题（主要是党内团结及党群关系、对教师团结对教师团结教育改造方针的贯彻、学生政治思想教育，归纳为教学过程中学生负担过重、学习质量不高），提出了一些解决和改进的意见。后将视察情况书面报告中共东北局宣传部。15日，出席东北第五次卫生行政会议并讲话。16日，参加东北局宣传部长联系会议。17日，东北局决定由吕振羽率检查组赴东北工学院视察。下午，东北局组织部召开视察人员工作会。18日，率检查组赴东北工学院视察。26日，在东北工学院教职员座谈会上讲话。27、28日，参加东北局宣传部召开研究文物工作会议。

2月18、19日，为改进学校工作，检查团参加了东北工学院党组扩大会。20日，在东北工学院党组扩大会上作了总结发言。21日，撰写视察东北工学院工作总结报告给东北局。

3月20日，《论太平天国革命运动》（论文），发表于《学习生活》第3、

4、5 期。收到刘宗向（大夏大学）15 日自上海来信，奉读来信，感谢介绍工作，拟暑期后来东北师大任教。

4 月 9 日，为祝贺大连工学院校庆两周年致信屈伯川院长并全校师生，发表于《教学生活》（东北工学院 15 日院刊）。14 日，《论社会思想意识》（系在东北局宣传部政治理论教员讲习班上的讲演），发表于《东北日报》。15 日，出席东北教育部健康教育会议并讲话。《我们伟大祖国的伟大文化遗产》（系在东北局宣传部政治理论教员讲习班上的讲演），发表于 15 日《东北日报》（30 日《川西日报》转载）。在东北人民政府青年团会议上作《热爱人民自己的伟大祖国》讲演。23 日，出席东北农业部基础教授座谈会并讲话。撰《第一次国内革命战争时期的各阶级》（论文，未发表）。

6 月 5 日，为响应政府号召、支援“抗美援朝”购买飞机，将历年稿费全部捐出，共计 7136 个折实单位（按 6 月 4 日 1 个折实单位牌价为人民币 5511 元，总计人民币 3932 万元。7 日《沈阳日报》刊载）。撰《马克思列宁主义—毛泽东思想在中国的发展和胜利》（论文），发表待查。27 日，收到同学孙穗自湖北曲江来信，见《人民日报》载吾兄捐献版税近四千万元，可钦可钦，请惠示近况。

7 月，中国史学会成立大会在京召开，当选为第一届理事。《欢呼胜利，加强学习》（政论），发表于 2 日《东北日报》。《爱国主义与历史教学—要纠正两种偏向》（论文），发表于 10 日《新史学通讯》第 1 卷 4 期。《关于中国社会发展的几个问题》（系对东北局机关夜党校政治常识班所提问题解答），发表于 12、13 日《沈阳日报·学习生活》。29 日，受东北人民政府副主席林枫委派，相继视察大连旅大图书馆、东北资源馆、旅顺东方文化历史博物馆。访问金县及关向应家乡，撰诗留念。完成《简明中国通史》第一次修订，后由三联书店出版。

8 月 9 日，为大连各高校作关于时事学习与审干问题的报告。20 日，参加东北人民政府讨论东北人民大学办学性质、范围等问题会议。25 日，将视察大连旅大图书馆、东北资源馆、旅顺东方文化历史博物馆并处理有关重要文物、图书、标本等意见向中共东北局、东北人民政府作书面报告（27 日高岗批示同意报告处理意见）。到长春，就任东北人民大学校长（8 月 27 日东北人民政府拟任吕振羽兼任东北人民大学校长，呈请中央人民政府任命。1953 年 9

月18日中央人民政府主席毛泽东签署任命，吕振羽任东北人民大学校长）。28日，东北人民政府副主席林枫与吕振羽谈东北人民大学校址、教师与东北地区少数民族问题。

9月12日，在东北人民大学开学典礼大会上作《加强教研室工作、进一步提高教学质量》报告，提出要“加强计划性和组织性，把效能提高，把力量充分发挥起来”，“健全各项规章制度”，“树立优良的校风”。（《东北人大》第14期）14日，主持制定东北人大《1951年8月至1952年7月工作计划》。（《东北人大》第15期。26日，批准东北人大教务处、研究处、行政处年度工作计划。在东北人民大学马列主义夜大学开学式上讲话，并兼任夜大学校长。30日，向东北人民政府林枫副主席等作东北人大未来工作及计划书面报告。

10月，与教务长龚依群等主持制定《东北人民大学校章》，批准通过了校教务处、研究处、人事处、行政处、秘书室、系与教研室等各有关部门《暂行条例》，批准学校《关于减轻学生负担问题的处理办法》和政治经济学、历史学等教研室下学期工作计划，“使东北人大各项工作日益走向正规化”。收到翦伯赞4日自北京来信，谈及历史教学及为东北人大物色考古等专业合适教授一时很难。收到作家田汉15日自大连来信，谈及访问金州及当地被打倒古碑应予恢复。20日，东北局宣传部聘请吕振羽为东北人民出版社特约审稿人。

11月6日，给东北人民大学全体党员作整党动员报告（根据中央整党建党文件要求和长春市委指示进行，翌年1月结束）。

12月10日，来京出席中央民族事务委员会第二次扩大会议党组会。晚，听田富达委员谈台湾高山族、孟德寿谈鄂伦春族状况。12日，出席中央民委委员会议。北京大学教授翦伯赞及助手吴恒来访，谈及北大、清华教师与教学情况。13日，北京师范大学教务长丁浩川来访，谈及该校教学及教师情况。14日上午，中国科学院历史三所所长范文澜来访，谈及北大、清华等高校历史教学情况。下午，出席民委委员会议。之后中央民委第二次扩大会议开幕（有四十三个民族代表参加），听取李维汉主任致开幕词。晚，作阅《人民日报》当日报导鄂伦春族情况笔记。15日上午，听董必武副总理作政治报告。下午，参加小组讨论。17日上午，参加中央民委党组会，李维汉解答会上提出民族工作有关问题。下午，参加小组讨论。晚，听陈维荣谈达呼尔族情况。18日，参加小组讨论。19日，参加小组讨论。晚，听浙江景宁县乡支书蓝明斋谈畲民状况。20日上午，听刘格平副主任报告《两年来的民族工作》。下午，听乌兰夫副主任关于内蒙古自治区报告。21、24、25日，听李维汉有关民族政策的报告。下午，参加小组讨论。27日，大会讨论，白斯古、马岐山发言。28日，听蓝昌发谈广西瑶族状况。30日，撒尼族、回族、傣族、畲民、哈萨克族、满族、水族等代表在大会发言。

1952年　52岁　在北京、上海、邵阳、长春

1月2日，荣孟源（中国科学院历史三所研究员，原中国大学学生）来访，谈及北京史学界思想状况。3日，出席中央民委召开满族问题座谈会。5日，李维汉召集西南区代表谈话。7日，出席中央民委召集的东北代表解决延边自治区问题会，谈了个人意见。8日，出席政务院总理周恩来召集的东北代表汇报会，周总理对延边等民族工作作出指示。9日，因要去沪招聘教师不能返回沈阳，撰写给林枫、高岗关于出席中央民委会议的书面报告，主要转达了周总理有关延边问题指示。10日，出席中央民委关于全国民族学院座谈会，讨论了在两广建立民族学院问题。为东北人大急需教材、教义及请苏联专家授课事专程去中国人民大学拜访校领导胡锡奎、成仿吾。中央宣传部长陆定一为此给人大校领导写了信。16日，中央民委安排会议代表赴上海、杭州等地参观，就便为东北人民大学招聘教师事到上海，将中组部、中宣部介绍信分交上海有关部门。连日与胡立教、吴克坚、陈同生、冯定、孙冶方、魏文伯等新四军老战友见面。19日，访华东局领导舒同、饶漱石，后与华东局机关各负责同志见面谈及商调教员事。在沪期间，与周谷城（复旦大学教授）见面，周表示愿去东北人大任教。招聘事后，曾顺路回湖南邵阳家乡看望老母，住3日后返长春（行前林枫曾批三百元作为给吕母赡养费）。《对批评〈中国社会史诸问题〉的答复》发表于22日《人民日报》。

2月，返回东北人大，学校已开展“三反”运动。中共长春市委任命吕振羽为东北人大“三反”检查委员会主任、校党委书记。收到束世澂（华东革命大学教师）1日自南京来信，谈及因气候与身体原因不能到长春任教并写有论文请能介绍发表，为其作序。

3月，收到胡立教（华东局统战部长）、陈同生（副部长）17日自上海来信，中央组织部介绍兄来沪为东北人大招聘教员，帮助甚少，问心殊愧。华东教育部有人谓私自招教员一事，已查明并无其事。代克坚、瑞龙、文伯和许多老朋友向你问好。31 日，《关于解决学生兼职与会议过多问题决定》，署名校长吕振羽副校长刘靖，由东北人民大学印行，并要求各系将执行情况于 4 月 15 日前报告校部。

4 月，收到冯定（华东局宣传部副部长）15 日自上海来信，对有人说“东北人大来此拉人事，经再次严查，并无其事”，对造成误会特表歉意，并谈及其刊在《解放日报》关于中国资产阶级两面性文章，与兄商谈过。收到张爱萍（华东军区参谋长）18 日自南京来信，因正值“三反”，迟至今才回信。去年 1 月派去浙江和七兵团工作，今年 3 月调华东军区。又，罗尔纲著《忠王李秀成自传原稿笺证》，李自传原稿是否被曾国藩篡改?

5 月 4 日，在长春大专院校、中等学校青年团干纪念“五四”大会上作报告。9 日，就“学生和教职人员兼职与会议过多问题的解决经过”向中央宣传部、高教部党组、东北局宣传部等作书面报告。11 日，在东北人大工农干部班作当前时事与学习报告。为因工作忙未能去杭见面及关于李秀成伪降等复信张爱萍李又兰。17 日，在东北人大全校教师大会上作《关于开展思想改造运动的动员报告》。《关于思想改造的一些问题》（在全市大专中学校团、学生会干部纪念五四大会上的报告提纲），发表于 20 日《长春新报》。《思想改造动员报告》，发表于《东北人大校报》25 日第 1 期（《东北人大》6 月 6 日第 18 期）。22 日，撰《思想改造第一阶段工作初步总结》（工作汇报）。收到同学王光湘（冶金部地质局湖南职工学校）来信，其子王建业就读北大，自己在三反中遇打击心情郁闷；又问“现任湖南第一书记周小舟好像是 1935 年在南京时同你逛街的小周? 31 日，在全校教师大会上作《进一步认识自己思想》报告（《东北人大》6 月 6 日第 18 期）。

6 月 24 日，在东北人大党员干部扩大会上作《思想改造运动的总结报告》。

7 月 22、24、27 日分别在东北人大党员干部扩大会上作《在思想检查胜利的基础上展开忠诚老实运动》报告。撰《高等学校的教师必须树立为新民主义教育事业而奋斗的人生观》（论文），发表情况待查。

8 月 1 日，给东北人大师生作《庆祝八一建军节》报告。收到胡风 8 日自北京来信，已搬家北京住景山后太平街，希望在“躲雨楼见面聊天”。25 日，《教师思想改造及其巩固与提高问题》（论文），发表于《东北人大》第 22 期。

10月，给东北人大全体师生作《进一步开展增产节约运动》报告。自10月起，根据中央指示和东北人民政府决定，东北人民大学改为东北地区第一所综合性大学。13日，与东北人大行政处等负责人讨论教师宿舍修缮问题。14日，与长春市市长、军医大联席讨论房屋宿舍问题。16日上午，召集东北人大行政处等负责人讨论新生棉衣问题。下午，察看新生宿舍居住情况。18日，出席东北人大经济系教学研究会议。20日下午，去长春市委听有关方面介绍全市住房问题。23日，主持东北人大党委、党组联席会议。26日，赴长春市委组织部参加介绍整党建党工作会。29日，与刘靖副校长商议学生宿舍分配问题。30日，主持东北人大党委会。31日，与校有关领导研究历史系、经济系教学问题。

11月1日，在东北人大历史系全体教师会上发言，团结一致，发挥集体力量，提出五年计划。3日，根据长春市委建党工作安排，代表学校党委在师生会上作东北人大第一次党课报告。5日下午，去长春市委进行党史课教学(第三单元)。7日晚，在招待东北人大苏籍教师茶话会上讲话。9日上午，主持改为全国综合性大学后东北人大第一次校务会议。11日，召开东北人大预算会议。15日，出席东北人大党组织工作会议。收到范文澜于北京来信，谈及缺乏工作时间愿意离开科学院来东北人大工作。20日，在东北人大开学典礼大会上作“全校团结一致，迎接新的任务”报告（由于国家对高等院校进行调整，东北人民大学在原有法律系、经济系的基础上，新增了物理系、数学系、化学系、中文系、历史系、俄文系），发表于《东北人大》第24期。23日，出席东北人大学生代表大会并讲话。分别回复范文澜、吕礼语来信。27日，在东北人大工会会员大会上作《改选教育工会第四届基层委员会的讲话》。

12月1、8、10、20、29、31日，主持东北人大党委及扩大会。4日，代表校党委出席民主同盟东北人大区分部成立会，并讲话。5日，参加长春市委召开书记联席会议，讨论高级组学习问题。7日，出席东北人大共青团委召开第三届全体团员会议，并讲话。9日，东北人民政府副主席高崇民来校视察，与校中层干部见面，向其汇报工作。收到张爱萍7日自南京来信，谈及工作情况，盼注意休息，并寄来家庭合影。15、19、24、25、29、30日，参加东北人大整党小组会。21日，参加长春民盟召开史学座谈会。26日，参加中共长春市学校工委会议。

1953年 53岁 在长春、北京

1月6日，为有关“夏禹传子到成汤革命”“关云长评价”问题给读者朱庄森回信（《吉林大学社科学报》1982年2期）。15日，收到东北人大数学系学生林某因有人丢失手表自己遭怀疑被搜查的申诉信。之后召开校、系党团干部会，要求慎重处理。

2月3日，参加东北人民大学教师及行政科长以上干部座谈会。收到李达师9日自北京来信，现已离开湖大，日内赴武汉大学就职；请寄一全份“马列主义基础”教材作参考。12日，主持东北人民大学校务委员会议。14日，参加长春市学工委会议。17日下午，在东北人民大学开学典礼大会上作《1952年度第一学期工作总结和第二学期开端》报告（发表于《东北人大》第26期）。19日，就“一学生失表引起有些干部违反党的教育政策的行为及处理经过”向中央宣传部、中央文教委党组、高教部、东北局宣传部等作书面报告。主持东北人民大学党委会议。20日，在东北人民大学全校党员大会上作《本学期党的工作要点》报告。完成对《简明中国通史》补订工作，由人民出版社（1955年）出版。

3月12日，中央宣传部对吕振羽2月19日报告批示：“你们对一学生失表情事所采取的措施是正确的。欢迎你将学校工作的经验经常告诉我们。”从16日起，为深入了解和提高教学工作，转变学校作风，亲自带领学校检查组，到各系、科、室检查计划、教学、政治等工作，提出教师的科学研究必须与教学相结合，在教学存在的疑难复杂问题中选题；强调科研必须为生产服务，教师的科研应尽可能与生产单位挂钩，去满足在生产过程中所提出的问题和要求；同时，本校化学系教师担任中科院长春化学研究所的科研题目，该所所长吴学周等则兼任本校化学系教学。30日，为《简明中国通史》（增订本）出版及答复《洪范》年代问题复信人民出版社。东北人大党委整党领导小组一致通过对吕振羽的鉴定，对党的原则性、全局观念、思想作风、工作能力及魄力等方面均给予较高评价；缺点是个别问题处理上有急躁、片面性。

4月，母亲陈春姣去世。5日，给东北人民大学全校师生员工作《关于文化教育政策方面的一些问题》报告（油印本）。7日，在研究改进东北人大伙食工作会议上讲话，第一要保证质量，第二要卫生，第三调剂不同口味（发表于《东北人大》第28期）；讲话前亲自到食堂察看了解情况。9日，在东北人大全校大会上作《本校两个月的工作》报告。20日，在东北人大研究班作《关于苏联社会主义经济法则》学习报告。

5月3日，在东北人大第一届运动会开幕式上讲话，号召大家今后把体育运动加强普遍性、经常性。

6月，收到《人民日报》编辑部18日来信，特别希望为该报撰文并提供有关历史教学、历史地理等方面文章。27日，出席高教部在京召开的北京大学校长马寅初、副校长江隆基汇报教学改革经验并座谈会。

7月1至20日，在京参加全国统战工作会议，分组讨论；15日后分别听取李维汉、刘少奇、习仲勋在大会所作报告。28日，给东北人民大学研究班作《关于工作方法》报告。31日，在东北人大研究班、工农干部班、工农速成中学毕业典礼上讲话。

8月5日，中共中央批准中国历史问题研究委员会人员组成，吕振羽任该会委员。

9月10至11日，出席全国高教会议。12至19日，出席高教部在京召开综合大学校长会，并列席中央人民政府第二十四、二十五、二十六、二十七、二十八次国务会议，分别听取毛译东、周恩来、彭德怀、陈云、郭沫若、彭真、李富春等关于抗美援朝、财经、计划、文教、法律方面及毛泽东、周恩来批评梁漱溟讲话。21日，出席中共中央宣传部在京召开中国历史问题研究委员会第一次委员会议。23日，与各高校历史系主任郑天挺、蔡尚思、周予同等教授在京座谈。29日，在东北人民大学校务会上布置传达讨论全国综合大学会议及列席中央人民政府会议情况。收到华东人民出版社15日自上海来信，欢迎吕和该校来稿，请将在东北时期的史学论著稿（即《史学研究论文集》）年内辑集寄来。

10月3日，《东北人民大学1952、53学年度工作总结》，发表于《东北人大》第33、34合刊。5日下午，向东北人民大学师生传达全国综合大学会议精神及列席中央人民政府会议情况。14至22日，参加东北人大医务所为改进工作而举行的四次座谈会，并讲话（《东北人大》第38期）。23日，在东北人大新学年开学典礼会上讲话（发表于《东北人大》第36期）。

11月4日，召集东北人民大学校办公室全体人员会，强调克服忙乱现象、改进工作、提高工作效率（19日，校办公室为此作出改进措施决议。《东北人大》第39期）。5日，主持东北人民大学党办工作会议。6日，主持东北人民大学党委会议。9日下午，主持东北人民大学校务委员会议。10日，主持东北人民大学党委会议。

工作之余，修订《中国社会史诸问题》，撰该书修订版序。8日，为《中国社会史诸问题》修订及已代向东北人大、东北师大组稿事复信华东人民出版社。完成《史学研究论文集》书稿编辑（共收录1949至1953年在东北工作期间六篇论文、讲演），并撰写《序言》。

12月2日，为近来脑神经胀痛加剧难已入眠，经长春市立医院、第三军医大学复诊需要易地疗养数月致函中央高教部。4日，望保持光荣称号并身体健康致信外甥女李野。收到张金保（全总执行委员）4日自武汉来信，谈及疗养情况并希对其子女学习方向多予指示。11日，高教部函批：2日来信收悉。同意请假疗养三至六个月。东北人民大学校务由教务长龚依群代理。15日后正式病休。撰诗《东北杂咏》（十余首，始自1950年冬）。

1954年　54岁　在长春、大连、北京、杭州、绍兴、青岛、上海

1月，中共长春市委对吕振羽的工作鉴定：工作积极负责，在学校工作中注意掌握与贯彻政策，教学上加强了计划性，有领导有步骤地深入具体指导工作，工作抓得紧，对同志诚恳热情；在某些问题上须注意发挥批评与自我批评，克服急躁和某些片面性。当选为中共长春市委第一届党代表大会代表。在党代会上，全票当选为中共长春市委执行委员（因病未出席）。《历史研究》创刊，任该刊编委（至1966年止）。

2月5日，赴大连医学院全面检查病情。

3月，由江明陪同去北京疗病，住中央民委招待所。与西藏工委组织部长慕生忠晤，谈及柴达木盆地开发及修建青藏公路事，慕请便中向中央反映。次日看望林伯渠老（中央政府秘书长）时，将慕的意见作了反映。林老很重视，要慕调查落实后再报中央。撰诗《柴达木盆地颂》。收到王亚南（厦门大学教授）5日自厦门来信，望加意治疗及《资本论》第二卷如拿到即寄。

4月，与胡风夫妇在京见面。收到15日长春东北师范大学附中高中一年级历史课外小组全体同学来信，非常喜爱《简明中国通史》一书，渴望面见并回答提问。

5月，由中央民委安排，赴杭州、青岛等地疗养，参观浙江博物馆。撰诗《西湖杂咏》（十余首，其中有《岳飞庙》、《凤凰顶》、《访绍兴》等）。14日收到杨至成（中南军区后勤部长）来信，杭州西湖相见和几次畅谈，甚为欢心。

6月，赴青岛疗养，去崂山、观海潮，赋诗（六首）。后赴上海，参观上海博物馆。撰诗《偕江明参观浙江博物馆上海博物馆》。

7月1日，在北京，住新疆驻京办事处。看望徐老特立，听其谈研究历史与方法。10日，吴振英（刘少奇秘书）派汽车来，接吕振羽去刘少奇同志处见面。曾与江明赴解放前旧居东太平街一号探访，撰诗《忆七七前北平旧居》、《忆董毓华烈士》。多次去荣宝斋、隆福寺古旧书店访书、买书。撰诗《北京旧书画铺》。18日，批注清顾苓美著《三吴旧语》拓本。《史学研究论文集》由华东人民出版社出版。

8月，《中国社会史诸问题》（修订本）由华东人民出版社出版（11月再版）。收到《人民日报》理论宣传部9日信，约写驳斥梁漱溟关于旧中国不是封建社会文章。

9月，当选第一届全国人民代表大会代表。15日至28日，出席全国人大一届一次代表大会。撰诗《第一届全国人民代表大会》。29日，出席高教部部长马叙伦召开的高校工作座谈会。收到谭丕模3日信，已调到北京师范大学中文系任教（旋任中文系主任）。撰诗《悼边章五同志》。

10月，完成《简明中国通史》修订，订正引文和时间。批注日本井上恒一辑《东方书选》影印本。8日，收到王禹夫（北京政法学院教授）来信，想请李达写关于中共二大以来的回忆文章和作五四以来的哲学问题报告，务请转达。

11月7日，在东北人民大学全体师生大会上作《庆祝苏联十月革命胜利三十七周年》报告。收到王伯华（海南琼县琼山中学教师）21日来信，希望对该校历史教学给予指导，又说自己二十多年前担任《三民半月刊》编辑，与吕、谭丕模认识。

12月7日，中宣部送来侯外庐对苏亚历山德罗夫著《苏联大百科全书·中国哲学》意见稿，征求意见。8日，入北京苏联红十字医院治脑病，初步诊断为过度疲劳的神经紧张症。9日，将阅苏百科全书稿意见回复中宣部理论处于光远。

1955 年　55 岁　在长春、北京、柏林、莫斯科

1 月，收到中国作家协会 17 日来信，附有胡风《关于几个理论性问题的说明材料》、《作为参考的建议》。

4 月，《简明中国通史》（第一次修订本），由人民出版社出版（1956、1957 年多次印行）。收到尹达（中国科学院历史研究所第一所副所长）来信，转来山东大学历史系教授杨向奎信谈及转来孙某文章存在问题。

5 月，《胡适派主观唯心主义历史观批判》（论文），发表于《科学通报》第 5 期。8 日，就寄去 6 月生活费致信三女儿吕芷。收到匡亚明（东北人民大学校长）22 日来信，已来长春十余日，下周逐步开始工作；希望践约来长春住一时期，今后对学校工作多加指教。撰诗《偕李薇冬江明参观故宫博物院展览・唐俑・宋徽宗画花写帧》、《游雍和宫》。

6 月 1 日，出席中国科学院学部成立大会，当选为哲学社会科学部学部委员。3 日，听取陈毅副总理在中国科学院学部成立会上所作《党和国家关于科学院的政策问题》报告。4 日，在学部哲学历史分组会上，就中国科学院今后的工作及任务等发言。7 日，听取中宣部长陆定一、总理周恩来在中国科学院的报告。撰诗《中国科学院第一届学部委员大会》。14 日，作为人大代表，视察北京南苑红星集体农庄。16 日，视察南郊国营农场。17 日，视察海淀区西北旺乡。20、21 日，视察京郊来广营等合作社。21 日，视察京郊姚家园乡。22 日，视察东郊平房乡合作社。

《中国政治思想史》（增订本）由三联书店出版。

7 月，正式调离东北人民大学，来北京治病，住中国科学院第一宿舍（地安门北皇城根 32 号）。2 日，出席全国人大代表党员党组会。4 日，出席全国人大小组会，听取代表汇报视察情况。5 日至 30 日，出席全国人大第一届代表大会第二次会议。7 日，将在东北十年期间工作情况向中央宣传部作书面汇报。

8 月 16 日，送江明回长春搬家。18 日，为回长春搬家望注意身体致信江明。马鸿模（中央党校历史教研室教员，曾为华中局党校学员）几次来访，代表中央高级党校副校长杨献珍请吕振羽今后为党校师资培训主讲中国历史（1956 年回国以后，艾思奇也当面提过几次）。

9月22日，中国科学院历史研究三所副所长刘大年来谈，中央组织部决定由吕振羽任团长，率中国科学院东方学代表团赴民主德国出席东方学讨论会。团员有刘大年、季羡林、齐声乔等，秘书为罗元铮。科学院通知可就便出国治病。23日，阅读中国科学院联络局送来赴会主要文件。24日，在历史研究所三所开出国代表团人员会，谈了赴会个人意见。晚，赴中国科学院党组负责人潘梓年家请示赴会方针、任务等。25、26日，准备出国学术报告及治装等。27日，与刘大年同去潘梓年处谈赴会方针等，潘代表党组谈了开会注意团结等意见，还要吕在东亚学会后，再代表中国科学院出席德科学院希腊罗马研究所成立会。28日，在历史研究所三所开出国代表团人员会，布置任务与分工。30日晨6时，自首都机场起飞。下午2时，抵苏联伊尔库茨克，办理过境手续。晚6时，与代表讨论会议致词。

10月1日早，抵苏联新西伯利亚换机。下午5时抵莫斯科，因国内订成4日票，将致错过开幕会。与机场协调未果，只得亲向驻苏大使刘晓通电话，请帮助调换次日晨机票。在刘晓帮助下调换了国内旅客机票，2日晨于莫斯科起飞，下午4时抵柏林。后赴驻德使馆商讨开会事宜，王雨田参赞代表使馆介绍有关情况，并派叶克文化参赞参加代表团。会后，德方在国际宾馆宴请代表团。宴后，乘车赴莱比锡。晚10时抵莱。3日10时，东方学会议开幕，有苏、中、捷及英、荷、西德等10余国代表到会，选举爱吉士、鄂山荫、吕振羽等为主席团成员。吕代表中国代表团致贺词。中午，与德高教总署署长哈利基共进午餐。下午，中、德方党员代表会谈。4日，约苏联代表团共进早餐。上、下午分别参加东方学历史、语言分组讨论。中午，代表中国科学院向各代表团赠送中文书籍。晚，中方宴请与会代表。5日，上午为大会发言，代表中方作《六年来新中国的历史科学》报告。中午，与马克思大学东方学院院长艾吉士教授共进午餐。下午，由德团长爱吉士陪同参观东方学院。晚，出席德高教总署署长哈利希为会议举行宴会。东方学会闭幕。6日，由德方安排，上午赴耶拉市、席勒大学（马克思在此学习过）参观。下午抵魏玛，瞻拜哥德、席勒墓及席勒故居。7日，参观布痕瓦尔德纳粹集中营旧址、玛利华教堂。8日中午回到柏林。致信江明，告知会议情况。9日，游览波士坦及腓烈德利希大帝无忧宫、团亭。10日，应邀到德高教总署，中、德代表团对东方学会议进行总结，双方一致认为会议开得成功。致信江明，告知近日活动及身体情况。11

日上午，参观柏林市马克思书店、德国历史博物馆。下午，参观国营百货公司。晚听翻译读东、西德报纸关于对东方学会报导。12 日上午，经使馆联系，去德政府眼科医院会诊（出国前组织已有决定）。下午，率代表团赴使馆汇报东方学会议情况。曾涌泉大使同意会议总结并给予高度评价，转达国内电报，要吕振羽代表中国科学院出席德科学院希腊罗马研究所成立大会。13 日上午，代表团会议，讨论起草出访报告。下午，与洪堡大学中国学院院长拉奇乃夫斯基教授等会面，并逐一回答他们提出中国封建社会与奴隶社会分期、汉民族形成、两院制与一院制等问题。14 日上午，参观洪堡大学及图书馆，并回答历史系师生提出问题。下午，赴眼科医院检查视野，院长加斯太格认为病情严重，大脑中恐长东西，须作两周检查并备函转神经内科医院再查。15 日，应邀访德科学院东方研究所，并同意将新中国出版中文历史、语言等书籍分别赠送该所及洪堡、莱比锡大学。后参观柏林图书馆，在馆藏吕著《简明中国通史》书上签名。晚，修改出访报告。16 日上午，谒苏联红军阵亡将士纪念塔。下午 2 时，送刘大年、季羡林回国。4 时，与罗元铮迁入使馆，作出席希腊罗马研究所成立会准备。17 日，大使馆将吕振羽代表中国科学院参会通知德外交部。晚，与来访德希腊罗马研究所副所长会面。18 日下午，参观东方博物馆。曾大使考虑为方便疗病，仍住使馆。19 日，参观德历史博物馆 16 世纪部分，并题观感。20 日上午，向大使馆汇报东方学会议及出访收获，曾涌泉大使对会议取得成果予以肯定。下午，到夏立特医院内科进一步检查。德方考虑吕团长健康原因，希望中方有 1 人住政府招待所。21 日，与罗元铮将国内寄来图书分配给洪堡大学、东方学院等处。致信江明，告遵照大使馆意见在洪堡大学医院眼科神经科就医及在德参观等情。24 日，代表中国科学院出席德国科学院希腊罗马研究所成立大会，并参加希腊学讨论会，向会议赠送中文书刊。28 日，希腊学术讨论会闭幕。30 日，在洪堡大学神经科医院作检查，结果在大脑中发现有肿瘤，须作割除手术或 x 线治疗。致信江明，告在德或在苏治病须经大使决定。

11 月 2 日，入百合城百合医院 45 号病房进行检查，主治医生为院长魏特迈。4 日，罗元铮将吕振羽病情报告驻德使馆，使馆向国内去电请示。5 日，医生告知，大脑肯定有病，下周检查后可知，决定是否手术。致信江明，“即使癌症，也无所畏惧”。6 日，为在德治病事致信中宣部长陆定一并刘少奇同志。7 日，魏特迈医生确诊，患脑下垂体肿瘤（有板栗大小），瘤龄两年；如不治，半年内右眼失明，十年内有生命危险；手术治疗有 4%危险性；用 x 光照射，会破坏视神经等。9 日，驻德使馆将病情电告外交部并中国科学院，请示决定。国内复电，去苏联复查后再行决定。离柏林前，德科学院请观国家剧院上演话剧，撰诗《彼得大帝》。13 日，离柏林乘火车去苏联检查治疗。15 日，抵莫斯科，使馆高振华秘书到车站迎接，住 Caboh 饭店。晚，为抵莫斯科治病致信江明。16 日下午，到莫斯科外交医院初诊。17 日，参观列宁博物馆、地铁、农业展览等。18 日下午，访苏联科学院东方研究所，与苏联科学家柯瓦列夫、鄂山荫、图曼等座谈。向苏方提出学术问题，也介绍了一些中国史学研究情况；苏方提出拟翻译吕著《中国政治思想史》，认为这是一部很严肃的著作。19 日下午，到外交医院由著名神经外科专家阿尔波波会诊，肯定了德国医院的诊断结论，但还须进行深入检查。晚，为病情诊断及访苏联东方研究所致信江明。23 日，到神经外科医院检查，院长衣果洛夫要求住院检查治疗。24 日，为明日住院治病及购吕著寄来致信江明。晚，驻苏使馆安排看乌兰诺娃芭蕾舞《泪泉》。25 日，住进神经外科医院。26 日，出国后第一次接到江明来信。29 日，为病尚在检查勿念复信江明。

12 月 7 日，经苏联医生诊断，查明系患脑下垂体肿瘤，最后决定先采用深度 x 光治疗 20 至 25 次，不用手术治疗（若无效再议）。8 日，为明日将进行 x 光治疗及在苏期间得到罗元铮冯理达夫妇（罗 9 日回国，冯系冯玉祥将军之女）帮助不少致信江明。9 日上午 9 时，作第一次 X 光治疗 1 分半钟。10、12、13、14、15、20 日，继续 X 光治疗。23 日，为患眼膜炎及千万不要寄衣服来致信江明。

1956 年　56 岁　在莫斯科、克里米亚、北京

1 月 2 日，经医生检查眼睛，视野较 X 光治疗前为宽。3 日，衣果洛夫医生来，称不用手术治疗可以治好。5 日，为经过 X 光治疗后病情好转并切嘱不要为他的病情找组织，尤其不要托人带衣服致信江明。接苏东方研究所信，需要四套《中国政治思想史》书，以便翻译之需。13 日，第一个 X 光治疗疗程完成，疗效很好，左眼视力恢复正常。医院决定吕振羽到疗养院休养，再作下一疗程。18 日，收到中央宣传部部长陆定一自北京来信，请安心养病和治疗，病愈后再好好工作；谓来信转给少奇同志看过。为病况好转及可在后海等处购房以便今后养病复信江明。30 日，接中国科学院副院长张稼夫及潘梓年信。为候疗养暂住民族饭店及苏东方研究所要翻译《中国政治思想史》致信江明。

2 月 9 日，接江明及子女来信。10 日，驻苏大使馆来电话，请明日午后 6 时到大使馆庆祝春节。11 日为旧历除夕，晚 6 时到大使馆聚餐，朱德副主席、邓小平、谭政、王稼祥等（出席苏共二十大会议）均在座。收到苏联科学院东方语言学院院长阿古伯尔院士 8 日来函，根据苏联科学院翻译中国科学家著作计划，东方语言学院打算翻译《中国政治思想史》，请回信同意在苏翻译和出版。20 日，为对《中国政治思想史・序》处理很好及因花销大本不想去疗养致信江明。27 日，近来住院阅读中国古典小说产生与过去不同的兴趣致信江明。

3 月 1 日，到克里米亚，住塞瓦斯托波尔疗养所休养；就《中国政治思想史》俄译本事复信苏联科学院东方语言学院院长阿古伯尔院士。6 日，为 5 月可回国及关于旧著校订事致信江明。7 日，因原休养所维修转至布尔什维克疗养院。9 日，为在苏期间均仔细阅读国内报纸复信江明。22 日，为克里米亚一日之内气候变化很大及想念北京致信江明。30 日，结束疗养，返回莫斯科。

4 月 2 日，为再住进神经外科医院治疗复信江明。4 日上午，医生检查视野、视力，发现视野比出院时好，其他没有坏，仍可用 x 光治疗。6、7、9、10、11、12、13、14、16、17、18、19、20、21、23、24 日，医院进行第二个 x 光疗程治疗。12 日，为医生说 5 月可回国致信江明。25 日，医生检查眼睛，认为视野要较第一个疗程宽一些，没变坏。29 日下午出院，向衣果洛夫等医生致谢。住院期间读完《红楼梦》、《儒林外史》、《水浒》、《西厢记》，“可惜因视力关系，没有作笔记”。

5 月 8 日，因静脉注射致手腕炎肿故请人代笔致信江明。20 日，为已购好火车票回国致信江明。21 日上午 9 时，离莫斯科，乘第二次国际列车回国，使馆张黎光等同志送到车站。27 日晚 7 时，抵满洲里。28 日下午 4 时，抵哈尔滨。29 日 9 时，抵山海关。撰诗《欧行杂咏》（二十余首，其中有《东方学会议》、《访耶尔大学》、《访柏林洪堡大学》、《莫斯科红场瞻列宁斯大林遗容》、《访苏联科学院东方研究所》）。

6 月 12 日，收到长春转来方壮猷（湖北省文化局）4 月信，寄上有关李自成殉难归属地通山通城材料请予指示。与于开泉、赵庆夫代表联名向全国人大第一届代表大会第三次会议提出《国家需增加电力建设投资议案》。为脑病须静养及研究工作需要，经组织同意，夫妇用多年稿费购买私宅一处（计19间），地址为西单石板房胡同甲19号（后改地名为西皇城根南街50号）。收到老友又为近邻廖华（国务院参事，原名陈继周）贺迁入新居条幅。

7月7日，就《简明中国通史》中日本遣唐使考证并致谢意复信汪向荣(时汪在人民卫生出版社，5月22日来信)。

9月，收到上海人民出版社16日来信，《史学研究论文集》出版，获得史学工作者欢迎，希望把最近发表史学论文继续编辑出书并提供其他论著。25日，为质疑刘邦、项羽不是农民起义复信读者张竞华。

10月10日，收到王禹夫（北京政法学院教授）来信，已搜集到吕著《中国经济史讲义》并希望能修订出来早日出版。出席中共中央高级党校历史教研室座谈会，回答马鸿模、李放村等提出“如何进行中国近代史研究和教学问题”。

11月，收到谭丕模11日信，长期未见听说住院要来看望。15日，收到吴泽来信，因讲授近现代史学家需知吕师详细情况。因在病中，由江明代复。

12月，全国人大安排代表去各地视察，因在医院进行x光治疗未能外出。

1957年　57岁　在北京、长春、青岛

1月12、15、16、19、22、26日，出席全国人大代表、政协委员视察农业座谈会。收到齐声乔（北京大学教授，在德任教）6日自柏林来信，已托吴伯萧带回药品及因失眠想回国工作。23日，出席全国人大民族宗教小组讨论会；同日给苏联科学院中国研究所赠书《史前期中国社会研究》、《殷周时代的中国社会》并题词。28日下午，出席全国人大知识分子问题小组会。

2月12日，出席全国人大、政协农业小组座谈会。18日，收到安徽省科学研究所自合肥来信，根据省委指示，历史研究室刚成立，有关地方历史研究的主要任务和中心课题、地方历史研究和全国历史研究如何分工结合等五个问题请予答复，以便作为工作方针。19日，收到张庆孚（林业部副部长）于青岛休养来信。27日，出席最高国务会议第十一次扩大会议，听取毛泽东主席讲话《关于正确处理人民内部的矛盾》。28日，出席全国人大第二小组会，讨论毛泽东主席在最高国务会议上讲话《关于正确处理人民内部的矛盾》，并发言。

3月1日，出席全国人大会议，继续讨论毛泽东在最高国务会议上讲话

《关于正确处理人民内部的矛盾》。2日，出席全国政协第二次全国委员会第三次会议预备会，听取李富春副总理关于第二个五年计划建议的报告。4日，为将在德国科学院希腊罗马研究所成立会上祝词德文译稿寄去致信德国科学院艾姆颜教授。为收到著作《荀子人间形成论》并赠《简明中国通史》致信日本八幡大学教师横松宗。8日，出席中央宣传工作会议社科小组讨论会。11日，出席中央宣传工作会议社会科学、自然科学合组讨论会。12日上午，出席中央宣传工作会议，听取大会发言；下午，继续开会；5时，听取毛泽东在宣传会议讲话。13日，出席中央宣传工作会议，大会发言，最后康生、陆定一讲话。16日，听取周恩来在全国政协作《关于中缅边界问题的报告》。17日，出席全国人大代表小组会，讨论周恩来报告。收到李必新（莫斯科大学教授，苏籍华人，李曾任苏军驻大连政治部主办《实话报》主编）7日来信，旅大分别近十年，希望再见面，并请解答吕著俄文译稿《中国政治思想史》问题。

4月5日上午，出席全国人大代表党内会，听取彭真副委员长讲人大代表视察等问题。下午，听取杨秀峰部长报告全国高等教育情况。8日，出席全国人大常委扩大会，听取傅作义部长报告全国水利建设。9日下午，听取刘瑞龙副部长报告全国农业情况。10日，听取张志让副部长报告司法工作。11日，听取张鼎丞检察长报告全国检察工作。12日，听取公安部长罗瑞卿作全国公安工作报告；出席全国人大代表、政协委员吉林视察小组会。13、14、18日，出席全国人大常委扩大会，讨论农业、教育、司法等部报告。21日晚6时离京，作为全国人大代表赴吉林省视察，与刘亚雄、李培之、于开泉代表同行，全国人大办公厅秘书李时昌陪同。22日下午4时抵长春，省人委萧秘书长迎接，住吉林宾馆。代表推选刘亚雄为视察组组长。晚饭后省委书记吴德、省长栗又文来宾馆看望并交谈。23日，到第一汽车制造厂视察了铸造、锻造、发动机等车间，听马副厂长介绍情况。24日上午，东北人民大学校长匡亚明来访，谈及该校校址、房屋等问题。后听取省水利局局长汇报第二松花江水灾情况。下午，听取第一汽车制造厂郭、马副厂长汇报，对此谈了个人看法。25日上午，听取长春市农林局张局长汇报郊区农业合作化、整社等情况。下午，由张陪同参观光明之途高级农业社。晚饭后，东北人民大学副校长佟冬、图书馆长及员工（过去在校时司机、锅炉工）来访。26日周日上午，去东北人民大学看望师生员工，匡亚明校长等迎接，并与大家合影；到图书馆查看新购古籍，并嘱佟冬副校长今后注意改善与省市关系，与大家共进午餐。下午，去省人民委员会见关山复、王副省长，将人民来信面交，并听取说明。27日上午，听取省农业厅厅长刘泳川汇报。下午，视察市郊唐家乡五星高级蔬菜社。28日上午，去五星社与农户作个别访谈。下午3时，萧秘书长来访。5时，吴德来访，谈及一汽与东北人大校址等问题。6时，市委书记宋洁涵、市长周光、省委副书记李砥平相继来访。晚，东北人大教师白拓方等来访。29日，听取市教育局局长胡文昌汇报中小学教育情况。30日，听取省工业厅厅长冯英奎汇报。收到日本八幡大学横松宗22日来信，两年来已翻译吕著《中国社会史诸问题》中《文化遗产的继承与文化的创造》、《史学研究论文集》中《意识形态的问题》两文，希望得到指教。

5月1日，参加长春市五一国际劳动节观礼。2日，视察市广州路小学，发现有些教室光线及空气差、学生患近视多等问题。3日，视察市第一中学，并与校长、老师座谈。4日上午，视察市第十中学。下午，听取省人事局副局长陈英汇报机构精减等问题。5日上午，视察市郊小河台乡红星蔬菜社，接谈社员百余人。6日上午，与市第十中学教师座谈，对会上提出意见表示要向上级反映及与教育局研究；对校内问题，需要同学们协助，要尊师重教。7日上午，参观中国科学院长春应用化学研究所。下午，向省市委、省人委负责同志全面汇报这次视察工业、农业、教育等方面情况及需今后改进建议。8日，结束视察返京。撰诗《赴吉林视察数则》（四首，其中有《去东北人民大学员生结队迎接不胜感奋》、《参观第一汽车厂》等）。17日，参加中国科学院第二次学部委员会党员会议。20日，参加学部委员会预备会议。21日，讨论郭沫若院长报告草案稿。晚，参加中国科学院学部党组会。22日，出席学部哲学社会科学分组会。23日，出席中国科学院第二次学部委员会开幕会。28日，在范文澜动员下，在学部会上作了《怎样评价‘五四’以后各派社会科学家及其成果》的发言（中国科学院印发）。为感谢“五一”国际劳动节贺信复信苏联科学院、苏中友协。《关于地方历史研究机构的主要任务等复安徽省科学研究所》，发表于安徽《史学工作通讯》第2期。

6月7日，国务院总理周恩来签署任命，吕振羽任中华人民共和国民族事务委员会委员。20至25日，出席全国人大一届四次会议预备会议。26日至7月上旬，出席全国人大一届四次会议。

7月3日，收到吴泽自上海来信，谈及忙于整风反右没有时间写作。7日，与江明游卢沟桥，撰诗《忆七七抗战》。18日晚8时，离京赴青岛出席全国民族工作座谈会，与委员朱德海、马玉槐、载涛同行。19日下午2时抵青岛，住新新公寓。20日上午，参加全国民族工作座谈会党员大会，乌兰夫副总理讲话，提出六点要求，注意批评意见尖锐与右派的区别。下午，参加全体大会。21日8时出发，分乘两舰出海参观海军快艇鱼雷演习。22、23、24、25、26、27日，参加小组讨论会。28日，代表参观苹果园，收到江明来信。29日，大会发言。下午5时，汪锋副主任来谈。30日，大会发言。31日大会，汪锋报告中央民族事务委员会一年多以来主要工作和缺点。全国人大民委主任刘格平作建立和调整民族自治地方等和全国人大民族工作的报告。

8月3日，收到江明自北京来信。4日7时出发，与会代表参加检阅海军大典（新中国有史以来第一次），登驱逐舰“抚顺号”，项英同志之子接待。9时，开始检阅。10时，周恩来总理代表国家检阅海军，并发表讲话。11时，飞机、军舰、潜艇表演。撰诗《随周总理出海观海军表演》。下午3时半，周恩来总理作《关于我国民族政策的几个问题》报告，主要内容有关于反对两种民族主义、民族区域自治、民族繁荣和社会改革、民族自治权利和民族化。他在报告中指出，“今天有吕振羽同志在场，他知道的比我清楚……像吕振羽同志这样的作家，我倒是希望他能多写一点。”5日上午8时半，乌兰夫副总理作会议总结。下午，参加小组讨论周总理、乌副总理报告。大家在讨论中一致表示对两个报告完全同意、拥护。会议结束返京。21日下午，参加在京召开中央民委主任会议，汪锋致开幕词。22、23日，听取周总理青岛会议报告、乌兰夫副总理总结会议发言录音。24日上午，继续听报告录音。下午，参加民委会西南、西北小组讨论。26、27日，分别参加华东、西北、西南小组讨论。28日上午，民委会大会发言。下午，小组会。29日上午，阅读中国科学院右派分子材料。下午，参加中国科学院哲学社会科学部召开的批判右派分子复辟社会学大会，学部副主任刘导生主持，主任潘梓年讲会议的意义和目的，有关人作检查。30日，学部继续召开批右大会。31日下午，学部继续召开批右大会。虽已准备了发言，但向潘说明因时间关系可不讲，结果没讲。晚，批注明版《事物纪原集类》。

9月2日、3日、6日，参加中央民委主任会议，听取大会发言。15日，收到王禹夫来信，希望仍如抗战以前对其多加关注督勉。18日，参加中国科学院召开的反右派斗争大会，院长郭沫若讲话，有关人员作检查。26日，院长郭沫若院长发文聘请吕振羽为中国科学院院章起草委员会委员。收到佟冬14日自长春来信，代表东北人大极为欢迎周谷城（复旦大学）、齐声乔（北京大学）先生来校任教，请能去函劝周先生北上。

10月，《建立工人阶级知识分子大军的历史任务》（与《光明日报》记者谈话），发表于18日《光明日报》。19日，收到李达老师于青岛来信，约为《理论战线》撰稿。

11月10、20日，为祝贺十月革命及俄译《中国政治思想史》事复信莫斯科大学教授李必新。

1958年　58岁　在北京

1月，《国务院公布〈汉语拼音方案草案〉》（笔谈），发表于《文字改革》总第1期。收到张爱萍（副总参谋长）16日来信，解放军文艺社送给您们《解放军文艺》，希望能为其写些诗文。29日，收到吴泽自上海来信，谈及杨朱、王充、王国维思想研究问题。

2月，出席全国人民代表大会第一届第五次会议，并作书面发言，递交请中央、国务院各部委及地方各级领导深入基层检查和帮助工作，尊重“五四”以来马克思主义哲学社会科学的传统和其首创性的研究成果、培养严肃正派的学风，进一步贯彻派往外国留学生的正确方针三件提案。全国人大第一届五次会议补选吕振羽为全国人大民族委员会委员。《生产大跃进合乎历史发展规律》（在人大五次会议上发言）发表于18日《人民日报》。22、23日，与江明及子女参观齐白石及黄宾虹、徐悲鸿画展，并赋诗。24日，批注清道光版《西域水道记》。收到张爱萍27日自杭州来信，解放军文艺社约写诗词，特将初稿奉寄，请修改后寄回。

5月20日，应约为《中国政治思想史》俄译本撰写序言事复信苏联科学院中国研究所施顿教授。收到张爱萍27日来信，杭州游花坞诗再次修改特请指教。《坚决贯彻“厚今薄古”的方针》（发言），发表于《历史研究》第5期。收到李达老师23日自北京来信，你的稿子（《马克思主义哲学史上划时代的伟大著作》）写得很好，有两处提了一点意见。整理后交我带回，在《理论战线》发表。

6月，收到刘起釪（中国科学院南京史料整理处）8日自南京来信，在京时获教希望今后能获得指教作为额外入门生看待。《汉字改革是历史的必然》，发表于6月出版《文字改革笔谈》第二辑。中央高级党校党委扩大会议决定制订教学计划，开设中国历史课，正式聘请吕振羽为历史教授。

7月3日，收到吴泽来信，计划搞中国近代史学史并希望得到少数民族资料。18至21日出席全国民族出版工作会议，在开幕式上作了有关《两种不同的民族观》发言。20日，为吕著中古籍用字事复信读者傅纲（傅在陕西韩城县检察院工作）。25日，《马克思主义哲学史上划时代的伟大著作》（论文），发表于《理论战线》第4期。为俄译本《中国政治思想史》序言事复信苏联科学院中国学研究所编辑部主任越特金。26日，与军事科学院战史部同志谈怎样编写战史的几个问题。夏，受共青团中央再三约请，接待《中国青年》杂志编辑连续几年（直至1960年）来访，开始与江明共同撰写《跟随少奇同志返回延安》长篇回忆录，相继于该刊连载。《中国民族关系发展的历史特点》（论文），与江明合署，发表于《民族团结》第4期。《贯彻哲学史研究上的厚今薄古方针》（论文），发表于《哲学研究》第4期。

8月，收到苏联科学院中国学研究所编辑部主任越特金26日自莫斯科来信，已在翻译吕著《中国政治思想史》俄译本序言。

10月24至27日，受中央民委党组委托，出席中央民族学院、中国科学院民族研究所党委联席会。撰诗《悼郑振铎谭丕模同志》（四首）。

11月7日，为约写《简明中国近代现代史》一书致信人民出版社（已在人民出版社约稿合同签字，40至60万字，拟于1962至1965年交稿）。

12月20日，审阅全国民族出版工作会议讲话纪录稿。26日，收到苏联科学院中国学研究所所长彼列维尔泰洛自莫斯科来信，代表全所恭贺新年和取得更大成就。收到莫斯科大学留学生梁子钧（吕在大连大学、东北文教委员会、东北人民大学时秘书）21日来信，现在生物系学习生物物理，一定克服困难，成为党和人民所需要的人。

1959年　59岁　在北京

1月，收到《历史教学》编辑部9日自天津来信，约写《干部为什么要学习历史》文章，希望早日寄来。13日，收到王静如（中央民族学院教师）来信，现参加贵阳少数民族关系史调查对苗族族源及社会性质问题拟回京时请教。29日，收到王禹夫来信，李达同志复信待下次见面时看及现在搞左翼文化运动史请指示。

2月11日，为谢题诗事致信郭化若、夏沙（郭时任南京军区副司令，原延安中央党校一部同学）。27日，收到吴泽自上海来信，约请为《历史教学问题》撰写纪念五四运动四十周年文章。《关于〈民族研究〉杂志“改刊说明”的错误》（发言），发表于《民族团结》第2期。

3月5日至13日，出席中国科学院哲学社会科学学部召开的《中国史稿提纲草案》（郭沫若主编）座谈会。11日，接全国政协秘书处通知，经常委会52次会议决定，吕振羽任第三届全国政协委员会委员。《伟大人民的伟大历史和创作—读〈义和团的故事〉笔记》（书评），发表于《民间文学》第3期（辑入《义和团的故事》一书）。

4月，收到湖南历史考古研究所4日自长沙来信，称正在编写《湖南省志》，再次希望能撰写“湖南文抗会”与“塘田战时讲学院”的文章。15日，完成《简明中国通史》第二次修订（着重在中国奴隶制和封建制分期、资本主义萌芽、民族关系等三方面），并撰写《后记》。收到范文澜19日来信，送上新出《通史简编》第二编改正样本，乞指正。25日，收到吴泽来信，称编委一致要求将寄来《“五四”后历史哲学上两条道路斗争的一个侧面》（俄译本《中国政治思想史》序文）稿留在《历史教学问题》发表。收到中共湖南邵阳县委宣传部9日来信，县文教局正在搜集与编写历史乡土教材，希望写一篇关于创办塘田战时讲学院文章寄来我部为盼。《中华人民共和国各民族团结起来》（白话长诗），发表于《民族团结》第4期。《关于历史上民族融合问题》（论文），发表于《历史研究》第4期。撰诗《悼念毛达恂同志》（毛曾任大连市长）。

5月2日，应湖南历史研究所约，撰写抗战初期湖南文化界抗敌后援会回忆录（1982年发表于人民出版社《革命回忆录》第4期）。3日，收到吴泽来信，谈及对吕将在《哲学研究》发表论文的意见。收到《中国青年》社文艺组17日来信，《跟随刘少奇同志返回延安》回忆录发表后，深受读者欢迎。回忆录其余部分，将由宋文郁继续参与整理。自下旬起至8月，负责审阅《土家族简史简志》等书稿。《第二次国内革命战争时期历史哲学线上马克思主义与伪马克思主义的斗争—为纪念“五四”运动四十周年而作》（论文），发表于《哲学研究》第5期。《干部为什么学习历史?》（论文），发表于《历史教学》第3期。诗《偕时真游陶然亭公园》（四首），发表于《光明日报·东风》。

7月，收到李六如（最高人民检察院副检察长）31日抄录七十自寿等诗十九首，并和七绝四首。

8月25日，国务院总理周恩来签署任命，吕振羽任中华人民共和国民族事务委员会委员。

9月6日，收到吴泽自上海来信，谈及为武则天翻案可以但需作深入研究。14日，听取中央统战部长李维汉关于统一战线问题讲话。16日，接全国政治协商秘书处通知，吕振羽任政协民族宗教组副组长。《简明中国通史》（第二次修订本），由人民出版社出版。《论两周社会形势发展的过渡性和不平衡性—关于中国社会从奴隶社会转变为封建制问题的探讨》（论文），发表于《新建设》第9期。与中共中央高级党校历史教研室成员见面，并听取陈慧生、李悦新、安捷、刘平等同志到湖南邵东、涟源、山西太谷下放劳动锻炼一年多体会。收到苏联科学院杜曼教授（旧识，原苏军驻大连政治部主任）祝贺中国国庆十周年信。

10月4日，受中央民委党组委托审阅牙含章《达赖喇嘛传》书稿并提出修改意见。6日，收到吴泽来信，认为吕在《新建设》发表论文为今后古史分期问题讨论提出新的方向和线索。16日，在中国戏剧家协会、北京市文联联合举办的越剧“则天皇帝”座谈会上作“关于武则天”的发言，发表于《戏剧报》第21期。收到尚钺（中国人民大学教授）25日来信，谈及对吕在《哲学研究》发表的《第二次国内革命战争时期历史哲学战线上的马克思主义与伪马克思主义的斗争》一文感想。与廖华谈对其所撰革命回忆录的意见。《“五四”后历史哲学上两条道路斗争的一个侧面》（俄译本《中国政治思想史》序文），发表于《历史教学问题》第4期。

11月6日下午，出席全国政协民族宗教组第二次小组会，座谈西藏民主改革问题。7日上午，出席全国政协报告会，听取王鹤寿部长讲全国钢铁工业情况。下午，政协会听取赵九章研究员讲苏联宇宙火箭。抄录《少年写作烬余录》中《麓山风土记》、《向建凡小传》，并回忆在湖南大学学习时的思想情况。11日，出席全国政协报告会，听取张邦英讲全国交通邮电事业发展。14日，全国政协组织参观卢沟桥人民公社。20日，出席全国政协民族宗教、文教组会，听取文物局王毅报告西藏文物、历史古建及领主残酷剥削农奴情况。收到苏联科学院汉学研究所所长贝雷维尔达依洛16日自莫斯科来信，收到赠书《简明中国通史》并以全所名义感谢对十月革命四十二周年祝贺。28日，收到吴泽来信，谈到《论武则天》将发表及史学史已列入历史系科学规划。批注明版《止斋先生文文集》。阅读范文澜赠书《中国通史简编》并留言。

12月，收到吴泽24日来信，附上《关于武则天的历史作用问题》一文请审阅。

5至12月，与江明合著的《跟随刘少奇同志返回延安》（回忆录），陆续发表于《中国青年》第9、11、13、20、23、24各期（11月5日，《中国青年》社文艺组来信，清样已送刘主席办公室审看。少奇同志指示：振羽、江明同志都是老同志，他们怎样理解，就怎样写好了。这个由作者负责好了）。撰《近四十年来的马克思主义历史学》（论文未发表）。与江明谈读马克思《政治经济学批判序言》体会。批注四部丛刊本《水心先生文集》。

1960年　60岁　在北京

1月，任全国政协文史资料研究委员会委员（在政协文史资料征集史料会议上，提出可请谌小岑写南京谈判回忆录。申伯纯副秘书长表示同意）。10日，为二女儿吕嘉结婚题诗志念。28日春节，题写家内献词。

2月，《论叶适思想》（论文），发表于《历史研究》第1、2期合刊。收到苏秉琦（中国科学院考古研究所研究员）16日来信，送上关于赤峰、林西考古报告（《考古学报》发表）及《中国考古学》稿，希指教。

3月22日，诗《颐和园排云殿》、《中央党校北楼晨起远望》，发表于《光明日报·东风》。23日，中共中央高级党校党委发文聘请吕振羽兼任该校中国历史教授，并任该校历史教研室顾问。28日下午7时，参加于中南海怀仁堂召开的第二届全国人大、第三届全国政协党组全体党员大会。

4月，收到谌小岑（国务院参事）13日信，已写好回忆南京谈判初步提纲，想约下周见面征求意见。后与谌见面，对其稿提出补充意见，如与曾养甫争论等可加上。问谌，曾养甫现在那里？为什么不回来？谌说曾现在香港①。

---

① 谌小岑1960年撰写的《西安事变前一年国共两党关于联合抗日问题的一段接触》回忆录，当时经申伯纯送给周恩来看过，还去中央档案馆核对过档案。申以后又分别将回忆录给周小舟、王世英看过，认为真实可靠。但该文直到1980年10月才在《文史资料选辑》七十一辑发表。谌小岑1967至1975年因列入刘少奇专案被关入秦城监狱。另据《刘少奇在白区》（中共党史出版社1992年出版）一书142页载，安子文（中组部部长）1963年6月曾问过刘少奇：1936年吕振羽、周小舟去南京是怎么回事？刘少奇说：1936年吕振羽反映，南京方面要同我党谈判，问可不可以谈。于是我打电报给毛泽东，提议派周小舟、吕振羽去谈，毛泽东同意了。

与江明游八大处并赋诗。

5月4日，应翦伯赞（历史系主任）邀请，在北京大学举行的纪念五四科学讨论会作题为《历史科学必须在毛泽东思想的基础上前进》的学术报告。出席昆曲“文成公主”座谈会并发言《谈昆曲文成公主》，发表于《北京戏剧》第6期。8日，为望认真学习理论事复信长沙中学生张竞如。9日，撰写《史论集·序言》。与中央党校世界史教研组座谈“怎样以毛译东思想来进行世界史研究”。17日，接《中国青年》文艺组来信，说回忆少奇同志文发表后，深受广大读者欢迎，望回忆录的整理工作今后能继续下去。28日，为我国统一多民族国家形成等问题复信华东师范大学熊铁基（吴泽研究生）。29日，诗《观北京航空表演》，发表于《光明日报·东风》。30日，惊悉林伯渠老病逝，撰诗《悼念林老》（两首）。

6月1日，收到佟柱臣（文化部文博研究所研究员）来信，受吕著教益至大，愿登门请教。2日上午，参加于劳动人民文化宫公祭林伯渠活动。应北京大学邀请参加哲学史问题讨论会，会后参观旧燕园及新校舍，并赋诗。

7月，《史论集》（论文集），由三联书店出版（收入1955至1960年在北京时期撰写论文13篇。1962年7月改由人民出版社出版）。13日，撰毕论文《我国若干少数民族的原始公社制或其遗存》。收到北大哲学系《中国现代哲学史》编委会25日来信，已寄初稿，恳切希望提出意见，并能抽出时间面谈。

8月，收到王禹夫11日来信，已找出吕著《最近之世界之资本主义之经济》一书见面送给。20日，撰毕论文《地下出土的远古遗存和我国原始公社制时代的历史过程》。

9月13日，收到冯定（北京大学副校长）来信，询问《中国社会史诸问题》出版没有，并望预定少数民族问题资料。收到杨至成（军事科学院副院长）19日来信，现在青岛疗养一个多月，并寄上几首诗作请予指正。其中诗句有“唯君为知己，意绵似深渊”。

10月12日，与北京师范学院历史系主任滕净东、书记宁可等谈该系编《历史科学概论大纲》读后意见，宋福等记录。《历史科学必须在毛泽东思想的基础上前进—纪念〈关于正确处理人民内部矛盾的问题〉出版三周年》（论文），发表于《历史研究》第5期。出席话剧《甲午海战》座谈会并发言《以史为鉴，古为今用》，发表于《戏剧报》第19、20期，《文艺报》第11期。

23日，撰《坚持马克思列宁主义的社会革命论，反对现代修正主义—学习毛泽东选集第四卷学习笔记》（论文），未发表。撰《近四十年来的马克思主义历史学》（论文，未发表）。撰《太平天国颂》诗八首。29日，收到曹瑛（驻捷克大使）自布拉格来信，9月4日信悉。嘱代办助听器事，需到医院用仪器检查听力图表，才能配制。

11月，收到莫斯科大学李必新教授祝贺十月革命节信。《甲午战争时代的形势》，发表于12日《光明日报》。

12月，收到4日《中国青年》文艺组来信，希望回忆《刘少奇在山东抗日根据地》一文尽快定稿，"以便送刘办审阅"。以后继续回忆了刘少奇返回延安途中开展"减租减息"、"开展冀中地道战"、"大搞地雷战"、"平遥游击队"、"壮大自己消灭敌人"、"正确贯彻统战政策"等事迹。文化部党组聘请吕振羽等14位同志为中国历史博物馆学术委员会委员，负责指导通史陈列。15日，文化部上述报告经中宣部批准。《把哲学社会科学的研究工作推向新高峰》（与丁声树、王学文、范文澜、吴德峰、冯定、金岳霖、季羡林等委员联合发言）发表于《中国人民政治协商会议第三届委员会第二次会议汇刊》。收到李达师28日自青岛来信，7月在上海时提议约几位同志写一本《周代社会制度研究》；我认为你有义务领导写这样一本书。撰回忆烈士张凤阁（抗战前清华大学学生）、刘亚生（抗战前北京大学学生）诗四首（张、刘先后牺牲于冀东、南京）。

1961年　61岁　在北京、呼和浩特、包头、大同、武汉、郑州、洛阳、三门峡

元旦，墨书1938年过邵阳登双清亭诗条幅：万山来天际，一石压江流。为撰写周代社会制度研究一事至早须待明年并希望在李师指导下进行复信李达。为共产党员在大灾之年应克服困难起模范作用致信侄陈启国。收到李达师20日自青岛来信，有关中国古代史分期问题的书，盼望早日实现，定写篇读后记；今后自己继续在理论线上发挥一个老兵的作用。13日至26日，撰写《关于我国历史上民族关系的基本特点报告提纲》（初稿）。29日，撰写毕《关于我国的民族关系历史特点》（论文）。31日，将上述拟给中央党校新疆班学员讲授稿上报校党委审查。自年初起，为给中央党校授课，除有会议外，一般每周六晚回家，周末晚返校。经杨献珍校长与吕振羽商定，为中央党校培养三位研究生王树云、胡盛芳、张锦城，王任秘书。诗《东北解放旧作》（三首），发表于《北京文艺》第1期。《在“百家争鸣”的方针下大力开展历史科学的研究工作》（论文），发表于《新建设》第1期。收到苏联科学院鄂山荫教授祝贺新年信。

2月4日，收到束世澂自上海来信，认为吕作《地下出土远古遗存和我国原始公社制时代的历史过程》体大思精，论断确实，并附上读后意见。同日收到魏白天（哈尔滨市副市长）自哈尔滨来信，省市委考虑对其工作调整，本人要求到关内作政协统战工作。9日，收到苏联科学院亚洲人民学会卡爵罗夫、齐赫文斯基祝贺春节信。10日，为求购《简明中国通史》书事复信读者张显书。收到吴泽7日自上海来信，教研组对吕撰《地下出土远古遗存和我国原始公社制时代的历史过程》论文评价很高。13日，应北京师范大学邀请，与该校历史系师生座谈，如何选择专业、对待专业、历史科学如何为祖国建设服务等（杨显亚记录）。审阅《历史研究》送审侯外庐《严复哲学思想试探》一文并提出意见。14日，收到张庆孚自青岛来信，谈及身体情况并贺春节。24日，为阅《地下出土远古遗存和我国原始公社制时代的历史过程》稿意见事复信华东师范大学教授吴泽、束世澂。收到李达师28日自武汉来信，武大历史系现确实无人可调。完成《中国社会史诸问题》一书修订，撰《一九六一年版序》（增加《国共两党和中国之命运—评蒋介石〈中国之命运〉》一文，系北京大学哲学系1960年毕业班同学从《解放日报》抄寄）。

3月，中央民族历史研究工作指导委员会在京成立，吕振羽任委员，指导“三套民族丛书”编写工作。4日，听取陈家康大使在全国政协谈刚果问题与国际形势。7日，听取李维汉部长在统战工作座谈会讲话录音。10日，听赵林青介绍中央党校新疆干部轮训班情况。11日，听取陈毅副总理在全国政协大会作国际形势与外交政策报告。为历史教学事复信李达师。诗《悼陈赓同志》发表于25日《光明日报·东风》。24日，完成《史前期中国社会研究》一书修订，增入《地下出土远古遗存和我国原始公社制时代的历史过程》、《我国若干少数民族的原始公社制和其残余》两篇论文作为《补编》，撰写《一九六一年新版序》。收到冯定26日来信，问候身体并请帮助办理民族文化宫俱乐部证。27日，给中央党校新疆干部轮训班作《关于我国历史上民族关系的基本特点》专题讲演。

4月1日，为文稿发表事复信吴泽。12至25日，出席中央宣传部文科教材编写会议。《从远古文化遗存看我国各民族的历史关系》（论文），发表于23日《人民日报》。《我国若干少数民族的原始公社制和其残余》（论文），发表于《民族团结》第4期。收到杨至成自长沙来信，寄来访毛主席故居韶山冲诗，请指正。

5月10日，收到吴泽来信，称关于王仙芝、黄巢考辨一文已按吕师意见修改，现主编《中国现代史学史》，望能给予指导、支持。20日，给中央党校新疆干部轮训班作《新疆和祖国的历史关系》讲演；《中国历史讲稿》（二册）由中央党校校内印行。28日，看到吉大年青同志成长起来很高兴，如来京可来家面谈复信吉林大学教师孔经纬。收到苏联学者郭肇唐（苏籍华人）庆贺五一劳动节信。

6月6、8、12、15、19、22、26、29日，给中央党校1959班学员讲授中国古代史（第一至八讲）；《论我国历史上民族关系的基本特点》（论文），发表于《学术月刊》第6期。收到孔经纬5月31日自长春来信，自己中国经济史的专业和第一部专著都是在吕老指导督促下完成的，今后一定不辜负期望。

7月，《中国近代文化资料—吕振羽氏的文化遗产论》（《创造民族新文化与民族遗产的继承问题》日横松宗译），发表于日本八幡大学法经学会。3、6日，为中央党校1959班学员讲授中国古代史（第九至十讲）。4日，为闻老师身体健康喜慰致信李达。为史学史撰写事复信吴泽。8日，为谢贺中共建党40周年复信苏联科学院所长齐赫文斯基等。23日，应乌兰夫主席邀请，与范文澜、翦伯赞、王冶秋、金灿然、翁独健等组成中央民族历史研究指导委员会代表团赴内蒙古自治区访问考察，晚7时离京。24日下午4时抵呼和浩特，住新城宾馆。25日上午，翁独健、韩儒林来室，谈及匈奴与蒙族的关系、秦汉时匈奴社会性质及其与两汉关系等问题。10时，区党委书记杨植霖（延安中央党校一部同学）来访，谈及参观日程与大盛魁商号。下午，参观呼和浩特新、旧城市容及古建席勒图昭。回宾馆后，区党委书记王再天（冀热辽解放区时期相识，王任分局交际处主任）来访。撰诗《希勒图昭》。26日上午，王再天给访问团介绍内蒙古区工农牧及文教卫情况。为近在呼市参观及王再天等老同志来看望致信江明。27日上午，参加历史研究座谈会，讲了《全国史与民族史的关系问题》。28日上午，谒青冢。撰诗《访昭君坟》（两首）。下午，参观内蒙古大学。29日上午，参观内蒙古博物馆，与范文澜、翦伯赞分别为该馆题词，撰诗《参观内蒙古博物馆》。下午去内蒙古师范学院，听韩儒林关于蒙古史研究报告。30日上午雨。下午，分别乘车赴汉古城塔布托拉海（俗称托里）及托里公社参观。31日上午，赴内蒙古自治区区党委，国务院副总理、区党委第一书记乌兰夫及杨植霖、王再天等区领导接见访问团成员。下午3时，去呼市宾馆礼堂，为区党委宣传部组织报告会作《学习历史为什么必须以毛泽东思想为指导》报告。晚饭后，范文澜、王冶秋、金灿然来室，听韩儒林讲耶律楚材传存在问题。解放军报社24日来函，遵照张爱萍副总长指示，奉赠《解放军报》一份，每周六期，请提宝贵意见。

8月1日上午，参观内蒙古博物馆历史、民族、革命史文物库房。2日下午3时起程，晚7时抵包头市。3日上午，听取市委书记孟琪介绍包头全面情况。下午，参观包钢炼铁厂、炼钢厂、焦化厂。与延安旧识刘芝兰（左权将军夫人）见面，得知其女左太北已入哈军工学习甚喜。撰诗《参观包钢》。4日上午，参观市郊麻池古城。撰诗《访汉古城遗址》。下午，参观共青团农场麻池大队。5日上午，参观后营子边墙、东河转龙藏。晚，孟琪设便宴招待。6日，翁独健、王冶秋、薛向晨、秋浦来室，谈及耶律楚材评价问题。7日上午，阅苏共纲领草案。下午，由孟琪等陪同，参观黄河水源地建设。8日中午，自治区党委书记奎璧设宴欢送。晚饭后起程。撰诗《访包头》。9日上午7时，抵大同。访王城九龙碑、“游龙戏凤”酒楼故址。下午，冒雨访上、下华严寺。晚，地委第一书记王明山、市委书记韩洪宾来访。撰诗《上下华严寺》。10日上午，访云岗石窟，并应邀题字。在大同地市委赠书《云岗石窟》题记，撰诗《云岗石窟》。因为中央党校授课故提前结束访问回京。20日，应中央人民广播电台邀作《怎样学习历史》广播稿。

9月2、5、7、11、14、18、25、28日，为中央党校1959班学员讲授中国古代史（第十一至十八讲）。16日，为党校1959班学员作《中国通史问题解答》。诗《访内蒙古自治区》（三首），发表于9日《光明日报·东风》。16日，为从思想上注意节用过苦日子致信外甥女李野、吕修齐。《中国社会史诸问题》（修订本）由三联书店出版。20日，出席在民族文化宫召开的访问内蒙古自治区情况汇报会。收到18日苏联科学院亚洲民族研究所副主任吉赫维因斯基等自莫斯科来信，代表全所祝贺中华人民共和国十二周年国庆。

10月5、7日，为中央党校1959班学员作《中国通史问题解答》。14日上午7时，离京飞赴武汉，出席辛亥革命五十周年学术讨论会。下午2时，抵武汉，住东湖宾馆，与范文澜老交谈，得知此地肝炎流行等情。晚饭后看望吴玉璋老，谈及中国历史上土地制、家族制等问题。晚6时，李达校长来室，师生相聚甚欢。15日，早饭后阅会议论文。10时，与范老、吴晗、刘导生、黎澍、李新等到武汉大学宿舍看望李达校长并师母。回东湖宾馆途中，谒二七殉难烈士施洋墓。下午5时，与范老沿东湖散步。晚饭后，省委宣传部长曾惇来访。为贺十月革命节分别致信苏联科学院鄂山荫、图曼、郭肇唐教授等。为已抵武汉及李达师身体情况致信江明。16日上午9时，辛亥革命五十周年学术讨论会开幕，选出吴玉璋、范文澜、李达、吕振羽、李书城、孟夫唐等为主席团。李达致开幕词，吴老讲话，之后宣读论文。下午4时，武汉史学会副主席郭步云等来访，商定作学术报告。为扬州史可法纪念馆题词事复信中医研究院耿鉴庭医生并赋诗。17日上午，准备会议报告提纲。下午4时，与吴老、范老、李书城老、刘导生、金灿然、黎澍、何干之、李新等游东湖。晚饭后，与范老散步，谈及箕子与朝鲜问题。18日上午，蔡美彪（中国科学院近代史所研究员）来室，谈昨日召开的古代史座谈会情况。19日上午，去中南民族学院为武汉高校师生作《学习历史必须以毛泽东思想为指导》报告。下午4时，长江流域规划办公室考古队陈淮来访，谈及河南考古规划存在问题。然后阅读湖北汉阳、湖南宁乡、湘乡等地发现商、周文物报告。20日上午，李新（中国人民大学教授）来室，谈分工编写《中国新民主主义革命时期通史》情况，并送来计划。撰诗《谒洪山施洋烈士墓》、《访东湖九女墩》（两首）。下午4时，与范老、吴晗、彭展等商议明天下午闭幕式发言事。因推辞未成，回室准备讲稿。21日上午，阅读论文。下午，辛亥革命讨论会闭幕会。吴老、范老分别讲话。根据安排，在吴老讲话后吕振羽作了简短发言。孟夫唐副省长致闭幕词。22日，阅读军科院副院长杨至成送来《林彪同志在东北解放战争中的战略思想》文稿，并将修改意见交内部交通处发送杨至成。晚6时，张体学省长代表省委、人委招待与会代表。回宾馆后，在范老处与范老、吴晗交谈，提到当前学风、大学生质量下降等问题。23日，吴老秘书通知，明上午去车站赴郑州，吴、范、吕等同行。9时，与范老、吴晗参观长江大桥。旋访陈友谅墓等。撰诗《武汉长江大桥》。24日上午10时，离东湖宾馆赴车站，李达、孟夫唐等到站送行。晚8时，抵郑州，省委苗秘书长迎接，住中州宾馆。因腹泻未眠，撰诗《午夜怀江明》。25日早，致信江明，告河南访问行程及返京日期。上午8时半，省文化局长陈建平（原安东省委宣传部科长）陪同参观河南省博物馆、殷璈都遗址。下午，参观郑州市容。晚，撰诗《郑州殷傲都遗址》。26日上午，参观河南省图书馆，所藏明版巨幅全国地图属珍品。下午4时乘车赴洛阳。晚8时，抵洛阳，市委书记宋轮等迎接。住洛阳宾馆。27日8时半，出市过洛水桥，参观龙门石窟。旋过河登龙山左香山谒白居易墓。下午，参观白马寺、东汉古城遗址。晚，撰诗《龙门石窟》、《谒龙门白居易墓》。28日上午，参观洛阳拖拉机厂。晚，洛阳地委第一书记纪登奎等设宴招待。29日上午，游览王城公园、参观新旧洛阳市容。撰诗《访洛阳古都遗址》。上午11时乘车离洛阳，下午4时抵三门峡市，市委书记祁文川等迎接。晚7时观《黄河巨变》纪录片。拟咏黄河诗。30上午，读吴玉章《辛亥革命至同盟会的成立》一书。下午，与刘桂五观书店。31日上午，乘火车赴三门峡水库参观。昔日之把黄河分为三门之石柱如今已在湖底。从水库堤上向下望，可见河中一石柱耸立，即“中流砥柱”。现库容大于太湖，感到治理流沙是今后一大问题。撰诗《参观三门峡水库》。《怎样学习历史》（论文），发表于《中国青年》第19、20合刊，《历史教学》第10期转载。

11月1日，离三门峡市回京。收到中央档案馆10日来信，在收集刘少奇著作文稿和访问少奇同志革命事迹中得到关怀和支持，甚为感谢。25日，为同意将吕著译成蒙文事复信内蒙古大学学生赛音。诗《访内蒙古自治区咏史三首》，发表于《民族团结》第10、11期合刊。

12月，诗《一九六一年秋末访武汉》（两首），发表于5日《人民日报》。在中央党校作《中国历史的特点问题》（报告）。10日，收到孙冶方（中国科学院经济研究所所长）两信，一询问古籍《食货志》，并想下周登门拜访；二请出席20日中国科学院举行的有关严中平主编《中国近代经济史》一书提纲座谈会。对大连大学时期旧作《关于科学的阶级性问题》进行修改（未完成）。《再论叶适思想》（论文）作为序言，刊入中华书局《叶适集》出版。《史前期中国社会研究》（修订本），由三联书店出版。《中国通史问题解答》（三册），中央党校校内印行。撰《论革命转变》（论文稿），未发表。

1962年　62岁　在北京、济南、曲阜、长沙、衡阳、武岗、邵阳

元旦，墨书题夫人时真（即江明）条幅：革命老伙伴，文章一字师。诗《访洛阳古都遗址》（二首），发表于11日《光明日报·东风》。15日，为同意与同学面谈事复信北京大学历史系四年级团支部。20日，为患病未及时回复与阅稿致信华东师范大学研究生熊铁基。收到北京大学历史系四年级团支部19日来信，因值期终考试想把拜访时间推到下学期初。诗《访洛阳龙门》等（两首）、《武汉长江大桥》等（三首），发表于24日《人民日报》。收到王亚南（厦门大学校长）25日来信，邀请参加郑成功收复台湾三百周年纪念会。收到武汉师范学院学生邹开国29日自武昌来信，邮寄《简明中国通史》已收到，同学们都很感动。

2月1日，为因病不能出席郑成功收复台湾三百周年纪念会并感谢邀请复信王亚南。2日，为感谢关心切嘱勿寄鸡蛋事复信邹开国。3日，为审农民战争史文稿意见事复信熊铁基。14日，接待《光明日报》记者来访，回答了当前史学研究的一些问题。23日，为《中国政治思想史》俄译本事复信莫斯科大学李必新教授。为办图书馆之说纯系误传望搞好工作加强实践致信吕显楚（吕系邵阳县金称市社队干部）。《新疆和祖国的历史关系》（论文），发表于《民族团结》第2期。《新疆日报》4月19、20日连载，《新建设》第6期节载。撰《再论中国历史上的民族关系》（论文），未发表。

3月9日，参加全国政协民族组会，听卢汉组长汇报视察云南、何思源汇报视察广西等情况。为感谢整理讲话纪录稿及请抄寄一份旧作《秦代经济》复信人民出版社张扬。12、15、20、27、29日，给中央党校新疆干部理论班作《新疆和祖国的历史关系》讲演。17日，出席政协大会，听取陈毅副主席讲话，周恩来主席致闭幕词。为中国政治思想史教学事复信武汉大学青年教师陈抗生。22日，与中央党校历史教研室教师座谈“关于学习问题”，如何学习理论、读书及制定学习计划等。诗《中央党校北楼晨起远望》（两首），发表于同日《光明日报》。

4月3日，收到余修（中国大学1934年学生，山东省副省长）信，报上不断刊载您的诗作，倍觉亲切，很愿得到翰墨，楹联、条幅均可。13日，给中央党校1960班学员作《学习中国历史中的几个问题》（问题解答），还讲了《中国历史的特点》、《关于历史主义和阶级观点》等问题。诗《杜甫诞生一千二百五十周年纪念》，发表于17日《光明日报·东风》。23日，为《新疆和祖国的历史关系》阅后意见复信中央民族学院历史系学生杨森湘。收到张爱萍28日来信，现在杭州疗养，附抄七律一首请指正。29日，收到吴泽来信，看到三联书店再版《史前期中国社会研究》“无限感慨”，谈及近日面见翦伯赞及回忆吕师在中国大学时对其帮助。

5月4日，在全国政协双周座谈会上作《中国历史的特点问题》报告。5日，为阅读寄来教学计划复信陈抗生。22、23日，参加全国民族工作座谈会，听取李维汉部长报告、班禅讲话。诗《偕江明游紫竹院公园》、《中山公园辽柏》等（四首），发表于29日《光明日报·东风》。

6月10日，复信郭化若，信悉，并感谢书写1946年赠别诗，认为诗字英爽俊润，不减当年。11日，接待北京师范大学历史系古代史研究班王至本等12人（毕业生）来访，对他们即将步入工作岗位寄予厚望，并对当时争论的农民战争、民族关系等问题谈了自己看法。15日，接待北京大学哲学系团支部张文儒等10人来访，提出研究哲学史要与社会发展史结合起来。23、30日，分别对中央党校历史专业1959班学员谈如何研究中国政治史、军事史、妇女运动史等问题（中央党校铅印稿）。28日，接待北京大学历史系五七级学生何芳川等51人来访，谈自己是如何从事史学研究。《殷周时代的中国社会》（专著），三联出版社重版。

7月，《史论集》由三联书店出版（收入1955至1960年论文13篇）。2日，为人代会未见老师出席并寄去再版《殷周时代的中国社会》致信李达。18、19日，给中央党校历史教研室作《中国历史上〈百家争鸣〉问题》讲演。27日、8月2日，与中国科学院文学研究所于海洋谈“关于‘岳飞’剧的几个问题”（王树云记录）。

8月，诗《八一颂》，发表于2日《光明日报·东风》。6日，接待《民族团结》编辑部学术组来访，就当前民族问题研究谈了自己意见。

9月1日，在中央党校接待李立三（华北局书记）来访，谈及时中国社会形态的看法。3、7日，给中央党校1961班学员及部分教职人员作《中国历史上的波澜和曲折》讲演（中央党校铅印稿）。收到林耀华（中央民族学院教师）1日来信，对牙含章关于“民族”译词文章有不同意见并附上评议稿。5日，撰毕《中国历史上民族关系的几个问题》论文。诗《一九六一年秋访大同》（两首），发表于9日《光明日报·东风》。17日，为如来京望函告事复信南京史料整理处刘起釪。26日，受全国政协安排，访北京通县北寺人民公社翟里大队，并撰诗。收到赵纪彬（开封师范学院院长）24日来信，代表学院与中国科学院河南分院历史所邀请前来讲学，并赋怀旧诗。收到上海《学术月刊》28日来信，据报载，您最近在京作了《中国历史上的几个特点》学术报告，请整理后掷交发表。

10月，收到李达师7日自武汉来信，邀请参加11月于长沙召开的王船山学术讨论会，并委托两湖社联王兴久、陈中民等来京面邀。25日，收到山东省历史学会关于孔子逝世二千四百四十周年纪念学术讨论会邀请函并请柬，山东省副省长余修、哲学社会科学学部分别打来电话邀请。收到吴泽24日来信，希望能在孔子讨论会上见面，请教近代史学史的一些问题。

11月，收到王禹夫2日来信，送上记录刘亚生烈士事迹《烈火丹心》一书（刘与王均为吕振羽在抗战前设法营救出狱）并请吕来北京政法学院作学术报告。4日上午11时离京，与刘导生、赵纪彬、金灿然、董谦等同行乘车赴山东出席纪念孔子逝世二千二百四十周年学术讨论会。晚8时抵济南，余修、省委宣传部副部长周南等迎接。住省交际处。撰诗《自京赴济道中口占》。5日上午，余修等来，商议会议讨论方针及介绍论文情况。下午，与刘导生、金灿然游千佛山。撰怀念王献唐、游千佛山等诗。6日上午，周南等来，商议划组及主席团人选，被选入主席团。余修来，邀为其在大会代表省委、省人委致词稿斟酌。6日下午2时半，大会开幕。余修致开幕词，刘导生讲话。7日上午，小组讨论会，到三组听取束世澂、刘节、唐兰、郑鹤声等发言。下午，到一组听取黄云眉、李景春等发言。余修派省委党校严波来协助吕搜集材料，以备作大会总结发言。8日上午，到二组听取吴乃恭、孙祚云等发言。下午，出席学术会党内组长会。9日晨6时半，与刘导生乘车赴曲阜，午饭后即参观孔庙。晚，撰诗《访曲阜孔庙》。10日晨，参观孔府三大殿及花园。早饭后参观陵城公社东里大队。下午，参观孔府、孔陵。后去兖州候火车，抽空参观市容，看到生活物品充足。晚8时抵济南，住南郊宾馆。撰诗《访曲阜东里大队》。11日，按会议党组决定，须作总结发言。本日闭门看材料，准备总结发言提纲。诗《孔子逝世二千四百四十周年》，发表于11日《大众日报》。12日8时，《山东文艺》编辑来，索去诗稿两首。8时半，关锋、林聿时、赵纪彬作大会发言。下午，先由冯友兰、高赞非、刘节大会发言。然后吕作《孔子学术讨论会中的几个问题》的总结发言，共五个问题，近两小时（全文发表于12月21日《大众日报》）。晚，省委书记谭启龙、舒同来看望，相谈甚洽。13日上午，参观自由市场，日用品丰富。之后参观三十年前来过之大明湖图书馆，如今面目已改。下午，应省委宣传部邀为省直机关干部与高校教师作《中国历史上的几个特点》报告。晚饭后，应李景春（省委党校副校长）约，交谈如何研究中国哲学史。舒同派人送来题字四张，其中有“任凭风浪起，稳坐钓鱼台”句。书法苍劲，情意可感。14日8时由济南发车，余修、周南等送行。下午5时抵京。收到北京大学历史系五年级中国古代史专业团支部8日来信，代表全体同学强烈要求结合纪念“一二·九”时能来学校讲话或来家访谈。16日，赴北京医院就诊，医生同意乘飞机外出。17日6时，飞赴长沙出席纪念王船山学术讨论会。本非原来计划，由于李达师、谢华来信与两湖社联恳邀，又派人到济南转述张平化书记邀请，无法推却，夫人江明及秘书王树云同行。下午1时，抵长沙南郊机场，省委宣传部副部长朱凡与刘寿祺、方克等迎接。住湖南宾馆。晚饭后，开党内负责干部会，朱凡介绍筹备会议经过及安排，并要吕介绍山东孔子讨论会经验。18日上午，省委副书记周礼来访李达、潘梓年、吕。旋召开党组会，周礼宣布会议党组成员，有周礼、秦雨屏、李达、潘梓年、吕振羽、朱凡、刘寿祺、关锋、方克等。大家一致选周礼为书记，并对会议方针政策及议程进行讨论。周礼宣布省委决定，党组由潘梓年、吕振羽、朱凡组成中心小组，负责日常工作。后省委书记张平化来，与大家见面。下午2时，纪念王船山逝世二百七十周年学术讨论会开幕。选举主席团，报告筹备经过，李达代表两湖社科联合会致开幕词，周礼代表省委讲话，潘梓年代表中国科学院哲学社会科学学部致词，吕振羽、稽文甫讲话。晚6时，省委举行宴会，张平化讲话，明确扼要。宴后，张要吕抓政策、观点，旁的可随便参加，嘱注意身体为主。19日，小组讨论，到一组听取彭雨新、林增平、张立民等发言。下午，阅读论文。20日上午，阅读论文。下午3时，党组扩大会，各组汇报，杨荣国、萧萐父等作了介绍；关锋感到会议内容丰富。21日，大会发言。晚饭后，吴传启、林聿时、关锋、杨弟圃、唐旭之、方克等相继来谈会议情况。方要吕作总结发言，再三推辞不获。22日上午，唐明邦、林双忠、冯友兰作大会发言。下午，看论文，准备总结发言稿。23日上午，小组讨论。下午，开党组会，周礼主持，讨论会议后两日议程，决定吕作总结性发言，潘梓年在闭幕式讲学术讨论方法，李达致闭幕词。下午，写发言稿，交王树云誉抄。24日11时，写完发言稿，江明作了修改。下午，关锋、姚薇元、谭戒甫等作大会发言。5时半，将发言稿交方克请党组审查。晚，看李达师，李坚持要吕离湘后去武汉作一、二次报告。旋去吴泽处，约他同去武汉。回室撰诗《王船山学术讨论会》。25日8时，赴韶山。10时，抵韶山，谒毛主席旧居并留影，由江明执笔书写吕撰谒主席旧居五言诗。下午5时半回长沙。饭后，人民出版社刘同志、湖南历史考古研究所长叶华来，并赠书。旋刘寿祺院长带湖南师院历史系5位教师来见面。26日上午9时，王船山闭幕会，杨荣国、谭戒甫作大会发言。旋吕作总结发言，讲了《关于王船山的时代和其思想的阶级性》等三个问题，用时约3小时（发表于12月《新湖南报》）。为湖南图书馆题字。27日上午，先后去湖南革命博物馆、历史博物馆参观，分别题七言诗一首。下午，参观船山学社，感觉展览馆陈列甚好。晚观剧《龙舟会》，感觉思想性、艺术性均佳。28日8时，赴衡阳访船山故居。午饭后，由衡阳市委书记岳健飞等陪同参观王船山展览。所陈清末绘《船山先生行迹图》62幅，甚可珍。题词“穷究理气迈前代，鞭打程朱非宋明”留念。晚，撰诗《访王船山故居》、《衡阳观船山展览会》。29日8时，赴郊区曲兰公社访船山故居“湘西草堂”。旋参观船山手植枫树，历三百年仍生气甚盛。给住守草堂李步云女题字留念。又赴虎形山谒船山墓。晚，为明回长沙再去武汉然后回京去信子吕坚。撰诗《探船山墓访墓庐遗族》（三则）。30日10时，赴南县，游南岳庙，有李白诗碑、清代康、雍、乾碑。庙中文物甚富，最珍者为清代心月和尚经三年刻成五百罗汉。撰诗《登南岳半山亭望回雁峰》、《南岳宫观心月和尚手刊五百罗汉图》。晚7时抵长沙。

12月1日上午，刘寿祺、朱凡陪同观岳麓山。旧地重游，倍觉亲切。在蔡锷墓徘徊，回忆蔡锷逸事（王树云作了记录）。相继参观湖南师范学院、湖南大学。下午5时回城，轮渡遇周士钊副省长。晚，方克等来商议补充学术讨论会总结。撰诗《岳麓山黄兴蔡锷墓》、《爱晚亭》、《偕江明访湖南大学》。2日上午，王建中夫妇（昔塘田讲学院学生，省劳动厅处长）率子女来。下午，参观古籍书店，买书画。3日上午，为省委宣传部主办报告会作《中国历史上的几个特点》讲演。晚，开党组会，总结王船山学术讨论会工作。吕与谢华发言。省委宣传部部长秦雨屏提出以此为基础，向省委写报告。4日下午，参观天心阁及文物商店，购买书、帖。晚，撰诗《夫妇同登天心阁远望》、《又自天心阁望稻田女一师故址》。5日上午，继续作完讲演《中国历史上的几个特点》。周礼、秦雨屏等参加。周礼在讲话中要大家好好讨论，尤其是历史教学研究人员应切实学习。会议休息时，周礼劝吕回邵阳家乡看看，同意刘寿祺等陪同前去。秦雨屏请吕于12月9日为湖南青年作报告。下午，刘寿祺陪同参观自由市场，看到商品丰富、价廉。诗《韶山谒毛主席旧居》、《王船山逝世二百七十周年》等（五首），发表于5日《新湖南报》。6日上午，方克及省团委同志来介绍高校学生思想情况。下午，湖南史学会秘书长刘梦华谈史学会情况，归纳六个问题，分别由吕、吴泽解答。晚，准备“一二·九”报告提纲。7日上午，湖南省历史学会召开座谈会，历史考古所所长谢华主持。吕谈了“湖南历史研究工作对象和怎样进行、关于史论结合”等意见，近2小时。吴泽谈了有关“历史人物的评价”。下午，准备“一二·九”报告提纲。8日，继续准备报告。送吴泽回上海，并撰诗一首。9日上午，给湖南省团委主办报告会作“纪念一二·九运动”讲话，到会干部、高等院校师生近2000人，周礼主持（10日《新湖南报》作了报导）。下午，至古旧书店购古碑帖字画。秦雨屏告吕由刘寿祺等陪同去邵。10日上午，为湖南博物馆、图书馆题字，跋王船山遗稿《噩梦》。下午，与江明参观美术工艺品商店。11日上午8时出发，下午1时抵邵阳，住地委招待所。与地委书记谢新颖等见面。撰诗《由长沙赴邵阳道中》（四首）。晚观祁剧《马刚打闸》。12日上午，由地委宣传部部长张瑞川等陪同参观双清亭。因明双清亭碑几半泐损，提出要予以文物保护。张瑞川一再要吕重写1938年所题“万山来天际，一石压江流”一联交镌。在行至亭外亭时，亭上只有上联“云载钟声穿林去”，陪同人说下联不知去向。吕思索片刻，忆及下联为“月移古塔过江来”。后参观邵阳市皮革厂。下午，至邵阳师范专科学校，与该校教师座谈。回答教师提出《历史人物评价》等问题，希望该校教师继承革命传统，进行湖南近代史、党史资料等调查，配合教学讲授。校长完全同意。撰诗《访邵阳师专》。13日9时半由邵阳出发，12时半抵高沙。午饭后由区委书记曾有德陪同参观市容及自由市场。晚6时，抵武岗县，住县招待所。县委书记迟维景等见面。14日上午，县委约集有关方面座谈大革命时期思思学社、思思学校及二邓先生即邓辅纶、邓绎著作搜集情况。与烈士邓成云之子邓小龙见面，热泪纵横。下午，参观第二中学，见到高、初中学生，聪秀、结实、可爱。旋观法相岩，多为宋、明石碣。又至文化馆，看到烈士邓成云、欧阳东遗物。又与邓成云夫人见面。15 日上午，访翠云公社资南大队，书记刘顺龙介绍全面情况。下午，为武岗县直机关部队学校作报告，听众约 1600 人。晚，邓成云子邓小龙来访，询其生活、工作情况。16 日上午，武岗师范一老教师来谈二邓先生著作搜集情况。11 时出发，12 时抵新宁。午饭前县委书记曲铎等介绍该县五年来生产等情况。下午 2 时离开新宁，过白沙、回龙市、塘田、白仓、黄唐，下午 5 时到塘渡口，住邵阳县招待所，县委书记孙作英等迎接，共进晚餐。17 日上午，县委办公室主任黄子元介绍全县农业、干部思想等情况。下午，在县直机关礼堂向县委、县政府干部作了报告。根据县委第一书记车仁光所提要求，讲了湖南革命传统、国内外形势和任务，听众约一千多人，报告由车主持。18 日上午，由县委书记张玉清陪同参观塘田战时讲学院旧址（现县立四中），与昔日塘院员工、当地群众亲切会面（如当年在塘院作摆渡工的周维合、理发员刘师傅等），不禁热泪横溢。又访问周家村、吕家村后，回至区委，与亲属吕礼思、陈启国等见面。下午，为塘田区干部作了有关塘院历史继承革命传统教育讲话。张玉清认为该讲话结合现实，解决问题。大家一致认为，塘院的影响是深远的。19 日上午，李树荣（原金称市地下党支部书记）谈其党籍与塘院保存遗物等情。午饭后，与车仁光谈了金称市地下党情况、如何对待地下党员关系等。车表示对李树荣等党籍问题要重新搞清楚。下午 3 时，应约赴县第一中学作报告，内容与塘田区委所作相同。报告毕出场，学生送出校门很远。晚饭后，江明给地、县干部聂义生、罗华生等讲塘院发展及被国民党查封历史。聂表示过去对此注意不够，今后要充分利用塘院历史对干部进行乡土教育。20 日，早饭后，与县委领导合影。10 时赴邵阳市，12 时达，住地委招待所。下午，地委宣传部长张瑞川来商安排吕与刘寿祺为地直干部作报告事。旋，车仁光等来，接谈金称市地下党问题。晚饭后写日记。8 时，地委宣传部科长唐瑛介绍当前干部思想情况。21 日下午，为地直机关干部作报告。晚饭后，车仁光等来，继续谈金称市地下党问题，车表示完全肯定该支部，个别党员历史问题另作个别审查。22 日上午，邵阳县委副书记李荣中带松山一区委副书记曾纪松等来访。由曾介绍公社、大队农业生产情况。下午，与石溪、燕窝大队干部继续谈。23

日上午，参观城南桃花洞。洞内有宋时碑刻，《宝庆府志》有记载。下午，为地委机关干部及县委书记作《中国历史的主要特点》报告。24日上午，由张瑞川陪同参观市和平金笔一厂，该厂被评为中南、西南金笔厂第一名。旋参观市造纸厂。下午，由张瑞川主持，与祁剧、花鼓戏剧团编演人员座谈历史的真实与艺术真实、古为今用、民间传说等。25日10时离邵阳市，晚6时抵长沙，住湖南宾馆。26日上午，去湖南医学院检查。下午，由刘寿祺陪同，去省委看望周礼、谭余保、罗其南。27日上午，去湖南医学院作心电图、肝功检查。下午，去中山图书馆，看宋、元、明善本书及邓绎《云山读书记》稿本。28日上午，去湖南医学院作视野检查，未查出肝炎。29日，因昨夜身体不适，出汗不止，秦雨屏等闻讯来，不同意次日回京。本日未出门，阅省委宣传部送来新闻稿。给向阳赠书并题词（向系武岗县机关干部）。30日上午，修改《蔡锷事迹零片回忆》稿及在邵阳师范专科学校讲话稿。下午，去湖南历史研究所，与熊子烈等座谈，回忆湖南文化界抗敌后援会情况。31日，未出门。晚，参加省政府主办1962年除夕团拜会。收到全国妇联10日来函，关于搜集中国妇女运动史料其中向警予烈士遗著希望得到回信。

1963年　63岁　在长沙、北京

1月，《中国历史上民族关系的几个问题》（论文），发表于《学术月刊》第1期。《红旗》杂志增刊6摘要发表。《由北京赴济南道中》、《重访济南感赋》（诗二首），发表于《山东文艺》第1期。《孔子学术讨论中的几个问题》（摘要），发表于《文史哲》第1期。3日上午，湖南省博物馆陈鹤轩等来座谈湖南各地新发现新石器时代遗址等。中午，邓晏如（塘田讲学院学生，省委统战部副部长）、游宇（原塘田讲学院同事）来访。4日7时，由长沙返京，途中赋诗《过武昌念李鹤鸣师》（因时间关系不能应李老约赴武汉大学讲学）。

5日下午3时，抵丰台时突遭隔离反省，为时4年（江明按组织要求严格予以保密，如有人问及，只说在外地养病）。审查地点初位于西城区鼓楼一院落内，以后转至西单皮库胡同2号院，不得与外联系。除接受组织审查外，自9日起，始作长诗《文天祥死节六百八十周年》，直至1966年，几乎每天写诗，连回忆往日旧作，亲手辑成十卷，共计三千余首，诗稿名《学吟集初草》（后经江明、吕坚从中辑选整理，名《吕振羽诗选》，于2000年由吉林大学出版社出版）。由于身边无任何参考资料，仅有每天两份报纸《人民日报》、《光明日报》，自1964年2月起至1965年9月止，陆续写出文稿《史学评论》（又名《读报随笔》，自分四辑专题即“关于中国哲学史研究方法的一些问题、我国近代及中世纪各别思想家思想研究的一些问题、历史研究方法的一些问题、杂论”，撰文共计33篇，近30万字。该稿1990年后经江明、吕坚陆续整理，易名《史学散论》，于2000年6月由社会科学文献出版社出版）。

1月9日，撰长诗《文天祥死节六百八十周年》。25日，撰诗《春节念江明》。

3月，撰诗《读报偶感》（两首，其中有《广西右江韦拔群同志故乡东兰》）、《喜雨》、《学习雷锋》、《党报》、《忆刘寿祺同志》等。

4月，撰诗《祝刘主席出国访问》（访印尼、缅甸、越南，三首）、《我乒乓球队大胜喜赋》。

5月，撰诗《五一志感》、《顾炎武诞生三百五十周年》、《董老〈读花〉两绝原韵学步》、《傅山逝世二百八十周年》、《客院即景念家小》、《泉州高甲戏来京演出》等。

6月，撰诗《六一儿童节颂》、《科学常识小感》、《端午念江明》、《郭沫若同志钱塘六和塔七律借韵学步》、《朱总司令七绝原韵学步》、《悼西北国棉一厂赵梦桃同志》等。

7月，撰诗《连日读报感赋》、《傅山逝世二百八十周年》、《颜习斋》、《迎新秋》等。

8月，撰诗《八一志感》、《晨起略感秋凉念江明》、《书怀》、《长江—读报偶吟》等。

9月，撰诗《中秋念江明》、《读王昌龄青海诗》、《读柳宗元登柳州城头诗》、《读苏辙滟滪堆诗》、《晚秋即景》、《秋分》、《读报有感》等。30日，撰成长诗《祖国颂》（含甲乙两篇），祝贺国庆。

10月1日，撰毕白话长诗《马克思赞》、《国庆念江明》。撰诗《悼嵇文甫同志》、《董老挽沈衡山先生七律学步》、《偶感》、《白石老人百岁生日》、《寒露》、《忆七七前北平旧居》、《小院即景》、《论史学》、《重阳念江明及旧日同志》（四首）、《霜降》、《读夏承焘同志怀小林多喜二诗》、《徐同志面告已有同志探望江明很好喜赋》等。

11月，撰诗《西泠印社创社六十周年》、《我再次击落美机U2喜赋》、

《三日南越政变》、《野坂参三同志遇刺喜无恙》、《西藏木犁即将绝迹》、《小雪念江明》、《肯尼迪遇刺毙命》、《读陈毅同志〈昆明杂咏〉借韵学步》、《偶感》、《三十日晚饭前后望月全蚀》等。

12月，撰诗《民间音乐家阿炳》、《悼罗荣桓同志》（“忆［一九四二年］在山东朱樊三月，追随左右，同一小组学习”）、《又步莫文骅同志悼罗帅诗韵》、《除夕念江明及家小》等。

1964年　64岁　在北京

1月，撰诗《元旦试笔》、《瑞雪》、《读毛主席诗词十首》、《喜续降瑞雪念江明》等。

2月，撰诗《悼甘泗淇同志》（甘为湖南大学同学）、《怀念母亲》（三首）、《甲辰元旦试笔》（四首）、《悼周保中同志》（周曾任第一届中央民委委员）、《元宵念江明及家小》、《宇宙有多少太阳》、《中国史上奴隶制到封建制过渡问题自问》等。

28日，撰文《〈反对封建复古主义和思想上的一次大解放〉读后》。31日，修改长诗《祖国颂》贺新年。

3月，撰诗《三八节》、《周总理访问亚非欧十四国胜利回京》、《忠心赤胆好战士吴兴春》、《徐同志来谓江明及家小平安》等。

4月，撰诗《一日午后院内小步》、《四日夜迄五日连降春雨》、《清明》、《小院春讯》、《梅岭山下活龙王》等。

5月，撰诗《五一节念江明》、《纪念五四》、《死海文献与昆兰寺院的发现》、《活人墓碑》、《读谢老觉哉虎门七律学步》、《悼苏井观同志》（苏为延安中央党校同学）、《何时老休回溪田》、《小院即景》等。

6月，撰诗《杂感》（三首）、《端午并念江明》（两首）、《借魏文伯〈湖口石钟山〉原韵忆1949年南下去南昌过含鄱口》（三首）、《鄂温克人的新生》、《火焰山下瓜果香》、《颂文字改革》、《玄奘逝世一千三百周年》、《东南沿海军民又歼九股美蒋武装特务》等。

7月，撰诗《祝中国共产党诞生四十三周年》、《〈黄泛区村史〉读后》、《雪峰粽》、《我华东空防部队第三次击落U2美机》、《念江明》、《祝新觉醒的美国黑人斗争》、《拟为旧作编目杂感》、《时代精神吟》、《老马识途》等。

30日，撰文《史学评论·开头语》。

8月，撰诗《祝八一》、《斥美帝扩大侵越战争》、《接到江明转来衬衫喜赋》、《为〈读报随笔〉写》（两首）、《欧阳海》、《随笔》、《李秀成自述讨论有感》、《抒怀》等。

4日，撰文《关于中国哲学史的发展规律和研究方法问题》。

5日，撰文《关于佛教在中国的传播和发展》。

7日，撰文《关于哲学史研究方法的一些问题》。午后收到江明转交衣物赋诗两首。

8日，撰文《道家学、道教和其阶级性的一些问题》。

10日，撰文《陈天华的〈国民必读〉所提出的旧民主主义革命的若干论旨》。

11日，撰文《〈包世臣的思想〉读后》。

13日，撰文《〈严复的庸俗进化论和不可知论〉读后》。

14日，撰文《〈关于王安石的自然观〉读后》。

17日，撰文《〈论郑观应〉读后》。

19日，撰文《〈从梁启超看资产阶级改良派的堕落〉读后》。

22日，撰文《关于王充思想的阶级性问题》。

30日，撰文《评〈普遍形式论〉》。

9月，撰诗《悼张存实同志》、《晨起》、《祝柘溪电站建成》、《甲辰重九念江明》（六首）、《澄海农田制旱涝》、《喜看糠箩变米箩》等。

1日，撰文《〈杨泉的唯物论思想〉读后》。

4日，撰文《评〈天人合一〉说》。

10月，撰诗《迎一九六四年国庆》、《昔日郎生升入清华大学》、《阳光下体疗所见》、《晨操薄云中望日》、《甲辰重光念江明》、《我国第一颗原子弹爆炸成功喜赋》（三首）、《泸沽湖畔—摩梭人的家乡》、《乞丐新生》、《小院晨操即景》、《雁南去》等。

28日，撰文《关于历史主义与阶级观点问题的争论》。

11月，撰诗《美国总统竞选丑剧》、《山区文化播种人》、《乐平山区建新村》、《沙滩上的白杨》、《斯坦利维尔之战》等。

2日，撰文《关于农民战争问题的讨论》。

6日，撰文《历史唯物主义还是历史唯心主义?》。

9日，撰文《关于中国史学史的一些问题》。

15日，撰文《解放前两千年相承的封建大地主曲阜孔府》。

12月，撰诗《卖血者言》、《昨夜苦思江明未能成寐》（七首）、《全国少数民族群众业余艺术观摩演出》、《青岛大英烟厂“要命钟”》、《天山的红花向阳开》、《一九六四年除夕谢岁念江明》等。

1日，撰文《关于近代中国的纸币》。

5日，撰文《〈英美烟公司在中国的掠夺〉说明了什么》。

10日，撰文《美英帝国主义独占旧中国“洋油”市场说明了什么问题?》。

11日，撰文《赫哲族的新生》。

18日，撰文《关于买办资本的特性问题》。

20日，撰文《西藏农奴的觉醒》。

撰《自编集目》（分唱和诗集、史论、讲稿汇编、工作报告、政论和杂著、回忆录、杂记、溲渤集等）。

1965年　65岁　在北京

1月，撰诗《元旦试笔》、《新岁念家人》（五首）、《祝南越平也大捷》、《金紫火龙》（两首）、《十一日收到江明托人捎来裤两条》、《代迎春歌·忆延安》、《清平乐·除夕念江明》等。13日，专案组徐同志来，言组织上考虑吕是否参加本届人大、政协，并言江明同志无恙。撰诗《党的关怀》（三首）。

13日，撰文《中世纪和近代土地契约的形式及土地所有权性质问题》。

2月1日，撰诗《甲辰除夕谢岁》（两首）、《乙巳元旦试笔》（四首）、《闻江明健在喜赋》、《无题》、《读报偶感》、《念杨至成同志》（四首）等。

3月，撰诗《念张大姐金保同志》、《脑病念郭子化大哥》、《悼邵式平同志》、《刘胡兰》、《莒南厉家寨》、《小院山桃又试葩》、《茶》（六首）。

3日，撰文《评两种革命论》。

14日，撰文《列强帝国主义侵略的堡垒——旧中国的上海外滩》。

4月7日，撰诗《昨日新迁》（迁至西单皮库胡同一院落，继续被幽禁）。撰诗《动人的〈西藏在前进〉读后》、《〈兄弟民族日益繁荣进步〉写真》（十首）、《致信江明取单鞋》、《读报杂吟》（三首）、《古商道上》（三首）、《学书》、《假象》、《泥石流》等。

5月，撰诗《祝五一》（四首）、《悼刘亚楼同志》、《小院柳絮纷飞》、《读谢觉哉同志七律〈虎门行〉借韵忆1937年春虎门之游》、《读郭沫若同志〈访南京〉借韵忆1949年南下过白门》、《小院即事》、《咏古帖》等。15日，收到江明转来衣、鞋。撰诗两首。

6月，撰诗《祝周恩来总理成功访问亚非》（两首）、《北京制成与安装使用第一台太阳射电望远镜》、《神枪女民兵》、《再咏古帖》（五首）、《读报杂感》（关于“清官”）、《与小段谈旧时农民勤苦》、《偶感》（两首）等。

3日，撰文《〈试论康有为的哲学思想〉读后》。

7月，撰诗《大片戈壁变成水牧场》、《偶感抒怀》（两首）、《今日河西走廊》、《随感》、《国民党政府代总统李宗仁归来》等。

8月，撰诗《上海试制成一台一级大型电子显微镜》、《偶感》、《读郭沫若同志近作借韵学步忆旧》（七首，其中《赴赣途中》诗，忆一九二七年离赣州经闽西至潮汕；《宿太和》诗，忆一九二六年过太和访祖居）；《食京白梨念江明》、《〈沙家浜纪实〉读后》、《抗日战争胜利二十周年》（三首）等。

1日，撰文《作为旧民主主义革命者章太炎的唯物主义观点》。

23日，撰文《关于明迄鸦片战争前中国资本主义的萌芽问题》。

30日，撰文《评〈普遍形式〉论》。

9月，撰诗《〈察隅的春天〉读后》、《雪山之鹰》、《十日中秋苦思江明》、《西藏在飞跃》、《袁鹰同志〈金缕鞋〉读后》、《天山多骏马》、《〈榆林城〉读后》、《雨花台》等。

29日，撰文《近代中国民族资本的资本原始积累问题》。

10月，撰诗《国庆十六周年》、《日喀则新貌》等。28日，修改完长诗《马克思赞》。

11月，撰诗《读王杰同志日记》、《春潮怒涨卷洪涛》、《海瑞—读报偶吟》、《吕剧》、《近作》（四首）等。

12月，撰诗《牧区大寨》、《读叶剑英同志〈远望〉原韵学步》、《重读钱松岩先生〈陕北江南〉忆昔》、《一二·九运动三十周年》（两首）、《悼倪志亮同志》、《悼赖传珠同志》（倪、赖均为在延安中央党校同学）、《偶忆少陵〈九日涪江登高〉诗成两首》、《与院中同志谈枣树》、《一九六五年谢岁》（六首）。15日，韩同志来，谈及家小情况，有感撰诗。约年底，专案组徐同志来告，经过反复调查，问题已基本搞清，快要回去了，已通知了江明同志（据江明回忆，确接到有人打来“吕振羽同志不久要回家”的电话）。

1966年　66岁　在北京

1月，撰诗《元旦试笔》（四首）、《徐同志来谈长江北迄黄河流域广大地区冬旱》、《迎一九六六年春节》、《喜雪》、《乙巳谢岁念江明》（十首）、《迎一九六六年春节》等。

2月，撰诗《题杜宣诗》、《五日念江明》（两首）、《焦裕禄同志永垂不朽》、《美帝扩大战争的檀香山会议》、《二十日晨起喜春雪》、《春雪后奇寒念江明》（四首）等。

3月，撰诗《晚饭后漫步闻院树鸟语念江明》、《读报偶吟》、《赛金花一读报偶吟》、《腰痛顿减喜赋》、《战斗英雄麦贤得》、《人人动手绿化祖国》、《悼艾思奇同志》、《读报偶吟》（关于文字改革）。22日，从广播悉今夜有地震，撰诗《念江明及家小》。

4月，撰诗《刘少奇主席访问巴基斯坦胜利归来》、《读报偶吟一历史科学的论战》、《丁香新绿念江明》、《小苑种花并念江明及家小》（三首）等。

5月，撰诗《迎五一一并念江明及家小》、《小院即景》、《十日晨闻我国爆炸第一颗核弹成功喜赋》、《硬骨头战士张春玉》等。

6月，撰诗《祝贺韶山灌区总干渠北干渠竣工通水》。

30日，撰写《关于我在历史科学工作方面若干错误的自我批判》。

7月，撰诗《祝亚非作家紧急会议胜利闭幕》、《清平乐念江明》、《毛主席的好战士刘英俊》、《首都人民援越抗美大会》等。

8月，撰诗《连日头晕苦思江明》（四首）、《今日立秋并念江明及家小》、《悼聂洪钧同志》等。

9月，撰诗《自报纸抄录经典语录以资学习》、《国庆节前一日念江明及家小》等。

10月，撰诗《祝一九六六年国庆》、《题松坡图书馆旧作两绝今改》、《晨起重读〈朵朵红花向太阳〉偶成两首》、《晨起偶吟》、《热烈欢呼我国发射导弹核武器试验成功》、《连夜梦江明》、《欧阳海式的英雄蔡永祥》等。

11月，撰诗《悼古大存同志》（古为延安中央党校一部负责人）、《痔痛》、《午睡梦江明》等。

12月，撰诗《今日给江明一信要毛衣及笔墨》、《悼吴老玉章》、《喜初雪》、《人工合成胰岛素颂》、《除夕谢岁并念江明》。

1967年　67岁　在北京

1月10日，《人民日报》刊载北京师范大学井冈山公社红卫兵《砸烂孔家店》文章，诬蔑1962年11月山东孔子学术讨论会是“一群牛鬼蛇神聚会”，文中点了参会学术界多人，其中含吕振羽的名。实感气愤，认为纯属“混淆红白”。撰诗《阅报偶成》。自11日以后，被停阅《人民日报》、《光明日报》（告知系停刊）。

2月4日，经谢富治（公安部长）批准，从审查处（皮库胡同2号）被投入秦城监狱。从此被列入“刘专”（即“刘少奇专案组”，又称中央专案组第一办公室），入狱8个月内接受审讯近800多次（其中700多次是逼供1936年“南京谈判”系与刘少奇一起勾结蒋介石消灭红色政权），直至1975年出狱。

1968年　68岁　在北京

12月，秦城狱中惊闻刘少奇同志蒙冤、被永远开除出党，不胜感愤，默成感怀诗《坚挺乔松柱人天》三首，称这是“二十世纪风波寒，三顶帽子绝代冤”。（1968年12月，中央专案组将1936年“南京谈判”定为“吕与刘少奇勾结蒋介石出卖红军、出卖红色政权”的罪行，并列入中共中央开除刘少奇出党的有关文件附件内。还诬陷刘少奇1942年回延安，途中被日军俘虏，遭到吕严词驳斥。）

1975年　75岁　在北京

1月29日，江明因吕振羽受审查多年，现年老多病（1974年江明、吕坚已相继获准去秦城狱中探望，十二年后亲人重逢）尚无结论，请求准许回家治病，上书中共中央邓小平副主席。

2月2日，江明信经邓小平批示：吕振羽回家治病，结论以后作。10日，自秦城出狱，回鼓楼小石桥家（故宫博物院宿舍）治病，从此起与家人团聚。张爱萍闻讯，特派儿子送来丝棉衣裤、棉鞋及拐杖等。24日，因前列腺发病高烧，入北大医院就诊。邓小平看到27日江明反映吕振羽病情严重信后，指示首先解决治疗问题（回家后医疗待遇没有解决），进行抢救，并通知卫生部、统战部。之后在医院全力抢救下病情好转，4月18日出院。出院后，每日早晚赴后海散步，身体逐渐恢复。

4月28日，为不要来京看望好好教育子女致信侄女吕春淑（吕系邵阳县中学教师）。

6月24日，为春节前回家团聚感谢关怀并希望安排工作致信中共中央毛泽东主席（由江明代笔）。

1976年　76岁　在北京

1月8日，闻周恩来总理病逝，不胜悲痛，致信邓颖超节哀，并由江明代录1941年3月在曾家岩50号与周恩来告别诗一首怀念。

2月，开始阅看并修改《中国历史讲稿》（在中共中央高级党校授课教材）。

3、4、5、7、8、9月，与侄婿唐增烈（中央民族学院历史系教员）分别谈有关太平天国、两次鸦片战争、中法战争，历史研究方法、人物、事件评价，中国近代史的规律等问题的看法。

11月7日，与吕坚、唐增烈谈对杨荣国著《简明中国哲学史》一书阅后意见。10日，突患脑血栓并引发高烧、肺炎，入北大医院治疗数月出院。此后，留下左臂、左腿行动不便后遗症。

1977年　77岁　在北京

自3月起，陆续口述，并由江明执笔写有关1936年“南京谈判”向中央申述材料。

7月16日，为“四人帮”被粉碎因长期遭受陈伯达迫害要求昭雪致信邓小平副主席。

1978年　78岁　在北京

9月1日，因吕振羽系翦伯赞入党介绍人，北京大学政治部派俞伟超、孙淼来家了解翦早年参加革命活动的情况。

10月8日，湖南省博物馆程鹤轩来访，谈湖南近代史重点陈列中的若干问题。

11月2日，中央组织部老干局徐迈受胡耀邦部长委派到小石桥家看望，说：“吕振羽同志，我代表党组织来看望你”，并一再询问有何要求、有何困难。吕振羽表示：待身体恢复后，愿意继续在社会科学理论战线上为党做些力所能及的工作。11日，与江明联名致信胡耀邦部长、陈野苹副部长，要求归还全部藏书、文稿（含审查时撰写的诗文）、衣物、家具及原来四合院住房，以便能继续修订旧著为国家社会科学事业发展服务。

12月3日，与唐增烈谈曾祖父参加太平军及后来失败回家等情。

1979年　79岁　在北京

1月12日，与江明联名致信中央组织部部长宋任穷、副部长陈野苹，再次要求归还藏书及住房。

2月6日，与江明一起赴京西宾馆，与中纪委常务书记黄克诚见面（黄多次向湖南同志询问吕的情况）。人民出版社决定重印《中国社会史诸问题》、《史前期中国社会》、《殷周时代的中国社会》三本书。

5月，在中央领导关心下，全家从小石桥搬回长期被占用的四合院旧居（西黄城根南街50号）。经胡耀邦批示，所有过去藏书及傢俱、生活用品等从中南海存放处发还。吴泽自上海来访，称正在编辑《中国当代史学家丛书》，拟将三十年代以来已刊、未刊吕著论文选编成一卷为《吕振羽史论选集》，征求意见。吕欣然同意。

9月14日下午，赴八宝山革命公墓礼堂出席吴晗和袁震同志追悼大会。29日，出席在北京饭店中央民委主办的民族界国庆招待会。随即恢复党组织生活。30日，在胡耀邦亲切关怀下，应邀出席国庆三十周年人民大会堂国宴。

10月15日下午，张传玺（北京大学历史系教师，翦伯赞过去助手）来家看望，谈及翦老在“文化大革命”中遭受迫害致死情况。

11月27日，中央任命吕振羽为中国社会科学院顾问。

12月，中国社会科学院历史研究所副所长尹达来访，一再动员撰写学术回忆录（不久尹达选派叶桂生、刘茂林两位研究人员协助整理，为时约三个月）。中央党校杨献珍、魏晨旭来家看望。接受北京大学国际政治系教师潘国华等来访，回忆1943年7月刘少奇同志于延安召开的批驳蒋介石著《中国之命运》理论会情况。与江明第二次修订回忆录《跟随少奇同志返回延安》。月底起对大连大学时期旧作《关于科学的阶级性问题》再次进行修改（后因病停笔）。《左丘明与〈左传〉》等（咏史八首）（诗），发表于《文献》杂志创刊号。

1980年　80岁　在北京

1月，中央为吕振羽彻底平反。接受《群众论丛》、湖南人民出版社等处多次来访，回忆1935至36年于南京参加国共合作抗日谈判。15日上午，出席于中国社会科学院召开的重建中国史学会座谈会。21 日，叶桂生为协助整理学术回忆录事来访。

2 月,《跟随刘少奇同志返回延安》收入《回忆少奇同志》一书，由中国青年出版社出版（江苏《党的生活》第五期选载）。抱病接待《李达文集》编辑组、武汉大学教师李其驹、熊崇善等来访，回忆李老过去教诲，现因患病不能撰写李老传，不禁热泪盈眶。

3 月，收到王国华（王献唐之子）11 日自青岛来信，现正整理王献唐遗著，希望为之题字。19、23 日，叶桂生、刘茂林来访。

4 月 8 日下午，出席于京西宾馆召开的第二届中国史学会代表大会，再度当选中国史学会理事。会上，与侯外庐、周谷城等多位老友见面，并将昔日诗作《歇马场访外庐未遇》由江明代录书赠侯外庐。会后不久因患肺炎入协和医院住院一个月。接河南省委宣传部 15 日来信，了解刘少奇在华中局授课的情况。

5 月,《坚挺乔松柱人天—狱中惊闻少奇同志蒙冤感怀》（诗三首），发表于《文献》杂志第 1 期。诗《听少奇同志为华中局党校讲课》，发表于 13 日《人民日报》。17 日，参加于人民大会堂举行的中共中央追悼刘少奇同志大会。收到卢竞如（中央广播事业局老干部，原冀热辽救济分会秘书长）21 日来信，三十余年未见，经过一场恶梦，不堪回首。去年回京，多方打听，才知地址。因走路不便，暂不能去看望你们，紧紧握你们的手。收到冯定 25 日来信，久未联系，希望细心调养，并介绍罗梅君前来拜访。并转罗梅君（柏林自由大学助教）9 日自北京大学历史系来信，现在研究 1949 年前中国马克思主义历史科学形成，希望面见指导。

6 月初，为即将由上海人民出版社出版吴泽主编的《吕振羽史论选集》撰写序言。《南京谈判始末》（回忆录），发表于《群众论丛》第 3 期。丁志刚（北京图书馆副馆长）、刘宣（《文献》主编）等来访，请吕任《文献》杂志顾问。

7 月 16 日上午，刘茂林来访。之后审定《简明中国通史》人民出版社重版序言。下午，刘宣来访，约为《文献》撰写批判封建主义文章。当夜突然呼吸急促，背部疼痛，由江明、吕坚陪同，乘救护车送至协和医院检查。17 日凌晨，拍片检查中因心脏病突发，于协和医院逝世。

8月9日，吕振羽追悼会在北京八宝山公墓礼堂隆重举行。中共中央办公厅、全国人大常委办公厅、国务院办公厅、全国政协秘书处、中共中央组织部、中共中央宣传部、中共中央统战部、中共中央党校、中国社会科学院、教育部、国家民族事务委员会、新华社及中国社科院哲学研究所、民族研究所、历史研究所、社会学研究所，党和国家领导邓小平、陈云、胡耀邦、王震、乌兰夫、谭震林、薄一波、黄克诚、江华、王任重、胡乔木、方毅、粟裕、张爱萍、杨静仁、周培源及萧华、吕正操、蒋南翔、王鹤寿、曾三、黎玉、任仲夷、胡立教、王力等送了花圈。党和国家领导胡耀邦、黄克诚、薄一波、江华、杨静仁、胡乔木等，老同志杨献珍、李一氓、张友渔、郭化若、张维桢、宦乡、莫文骅、陈锐霆、刘顺元、刘子久、郭洪涛、陈野苹、李卓然、梅益、任质斌、曹瑛、韩光、武衡、赵毅敏、连贯、董纯才、高沂、徐迈进、张致祥、李之琏、关山复、方仲如、张楠、郗占元、马载、黄葳、王国权、关山复、于刚、顾明、李琦、郑伯克、张执一、邓六金、谢鹤筹、曾直、魏传统、王兴纲、崔义田、沈其震、罗若遐、王阑西、童陆生、林士笑、段子俊、段洛夫、喻屏、石西民、张凯、王平水、汪小川、江平、刘型、黄凯、胡嘉宾、马寅、郭明秋、史立德、武光、贾震、王逸群、李荒、朱涤新、管大同、朱镜冰、徐迈、穆欣、曾彦修、彭达彰、郭敬、侯政、杨诚、林山、谷力虹、曹海波、陈永清、文正一、赵峰、黄啸曾、魏晨旭、王仪、苏林、陈维清、李波人、张养吾、郝彦元、沈越、苏镜、罗加、李路、王若琳、惠经文、常玉林、袁方、杨克、薛和、林映、陈伯林、刘孟云、陈处舒、蓝梅、许启亮、黄志和、白力行、黄力、刘永平、沙地等，文化学术界知名人士及生前友好侯外庐、冯定、马洪、王冶秋、夏鼐、尹达、王子野、陈翰伯、刘大年、白寿彝、任继愈、邓广铭、朱光亚、谌小岑、聂菊荪、翁独健、黎澍、吴泽、廖盖隆、梁寒冰、范若愚、温济泽、宗群、石曼华、王丹一、李普、叶蠖生、金紫光、丁志刚、荣孟源、石峻、陈维仁、吴泽霖、牙含章、李言、王辅民、高文、马建民、陈星野、王禹夫、范用、马沛文、陈静波、张德中、罗元铮、冯理达、方克、陈乔、陈光、单士元、单士魁、史树青、杨伯达、李心天、陶德麟、萧蓬夫、陈作梁、田野、朱佳木、罗炳正、邓晏如、彭伯韬、雷青云、路志正、卢英华、薛德震、覃铨、李蓬茵、林悦、刘仲亭、王拓、刘朓淑、高履芳、李志国、戴巍、马鸿模、延永生、丁仰炎、金玉章、安庆山、周犁、柳思、嵇春生、林甘泉、刘起釪、侯方若、邓艾民、王健、毛颖、刘宣、陈允豪、张传玺、郭锡良、李祖德、滕绍箴、孙斌、邱伯兰、天秀、郑求真、魏文藻、王景福、曲熹光、钟遵先、刘重日、徐广传、张胜、李其驹、周小平、李舒亨、蒋曙晨、金春峰、吴先根、陈克明、陈强华、邢玉林、杨瑾、桂遵义、刘茂林、叶桂生、罗梅君、赵展、王恒杰、王矩堡、顾章义、黄宣民、吕明常、张维训、田瑛、张嘉志、赵子文、栾成校、裘英、孟庆田、胡淑兰、林中兴、王振华、李玲、王杰、宋扬之、孙青、金至洪、王征智、杨翠曼、成云东、洪学敏、蒙敖吉、任天祺、栾成显、吴平、谢国贤、刘文贵、蒋延东、谭伟、刘志功、张红、林永匡、胡德勤、李萍、黄光学、刘静、毛东英、王秀珍、郑志海、田人望、屈志静、萧良琼、袁沪生、徐浩渊、金铁峰、徐枫、伍油然、徐禹强、徐文浩、朱金甫、宋秀元、俞炳坤、徐艺圃、彭普生、林京志、李波等参加追悼会。胡乔木主持追悼会，邓力群致悼词。吕振羽逝世后，黄克诚几次派秘书来家看望。张爱萍、李又兰在外地闻讯当夜写来怀念诗《悼吕老夫子》。中央组织部陈野苹、郑伯克，中央办公厅曾三、沈义、熊天荆，中国社会科学院马洪、陈伯林、尹达等，教育部郭明秋、国家民委胡嘉宾，新四军老战友陈锐霆、王兴刚、罗若遐、林士笑等，冀热辽老战友李运昌、郗占元、马载、惠经文、高沛昆等，旅大时期老同志刘顺元、段子俊、沈其震、黄葳等来家看望，王光美委托刘源来家看望。王学文、胡风等向江明书写唁信慰问。外地领导同志及生前友好段君毅、汪锋、周谷城、贺绿汀、严佑民、栗又文、金明、王光伟、明晖、温仰春、陈一诚、尹蒙、谢华、杨弟甫、丁毅民、李微冬、刘淑卿、王伟、范大因、孔祥桢、龚依群、胡绍祖、唐敖庆、王湘浩、张松如、张德中、孔洁光、周根昌、邓晏如、雷震寰、周玲、韦举、王锐聪、李肇祥、温杰、蔡运时、李殿勋、李绮思、马玉良、方素岚、王桂厚、韩勃、管娴、苏铭熙、苏庄、张守三、吴玉梅、王永贵、方中铎、梁子钧、王恒润、王树云等及吉林大学、大连工学院、湘潭大学、《群众》杂志社、湖南人民出版社发来唁电，表达深切悼念与怀念之情。

后记

“从知学海无涯涘，惟解平生苦斗功”。这是父亲吕振羽 1964 年为《读报随笔》题诗（《学吟集诗选》）中的一句诗文。现在看来，这也是他锲而不舍地长期从事学术研究的真实写照。从上世纪三十年代起，他致力于史学研究（此前曾从事过一段乡村建设、东方民族问题探索），为开创和建设中国马克思主义史学贡献了自己毕生的心血和精力。半个世纪以来，在治史的道路上，不论是风雨如晦的艰难岁月，还是戎马倥偬的战争年代；不论是新中国成立以后的和平时期，还是罹患疾病及身处逆境之时，他都矢志不渝，从未中辍，始终坚持学术研究和探索。他的著述现在留存下来逾五百万言（一些早年在大学讲义及文稿，因兵火及时局动荡未能保存下来），内容涉及到民国外交、世界资本主义经济危机、中日关系、中国古代经济史、社会史、思想史、通史、民族史、近代史等诸多领域，进行了长期艰辛的探索与研究，取得了一些具有首创意义的学术成果，有的被国外翻译出版，有的被列入《二十世纪史学名著》、《人民文库》、《三联经典文库》，为我国社会科学留下了一笔宝贵的学术文化遗产。

1980 年 7 月父亲病逝以后，母亲江明不顾年迈体弱，曾陆续整理过他的晚年遗作、诗稿出版，如《史学散论》、《吕振羽诗选》等。同时学术界、教育界研究他的史学著述的论作也不断发表。社会各界学者、友人多次呼吁将他的著述搜集整理并希望早日出版全集，以便对其学术成果更好地全面进行研究。为此，母亲除继续整理浩劫之后幸存下来的父亲文稿外，还拜托友人及亲属王启慧、唐增烈等陆续从各地图书馆搜集他的早年作品。她还自己去位于西郊的中央档案馆查寻到 1947 年父亲于大连致刘少奇电报与刘少奇复电。友人熊铁基、陈抗生等及山东图书馆得知后还捐献了他们保存至今的信函（含照片）。历经数年多方辛勤努力，搜集文稿的工作大体完成，这也为以后全集编辑打下了坚实基础。由于父亲论著较多，如何进行全集编辑也是一个问题。母亲经过反复斟酌，认为编辑方法在保持著作历史原貌原则下，“按年代顺序、保留原有集名、分类编辑，采用本人校阅后的最后版本校勘”较为适宜，同时要继续搜集散佚文稿。由于心脏病突发，母亲于2005年2月不幸病故，这对全集编辑工作无疑是一个巨大损失。因为长期以来，她与父亲相濡以沫，亲历抗日战争、解放战争，“苏北湘南同效死，白山黑水共揭旗”（《学吟集诗选》），除对父亲的公务活动有所了解外，对他的著述情况也十分熟悉，在学术上还提供过不少有益见解，两人合写过学术论文和回忆录。尤其是经历时局各种变故，母亲都含辛茹苦，不计个人安危，妥善保管了父亲三万余册藏书与文稿。每一念及，感慨万千。使我对什么是“坚守”有了更深理解。近几年来，吉林大学领导对老校长的全集编辑出版亦十分关心，数次问询，希望能早日进行。殷殷厚情，令我感动。但由于我当时工作负担较重，没有空闲，一时难以配合开展。2008年末，我值退休，才开始全力整理已搜集的大批文稿。先从熟悉父亲文稿及有关材料着手，并有若干新的发现，如在他工作笔记本中保存有多次出访或大量会议记述，1948年郭沫若、马叙伦、侯外庐于安东手书留言等；再如1940年11月撰写的《论抗战以来三民主义文化诸问题》一文系同年同月被国民党图书杂志审查委员会扣存的《中苏文化》送审稿（现存中国第二历史档案馆），后来才以《创造民族新文化与文化遗产的继承问题》为名收入《中国社会史诸问题》一书等。与此同时开始文稿复印、著录工作。

2009年3月21日，在吉林大学关心和筹备下，于北京官园大厦召开了《吕振羽全集》编辑工作座谈会，邀请中国社会科学院、国家文物局、故宫博物院、北京大学、吉林大学、中国农业大学、华东师范大学、长沙大学、北京经济管理干部学院、北京市委党校、人民出版社等单位专家学者参加，大家充分肯定编辑《吕振羽全集》的必要性和重要性，并围绕编辑谈了宝贵意见。6月26日，吉林大学成立由校党委书记陈德文为主任、副校长张向东等为副主任，由各方面专家学者任委员的《吕振羽全集》编辑委员会，表明全集编辑工作开始有计划、有组织的全面启动。以后编委会几次召开相关会议，对编辑体例、细则及编辑任务进行了深入讨论，大家对我母亲提出的编辑工作的设想均表赞同。蔡美彪先生作为全集编委会副主任，对全集编辑方法及注意事项等提出了指导性意见。

根据按年代、保留原集名、分类进行的编辑原则，全集共分十卷，依卷次分别有编委阮芳纪、孙纯良、桂遵义、刘茂林、张锦城、朱发建、蒋大椿、舒文、朱政惠、戴开柱、崔岩及我承担了各卷文稿的编辑整理，并撰写了各卷编印说明，介绍著作内容及版本情况。几年以来，他们满腔热情，殚精竭虑，矻矻孜孜，致力于校阅工作，付出了很大精力。编委朱政惠除承担第八卷史论卷外，还受编委会委托撰写了全集序言稿。编委杨成岩、秘书张佳宁在文稿搜集、校勘、著录等方面，付出很大辛劳。我通阅了全集各卷最后校样。蔡美彪、张传玺、林甘泉、陶德麟先生虽年逾八旬，对全集编辑工作自始就十分关心，还亲自审定了部分文稿和校样，每遇疑难问题，及时悉心给予指导。吉林大学校长办公室主任刘桂云为全集编辑从筹备到进行作了周到安排。人民出版社总编室主任陈鹏鸣对全集校排工作认真负责，确保了各卷排印顺利完成。

全集即将问世之际，我谨代表全体亲属家人，向大力支持和关心《吕振羽全集》出版的吉林大学和人民出版社，向全集编委会各位成员，向为全集提供不少帮助和支持的各位友人及国家图书馆、中央档案馆、中国社会科学院（含历史研究所、近代史研究所）图书馆、中央党校图书馆、中国第二历史档案馆、吉林大学图书馆、华东师范大学图书馆、湖南师范大学图书馆、湖南图书馆、湖南档案馆、山东图书馆、广东中山图书馆、重庆图书馆、上海图书馆等，一并致以衷心谢忱！

吕 坚

2013 年 2 月 20 日